本书为宁波市文化精品工程项目成果,并获浙江省重点出版项目资助

宁波商帮史

张守广 ◎ 著

宁波出版社
NINGBO PUBLISHING HOUSE

◀ 清末时期宁波江北岸外滩

◀ 民国时期宁波街景

▲ 旧时宁波船（蛋船）

▲ 20世纪30年代宁波江厦码头的帆船

◀ 外滩码头的蒸汽轮船

1955年7月30日,"金安号"(英 ▶
文名Golden Alpha)正式起航。
这是包玉刚购买的一艘旧燃煤
货轮。

◀ 董浩云建造的"海上巨人号"油轮,吨位达564763吨,是航运史和造船史上的伟大成就

2007年宁波北仑港的超大型集 ▶
装箱轮船

▲ 汉口宁波会馆（其前身是浙宁公所）

▲ 上海四明公所大门（今址上海市人民路852号）

▲ 宁波旅沪同乡会新会所（1921年5月建成，今址上海市西藏中路148号）

▲ 20世纪初由严信厚等发起创办的上海总商会

宁波旅港同乡会第一届会员大会主席团合影（1967年4月9日）▶

台北市宁波同乡会新会所于1963年春节举行落成典礼 ▶

▲宁波甬港联谊会举行成立大会(1980年10月31日)

▲宁波经济建设促进协会成立大会(1988年10月18日)

上海市宁波经济建设促进协会成立(1989年2月25日)▶

◀上海宁波联谊大楼落成同人合影(2000年9月)

▲ 黄楚九于 1917 年在上海创办的大世界游乐场

▲ 上海亚浦耳厂外景

▲ 上海南京路是近代宁波商人角逐市场的重要场所,图为有近代上海西服业第一家之称的荣昌祥西服号

▲ 地处上海市北京路,由近代宁波商人创办的四明保险公司、上海女子银行、四明储蓄会

▲ 1921 年 9 月,宁波商人创办的四明银行新楼在上海宁波路落成

▲ 渝鑫钢铁厂电炉车间(1943年)

▲ 章华毛纺织厂（刘鸿生于1929年发起创办）毛织车间

▲ 抗战前夕上海天厨味精厂捐献的天厨号飞机

▲ 重庆中国毛纺织厂厂房一角

▲ 华商上海水泥厂煤码头卸煤状况

▲ 重庆中国毛纺织厂工人人工洗毛线情形

▲ 宁波帮工厂五和织造厂注册的五禾牌商标（左）、五荷牌商标（中），鹅牌国货竞赛橱窗（右）

▲ 环球航运集团轮船的标志"W"　　▲ 亚浦耳厂商标

▲ 宁波现已涌现出一大批中国驰名商标、中国名牌产品，名牌产品销售产值占规模以上工业销售产值的比重达到三分之一强

◀ 孙中山（前排左五）与旅日宁波籍实业家吴锦堂（前排右五）等在日本神户合影（1903年）

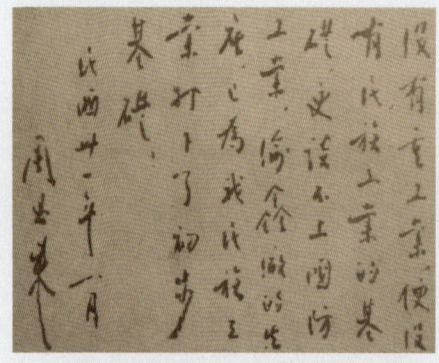

▲ 周恩来在重庆时给渝鑫钢铁厂股份有限公司的题词

▲ 周恩来会见王宽诚等一行（1957年）

◀ 邓小平接见包兆龙、包玉刚父子（1981年7月6日）

邓小平在听取谷牧汇报宁波工作时指示:把全世界的宁波帮都动员起来建设宁波(1984年8月1日)

邓小平与包玉刚等在北京兆龙饭店落成典礼仪式上(1985年10月24日)

包玉刚与荣毅仁在北京举行的香港特别行政区基本法起草委员会会议上(1985年7月2日)

1986年4月1日,邓小平在北京会见为内地捐资办学的香港著名人士(前排右四为王宽诚,左五为包玉刚)

◀ 1989年4月27日,安子介、包玉刚、李嘉诚等在香港希尔顿酒店宴请香港基本法起草委员会部分内地成员

◀ 包玉刚与美国总统里根(1981年)

▲ 1977年,法国政府授予董浩云法兰西荣誉军团骑士勋章

▲ 包玉刚与英国首相撒切尔夫人的合影(1982年)

▲ 星五聚餐会百次纪念刊题词，题词人分别为：翁文灏（左）、叶琢堂（中）、方液仙（右）、王性尧（下左）（1940年）

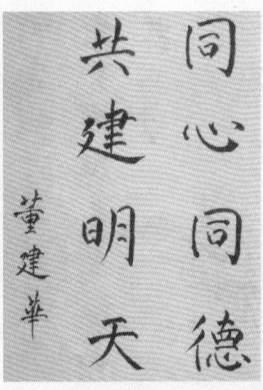

▲ 董建华题词（1997年）

包玉刚给宁波大学体育中心竣工时的题词（1991年）▶

◀ 包玉刚在宁波的题词（1984年10月）

◀ 旅沪宁波帮人士捐资修建的灵桥竣工(1936年)

包玉刚等宁波帮人士捐资创办的宁波大学 ▶

◀ 香港宁波帮人士捐资、1987年10月建成的宁波中兴中学

由台湾应氏家族捐资助建的宁波慈湖中学 ▶

目　录

绪　论 ……………………………………………………………（1）
　第一节　学术界宁波商帮史研究的兴起 ……………………………（1）
　　一、20世纪的宁波商帮史研究 …………………………………（1）
　　二、最近十年来的宁波商帮研究 ………………………………（20）
　　三、宁波商帮研究中的局限与不足 ……………………………（33）
　第二节　目的和意义、概念、方法与框架 ……………………………（36）
　　一、目的和意义 …………………………………………………（36）
　　二、基本概念：宁波、宁波人、宁波帮与宁波商帮 ……………（37）
　　三、本书采用的方法、主要内容与框架 ………………………（48）

第一章　宁波商帮产生的社会、历史背景 ………………………（52）
　第一节　明清时代经济、社会变动中的沿海、沿江与宁波 ………（53）
　　一、明清时代经济变动中沿海、沿江地区经济与社会动向 ………
　　　　……………………………………………………………（53）
　　二、15世纪末新航路的开辟与西方势力的东来 ………………（61）
　第二节　宁波港与宁波区域经济 ……………………………………（73）
　　一、宁波港及其历史地位 ………………………………………（73）
　　二、宁波区域经济与社会 ………………………………………（78）
　第三节　厚重独特的宁波区域文化 …………………………………（88）
　　一、宁波区域文化与教育 ………………………………………（88）
　　二、浙东学术演变与社会价值取向 ……………………………（90）

第二章　清代乾嘉道时期宁波商帮异军突起 ……………………（96）
　第一节　宁波商帮形成的曲折历程 …………………………………（96）
　　一、源远流长的早期明州海商 …………………………………（96）

二、宁波商人在清初以前的发展与挫折 …………………… (98)
　　三、清代宁波商帮的形成 …………………………………… (100)
第二节　宁波商帮商业网络的地域分布 …………………………… (105)
　　一、沿海和海外地区 ………………………………………… (106)
　　二、沿江与内陆地区 ………………………………………… (113)
第三节　宁波商帮商业网络的行业分布 …………………………… (116)
　　一、宁波帮海商经营船运业 ………………………………… (116)
　　二、钱庄业与民信业 ………………………………………… (121)
　　三、鱼盐、南北货业 ………………………………………… (126)
　　四、其他行业 ………………………………………………… (127)
第四节　清乾嘉道时期宁波商帮的整体考察 ……………………… (131)
　　一、基本构成 ………………………………………………… (131)
　　二、商业组织 ………………………………………………… (136)
　　三、商人伦理 ………………………………………………… (138)

第三章　晚清与民国时期宁波商帮的转型与困境 …………… (142)

第一节　晚清时期的机遇与困境 …………………………………… (142)
　　一、宁波开埠与港口贸易 …………………………………… (143)
　　二、西方宗教与文化传入宁波 ……………………………… (146)
　　三、宁波商帮社会基础的扩大 ……………………………… (148)
第二节　现代化转型的初步展开(1840—1900) …………………… (151)
　　一、宁波帮新式商人的崛起 ………………………………… (152)
　　二、传统行业的发展和蜕变 ………………………………… (168)
　　三、创办与经营现代企业的初步尝试 ……………………… (183)
　　四、宁波商帮的壮大与传统组织形态的变化 ……………… (191)
第三节　现代化转型的基本实现(1901—1931) …………………… (214)
　　一、宁波商帮向现代工商集团的转型 ……………………… (215)
　　二、宁波商帮与现代上海实业界 …………………………… (228)
　　三、宁波商帮在其他地区的经营活动与影响 ……………… (240)
　　四、新型同乡组织——宁波旅外同乡会的产生与发展 …… (251)
第四节　忧患日亟与艰难选择(1931—1949) ……………………… (270)
　　一、"九一八"、"一·二八"两次事变对宁波商帮的影响 … (270)
　　二、南京国民政府的金融、财经政策对宁波商帮的影响 … (272)

三、抗战时期宁波商帮经济实力的严重削弱 …………………… (276)
四、20世纪40年代后期的宁波商帮 …………………………… (305)

第四章 20世纪50年代以来的宁波商帮 …………………………… (317)
第一节 港澳台、海外宁波商帮的奋斗与辉煌 ………………………… (317)
一、当代宁波商帮对香港经济发展和繁荣的贡献 ……………… (318)
二、分布在世界各地的宁波帮工商业者及其经营活动 ………… (329)
三、港澳台与海外宁波商帮的同乡团体 ………………………… (330)
第二节 动员全世界的宁波帮建设故乡 ………………………………… (335)
一、港、甬两地甬港联谊会的成立 ……………………………… (335)
二、卢绪章与包玉刚 ……………………………………………… (336)
三、当代港澳台及海外宁波商帮对祖国和家乡的贡献 ………… (340)
第三节 宁波商帮的曲折与新宁波商帮的重新崛起 …………………… (342)
一、老一代宁波帮工商业者对新中国社会主义建设的历史贡献
   ……………………………………………………………… (342)
二、改革开放后新宁波帮的兴起与发展 ………………………… (348)
三、新宁波商帮的组织形态 ……………………………………… (357)

第五章 结束语:辉煌与超越 …………………………………………… (367)
第一节 特征与特色 ……………………………………………………… (367)
一、持续发展的成功典型 ………………………………………… (367)
二、命脉所在的航运事业 ………………………………………… (372)
三、事在人为的商帮精神 ………………………………………… (375)
第二节 故乡与故国 ……………………………………………………… (379)
一、故乡与异乡 …………………………………………………… (379)
二、家族与同乡 …………………………………………………… (385)
三、故国与世界 …………………………………………………… (388)
第三节 传承与超越 ……………………………………………………… (392)
一、大时代在召唤 ………………………………………………… (393)
二、勇于开创新风 ………………………………………………… (394)
三、超越值得期待 ………………………………………………… (396)

参考文献 ……………………………………………………………………… (400)

绪　论

宁波商帮自清代形成以后,一直到当代中国依然能够曲折而持续地得到发展,这不能不说是近三百年来中国经济史上的"异数"。但这个"异数"也表明中国社会经济的发展和演变自有其内在的逻辑,同时还表明中国社会内部蕴藏着发展经济、富裕民生的巨大潜能。故研究宁波商帮的意义,不只在于宁波商帮本身。

第一节　学术界宁波商帮史研究的兴起

宁波商帮史是宁波帮历史研究的主体,从20世纪初开始到目前,相关研究已经有整整一个世纪的学术发展、演变史。实际上,宁波商帮研究学术史已经成为宁波商帮史研究的一个重要组成部分。对这一学术史加以梳理,对于宁波商帮史研究的顺利进行,无疑具有重要的意义。

一、20世纪的宁波商帮史研究

宁波商帮的存在和发展具有悠久的历史,但是在明清时期的大部分历史阶段,活跃于当时中国经贸历史舞台上且最为引人注目的商帮无疑是徽商和晋商。徽商以盐业、典当业、茶业、木业为主要行业,[1]晋商以盐业、丝业、粮食业、棉布业、铜铁业、汇兑业为主要行业,[2]到明代中后期,徽商、晋商已经积累起巨额的财富。生活于明后期的谢肇淛在《五杂组》中说:"富室之称雄者,江南则推新安,江北

---

[1] 张海鹏、王廷元主编:《明清徽商资料选编》,黄山书社1985年第1版,第109页。
[2] 刘建生、刘鹏生等:《晋商研究》,山西人民出版社2005年第2版,第8页。

则推山右。新安大贾,鱼盐为业,藏镪有至百万者,其他二三十万则中贾耳。山右或盐或丝,或转贩,或窖粟,其富甚于新安。"①明人王士性也说:"平阳、泽、潞富商大贾甲天下,非数十万不称富。"②与声势煊赫的徽商和晋商相比,当时的宁波帮商人在资金、实力、影响上确乎逊色不少。宁波商帮擅长并注重经营江海航运的特点,使其在相当长的时期内受到明清两代封建政府时断时续、时紧时松的海禁政策的严重束缚、压抑和摧残,屡仆屡兴,但仍以令人惊叹的顽强与坚韧,不断地为自己开辟出生存和发展的空间。到清康熙帝开放海禁之后,特别是1840年以后,宁波商帮获得了越来越广阔的发展空间和愈来愈多的发展机会,并迅速发展成为超过其他地域商帮的一个著名商帮。新中国成立以后,特别是经过社会主义改造,宁波帮商人在我国内地几乎销声匿迹,惟港澳台以及海外的宁波商帮仍在继续发展,并抓住一系列发展机遇,特别是抓住了20世纪70年代末期到80年代初期以英资为主的外资从香港撤退的历史机遇,再次扩大了其力量和影响。同时,1978年内地实施改革开放政策以后,港澳台以及海外的宁波帮商人热烈、积极响应,新一代宁波籍工商业者也乘势重整旗鼓,迅速发展和不断壮大。海内外宁波帮商人也由逐渐接触到交融与合流,展现出新的时代风貌,并在促进改革开放和经济发展及宁波地区对外经济联系与经济发展中,发挥了重大的作用。

宁波商帮在清代兴起后,就引起了另一个颇有势力的沿海商帮——福建商帮的注意。因为在清康熙、雍正和乾隆初期,福建帮铜商曾经是富甲一方的东南洋铜商的主要力量。可是,到清乾隆中后期,宁波帮洋铜商迅速兴起,并大有取代福建帮洋铜商地位的趋势。为此,福建帮洋铜商向乾隆皇帝状告宁波帮洋铜商奉日本正朔、里通外国。大概由于宁波帮商人在乾隆时期征讨大小金川之役中发挥了不小的经济作用,所以头脑清醒的乾隆皇帝并没有对宁波帮洋铜商采取特别的制裁措施,所以此事对后来宁波商帮在沿海航运中持续扩张力量并没有造成大的阻碍。清嘉庆、道光时期,江浙地方官员为降低漕粮运输成本,开始筹议漕粮海运。如江苏巡抚阮元在清嘉庆时期认真考察了北洋航线上各地域船帮

---

① (明)谢肇淛:《五杂组》,上海书店出版社2009年版,第74页。
② (明)王士性:《广志绎》,中华书局2006年版,第246页。

的情形,①其中就包括了宁波船帮。在清道光初期试行漕粮海运的过程中,宁波帮海商不仅成为重要的海运力量之一,而且在漕粮运输中成绩突出,一批宁波帮海商因而受到清政府颁授各级功名、职衔的奖掖。与此同时,浙东盐业的经营主体,也随着徽帮盐商逐渐本地化等原因由宁波帮盐商取代。这样,到清嘉庆、道光时期,宁波出现了地方官和商人权力倒置的现象。担任过清代宁波知府的段光清清楚地记载了这种现象:宁波鄞县例有盐课,到乾隆年间,盐商"势焰日盛","嘉庆及道光初年,地方官更艳商人之利,惟商人之命是听。宁波商人日益富盛。"②清咸丰、同治时期,由于太平军势力兴起并横扫中国东南半壁,在剿灭这支声势浩大的反清军事政治力量时,清政府动员了一切可以动员的力量,包括向地方商贾富户"劝捐助饷"。宁波商帮这时候已经在上海和浙江具有煊赫的声势,宁波也因为有宁波商帮而以富著称,因此当时集中在上海和宁波的宁波帮商人就成为"劝捐助饷"的重点对象之一。当然亦有商人和富户不愿意多捐钱款的,如宁波的富户冯氏。有人奏报宁波冯氏家族财产多达2000万银两,起码应捐银两数十万。冯氏无奈,设法疏通关系,最后捐款12万两了局。总体上看,宁波帮商人在当时情况下对捐款还是自愿的多一些。宁波地方官到上海向旅沪宁波帮商人劝捐,"成效斐然"。因为商人惧怕社会秩序完全失控,惧怕战争的巨大破坏力,这种恐惧远远超过了对捐出一小部分个人钱财的恐惧。宁波帮商人明白这一点,因此有人主动出钱出力帮助清政府镇压太平军。旅沪宁波帮巨头之一的杨坊,就出巨资协助清政府组织了洋枪队,而洋枪队的营地之一就在上海宁波帮的大本营——四明公所。没有四明公所大多数董事和同乡的许可,洋枪队欲入驻公所至少会相当困难。这说明洋枪队的组建,不只是杨坊个人的意愿,它也反映了宁波商帮在财力上、物力上对洋枪队的大力支持。太平天国由一度兴盛而最终失败,其间曾横扫大半个中国,江浙受其影响最为严重。宁波商帮由于躲进上海这块以各国租界为中心的避风港而免遭灭顶之灾,甚至还由于出钱出力对抗太平军而获得

---

① 南洋、北洋概念的内涵和外延,自清代以后变化很大,王尔敏在其《五口通商变局》中有很详细的讨论,惟清代中晚期曾经以宁波为分界线划分南北洋则未曾论及。但据曾经在清咸丰、同治时期在宁波地区长期担任地方官的段光清在其自叙年谱中记载:宁波"北号商船只走北洋,海运亦只走北洋。盖由镇海出口,定海一隅孤悬海中。由定海而下,则为南洋。由定海而上,则为北洋。海运亦只走北洋"。见段光清:《镜湖自撰年谱》,中华书局1997年版,第101页。
② (清)段光清:《镜湖自撰年谱》,中华书局1997年版,第34页。

政治和社会的声望,从而壮大了实力和声势,并为对付此后上海法租界当局的强占图谋积蓄了应战的力量。19世纪70年代到90年代上海四明公所两次发生血案,宁波帮工商业者和为数众多的宁波籍移民,不畏强权,不怕流血,敢于斗争,善于斗争,最后迫使上海法租界当局不得不承认宁波帮对上海四明公所的完全产权。宁波帮同乡凭借乡帮的力量,在上海这个西方势力侵入中国的桥头堡,与处心积虑力图强占公所、代表法国强权的法租界当局及法国驻华领事抗争并维护了自己的权益,无论怎么看都是一个奇迹。如果考虑到这个奇迹发生在五四运动之前,就更值得引起我们由衷的敬佩。两次事件的结局,不仅增强了上海宁波帮的凝聚力,而且对宁波商帮的进一步发展有重大的意义。

　　清末民初之际,宁波商帮财势雄厚、人才济济,在上海的商帮中几乎形成唯我独尊的气势。因此,当盛宣怀在上海创办中国通商银行、筹办上海商业会议公所的时候,才力邀宁波商帮代表人物严信厚、朱葆三等出面办理,并倚为中坚,从而办出了显著的成绩。孙中山在进行革命活动的过程中,也得到过旅日宁波帮巨商吴锦堂等人的大力支持和资金帮助。1916年8月,孙中山到宁波,在其演讲中盛赞宁波人在经商方面的能力与影响。他指出:"凡吾国各埠,莫不有甬人事业,即欧洲各国,亦多甬商足迹,其能力之大,固可首屈一指也。"又说:"宁波人既素以善于经商著,且具有伟大之魄力。"①到20世纪二三十年代,宁波帮商人在经济发展的各个领域有了进一步显著的发展,涌现出了为数众多且精明能干的银行家、工业家、航运家和著名商人,其中不少人以人望和财力成为著名的工商界领袖,可谓盛极一时。因此,宁波人常被拿来与善于经商的犹太人相提并论,被称为"中国的犹太人"②。中国共产党的第一代领导人毛泽东、周恩来对宁波商帮在工商业中举足轻重的地位也有深刻的认识,因此在抗战中期的大后方,周恩来曾经参观宁波帮工业家余名钰与四川著名航运家卢作孚在重庆合办的渝鑫钢铁厂,并欣然题词:"没有重工业,便没有民族工业的基础,更谈不上国防工业。渝鑫厂的生产,已为我民族工业打下了初步基础。"③当解放战争进入尾声,解放大军在"将革

---

① 中国社科院近代史研究所中华民国研究室等编:《孙中山全集》第三卷,中华书局2006年第2版,第350、352页。
② 方显廷著,方露茜译:《方显廷回忆录》,商务印书馆2006年版,第9页。
③ 《周恩来同志为渝鑫钢铁厂题词手迹》,中国人民政治协商会议西南地区文史资料协作会议编:《抗战时期内迁西南的工商企业》,云南人民出版社1989年版,该书扉页第1页。

命进行到底"的号召下向东南沿海挺进之时,毛泽东特意致电前方将领粟裕、张震等,明确指示:"在占领奉化时,要告诫部队,不要破坏蒋介石的住宅、祠堂及其他建筑物。在占领绍兴、宁波等处时,要注意保护宁波帮大中小资本家的房屋财产,以利我们拉住资本家在上海和我们合作。"① 到了20世纪80年代初,为调动积极因素进一步加快我国对外开放和引进外资的步伐,邓小平在北戴河听取有关汇报时发出"把全世界的宁波帮都动员起来,建设宁波"的重要指示。② 宁波商帮不断在国家重要领导人的指示和讲话中出现,充分说明了这个商帮的影响已经远远超出了经济的领域。

宁波商帮引起学术界的注意,并成为学术研究的对象始于20世纪初。留日学生创办的著名刊物《浙江潮》曾经连续刊载《浙声》、《浙风篇》等重要论文,并论及宁波帮商人和宁波社会。其中《浙声》中指出:在浙江,宁波已经成为妇孺皆知的"商社会",浙江杭州、温州等城市的工商界,皆由宁波帮商人主导:

> 我浙江有独立之社会三,而浙东西之文学不与焉。一商社会首数宁波。举吾浙之解事小儿,无不知宁人以商雄于中国者矣。虽然我又放观其一群之外,以为宁人之商业精神尤可畏。吾浙江十一府之通都名会,其绝大之商场之势力圈,孰非宁人执其牛耳;而宁波一邑,富家至数百万者不少概见。况以数十年前风气未开之日,宁人之携重资走海外者,动数百万人,而其足迹所经之地,必有一非常固结不可解之团体。而海上会馆一事,旬日之间,苍头走卒,莫不奋臂与法人死抗至血肉狼藉而不悔,是亦宁人之一大特色矣。夫泰西文明国二百年来已商业为世界问题者,夫人既知其说矣,而彼族之大官通人、缙绅硕士,不惜著为学说,伸其权力,挥张而扬厉之,以商业自由为当时倡。於乎!彼族之以商力陶铸全球者,非无故也。我宁人何恃乎?以云国力,则鱼肉无时,驱之惟恐不暇。而一二读书之士,与夫巨室大老,又鄙之为市侩,薄之为商驵,不屑与之通一语。或有一二自海外挟资归乡里者,则亲戚交游百端,以身家口腹累之而公论不以为非。於乎!此不能不

---

① 毛泽东:《占领吴淞嘉兴等地应注意的问题》,《毛泽东文集》第5卷,人民出版社1996年版,第290页。
② 冷溶、汪作玲主编:《邓小平年谱(一九七五—一九九七)》,中央文献出版社2004年版,第989页。

> 归咎于中国之积习矣。然宁人独能百折不回,视重洋为户庭,逞其冒险进取之心,走异国不稍退。於乎?此岂宁人种姓之特别与?……
>
> 一工社会。浙江非以工名者也,而居然有大工厂若隐若现,若塞若通,掩耀于大江以东者,温州是也。……而其商权反握于宁人之手。①

《浙风篇》中指出:

> 吾浙人之能以社会雄者,则惟宁、绍两府人。宁波通商最早,其人也工于计,富于团结力。今宁人相率为海外事业者,各埠不绝其踪迹。其次亦能于本省商界上占势利焉,如杭,如温,凡上等商社会,皆宁人也,而绍人则尽占其下焉者。②

两篇文章都刊载于1903年的上半年,都从整体上对当时宁波帮的情形进行了论述,这两篇应该是最早的、比较集中地论述宁波帮的文字。

发表在外国学术期刊上的或外国学者的研究当以牛祖庆和根岸佶的研究最为引人注目。1909年牛祖庆在国外学术期刊《综合政治学杂志》第30期增刊上发表《宁波市的实业企业形式》一文,德国著名社会学家马克斯·韦伯在其名著《儒教与道教》中指出,"这是论述中国一个(近代)城市经济的最佳著作"③。《宁波市的实业企业形式》是我们目前所知道的最早的与宁波商帮有关的著名论文,通过该论文,宁波商帮进入韦伯这位世界级著名学术大师的视野,并在其论著中多次论及。日本东亚同文会编纂的调查资料集《支那经济全书》12辑(东亚同文会1907—1908年版)中广泛涉及中国各大城市中为数众多的乡帮、行帮等帮口,其中亦有宁波帮。

1921年2月《钱业月报》刊载署名"半僧"的论文《宁波钱业之概略》,对宁波钱庄的沿革、种类、组织、资本、人事、账簿、开设和闭歇等进行了较为系统的记述。④ 尽管比较浅显,但这篇文章应该是现存最早的全面记述宁波钱庄经营和组织的论文。1930年3—6月,《宁波旅沪同乡会月报》刊载严燮《宁波过账制度之研究》一文,该文对宁波帮钱业通行的过

---

① 文诡:《浙声》,《浙江潮》第1期,1903年2月17日,《新浙江与旧浙江》第4—6页。
② 匪石:《浙风篇》,《浙江潮》第4期,1903年5月15日,《社说》第6页。
③ [德]马克斯·韦伯著,王容芬译:《儒教与道教》,商务印书馆2002年版,第43页。
④ 半僧:《宁波钱业之概略》,《钱业月报》第1卷第2号,1921年2月,第9—14页。

账制度进行了深入的研究,是第一篇研究宁波帮钱业过账制度的重要论文。① (为统一起见,原文中的"过帐"都改为"过账",引者注)1931 年 9 月,《银行周报》刊载日本学者有本邦造著,陶月译《宁波过账制度之研究》,对宁波当地钱庄业中通行的过账制度进行了深入的研究。② 1932 年 4 月,《钱业月报》刊载日本学者有本邦造著,施耀刚译《宁波之金融制度》,该文着重考察了宁波当地钱庄的会计制度,尤其是深入考察了过账制度方法细节及其利弊,对于认识宁波帮钱庄是重要的论文。③ 1932 年 5 月《银行周报》刊载冯薰《论宁波过账制度与现水之利弊及其改良办法》。④ 1933 年 8、9 月,《中行月刊》刊载署名"浙行"的论文《宁绍钱业之今昔观》(上、下),详细地考察了宁波、绍兴钱庄业兴起的原因、过程和当时的实际状况。⑤ 全汉昇在 1934 年出版的《中国行会制度史》中,对于上海四明公所曾经给予充分的关注,多处引用该公所的相关史实,并特别"追述从前上海四明公所与法帝国主义者抗争的事实,以表示会馆力量的伟大"⑥。1939 年 8 月上海通社编《上海研究资料续集》中,刊载了由徐蔚南根据根岸佶以及东亚同文会编纂各书中有关四明公所的论述编译而成的《上海四明公所研究》一文。这是最早较为系统地考察宁波帮在上海发生、发展及同乡组织状况的长篇研究论文。窦季良编著的《同乡组织之研究》由重庆正中书局于 1943 年出版,⑦该书是较早关注和研究同乡组织的调查报告类著作,其中对于宁波旅渝同乡会有比较多的记述。方腾撰文的《虞洽卿论》连载于《杂志》1943 年年底到 1944 年年初⑧,

---

① 严燮:《宁波过账制度之研究》(1),《宁波旅沪同乡会月刊》第 80 期,1930 年 3 月,第 1—8 页;严燮:《宁波过账制度之研究》(2),《宁波旅沪同乡会月刊》第 81 期,1930 年 4 月,第 1—8 页;严燮:《宁波过账制度之研究》(3),《宁波旅沪同乡会月刊》第 82 期,1930 年 5 月,第 1—5 页;严燮:《宁波过账制度之研究》(4),《宁波旅沪同乡会月刊》第 83 期,1930 年 6 月,第 1—5 页;该文又见于稍后的《经济学季刊》第 3 卷第 1 期,1932 年 5 月,第 68—77 页。
② [日]有本邦造著,陶月译:《宁波之过账制度》,《银行周报》第 15 卷 35 号,1931 年 9 月;[日]有本邦造著,陶月译:《宁波之过账制度》,《银行周报》第 15 卷第 36 号,1931 年 9 月。
③ [日]有本邦造著,施耀刚译:《宁波之金融制度》,《钱业月报》第 12 卷第 4 号,1932 年 4 月,第 2—6 页。
④ 冯薰:《论宁波过账制度与现水之利弊及其改良办法》,《银行周报》第 16 卷第 17 号,1932 年 5 月 10 日,第 12—16 页。
⑤ 浙行:《宁绍钱业之今昔观》(上、下),《中行月刊》第 7 卷第 2 期,1933 年 8、9 月。
⑥ 全汉昇:《中国行会制度史》,新生命书局 1934 年版,第 115 页。说明:该书 2007 年百花文艺出版社版署名为全汉升。
⑦ 该书最近已被收入李文海主编福建人民出版社 2009 年出版的《民国时期社会调查丛编》(二编)。
⑧ 方腾:《虞洽卿论》,《杂志》第 12 卷第 2—4 期,1943 年 11 月—1944 年 1 月。

该文对虞洽卿的生平、事业作了比较系统全面的介绍,有比较强的故事性和文学色彩,但也是研究虞洽卿的重要资料。重庆民生实业公司主办的《新世界》在1945年1月号刊载佚名撰写的《刘鸿生——中国的天才企业家》,对刘鸿生的生平和事业作了较为系统的考察和介绍,赞誉"他(刘鸿生)是宁波帮创业精神的代表者,也是一个不只有天才而且能够苦干的企业家"①。1946年《东洋史研究》第9卷第4号刊载外山军治的论文《上海绅商杨坊》,对早期宁波帮著名买办巨商杨坊进行了系统、深入的研究和论述。《新中华》第3卷第4期刊载徐盈的《当代中国实业人物志·刘鸿生》,该文指出刘鸿生这位火柴大王最辉煌的事业是火柴工业,并指出刘鸿生事业成功的重要原因之一是喜欢做事,"决定了就做,做了有错,立刻去改"②。1947年3月香港《经济导报》第13期刊载倩华的《火柴大王刘鸿生》(民族资本家介绍之七),简要介绍了刘鸿生的生平和事业,并指出在当时严重的经济恐慌中刘鸿生在中国火柴业中依然拥有牢固的基础。③ 1948年4月20、27日香港《经济导报》刊载了钟树元《江浙财团的支柱——宁波帮》一文,该文简略地追述了宁波帮的起源,用较大的篇幅考察了朱葆三、虞洽卿等人的经济政治活动,以及宁波帮与国家资本(文中称为"豪门资本")的关系等。这是一篇带有明显时政色彩,同时也是为数不多的比较系统地介绍宁波商帮的论文。20世纪40年代到50年代初,根岸佶相继出版的《商事惯行调查报告书:合股的研究》、《中国社会的领导层》、《买办制度的研究》、《上海的行会》、《中国的行会》等著作,④对宁波帮、宁波帮买办、宁波帮在上海的经济力量和影响等,有大篇幅的记述和研究。如在《商事惯行调查报告书:合股的研究》一书中,论述宁波帮相关问题颇为详细,如记述宁波方氏家族在上海的经营活动,提出所谓宁波财阀、宁波财阀与上海财界、宁波财阀与上海同业组织、大宁波财阀与上海商会等相关提法问题,并进行了相关分析。

---

① 佚名:《刘鸿生——中国的天才企业家》,《新世界》1945年1月号,第5页。
② 徐盈:《当代中国实业人物志·刘鸿生》,《新中华》复刊第3卷第4期,1945年4月。
③ 倩华:《火柴大王刘鸿生》(民族资本家介绍之七),(香港)《经济导报》第13期,1947年3月27日,第16页。
④ [日]东亚研究所编:《商事惯行调查报告书:合股的研究》,东亚印刷所1943年刊。该材料为东亚研究所第6调查委员会学术部委员会委员根岸佶作为课题承担人提出的中间报告,因此,也可以认为是根岸佶的著作;[日]根岸佶:《中国社会的领导层》,平和书房1947版;[日]根岸佶:《买办制度的研究》,日本图书(株)1948版;[日]根岸佶:《上海的行会》,日本评论社1951年版;[日]根岸佶:《中国的行会》,日本评论新社1953年版。

新中国成立后,中国近代经济史资料的发掘整理工作得到高度重视,并有一批经济学家着手编辑并陆续出版了一批中国近代经济史资料。① 其中影响比较大的有中国科学院经济研究所主编的《中国近代经济史参考资料丛刊》、中国近代经济史资料丛刊编辑委员会主编的《帝国主义与中国海关资料丛编》、中国科学院经济研究所等单位主编的《中国资本主义工商业史料丛刊》、《上海资本主义典型企业史料》丛书等。这些近代经济史资料中有不少与宁波商帮相关的历史资料,如《中国近代经济史参考资料丛刊》中的《中国近代经济史统计资料选辑》(科学出版社1955年版)、《中国近代工业史资料》(三联书店1957—1961年版)、《中国近代手工业史资料》(三联书店1957年版)、《中国近代对外贸易史资料》(中华书局1962年版)、《中国近代航运史资料》(第1辑,上海人民出版社1983年版;第2辑,中国社会科学出版社2002年版)、《中国民族火柴工业》(中华书局1963年版)、《中国工商行会史料集》(中华书局1995年版),《中国资本主义工商业史料丛刊》中的《上海民族橡胶工业》(中华书局1979年版)、《上海市棉布商业》(中华书局1979年版)、《上海民族机器工业》(中华书局1966年版)、《上海民族毛纺织工业》(中华书局1963年版)、《上海资本主义典型企业史料》丛书中的《刘鸿生企业史料》(上海人民出版社1981—1982年版),此外还有中国人民银行上海市分行编的《上海钱庄史料》(上海财经出版社1960年版,上海人民出版社1978年重印)。1960年全国政协主办编辑的《文史资料选辑》开始出刊,其中也收录了不少与宁波商帮相关的历史回忆资料。如第15辑有许念晖《虞洽卿的一生》、第34辑有庄禹梅《关于宁波旅沪同乡会》、第38辑有平襟亚《漫谈黄楚九及其事业》、第42辑严逸文的《四十年买办生涯回忆》等。上海、浙江、天津、湖北等地的文史资料中相关回忆资料还要更多一些。与大量资料涉及宁波商帮人物、企业相比,这一时期深入研究并肯定宁波帮以及宁波帮工商业者的论著极少,其中《明清时代商人及商人资本》是个例外。该书于1956年出版,由中国社会经济史学的主要奠基人之一傅衣凌先生撰写。尽管在这一部学术史上首次用个案考察的方法对中国各地商帮进行全面研究的著作中没有专门章节详细论述宁波商帮,但明确提出了关于宁波商帮的重要观点,即浙东多海商,以宁波商帮为大,有八

---

① 其中一些资料到20世纪70年代末以后才出版,为叙述方便,一并介绍于此。

百余年发展历史,嘉道之际发展甚速。[①] 这至少表明,宁波商帮在中国商帮史上的地位是不可或缺的,哪怕是因为各种复杂的原因被人为地放在极其边缘的位置。当然,在这一时期的多数情况下,宁波商帮及宁波帮商人常以历史的反派角色出现在学术论著和历史教科书的历史叙述之中,如杨坊这位早期宁波帮大买办,以筹划并资助建立洋枪队而著称,被认为是与帝国主义相勾结祸害太平天国事业的早期买办资产阶级的典型人物。杨坊之后,虞洽卿这位宁波帮中举足轻重的人物既是买办资产阶级的典型代表人物,又被强调是"四一二"反革命政变幕后推手和元凶之一。

这一时期,国际学术界则在宁波商帮研究方面有了新的进展。20世纪50年代初,根岸佶相继出版《上海的行会》(日本评论社1951年版)、《中国的行会》(日本评论新社1953年版)等著作。其中《上海的行会》第一章即为关于上海的宁波帮行会的研究,主要考察上海四明公所、宁波旅沪同乡会、宁波商帮与江浙财团诸问题。在其他各章中,如在"上海钱庄行会"、"上海银行公会"、"上海总商会"等章中,同样用相当大的篇幅述及宁波商帮。《中国的行会》在论及清代以来中国地域商帮实力消长的过程时指出:清代中国工商领域中以山西、三江、广东、福建为四大商帮,到《南京条约》签订后,四大商帮逐渐演变为山西、宁波、广东三帮独领风骚,1895年《马关条约》签订后,山西商帮由于没有能够及时调整投资方向发展近代工业而逐渐衰败,而宁波商帮、广东商帮则分别以上海和广州、香港为依托在工业领域获得快速成长。民国初年以后,广州成为国民革命军与各派军阀势力之间争夺的战场,香港则偏处华南一隅,广东商帮发展受到限制的同时还受到内战的很大削弱,宁波商帮则以上海尤其是租界为依托,继续发展,成为中国最大的商帮。20世纪60—80年代,日本、美国等国学者也发表了一系列有关宁波商帮颇有学术分量的论文和著述。如日本学者西里喜行的《清末的宁波商人》(《东洋史研究》第26卷第1、2号,1967年6、9月)、美国学者苏珊·曼·琼斯(Susan Mann Jones,又译曼素恩)的《宁波的金融:1750—1880年的钱庄》(威廉·E·威尔莫特编《中国社会的经济组织》,斯坦福大学出版社1972年版)及《宁波帮和上海的金融势力》(伊懋可和施坚雅合编《处于两个世界之间的中国城市》,斯坦福大学出版社1974年版)、日本学者斯波义信的

[①] 傅衣凌:《明清时代商人及商人资本》(《傅衣凌著作集》),中华书局2007年版,第28页。

《宁波及其腹地》(施坚雅主编《中华帝国晚期的城市》,斯坦福大学出版社1977年版)。苏珊·曼·琼斯的两篇文章深入探讨了宁波商帮在宁波和上海两地钱庄业经营和发展的情况,其中《宁波帮和上海的金融势力》通过对抗战前宁波商帮在上海金融业中巨大经济力量的研究表明,中国传统的亲属、同乡关系能够适应现代化的需要,尤其是同乡关系成为中国城市中连接家族、阶级、商业利益的主要渠道。这篇文章是探讨宁波帮金融势力在上海发展的原因的代表性论文。① 施坚雅《中华帝国晚期的城市》一书有斯波义信撰"宁波及其腹地"一章,以宁波城市经济中心地位为主,探讨了宁波作为一个城市的内部结构,并将其与腹地结构相联系,强调地区经济对地方体系专业化的依赖,探讨了宁波作为一个海外贸易中心及地区中心以及二者之间的关系,并将其与宁波帮商人及金融家先面向上海,再面向中国全国各商业中心的大扩展相联系,提出了一系列能够给人启发的看法。② 日本学术界关于吴锦堂的研究也取得了一系列成绩,如:陈德仁《华侨巨子吴锦堂》,载《神户中华总商会报》(1972年2月10日);山口政子《关于在神(户)华侨吴锦堂》,载山田信夫编《日本华侨与文化摩擦》,严南堂1983年版;陈德仁、安井三吉著《孙文与神户》(神户新闻出版中心1985年版);陈德仁编著《辛亥革命与神户》(孙中山纪念馆1986年版);山田正雄《阪神中华会馆的创立》,载《史学研究》第57号;川边贤武《吴锦堂与神户小束野开垦》,载《历史与神户》第2号;中村哲夫著《移情阁异闻——孙文与吴锦堂》(阿吽社1990年版);陈来幸《日本中华会馆研究》(载《神户华侨华人研究会通讯》第29号,1996年2月);陈来幸《大正时期的阪神华侨与中日关系——以中华会馆为中心的考察》(载《近百年日中关系史的变迁与阪神华侨》,神户大学国际文化部1997年3月版);安井三吉《阪神中华会馆有关史料及研究状况》(载《近百年日中关系史的变迁与阪神华侨》,神户大学国际文化部1997年3月版)等。③ 从日本学者到美国学者的研究,显示出宁波商帮这个课题的巨大学术魅力。

---

① [美]苏珊·曼·琼斯著,陈增年、乐嘉书译:《宁波帮和上海的金融势力》,见张仲礼主编:《中国近代经济史论著选译》,上海社会科学院出版社1987年版,第436—455页。
② [日]斯波义信:《宁波及其腹地》,见[美]施坚雅主编,叶光庭等译:《中华帝国晚期的城市》,中华书局2000年第1版,第303、469—526页。
③ [日]森田明著,雷国山译:《清代水利与区域社会》,山东画报出版社2002年版,第195页;虞和平:《吴锦堂与日支实业协会》,载《吴锦堂研究》,中国文史出版社2005年版,第142页。

1978年年底十一届三中全会之后的一段时间,有关宁波商帮的相关学术研究带着刚刚逝去的岁月的明显痕迹,在解放思想的旗帜下逐渐展开。这一时期的相关论著、资料集、回忆文章主要有《中国买办资产阶级的发生》、《中华民国史资料丛稿·人物传记》、《旧中国的买办阶级》、《中国第一家银行——中国通商银行的初创时期(1897—1911)》、《刘鸿生企业史料》、《实业家刘鸿生传略——回忆我的父亲》、《在天津的"宁波帮"》等。其中《中国买办资产阶级的发生》为作者一系列专题论文旧稿汇编,认为买办势力得以飞黄腾达的原因不外凭借侵略势力和勾结封建势力两条,"凡勾结封建统治势力以服务于外来侵略势力的买办商人不论他有无买办名义,也不论他是经商还是充任官职,皆可视为买办或买办资产阶级分子"①。在该书附录的《十九世纪各口岸洋行买办简表》中,我们可以查到宁波商帮早期著名买办方润斋(上海李百里洋行)、杨坊(上海怡和洋行)、王槐山(上海汇丰银行)等。《旧中国的买办阶级》脱稿于1966年5月,经过重新整理后出版。该书把民族资产阶级和买办阶级并列为中国资产阶级的两个组成部分,并将民族资本和买办资本并列为中国资本主义的两个部分,指出买办资本是外国资本的附庸,操纵了江浙、华北、华南三大财团。该书将宁波帮买办朱葆三、虞洽卿、傅筱庵、周宗良(以上在上海)、王铭槐、严蕉铭、叶星海(以上在天津)等称为职业买办。②该书附录中有杨坊、叶澄衷、王铭槐、朱葆三、虞洽卿、傅筱庵、周宗良、邬挺生等著名买办人物小传,是研究宁波帮买办有用的参考资料。1981年,中华书局出版的《中华民国史资料丛稿·人物传记》中收录若干宁波籍企业家的传记。③中国人民银行上海市分行金融研究室编的《中国第一家银行——中国通商银行的初创时期(1897—1911)》(中国社会科学出版社1982年版),该书尽管十分简要,但对了解宁波商帮与中国通商银行的历史渊源关系,有重要参考价值。上海社会科学院经济研究所编的《刘鸿生企业史料》(上海人民出版社1981年版)分四编,其中第一编编入的是1911—1931年间刘鸿生买办和商业资本的积累及其向民族工业资本转化过程的史料;第二编编入的是1931—1937年间刘氏企业发展中遭遇困难的史料;第三编编入的是1937—1945年抗日战争时期刘氏企

---

① 聂宝璋:《中国买办资产阶级的发生》,中国社会科学出版社1979年版,第2页。
② 黄逸峰、姜铎等:《旧中国的买办阶级》,上海人民出版社1982年版,第153页。
③ 陆志濂:《朱葆三》,《中华民国史资料丛稿·人物传记》第11辑,中华书局1981年版。

业在沦陷区遭受劫夺以及在香港和大后方经营活动的史料；第四编编入的是1945—1949年新中国成立前夕刘氏企业复员、萎缩、停顿的史料。各编史料，主要来自企业档案以及相关当事人的访谈、口述等。1982年，刘鸿生先生之子刘念智撰写的《实业家刘鸿生传略——回忆我的父亲》由文史资料出版社出版，该书从亲属回忆角度追述刘鸿生的人生和事业，是一部有重要参考价值的宁波帮著名企业家的回忆资料。1984年4月出版的《天津文史资料选辑》刊载了张章翔写于1965年的《在天津的"宁波帮"》一文，对宁波帮在天津的由来、发展、兴盛、主要人物、主要经营行业等进行了全面的提纲挈领式的回顾，对于了解宁波商帮在天津兴起和发展的情况很有参考价值。① 这一时期国内学术界发表的与宁波商帮有直接关系的论文主要有丁日初和杜恂诚合写的《虞洽卿简论》及林士民的《近代宁波商业和商人》②。丁日初、杜恂诚合写的《虞洽卿简论》，发表在《历史研究》1981年第3期。该文从具体的历史事实出发，实事求是地评价了虞洽卿的一生，将虞洽卿归于民族资产阶级的范畴予以基本肯定的评价。③ 尽管该文的研究视野并非宁波帮或宁波商帮，但这一研究和评价对于此后宁波商帮研究的开展，确实大有裨益。林士民的《近代宁波商业和商人》，考察了19世纪中叶到20世纪40年代宁波港口城市的商业、市场和宁波商人。尽管该文十分简略且局限于近代，却是大陆学术界自傅衣凌先生之后再一个从正面论述宁波商帮这一商人群体的论文。这一时期台湾和海外学者发表的值得重视的相关论文主要有苏云峰的《民初之商人，1912—1928》、梁元生的《十九世纪中叶上海商界地区性集团之间的竞争》等。《民初之商人，1912—1928》一文尽管不是专门论述宁波商帮的论文，但是在论及民初商人结构及势力消长、分析民初著名商人的过程中，对宁波帮商人尤其是宁波帮钱庄商人、银行商人、买办商人、企业家、一般商人多有涉及，对于认识民初宁波帮商人在整个商人群体中的地位和作用有重要参考价值。④ 新加坡籍学者梁元生撰写的《十九世纪中叶上海商界地区性集团之间的竞争》，原载1982年

---

① 张章翔：《在天津的"宁波帮"》，《天津文史资料选辑》第27辑，天津人民出版社1984年版，第67—87页。
② 林士民：《近代宁波商业和商人》，《商业经济与管理》1984年第1期。
③ 丁日初、杜恂诚：《虞洽卿简论》，《历史研究》1981年第3期。
④ 苏云峰：《民初之商人，1912—1928》，《中央研究院近代史研究所集刊》第11期，1982年7月，第47—82页。

12月的美国《清史问题》第4卷第8期,后由乐嘉书译成中文刊载于1984年《上海社会科学》第1期。该文考察了19世纪中叶上海城市中宁波帮与广东帮两大地区性集团之间的经济竞争和政治对抗,力图证明广东人和宁波人之间的竞争不仅是上海当地历史上的一个问题,而且具有更加广泛的含义,涉及中国近代史上的一些重大问题,并与地方性和全国性的经济现代化及政治上的派别活动相联系。①

在中国社会主义建设新时期,鉴于改革开放引进外资,加快经济发展和社会进步的需要,1984年8月1日,邓小平在北戴河听取国务委员谷牧关于宁波开发开放工作汇报的时候明确提出:要加快宁波改革开放的步伐,把全世界的宁波帮都动员起来,建设宁波。②邓小平的谈话引发了港澳台和海外宁波帮回甬、回国投资的热潮,也引发了社会各界对宁波帮历史和现状的浓厚兴趣,介绍宁波帮的文章开始在国内的报刊上陆续出现,宁波帮研究开始处于酝酿之中,翻译自外文的论著开始在重新审视宁波帮的学术省思中发挥了极其重要的作用。在文章和论文方面,有吴克强等撰写的《饮誉四海的"宁波帮"》③、张敏杰的《论宁波帮》④、严中平的《试论中国买办资产阶级的发生》⑤、胡光明的《论早期天津商会的性质与作用》⑥。其中吴克强、郭说传、童宝根合写的《饮誉四海的"宁波帮"》属新闻背景介绍性质的文章,文章简单追溯了宁波帮兴起和发展的历史,并介绍了吴锦堂、包玉刚、王宽诚、应行久等宁波帮风云人物以及海外宁波帮实业家回乡兴办各种事业的情况。张敏杰的《论宁波帮》对传统宁波商帮进行追述之后,对新时期宁波商帮的特点及作用进行了若干思考。严中平的《试论中国买办资产阶级的发生》一文考察了买办资产阶级的概念,认为捐客、通事、买办、看银师等等与外国洋行达成协议,结成主雇关系的人物,都是买办资产阶级分子。当这些人解除买办职务后,自行投资兴办企业,就是买办资本向民族资本转化的现象,不能再称

---

① [新加坡]梁元生,乐嘉书译:《十九世纪中叶上海商界地区性集团之间的竞争》,《上海社会科学》1984年第1期,第52—58页。该文另由何锡蓉翻译后,以"十九世纪中叶广东人和宁波人在上海的竞争"为标题,刊载于《档案与历史》1985年第2期。
② 冷溶、汪作玲主编:《邓小平年谱(一九七五—一九九七)》,中央文献出版社2004年版,第989页。
③ 吴克强等:《饮誉四海的"宁波帮"》,《瞭望》1986年第28期。
④ 张敏杰:《论宁波帮》,《探索》1987年第6期。
⑤ 严中平:《试论中国买办资产阶级的发生》,《中国经济史研究》1986年1期;严中平:《试论中国买办资产阶级的发生》(续),《中国经济史研究》1986年第3期。
⑥ 胡光明:《论早期天津商会的性质与作用》,《近代史研究》1986年4期。

其为买办资产阶级。同时,该文把和外国资产阶级直接结成资本合作关系的那种人也称为买办资产阶级。该文在论述相关问题的过程中,对于宁波帮买办人物穆炳元、杨坊、王槐山,宁波的商业和钱庄制度,宁波帮买办杨坊向政治渗透等问题均有细致的考察和分析。胡光明《论早期天津商会的性质与作用》一文在讨论早期天津商会诸问题的过程中,涉及宁波商帮在天津的立足与发展,认为与漕运有很大的关系,对于天津的宁波帮买办进行了考察和分析,认为实力不及广东帮,但内部联络紧密、经营范围广泛、人数众多。这一时期开始,若干高等院校的研究生院也逐渐有人以宁波帮为研究生学位论文的选题,笔者即于1988年以《明清以来的宁波商人》在南京大学获得硕士学位。这一时期出版的学术著作和资料集主要有:美籍华裔学者郝延平著、李荣昌等翻译的《十九世纪的中国买办:东西间的桥梁》(上海社会科学院出版社1988年版),美国学者小科布尔著、杨希孟等翻译的《上海资本家与国民政府(1927—1937)》(中国社会科学出版社1988年版),庄凯勋主编的《环球航运家包玉刚》(海洋出版社1986年版),政协浙江省委员会文史资料研究委员会编的《浙江籍资本家的兴起》(浙江人民出版社1986年版),政协上海市委员会文史资料工作委员会编的《旧上海的外商与买办》(上海人民出版社1987年版),天津政协文史资料研究委员会编的《旧天津的洋行与买办》(天津人民出版社1987年版),郑绍昌主编的《宁波港史》(人民交通出版社1989年版),王遂今主编的《宁波帮企业家的兴起》(浙江人民出版社1989年版)。其中,1988年译为中文出版的《十九世纪的中国买办:东西间的桥梁》,原为专攻中国经济史的美籍华裔学者郝延平的博士论文,1970年出版英文版,是海内外研究中国近代买办问题中相当有影响的著作。该书论述中在非常重视广东买办的同时,也十分强调浙江买办尤其是宁波买办的重要性,并强调到20世纪初,上海的浙江买办已经胜过了广东买办。同年译为中文出版的《上海资本家与国民政府(1927—1937)》,是由美国哈佛大学小科布尔博士撰写的一部探讨1927—1937年间南京国民政府与上海金融工商界经济、政治关系的专著,1980年曾经以美国哈佛大学东亚研究中心的名义出版英文版。该书在论述相关问题的时候,充分注意到了宁波商帮在上海金融工商界的核心地位和作用,并体现在整个著作的论述当中。这一时期出版的相关图书中,《浙江籍资本家的兴起》及《宁波帮企业家的兴起》为政协浙江省委员会文史资料研究委员会编的文史资料类型的资料集,但是所收录资料确实能够反映近代宁波商帮最基本的情况,因此值得重视。政协上海市委员会文史资料工作委员会编的《旧上海的外商与买办》、天津政协文史资料研究委员会编的《旧天津的洋行与买办》则从中外经济交往与资本主义现代化的新视角对近代买办群体加以重新认识。丁日初将这类买办商人定性为属于资本家阶级的新式商人,[①]其中涉及上海、天津等地的诸多宁波帮买办商人。郑绍昌主编的《宁波港史》是《中国水运史丛书》的一种,该书对自古以来宁波港口、港口管理、贸易地位的历史发展和演变进行了一次深入系统的考察,指出清代到鸦片战争前是古代宁波港的全盛时期,1840年以后宁波港由帆船码头转变为轮船码头,由银钱过账码头转变为银洋过账码头,由农副产品转运码头转变为工商业贸易港,港口腹地在加快商品化进程的同时,腹地范围却不断缩小。该书在论述宁波港口变迁过程中,还对传统的宁波帮海商以及轮船商人的兴起与发展有所论述。

进入 20 世纪 90 年代,宁波商帮研究的论著开始迅速增多。其中专题性的学术论文主要有:拙文《宁波帮与民信局兴衰论述》[②]、姚玉明《近代宁波帮文化心态初探》[③]、拙文《明清时期宁波商人集团的产生和发展》[④]、陈月明《宁波帮和徽帮之比较》[⑤]、苏智良《试论 1898 年四明公所事件的历史作用》[⑥]、孙善根《近代宁波籍买办势力的形成和发展》[⑦]、王双《刘鸿生改革招商局的回顾与思考》[⑧]、帆刈浩之《清末上海四明公所运棺网的形成》[⑨]、黄逸平《近代宁波商帮与上海经济》[⑩]、竺菊英的《论近代宁波帮与上海的关系》[⑪]、张圻福《抗战时期的刘鸿生》[⑫]、蔡继福《宁波帮与

---

① 丁日初:《前言——对外经济交往与近代中国资本主义现代化的关系》,见政协上海市委员会文史资料工作委员会编:《旧上海的外商与买办》,上海人民出版社 1987 年版,第 33 页。
② 张守广:《宁波帮与民信局兴衰论述》,《宁波师范学院学报》(人文社会科学版)1990 年第 3 期。
③ 姚玉明:《近代宁波帮文化心态初探》,《中国社会经济史研究》1990 年第 2 期。
④ 张守广:《明清时期宁波商人集团的产生和发展》,《南京师范大学学报》(社会科学版)1991 年第 3 期。
⑤ 陈月明:《宁波帮和徽帮之比较》,《宁波大学学报》(人文社科版)1991 年第 1 期。
⑥ 苏智良:《试论 1898 年四明公所事件的历史作用》,《学术月刊》1991 年第 6 期。
⑦ 孙善根:《近代宁波籍买办势力的形成和发展》,《浙江学刊》1993 年第 5 期。
⑧ 王双:《刘鸿生改革招商局的回顾与思考》,《学术月刊》1993 年第 5 期。
⑨ [日]帆刈浩之:《清末上海四明公所运棺网的形成》,《社会经济史学》(日本上智大学社会经济史学会主办)第 59 卷第 6 号,1994 年 3 月。
⑩ 黄逸平:《近代宁波商帮与上海经济》,《学术月刊》1994 年第 5 期。
⑪ 竺菊英:《论近代宁波帮与上海的关系》,《华东师范大学学报》1994 年第 5 期。
⑫ 张圻福:《抗战时期的刘鸿生》,《民国档案》1995 年第 2 期。

上海工商业》①、王遂今《宁波帮是怎样形成的》②、孙善根《试论近代宁波籍工商业人才群体的形成》③、曹峻《近代上海宁波帮的经济与组织》④、姚会元《江浙财团形成的经济基础与社会基础》⑤、姚会元和邹进文《江浙财团形成的标志及其经济、社会基础》⑥、周静芬《上海开埠是宁波帮近代化的机遇》系列论文⑦、邢建榕《虞洽卿与上海证券物品交易所》⑧、丁日初《五四运动中的虞洽卿》⑨、郭太风《虞洽卿与商界变异》⑩、沈雨梧《论海外宁波帮企业家素质》⑪、曹峻《宁波旅沪同乡会研究》⑫、曹峻《上海宁波帮的抗日救国活动》⑬、陈梅龙《秦润卿与上海钱庄业》⑭、孙善根《近代宁波帮形成的历史因素及其作用》⑮、虞和平《清末以后城市同乡组织形态的现代化——以宁波旅沪同乡组织为中心》⑯、孙善根《邓小平与宁波帮》等⑰。拙作《明清时期宁波商人集团的产生和发展》一文,考察、分析和归纳了宁波帮产生的原因、活动范围及经营内容,并对兴起中的宁波商帮的特点进行了若干阐述,文中明确提出了宁波商帮形成于明末天启、崇祯前后的观点,此一观点至今仍为国内学术界所采用。孙善根《近代宁波籍买办势力的形成和发展》一文,考察和分析了宁波帮买办兴起和壮大的原因、条件及发展状况。帆刘浩之《清末上海四明公所运棺网的形成》,以清末上海四明公所为个案,考察了中国近代同乡团体的凝聚力问题。虞和平《清末以后城市同乡组织形态的现代化——以宁波旅沪同乡

---

① 蔡继福:《宁波帮与上海工商业》,见鲍杰主编:《论近代宁波帮》,宁波出版社1996年版。
② 王遂今:《宁波帮是怎样形成的》,《民国春秋》1993年第6期。
③ 孙善根:《试论近代宁波籍工商业人才群体的形成》,《宁波大学学报》(人文社科版)1995年第2期。
④ 曹峻:《近代上海宁波帮的经济与组织》,《上海师范大学学报》1995年第4期。
⑤ 姚会元:《江浙财团形成的经济基础与社会基础》,《中国社会经济史研究》1995年第3期。
⑥ 姚会元、邹进文:《江浙财团形成的标志及其经济、社会基础》,《中国社会经济史研究》1997年第3期。
⑦ 周静芬:《上海开埠是宁波帮近代化的机遇》系列论文,见《浙江师范大学学报》(社科版)1996年第1、6期,1997年第4期,1998年第4期。
⑧ 邢建榕:《虞洽卿与上海证券物品交易所》,《档案与史学》1996年第3期。
⑨ 丁日初:《五四运动中的虞洽卿》,《档案与史学》1996年第5期。
⑩ 郭太风:《虞洽卿与商界变异》,《档案与史学》1996年第5期。
⑪ 沈雨梧:《论海外宁波帮企业家素质》,《浙江师范大学学报》(社科版)1996年第3期。
⑫ 曹峻:《宁波旅沪同乡会研究》,《上海研究论丛》第11辑,上海社会科学院出版社1997年版。
⑬ 曹峻:《上海宁波帮的抗日救国活动》,《抗日战争研究》1997年第1期。
⑭ 陈梅龙:《秦润卿与上海钱庄业》,《民国档案》1997年第3期。
⑮ 孙善根:《近代宁波帮形成的历史因素及其作用》,《档案与史学》1997年第4期。
⑯ 虞和平:《清末以后城市同乡组织形态的现代化——以宁波旅沪同乡组织为中心》,《中国经济史研究》1998年第3期。
⑰ 孙善根:《邓小平与宁波帮》,《当代中国史研究》1998年第5期。

组织为中心》一文,考察了宁波商帮在上海的同乡组织——上海四明公所和宁波旅沪同乡会,指出前者是传统组织,后者是现代组织,认为以民国初年宁波旅沪同乡会的成立为起点,现代性质的同乡会组织在全国各地逐渐普及开来,传统的同乡会馆、公所也逐渐引入同乡会的组织体制和功能,这种情形一方面表现了近代中国同乡组织从传统到现代的转化过程,另一方面也反映了传统同乡组织经过改造可以适应社会发展的需要。与此同时,江浙沪的高校中开始有一批攻读硕士学位和博士学位的研究生将与宁波商帮相关的研究作为学位论文的选题。这些研究的进行,不仅为此后的宁波帮研究提供了一批高质量的研究成果,而且对于宁波帮研究学术队伍的成长具有重要的意义。

20世纪90年代的学术著作和论文集主要有沈雨梧编著的《走向世界的宁波帮企业家》(三联书店1990年版)、张圻福和韦恒著的《火柴大王刘鸿生》(河南人民出版社1990年版)、徐鼎新和钱小明合著的《上海总商会史》(上海社会科学院出版社1991年版)、孔令仁和李德征主编的《中国近代企业的开拓者》(山东人民出版社1991年版)、茅家琦主编的《横看成岭侧成峰:长江下游城市近代化的轨迹》(江苏人民出版社1993年1月版)、张海鹏和张海瀛主编的《中国十大商帮》(黄山书社1993年10月版)、许世芬和张富强合译的法国学者白吉尔所著的《中国资产阶级的黄金时代》(上海人民出版社1994年版)、袁长燕译的英国学者罗宾·赫钦所著的《包玉刚传》(百花洲文艺出版社1994年)、冷夏和晓苗合著的《世界船王包玉刚》(广东人民出版社1995年版)、张恒忠著的《上海总商会研究》(台北知书房出版社1996年版)、王旻著的《一代船王董建华》(中国工商联合会出版社1996年版)、金普森主编的《虞洽卿研究》(宁波出版社1997年版)、李晓庄等著的《从船王之子到政坛新星:董建华》(时事出版社1996年版)、王耀成著的《希望之路:赵安中传》(北京大学出版社1997年版)、费勇等编著的《董建华:百年香港第一人》(广东经济出版社1997年版)、姚会元著的《江浙金融财团研究》(中国财政经济出版社1998年版)、王元周著的《卢绪章与广大华行——政治使命与企业经营》(中国对外经济贸易出版社1999年版)、吕国荣等编的《卢绪章画册》(浙江摄影出版社1997年版)、鲍杰主编的《论近代宁波帮》(宁波出版社1996年版)、徐女著的《包达三传奇》(中国文史出版社1996年版)、宁波政协文史资料委员会编的《活跃在沪埠的宁波商人:商海巨子》(中国文史出版社1998

年版)、林树建著的《宁波帮企业家》(福建人民出版社1998年版)等。其中《火柴大王刘鸿生》河南人民出版社出版的《中华民国史丛书》中的一种,该书也成为有关宁波帮企业家的第一部学术性人物传记。《走向世界的宁波帮企业家》收录了海外宁波帮企业家传记49篇,对了解海外宁波帮企业家,提供了一个尽管不完备却非常重要的参考。徐鼎新、钱小明的《上海总商会史》(1902—1929)是1986年国家"七五"社科重点资助的国家社会科学基金项目研究成果,是有关上海总商会研究方面具有开拓性的学术论著。该书对宁波商帮在上海总商会中的重要性和举足轻重的地位有充分的论述。台湾学者张恒忠的《上海总商会研究》,则提出了与《上海总商会史》不同的观点,认为地缘关系尽管是上海商界维系关系的纽带,但并不是唯一的考量标准,他指出:"民国以后,上海商界的业缘关系越来越重于地缘关系,加上商人通常以利益为优先考量的标准,在这样的背景下,上海商界地缘关系的重要性便日渐式微。纯粹从地缘关系来判断上海商界的关系,或上海总商会是否为宁波商帮所控制,还有待商榷。"[①]《中国近代企业的开拓者》收录了110篇人物传记,涉及近代120多位工商业者,对著名宁波帮工商业者方液仙、叶澄衷、刘鸿生、朱葆三、李康年、严信厚、宋炜臣、陈万运和沈九成、金润庠、胡西园、项松茂和项绳武、秦润卿、黄楚九、虞洽卿、鲍咸昌、鲍国昌等均有介绍。南京大学茅家琦主编的《横看成岭侧成峰:长江下游城市近代化的轨迹》一书,是国家社科基金项目研究成果,其中由笔者撰写的"宁波城市近代化和宁波帮在外地的发展"一章,主要探讨了宁波城市近代化以及宁波帮的产生、发展以及宁波商帮与宁波城市近代化的关系。《中国十大商帮》中有林树建撰写的"宁波商帮"一章,影响很大,惜其中舛误甚多,参考文献部分错误尤为严重。《中国资产阶级的黄金时代》是以研究中国近代资产阶级而著称的法国历史学家白吉尔的著作,该书以宽阔的国际学术界视野梳理了中国资产阶级形成、发展的基本脉络,在论述中作者也充分注意到了19世纪末到20世纪初期宁波商帮在上海实业团体中的重要地位,并有独到的分析和考察。1996年5月,中国经济史研究会、浙江省历史学会、上海和杭州两地的宁波经济建设促进会等学术、社会团体在虞洽卿的故乡浙江省慈溪龙山联合举办了虞洽卿研究学术研讨会,会后由

[①] 张恒忠:《上海总商会研究》,台北知书房出版社1996年版,第94页。

宁波出版社于1997年6月出版了由金普森主编的论文集——《虞洽卿研究》。该书收录了与会学者提交的20多篇论文，这些论文从不同角度对虞洽卿这位宁波帮的代表人物进行了深入的探讨，提出了不少新的观点，该书还附录了与虞洽卿相关的珍贵史料近十万字。姚会元所著的《江浙金融财团研究》，是财政部部属院校财经专著出版专项资金资助的项目，主要考察和研究作为江浙财团核心及灵魂的江浙金融财团，指出近代江浙财团的社会基础宁波帮，并将宁波商帮代表人物严信厚、虞洽卿、秦润卿等列入江浙金融财团的主要代表人物之列，同时也没有回避宁波商帮中的败类傅筱庵等人。

二、最近十年来的宁波商帮研究

进入21世纪后的最近10年，宁波商帮研究呈现出研究成果越来越多、研究领域不断拓展、社会效益日益显现等特点。

首先是研究成果越来越多，学术论著和适合社会大众阅读的相关读物、文章、宣传品层出不穷。抛开普通读物不说，最近十年来，宁波商帮研究相关学术论著、资料及资料汇编大量涌现是有目共睹的事实，从人物、家族的个案研究，到行业、区域的条块研究，从个别出版的专著，到经过精心策划出版的丛书，大有令人目不暇接之势。

最近十年中有关宁波商帮研究的专著和专题资料集，主要有高家龙著的《大公司与关系网》（上海社会科学院出版社2002年中文版）、拙著《超越传统：宁波帮的近代化历程》（西南师范大学出版社2000年版）、李瑊著的《上海的宁波人》（上海人民出版社2000年版）、谢俊美编的《中国通商银行》（上海人民出版社2000年版）、于亮和金永年著的《历史的对接：同仁堂传统文化与现代文明相融合的实践》（北京出版社2000年版）、陶水木著的《浙江商帮与上海经济近代化研究：1840—1936》（上海三联书店2000年版）、金普森和孙善根主编的《宁波帮大辞典》（宁波出版社2001年版）、杨新华著的《近现代宁波帮航运史》（黑龙江教育出版社2002年版）、季学源和陈万丰主编的《红帮裁缝史》（宁波出版社2003年版）、洪钧杰主编的《群星灿烂——现当代宁波籍名人》（宁波出版社2003年版）、冯筱才著的《在商言商：政治变革中的江浙商人》（上海社会科学院出版社2004年版）、郭绪印主编的《老上海的同乡团体》（文汇出版社2003年版）、黄绍伦著的《移民企业家——香港的上海企业家》（上海古籍出版社2003年版）、顾德曼著的《家乡、城市和国家——上海的地缘网络与认同》

（上海古籍出版社2004年版）、唐豪和吴景平主编的《上海总商会组织史料汇编》（上海古籍出版社2004年版）、马卫光主编的《百年宁波帮》（西泠印社出版社2004年版）、乐承耀著的《宁波帮经营理念研究》（宁波出版社2004年版）及《近代宁波商人与社会经济》（人民出版社2007年版）、倪玉平著的《清代漕粮海运与社会变迁》（上海书店出版社2005年版）、上海市工商业联合会编的《上海总商会议事录》（上海古籍出版社2006年版）、周竹君口述王晓舜整理的《俞佐宸和我》（宁波出版社2006年版）、王尔敏著的《五口通商变局》（广西师范大学出版社2006年版）、林树建著的《宁波商帮》（黄山书社2007年版）、伍宏著的《影视大亨邵逸夫：邵逸夫的电影、慈善、电视传奇》（团结出版社2008年版）、包陪庆著的《包玉刚：我的爸爸》（浙江大学出版社2010年版）、刘云华著的《红帮裁缝研究》（浙江大学出版社2010年版）、李瑊主编的《宁波旅沪同乡会百年纪念》（中国文史出版社2011年版）等。

美国著名企业史学者高家龙2000年出版的英文本《大公司与关系网》，以考察和分析中国企业史上社会关系网的本质和作用为核心，其中第7章以宁波帮刘鸿生企业中的大中华火柴公司为考察对象，指出在创办大中华火柴公司之前，刘鸿生通过各种途径建立了一个强大的社会关系网，并利用这个社会关系网将投资者集合起来，促成了这家公司的诞生。公司建立后，刘鸿生转而偏好西方式的非个人的公司治理结构和管理方式，依靠投资者和来自非家庭成员及同乡的职员来经营企业。但是到20世纪30年代中期和40年代，刘鸿生又将这些权力收回转交给从国外留学归来的儿子们的手中，而他的这些掌握了企业大权的儿子们更是毫不含糊地把非刘氏家族成员的管理人员排除在企业最高决策层之外。[1] 该书的研究方法和相关观点，受到海内外学术界的高度重视。

拙著《超越传统：宁波帮的近代化历程》是笔者在硕士、博士论文以及相继发表的若干论文的基础上撰写的宁波商帮研究专著，比较系统全面地考察和论述了宁波商帮形成、发展和超越传统实现近现代化转型的历史，附录中有宁波帮买办、宁波帮著名工商企业、宁波帮义庄等表。该书是关于宁波商帮的通论性著作，是作者多年研究宁波商帮的一个初步总结。

---

[1] ［美］高家龙著，程麟荪译：《大公司与关系网》，上海社会科学院出版社2002年版，第218—220页。

《上海的宁波人》由李瑊在其博士毕业论文基础上修改、充实而成的关于上海宁波籍移民群体的专著,该书用移民社会学的理论方法和视野,考察和分析了宁波人移民上海的原因和过程,重点为宁波人在上海金融业、工商业、新式教育中的建树和巨大影响,同时也对宁波人在上海的同乡团体、上海宁波人的乡土意识及对乡土意识的超越等进行了深入的研究,大大深化了上海宁波帮的研究。

谢俊美编的《中国通商银行》,收录了上海图书馆及中国人民银行上海分行档案室所藏有关中国通商银行档案资料数百件,是研究中国通商银行初创时期的重要资料。由于宁波帮银行家在该行具有压倒性优势,长期控制该行,所以该行一向被视为宁波帮银行。资料中收入宁波帮巨商严信厚、余姚籍金融家陈淦(笙郊)相关资料颇多,是研究宁波帮金融史的重要资料,值得重视。

陶水木著的《浙江商帮与上海经济近代化研究:1840—1936》是作者在博士论文基础上进一步充实资料后出版的区域经济史专著。作者在书中对宁波帮旅沪同乡社团、宁波帮著名航运企业、金融企业、工商企业均有浓墨重彩的论述。

金普森和孙善根主编的《宁波帮大辞典》,收录与宁波帮相关的人物、实业、社团、事件、文献等,是一部较为完备的宁波帮研究工具书。

季学源和陈万丰主编的《红帮裁缝史》是宁波商帮行业史研究专著。作者自1991年,从宁波开始,通过各种途径,与包括海外有关人士在内的各地相关人士取得联系,进行采访或请人查阅有关资料,先后访问包括老一代红帮裁缝师傅在内的上百位知情者。同时,尽可能查阅包括档案在内的历史资料。从内容上看,该书系统地考察了宁波红帮裁缝和红帮服装行业创始、兴起、发展的历程、代表人物、地域分布、著名字号、社会影响等,是一部具有开拓性的重要学术著作。

冯筱才著的《在商言商:政治变革中的江浙商人》是在其博士论文基础上充实而成的有关江浙商人与政治的学术专著。该书从社会经济史的角度,试图通过以事件为中心考察和叙述,分析民国初年江浙商人与政治的互动关系,挖掘出潜藏其间的商人个人行为及其实际政治心态,甚至更为深层的左右上述心态的经济制度和结构方面的原因,重新解释民国初年江浙商人与政治之间的关系。

郭绪印主编的《老上海的同乡团体》,主要依据上海市档案馆的历史档案资料,以会馆、公所、同乡会为着力点,是从社会史角度,研究上海客籍工商业者社会活动的专著。其中第七章"宁波商帮及同乡团体"主要考察和研究了宁波商帮在上海的发展、上海的宁波帮四明公所、宁波旅沪同乡会以及上海四明公所与宁波旅沪同乡会的关系等问题,该研究对于研究上海的宁波人同乡社团,是一个重要的参考。

《上海总商会组织史料汇编》由上海市工商业联合会和复旦大学历史系合编,字数达130余万,所录资料大部分是上海市工商业联合会所收藏的未刊历史档案以及当时报刊中的相关资料,在编写体例上以时间为经,以事件为纬,使用方便。与上海总商会有关的资料汇编还有上海市工商业联合会编的《上海总商会议事录》,全书共有五大册,大部分为影印的1912—1928年上海总商会议事录、办事报告等档案文献,少部分为《上海总商会月报》中的"会务记载"。由于宁波商帮在上海总商会历史上的重要地位,以上两书为深入探究宁波商帮与上海总商会相关问题提供了丰富的第一手资料。

乐承耀著的《宁波帮经营理念研究》,以宁波商帮经营理念为主要研究对象,考察的范围从近代宁波帮企业家到现代、当代的新宁波帮风云人物。《近代宁波商人与社会经济》考察了宁波商人兴起的前提和条件、近代宁波商人在全国各大经济区域以及港台海外的经营活动、宁波商人与近代文化、宁波商人与公益慈善事业、宁波商人与近代社会运动等,该书是关于近代宁波商人的综论性著作。

倪玉平著的《清代漕粮海运与社会变迁》将清代漕粮海运置于中国社会发展过程中,考察和研究漕粮海运面对自身的挑战、西方的竞争以及全局性的社会变迁,如何规划和推进改革。该书对于宁波帮海商在海运漕粮问题上的态度、购买宝顺轮船进行海运漕粮的护航及其成效、宁波商帮参与海运与宁波帆船商的经营状况等有颇为翔实的考察,尤其是关于宝顺轮的购买、护航成绩等的记述,为他书所未见,值得重视。

2006年广西师范大学出版社出版了台湾学者王尔敏著的《五口通商变局》,作者自述这是他经过前后三十余年研究的慢功之作。该书列有"宁波口岸渊源及其近代商埠地带之形成"一章,论述宁波被开辟为"五口通商"口岸的历史背景,追溯到宋元明清各代宁波口岸的历史发展状况、宁波开放之前清代前期中国沿海有限开放及英国等西方国家长期觊觎宁波和宁波沿海港口的情势,详细考察了鸦片战争时期英军侵扰宁波的情形以及宁波被迫开埠以及开埠初期宁波各方面的情形。作者认为，英国执意要求开放宁波口岸，明显是本于其对宁波历史背景的了解和认识，至于中国方面何以能够在宁波英租界保存治权和警察权，则主要由于洋人居民太少，不足以自组一个地方政府并维持其市政开支所致。① 王尔敏先生的分析，再一次印证了开埠后宁波港贸易地位的下降，为考察、分析宁波商帮的成因，提供了又一个重要的学术参照。

《包玉刚：我的爸爸》是包玉刚长女包陪庆撰写的长篇回忆，对包玉刚的家庭、事业以及在中国国内开展旅游、航运业，与邓小平的交往，在中英香港问题谈判中的作用及带动宁波帮开发宁波等事件中所起的作用等，都有细致的记述，是一部具有独特价值的著作。

近十年来，有关宁波商帮研究还出版了一批丛书形式的专著及资料性图书。据笔者所见，此类图书计有上海市宁波经济发展促进会主编的《宁波人在上海》系列丛书、宁波市政协文史委员会主编的《宁波帮系列丛书》、周千军主编的《天下宁波帮丛书》、宁波浙江万里学院宁波市甬商研究基地应敏主编的《甬商研究丛书》、宁波大学宁波帮研究中心主编的10卷本《宁波帮志》、万斌主编的《浙商名人研究丛书》、浙江大学出版社出版的《甬商新鉴系列丛书》等。

上海市宁波经济建设促进会从2001年起开始筹划，并组织有关专家，编撰《宁波人在上海》系列丛书，从2003年起，先后出版《创业上海滩》、《战斗在大上海》、《同建新上海》、《共创上海新辉煌》等四辑。② 《创业上海滩》作为丛书的第一辑于2003年正式出版，该书着重介绍了上海开埠到中华人民共和国成立前后这一历史时期中，58位具有代表性的宁波人在上海经济领域开拓创业的历程和业绩，附录中简要介绍了32位相关人物。《战斗在大上海》着重介绍了辛亥革命前后到中华人民共和国成立这一历史时期中，58位宁波籍人士在上海政治以及科学、教育、文艺、体育、卫生文化领域的不朽业绩，并在附录中简要介绍了50位相关人物。《同建新上海》着重介绍了新中国成立到改革开放之前这一历史时

---

① 王尔敏：《五口通商变局》，广西师范大学出版社2006年版，第275页。
② 上海市宁波经济建设促进协会、上海市宁波同乡联谊会编：《创业上海滩》，上海科学技术文献出版社2003年版；上海市宁波经济建设促进协会、上海市宁波同乡联谊会编：《战斗在大上海》，东方出版中心2006年版；上海市宁波经济建设促进协会、上海市宁波同乡联谊会编：《同建新上海》，上海科学技术文献出版社2006年版；上海市宁波经济建设促进协会、上海市宁波同乡联谊会编：《共创上海新辉煌》，上海科学技术文献出版社2008年版。

期中，100位在上海社会主义革命和社会主义建设中作出过重要贡献的宁波籍人士的业绩，附录中又简要介绍了28位相关人物。《共创上海新辉煌》重点介绍了44位改革开放新时期为上海各方面作出显著贡献，有较大社会影响的宁波籍人士，附录中简要介绍了21位相关人物。《宁波人在上海》四辑总计共重点介绍260位、简要介绍131位近代以来宁波籍人士在上海各行各业的业绩，大体上能够反映出宁波籍人士在上海的百余年历史上群星灿烂的人文景象。

2004年年底，由宁波市政协文史委员会牵头，全国各地专家学者参加研究和撰文的《宁波帮系列丛书》开始陆续出版，已经出版者计有《宁波帮研究》、《吴锦堂研究》、《宁波名人故居》、《宁波帮与中国近代服装业》、《宁波帮在天津》、《鄞县籍宁波帮人士》、《宁波帮与中国近代电影业》、《王宽诚研究》、《宁波小港李氏家族》、《镇海籍宁波帮人士》、《宁波帮与中国近代金融业》、《宁波帮与中国近代银行》、《包玉刚与宁波开发开放》、《三北虞洽卿》、《宁波顾氏家族（史料篇）》、《近代上海民族工商业先行者叶澄衷》、《汉口宁波帮》、《〈申报〉宁波帮旅沪同乡社团史料》等18种合计19册，超过450万字。这些著作大致上可以分为总论类、人物类、家族类、行业类、地域类、社团类等，是一套比较系统的具有学术价值的大型宁波帮研究资料丛书。

周千军主编的《天下宁波帮丛书》，有《百年辉煌》、《月明故乡》、《甬人风采》、《四明城镇》（上、下）等，其中《甬人风采》收录了卢绪章、包达三、王宽诚、董浩云、包玉刚、张敏钰、胡嘉烈、应行久、邵逸夫、李达三、曹光彪、陈廷骅、赵安中等宁波商帮人物，并有专文介绍各地宁波经济发展促进协会、港澳台及海外宁波同乡社团、各地宁波商会等，既有通俗性又有比较强的资料性。

2005年浙江省启动规模巨大的文化研究工程，作为该工程的一个重要方面，出版由万斌主编的《浙商名人研究丛书》。该丛书的相关著作自2006年起陆续出版，其中可以归入宁波商帮史研究的有《钱业巨子秦润卿》（中国社会科学出版社2007年版）、《一诺九鼎朱葆三》（中国社会科学出版社2008年版）、《浙江籍港台巨商》（中国社会科学出版社2008年版）等。《钱业巨子秦润卿》全面展示了秦润卿在金融领域以及社会生活其他领域的种种业绩，剖析了秦润卿的金融思想和金融理念、行事作风，并对其不平凡的一生作了实事求是的评价。在撰写《钱业巨子秦润卿》的基础上，孙善根还与周晓屏合编《秦润卿史料集》（天津古籍出版社 2009 年版）。《一诺九鼎朱葆三》根据比较翔实的历史资料，记述了实业家朱葆三波澜壮阔的一生，书中并附有朱葆三大事年表，是关于朱葆三研究中值得重视的一部学术传记。《浙江籍港台巨商》一书包括邵逸夫、王宽诚、董浩云、应昌期、包玉刚、王德辉 6 位浙江籍港台巨商的传记，其中除王德辉为温州籍外，其余 5 位均为著名宁波帮巨商。这些著作对于认识相关巨商的事业和生平，很有价值。

《宁波帮志》为宁波市文化工程项目，由宁波大学宁波帮研究中心戴光中主编，计划分为历史卷、实业卷、人物卷、社团卷、善举卷、教育卷、文化卷、科技卷、遗迹卷、文献卷 10 卷，已经出版的有历史卷、教育卷、文化卷、科技卷。其中拙著《宁波帮志·历史卷》（中国社会科学出版社 2009 年版），回顾了宁波商帮研究的进程，考察和分析了宁波商帮兴起的社会历史背景，着重对清代以来宁波商帮的发展和转型以及当代宁波商帮的新发展进行了系统论述，并有宁波商帮大事记，条列宁波商帮发展史上的重要史实。尤其值得注意的是，笔者一改宁波商帮形成于明朝末年的观点，提出宁波商帮形成于清代乾隆中期的新观点。任茹文、陈春玲著《宁波帮志·教育卷》（中国社会科学出版社 2009 年版），从捐资助学、创办学校、教育名家三条线索考察和回顾了自晚清至 20 世纪末宁波帮对宁波本土教育和中国教育的贡献及其意义，是迄今为止学术界在这一领域中最为系统的著述。周兴华著《宁波帮志·文化卷》（中国社会科学出版社 2009 年版），以邵逸夫、周信芳、张静庐、董显光、张寿镛、王正廷、林海峰等 40 位宁波帮著名人物为主体，考察了近代以来宁波帮人士在影视、娱乐、出版、藏书、文博、体育等方面的活动和贡献，展现了近代以来宁波籍人士在文化体育方面的业绩。赵江滨著《宁波帮志·科技卷》（中国社会科学出版社 2009 年版），以翁文灏、张其昀、童第周、谈家桢、张忠谋、胡西园、项松茂等 250 多位宁波帮著名科技专家为主体，考察了清末以来宁波帮科学技术人士群体在科学、技术、工程等领域的研究、应用、教育等方面的活动和辉煌成就，展示了近代以来宁波籍人士在科学技术的各个领域乃至于大型计算机、航空、航天等高新科学技术领域中的杰出贡献。

宁波浙江万里学院宁波市甬商研究基地应敏主编的《甬商研究丛书》，目前见到的主要有阎怡男主编的《新甬商 风景这边独好》（浙江大学出版社 2009 年版）、张实龙著的《甬商、徽商、晋商文化比较研究》（浙江大学出版社2009年版)两书。《甬商、徽商、晋商文化比较研究》力图用哲学的宏观视野,从价值观、经营策略、公益慈善投入、地理环境、民俗环境、政治环境、学术环境等方面比较甬商、徽商、晋商的异同,其结论是晋商着重钱财,处于"野"(粗陋)的状态。徽商沉迷于诗书之中,处于"史"(虚浮)的状态。甬商则切合中道,接近于"君子"(文质彬彬)状态。这种结论似显偏颇,不要说研究徽商、晋商的学者难以苟同,就是一般研究经济史、商业史的学者也未必能够接受。

代表性人物、家族的研究向来备受重视,最近十年同样取得了丰硕的研究成果。就当代而言,提到宁波帮,其最具有代表性的人物当属包玉刚,最具有代表性的家族则应属于董氏家族,这样说也许会有人提出一些异议,但异议不会很大。包玉刚祖籍宁波镇海,董氏家族祖籍宁波定海,他们立足香港,通过卓有成效的经营,开创出规模惊人、实力雄厚的轮船航运王国,成为世界船王。此外卢绪章也是宁波帮研究中一个具有特殊意义的代表性人物,因为正是通过卢绪章,邓小平与包玉刚才得以会晤、结交。在包玉刚研究方面,主要著作有庄凯勋主编的《环球航运家包玉刚》(中国文史出版社2008年版)、余贤群撰的《邓小平与包玉刚》(华文出版社2009年版)、包陪庆撰的《包玉刚:我的爸爸》、罗宾·赫钦撰的《包玉刚传》等。庄凯勋主编的《环球航运家包玉刚》由卢绪章撰写前言,书中收录相关研究、采访、回忆文章17篇,附录中收录包玉刚演讲、讲话、谈话等9篇,是研究包玉刚的重要参考资料。余贤群撰的《邓小平与包玉刚》是有代表性的重要论著。该书历时四年,是作者采访了包括包玉刚长女包陪庆在内的许多知情者和当事人撰成的,并被列入《统一战线人物传记丛书》出版。该书还详细地记述了包玉刚参与新时期对外开放、协助中华人民共和国恢复对香港行使主权的中英谈判、参与制定《香港特别行政区基本法》等重大历史事件以及包玉刚在其中发挥的重要作用。此类著作尚有包陪庆撰写的《包玉刚:我的爸爸》(浙江大学出版社2010年版)、《包玉刚传》(百花洲文艺出版社1994年)等。罗宾·赫钦撰的《包玉刚传》由英国前首相撒切尔夫人撰写前言,全书篇幅不大,但作者在写作过程中,亲自到宁波访问,考察包玉刚成长的环境,并在香港和伦敦访问包玉刚及包玉刚的家人、同事等,包玉刚还亲自阅读了该书的初稿并提了许多修改意见,是一部值得参考的包玉刚传记。在董氏家族研究方面,文集和资料集有麦克·唐纳斯和董建平(董浩云长女)编著的

《董浩云：理想与成就》（上海交通大学出版社2002年版）、金董建平和郑会欣编著的《董浩云的世界》（三联书店2007年版）、郑会欣编的《董浩云日记》、郑会欣和金董建平主编的《董浩云：中国现代航运先驱》（上海交通大学出版社2007年版）、宋美云和周利成主编的《船王董浩云在天津》（天津人民出版社2008年版）。传记类著作有陈冠任著的《董氏父子》（华文出版社2006年版）等。其中《董浩云：理想与成就》由澳大利亚记者兼作家麦克·唐纳斯和董建平编著，该书用图文并茂的生动形式，展现、叙述了船王董浩云波澜壮阔的传奇人生，并收录了董浩云若干生前友好的怀念文字。《董浩云日记》收录了现存的董浩云日记，日记内容从1948年3月起，直到1982年4月止，其中缺1964年日记，1977年以后为记事，较为简略。从总体上看，这部篇幅约达100万字的日记内容相当丰富，是了解董浩云事业、思想、交往的第一手珍贵资料。《董浩云的世界》是《董浩云日记》的姐妹篇，一部分为董浩云的论文、报告、讲话、讲演、书信，一部分为有关董浩云的口述史料及新闻报道，均为研究董浩云的重要史料。《董浩云：中国现代航运先驱》收录了研究董浩云的论文13篇，亲友回忆20篇，相关报道23篇，是一部重要的学术论文和资料集。《船王董浩云在天津》收录了天津档案馆馆藏董浩云1931年到1937年在天津创业期间和1937到1948年与天津方面业务往来的档案资料，分董浩云与天津航业公司、董浩云与轮船业同业公会、董浩云的经营理念、董浩云与上海泰昌祥公司、董浩云与九号码头之争、董浩云与大沽冰难、亲情与友情等七部分，是研究董浩云航运生涯起步阶段的重要档案资料汇编。在卢绪章研究方面，这一时期的主要著作有李征著《卢绪章传》（中国商务出版社2004年版）。该书作者曾经是卢绪章的老部下，为撰写该书，他不但查阅了大量档案资料，还访问了许多长期在卢绪章身边的工作人员和卢绪章的亲属。因此，该书对卢绪章的记述，不仅全面系统，而且披露了许多鲜为人知的史实。

与上述丛书、专著大量涌现相比，学术论文的数量和质量就显得略微逊色一些，这一时期值得重视的学术论文主要有拙文《超越传统走向近现代化的宁波商帮》[①]、吴健熙《对第二次四明公所事件中诸种现象之

---

① 张守广：《超越传统走向近现代化的宁波商帮》，《历史月刊》2001年5月号。

考察》①、曹胜海《四明公所事件之根源——四明公所地产权问题试析》②、冯筱才《乡亲、利润与网络:宁波商人与他们的同乡组织》③、李瑊《朱葆三的实业活动》④等。

其次,研究领域不断拓展,宁波商帮研究学术史、有关改革开放后宁波籍工商业者的研究受到重视,并取得一系列研究成果,是最近十年来宁波帮研究的又一个重要特点。

宁波商帮研究学术史最近十年开始受到重视,并取得一系列研究成果,主要有冯筱才《宁波帮研究的回顾与展望》、李瑊《宁波帮研究概况的回顾与思考》、乐承耀《宁波帮研究八十年历史的回顾》、拙著《学术界宁波帮研究的兴起》等。⑤ 其中冯筱才撰文的《宁波帮研究的回顾与展望》,从"宁波帮"概念的历史形态、宁波帮研究的肇始、海外学者的宁波帮研究、国内宁波帮研究的兴起发展与不足等方面进行了简要的考察,认为"宁波帮"概念在早期应该与清季漕运制度有关,商帮意义上的宁波帮在19世纪90年代以后已经引起重要商埠的一些外国传教士的注意,到清末民初,"宁波帮"的概念开始在中国的报纸以及日本人撰写的有关中国的调查报告中出现。但宁波帮研究作为一个学术问题,直到20世纪的三四十年代才陆续出现。之后,海外学者对宁波帮的研究有颇多成果。在有关方面将动员宁波帮建设宁波作为国家对外开放的一项重要政策宣示中外之后,国内学术界研究宁波商帮终于成为可能。随后,研究取得了一系列的成果,但存在简单、重复甚至雷同等现象,凭借的历史资料不足,研究难以深入,多数选题立意缺乏创新,观点平淡,少有独到见解等。冯文中还提出宁波帮研究首先要重视文献整理工作,其次要明确研究方向,第三可以从重要人物年谱、企业及行业个案、视野扩大到上海以外、抓住重点事件研究等的思路。相较于冯文,李瑊《宁波帮研究概况的回顾与思考》一文对宁波帮研究学术的回顾更加细致和系统,文章也对宁波帮概念进行了论析,并从宁波帮与区域经济、宁波帮的经营特点、海外

---

① 吴健熙:《对第二次四明公所事件中诸种现象之考察》,《史林》2001年第4期。
② 曹胜海:《四明公所事件之根源——四明公所地产权问题试析》,《档案与史学》2002年第4期。
③ 冯筱才:《乡亲、利润与网络:宁波商人与他们的同乡组织》,《中国经济史研究》2003年第2期。
④ 李瑊:《朱葆三的实业活动》,《档案与史学》2003年第6期。
⑤ 宁波市政协文史委编:《宁波帮研究》,中国文史出版社2004年版,第43—52页;李瑊:《宁波帮研究概况的回顾与思考》,《近代中国》(上海中山学社主办)第15辑,上海社会科学院出版社2005年;乐承耀:《宁波帮研究八十年历史的回顾》,《宁波职业技术学院学报》2005年第1、3、4期;张守广:《宁波帮志·历史卷·导言》,中国社会科学出版社2009年版,第1—7页。

宁波帮、宁波帮社会组织、宁波帮与社会变革、宁波帮与其他商帮比较、宁波帮个案研究等专题研究领域对学术界宁波帮研究的状况进行了考察和分析、归纳。李文中也指出宁波帮研究中存在研究视角单一、资料有欠翔实、缺乏微观分析、鲜见高水平的综合研究论著，并且也没有一个真正意义上的专门研究机构等。她认为宁波帮研究首先应发掘和积累资料，有关机构组织力量做此项工作乃当务之急。其次宁波帮研究应以宁波帮本体和宁波帮与社会互动关系这两个层面为研究重点。乐承耀《宁波帮研究八十年历史的回顾》一文，推断"宁波帮"概念的提出在20世纪初，并将宁波帮研究的学术史分为四个阶段，其中20世纪20年代中期至1949年是第一阶段，宁波帮主要指宁波商帮，研究资料少，研究成果零星分散。1949年至1978年是第二阶段，国内出版了一些包含有宁波帮人物、家族、企业相关的资料汇编以及文史资料等，国外则出现了一批相关研究。1979年到20世纪末是第三阶段。20世纪80年代初对宁波帮研究采取了实事求是的态度，自1984年起，在邓小平动员宁波帮建设宁波谈话的影响下，各地学者以更大的热情投入研究，取得了丰硕成果。在新世纪，宁波帮研究进入第四阶段，研究论文明显增多，研究领域进一步拓宽，研究性专著陆续出版。笔者在《宁波帮志·历史卷》的导言中也对学术界有关宁波帮的研究作了回顾。尽管上述学术史回顾均不够全面和完整，有些还不够准确，但这种回顾就学术研究而言，对于厘清宁波商帮史研究状况，把握研究趋势，仍然是十分有益的。

随着改革开放历史进程的不断推进，非公有制经济作为社会主义经济重要补充的法律地位得到确认，改革开放后，一大批宁波工商业者经营的非公有制企业在宁波和全国各地迅速发展，并生产出越来越多的知名乃至著名的品牌产品。新一代宁波籍企业家成长起来并在改革开放后的社会主义市场经济大潮中崭露头角，引起了社会各方面的关注，同时被纳入科学研究的范畴进行相关研究。在相关研究中，一些学者在其论著中提出了"新宁波帮"的概念，其中比较有代表性的著作有张明华著的《宁波民营企业转型研究》（宁波出版社2007年版）、应华根、魏玉祺著的《新宁波帮》（中国经济出版社2009年版）、阎怡男主编的《新甬商　风景这边独好》（浙江大学出版社2009年版）及浙江大学出版社于2009年出版的《甬商新鉴系列丛书》等。《新宁波帮》主要以30家宁波企业以及与其相关的30位企业家为对象，力图从对这些宁波民营企业品牌的经营实践的分析考察中,发现民营经济改革的方向,发现有望成为占据全球市场经济中的民族品牌。《新甬商　风景这边独好》是宁波浙江万里学院(以下简称万里学院)和宁波市甬商发展研究会"新甬商大型专题采写活动"中有关师生完成的48篇新甬商人物专访以及17篇学术论文的汇编,其中既有丰富多彩的企业发展案例,又有根据具体案例作出的理性分析,是采用"新甬商"概念对实行改革开放后新兴的宁波私营工商业者群体进行研究的一部著作。浙江大学出版社于2009年出版的《甬商新鉴系列丛书》,作者来自宁波产业界、高等院校、政府部门等,丛书包括荆娴与姚光辉主编的《铸造企业之魂——宁波企业的文化引领》、闫国庆等著的《寻找"进化标杆"——宁波企业的经营法则》、周耀烈与姚光辉主编的《锻造江湖威名——宁波企业品牌发展策略》、荆娴与姚光辉主编的《布阵全球市场——宁波企业营销网络模式》、周耀烈与姚光辉主编的《寻找活力源泉——宁波企业技术创新案例》等书。该丛书从企业文化、企业经营、企业品牌、营销网络、技术创新等方面,力图总结、归纳、提炼出当代宁波企业的成功经验,提出了一系列以个案考察为依据的观点,并向有关方面提出了一系列相关意见和建议。此外浙江省工商行政管理局和浙江省私营(民营)企业协会合编的《典型促转型——逆势上扬的60个浙商样本》(人民日报出版社2009年版)、吕福新等著的《浙商的崛起与挑战:改革开放30年》(中国发展出版社2008年版)、吕福新等著的《浙商论——当今世界之中国第一民商》(中国发展出版社2009年版),也是研究当代宁波企业及企业家时需要重视的学术著作。从《新宁波帮》、《新甬商　风景这边独好》到《浙商论——当今世界之中国第一民商》,都明确使用"新宁波帮"、"新甬商"来指代当代宁波私营工商业者及其群体,当然,这种说法能否为包括产业界、学术界、政府部门在内的社会各方面广泛接受,还有待观察。

其三,宁波帮研究与政府相关机构、博物馆、科研院所、同乡会有着频繁的良性互动,这种良性互动有利于相关研究成果通过博物馆、同乡会、政府相关机构等转化为社会效益,也为宁波商帮研究注入了强劲的动力,有力地推动了宁波帮研究的学术繁荣,这是近十年来宁波帮研究的又一个显著特点。

在博物馆方面,以宁波帮博物馆、天一阁博物馆、董浩云航运博物馆、宁波钱币博物馆、浙东海事民俗博物馆、宁波服装博物馆为代表的一批新老博物馆,成为宁波帮研究的重要力量。2009年10月22日,位于宁波市高教园区北区的宁波帮博物馆举行了开馆典礼。该博物馆毗邻宁波大学,占地70亩,建筑面积约24000平方米,馆内辟有宁波帮近代金融业、宁波帮近代商业、宁波帮近代实业、宁波帮近现代航运业、宁波帮近现代教育、当代宁波帮等6个展区。宁波帮博物馆还创办了《宁波帮博物馆馆刊》,刊载宁波帮研究论文以及相关信息。天一阁博物馆历史悠久,是一座具有深厚历史文化积淀,以藏书为特色,融社会历史、艺术于一体的综合性博物馆。该博物馆本来以江南私家藏书楼和馆藏丰富的明代地方志为最重要的特色,1949年以后又由于收藏了大量宁波地区的家谱资料而使馆藏增添了新的特色,包玉刚就曾因在该馆看到自己的家谱而大受感动。董浩云航运博物馆由香港董氏慈善基金会和上海交通大学联合创办,位于徐汇区华山路1954号交通大学徐汇校区的新中院,2003年1月18日正式开馆并对外开放。宁波钱币博物馆坐落在宁波市战船街10号宁波钱业会馆内。宁波钱业会馆建于1926年,为民国时期宁波钱庄业者集资筹建,是国内唯一保存完好的钱业会馆。1988年12月12日,经浙江省人民政府批准,钱业会馆成为省级文物保护单位。1994年,由宁波市人民银行出资,在该会馆内开辟了钱币博物馆,并正式对外开放,按照历史时代的顺序陈列了从商代到民国时期的2000余枚各式钱币。浙东海事民俗博物馆位于宁波市江东区江东北路,原为2001年6月被国务院公布为第五批全国重点文物保护单位的庆安会馆,同年12月改建为浙东海事民俗博物馆并对外开放。宁波服装博物馆位于宁波市鄞州中心区下应街道湾底村,2009年秋正式落成,是国内规模最大的服装专业博物馆,馆内以翔实的文字、图片资料和实物,展示了宁波帮经营服装业的历史,是名副其实的中国服饰文化变迁的百科全书。

宁波大学宁波帮研究中心、宁波政协文史委员会、宁波经济发展促进会、万里学院宁波市甬商研究基地、定海海洋历史文化研究会等科研单位、政府机构、研究会等在宁波帮研究中发挥了重要的作用。宁波政协文史委员会多年来致力于宁波帮三亲史料的发掘、整理和出版工作,取得了丰硕的成果。各地宁波经济发展促进会在宁波帮研究方面也发挥了重要的作用,如前述上海和杭州的经济发展促进会与有关学术团体举办了虞洽卿学术研讨会并出版了《虞洽卿研究》论文集,上海市宁波经济发展促进会组织力量编写并出版了《宁波人在上海》系列丛书,都在宁波帮研究的学术史上有其独特的价值。宁波大学宁波帮研究中心组织校内外科研力量，申报了一系列研究课题，编撰并出版了《宁波帮志》等一系列学术专著，在学术界产生了比较大的影响。万里学院是宁波市甬商研究基地，在新宁波帮研究方面取得了可喜的成果，其新的研究令人期待。定海海洋历史文化研究会于2009年在定海举办了"世界宁波帮定海商人"学术论坛，办得相当成功，会议论文后来结集为《一代名商》于2011年由海洋出版社出版。

三、宁波商帮研究中的局限与不足

如上所述，宁波商帮研究从20世纪初逐步开展以来，取得了一系列研究成果，作为一个学术研究的重要领域，呈现出越来越繁荣的局面。同时，不可否认的是，宁波商帮研究中仍存在相当多的局限和不足。这方面的问题，主要表现在研究中对于一系列重要问题没有能够进行基于详细可靠的历史资料的认真探讨和精密细致的学术上的论证，如：宁波商帮作为中国封建时代末期产生的商帮，到底在何时形成？形成的标志是什么？宁波商帮作为一个商帮群体，其独特性到底何在？宁波商帮在发展历程中产生了一批具有代表性的标志性人物，如何评价和定位这些人物？

1. 宁波商帮到底在何时形成？形成的标志是什么？

这个问题涉及商帮史研究的理论问题。迄今为止，流行的说法是宁波商帮形成于明末或明末清初，其标志是明末宁波鄞县药业商人在北京创建了鄞县会馆，清初慈溪商人在北京创建了浙慈会馆。但仔细考察，这种观点似难成立。商帮的形成同商人会馆或手工业会馆的建立确实是有比较密切关联的，但并非所有的会馆都是商人会馆或手工业会馆。对宁波商帮的形成而言，就需要考察鄞县会馆的性质。1986年上半年，笔者撰《宁波港与宁波商人集团》一文，于当年9月份随导师吕作燮先生到天津参加首届沿海城市经济史学术讨论会，即根据李华编《明清以来北京工商业会馆碑刻选编》所收录的《鄞县会馆碑记》一文，断言鄞县会馆为明末鄞县药业商人所创建，标志着宁波商人集团由此成立。此后写成硕士论文、博士论文以及《明清时期宁波商人集团的形成和发展》、《超越传统——宁波帮的近代化历程》等也均持此一观点。当2005年应宁波大学宁波帮研究中心主任戴光中教授之约撰写《宁波帮志·历史卷》的过程中，重新检视相关历史资料，发现乾隆中期北京旧有的鄞县会馆其实已经废弃,并由此提出了宁波商帮形成于清代乾隆中叶的新观点。最近又在董秉纯的文集中发现一则史料,表明到乾隆中期,北京宁波同乡已经弄不清楚此前鄞县会馆的始末了,可道光时期重修北京鄞县会馆的碑文却说相传是药业商人所创建。这显然是顾颉刚先生提出的"层累的造成的古史"一类现象,即我国历史记载中越到后来附会越严重这一通病的又一个显然的例证。至于浙慈会馆,除可以判断确实存在过以外,创建的时间没有清楚的记载。此外,令人感到奇怪的是,从宁波商帮整个情形看,鄞县人经营制衣、慈溪人经营药材,似乎更加普遍和擅长一些,可明代北京的鄞县会馆和所谓清初的浙慈公所的情形却恰恰不是这样,岂非怪事?

2. 宁波商帮在发展历程中产生了一批具有代表性的标志性人物,如何评价和定位这些人物?

现有的论著中有许多提法虽然醒目却未必符合事实,如钟树元《江浙财团的支柱——宁波帮》中有"朱葆三为买办事业始祖"的提法,确实非常醒目和引人注意,但即使是稍微了解宁波商帮发展的人也不会认同这种说法,因为整个近代买办群体中早于朱葆三(1848—1926)为买办的人难以数计了。再如张章翔《天津的宁波帮》一文中有严信厚(1838—1907)"为宁波帮在天津发展门市商店'开路先锋'"的提法,有些论述中不加细查,径直将严信厚表述为天津近代宁波帮的"开山鼻祖"。还有一些曾经显赫一时的重要人物似乎被历史遗忘了,如杨坊(1810—1865)。此人不仅是宁波商帮中最早的大买办之一,也是组建洋枪队的关键人物,而且早在同治元年(1862)他就拥有了自己的私营轮船——元宝号轮(大概属于客货两用轮)。就航运业的经营而言,这其实比宝顺轮还要重要,因为它是经营性的,而且比国营轮船招商局早10年以上。当然宁波商帮中也有一些反面的、值得后人引以为戒的人物,如张啸林、傅筱庵、袁履登一类,这一类人也曾经显赫一时,但在历史的关键点上,没有把握好自己的人生,研究宁波商帮,似乎不能避开这类人物,以起到警示后人的作用。

3. 宁波商帮研究应该包含的地域范围和时间跨度何在?

在新中国成立以前,宁波帮或宁波商帮所涵盖的地域范围是清楚明白的,通常主要包括宁波府旧属六县一厅或七县,即鄞县、奉化、慈溪、象山、定海、镇海、南田。新中国成立以后至今,宁波政区设置变化非常大,定海析出,余姚、宁海划入。因此,学术界在探讨宁波商帮的时候,就出现了种种内涵和外延不尽相同的宁波帮或宁波商帮的概念,有以原有明清时期宁波府旧属七县为范围的,有以现行行政区为地域范围的,各有其道理,但各有其问题。如在讨论清代到近代的宁波商帮的时候,如果把余姚和宁海也纳入考虑,那就等于说清代到民国宁波有9个县的管辖区域,这与历史事实显然是不符的,而且当时的余姚籍工商业者也不可能在社会认知上把自己当做宁波人、宁波帮而不是绍兴人和绍兴帮,宁波籍工商业者同样也不会把余姚籍的工商业者当成宁波人或宁波帮,这是非常清楚的。如秦润卿在论及上海晚清钱庄中宁绍帮的时候就写道:"有清季叶,钱业中之宁帮领袖,初有赵朴斋、张宝楚、庄尔芗、冯泽夫诸君,继有袁联清、李墨君诸君。绍帮初有经芳洲、胡小松诸君,继有陈笙郊、屠云峰、王蕢生、谢纶辉诸君,皆一时之选,备孚人望。"[①]陈笙郊、谢纶辉都是余姚人,此外还有上海早期银行买办王槐山、实业家黄楚九等也是余姚籍,在当时无论是社会认知或是个人归属都是绍兴帮。在现有的论著中,径直把这些著名的人物说成是宁波帮,其实是不甚妥当的。

4. 宁波商帮作为一个商帮群体,其独特性到底何在?

迄今为止,学术界在探讨或论述宁波商帮的特征或特性的时候,多强调其创新、爱国、团结等等,并以此数点为宁波商帮或宁波帮的特征。但仔细考察起来,其他商帮其实也不乏这些所谓的特征,并且同样也可以找出许多材料进行实证的罗列。因此,实业救国也好,勇于创新、团结也好都不能简单地拿来说是宁波商帮的特色或特征。实业救国在晚清时期曾经是一个普遍的影响广大的社会思潮,到民国时期仍有很大的影响。归纳宁波商帮独具的特色还需要一个学术研究的过程。

5. 宁波帮与宁波商帮等概念的规范问题

宁波帮与宁波商帮在不少情况下可以通用,但严格地说来,两个概念是不同的。宁波帮是一个总的概念,可以把宁波商帮、宁波劳工帮、宁波手工帮等全部包括其中,但宁波商帮与宁波劳工帮显然不能混为一谈。如果说,宁波帮以及宁波商帮相关研究在进行之初,这种一定程度的不规范尚属于在所难免的必然过程,那么随着研究的不断深入,概念的使用就必须越来越规范了。而当概念越来越规范的情况下,原有研究

[①] 中国人民银行上海市分行编:《上海钱庄史料》,上海人民出版社1978年版,第53页。

中的问题当然也就更加清晰可见。

6. 港台及海外宁波商帮的研究明显滞后

迄今为止,尽管有关港台及海外宁波商帮的研究取得了不小的成绩,出版了不少著作,但总体上而言,尤其是与近代宁波商帮研究相比,显得十分薄弱。造成这种状况的原因比较复杂,如单就搜集资料而言就是一件极为艰难的工作,除去台湾不说,香港及海外宁波帮散布在世界各地,各地使用的文字又各种各样,要进行系统的研究,非集合许多人力、财力并进行良好的组织与规划不可。因此,海外和港台宁波商帮系统、全面的研究尚需时日,非短时间、个别人所能完成。

第二节 目的和意义、概念、方法与框架

本书力图在个人力所能及的范围,对宁波商帮史研究中的相关问题,本着实事求是的态度,依据可靠的资料,进行相关探讨,提出自己的看法和观点,供学术界的同仁和有兴趣的朋友们参考。

一、目的和意义

首先,动员全世界宁波帮建设宁波、进一步推动对外开放要求深入系统地研究宁波商帮史。

港澳台和海外各地的宁波商帮,拥有现代企业经营管理的先进经验,拥有雄厚的资金和先进的技术,与世界各地重要的政治、经济人物有广泛的政治、经济联系。在对外开放、实现祖国统一和实现民族伟大复兴的进程中,充分利用海外宁波商帮现代化的经营管理经验、资金、技术及其广泛的社会联系和社会影响力,对于宁波、浙江乃至于整个国家社会主义现代化建设和对外开放,都是一件至关重要的大事。包玉刚在香港回归谈判进程中沟通中英两国政府的作用,在带动海外宁波帮帮助宁波开放和发展进程中的作用是巨大的和有目共睹的。因此系统深入地研究宁波商帮,是动员全世界宁波帮建设宁波、进一步推动对外开放的必然要求,具有重要的现实意义。

其次,新一代宁波帮企业家的成长和发展要求深入系统地研究宁波商帮史。

企业家的成长和成功需要有创新的精神和创新的能力,但创新和创造与吸取历史的经验并不矛盾。历史上海外以及港台的宁波帮商人和

实业家,在长期的经商实践中积累了丰富的经验,这种经验和经历有的是在国内取得的,有的是在境外取得的,有的是在以往的历史时代中取得的,有的则是在现当代取得的,这些经验时间上有新旧,空间上有中外,形成了一个广博、厚重的经验宝库,通过宁波商帮史的研究,为新生代宁波帮企业家的成长和发展哪怕只是打开这个经验宝库的一扇大门或一个窗户,其意义也将是深远的。

其三,宁波商帮研究具有重要的学术意义。

宁波商帮是一个由传统商帮实现集团性近现代化转型的商帮,这一转型本身非常具有典型性。宁波商帮在上海、汉口、天津的近代化进程中曾经发挥了重要的作用,是研究这些城市近现代化中的重要课题。宁波商帮在金融业、工业、航运业、邮电业、五金商业、地产业、娱乐业等领域中举足轻重,是研究这些行业时无法回避的领域。宁波商帮具有非常牢固的凝聚力,其同乡社团力量强大,是研究社团史的典型个案。宁波商帮工商业者中产生了一大批声誉卓著的工商界领袖人物乃至在各个行业中称王的工商界巨擘。总之,宁波商帮史研究具有重要的学术意义。

二、基本概念:宁波、宁波人、宁波帮与宁波商帮

要探讨宁波商帮的历史,首先需要弄清楚几个基本概念,即首先要弄清楚宁波、宁波人、宁波帮、宁波商帮这几个基本概念,并对本书中所使用的相关概念的含义有所规范。

宁波这一名称产生于明初,取"海定则波宁"之意,于是有了明清时期的宁波府。对于一般宁波人而言,宁波又有大宁波和小宁波的区别。1930年11月《宁波旅沪同乡会月刊》上刊载了顾礼宁《从奉化到上海》一文,文中说:"普通我们在外面所谓宁波人、宁波帮、宁波同乡会之宁波,乃指大宁波而言。大宁波包括旧宁属七县。"[1]小宁波指宁波府城。大小宁波概念的出现,与宁波人大量外向发展,特别是宁波帮商人的急剧发展有密切关系。宁波帮商人四处活动,所到之处建立同乡组织,增强了宁波府所属各县工商业者的宁波同乡意识。上海四明公所和汉口浙宁会馆,习惯上都被称为宁波会馆。而就宁波旧属各县而言,在外经商人数众多的县,这种宁波同乡意识就很强;而在外经商人数少的县,则这种

---

[1] (民国)顾礼宁:《从奉化到上海》,《宁波旅沪同乡会月刊》第88期,1930年11月。

宁波同乡意识就较为淡薄。如鄞县、镇海县、慈溪县、定海县、奉化县在外经商者比较多,在外习惯上自称宁波人。象山县在外经商者人数相对比较少,势力小,少富商大贾,就少有自己是宁波人的感觉。民国《象山县志》载:"今试行城镇街隧中而左右顾,若某某货,若某某物,非舶来品即各省出产品,主持其事,坐柜上而持筹,或出焉或入焉,皆宁波人。宁波人类皆别于象山人,虽鄞县、镇海、慈溪县人,皆自称阿郎宁波人。竟出象山人于宁波人之外!嘻!象山人之见轻于人,商务非其一端哉!"①奇妙的是写下上述文字的人一方面为象山人在习惯用语中被排除在宁波人之外而愤愤不平,另一方面又在不知不觉中把象山人和宁波人分开,称在象山县城镇经营工商行号的商人"皆宁波人"。这里所举的只是一个比较特殊的事例,而在通常情况下,象山人毫无疑问属于宁波人。大宁波概念即大宁波同乡意识的出现,表明宁波人的同乡认同已经自然形成了一个相当稳固的地域范围,即宁波府旧属七县,在此范围之内就是同乡,否则就不是同乡。

  同乡观念与籍贯、语言、风物等有密切关系,是中国历史文化中极其富有特色的一种观念形态。② 宁波人在外地听到乡音通常马上就会产生认同,因此有人称"阿拉"两字是宁波人的"乡魂"。③ 在宁波旅沪同乡会大会的演说中王东园曾经说:阿拉有两种涵义,有作为个人的阿拉,又有作为同乡的阿拉,"宁波即我,我即宁波,互相爱护,百事易举"④。基于强烈的同乡观念,旅外宁波工商业者在各地结成会馆、公所、同乡会以及各种名目的会、社等众多同乡团体,保护同乡利益,发展同乡力量。同时,宁波旅外同乡团体又决不自我封闭,也没有把乡谊的范围绝对局限在宁波的范围之内,而是以七县范围的大宁波为基础,不断扩大其范围。首先是联合自己的近邻、以经营钱业著称的绍兴籍工商界人士,形成宁绍帮。这种联合可以追溯到清乾嘉时期,当时在江南市镇盛泽、双林、南浔等地的宁波帮商人,就联合绍兴帮商人在以上各市镇共同创建了多所宁

---

① (民国)罗士筠、陈汉章等修纂:民国《象山县志》卷一三《实业考·商业》。
② 何炳棣:《中国会馆史论》,台北学生书局1966年版;[美]顾德曼著,宋钻友译:《家乡、城市和国家——上海的地缘网络与认同》,上海古籍出版社2004年版,第3页。
③ 担任过国务院港澳办主任的鲁平曾讲过一个有关包玉刚宁波口音的普通话引起误会的笑话,说包玉刚"有一次到北京来开会,住在北京饭店,忘了带剃须刀,就告诉服务员请他代买一把'胡须刀'。等了好久,酒店的经理带了服务员端了一把大刀进来,他莫名其妙,经理说:'你不是要买一把武术刀吗?'"见鲁平:《缅怀》,载包陪庆:《包玉刚:我的爸爸》,浙江大学出版社2010年版,扉页第2页。
④ [日]根岸佶:《上海的行会》,日本评论社1951年版,第52—53页。

绍会馆、公所。在上海,宁绍帮钱业联合,长期控制上海钱业。宁波帮钱庄东家,常常请绍兴帮钱庄商人出任自己钱庄的经理。如方氏钱庄中寿康经理屠云峰、承裕经理谢纶辉、延康经理陈笙郊都是绍兴帮钱业领袖。寿康经理屠云峰,绍兴上虞人,为人极谨慎,尤为方家所倚重。方家早期各联号的经理,大半是屠云峰推荐的,各联号年终红账也都先送屠云峰过目,再汇总交东家方氏查看,遇有联号钱庄缺单,也由寿康供给,寿康好像各联号的总号,而屠云峰也好像总经理一样。[①] 在轮船航运业中,宁波帮工商业者投资创设的宁绍轮船公司,为便于招徕绍兴帮人士乘坐,特意在公司名称中加一个"绍"字。在宁绍帮的基础上,宁波帮进一步联合钱塘江以东各府县商人形成浙东帮。这种联合进一步扩大,联合钱塘江以西以湖州帮为主的浙西帮,就形成了浙江帮或浙江财阀。宁波帮与湖州帮的联合以宁波翁家和镇海叶家同湖州帮许春荣(1839—1910)合伙开设大丰洋布号和四大钱庄为代表。日本学者根岸佶认为宁波帮执浙江帮或浙江财阀之牛耳,所谓浙江财阀不外"大宁波帮"而已。[②] "大宁波帮"又被称为"大宁波财阀"。浙江与江苏存在着经济、文化、地理上的多重联系,利害关系相近,于是浙江帮与江苏帮又形成联合。不仅江苏帮,而且上海的安徽帮、江西帮、山东帮等都被联合在大宁波帮的周围,形成了近代上海资产阶级,形成了江浙财团。但是"大宁波帮"、"大宁波帮财阀"也好,"浙江财阀"、"江浙财团"也好,无论怎样称呼,这些名称所表示的集团都不像宁波帮本身那样有上海四明公所和宁波旅沪同乡会等严密的同乡组织。浙江帮、浙江财阀、江浙财团是没有组织形式的集团,主要是凭借个人关系和商业领导地位而逐渐形成的。一方面,宁波商帮的力量非常强大以至于那些从别的地区来的商人和企业家热切地希望与宁波商帮建立联系;另一方面宁波商帮成员逐渐将非同乡成员联合到私人关系的网络中来。以宁波为中心的这个扩大了的集团,能够支配上海的大多数钱庄、织布厂、纺织厂,及大部分的海关经纪人,主要的船运公司和大多数开设在上海的煤号,还能够支配上海企业家们的大多数组织,如上海总商会、上海银行业同业公会、上海钱业公会等。[③] 以宁波商帮为核心的上海金融实业集团,尽管仍然有比较浓厚的地域色彩,

---

① 中国人民银行上海市分行编:《上海钱庄史料》,上海人民出版社1978年版,第731页。
② [日]根岸佶:《上海的行会》,日本评论社1951年版,第53页。
③ [美]小科布尔:《上海资本家与国民政府(1927—1937)》,中国社会科学出版社1988年版,第25页。

但是它已经鲜明地表现为一个近代金融实业界的利益集团,而不是一个单纯的乡帮集团。

如今,"宁波帮"概念由于各种因素,包括历史的甚至政治的因素,被广泛地采用。政治的因素暂时不提,单从历史资料上看,"宁波帮"概念的出现是比较早的。最早大概与同乡同业的漕帮、商船帮、渔帮有关。

通过内河转运漕粮,在中国历史上起源很早,清嘉庆以前依然主要采用内河转运漕粮。与漕运相关的雇工(夫役)从康熙四十五年(1706)开始结成"米粮帮",并按照不同乡籍分为120多个帮,[1]当时宁波府五县二厅有前后二帮。[2] 大约在此前后,担任宁波府定海知县的缪燧向其上级官员建议,将沿海商船组织成船帮("联舻")以便管理。他建议说:"凡贸易商船,饬令各省关隘出口处,务报明某某船只,装载某某货物,往某处贸易,南北行径之地,联舻十数船为一帮,配以兵船伴行,同行同止,逐汛交替,既督率以齐进止,即往来以为巡哨。抗不归帮,故为先后孤单行驶者既系奸徒,游巡官兵穷追拏获。"[3]他建议的该项办法无论是对于政府实施管理还是商船对付海盗和海上自救,显然都有积极的意义。另外在舟山渔场的渔业生产中,从清雍正时期已经开始陆续出现各种同乡同业的渔帮公所。这些运输、生产活动中相继出现的"帮"的组织,对于后来"宁波帮"这种工商业者同乡概念的产生尽管没有直接的关系,但多少会有某种程度的联系。宁波帮的概念似乎与清代各个城市中形成的具有同乡同业性质的工商业"帮口"有直接的关系。这种帮口的名称起源甚早,如道光十年(1830)苏州的《重修三山会馆捐款人姓名碑》中列名的捐助资金者即有洋帮、干果帮、青果帮、丝帮、花帮、紫竹帮等商人百余人。[4] 不过,现在能够从资料中看到的宁波帮的明确的概念,却是清代嘉庆道光咸丰年间上海人曹晟《觉梦录》中关于"宁波帮"的记述,该书中"宁波帮"的概念主要指清咸丰初年太平军兴起后社会混乱时期产生于上海的帮会性组织:

> 始焉保甲,继焉义勇,再焉壮丁,遂使宿匪积棍,均厕戎

---

[1] 许涤新、吴承明主编:《中国资本主义发展史》第一卷《中国资本主义的萌芽》,人民出版社1985年版,第312页。
[2] 陈国屏:《清门考源》,上海书店出版社1989年影印版,第74—79页。
[3] (清)缪燧、陈琯等修纂:康熙《定海县志》卷3《形胜》。
[4] 苏州历史博物馆、江苏师范学院历史系、南京大学明清史研究室合编:《明清苏州工商业碑刻集》,江苏人民出版社1981年版,第352—354页。

行;滑贼奸徒,共襄城守。授之以权,教之以偷,标门榜户,设长分行。由是而宁波帮、福建帮、南京帮、江北帮、塘桥帮、青手帮、底作帮、百龙党、蓝线党、小刀会、双刀会,狐群狗党,各立渠长,互竞雌雄。始则横行白昼,铺户受灾,渐则作慝深宵,殷实被劫,且亦安坐受食,触处生财。日不事事,排闷者烟赌,烟赌不足则群饮奸淫,群饮奸淫又不足,则变而为花鼓歌场串客唱戏而已也。盈千累万,歃血拜盟,各立门户,时竞强弱,俨如仇敌。彼司其职者如聋如瞽,方且谓其同仇誓死,一心敌忾,义当如是,不责而加之以赏,又何怪积骄志而变痴,心怀叵测而潜生异志哉。①

从《觉梦录》中记载的上述内容看,彼时彼地的宁波帮俨然是一种带有明显暴力倾向的帮会组织。这种帮会性的秘密团体组织,曾经与其他同类组织结合起来成为一个新的组织,统名"小刀会",内分七帮(或称"七党"),其中仍有宁波帮。② 这种帮会性质的宁波帮大致上随着上海秩序的逐渐恢复而不复存在。稍后就出现了徐润在《上海杂记》中关于"宁帮"的记述,主要指"宁波船帮":

> 咸丰五年八月十二日(西1855年)海贼布兴有统带光艇二十八号沿海抢劫,沙宁船受累不小,乃由沙宁两帮绅士郁太丰、郁万丰、经芳洲、萧六笙、李也亭、卢英甫、张竹坪,来求宝顺洋行,主设法清理海盗。必理氏先商英领事,命英炮船"必叹"往攻,决议会同沙宁两帮绅士置买善罗佗轮船、孔夫子轮船、宝顺轮船出巡,至石浦地方,盗船聚于一处,详查甚确,且知贼众均在海庙酬神演戏,攻破甚易,四船同时开炮,仅二三点钟,遂将贼船烧毁净尽,从此海晏河清,会捕局于是成立。③

从上述记载看,所谓沙宁两帮显然指行业性的沙船帮、宁波船帮,即同乡同业帮口。清同治七年(1868)由上海县知县发布的《禁行头向宁帮烛业需索诈扰告示碑》中,我们也可以清楚地看到,上海一地烛业向分

---

① (清)曹晟:《觉梦录》,上海古籍出版社1989年版,第99页。
② 茅家琦主编:《太平天国通史》下册,南京大学出版社1991年版,第195页;《上海小刀会起事本末》、《遐迩贯珍》,见唐振常主编:《上海史》,上海人民出版社1989年版,第159页;张仲礼主编:《近代上海城市研究》,上海文艺出版社2008年版,第675页;[法]梅朋、傅立德著,倪静兰译:《上海法租界史》,上海社会科学院出版社2007年版,第56页。
③ (民国)徐润著,王大华标点:《上海杂记》,珠海出版社2006年版,第8页。

绍、宁两帮①,很明显也为同乡同业帮口。清同治十二年三月初二日(1873年3月29日)《苏州府为酱坊业创建公所禁止官酱店铺营私碑》中关于宁波帮的记述,也很明确是经营酱业的宁波同乡同业帮口:

> 窃坊等酱坊一业,共有徽、苏、宁、绍四帮,计共八十六家,在长元吴三县各都图开张,均经请照请烙在案。②

由日本东亚同文会编辑1908年出版的《支那经济全书》第7辑中,第二编专门记述了中国各地的商帮,对上海、汉口、芝罘、天津等地的宁波帮有颇为详细的记述,并比较了山西帮、宁波帮、广东帮、山东帮、天津帮、福建帮、江西帮、湖南帮、湖北帮、四川帮等各大商帮的特点,指出山西帮、宁波帮、广东帮在众多商帮居于优势地位。③

此后关于"宁波帮"概念以各种形式出现的情况越来越多,基本上都与工商业有关,但又可分为商帮、手工帮、劳工帮三类。其中第一类即宁波商帮,又称宁波商,也称宁波帮。由李哲濬和景学铃编的1910年出版的《中国商业地理》记载了上海商人十三帮,其中列宁波帮为第一:

> 第一宁波商　宁波商人,自其人数之多、历史之远、势力之大观之,实可谓上海各商领袖。宁波人来上海营商业者在开港之初,故上海者,即曰宁波人之上海亦无不可。其富商大贾皆居宁波,而以上海为殖民地。当上海开港之时,宁波商富于进取着着争先,其从事外国贸易者无不获巨利;至宁波通商,衰落失职之贫民,亦皆逐商贾之迹来上海谋利,住于上海之人数达十余万以上。其营业种类初无一定,以贸易商及银行者为多,百手工艺及苦力者,亦宁波人占多数。④

1929年日本学者山上金男出版了《浙江财阀的基础的考察》,其中论述道:

> 以宁波帮为中心的江浙乡帮的同乡集团,形成了上海资产阶级,形成了浙江财阀。⑤

---

① 上海博物馆图书资料室编:《上海碑刻资料选辑》,上海人民出版社1984年版,第131页。
② 《苏州府为酱坊业创建公所禁止官酱店铺营私碑》(1873),见苏州历史博物馆、江苏师范学院历史系、南京大学明清史研究室合编:《明清苏州工商业碑刻集》,江苏人民出版社1981年版,第260页。
③ [日]东亚同文会:《支那经济全书》第7辑,秀英舍1908年版,第142—210页。
④ 李哲濬、景学铃编:《中国商业地理》,转自上海市工商业联合会与复旦大学历史系编:《上海总商会组织史资料汇编》,上海古籍出版社2004年版,第25—26页。
⑤ [日]山上金男:《浙江财阀的基础的考察》,见陈真等:《中国近代工业史资料》第1辑,生活·读书·新知三联书店,1957年版,第308页。后山上金男又于1938年在日本评论社出版了《浙江财阀论》。

1934年《中国经济年鉴》中关于宁波帮的记载,指钱庄业中的同乡同业帮口:

> 上海现在的钱庄,重要者分绍兴、宁波两帮,其次则为镇江、洞庭两帮也。①

全汉昇在1934年出版的《中国行会制度史》中,以宁波帮来说明帮与会馆的关系:

> 这些同业跑到他乡经商或劳动的时候,为着应付当地土著的压迫而保自家的利益计,遂组织"帮"(约分商帮、手工帮、苦力帮三种)并建立会馆。故会馆一面是同乡的团体,一面又是同业的组合,可说是同乡的行会。
>
> 帮与会馆有时并不相等,因某地人有时不单从事一种职业。如汉口,四川帮的药材商人组成的药帮,船舶业者组成船帮,各在四川会馆内设置药帮公所、船帮公所以处理帮务。上海四明公所内各帮亦分别组织会社,酒帮有济生会,鱼帮有同善会,石器帮有长生会,海产帮有崇德会,南货帮有永兴会,竹器帮有同兴会——综合起来,则共称宁波帮。②

在这里,全汉昇先生明确地把上海四明公所内以公开的会社形式结成的各种职业帮合称为宁波帮,而这种职业帮显然既有商帮,也有手工帮,又有苦力帮,可见会馆与商帮并不相等。尽管如此,会馆仍然可以看做是商帮形成的最重要的标志。

《上海地方史研究资料》(三)载吴拯寰《旧上海商业中的帮口》一文,述及旧上海商场中的"帮口",实际上即是地域性的商帮:

> 百余年前,上海还没有租界,是江南的一个繁荣的旧式城市。……它的商业重点集中城内,大小东门、陆家石桥、红栏杆桥、松雪街、虹桥头,其次是新闸和老闸。那时,来沪经商而最有手腕和力量的,可算是徽州人、宁波人、本帮人以及山西、广东和绍兴人,形成所谓"帮口"。③

---

① 实业部中国经济年鉴编纂委员会编:《中国经济年鉴》第5章金融第3节钱庄,商务印书馆1934年版,第98页。
② 全汉升:《中国行会制度史》,百花文艺出版社2007年版,第99—100页。说明:该书作者全汉升通常作全汉昇。
③ 吴拯寰:《旧上海商业中的帮口》,见上海文史馆、上海市人民政府参事室文史资料工作委员会编:《上海地方史研究资料》(三),上海社会科学院出版社1984年版,第102页。

上海通社1939年出版的《上海研究资料续集》中收录有《上海四明公所研究》一文,主要考察了上海四明公所,同时比较了宁波帮与晚清时期广东帮、山西帮两大商帮的异同:

> 前清末叶,我国的经济界有两大阀阅:就是山西帮和广东帮。山西帮是保守的,但谨慎、精密、勤俭,而且最雄于财力,经营全国的汇兑业,而支配着各地的金融。清光绪二年(1876)时,上海的山西票号,计达二十二家之多。广东帮是急进的,敏疾而豪放,最会做生意,到处经营着工商业,尤其是外国贸易以及其他关于对外事业,简直是独步。介在这两大阀的中间,隐然成为两大阀的一个竞争的,那便是宁波帮。宁波帮财力虽不及山西帮,但谨慎、精密和勤俭却跟山西帮相仿佛,而没有一点顽固,宁波帮是进步的;又虽则没有广东帮那么的果敢决断,能在国外国内的活跃,但宁波帮却(是)稳健和着实的,和广东帮正旗鼓相当。在这贸易总汇新式企业中枢的上海,宁波帮种下了根,其枝叶则蔓延于作为我国大动脉的长江流域。山西帮的设施,不合于日新月异的大势,又逢着辛亥革命,资金空乏,无法周转,弄到不能再起。宁波帮却一天兴隆一天,终于取了山西帮的地位而代之,而与广东帮比肩并进了。①

中共香港工作委员会由赵元浩等以经济记者名义创办的香港《经济导报》,在1948年4月20、27日第67、68期连载钟树元《江浙财团的支柱——宁波帮》一文。关于宁波帮的概念,文中写道:"宁波帮是江浙财阀中一个重要的支柱。浙江系财阀,一为浙系,如张静江、钱新之、陈英士等太湖出身人士属之;一为宁波系,虞洽卿与因宁属人当政而蜂起的财阀均属之。浙江系财阀,实以宁波系为中心。"关于宁波帮的地域范围,文中写道:"宁波帮的宁波,指宁波府所管辖的鄞县、慈溪、奉化、象山、定海、石浦等七县。"②

以上各处多主要指宁波商帮。但是宁波帮指宁波籍手工帮和宁波

---

① 上海通社编:《上海研究资料续集》,上海书店1984年版,第289—299页。
② 钟树元:《江浙财团的支柱——宁波帮》,《经济导报》第67期,1948年4月20日。

籍劳工帮的情形也很多。如前述宁波红帮裁缝①、红帮作头都是手工帮，而且很著名。宁波籍木工也有很高的工艺技术水平，造船、造物、造各种家具均称里手。上海开埠之初修造船舶的很多是宁波木工，被称为红帮木匠，并组织有自己的同乡同业组织（公输子庙，或称鲁班殿）。该组织以宁波六县（指前宁波府属鄞、慈溪、奉化、镇海、象山、定海）人为范围，人数有600人左右。② 关于宁波籍劳工帮，《上海民族机器工业》中载："外资船厂机器工人，最早的是广东帮，但学徒大都是宁波人，待学徒师满升为师傅，并有少数升任领班头脑后，遂逐渐形成了宁波帮，在人数上，地位上，逐渐超过了广东帮。"③ 在上海第二次四明公所事件中曾经发挥重要作用的长生会，也是宁波帮中的劳工帮，其成员主要是洗衣业者。

从上述颇为烦琐的引述中可见，宁波帮其实是一个内涵丰富、外延广泛的概念。同时我们现在一般所说的宁波帮和一般学术著作中所说的宁波帮，大体上主要指经营金融和工商业的宁波籍工商业者为主的群体，即宁波商帮。有学者将"宁波帮"从狭义、广义两个角度予以解释，也有一定道理。就狭义而言，宁波帮又称甬帮、宁帮，根岸佶称之为"宁波财阀"，严格地说应为宁波商帮。这里的商帮实即过去所说的"客帮"，徐珂编撰《清稗类钞》中关于"客帮"的解释是：

> 客商之携货远行，咸以同乡或同业之关系，结成团体，俗称客帮，有京帮、津帮、陕帮、山东帮、山西帮、宁帮、绍帮、广帮、川帮等。④

本书所考察的宁波商帮，主要指清代乾隆时期以来宁波府旧属各县在各地活动的工商业者，以血缘、地缘关系为基础和纽带，结成的地域性商人集团。这个商帮的主要构成成分，在清代（鸦片战争前）主要是各类商人和手工业者，在近代、现代则包括了各种类型的近代企业家、金融家和其他工商业者。随着宁波商帮的发展壮大，遂又产生宁绍帮、浙东帮或"大宁波帮"、"大宁波财阀"等概念。⑤ 这些概念与狭义的宁波帮涵义

---

① 季学源、陈万丰主编：《红帮裁缝史》，宁波出版社2003年版；刘云华：《红帮裁缝研究》，浙江大学出版社2010年版。
② 上海市工商行政管理局等编：《上海民族机器工业》，中华书局1966年版，第60—61页。
③ 上海市工商行政管理局等编：《上海民族机器工业》，中华书局1966年版，第54页。
④ （清）徐珂编撰：《清稗类钞》（第5册），中华书局2010年版，第2286页。
⑤ "宁波财阀"、"大宁波帮"、"大宁波财阀"的概念，俱见[日]东亚研究所编：《商事惯行调查报告书：合股的研究》，东亚研究所1943年刊，第519—527页。

既有很大的不同，又有密切的联系，是一种扩大了的宁波商帮概念。狭义的宁波帮概念最初包含的地域范围，主要是明清时期尤其是清代宁波府旧属各县。明初洪武十四年（1381）庆元路正式改称宁波府，当时有鄞县、奉化、慈溪、象山、定海五个属县。清代康熙二十六年（1687）宁波府所属的舟山地区新置定海县（今属舟山市），而把宁波府原有的定海县改为镇海县（大致相当于今宁波市镇海区、北仑区）。另外清代还将宁波府象山县属海中大佛头山地方（今象山县南田岛），析置南田厅，属宁波府。因此，清代的宁波府所属行政单位实际上就有了六县一厅。到了民国初年，南田厅加上原来属于象山县的石浦厅（后又划回象山县）改置南田县，隶属于浙江省会稽道，不久道一级行政机构被废撤，于是南田县改为直属浙江省府。南田县先隶属于浙江省会稽道，继则隶属于浙江省府，在行政统属上不属于宁波的范围。但是，由于它管辖的地方旧属宁波府，宁波人特别是在外经商的宁波帮商人习惯上仍将其算在原来宁波府的范围之内，于是到民国时就有了宁波府旧属七县之说，而实际上明清时期的宁波府没有出现过管辖七个县的情况。明清到民国时期的发展过程中，由于地域相连，语言、文化和风俗习惯极为接近甚至相同，经营业务或能互补、或者相近，加上彼此联姻产生的血缘上的密切关系，宁波帮与绍兴帮的关系紧密而特殊，甚至在一些地方还共同出资建立同乡商人会馆，俨然就是同一个商帮。不过宁波商帮与绍兴商帮还是具有地域上和经营特征、经济实力等方面的差别，这种区别在上海表现得尤为明显。

不过即使在近代，对于一般社会大众及普通商人而言，要想区分宁波商帮与绍兴商帮甚至宁波商帮与浙江商帮也不是一件容易的事。以秦润卿为例，他是上海金融界公认的元老，在籍贯上是宁波慈溪人，据此当然应为宁波商帮；其为钱庄学徒时的师傅是绍兴府余姚人沈文灿（荔泉），据此则应为绍兴商帮；其任职服务的钱庄是苏州府洞庭帮的豫源钱庄、福源钱庄、福康钱庄，据此又应该划为洞庭商帮或者苏州商帮。再从各地的情况看，如在天津，宁波商帮"实际上是浙江帮，只因宁波人较多，故称宁波帮"[①]。清朝光绪十二至十三年（1886—1887），宁波帮绅商严信厚与天津宁波帮同乡把清康熙七年（1668）修建的天津浙绍乡贤祠修葺、

---

① 王绣舜、张高峰：《天津早期商业中心的掠影》，见天津政协文史资料研究委员会编：《天津文史资料选辑》第16辑，天津人民出版社1984年版，第66页。

扩大为浙江会馆,①而且从1885年起直到1949年,宁波商帮一直掌握浙江会馆的领导权。②汉口是又一个宁波商帮十分活跃的重要城市,这里有原称浙宁公所、1912年改称宁波会馆的宁波帮商人的同乡组织,还有1893年建立的慈善性质的四明公所。这里的宁波商帮"包括南京在内,或合绍兴称宁绍帮,凡汉口之海产物、商店及金银细工业大半为此帮所占,又长江之夹板船航运业皆属宁波商人所经营"③。可见实际上这里的宁波商帮包括的地域范围相当广泛,包括了浙江的绍兴帮商人和江苏的南京帮商人。总之,从狭义上说,历史上大部分时期的宁波商帮主要指清代乾隆以来宁波府旧属鄞县、奉化、慈溪、象山、定海、镇海及相关的南田等县在各地活动的工商业者,以血缘、地缘关系为基础,结成的地域性商人群体。本书所说的宁波商帮概念,既是历史上宁波帮概念的继承,同时在内涵上也有若干变化。根据现在宁波市最新区划,宁波的范围已经扩展到了清代时期和民国时期原本不属于宁波府的余姚、宁海等县,而原来属于宁波的定海县,则变成一个市级行政单位,管辖两个县和两个区。因此宁波概念的地域范围就起了变化,宁波商帮当然需要包括余姚等地的商人。本书中宁波商帮所涵盖的地域范围,涉及明清到民国的,以原来宁波府七县为主,余姚、宁海则明示其籍以示有所区别。新中国成立以后则以新区划为范围,同时在涉及海外宁波商帮的时候,仍适当照顾传统和习惯,而在叙述新宁波帮的时候,自然不再包含现在舟山市的工商业者。

广义的宁波帮则除了工商业者之外,还包括在全国及世界各地活动的宁波籍各界人士。目前,港澳台及海外宁波帮人士约有数十万人(其中改革开放后的新移民占相当大的比重),这是最广义的宁波帮的含义。近代上海,"上自缙绅硕贤,下至负贩杂技,曹进曹退,纷若归市",特别是轮船业中的海员和机器业中的机匠,"几无往而非宁波人"。④这里所涉及的流布于上海社会各阶层的宁波人,当然都属于广义的宁波帮的范畴。实际上,近代以来的宁波帮工商业者能够在艰难的半殖民地半封建

---

① (清)胡燏芬:《浙江会馆碑记》,见(清)沈家本、徐宗亮等修纂:《重修天津府志》卷25《寺观》。
② 张章翔:《在天津的"宁波帮"》,见天津政协文史资料研究委员会编:《天津文史资料选辑》第27辑,天津人民出版社1984年版,第85页。
③ (民国)侯祖畬等编纂:民国《夏口县志》卷12《商务志》,第11页。
④ 何瑞芝:《全国宁波旅外同乡团体概况》,见《宁波旅沪同乡会月刊》第145期,1935年8月,《论著》第1页。

社会里,在上海这个五方杂处的"冒险家乐园"中发展壮大,与宁波帮能够在包括文教、社会、军政等众多社会领域中齐头并进不无关系,宁波商帮在金融工商领域的发展,与宁波籍人士在政治、军事、文化、教育等领域的影响确实有互动的关系。不过广义的宁波帮概念的主体,实际上仍然是宁波籍工商业者。学术研究中通常所说的宁波帮实际上主要指宁波商帮。由于广义的宁波帮涉及面太广,其中有若干宁波籍重要历史人物的活动,若仅从宁波帮的视角去观察显然不够妥当,因此,本书所说的宁波商帮与狭义的宁波帮概念具有同样的含义,为了说明宁波商帮的发展,有时候当然也会涉及宁波籍各方面人士。同时为了叙述上的准确和便利,文中会比较多地使用宁波帮工商业者、宁波帮船商、宁波帮实业家或与此类似的概念。

三、本书采用的方法、主要内容与框架

在总的指导思想上,本书首先梳理了宁波商帮发生、发展、转型的基本历史事实。在此基础上,力图思考宁波商帮区别于其他商帮的特征与特色,探讨宁波商帮得以持续发展的原因,并尽可能揭示这种发展所昭示的丰富的内在意义。

在研究方法上,本书首先注重原始资料的发掘与整理,注重史料的可靠与翔实,当然也会采用一些历史学的或相关学科的分析方法。在研究范围和重点方面,本书涉及的历史时期是宁波商帮形成直到21世纪初的所有时段。为了能够更好地说明问题,并适当向前追溯。涉及的空间范围包括宁波商帮活动所到达的所有地方,尤其是其活动最为集中的上海、汉口、天津、重庆、香港等重要城市。

本书正文共分五章,以宁波商帮的产生、发展和转型为基本线索,围绕宁波商帮产生、发展和转型的原因、宁波商帮的特征和特色等基本问题展开论述。本书的主要观点是:宁波商帮形成于清乾隆中期,当时宁波帮商人主要出自鄞县和慈溪两县,清嘉道时期获得迅速发展,除鄞县、慈溪两县外,出自镇海县的商人迅速增加,充实到宁波帮商人的队伍之中。鸦片战争后,出自定海县的商人迅速增加,出自奉化的商人在人数上、经济实力上明显弱于鄞县、慈溪、镇海、定海,而象山和南田则人数更少,实力更弱。因此就宁波帮商人具体籍贯而言,从清代到民国,实际上主要来自鄞县、慈溪、镇海、定海、奉化诸县。就发展阶段而言,可以分为清嘉庆道光时期、19世纪40年代到19世纪末、20世纪初到1931年、

1932年到1949年、20世纪50年代以后到现在（期间又可以1980年为界限分为前后两个阶段）大约5个或6个发展阶段或重要时期。其间有迅速的发展和转型，也有重大的挫折和困难，但总体上看，宁波商帮获得了持续的发展，并由一个传统的地域商帮转型成为一个现代工商业集团，对中国经济和社会的近代化和现代化作出了巨大的贡献，在当代港台及世界经济中也产生了相当重要的影响。

前言部分比较详细地对宁波商帮研究的学术史进行了考察、梳理和分析，对本书涉及和使用的核心概念进行比较详细的历史考察，对于若干基本概念进行简要的说明，并概述本书的思路、方法和主要观点。

第一章考察和分析宁波商帮产生的宏观社会历史背景，区域经济因素和文化因素。认为：明清时期沿江、沿海的经济变动以及世界范围的地理大发现和15世纪末西方到东方新航路的开辟是宁波商帮产生的宏观社会历史背景；宁波港以及宁波地区的自然历史特点及区域经济发展状况是宁波商帮产生的区域社会经济因素；浙东学术和宁波区域文化教育的发展，从社会氛围和人文素质等方面对宁波商帮的产生给予持久而有力的精神支撑。

第二章考察和分析宁波商帮产生和形成的曲折过程、商业经营网络的地区分布及行业分布等。指出：宁波商人产生的历史悠久，但由于受到各种因素尤其是受到明清时期时松时紧的海禁政策的影响，宁波商帮的形成过程也充满了曲折。明代中后期宁波商人曾经有一个比较活跃的时期，但当时比较活跃的主要是出自鄞县、慈溪的若干家族，尚谈不上普遍或比较普遍的社会风气。加上当时对于经营航运业的限制总体上还较为严格，宁波地区是这种限制政策的重点实施区域，商帮持续发展的条件未臻成熟。到清代乾隆中期，在各种内在和外界因素的综合作用下，宁波商帮终于形成，其标志是北京鄞县会馆和汉口浙宁公所的建成。清代宁波商帮商业网络的地区分布以长江和北洋这两条江海航线及沿线为主，经营的行业是海产南北货、药业、成衣等基础性行业，并在此基础上发展起江海航运业、钱庄业、民信业等支柱性行业。到鸦片战争爆发前，宁波商帮显示出生机勃勃的发展态势，并表现出由长江中下游的苏州、汉口向上海发展的趋势。

第三章考察和分析整个中国近代时期宁波商帮的发展、转型、辉煌和挫折。主要观点是：进入近代以后，宁波商帮在机遇和挑战并存的外部环境中,顺势应变,从1840年到1931年的90年左右的时间内,获得了前所未有的巨大发展和历史跨越,由一个传统地域商帮,成功转型为一个地域性的现代资本主义工商业集团,并产生了一批声誉卓著的金融工商界代表人物、民族资本大中型企业、知名国货品牌等,为中国的早期现代化,尤其是上海、汉口等地的早期现代化作出了开拓性的贡献。但自1931年"九一八"事变,尤其是1932年"一·二八"事变起,以上海为经营重心的宁波商帮遭遇来自日本侵略者的直接武装破坏和来自国内南京国民政府统治下国家资本日益膨胀的经济的与非经济的排挤。抗日战争爆发后,尤其是上海沦陷后,宁波商帮遭遇到前所未有的巨大物质损失和人身摧残。一部分内迁到大后方的宁波帮企业尽管克服重重困难有一定的发展,但战时环境和大后方的经济与社会环境与战前上海以及江浙的情形毕竟全然不同,后方的宁波帮企业随着统制经济的加强而日益陷于困境,这些宁波帮企业家终究只能是国家资本的小伙计而已。抗战胜利和经济复员后,宁波商帮的经济实力和社会影响力无论如何也难以恢复到战前。1949年大陆发生政权更迭前后,大部分宁波帮工商业者选择留在了大陆,一部分但绝对数量并不少的宁波帮金融家和工商业人士带着满腹的惆怅南迁香港、台湾,或移民其他国家。

第四章考察和分析20世纪50年代以来海内外宁波商帮的变迁。指出:1949年以后,特别是1956年以后到1978年,留在大陆的大部分宁波帮工商业者,经过生产资料的社会主义改造,大部分转变为社会主义事业的建设者、国有企业中的技术和管理骨干及国家干部,为社会主义经济建设和全民所有制企业的发展作出了巨大的贡献,同时宁波商帮则变为一个历史名词或历史陈迹,在现实经济和社会生活中基本上不复存在。而在同一时期,此前迁移到港台及海外的宁波帮工商业者,抓住各种机会,在工商经济的各个领域获得了新的发展,并在发展中实现了新的突破和转型,产生了一批大型跨国企业和企业集团,涌现出一批具有世界影响的航运家、影视制作巨头、工商业巨擘,形成了以香港为经营重心的港台及海外宁波商帮。1978年中国大陆实行改革开放政策后,内地民营经济重新抬头,乡镇企业迅速兴起,出自宁波的新一代工商业者也在这种情况下踏上了创业、发展的崭新历程,并在发展中形成新宁波帮工商群体。港台及海外宁波商帮也充分利用大陆实行对外开放的新局面,参与并汇入祖国社会主义市场经济和民族振兴的洪流之中。香港宁波帮工商界人士,更利用中英就香港回归谈判进程中英资财团撤离香港的有利时机,快速扩张其在香港的经济势力,为实现香港回归进程中经济、社会的平稳过渡作出了巨大的贡献。进入21世纪后,从总体上看,新宁波商帮与港台、海外宁波商帮均呈现出良好的发展态势。

  第五章对全书进行归纳和概括,并在此基础上展望宁波商帮发展的前景。指出:宁波商帮的特征和特色主要表现为通过不断的转型实现持续发展、航运业经营历久弥新影响全局,个体的发展和群体的凝聚相得益彰、事在人为是其商帮精神的核心。宁波帮工商业者轻去其乡又深爱其故乡,善于从西方新识和中国传统中撷取有利于发展的因素,从而获得持续的发展。事实说明,移民精神和乡土意识、东方文化和西方文化、传统和现代并非截然两分,绝对对立。这个事实也表明,中国传统文化中过去被认为是糟粕或不能适应现代化的部分,如乡土意识或乡土情怀,不仅能够消极地适应现代化,而且可以成为促进现代化的积极因素,因为,没有乡土意识或乡土情怀,何来宁波商帮,何来海外宁波商帮,又何谈动员全世界的宁波帮建设宁波? 基于同样的理由完全可以说:宁波商帮未来发展的空间是广阔无垠的。

第一章　宁波商帮产生的社会、历史背景

14—19世纪,一系列重大历史事件在欧洲发生,首先是以意大利为中心的文艺复兴兴起,欧洲人开始以科学为武器,冲破中世纪教会笼罩下的重重迷雾,向近现代社会迈进。接着是以地理大发现为开端,西方势力开始了其全球性扩张的步伐,通过野蛮的非洲黑奴贸易、掠夺和屠杀美洲的印第安人,在亚洲展开殖民性掠夺,由此引发了世界性的商业革命。之后,欧洲社会内部发生了巨大的结构性变革,在英国、法国等国,资产阶级兴起,并通过资产阶级革命夺取政权,建立起资本主义制度。资本主义制度的建立进一步解放了生产力,工业革命由此兴起。与欧洲这一历史时期相对应的是中国历史上的明清时代,绵延两千年的封建社会进入其末期,疆域空前广袤,商品经济得到前所未有的发展,海上和陆上商路不断扩展和延伸,市场范围不断扩大。以徽商和晋商为代表的为数众多的地域商帮相继出现,活跃于全国各个区域性市场,其中有若干商帮不仅进行跨区域的长距离贸易活动,甚至驾船航海到日本以及南洋诸岛从事商业活动。[1] 这些地域商帮产生的原因是多种多样的,从总体上看,与明清以来全国各地区域经济的开发和商品经济的发展,与新航路开辟后东西方

---

[1] 傅衣凌:《明清时代商人及商人资本》(中华书局2007年版);张海鹏、张海瀛主编:《中国十大商帮》(黄山书社1993年版);许涤新、吴承明主编:《中国资本主义发展史》第一卷《中国资本主义的萌芽》(人民出版社1985年版)等。

经济联系的加强,与各个商帮所赖以产生的区域社会、历史、文化、自然资源和自然条件有密不可分的关系。其能否顺利发展以及发展到何种程度更受到各种主观及客观原因的影响。其中区域背景、自然禀赋以及商帮自身的主观能动性可能具有更加重要的作用。同时,随着新航路的开辟和工业革命的开展,世界进入以民族国家为单位激烈竞逐的崭新历史时代,国家的经济政策在国民经济发展中的重要性日益凸显。就商帮发展而言,明清时期中国中央政府采取时紧时松的闭关锁国政策或有限开放的政策,对当时的各个商帮尤其是沿海商人、沿海商帮的产生和发展有着更为直接而重大的影响。因此,在考察宁波商帮兴起和发展的过程中,我们把新航路开辟后中、外关系的历史大变局作为宏观的历史背景,把宁波地区的自然、文化、社会和经济的状况和特点,作为考察和分析的出发点。

第一节 明清时代经济、社会变动中的沿海、沿江与宁波

西方势力在航海大发现之后逐渐东来,由渐到显、由外到内不断对中华体制做接触、了解和冲击。对于这种接触,明清时代的中国政府大体上采取了一种有限开放、有限接触的政策,民间商人对于西方商人的到来则基本上持开放和欢迎的态度。宁波作为处于中国海岸线中部具有悠久历史的贸易港口,在这种接触中曾经处于尴尬的境地。这种尴尬境地对于宁波商帮的孕育和形成,产生了十分复杂的影响。

一、明清时代经济变动中沿海、沿江地区经济与社会动向

明清时期,商品经济因素有了新的发展,比较突出地表现在农业生产中经济作物的广泛种植、江南地区专业化的手工业生产市镇的产生[①]、全国性市场的逐渐产生以及跨区域的长距离贩运贸易的广泛展开、商人资本的日趋活跃等等诸多方面。

养蚕缫丝作为农村家庭副业具有悠久的历史。到宋元时期,棉花的种植开始在江南地区具有一定的规模,纺纱织布作为农村家庭副业开始在江南一带农村出现。到了明代,棉花的种植开始得到推广,棉纺织业则主要集中在江苏的松江、嘉定、常熟三地,有松江布、嘉定布、常熟布之

---

① 樊树志:《明清江南市镇探微》,复旦大学出版社1990年版,第7—11页。

称,而以松江最盛。① 出现这种情况的原因不止一端,然而其中一个重要的关键,则在于明代宣德正统年间,南直隶(现江苏一带)巡抚周忱在江南地区推行的赋税改革,改革的重要措施是两税折征金花银和棉布,其中棉花折征不论轻重只讲长宽。《明史·周忱》记载:

> 民间马草岁运两京,劳费不訾。忱请每束折银三分,南京则轻赍即地买纳。京师百官月俸,皆持俸帖赴领南京。米贱时,俸贴七八石,仅易银一两。忱请检重额官田、极贫下户两税,准折纳金花银,每两当米四石,解京兑俸,民出甚少,而官俸常足。嘉定、昆山诸县岁纳布,疋重三斤抵粮一石。比解,以缕粗见斥者十八九。忱言:"布缕细必轻,然价益高。今既贵重,势不容细。乞自今不拘轻重,务取长广如式。"从之。②

周忱的改革成效显著,史称"周忱治财赋,民不扰而廪有余羡"③。显然,周忱的财税改革解决了当时江南重赋状况下赋税征收日益困难的局面。因为在周忱赋税改革之前,江南地区既是全国赋税最重的地区也是全国积欠财税最为严重的地区,仅苏州府一地,就积欠应交赋税800万石。而改革在不扰民的同时,有效保证了赋税的征收,使国库保持一种有余的富足状态。实际上,周忱的改革与其说是赋税改革,不如说是经济改革。明史《周忱传》的作者评论周忱的改革措施时说:"诚异夫造端兴事,徼一时之功,智笼巧取,为科敛之术者也。"④窥诸历史实际,这确实是恰如其分的历史评价。在这种符合经济规律又顺乎民情民意的经济政策的推动下,江南地区表现出持续不断的经济活力。农民交纳赋税可以把钱粮折成金花银完纳,于是农业生产中蚕桑、棉花等经济作物的种植面积得以稳步扩大,尤其是棉花的种植面积迅速扩大。如松江府所辖的上海出产的棉花(木棉),明末清初上海人叶梦珠说:"吾邑地产木棉,行于浙西诸郡,纺绩成布,衣被天下,而民间赋税,公私之费,亦赖以济,故种植之广,与粳稻等。"⑤苏州府所辖的嘉定县,"其民独托命于木棉",

---

① 许涤新、吴承明主编:《中国资本主义发展史》第一卷《中国资本主义的萌芽》,人民出版社1985年版,第92页。
② (清)张廷玉等撰:《明史》卷153列传第41《周忱》,中华书局1974年版,第4214页。
③ (清)张廷玉等撰:《明史》卷153列传第41《周忱》,中华书局1974年版,第4217页。
④ (清)张廷玉等撰:《明史》卷153列传第41《周忱》,中华书局1974年版,第4217页。
⑤ (清)叶梦珠:《阅世编》卷7,中华书局2007年版,第178页。

"种稻之田不能什一"。① 同时,钱粮也可以依据长宽的相应标准交纳折色棉布,这就必然使棉布生产得到有力的推动。于是到明代天启末年,上海一县成年男女 30 万人中就有约 20 万人从事织布,织布机多达 20 万台。② 而整个松江地区棉纺织业的出产量庞大,号称"绫、布二物衣被天下"③。明人李鼎说当时:"燕赵、秦晋、齐梁、江淮之货,日夜商贩而南;蛮海、闽广、豫章、南楚、瓯越、新安之货,日夜商贩而北"④。农村经济作物的种植和手工业的繁荣,为商人的经营活动提供了广阔的舞台。在长江和大运河沿线发展出一批颇具规模的商业镇市,国内市场扩大了,从明代中叶以后,贩运贸易"逐渐以民生用品为主了"⑤。明末商人携重资到上海贩运标布,"白银动以数万计,多或数十万两,少亦万计"。⑥ 徽商、晋商、秦商以及洞庭商、闽商等大商帮,都是在这种情况下兴起的,不过明代商品经济的发展程度依然受到多重制约。根据有关的研究,我国几条 1000 公里以上的长距离贸易商路,除从闽、浙出海的南洋商路开通较早之外,南北大运河到明初才作为商路得以全部贯通,长江航运到清代才畅达上游。从上海到华北、东北的北洋商路也是清代才发展起来的。因为明代对于沿海南北洋航路上的航行实行严格的分段管理:"广东船能至(福建)漳州,(福建)漳州船能至宁波,宁波船能至崇明,崇明船能至通泰、海州。"⑦在这种情况下,海商的长距离活动和营运几乎是不可能的。因此明代中后期,各商帮大多仍集中于盐的经营,并具有不同程度的官商性质,在经营上多数也没有能够专业化,商人资本的积累大致能超过50 万两的仍为数十分有限。⑧

清康熙二十三年(1684)解除海禁后,商品经济发展迅速。清中期,

---

① 韩大成:《明代社会经济初探》,人民出版社 1986 年版,第 254 页。
② 李伯重:《多视角看江南经济史(1250—1850)》,读书·生活·新知三联书店 2003 年版,第 279—280 页。
③ (明)陈威、顾清等修纂:《松江府志》卷四《风俗》。
④ (明)李鼎:《李长卿集》卷 19《借箸编》,明万历四十年(1612)刻本。
⑤ 许涤新、吴承明主编:《中国资本主义发展史》第一卷《中国资本主义的萌芽》,人民出版社 1985 年版,第 15 页。
⑥ (清)叶梦珠:《阅世编》卷 7,中华书局 2007 年版,第 178—179 页。
⑦ (清)郑若曾撰:《筹海图编》卷7《山东事宜附录》,中华书局 2007 年版。清初康熙三十四年(1695)补任定海知县的缪燧在其《沿海弭盗议》也载:"闻前朝定例,粤船不过闽,闽船不过浙,而两广督宪亦有福建渔船不许过广之条议。"见缪燧等修纂:康熙《定海县志》卷 3《形胜》。
⑧ 傅衣凌:《明清时代商人及商业资本》,(《傅衣凌著作集》),中华书局 2007 年版,第 28—29 页;许涤新、吴承明主编:《中国资本主义发展史》第一卷《中国资本主义的萌芽》,人民出版社 1985 年版,第 102—105 页。

江苏的松江、太仓、海门、通州一带仍是全国最大的棉产区。浙江、江苏还是重要的蚕桑养殖、种植区。棉布方面,苏松地区是当时最大的棉布产区,地域范围大致包括无锡、常熟、太仓、嘉定、松江,延及浙江的嘉兴。其中松江府所辖华亭、娄县、奉贤、金山、上海、南汇、青浦七县和川沙厅,又是棉布最集中的产区。该区域附近的无锡、常熟和嘉兴,尽管产棉甚少,但织布则甚出名。无锡是著名的棉布贩运中心,有"布码头"之称。清乾隆朝以后,松江布打开了东北市场,沙船装载标布直运关东,数量相当庞大。① 商路在清代得到新的拓展,沿海运输中北洋航线得以重新开通。这条沿海航线由江苏崇明绕道山东半岛到天津,在元代本已开通,但明代由于废除了漕粮海运而致近乎湮灭。到清康熙弛禁后,有些沿海地方官鼓励船商"联艅"。具体办法是:"凡贸易商船,饬令各省关隘出口处,务报明某某船只,装载某某货物,往某处贸易,南北行径之地,联艅十数船为一帮,配以兵船伴行,同行同止,逐汛交替,既督率以齐进止,即往来以为巡哨。抗不归帮,故为先后孤单行驶者既系奸徒,游巡官兵穷追拏获。"② 这一办法对于沿海商船从事远距离航线有重大意义。于是船商重辟北洋航线,并将北洋航线由天津延伸到营口,成为南北重要干线。这样,加上原有的南洋航线,沿海航线超过1万公里。③ 通过北洋航线,东北出产的麦豆等农产品运到上海销售,使上海迅速兴起。包世臣说:"自康熙二十四年开海禁,关东豆麦每年至上海者千余万石。"④ 乾隆初期,尽管上海的港口贸易与粤海关所在的广州、闽海关所在的厦门有很大距离,甚至不及浙海关所在的宁波,⑤但已经相当繁荣,县城东门外"舳舻相接,帆樯比栉"⑥。到清嘉庆年间,上海城内已经有大小街巷60多条。⑦

明清时期长江流域的经济开发也进入到一个新的历史阶段,长江中上游地区先后出现"江西填湖广"、"湖广填四川"等大规模移民现象,由

---

① 许涤新、吴承明主编:《中国资本主义发展史》第一卷《中国资本主义的萌芽》,人民出版社1985年版,第278页。
② (清)缪燧、陈瑨等修纂:康熙《定海县志》卷3《形胜》。
③ 许涤新、吴承明主编:《中国资本主义发展史》第一卷《中国资本主义的萌芽》,人民出版社1985年版,第271页。
④ (清)包世臣:《海运考跋》,见包世臣:《安吴四种》卷1。
⑤ 张仲礼主编:《近代上海城市研究》,上海文艺出版社2008年版,第37页。
⑥ 唐振常主编:《上海史》,上海人民出版社1989年版,第96页。
⑦ 唐振常主编:《上海史》,上海人民出版社1989年版,第104页。

此使长江中上游湖广、四川一带在经济上的重要性日益显现,从农业生产、商品流通、长江干支流航运到城市都有新的发展,呈现出新的历史面貌。两次大规模移民中"江西填湖广"出现在明代,主要特征表现为人口在长江中游地区自东向西的大规模迁移。明代后期,湖广一带的米粮已经开始东运。①"湖广填四川"的大规模移民产生于明末清初大规模战乱之后的康熙、雍正时期,乾隆时期达到高潮,到清代嘉庆年间才基本结束。②这次大移民对此后四川地区的政治、经济、文化等方面,产生了深远的影响。③川东地区的四川是首先接受湖广移民的地区,滞留的湖广移民也最多,所受移民影响也最大。④以重庆府为例,康熙十年(1671)耕地面积仅有12.4万亩,到清康熙六十一年(1722)即达到584.39万亩。到清雍正六年(1728)更进一步增加到1259.76万亩。⑤湖广地区自明后期加快了发展速度,尤其是洞庭湖流域开始得到开发。到清代中叶,"苏常熟,天下足"的谚语早已转变"湖广熟,天下足"的现实,清雍正时期(1723—1735),人们已经公认"湖广为天下第一出米之区"⑥,长沙成为著名的四大米市之一。

在长江中上游经济开发的同时,清代中期,中国内河航运路线已经初具近代规模,全国水路通航里程已达5万公里以上,以长江为主干的东西航运大动脉在清代得到极大的拓展。其中长江上游川江的水运主要是在清代得到开拓的。宜宾以上的金沙江航路曾经长达1300公里。长江中游的航运开拓也在清代获得重大的进展。同时陕南山区、鄂北丘陵地带和豫西南得到一定程度的开发,汉水航运重新活跃。⑦到鸦片战争爆发前夕,全国内河共有各种木帆船20多万只,其中长江流域即有17万多只,载重达340万吨。⑧随着木船航运业的发展,到乾隆、嘉庆年间,长

---

① 许涤新、吴承明主编:《中国资本主义发展史》第一卷《中国资本主义的萌芽》,人民出版社1985年版,第89—90页。
② 陈锋主:《明清以来长江流域社会发展史论》,武汉大学出版社2006年版,第35页。
③ 孙晓芬:《明清的江西湖广人与四川》,四川大学出版社2005年版,第50页。
④ 蓝勇:《西南历史文化地理》,西南师范大学出版社1997年版,第57页;陈锋主编:《明清以来长江流域社会发展史论》,武汉大学出版社2006年版,第9页。
⑤ 周勇主编:《重庆通史》,重庆出版社2003年版,第198页。
⑥ 全汉昇:《中国经济史论丛》第2册,新亚研究所1972年版,第572—573页。
⑦ 许涤新、吴承明主编:《中国资本主义发展史》第一卷《中国资本主义的萌芽》,人民出版社1985年版,第269—271页。
⑧ 樊百川:《中国轮船航运业的兴起》,中国社会科学出版社2007年版,第60—61页;罗传栋主编:《长江航运史》(古代部分),人民交通出版社1991年版,第341页。

江中上游开始出现各种类型的船帮,如长江中游地区最早出现的船帮为湖北地区专门航行川江的宜昌、荆沙、汉阳、武昌等四大船帮。[1] 同一时期,长江上游有三河船帮和五门驳船帮。到嘉庆、道光时期,长江下游地区产生崇明、通州、海门、南汇、宝山、上海等经营沙船的"沙船十一帮"[2]。长江上游的川江干支流形成大河七帮、下河六帮等船帮。[3] 长江中上游经济的开发,航运的开拓,汉口、重庆等城市的兴起,使清代沿长江水运进行的东西贸易有了重大发展。[4] 农业的开发,使这一区域的粮食出现大量剩余。随着清代四川农业的发展,米粮贸易从清康熙晚期开始兴起。随着川江航运的开拓和兴盛,四川的米粮从雍正年间开始大量外运。[5] 重庆作为长江上游各种商品的集散地和重要的工商业城市,在这种情况下开始兴起。[6] 康熙十一年(1672),重庆巴县县城已经呈现"市肆居民,鳞次栉比"的繁荣景象。[7] 康熙四十六年(1707)渝关在巴县设立。重庆是当时木材交易的集散地。[8] 雍正三年(1725),重庆开始设关征收船税。[9]

汉口在明初还是一片荒滩,后渐有人到此居住。明武宗正德元年(1506),汉口被确定为漕粮交兑口岸,之后明政府又规定长沙等处漕粮也一并在汉口交兑,汉口成为长江中游漕粮储运中心。万历四十五年(1617),明政府颁行盐运纲法后,汉口成为淮盐转运港口。由此汉口在长江中游交通和商业上的地位迅速提高。[10] 明末被兵,汉阳城市发展遭受重创。[11] 到清代康熙时期,随着川湘的粮食、川陕的木材、江汉平原的

---

[1] (清)王尔鉴、王世沿等修纂:《巴县志》卷3《赋役志》。
[2] (清)包世臣:《海运十宜》,见包世臣:《安吴四种·中衢一勺》卷3,沈云龙主编:《近代中国史料丛刊》(294),台北文海出版社有限公司,第21页。
[3] 罗传栋主编:《长江航运史》(古代部分),人民交通出版社1991年版,第355页。
[4] 许涤新、吴承明主编:《中国资本主义发展史》第一卷《中国资本主义的萌芽》,人民出版社1985年版,第270页。
[5] 许涤新、吴承明主编:《中国资本主义发展史》第一卷《中国资本主义的萌芽》,人民出版社1985年版,第270页;周勇主编:《重庆通史》,重庆出版社2003年版,第210页。
[6] 周勇主编:《重庆通史》,重庆出版社2003年版,第209页。
[7] (清)王尔鉴、王世沿等修纂:《巴县志》卷12《艺文志》。
[8] [日]松浦章著,董科译:《清代内河水运史研究》,江苏人民出版社2010年版,第234—235页。
[9] (清)王尔鉴、王世沿等修纂:《巴县志》卷3《赋役志》。
[10] 皮明庥主编:《近代武汉城市史》,中国社会科学出版社1993年版,第111页。
[11] 罗传栋主编:《长江航运史》(古代部分),人民交通出版社1991年版,第369页。

棉花、川湘两省的丝茶等物产相继汇入长江流域贸易,①汉口一跃成为长江流域中繁华的港口城市之一。到乾隆嘉庆时期,汉口依托长江中游和上游的广阔市场,城市更加繁荣,"泊船数千万",有"船码头"之称。② 汉口与河南开封的朱仙镇、广东的佛山、江西的景德一起被列为四大镇之一,号称"九省通衢"。清初刘献廷《广阳杂记》中记述道:

> 汉口不特为楚省咽喉,而云、贵、四川、湖南、广西、河南、江西之货,皆于此焉转输。虽欲不雄天下,不可得也。天下有四聚,北则京师,南则佛山,东则苏州,西则汉口。然东海之滨,苏州而外,更有芜湖、扬州、江宁、杭州以分其势,西则惟汉口耳。③

刘献廷不仅把汉口与北京、佛山、苏州等相提并论,而且认为在西部即长江流域,汉口是独一无二的商品周转中心。汉口镇是当时长江流域著名的米市与茶市,来自各地的粮、盐、茶、棉、油、纸、药材以及洋广货等合称八大行货,年贸易额到鸦片战争前后达白银1亿两以上。④ 其中粮食贸易尤为大宗。湖广总督迈柱在雍正十二年(1734)的一份奏章中,估计该年从汉口运往江浙的米粮为1000万石。⑤ 乾隆十八年(1753)署理湖广总督恒文在奏折中说:"湖北武昌为省会之区,汉口一镇系商贾辐辏之所。"⑥《履园丛话》中也记载道:"汉口镇为湖北冲要之地,商贾毕集,帆柱满江,南方一都会也。"⑦嘉庆、道光时期,汉口的存米据包世臣估计达2000万石。⑧ 在西方学者眼中,汉口与早期现代的欧洲城市有一个最根本的共同特征,就是在长途贸易的经营中充当"中心"的角色,从而被认为是新型的城市。⑨

---

① 许涤新、吴承明主编:《中国资本主义发展史》第一卷《中国资本主义的萌芽》,人民出版社1985年版,第270页。
② 全汉昇:《中国经济史论丛》第2册,新亚研究所1972年版,第573页。
③ (清)刘献廷:《广阳杂记》,中华书局2007年版,第193页。关于"四大镇"的说法,也可参见范楷著,江浦等校释:《汉口丛谈校释》,湖北人民出版社1999年版,第74—76页。
④ 范植清:《鸦片战争前汉口镇商业资本的发展》,《中南民族学院学报》1982年第2期。
⑤ 全汉昇:《中国经济史论丛》第2册,新亚研究所1972年版,第573页。
⑥ 《宫中档乾隆朝奏折》第2辑,台北故宫博物院,1982年,第114页,转自[日]松浦章著,董科译:《清代内河水运史研究》,江苏人民出版社2010年版,第213页。
⑦ (清)钱泳:《履园丛话》卷14,中华书局2006年版,第381页。
⑧ 罗传栋主编:《长江航运史》(古代部分),人民交通出版社1991年版,第342页。
⑨ [美]罗威廉著,鲁西奇、罗杜芳译:《汉口:一个中国城市的冲突和社区(1796—1895)》,中国人民大学出版社2008年版,第4页。

长江下游的上海在清代康熙时期开放海禁后迅速兴起,到清乾隆时期,其繁荣已经可与汉口相比。方志载:"凡远货贸迁皆由吴淞口进泊黄浦,城东门外舳舻相衔,帆樯比栉,不减仪征、汉口。"①《嘉庆上海县志》也载:"自海关通贸易,闽、粤、浙、齐、辽海间及海国舶虑浏河淤滞,由吴淞口入舣城东隅,舳舻尾衔,帆樯如栉,似都会焉,率以番银当交会,利遇倍蓰,可能晌慭迁致富。"到乾隆嘉庆时期已经非常繁荣,"闽、广、辽、沈之货麟萃羽集,远及西洋,暹罗之舟,岁亦间至;地大物博,号称烦剧,诚江海之通津,东南之都会也。"②沙船运输业自康熙时期起就成为上海的支柱性产业,沙船商并于康熙五十四年(1715)创建上海商船会馆为集议之处,③可见其财力之一斑。

商品经济的发展,水陆商路的延伸,市场的扩大,商人活动日益活跃,地域商帮在各地纷纷兴起,社会上适应商人需要的读物也从明代后期开始纷纷出现。较早的有徽商黄汴著的《一统路程图记》、《天下水陆路程》,程春宇著的《士商类要》、《三台万用正宗·商旅门》,李晋德著的《商程一览醒迷》,憺漪子著的《天下路程图引》,陶承庆撰的《商程一览》等。《一统路程图记》又名"新刻水陆路程便览"、"图注水陆路程图",明代隆庆四年(1570)刊刻。黄汴为安徽休宁人,年轻时就随父兄到各处经商,到过全国许多地方,与明代两京13省及边境商人均有接触。他在经商之余,颇留心收集当时的各种程图路引,并利用经商过程中与各地客商接触的机会,广泛了解各地风土人情、水陆交通情况及里程,积27年之功,撰成《一统路程图记》一书。该书共分8卷,辑录路引144条,详细记述驿站、道路里程、起讫地点,并对于商旅日常注意事项如山川、物产、码头、牙侩、税课、名胜、船户、轿夫等种种情形均有所记述。上述这些内容,为准备出外经商乃至正在经商的人,提供了很实用的经商基本知识。④ 黄汴著《天下水陆路程》是根据各种路引和程途编辑而成的交通指南,对于各地物产、行情、社会治安、行会、船轿等情况,也有所记述。⑤ 被

---

① (清)范廷杰、皇甫枢修纂:《上海县志》卷1《风俗》。
② 上海市工商业联合会与复旦大学历史系编:《上海总商会组织史资料汇编》,上海古籍出版社2004年版,第3—4页。
③ (民国)吴馨、姚文楠等修纂:《上海县续志》卷3,见上海市工商业联合会与复旦大学历史系编:《上海总商会组织史资料汇编》,上海古籍出版社2004年版,第6页。
④ (明)黄忭撰,杨正泰点校:《一统路程图记》,见杨正泰:《明代驿站考》附录2,上海古籍出版社2006年版,第197页。
⑤ (明)黄汴著,杨正泰点校:《天下水陆路程》,山西人民出版社1992年版,《前言》第2页。

日本学者仁井田升誉为16世纪一种很有特点的日用百科全书的《三台万用正宗·商旅门》,内容丰富,文字精练。其中的《客商规鉴论》全文不过790个字,但包括有关于船户、脚夫、银色、天平、斛斗、谷米、棉花、商税等与经商密切相关的25个方面的具体内容。① 《士商类要》流传很广,是明代天启六年(1626)辑成的士商用书,作者为安徽新安商人程春宇。全书共4卷,书中除用大量篇幅记述水陆里程外,还有"客商归略"、"船脚总论"、"为客十要"、"买卖机关"、"贸易赋"、"经营说"等与经商有直接关系的内容。② 《商程一览醒迷》是明代福建商人李晋德著的记述从商经验和经商训诫的专书,着重包括投牙、定价、发货等买卖过程中的各个重要环节,以及商业道德、留意安全等内容。《天下路程图引》以明代水陆路线为主要内容,对各地物产、气候等也有记述。到清代,又出现了一系列与经商有关的图书,如《江湖必读》、《商贾便览》、《路程要览》、《天下路程》、《新增酬世群芳杂锦》、《示我周行》、《生意世事初阶》、《贸易须知》、《商贾格言》等。③ 这些与经商密切相关的图书不断涌现和流传,正是商人力量兴起和不断壮大的一种表现形式。

明清时期商品经济的这种发展,清楚地表明中国社会内部已经开始萌动新的经济因素,学术界过去通常将这种新的经济因素称为"资本主义萌芽"。无论用怎样的学术术语概括这种新因素,新因素的存在都是不可忽视的历史存在,而这种新因素在中国东南沿海以及江南地区的表现尤其突出,这恰成为宁波商帮兴起的重要社会经济背景之一。

二、15世纪末新航路的开辟与西方势力的东来

鸦片战争后,中国与西方的关系进入所谓"条约体系"时代,实即中外不平等条约秩序下的半殖民地半封建时代。一向以"文物制度"傲视四海群伦的中华"天朝上国",在远道来袭的西方资本主义工业文明面前

---

① [日]寺田隆信著,张正明译:《山西商人研究》,山西人民出版社1986年版,第281—285页;鞠清远:《清开关前后的三部商人著作》,见包遵彭、吴相湘、李定一主编:《中国近代史论丛》第2辑第2册,台北正中出版社1977年版;在这方面系统的研究有陈学文著的《明清时期商业书及商人书之研究》(台北红叶文化事业有限公司1997年版),惜未能见到该书。
② (明)程春宇撰,杨正泰点校:《士商类要》,见杨正泰:《明代驿站考》附录2,上海古籍出版社2006年版,第295页。
③ 鞠清远:《清开关前后的三部商人著作》,见包遵彭、吴相湘、李定一主编:《中国近代史论丛》第2辑第2册,台北正中出版社1977年版;[日]寺田隆信著,张正明译:《山西商人研究》,山西人民出版社1986年版,第281页;在这方面系统的研究还有陈学文著的《明清时期商业书及商人书之研究》(台北红叶文化事业有限公司1997年版)。

一筹莫展,凸显军事、政治、经济、文化等方面的落后,从此被置于长期受制于人的屈辱状态,这确是有史以来中华民族遭遇到的前所未见的巨大变局。有学者统计,19世纪后半期中国社会各阶层中提出变局言论的有识之士不下81人,其中既有满族皇室权贵恭亲王奕訢,也有地方封疆大吏李鸿章、瑞麟、李宗羲、张之洞等,更多的是当时的士绅或绅商型知识分子,如冯桂芬、王韬、薛福成、严复、康有为、郑观应、盛宣怀等,这些有识之士经过分析后发现并一致相信:变局是由西洋势力的东来所导致的。① 其实,西方势力在成为众人议论纷纷的话题之前早已抵达中国东南沿海,只是当时中国知识界少有人对此加以认真理会。在明清两代最高统治者眼中,来到东南沿海的西人无非是一些利欲熏心的冒险不逞之徒,在多数情况下以驱逐或限制来解决。然而也正是在这种情况下,西方势力经过不断地试探甚至冲撞,逐渐对中国沿海的形势有了越来越多的了解,而中国沿海商民也开始对西方有了一些初步的接触、了解和认识。由于特殊的地理、历史因素,宁波成为这种初步接触、了解和认识的一个发生地。

东西方之间通过经由中东地区的陆上商路进行经济文化交流由来已久,来自东方的奢侈品对西欧上层社会具有极大的诱惑力。16世纪到17世纪初随着新航路的开辟,葡萄牙、西班牙、荷兰殖民者、传教士、海盗商人等先后来到东方,并到达中国东南沿海,②使该区域呈现出波谲云诡的复杂局面,明政府开始面临全新的历史挑战。本来中国沿海从浙江省舟山群岛到福建、广东的众多沿海岛屿,就散布着数量不等的无法参与正常海上贸易的海盗商人,西方势力的东来,更为这些海盗商人注入了新的动力,包括浙江沿海双屿港、福建漳州月港、广东澳门港等在内的一些沿海岛屿遂发展成为著名的私人海上贸易港口。双屿港(今名双峙港)距离宁波东南约50公里,是舟山群岛的六横岛与佛渡岛之间的一个港湾,港面上因有呈八字形对峙的两个小岛而得名"双屿"。③ 其地北依梅山港,东邻桃花洋,"东西两山对峙,南北俱有水口相通,亦有小山如门障蔽,中间空阔二十余里",④形势险要,位置优越,为中国南北海上交通

---

① 王尔敏:《中国近代思想史论》,社会科学文献出版社2003年版,第325页。
② 林仁川:《明末清初私人海上贸易》,华东师范大学出版社1987年版,第32—36页。
③ 郑绍昌主编:《宁波港史》,人民交通出版社1989年版,第93页。
④ (明)朱纨:《朱中丞甓余集》卷1,见(明)陈子龙等编著:《明经世文编》卷205,中华书局1962年版,第2164页。

的要道,是"倭夷贡寇必由之路"①。根据林仁川考证,明嘉靖三、四年(1524、1525)前后,葡萄牙人由福建海盗商人李光头、安徽徽州海盗商人集团首领许栋等引导,从广东沿海北上进驻双屿港,并盘踞该港20多年。②关于双屿港的海上贸易情形,朱纨有一段很详细的记载,他说:"浙江定海双屿港,乃海洋天险。叛贼纠引外夷,深结巢穴,名则市贩,实则劫虏。有等嗜利无耻之徒,交通接济。有力者自出资本,无力者转展称贷,有谋者诓领官银,无谋者质当人口,有势者扬旗出入,无势者投托假借,双桅三桅,连樯往来。愚下之民,一叶之艇,送一瓜,运一樽,率得厚利。驯致三尺童子,亦知双屿之为衣食父母,远近同风,不复知华俗之变于夷矣。"③从中可以看出双屿港中外走私贸易十分活跃,商船连樯往来,沿海商人平民交通接济,运送粮食、蔬菜等日用品,皆能博取厚利。当时曾经到中国沿海活动的葡萄牙海盗平托(或译为宾托、品笃)在后来撰写的《旅行记》中说,双屿港有3000居民,其中葡萄牙人有1200,并建了1000多幢房屋,一些房屋的造价达3000—4000达卡。葡萄牙在这里还组织了自己的政府,修建有教堂和医院等等,书中还说:"这个居住地是葡萄牙人在东方的最富有也是居住最好的居留地"④。尽管平托《旅行记》中所叙述的相关情形在中葡通商史研究学者张天泽看来难以被证实,未可轻信,⑤但学术界普遍认为双屿港在明代嘉靖时期确实曾经有过极度的繁荣,日本学者藤田丰八更是称双屿港为"十六世纪的上海"⑥。嘉靖二十七年(1548)朱纨派遣卢镗等率明军攻占双屿港,并采用聚木石填塞的办法彻底予以破坏。由此,双屿港这个"二十余年盗贼渊薮之区,至是始空矣"⑦,葡萄牙人被逐出宁波沿海。

---

① 林仁川:《明末清初私人海上贸易》,华东师范大学出版社1987年版,第132页。
② 林仁川:《明末清初私人海上贸易》,华东师范大学出版社1987年版,第135页。
③ (明)朱纨:《朱中丞甓余集》卷1,见(明)陈子龙等编著:《明经世文编》卷205,中华书局1962年版,第2165页。
④ 张天泽著,王顺彬、王志邦译:《中葡通商研究》,华文出版社2000年版,第65—66页。
⑤ 张天泽著,王顺彬、王志邦译:《中葡通商研究》,华文出版社2000年版,第67页。
⑥ [日]藤田丰八:《中国南海古代交通丛考》,转自孙光圻:《中国古代航海史》,海洋出版社2005年版,第465页。晚清时期上海著名广东籍买办徐润在其所《上海杂记》外编中也载:"明嘉靖时代(西1522年),葡萄牙人有一小居留地近宁波口岸,(西1542年)其地增广甚大,有房屋数百间,计医院两所,礼拜堂两所,但葡萄牙人民所行不自爱,为中国官场定意毁废其居留地。当年以六万人攻之,其地即全毁废,葡人八百名被杀。"[美]马士著,张汇文等译的《中华帝国对外关系史》第一卷中也载:双屿港在1533年的时候,"非常繁荣",见该书(上海书店出版社2000年版)第46页。
⑦ (明)郑若曾撰:《筹海图编》卷5,中华书局2007年版,第322页。

当浙江洋面由于海盗、倭寇猖獗而致海外朝贡贸易、海上私人贸易启闭不常之时,广东、福建先后实现贸易政策和体制的局部转型,商舶贸易取得合法地位并取代朝贡贸易,形成"广中事例"、"月港体制"等管理模式,并在新体制下实现不同程度的开海贸易。① 所谓"广中事例"的提法,较早见之于以《王直上疏》著称的明海盗头目王直给胡宗宪的通商请求书中:

  带罪犯人王直,即汪五峰,直隶徽州县民,奏为陈悃报国,以靖边疆,以弭群凶事。

  窃臣直觅利商海,卖货浙福,与人同利,为国捍边,绝无勾引党贼侵扰之事,此天地神人所共知者。夫何屡立微功,蒙蔽不能上达,反惧籍没家产,举家竟坐无辜,臣心实有不甘。

  前此嘉靖二十九年,海贼首卢七抢掳战船,直犯杭州,江头西兴坝堰,劫掠妇女财货,复出马迹山港停泊,臣即擒贼船一十三只,杀贼千余,生擒贼党七名,被掳妇女二口,解送定海卫掌印指挥李寿,送巡按衙门。三十年,大伙贼首陈四在海,官兵不能拒敌,海道衙门委宁波府唐通判、张把总托臣剿获,得陈四等一百六十四名,被掳妇女一十二口,烧毁大船七只,小船二十只,解丁海道。三十一年,倭贼攻围舟山所城,军民告急,李海道差把总指挥张四维会臣解救,杀追倭船二只,此皆赤心补报,诸司俱许录功申奏,何反诬引罪逆,及于一家?

  不惟湮没臣功,亦昧微忠多矣。连年倭贼犯边,为浙直等处患,皆贼众所掳奸民,反为向导,劫掠满载,致使来贼闻风仿效沓来,遂成中国大患。

  旧年四月,贼船大小千余,盟誓复行深入,分途抢掳。幸我朝福德格天,海神默佑,反风阻滞,久泊食尽,遂劫本国五岛地方,纵烧庐舍,自相吞噬。但其间先得渡海者,已至中国地方,余党乘风顺流海上,南侵琉球,北掠高丽,后归聚本国萨摩州者尚众。

  此臣抆心刻骨,欲插翅上达愚衷,请为游客游说诸国,自相禁治,适督察军务侍郎赵巡抚,浙福都御史胡,差官蒋洲前来,赍文日本各谕,偶遇臣松浦,备道天恩至意,臣不胜感激,

---

① 李庆新:《明代海外贸易制度》,社会科学文献出版社2007年版,第14—15页。

愿得涓埃补报,即欲归国效劳,累白心事。

但日本虽统于一君,近来君弱臣强,不过徒存名号而已。其国尚有六十六国,互相雄长,往年山口主君强力霸伏诸夷,凡事犹得专主。旧年四月,内与邻国争夺境界,堕计自刎。以沿海九州十有二岛俱用遍历晓谕,方得杜绝诸夷。使臣到日至今,已行五岛,松浦及马肥前岛、博多等处十禁三四。今年夷船殆少至矣。仍恐菩摩未散之贼,复返浙直,急令养子毛海峰船送副使陈可愿回国通报,使得预防,其马迹志山前港兵船,更番巡哨截来,今春不容省懈也。臣同正使蒋洲抚谕各国事毕方回。我浙直尚有余贼,臣抚谕归岛,必不敢仍前故犯。万一不从,即当征兵剿灭,以夷攻夷,此臣之素志,事犹反掌也。

如皇上慈仁恩宥,赦臣之罪,得效犬马微劳驱驰,浙江定海外长涂等港,仍如广中事例,通关纳税;又使不失贡期,宣谕诸岛,其主各为禁例,倭奴不得复为跋扈,所谓不战而屈人之兵者也。敢不捐躯报效,赎万死之罪。①

王直在该请求书的末尾请求以浙江定海外长涂等港,如"广中事例",通关纳税,辟为海上贸易口岸,可见"广中事例"在海盗海商集团中的影响颇广。根据李庆新的相关研究,"广中事例"由广州的"交易会"和澳门中外贸易模式两部分构成。广州的季节性国际商品"交易会"从明嘉靖末年开始举办并允许葡萄牙人前往交易。万历八年开始,广州的交易会于春夏各举办一次,具有明显的国际性、季节性,同时规模大,周期长。② 澳门在明中叶已经是商舶往来的贸易之处,嘉靖三十二年(1553)葡萄牙人借口晾晒货物,贿赂广东海道副使汪柏,获准在澳门暂住。③ 之后,葡萄牙人在此居留贸易,并成立自治机构,广东地方政府也相应对澳门加强了管理,形成中外贸易的澳门模式。加上一些与此相关的贸易组织和管理办法,就形成了"广中事例",并最终获得明朝中央政府的认可,成为明朝具有典范意义的中外贸易管理制度。④

至于"月港体制",则是明代后期对外贸易政策有所调整和对外贸易

---

① (明)采九德:《倭变事略》,中华书局1985年版,第98—100页。
② 李庆新:《明代海外贸易制度》,社会科学文献出版社2007年版,第347页。
③ (明)郭棐等修纂:《广东通志》卷69《外志·澳门》。
④ 李庆新:《明代海外贸易制度》,社会科学文献出版社2007年版,第253页。

制度局部转型的产物。月港位于福建省漳州城东50里，是明代中叶兴起的著名私人海上贸易港。在地方政府不断要求开海以开辟税源，民间不断要求开海以开拓富源的情况下，隆庆元年（1567），明朝中央政府批准福建巡按涂泽民的建议，决定解除福建漳州、泉州一带沿海商民到境外贸易的禁令，"准贩东西二洋"①。从隆庆到万历的数十年间，福建地方政府在管理月港对外贸易的过程中，形成了一套颇具特色的管理制度，被称为"月港体制"。②

"广中事例"和"月港体制"的产生表明，明朝政府在新航路开辟后东西经济关系有所加强、西方经济势力游弋于中国沿海、沿海商民强烈要求对外通商、地方政府希望开放对外贸易以增加税源的情况下，为了缓解沿海走私贸易日益严重的被动局面，对贸易体制及中外经济关系进行了局部的调整和适应。这种调适尽管只是局部的，但通过调适，在有限的范围内开辟了与正在迅速加强的具有现代意义的世界贸易经济和经济体系连接的正常渠道。我们认为，这正是以中国为中心的世界体系对以西方为中心的世界体系最初回应的具体体现之一。

1644年清军入关并迁都北京，建立起清王朝对全国的统治。清初为防范台湾郑氏集团，对沿海实行"片板不许下海"的政策，厉行海禁。康熙二十二年（1683）清政府收复台湾后，兵部提议并得到准许，于第二年开放海禁，东南沿海各省沿海商民得以恢复经营，但仍不允许出洋贸易。在此前后，施琅等人上书请求，荷兰也以助剿郑氏集团有功请求通商，并获得允许。于是，西洋各国也争相趋附，沿海各省也纷纷提出同样的请求。于是康熙二十三年（1684）到康熙二十六年（1687）清政府先后在广东的广州和香山澳门、福建的福州南台和厦门、浙江的宁波和定海、江苏的华亭和上海设立粤海、闽海、浙海、江海四个榷关，③负责沿海和对外贸易事务。其中粤海关关署和行署分别设在广州城外五仙门内及澳门，下设总口7处，其中以广州大关总口和澳门总口为最重要，专门管理对外贸易。④闽海关先后在福州城南台及厦门设立海关监督衙署，下设南台、泉

---

① （明）张燮：《东西洋考》，中华书局1981年版，第131页。
② 李庆新：《明代海外贸易制度》，社会科学文献出版社2007年版，第312—345页。
③ 黄国盛：《鸦片战争前的东南四省海关》，福建人民出版社2000年版，第21—38页；另梁嘉彬：《广东十三行考》（广东人民出版社1999年版，第67页）载康熙二十四年（1685）清政府分别在澳门、漳州、宁波、云台山设立粤海、闽海、浙海、江海四个榷关。本书认为黄国盛研究的结论较为可靠。
④ 李金明：《清代粤海关的设置与关税征收》，《中国社会经济史研究》1995年第4期，第28页。

州、厦门、铜山等口,最多的时候有20处征税口岸。浙海关初设宁波府城,定海置县后又于定海县城东南再建一衙署。康熙三十七年(1698)浙海关监督张圣诏上奏清中央政府,自愿在定海建造海关衙署,以便往来巡视及管理商舶。同时奏请另设"红毛馆",管理和接待来往的红毛夹板船。上述奏请得到批准,于是浙海关就正式有了两处衙署,下辖7大口,13小口,15旁口及钱江渔业税厅1所。① 浙海关"红毛馆"设立后,也颇有实效,康熙三十九年六月有两只"红毛船"到定海,船主一名未氏罗夫,一名未里氏;八月又到一只卢咖利船,九月到一只飞立氏船,"一时称为盛事云"。② 江海关于康熙二十四年设,暂驻松江华亭,康熙二十六年移设上海县城内,专管商船税收。江海关后下辖口岸有18处之多,但以上海、刘河为最重要。尤其是上海,自康熙时期起已被视为江南沿海贸易的枢纽。据《刘河镇记略》云:

> (康熙二十四年,江苏巡抚)亲履海口相度形势,题定章程:给照通商行驶闽省商船名曰鸟船,熟于浙台洋面,不入北洋,来江俱收上海口子;江省商船名曰沙船,熟于奉东洋面,不入南洋,来江俱收刘河口子,各设关榷收税,守口员弁易于稽查,永为定例。观此而知前大宪之深谋远虑,为国为民,真有令人思不忘者也。然同一江南海口,而必沙、鸟分收者何哉?盖刘河、吴淞二大口,海寇之所习闻者也;黄浦一小港,海寇之所未闻者也。今刘河、吴淞俱成平陆,其心无望矣。而黄浦则日就深通,已成巨港,风涛之险,商人见之而侧目。惟鸟船其船尖底,……其所载者皆粗重之物,以之停泊上海,可无意外之虞,盖其船尖底着浅即倒。虽浦东一片沙滩,吴淞进口七十余里,然外有吴淞营参将以守之,内有兵备道以镇之,如鸟在笼,何从飞脱,则令其收此,最为妥洽矣。而沙船其底平,稍浅可行,其人巧奸诈时生,其所载者皆东省贵重之物,而刘口则有炮台营船以防守之,海关以稽察之,两岸巡官以巡查之,所以重国课而计奸商者周且密矣。③

可见,康熙二十四年设关之初,江苏巡抚就立下章程,确定了上海、

---

① 黄国盛:《鸦片战争前的东南四省海关》,福建人民出版社2000年版,第54页。
② 黄国盛:《鸦片战争前的东南四省海关》,福建人民出版社2000年版,第28页。
③ (清)刘湄、金瑞表纂:道光《刘河镇记略》卷3。

刘河在江海关口岸中的核心地位。在当时的四个海关中，粤海关在对外贸易中具有特别重要的地位，专门置海关监督一职以掌其事，所谓"天下海关在福建省，辖以将军；在浙江、江苏者，辖以巡抚；唯广东粤海专设监督，诚重其任也"①。中外贸易的具体事务则由官方特许的商人设立牙行即著名的十三行办理，并逐渐演变为公行制度。② 清初设立四海关开海贸易，是清政府中西通商和中国沿海经济日趋活跃的必然产物，也是明末开放月港政策的历史延续。

英国通过1640—1688年的资产阶级革命，建立了资本主义制度，世界历史由此掀开新的一页，资本主义世界性殖民活动进入更大规模的历史阶段。为便于接待和管理英商到浙江贸易相关事宜，康熙三十七年（1698）于定海设立海关，并特在定海城外"道头"地方辟建商馆，俗称"红毛馆"。之后，英商在广州设商馆进行贸易，曾一度放弃了浙江区域的贸易活动。但在广州贸易中积弊日益显现的情况下，英商试图争取重新开辟到浙江的贸易。乾隆二十年（1755），英国东印度公司大班喀利生（Samuel Harrison）与翻译洪任辉（James Flint，或译为佛林德）带领商船先后到定海、宁波寻求贸易机会。抵达宁波后，他们请求宁绍台道准许其运货到宁波交易，表示愿在浙海关纳税，浙海关"乐于夷船进口，抽肥获利"③。结果顺利完成交易，满意而去。对此，粤、闽两海关提出异议。乾隆帝认为"此之所利，即彼之所损"，而且若许西商到宁波贸易，必致其久留内地，"殊非防微杜渐之道"，因此命令以增加关税的办法阻止英商到浙贸易。④ 第二年洪任辉又带领两艘商船到浙海贸易，地方官奉谕旨加倍抽税，并强令其全船回粤，使洪任辉无法达成交易。显然，采取有力措施阻止英商到浙江贸易是贸易主要口岸呈现出向中国最重要的经济重心区域——江南地区转移倾向之时，是以乾隆皇帝主导下的清政府采取的一个重大行动，也是自康熙二十三年实行开海贸易政策后的一次重大的政策性大倒退。⑤ 在这个政策性倒退的重大决策过程中，广东地方当局的态度曾发挥重要的作用。他们不愿意看到对外贸易渐次转向浙

---

① （清）梁廷枬总纂，袁钟仁校注：《粤海关志》卷7。
② 黄国盛：《鸦片战争前的东南四省海关》，福建人民出版社2000年版，第39页。
③ 唐振常主编：《上海史》，上海人民出版社1989年版，第108页。
④ 唐振常主编：《上海史》，上海人民出版社1989年版，第109页。
⑤ 戴逸：《清代乾隆朝的中英关系》，《清史研究》1993年第3期。黄国盛：《鸦片战争前的东南四省海关》，福建人民出版社2000年版，第163页。

江而动摇广东垄断对外贸易的局面,乾隆二十二年(1757),闽浙总督喀尔吉善、两广总督杨应琚奏称:"外洋红毛等国番船,向经粤海关稽查征税,投牙贸易,少至浙江,是以浙海关税则略而不详。今乾隆二十、二十一年,外洋番船连来,船只收饷(泊)定海,运货宁波,交易往来,视同熟境。先因该番商偶一至浙,非比久长,一切课税诸事,无不逾格从宽。兹既舍粤就浙,若不将粤海、浙海两关则例互相比较,更定章程,则道路之远近无别,货殖之低昂不分,必致奸牙蠹吏,私扣暗加。不特课额有亏,亦与番商无补。"①对此意见,清廷全盘接受并答复说:"向来洋船俱由广东收口,经粤海关稽察征税,其浙省之宁波,不过偶然一至。近年奸牙勾串渔利,洋船至宁波者甚多,将来番舶云集,留住日久,将又成一粤省之澳门矣,于海疆重地,民风土俗,均有关系,是以更定章程,视粤稍重,则洋商无所利而不来,以示限制,意并不在增税也。"②乾隆皇帝还把原任两广总督的杨应琚调赴浙闽总督,责令他对浙江西洋通商情形进行调查。杨应琚以此事关乎粤民生计和浙粤两省海防为由,力陈浙江通商弊害严重,"再四筹度,不便听其两省贸易"。乾隆帝接受他的建议,颁布谕令:"粤省地窄人稠,沿海居民,大半藉洋船谋生,不独洋行之二十六家而已。且在虎门、黄埔设有官兵,较之宁波之可以扬帆直至者,形势亦异,自以仍令赴粤贸易为正。"谕令还明确规定:"明岁赴浙之船,必当严行禁绝,将来只许在广东收泊交易,不得再赴宁波,如或再至,必令原船返棹至广,不准入浙江海口。"③这样,1757年就成为清政府对西方商人贸易政策的转折点,从开始设立四榷关开海贸易到由广东一处垄断。于是,乾隆二十三年(1758)暂无英船到浙海贸易。在贸易受阻后,东印度公司并不甘心,于乾隆二十四年(1759)再派洪任辉到宁波、定海贸易,浙江地方官不允并责令其返回广东。洪任辉尽管离开宁波,但不是折回广东,而是驶往天津,并扬言要到北京向清廷控告广州海关种种弊端与黑暗。在基本政策早已经确定的情况下,乾隆帝一面下令押解洪任辉到粤覆按,圈禁三年后驱逐回国,一面下令查撤粤海关相关官员,并宣布此后中英通商严格限定在广州一口进行。洪任辉案直接导致了浙江口岸对西方国家商船的关闭。④ 此事始末曲直,黄国盛书讨论綦详,足资参考。

---

① (清)梁廷枏总纂,袁钟仁校注:《粤海关志》卷8。
② (清)梁廷枏总纂,袁钟仁校注:《粤海关志》卷8。
③ 《清实录》乾隆二十二年十一月戊戌,中华书局1986年影印本,第1023—1024页;王先谦撰:《东华续录》乾隆朝卷46,第53页。
④ 黄国盛:《鸦片战争前的东南四省海关》,福建人民出版社2000年版,第163—165页。

西方商人当然不甘心就这样被局限在广东一隅,仍在想方设法突破上述限制。经东印度公司的请求,1793年即乾隆五十八年,英国政府派遣马戛尔尼率领外交使团以祝贺乾隆皇帝实际是庆祝八十寿辰为名来华,处理中英贸易中的抵牾。该使团在承德山庄觐见乾隆皇帝后回到北京,于1793年10月3日向清朝政府提出增珠山(舟山)、宁波及天津等为通商口岸,仿效俄国商人设货栈于北京,划浙江珠山(舟山)附近小岛供英商使用,减免或减轻税率,规范征税办法等七项要求:

一、请中国允许英商贸易于珠山、宁波及天津。

二、请准英人在北京设立货仓,出售货物,如前俄国商人。

三、请于珠山附近,划一未经设防之小岛,归英国商人使用,以便英商村存储货物,及看守居住之用。

四、请于广州附近得一同样之利益,且听英商自由往来,不加禁止。

五、凡英国货物转运广州澳门二地者,请予免税,最少亦依一八七二年之税率,从宽减收。

六、请禁止对于英商任意抽税,而出乎大皇帝所定之外者,且请将中国税则赐下一份,俾敝国商人有所根据,因敝国商人至今亦未睹其内容也。

七、允许英国传教士在中国自由传教。①

载有上述要求的外交文书由和珅代表清朝政府接受,之后得到乾隆皇帝的敕书。敕书中说:

> 天朝物产丰盈,无所不有,原不藉外夷货物以通有无。特因天朝所产茶叶瓷器丝觔,为西洋各国及尔国必需之物,是以加恩体恤,在澳门开设洋行,俾得日用有资,并沾余润。今尔国使臣,于定例之外,多有陈乞,大乖仰体天朝加惠远人、抚育四夷之道。且天朝统驭万国,一视同仁,即在广东贸易者,亦不仅尔英吉利一国,若俱纷纷效尤,以难行之事妄行干渎,岂能曲徇所请?……据尔使臣称尔国货船将来或到浙江宁波珠山及天津广东地方来泊交易一节,向来西洋各国前赴天朝地方贸易,俱在澳门设有洋行,收发各货,由来已久,尔国亦一律

---

① 朱杰勤:《中外关系史论文集》,河南人民出版社1984年版,第518页。

遵行多年，并无异语。其浙江宁波直隶天津等海口，均未设有洋行，尔国船只到彼，并无从销卖货物。况该处并无通事，不能谙晓尔国语言，诸多未便。除广东澳门地方，仍准照旧交易外，所有尔使臣恳请向浙江宁波珠山及直隶天津地方泊船贸易之处，皆不可行。又据尔使臣称，尔国买卖人要在天朝京城，另立一行，收贮货物发卖，仿照俄罗斯之例一节，更断不可行。京师为万方拱极之区，体制森严，法令整肃，从无外藩人等在京城开设货行之事。尔国向在澳门交易，亦因澳门与海口较近，且系西洋各国聚会之处，往来便益。若在京城设行发货，尔国在京城西北地方，相距辽远，运送货物，亦甚不便。从前俄罗斯人在京城设馆贸易，因未立恰克图以前，不过暂行给屋居住。嗣因设立恰克图以后，俄罗斯在该处交易买卖，即不准在京城居住，亦已数十年。现在俄罗斯在恰克图边界交易，即与尔国在澳门交易相似。尔国既有澳门洋行发卖货物，何必又欲在京城另立一行。天朝疆界严明，从不许外藩人等稍有越境掺杂，是尔国欲在京城立行之事，必不可行。又据尔使臣称，欲求相近珠山地方小海岛一处，商人到彼，即在该处停歇，以便收存货物一节。尔国欲在珠山海岛地方居住，原为发卖货物而起，今珠山地方既无洋行，又无通事，尔国船只已不在彼停泊，尔国要此海岛地方，亦属无用。天朝尺土，俱归版籍，疆址森然，即岛屿沙洲，亦必划界分疆，各有专属。况外夷向化天朝，交易货物者，亦不仅尔英吉利一国，若别国纷纷效尤，恳请赏给地方居住买卖之人，岂能各应所求？且天朝亦无此体制，此事尤不便准行。又据称拨给附近广东省城小地方一处，居住尔国夷商，或准令澳门居住之人出入自便一节。向来西洋各国夷商居住澳门贸易，画定住址地界，不得逾越尺寸，其赴洋行发货夷商，亦不得擅入省城，原以杜民夷之争论，立中外之大防。今欲于附近省城地方，另拨一处给尔国夷商居住，已非西洋夷商历来在澳门定例。况西洋各国在广东贸易多年，获利丰厚，来者日众，岂能一一拨给地方分住耶？至于夷商等出入往来，悉由地方官督率洋行商人，随时稽查，若竟毫无限制，恐内地人与尔国夷人，间有争论，转非体恤之意。

> 核之事宜,自应仍照定例,在澳门居住,方为妥善。……若经此次详谕后,尔国王或误听尔臣下之言,任从夷商将货船驶至浙江、天津地方,欲求上岸交易。天朝法制森严,各处守土文武,恪遵功令,尔国船只到彼,该处文武必不肯令其停留,定当立时驱逐出洋,未免尔国夷商徒劳往返,勿谓言之不预也。①

敕书中,乾隆帝以事关国家体制等为由,委婉而坚决地拒绝了马戛尔尼使团的种种无理要求,对此学术界有截然不同的意见和评论。② 1808年9月(嘉庆十三年八月)英海军突袭澳门,后经英商调停退出,但两国交恶的程度加深。1815年(嘉庆二十年)英国、普鲁士军队打败拿破仑之后,英国随即派遣阿美士德(William Pitt Amherst)出使中国,谋求改善中英关系,结果也是无功而返。③

1832年(道光十二年),英国东印度公司(The Company of Merchants of London Trading into the East Indies)在即将取消贸易垄断权时,为试探在广州以北中国沿海口岸通商的可能性,派胡夏米(Hugh Hamilton Lindsay,又译为林德赛)带领"阿美士德号"(Lord Amherst)商船前来,同行者有著名德籍中国通、传教士郭士立(Karl Friedrich August Gützbaft)。1832年2月27日(道光十二年正月二十六日),"阿美士德号"商船从澳门起航,驶向东方海面,历访南澳、厦门、福州、舟山、镇海、宁波、上海、宝山,经过山东到达朝鲜。再向南行,经琉球回航澳门,已是1832年9月4日(道光十二年八月初十日)。1832年4月2日(道光十二年三月初二日)"阿美士德号"到达此行的第一站厦门,水师提督陈化成出示禁止商民与之来往,并不准英船停泊与登岸交易。但胡夏米等仍然停留十余日,每日上岸考察港湾形势。英船离厦门后,4月19日(道光十二年三月十九日)航抵闽江口,地方官立即出示晓谕商民等禁止与英船来往。胡夏米与福建地方官往返交涉,要求购买茶叶或以货易货,复遭闽浙总督拒绝。而地方商民则对胡夏米一行人颇有期待与好感,商人希

---

① 朱杰勤:《中外关系史论文集》,河南人民出版社1984年版,第541—543页;(清)梁廷枏总纂,袁钟仁校注:《粤海关志》卷22。
② 对于乾隆皇帝拒绝英国马戛尔尼外交使团所提要求的上谕,学术界有不同的解读,大体上分成两种完全相反的意见:一种是认为乾隆皇帝的说法和做法无可厚非,是正确的,王尔敏、樊百川等均持此种观点(分别见王尔敏《五口通商变局》、樊百川《中国轮船航运业的兴起》相关部分);一种认为乾隆皇帝的做法和说法纯属是导致严重后果的盲目自大,蒋廷黻等均持此种观点(见蒋廷黻:《中国近代史》,岳麓书社1999年版,第8—9页)。
③ 王尔敏:《五口通商变局》,广西师范大学出版社2006年版,第254—255页。

图售茶换鸦片,并有举人向胡夏米一行献闽江内河航道图示等。① 5月6日(道光十二年四月二十七日)胡夏米带商船到达镇海,再由甬江航至宁波江岸,进行贸易交涉。胡夏米递上致宁波地方当局的文书,说明商船载有洋布、羽毛、大呢等货物前来售卖,盼望依照康熙年间旧例准许开市售货。宁波地方官已奉到上级札文,决定禁止其贸易并行驱逐。6月7日(道光十二年五月九日)、6月9日(道光十二年五月十一日)宁绍台道方某谕示胡夏米一行,援引往事禁其通市。6月13日,"阿美士德号"离开宁波。② 6月20日(道光十二年五月二十二日)"阿美士德号"商船驶进吴淞口,次日到达上海。③ 胡夏米等一行测量了黄浦江水道,从上海城东门外登岸,进入上海城,参观了吴淞炮台,获得许多清军内部资料,通过18天的活动,对上海港口的繁荣和交通便利留下深刻印象。④ 胡夏米与郭士立此次自南而北航行中国东部整个沿海,希望在广州之外打开新的贸易口岸,并对沿海重要港埠进行仔细的勘察以备将来的参考,用意深远,可谓处心积虑。正因为此次考察,使英国在鸦片战争之前十年,已经对中国沿海贸易重要口岸了如指掌,因而能够在此后炮舰外交政策之下轻易提出五口通商的要求。⑤

第二节 宁波港与宁波区域经济

多岛的海国是宁波的特色,宁波人是海之骄子。宁波湖山江海的明媚风光,富有大陆雄伟的精神和海国超迈的意量。⑥ 宁波商帮的产生与发展,与其滨海的地理位置,尤其与作为著名对外贸易中心以及沿海长距离贸易重要口岸的宁波港有着直接的关系。

一、宁波港及其历史地位

宁波地处浙东沿海地区,背山面海、西南部地势较高,多高山丘陵,有四明山、天台山诸山,属于浙东山地丘陵地区。中部和东北部有甬江、

---

① 王尔敏:《五口通商变局》,广西师范大学出版社2006年版,第232页。
② 唐振常主编:《上海史》,上海人民出版社1990年版,第115页。
③ 王尔敏:《五口通商变局》,广西师范大学出版社2006年版,第216—217、252—256、303—306页。
④ 唐振常主编:《上海史》,上海人民出版社1990年版,第119—122页;茅家琦主编:《横看成岭侧成峰:长江下游城市近代化的轨迹》,江苏人民出版社1993年版,第11—13页。
⑤ 王尔敏:《五口通商变局》,广西师范大学出版社2006年版,第217页。
⑥ 张其昀:《建国时期宁波之地位》,《宁波旅沪同乡会会刊》复刊第13期,1947年4月20日,第13页。

余姚江(即姚江)、奉化江诸水,构成甬江水系,地势平坦,河流纵横,属于宁绍冲积平原。濒临东海的宁波,海岸线长达 800 余公里。由于这些海岸多属岩质,所以宁波沿海及旧属舟山群岛有众多优良港湾,如宁波港、镇海港、象山港、石浦港等都是沿海著名港口,沈家门、岱山等是历史悠久的著名渔港。这一地区的小港口自然更多,仅定海一县,中小渔货港口在历史上就有近 30 处,皆为"船舶辏泊之区"①。其中在历史上曾经发挥过重要作用的港口,自然首推以内河口岸著称的宁波港。

宁波港位于甬江、余姚江、奉化江三江汇合处,长年不冻,航道畅通,加之舟山群岛屏列于其东北方,所以港内风平浪静,是比较理想的船舶停靠码头。由于宁波地处我国东部沿海的中部,加上大洋环流和季风的影响,使宁波港具有优越的沿海和海外交通条件。如季风,宁波长年 6 月到 10 月刮东风、南风或东南风,而 10 月到次年 2 月又刮北风、西风或西北风,这种季候风对主要凭借风力航行的帆船航运业发展非常有利。北宋朱彧在《萍州可谈》卷二中就曾谈道,当时宁波港"船舶去以十一、十二月,就北风;来以五、六月,就南风"。就港口条件而言,"宁波比福州更便于大型船只出入,山东来的帆船主要都聚集在宁波",货物需要在这里转移到较小的宁波船上再运到南方沿海。②雍正六年(1728)浙江总督李卫奏准清廷:"会同江南督抚,于各商中择身家最殷实者数人,立为商总。凡内地往返之船,责令伊等保结,方许给以关牌县照,置货验放。各船人货,即着商总不时稽查,如有夹带违禁货物,及到彼通同作歹者,令商总首报,于出入口岸处所密拏。倘商总徇隐,一体连坐。"③在海外交通方面,明清时期宁波与日本长崎间的往来航行,一般情况下单程"费时不及四日"④,相当便利。在内河交通方面,以甬江、余姚江、奉化江为主构成宁波内河交通运输网。这个交通运输网所覆盖的地区,包括宁波所辖鄞县、奉化、象山、镇海、慈溪及绍兴所辖、余姚、诸暨、嵊县、新昌、台州等地的全部或部分地区,是宁波港的基本经济腹地。⑤ 宁波内河交通的另一干线是浙东运河。浙东运河西起萧山西兴,经绍兴、上虞,东到宁波入海,横贯宁绍平原,连接钱塘江、余姚江、甬江诸水。自宋代以后,浙东运

---

① (民国)陈训正、马瀛修纂:民国《定海县志》卷 1《舆地》。
② 聂宝璋编:《中国近代航运史资料》第 1 辑(1840—1895),上海人民出版社 1983 年版,第 1255 页。
③ (清)王之春:《国朝柔远记》卷 4,第 8—9 页。
④ 姚贤镐编:《中国近代对外贸易史资料》第 1 册,中华书局 1962 年版,第 60 页。
⑤ [美]施坚雅主编,叶光庭等译:《中华帝国晚期的城市》,中华书局 2000 年版,第 471 页。

河就是杭甬间重要的交通线。宋人姚宽称:当时"海商船舶,畏避沙浑,不由大江,惟泛余姚小江,易舟而浮运河,达于杭越矣。"①明初浙东宁绍温台四府人士,"往来会城及南京各省",也都由浙东运河,乘舟前往。②因此,明清时期的浙东运河相当繁忙,"舟行如梭","有风则帆,无风则纤,或击或刺,不舍昼夜"③。不过浙东众多的山地丘陵,毕竟不利于宁绍地区与浙西内陆的交通往来,尤其是对于商人搬运货物颇多不便。明人陆容指出:"浙东多阻山隔岭,舟楫少通,不便商旅。"④这种自然条件对宁波商人向内陆发展自然产生一定的制约,从而逼使其朝海商方向发展。宁波港口作为我国沿海中部的要津,海上交通自古就很繁盛。北宋太宗淳化元年(990)于明州(宁波)定海置贡舶务,不久迁至明州府城。南宋光宗(1190—1194)、宁宗(1195—1200)时,杭、温、秀、江(江阴)四务皆撤,只留庆元(宁波)一处。宋政府规定:"凡中国之贾高丽,与日本诸番之至中国者,惟庆元得受而遣焉。"⑤宋代的明州(宁波),"虽非都会,乃海道辐辏之区,故南则闽广,东则倭人,北则高丽,商舶往来,物货丰衍"⑥。元代的庆元路(宁波)也曾经设市舶司,"舶务益繁",税收可观。元人张翥有诗写道:"是邦控岛夷,走集聚商舸,珠香杂犀象,税入何其多!"⑦明朝政府也在宁波设立市舶司,主管对日勘合贸易。所谓勘合,实际上是明政府发给外国来华贸易商人的符节(证件)。这种勘合自明朝洪武十六年(1383)起曾经颁发给50多个来自亚洲各个国家和地区的朝贡船。在明永乐、宣德、景泰、成化、弘治、正德时期,曾经六次给日本贸易船颁发勘合。当时,日本来华的贸易船(日本称之为"遣明船")每艘船上有150—200人,初期的出发地在日本的兵库,利用季风横渡东海到宁波。这类贸易船到宁波后,首先投宿于浙江市舶司安远驿(后称嘉宾馆)。然后由市舶司官员验明勘合,查收货物。遣明船所获一般相当丰厚,如生丝从中国贩到日本可获利20倍,铜由日本运到中国可获利4—5倍。输入中国的胡椒、铫子、赤金、苏木等可获利10—20倍。⑧ 由于利润丰厚,

---

① (宋)姚宽:《西溪丛语》卷上。
② (清)任三宅:《修萧兴北海塘议》,见《敕修两浙海塘通志》卷19。
③ (明)王穉登:《客越志》。
④ (明)陆容:《菽园杂记》,中华书局1985年版,第148页。
⑤ (宋)胡榘修,方万里、罗濬纂:《宝庆四明志》卷6《郡志》。
⑥ (宋)张津等纂:乾道《四明图经》卷1《分野》。
⑦ (元)张翥:《送黄中玉之庆元市舶》,见《元音》卷九。
⑧ [日]田中健夫:《倭寇与勘合贸易》,知文堂1961年版,第58—60、89—134页。

以致明嘉靖二年(1523)发生了日本两个商团为争夺贸易权在宁波互相残杀,并杀掠宁波沿海军民的"争贡事件"。这件事情发生后,明政府下令海禁,于是自宋以来延续500多年的市舶贸易戛然中止。① 然而,宁波沿海没有因此而平静下来。

清初厉行海禁,在宁波设置巡视海道署。康熙二十三年(1684)弛禁,次年巡视海道署改为海关行署,设立浙海关。不久定海城外"道头"地方设立商馆即"红毛馆"。由此,宁波港口贸易迅速得到恢复和发展,"闽商粤贾,舳舻衔尾而至,遂为海滨一大都会"②。此后,宁波的中英贸易由于受到重税和地方官勒索等各种困扰,而转向广州。③ 洪任辉事件发生后,乾隆二十二年(1757)清政府裁撤宁波定海的"红毛馆",把中英贸易严格限制在广州口岸,宁波与西方商人的贸易再次中断。但是,英人觊觎定海、宁波贸易权长期不变。乾隆五十八年(1793)英国派遣马戛尔尼使华,7月马戛尔尼使团在赴北京的途中经过舟山,在此设法雇用了两位熟悉北洋航线的领航员同赴天津。④ 另一艘来华的西方船只同样在舟山找到一个领航员。⑤ 可见当时定海居民虽然经商的人不多,但是熟悉北洋航线航道者颇不乏人。而且通过这次领航活动,上述几位领航员肯定对于西方船舶的性能有了进一步的认识。这自然对此后宁波帮商人与西方的进一步接触,甚至经营轮船航运业都会有若干的影响。同时值得注意的是,由于各种原因,宁波在清嘉庆年间已经流行银圆。⑥ 到道光十二年(1832)东印度公司又派胡夏米率船到中国沿海刺探情报,随行人员有著名的德国籍传教士郭士立等。该船于同年五月底到达镇海,并由甬江航行到宁波城区活动,要求进行商业活动,未得到宁波地方官员的许可。

虽然清政府对西方商人不开放宁波口岸,但是宁波作为铜料贸易为主的对日贸易口岸,则从康熙时期开始,一直持续到鸦片战争爆发以后。

---

① (清)戴枚、张恕等修撰:《鄞县志》卷70《外国传》。
② (清)曹秉仁、万经等编撰:雍正《宁波府志》卷2《户赋》。
③ [美]马士著,张汇文等译:《中华帝国对外关系史》第一卷,上海书店出版社2000年版,第72页。
④ [英]马戛尔尼著,刘半农译:《乾隆英使觐见记》,天津人民出版社2006年版,第7—9页;[英]斯当东著,叶笃义译:《英使谒见乾隆纪实》,上海书店出版社2005年版,第201页。
⑤ "在欧洲的城市中,定海非常近似威尼斯,不过较小一点。城外运河环绕,城内沟渠纵横。架在这些河道上的桥梁很陡,桥面上俱用台阶,好似利阿尔图。"见[英]斯当东著,叶笃义译:《英使谒见乾隆纪实》,上海书店出版社2005年版,第209页。
⑥ (民国)张传保、赵家荪修,陈训正、马瀛纂:《鄞县通志》第五《食货志》,宁波出版社2006年影印本,第256页。

清乾隆以后,北洋航道由沿海商人重新开通,并得到长期持续发展。宁波作为长江下游最重要的货物集散中心在南北海上长距离贸易中的作用也越来越显现,港口商业与贸易由此更为繁荣,各地商人来宁波从事贸易多设有会馆。《宁波药皇殿祀记》中记载:"甬江航海通衢,货殖都会,商皆设有会馆以扼其宗,纲举而目张也。"康熙四十七年(1708),宁波药业商人曹天锡、屠孝澄得到宁波知府陈一夔的支持,捐资创建药皇殿。雍正九年(1731)药皇殿遭火被焚毁,之后,宁波知府曹秉仁邀集众商重加修复,乾隆六年(1741)完工。药皇殿自创建之后,先后由董事药商曹天锡、潘永洵、冯静方等负责经管。① 尤其是嘉庆道光年间更为繁荣,方志称:"鄞之商贾,聚于甬江,嘉道以来,云集辐辏,闽人最多,粤人次之,旧称鱼盐粮食码头。"②福建船帮内分苏、宁、乍为三大帮,而以往来宁波的宁帮最有实力,福建会馆大约建于康熙年间开海之后,乾隆年间曾经重修。③ 到太平天国时期,近邻建筑遭遇火灾即将延烧到福建会馆,忽然风向改变,大火被迅速熄灭而免遭一场浩劫,同乡以为神助,遂于咸丰五年(1855)倡议重修,咸丰辛酉年(1861)完工,建筑费2.7598万元。④ 著名的宁波镇海方氏,以及傅筱庵所在的镇海傅家,都是自福建迁移而来的。⑤ 广东商人在宁波的声势不如福建商人那样大,他们主要经营的重要行业,一是把各种水果(新会的橙子、四会的柑橘、增城的荔枝、琼州的菠萝以及香蕉、甘蔗、橄榄)、手工艺品(漆器、玉器以及象牙和檀木雕刻工艺品)、衣料(香纱、拷绸)、广东的药酒等运到宁波销售,二是把宁波和浙江的土特产(如宁波的布匹、茶叶,浙江的蕲蛇)运到广东销售。此外还有在宁波开设铺户(如茶栈、宵夜馆、野味店等),进行商业经营的。⑥ 宁波的南北号船商原本主要是外地的船帮,其中南号主要由福建、广东船商组成,往来于宁波和福建、广东之间,采购福建的木材和东南沿海一带的各种特产到宁波销售。北号主要由山东、江苏船商组成,往来于山东、江苏及宁波之间,采购北方沿海货物到宁波销售。嘉庆道光年间,此

---

① 《宁波药皇殿祀记》,清嘉庆十二年(1807),宁波文管会拓片。
② (清)戴枚、张恕等修撰:《鄞县志》卷2《风俗》。
③ 《重建闽省会馆碑记》,乾隆四十八年(1783),宁波文管会拓片。
④ (民国)张传保、赵家荪修,陈训正、马瀛纂:《鄞县通志》第四《文献志》,宁波出版社2006年影印本,第2401页。
⑤ 镇海人盛炳纬为傅筱庵之父撰写的《傅晓春先生家传》中载:傅氏"先世本闽人,有讳光禄者商于浙之镇海,遂占籍焉。"见(清)盛炳纬:《养园剩稿》卷2《傅晓春先生家传》。
⑥ 红絮:《广帮在宁波之今昔》,《宁波旅沪同乡会月刊》第166期,1937年5月。

类商业船帮组织的南北号船商在宁波多达几十家。道光时期,南号在宁波江东木行街建有安澜会馆,北号则于咸丰年间建庆安会馆。① 徽商"寄籍宁波者颇不乏人",并于嘉庆二十四年(1819)在宁波甬东地方购地 2.7 亩创建厝屋三所以停放旅榇。道光二十八年(1848)又在鄞县东乡购置民山 8 亩设置义胜会作为新安义山,以掩埋无力归葬的同乡灵柩。后于光绪十九年(1893)在宁波创建新安会馆。② 凭借宁波港优越的对外贸易和沿海埠际贸易地位,宁波的居民有机会接触中国各地各式各样的商人,包括当时国内著名的徽商、晋商、闽商、鲁商等,吸收其经商的技术和经验。③ 宁波居民甚至还有机会接触先后迈入近代历史发展阶段的西欧诸国的商人,从而眼界开阔,见多识广。同时,尽管明清两代曾采取过各种限制性政策,但仍无法遏止沿海经济日趋活跃的总趋势。这一总趋势为正在形成和发展的宁波帮商人提供了一个又一个至关重要的发展机遇。

二、宁波区域经济与社会

宁波区域经济在南朝以前从总体上看还比较落后,唐宋时期有较快的发展,明清时期又有进一步发展,并呈现出多元化特征:比较发达的港口贸易、渔盐业、手工业和萎缩的农业经济形成鲜明对照。根据 19 世纪 40 年代鸦片战争后不久外国传教士的实地调查和观察,当时宁波城区内有 10 万家住宅和店铺向当局纳税,城区的居民中五分之四为商人和体力劳动者,五分之一属于士大夫阶层。城郊人口中,六成务农,四成从事渔业。④ 港口贸易略如前述,这里主要考察了宁波地区的渔盐业、手工业和农业。

渔盐业,尤其是渔业在宁波区域经济中占有极其重要的地位。宁波舟山群岛附近,自古就是重要的渔场,历史上主要鱼类有大黄鱼、小黄鱼、带鱼、墨鱼等,各自都有汛期。如大黄鱼汛期大致从立夏开始到夏至结束,每半个月一水,分别是立夏水、小满水、芒种水。墨鱼汛期与大黄鱼汛期大致同步。带鱼汛期大致从立冬开始到冬至结束。每当渔汛到来,宁波及浙东沿海渔民便纷纷"驾船出海,直抵金山、太仓等处网之"⑤。

---

① 杨新华:《近现代宁波帮航运史》,黑龙江教育出版社 2002 年版,第 8—10 页。
② (民国)张传保、赵家荪修,陈训正、马瀛纂:《鄞县通志》第四《文献志》,宁波出版社 2006 年影印本,第 2401 页。徽商由寄籍到占籍者也不乏人,如明末清初宁波著名人物宗谊原籍徽州,其祖父以经商迁宁波鄞县,其父也以经商"豪于资"。见全祖望《宗征君墓幢铭》,收于宗谊:《愚囊汇编》,广陵书社 2006 年版《四明丛书》本。
③ [美]施坚雅主编,叶光庭等译:《中华帝国晚期的城市》,中华书局 2000 年版,第 480—482 页。
④ [英]施美夫著,温时幸译:《五口通商城市游记》,北京图书馆出版社 2007 年版,第 158—159 页。
⑤ (明)陆容:《菽园杂记》,中华书局 1985 年版,第 156 页。

尤其是定海县大衢港一带，自康熙开海禁后，"江南诸省、福建沿海诸郡渔船，四、五月毕集于此，名为渔汛。大小船只数千，人至数万，停泊晒鲞，殆无虚日"[1]。宁波沿海居民，以地利之便，"家以渔贩为业"[2]。如明代定海县（清代的镇海县），"民资网罟出没，衣食之源，大于农耕，遂有重彼轻此。野有芜土而人便风涛"[3]。正是因为有了渔业的收入，才使当地居民"庶几免于难食"[4]。明代绍兴人黄宗会曾比较了宁绍两地的经济状况，认为宁波经济状况较绍兴为佳的原因在于宁波有渔盐之利："鄞之大户，其田不过数百亩。少者不满百亩。百亩之直，为钱百千，其尤良田，乃直二百千而已。……然鄞负海，蠃蛤鲍木之输，为浙东最，而其民伐山渔海，虽无事于田，而衣食遂足。"[5]雍正《宁波府志》也记载了清代宁波地区"鱼盐唇蛤之利，遍被他郡，其入尤大于力田"[6]。20世纪20年代初期，定海舟山渔场每年放洋大中小各类渔船多达12000多号，其中大船约4000号，中船约5000号，小船约3000号。在这12000号渔船中，定海本帮渔船就有4000多号。[7]渔业在宁波区域社会经济中地位之重要，远非农业可比。当地人民基本生活所需主要靠的是渔业而不是农业。而渔盐业生产，恰又为宁波帮商人的兴起，提供了可供交换的重要产品。尽管这种渔盐业产品的生产和长距离贩运贸易有它本身的特殊性，尽管从生产上看渔盐业户等都可说是小商品生产者而不是真正的商品生产，[8]但是其严密有序的产销组织是独一无二的。[9] 因此，在一些研究者看来，"宁波地区的人民最专长于渔业和水上运输，并垄断了这两个部门"[10]。人性好逸而恶劳、惧险，然而性相近而习相远。为数众多的宁波人从事渔业盐业，终年生活在万顷碧波之上，惊涛骇浪之中，由于自然环境和生产方式的长期陶冶，遂养成一种刻苦耐劳、胆大心细、敢于冒险、团结互

---

[1]（清）缪燧、陈琯等修纂：康熙《定海县志》卷2《环海图记》。
[2]（明）何愈、张时彻等修纂：《定海县志》卷6《学校》。
[3]（明）何愈、张时彻等修纂：《定海县志》卷5《风俗》。
[4]（明）何愈、张时彻等修纂：《定海县志》卷5《风俗》。
[5]（明）黄宗会：《缩斋文集·怪松记》。
[6]（清）曹秉仁、万经等编撰：雍正《宁波府志》卷6《风俗》。
[7]（民国）陈训正、马瀛纂修：《定海县志》卷5《渔业》。
[8] 许涤新、吴承明主编：《中国资本主义发展史》第一卷《中国资本主义的萌芽》，人民出版社1985年版，第16页。
[9]（民国）张传保、赵家荪修，陈训正、马瀛纂：《鄞县通志》第五《食货志》，宁波出版社2006年影印本，第35—36页。
[10]［美］施坚雅主编，叶光庭等译：《中华帝国晚期的城市》，中华书局2000年版，第480页。

助、诚恳实际的品性。

宁波及浙东大小山脉,树木苍翠,木材可以通过甬江及支流运出。邻省福建的木材也可以通过海运运进宁波。来源丰富的木材,兴盛的渔业和水运业,加上历史上宁波舟山还是历代水师的驻地,这一切都推动了宁波造船业的发达。宋代政府就在宁波设有规模庞大的船厂,①该船厂造船数量大且能造巨型海船,北宋时期就建造了两艘"神舟"海船。②民船制造也相当发达,南宋时期为利用民船作战守之用,曾经调查宁波民船情况,统计各类民船多达 7916 只。③ 如此多的民船,没有发达的船舶修造业是难以想象的。明清时期宁波造船业虽然不及宋时在全国所占的重要地位,但是在当地社会经济中仍十分突出。特别是在宁波鄞县,"东乡船匠善造浙西诸郡各帮粮船及出海大小对渔船,南乡段塘船匠善造南北洋商用蜑船及江河行走百官船、乌山船"④。蜑船又名乌槽,船身被涂成黑色,和福建的绿头船、广东的红头船、台湾的白底船等有明显不同,船底较广,能装载 200—300 吨货物,只是速度不快。乌山船是宁波船的一种,根据日本史料记载:"乌山船是宁波籍民船,作为上海南市各鱼行之备船,装载鱼类来上海,有时亦做客船使用。其大小,有种种类别,来到上海的起自五六百担,迄于千担。小者有船员六七人,大者十数人。虽说是宁波船,但实际以上海为中心活动,其载客量大者五十余人,小者二十余人,而此船内无任何设备,故造船费用极其低廉,大船仅需千五百元。"⑤稍晚,宁波还能模仿外国夹板船建造一种能够装载 200—500吨货物的四不像船,可以张三面帆,速度快于蜑船。由于宁波造船业发达,所以在清初开放海禁政策后,宁波鄞县、定海(即稍后的镇海)"沿海之民,稍有本力者,一家(造)数只,数十只不等,出赁收税(租),穷民便之"⑥。造船业的发达对宁波发展渔业有重要意义,同时,对于宁波帮海商的发展同样十分重要。此外漆器、木雕、镶嵌家具、金属首饰、成衣、锡

---

① (宋)胡榘修,方万里、罗濬纂:《宝庆四明志》卷 6《郡志》。
② (宋)徐兢撰:《宣和奉使高丽图经》卷 34《神舟》。
③ (宋)胡榘修,方万里、罗濬纂:《宝庆四明志》卷 6《郡志》。
④ (清)戴枚、张恕等修撰:《鄞县志》卷 2《风俗》。
⑤ [日]松浦章著,董科译:《清代内河水运史研究》,江苏人民出版社 2010 年版,第 166 页。
⑥ (清)缪燧、陈琯等修纂:康熙《定海县志》卷 3《形胜》。

箔、渔盐海产品加工等传统手工行业在宁波也十分发达。① 除锡箔制造工艺和渔盐海产品加工稍微简单一些外,上述漆器、木雕、镶嵌家具、金属首饰、成衣等行业生产的手工产品,一般都是比较贵重的耐用消费品甚至是奢侈品,都需要有比较娴熟和高超的技术,才能在市场上立足。

与此形成强烈对照和反差的,是宁波地区农业经济的萎缩。由于人口众多,土地资源贫乏,早在宋代,宁波地区土地与人口的矛盾便相当突出,"土狭人稠,日以开辟为事,凡山巅水湄,有可耕者,垒石堑土,商寻丈而延袤数百尺不以为劳"。② 到明清时期,宁波地区土地与人口的矛盾更加突出,粮食问题成为困扰宁波社会的一个大问题。明人王士性就曾指出:浙东"台、温二郡,以所生之人食所产之地,稻麦菽粟尚有余饶。宁波齿繁,常取足于台,闽福齿繁,常取足于温……故台温闭籴,则宁、福二地遂告急矣"。③ 为增加土地的产出,宁波农民开始引进经济作物棉花和贝母等。棉花的种植主要分布在杭州湾南岸的慈溪、镇海和绍兴府辖余姚诸县北部的沙质土壤地区。贝母田主要分布在鄞县樟树一带。此外席草也有一定的种植。经济作物的种植更加重了粮食紧张的状况,到清代,宁波所需粮食常需从长江中上游产米区甚至从东南亚诸国如泰国进口。民国时期,宁波地区土地和人口的矛盾进一步加剧,20 世纪 20 年代末人口密度已经达到每平方里 857 人。④ 以鄞县为例,该县"沿鄞江两岸,土地肥沃,宜于稻禾,岁率二获"⑤。又有记载显示:1935 年鄞县全县户口 68.593 万人,产米 118.8 万石,以平均每人每年食米 2.5 石计算,需米 171 万余石,缺米 52 万

---

① 民国初年还有史料载:"木工雕刻之佳,群注意于宁波嵌花鹿床,又牙嵌镜箱等。"见经世文社编:《民国经世文编·实业》(1),沈云龙主编:《近代中国史料丛刊》(第 492 种),台北文海出版有限公司,4596 页。
② (宋)胡榘修,方万里、罗濬纂:《宝庆四明志》卷 14《风俗》。
③ (明)王士性:《广志绎》卷 4,中华书局 2006 年版,第 270 页。
④ (民国)顾礼宁:《宁波都市之概观》(续),《宁波旅沪同乡会月刊》第 74 期,1929 年 9 月,《专著》第 1 页;另戴行轺于 20 世纪 30 年代初在论文中称宁波每平方里人口达 4000 以上:"(宁波)全市有人口 21 万人有奇,(鄞县)县属人口 52 万人左右,本省除杭州外,可谓首屈一指,密度之高,每方里四千人以上。"见戴行轺:《宁波历史上之受地理的支配——宁波历史地理之一节》,《宁波旅沪同乡会月刊》第 108 期,1932 年 7 月,《论著》第 4 页;戴行轺文又引用时人庄菽甫的统计记宁波粮食不足情况:"据庄菽甫氏之统计,宁波市每人食米二石五斗,则年需 5312950 石,鄞县则需 12947600 石,然可耕之田,仅 605009 亩,平均每亩年产米二十石五斗计之,仅仅及 12402685 石,不敷之数达 5857865 石之多,可惊也矣。故每年不能不由外埠运入多数之粮食,以资弥补。据海关报告:1923 年输入达 1543713 担,次年亦有 7389963 担。"戴行轺:《宁波历史上之受地理的支配》(续),《宁波旅沪同乡会月刊》第 109 期,1932 年 8 月,《论著》第 6—7 页。
⑤ (民国)张传保、赵家荪修,陈训正、马瀛纂:《鄞县通志》第四《文献志》,宁波出版社 2006 年影印本,第 2631 页。

余石。故有"宁波熟,一餐粥"的谚语。① 而鄞县民政统计1935年该县实际缺米87.5万石。如此大的粮食缺额,即使算上其他农作物所得,也难以弥补。② 所谓压力越大,反弹越大,又有谚云"旱路不通走水路"。非受特殊环境的压迫,能有几人肯背井离乡到异乡谋生活。农业经济没有在当地经济中占主导地位,因而也就缺乏把农民束缚在土地上的经济力量。宁波住民要生存就必须在农业以外寻找出路,而外出经商正是在这种社会经济状况下出现的一种必然现象。

与上述经济状况相适应,宁波社会也呈现出十分明显的区域特征。这些特征包括聚族而居、保存完整的宗族制度,组织严密、纪律严明的渔业生产组织,不畏艰难、敢于冒险的进取精神。

传统的宁波区域社会是家族制度保存较为完备的地区,方志称:"甬俗民情朴厚……除城内多侨居异县民户外,其在各乡无一村里之民户非聚族而居者。族之兴歇即为其村之繁落。"③农村居民通常聚族而居,一村一姓的现象十分普遍,渔业、商业和村际组织,往往被有势力的宗族控制。有财力的宗族多建有宗祠,还有庞大的族产。如鄞县,"鄞俗最重家庙,即非巨族,亦莫不有宗祠。清明扫墓,冬至祭祖,皆有常经"④。镇海也一样,以"敬宗收族为时俗所重"。根据《民国镇海县志》和《镇海县新志备稿》中的初步统计,到民国时期,该县的宗祠有306座之多。其设立年代见下表:

年代	数目	重建数	年代	数目	重建数	年代	数目	重建数
元明	1	—	乾隆	40	2	光绪	62	18
明	8	—	嘉庆	31	3	宣统	5	5
清初	1	1	道光	36	5	民国	16	5
康熙	5	—	咸丰	14	3	不明	70	—
雍正	2	—	同治	15	6	总计	306	48

---

① (民国)顾礼宁:《宁波都市之概观》(续),《宁波旅沪同乡会月报》第74期,1929年9月,《专著》第1页。
② (民国)张传保、赵家荪修,陈训正、马瀛纂:《鄞县通志》第五《食货志》,宁波出版社2006年影印本,第6页;《宁波旅沪同乡会月报》1921年2月第2号在《叙利》中也载:"甬之为郡,滨海而治,竭其地之所入,不足以资生聚。若士、若农、若工、若商,冒霜露,涉波涛,北走燕齐,南浮江淮,跋履而出,赍重而返者,比比皆是,而尤以上海为尾闾。"
③ (民国)张传保、赵家荪修,陈训正、马瀛纂:《鄞县通志》第一《舆地志》,宁波出版社2006年影印本,第136页。
④ (清)戴枚、张恕等修撰:《鄞县志》卷2《风俗》。

由上表可见，从清乾隆朝起，镇海的宗祠数量迅速增多，光绪时期新增和重修宗祠数达到高峰。创设宗祠的目的在于敬宗收族，即通过宗族活动，加强族人同族意识，维护宗族利益和宗族秩序，提高宗族社会地位。因此有经济实力的宗族还设置义庄、义田、义塾等宗族事业，从经济上救济贫弱族人，保障其基本生活。宗祠还常所掌握的公款，鼓励并资助聪颖的族中子弟读书应试，以光大宗族门面，应试失意者则多转而经商。在经商过程中，宁波帮商人在通过宗族关系合股经营方面，取得的显著成效已经引起国际学术界的高度关注。① 宗族意识和宗族团结被认为是推动宁波帮商人兴起和发展的重要因素之一。

宁波区域经济中占重要地位的渔业经济生产，从渔船组织，到船帮、渔业帮等，无不呈现出严密的组织性。就渔船组织看，根据明人王士性所记，渔船上主要成员有长年、渔师、舵师、水手等约20人左右。长年为船主，职责为筹集资本、购置船只、招募水手等。渔师职责为选定下网和收网时机。舵师职责为掌管罗盘，观察天象、航道，以便行船、停泊。渔师关乎捕鱼的成效，"司鱼命"。舵师关乎全船的安危，"司人命"。渔师、舵师、长年"同坐食，余则颐使之，犯则才箠之，至死不以烦有司，谓之五十日草头天子也"②。这种渔船组织，将约20个人组织在一起，各司其职，分工严密，纪律严明，小农的散漫无组织状况在这里荡然无存。这种状况到20世纪二三十年代的宁波渔业生产中依然清晰可见。方志称，宁波的渔船组织，"形式上似极简单，而纪律实甚严密"，"船员职司，各视己之精力、技术以担任，无阶级观念"。捕捞大黄鱼、小黄鱼需要渔船协作围捕。如大对渔船就由母船和网船等组成，母船负责指挥，网船听从指挥下网。③ 至于普通渔船的组织，清末时的情况是每10只渔船编为一甲，当时的鄞县有80甲7019人。渔民在生产销售过程中，还依籍贯组织大小渔帮。宁波府旧属各县渔帮主要有鄞县帮、镇海帮、定海帮、奉化帮、象山帮五大渔帮。各帮又有若干小帮组成。1925年《定海县志》详细列举了以宁波各属县为主的沿海各渔帮的公所组织：

---

① [美]施坚雅主编，叶光庭等译：《中华帝国晚期的城市》，中华书局2000年版，第513—514页。
② (明)王士性：《广志绎》卷4，中华书局2006年版，第270—271页。
③ (民国)张传保、赵家荪修，陈训正、马瀛纂：《鄞县通志》第五《食货志》，宁波出版社2006年影印本，第35—36页。

序号	公所所称	组织渔帮	创建年代	驻地	渔船类别及数目
1	南莆公所	镇海、定海各渔帮	1724	鄞县双街	为各张网公所总机关
2	北莆公所	镇海北乡名帮	1724	鄞县双街	为各张网公所总机关
3	太和公所	象山东门帮	乾隆初年	定海岱山	大莆船80只
4	栖凤公所	奉化栖凤帮	1747	定海朐山	大莆船约200只,先后驻岱山、朐山
5	永靖公所	镇海新碶头帮	1797	镇海大碶头	冰鲜船60只
6	义和公所	奉化洞樵帮	嘉庆初年	岱山	大莆船180余只
7	老渔商公所	镇海北乡帮	嘉庆初年	岱山	厂家
8	义安公所	奉化洞樵帮	1813	岱山	大莆船90余只
9	礼安公所	宁海东乡帮	1873	岱山	花头对船250余对
10	爵溪公所	象山爵溪帮	1876	鄞县	渔商
11	临海渔业公所	临海北岸帮	咸丰初年	岱山	红头对船约710对,后改临海渔会
12	安南公所	南田帮	咸丰初年	象山石浦	张网船40只
13	八闽渔业公所	闽属各帮	同治初年	沈家门	—
14	协和公所	鄞县大嵩盐厂帮	同治初年	岱山	大莆船120只
15	庆安公所	定海螺门帮	1863	岱山、螺门	大莆船190余只,1921年改为螺门渔会
16	人和公所	定海各岛	1877	定海沈家门	大对船冬400余对春200余对
17	新渔商公所	定海岱山帮	1887	岱山	厂家
18	维丰北公所	镇海澥浦帮	1892	镇海澥浦	溜网船70余只
19	维丰南公所	镇海沙河头帮	1892	镇海沙河头	溜网船80余只
20	莆钓公所	奉化大碶堰帮	1893	尽山	钓船约40只,冰鲜船10只
21	镇定公所	定海高亭帮	1895	高亭	溜网船200余只
22	信远公所	定海钓山帮	1896	钓山	溜网船70余只
23	北平公所	平湖白沙湾滩墟各帮	1896	滩墟	张网船40余只
24	安澜公所	象山帮	1896	朐山	大莆船约120只

续表

序号	公所所称	组织渔帮	创建年代	驻地	渔船类别及数目
25	升平公所	江苏崇明南汇各帮	1897	崇明、南汇	张网船
26	仁和公所	定海六横佛肚帮	1898	胊山	大莆船140余只
27	沥港渔业公所	定海沥港帮	1898	沥港	溜网船70余只
28	保和公所	定海湖泥帮	1899	胊山	大莆船110余只
29	品亨公所	定海各帮	1900	舟山	张网船120余只
30	南平公所	定海蚂蚁帮	1900	舟山	张网船约150只
31	定岱渔商公所	定海岱山帮	1902	岱山	厂家
32	南定公所	定海高亭帮	1902	岱山高亭	溜网船60余只
33	南汇渔业公所	南汇白龙港帮	1902	胊山	冰鲜船40只
34	永安公所	鄞县湖帮	1902	沈家门	大对船冬290余对,春40余对
35	靖安公所	定海钓门帮	1905	岱山钓门	大莆船40余只
36	永庆公所	鄞县姜山各帮	1906	尽山	墨鱼船约1200只
37	靖海公所	定海庙子湖帮	1906	庙子湖	墨鱼船约100只
38	永泰公所	鄞县姜山帮	1906	青浜	墨鱼船约360只
39	永丰公所	定海梁横帮	1909	定海梁横	溜网船40余只
40	元一公所	定海鱼山帮	1909	鱼山	小溜船98余只
41	兴安公所	定海大平山帮	1910	鄞县	溜网船90余只
42	宁海渔业公所	宁海帮	1910	象山石浦	改渔会总会
43	越州公所	绍属各帮	1911	吴淞	鲦鱼船
44	瓯东渔业公所	永嘉帮	1912	岱山大口头	—
45	永丰公所	鄞县湖帮	1913	鄞县江东	冰鲜船约60只
46	镇海公所	镇海江南江北帮	1913	镇海大碶头	冰鲜船30只,今改镇海渔会
47	定沈渔商公所	定海沈家门帮	1913	平湖乍浦	冰鲜船
48	久安公所	大小洋山帮	1913	羊山	张网船160余只
49	黄岩渔业公所	黄岩帮	1913	象山石浦	—
50	闽浙公所	闽浙各帮	1913	沈家门	—
51	崇武渔业公所	福建惠安崇武	1913	象山石浦	—

续表

序号	公所所称	组织渔帮	创建年代	驻地	渔船类别及数目
52	奉化渔商公所	奉化帮	1915	朐山	厂家
53	新宁公所	宁海合山帮	1915	鱼山	溜网船240余只
54	箸里渔业公所	（台州）温岭石塘帮	1915	温岭石塘	今改温岭渔会分会
55	永宁公所	鄞县湖帮	1916	鄞县东钱湖	墨鱼船约150只
56	闽定公所	定海沈家门帮	1916	沈家门	渔商约70只
57	温岭渔业公所	（台州）温岭松门等帮	1917	岱山	白底对船约350只，今改温岭渔会分会
58	同丰公所	定海岱山帮	1918	岱山	鱼行
59	长济公所	定海长涂帮	1918	长涂山	溜网船60余只
60	普益公所	定海秀山帮	1918	舟山秀山	溜网船40余只
61	元和公所	定海长涂、东剑、西剑帮	1918	岱山长涂、西剑	溜网船170余只
62	维丰公所	定海岱山帮	1919	岱山	大莆船50余只
63	振远公所	江苏松江金山奉贤川沙各帮	1919	松江金山嘴	张网船50余只
64	共安公所	镇海新碶头帮	1919	镇海新碶头	元蟹船40余只
65	恒安公所	定海沈家门帮	1920	沈家门	大莆船60余只
66	永丰公所	定海沈家门帮	1921	沈家门	为大对船陆上理事机关
67	普安公所	象山帮	1921	象山石浦	渔商渔船
68	长庆公所	定海长涂帮	1922	岱山长涂	溜网船70余只
69	长涂渔商公所	定海长涂帮	1923	吴淞	冰鲜船约50只
70	桶业公所	定海沈家门帮	1923	沈家门	冰鲜船中装木桶者
71	海葭渔业公所	临海帮	1923	临海海门	今改温岭渔会总会
72	鱼丰公所	定海岱山帮	1924	岱山	鲑鲜船
73	指南公所	定海南峰山帮	1924	南峰山	张网船50余只
74	保定公所	定海高亭帮	1924	高亭	溜网船40余只
75	公廉公所	定海岱山帮	1924	岱山	厂家

续表

序号	公所名称	组织渔帮	创建年代	驻地	渔船类别及数目
76	鱼信公所	定海岱山帮	1925	岱山	大莆船40余只
77	同和公所	定海朐山岱山帮	1925	朐山	溜网船80余只
78	恒季公所	临海东乡帮	1925	鱼山	溜网船500余只
79	鸿安公所	崇明黄龙四礁各帮	1925	上海	冰鲜船约60只
80	坎门渔业公所	玉环坎门帮	1925	坎门、沈家门	—
81	三门湾渔业公所	宁海临海象南各帮	民国	象山三门湾	后改渔会总会
82	明州公所	定海、岱山、长涂、秀山、梁横各帮	不明	平湖乍浦	醝鲜船
83	四明渔业公所	宁属各帮	不明	平湖乍浦	冰鲜船
84	定朐渔商公所	定海朐山帮	不明	朐山（岱山大衢岛）	厂家
85	鱼贩公所	定海沈家门帮	不明	沈家门	渔栈47栈
86	乐清渔业公所	乐清帮	不明	象山爵溪	—
87	瑞安渔业公所	瑞安帮	不明	瑞安	—
88	平阳渔业公所	平阳帮	不明	平阳	—
89	玉环南公所	玉环江南帮	不明	象山爵溪	—
90	玉环北公所	玉环江北帮	不明	象山爵溪	—

资料来源：根据陈训正、马瀛等纂修：《定海县志·渔盐志》制作。

根据该项资料，从清雍正年间渔帮公所开始出现，到民国十四年（1925），与宁波舟山渔场有关的渔业公所共有90所，其中约70个公所为宁波所辖各县渔帮所建。这些公所及其代表的渔帮中，有公所设在定海而渔帮不在定海者，有渔帮属于定海而公所地址设在他县者，有的公所是定海渔帮和外县渔帮合组而成，也有渔帮和公所地址都不在定海而考虑到渔船往来并与定海渔民有各种关系而列入，情况十分复杂。这些公所组织各渔帮，或从事某些鱼类的专业捕捞，或从事渔产的贩运销售，形成了一个组织渔民从捕捞到加工贩卖的生产销售网络。这些渔帮组织虽然难免被少数"渔业霸"所把持，但由于它们是以同乡同业为基础组织起来的，因而在生产、销售中组织、保护同乡同业的职能不容忽视。宁波帮商人在发展过程中呈现出强大、持久的同乡组织力量，与宁波社会经济中这种根深蒂固的渔业生产方式有直接关联。

海上捕捞为主的渔业生产，一方面随时可能遭遇风涛之险、海盗之虞,另一方面又充满迅速致富的强烈诱惑和刺激。明人记述浙江沿海渔民在从事渔业生产的过程中,"每舟利者,一水可得二三百金,否者贷字母息以归,卖毕,仍去下二水网,三水亦然。获利者,钲金伐鼓,入关为乐。不获者掩面夜归。然十年不获,间一年获获,或偿十年之费,亦有数十年而不得一偿者。故海上人以此致富,亦以此破家"①。借高利贷出海捕鱼者,若是运气不佳而捕捞不到足够多的渔货,其后果之悲惨是可想而知的。于是铤而走险、杀人越货之事就在所难免,所谓"其船出海,得鱼而还则已,否则遇有鱼之船,势可夺则尽杀其人而夺之"②。渔民毕生从事渔业,又代代相继,祖祖辈辈与大海搏击,冒险谋生,使宁波人形成一种与自然争胜的机智、果敢、刚毅的性格和冒险、进取、求富的精神。宁波地方志说:"滨海小民,业网罟舟楫之利,出没波涛间,变化入神,习使然也。"③清康熙间任定海知县的缪燧也说:"滨海小民,与海相习,其性轻生疾贫。"④这种以"轻生疾贫"为特征的强烈的冒险、求富的精神,是推动宁波帮商人兴起和发展的重要精神动力之一。

第三节 厚重独特的宁波区域文化

冒险境,排万难,在异言异服之人群中争生存,在异风异俗之乡土中求发展,非自身具有求生存与求发展的必要条件不可,否则一入险境必遭淘汰,不仅不能生存和发展,反而会陷入更大的困境。这个必要的条件是什么呢?是文化素养和精神素质。自南宋以后,宁波就有"东南邹鲁"、"文献名邦"之称号,文化重心的地位保持千余年不变。就其拥有天一阁这样名重中外的历史文化物质载体及其所产生的众多历史文化人物而言,宁波确实"毫无疑问是属于第一流的名邦"⑤。作为第一流名邦的宁波,其区域文化源远流长而博大厚重。

一、宁波区域文化与教育

宁波自古为名郡,浙东区域文化源远流长且富有海洋文化的特色。自唐宋以后,由于中原文化大规模移入而有了更为明显的发展。也有一

---

① (明)王士性:《广志绎》卷4,中华书局2006年版,第271页。
② (明)陆容:《菽园杂记》卷8,中华书局2007年版,第156页。
③ (宋)胡榘修,方万里、罗濬纂:《宝庆四明志》卷14《风俗》。
④ (清)缪燧、陈琯等修纂:康熙《定海县志》卷3《形胜》。
⑤ 张其昀:《建国时期宁波之地位》,《宁波旅沪同乡会会刊》复刊第13期,1947年4月20日,第14页。

些在宁波为官的人士，卸任后留居宁波。宁波著名的方氏家族，就是北宋时期的鄞县令方珍卸任后留居宁波繁衍起来的。① 这样的宗族一般也会保持诗礼传家的读书传统。从宋代起宁波就兴起了学者聚徒讲学的风气，以杨适、杜醇、王致、楼郁、王说等"庆历五先生"为代表。到了南宋，宋室南渡，杭州成为国都，文化中心也从黄河流域转移到东南沿海。经过此一番天翻地覆的大转变，明州成为"东南邹鲁"。读书、藏书在社会上蔚然成风，延续到明清时期而不衰。明代嘉靖年间宁波范氏所建天一阁藏书楼，以其独特的设计和完善的功能成为清乾隆时期建造存放《四库全书》的文渊阁等七大藏书楼的范本，也从一个方面说明了宁波区域文化的发展达到了比较高的程度。

随着讲学与读书风气的形成，自南宋以后，宁波地区渐呈应举发达、人文蔚起的新气象，父子同科、兄弟同第者不绝于书。两宋时期自北宋端拱二年（989）至南宋乾道九年（1173）的180多年间，宁波"登进士科者几二百人"。② 明代宁波的科举应试业更为兴盛，据初步统计，明代宁波中进士科者共有595人。其中鄞县最多，计285人，慈溪稍次，计234人，奉化34人，定海（清代的镇海）31人，象山11人。③ 清代中期以前，宁波地区仍是科举应试繁盛的地区，每年"浙省应试人数，以宁郡为多，而宁郡合属又以鄞、慈、镇为最"，鄞县、慈溪、镇海在杭州都建有专供士子应试之用的试馆。④ 就科举而言，值得一提的还有王应麟和他编纂的《玉海》。王为鄞县人，南宋淳祐元年（1241）中进士，并在宝祐四年（1256）考取难度极大、只取一人的博学鸿词科。此后，他根据自己的科举经验，并花很大工夫，为准备报考该科的士人编纂了200卷的《玉海》一书。由于书中融入了他自己应试的经验，所以就应对科举而言，编得很成功，具有实用性。明代天顺年间修纂的《宁波郡志》载："（宁波）其地滨海，枕山臂江，人物财赋自昔为列郡之冠，而宦业科第，于今为尤显。"⑤直到清代，该书还受到应试士子的重视。也正因此，王应麟为清代注重实学的学者全祖望讥以"辞科习气"太重。⑥ 王氏一生大半耗于科举以及与科举相关的

---

① （清）曹秉仁、万经等修纂：雍正《宁波府志》卷30《流寓》。
② （宋）楼钥：《攻媿集》卷107《通判姚君墓志铭》。
③ （清）曹秉仁、万经等修纂：雍正《宁波府志》卷17《选举》。
④ 《申报》1875年5月15日。
⑤ （明）刘燿：《宁波府志序》，见（明）张瓒、杨寔修纂：《宁波郡志》。
⑥ （清）黄宗羲著，全祖望补修：《宋元学案》卷85，中华书局1986年版，第2856页。

《玉海》的编纂固然不足取,但不管怎么说,宁波地区科举应试业兴盛的状况,还是可以反映出这里传统教育和区域文化有较高的发展程度。

一般说来,唐宋以后的中国传统社会中,读书人皓首穷经以科举进仕为旨归,但是大多数人是难以如愿的。在少数幸运者的背后,是大批的落榜者。对于不得志或由于经济原因不得不中断读经的读书人而言,转而经商无疑是一个可供选择的出路。明清笔记、方志、宗谱等资料中"弃儒业贾"的事例不胜枚举,就是很好的说明。在商品经济较为发达的区域,落第士人投身商人队伍,已经是一种普遍的现象。宁波地区也是这样。苏州孙春阳南货铺的创办人孙春阳,就是明朝万历时期宁波的落第士人。史料载:孙春阳"明万历中,年甫弱冠,应童子试不售,遂弃举子业,为贸迁之术"①。清代慈溪人董之笔(1672—1726),"年十五即服贾崇川,数载后家渐裕,俾弟汉醇君一意读书,以承先志。迨及汉醇君怀才不遇,乃携之崇川,授计然策,挟资往来楚蜀,家业自此饶裕"②。董景濂(1734—1800),"屡困童子试,乃弃去,携陶朱术游吴下,而高堂之养遂裕"③。上述诸人之所以经商,都是科举失败之后的选择。其实还有一种情况,就是一边做科举考试的准备,一边在商铺字号中做事。20世纪40年代,日本学者仁井田陞在北京做过调查,发现清代北京成衣行中宁波帮之所以人多势众,主要在于当时赴京应试的宁波士子人数很多。这些士子在应试失败后并不急于返回原籍,而是通过同乡会馆进入同乡在北京开设的成衣行,一边从事工商业活动以维持生计,一边准备下一次科举考试,颇类似于现在大中学校的一些学生一边读书,一边打工的情形。当清末科举制度废除以后,赴京应考的宁波士子群体不复存在,北京成衣行被宁波帮成衣商控制的局面才逐渐改变。这些材料都说明了宁波士子与宁波帮商人之间,存在一种有机的转换关系。

二、浙东学术演变与社会价值取向

在浙东地区区域文化教育发展的同时,以强调经世致用和切于人事为核心的浙东学术传统也逐渐形成。有人对包括浙东学术在内的浙江学术作过这样的评论:

> 浙江学术,别为东西两大支,东支大且久,西支不逮也。

---

① (清)钱泳:《履园丛话》卷24《杂记》。
② (民国)董兰如等纂修:《慈溪董氏宗谱》卷20《晋良公传》。
③ (民国)董兰如等纂修:《慈溪董氏宗谱》卷20《镜溪公传》。

东支于宋为永嘉良斋、止斋诸子,提倡政学合一主义,盛行于浙东隅。今浙东人强忍好任事,盖犹存永嘉遗风。于明则为余姚王阳明氏以唯心学朱为学,故其学说含历史的哲学观念,而推源于知行合一,其后蕺山继之,梨洲又继之,明清之际,凡起兵江上而身殉以死者,大半出于王学之门。①

现代宁波籍著名学者张其昀更进一步说:

> 回顾以往的历史,浙东学术为我国思想界之一主流,王阳明之心学及所谓姚江学派者,可称为是中国近代哲学之最高峰,姚江即甬江之支流。浙东学术可以宁绍二属为代表,王阳明、黄梨洲、朱舜水三先生皆余姚人,三先生之前,若杨简(慈湖)、袁燮(絜斋)、王应麟(伯厚),三先生之后若万斯同(季野)、全祖望(谢山)等皆宁波人。杨袁二君为陆象山之大弟子,阳明之学上承慈湖,季野则为黎洲之大弟子,故宁绍学统实为一脉相传。②

一般而言,永嘉事功学派通常被认为是浙东学派发展的第一个重要阶段。永嘉事功学派是南宋时期由永嘉人薛季宣开创,温州人陈傅良发展,永嘉人叶适集大成的一个学术流派。它与强调"存天理,灭人欲"的程朱理学针锋相对,提倡功利,关心工商业者的利益。薛季宣反对朝廷与民争利。③ 叶适更进一步指出"抑末厚本,非正论也"。他要求南宋政府"以国家之力扶持商贾,流通货币"。④ 该学派在宁波有相当大的影响,薛季宣的门人王楠,就曾以"经世之学"传授给鄞县著名学者楼钥。⑤ 另一鄞县著名学者袁燮与永嘉学派的代表人物陈傅良在学术上经常互相切磋。叶适在宁绍地区也有不少追随者。⑥ 可见,永嘉事功学派的学说和主张在宁波产生过一定的影响。

浙东学术的第二个发展阶段是陆王心学的传扬。陆九渊、王阳明开创了陆王心学,反对程朱一派的"支离破碎"与思想禁锢,强调"知行合一""心外无物""心外无理",有所谓"圣人之道,吾性自足,不假外求"的

---

① 匪石:《浙风篇》,《浙江潮》第4期,1903年5月15日,《社说》第9页。
② 张其昀:《建国时期宁波之地位》,《宁波旅沪同乡会会刊》复刊第13期,1947年4月20日,第14页。
③ (宋)薛季宣:《浪语集》卷2《大学解》。
④ (宋)叶适:《习学记言序目》卷19。
⑤ (清)黄宗羲著,全祖望补修:《宋元学案》卷6、卷75,中华书局1986年版,第263页、2529页。
⑥ (清)黄宗羲著,全祖望补修:《宋元学案》卷55,中华书局1986年版,第1811—1826页。

说法,该派学说敢于大胆破除迷信,强调人的主观能动作用。王阳明就曾说:"学,天下之公也,非朱子可得而私也,非孔子可得而私也。"又说:"夫学贵得之心,求之于心而非也,虽其言出于孔子,不敢以为是也,而况其未及于孔子者乎?求之于心而是也,虽其言出于庸常,不敢以为非也,而况其出于孔子者乎?"①他甚至还有条件地承认"虽终日作买卖,不害其为圣为贤"②。在其晚年为商人方麟(节庵)写的《节庵方公墓表》中,他还明确提出:士农工商"四民异业而同道"③。由于陆王心学反对绝对权威,强调人的主观能动性,所以在当时起到了一定的解放思想的作用,有助于工商业者对自己所营事业作出肯定的价值判断,从而推动了商人社会自觉意识的产生。陆王一派学术思想从一开始就与宁波结下了不解之缘。陆学创始者陆九渊虽为江西人,但陆学的中心自一开始就在宁波,正如全祖望所说,"象山之门,必以甬上四先生为首"④。四先生中的杨简,慈溪人,为南宋乾道五年(1169)进士,任富阳主簿,遇陆九渊,遂为其弟子,对于陆氏心学,多有心得,后官至宝谟阁学士,人称慈湖先生,很有社会影响,其门人著名者有慈溪人冯兴宗(曾任象山书院堂长)、鄞县人史弥忠、史弥坚、史弥巩、史弥林等,这就是全祖望所说的"四明史氏皆陆学"。四先生中的袁燮为鄞县人,南宋淳熙八年(1181)中进士,在杭州遇陆象山(九渊),遂拜其为师。沈焕是定海人,舒璘为奉化人,亦皆传习陆学。所以到南宋以后,"四明之学多陆学"⑤。宁波成为陆九渊心学最重要的学术中心。四先生得陆九渊之教,对陆学多有心得和独到的阐发,同时又皆尊敬当时的大儒朱熹。他们与"庆历五先生"的不同之处,不仅在于学问上造诣极高,而且积极入世,并造就了一大批四明人物。张其昀曾评论说:四先生"当南渡之后,挺然为名臣,学行政业,均有可称。南宋中叶,四明仕宦,甲于海内,衣冠文物,日益盛大"。又论以四先生为代表的南宋四明儒学,其实质是道学,其道是中庸之道、君子之道,具体表现为乐学的精神(求智)、宽厚的精神(求仁)、自爱的精神(守礼)、廉洁的精神(守义)、致用的精神(信实),综而言之,其中所体现的正是中国文化

---

① (明)王阳明:《答罗整庵书》,转自《明儒学案·前言》,中华书局2008年版,第3—4页。
② (明)王阳明:《传习录拾遗》第14条。
③ (明)王阳明:《阳明全书》卷25《节庵方公墓表》。
④ (清)黄宗羲著,全祖望补修:《宋元学案》卷74,中华书局1986年版,第2466页。
⑤ (清)黄宗羲著,全祖望补修:《宋元学案》卷首,中华书局1986年版,第16页。

的根本精神。① 我们从此后宁波帮商人的发展中确实能明显感受到这种以中庸为核心,以仁、义、礼、智、信为基本内容的文化精神。梁漱溟也对甬上四先生之一的杨简称颂备至,他说:"陆王派里有两个造诣很深的人。在宋朝,名字叫杨简、杨慈湖;在明朝,叫罗汝芳,号罗近溪。我最佩服这两个人。其他一般的人,尽管他讲儒书,讲孔子,尊奉孔子,实际上是门外汉。"②王阳明的心学在晚明以后对东南学术和社会影响很大,王阳明是余姚人,余姚与宁波为近邻,遂自然对宁波产生较大影响。晚明后,宁波传习王学的学者不少。黄宗明,字诚甫,鄞县人,明正德九年(1514)中进士,历任兵部侍郎、礼部侍郎等职,"受学于阳明"③。宁波人万表,字民望,号鹿园,其学"多得之龙溪、念庵、绪山、荆川"④。龙溪为王畿的号,山阴人;念庵为罗洪先的号,江西吉水人;绪山为钱德洪的号,余姚人;荆川为唐顺之的号,武进人,这些学者或为王阳明的得意门生,或为私淑弟子,都对王学有深入研究。王阳明的学说还通过黄宗羲等对清代浙东学术产生了重要影响。这一点我们可以从黄宗羲的《明儒学案》中看到明显痕迹。这部洋洋洒洒的明代学术史著作中,无论在内容上还是在分量上,黄宗羲"皆以王学为中心",所以有人说,"要其微意,实以大宗归姚江"⑤。因此尽管我们认为黄宗羲有自己的学术思想,但并不排斥他在思想上和王阳明的心学有渊源关系。而明末清初黄宗羲到宁波"白云庄"讲学,遂又开创了清代浙东史学派的一代实学学风。

清代浙东史学派是浙东学术发展的第三个重要阶段,这一阶段最显著的特点是强调"经世致用",反对空谈心性义理。章学诚说,"浙东之学,言性命者,必究于史,此其所以卓也",而史学绝不是"空言著述",而是强调"史学所以经世",反对"舍今而求古,舍人事而言性天"。⑥ 黄宗羲上宗王阳明、刘宗周,下开万斯大、万斯同,是浙东史学的创始者,二万之后,有全祖望、章学诚等。黄宗羲在明末清初旗帜鲜明地提出了"工商皆本"的思想。⑦ 万斯同为鄞县人,强调"经世之学,实儒者之要务"⑧。基于

---

① 张其昀:《宋代四明之学风》,《宁波旅沪同乡会月刊》第76期,1929年11月,《论著》第1—9页。
② 梁漱溟:《梁漱溟全集》第8卷,山东人民出版社1993年版,第1170页。
③ (清)黄宗羲撰:《明儒学案》卷14,中华书局2008年版,第298页。
④ (清)黄宗羲撰:《明儒学案》卷15,中华书局2008年版,第312页。
⑤ (清)黄宗羲撰:《明儒学案》,中华书局2008年版,《前言》第3页。
⑥ (清)章学诚:《文史通义》内篇二《浙东学术》。
⑦ (清)黄宗羲:《明夷待访录·财计》。
⑧ (清)万斯同:《石园文集·与从子贞一书》。

这种经世思想,他对于明清之际传入中国的一些西方科技主张吸取其长处,认为当时传入的一些西法"实可补中国所未及",因此对"贯通旧法"又"兼精西学"的著名学者梅定九大加称赏,称其《历学辨疑》一书,"会两家之异同,其有功于历学甚大",表示对梅定九的学问造诣,甘愿"低头下拜"①。鄞县人全祖望是浙东史学派的又一位著名学者,他极力强调切于人事,一生写了大量的碑铭传记,表彰明末抗清英雄、乡里先贤和著名学者。对于"治生"的问题,也有较为开明的看法,他说"吾父尝述鲁斋(许衡,元代理学家)之言,谓为学亦当治生,所云治生者,非孳孳为利之谓,盖量入为出之谓也"②。显然,他对许衡提出的"学者当以治生为先务"的观点进行过认真的思考并予以认同,这是很发人深省的。值得注意的是明末清初还有一个宁波人华夏(1589—1647),专门写了一篇《惠商论》,不仅指出商人经商对社会、对国家均有重要作用,而且指出商人凭借经商所得奉养父母、抚养子女,具有道德层面上的正当性。他还指出商人经营商业,"非庸劣者所能任,凡出有入无,揆时审变,调燮暑雨,均节阴阳,明谊正明,知几防患,几于治人之国者"。最后,他甚至明确提出"儒者可以谋利以为身,国家不可病商以滋弱"的观点。③ 华夏的意见,虽然不能成为当时社会中的主流观点,但却是富有启发性的思想。宁波这种学术文化氛围,对于商人势力的兴起和发展,尤其是对于接纳科举失意的士人加入商人的队伍,是十分有益的。

从上述学术思想演变的考察中可见,浙东学术基于经世致用原则,从一开始就有重商的倾向。从永嘉学派呼吁国家扶持商贾,到王阳明四民异业同道的观点主张,再到黄宗羲提出工商皆本,其间甚至有人明确提出士人可以经商牟利。浙东学术内容的上述演变,在深层文化结构方面,为宁波商帮的兴起奠定了必要的精神和伦理基础。

从若干宁波地区社会史资料中,我们也可以依稀看到宁波区域社会中重商特征在民风民俗层面上的表现。渔业在宁波地区社会经济中地位突出,从事海洋捕捞的渔民为数众多,世代传承,形成一种敢于冒险的民风。"餐风宿水,百死一生",④被视为寻常事情,敢于冒险到大海中拼

---

① (清)万斯同:《石园文集·送梅定九南还序》。
② (清)全祖望:《先仲父博士府君权厝志》,《鲒埼亭集》外编卷8。
③ (明)华夏:《过宜言》卷3《惠商论》。
④ (明)王士性:《广志绎》卷4,中华书局2006年版,第264页。

命谋生的人通常是受人尊重的,明代宁波人乌斯道的一首诗就反映了这种心态。其诗描述渔民满载而归的情形:手持珍宝归,富盛良不艰,邻女相夸耀,小儿多腼颜。[1] 明代中叶以后,宁波地区的"势家大族"曾广泛参与了东南沿海地区的私营海上贸易。[2] 宁波当地的渔盐业,更是"皆势力之家专之,贫民不过得受雇主之直耳"[3]。慈溪在宁波属于历史悠久的主要盐产区,"弃本逐末"者所在多有。[4] 尤其是在明代"隆万后,有仕宦挟重资者,遂开奢荡之风"[5]。明泰昌、天启时期更为明显,"古道遗风,鲜有存者,重富贵而羞贫贱,中于膏肓,渐入渐深……士庶并营有无"[6]。传统大家族本应讲求耕读诗礼传家,现在却将一部分关注的目光投向工商业,这是宁波社会出现的一个新动向。虽然我们还不能说这种情形在当时宁波所辖各地已经很普遍,但在鄞县、慈溪两地确实已经出现了。

---

[1] (明)乌斯道:《春草斋集》卷2。
[2] 林仁川:《明末清初私人海上贸易》,华东师范大学出版社1987年版,第40—48页。
[3] (明)陆容:《菽园杂记》,中华书局1985年版,第156页。
[4] (元)曹汉炎撰:《县尹富德庸善政碑》,见(明)张瓒、杨寔修纂:《宁波郡志》卷10《集古考》。
[5] (清)曹秉仁、万经等修纂:《宁波府志》卷6《风俗·慈溪县》。
[6] (明)李逢甲、姚宗文修纂:天启《慈溪县志》卷1《风俗》。

第二章　清代乾嘉道时期宁波商帮异军突起

从以上对宁波区域经济、社会、文化背景的考察中,我们确实发现了许多有利于商人及地域商人群体产生和发展的因素。这种区域因素在与明清时期国内、国际社会经济不断交融的过程中,逐渐产生了宁波商帮。到清嘉庆道光时期,宁波商帮初露峥嵘,在航运、钱庄等行业中已经具有一定的经营实力,成为沿海、沿江社会经济生活中不容忽视的重要力量。

第一节　宁波商帮形成的曲折历程

由于宁波的地理位置和明清时期相关政策的影响,宁波商帮的形成过程充满了艰辛与曲折。同时,在清乾隆时代,国内经济舞台上最活跃和强大的商帮势力是徽商、晋商,他们是商场上的主角。除个别相关的社会群体如闽商以及比较敏锐的少数人之外,宁波商帮的产生并没有引起多少人的特别注意。

一、源远流长的早期明州海商

所谓"甬俗轻倪,素称善商"[1],在宁波帮作为一个商帮产生之前,宁波海商早已存在,并且较为活跃。唐代宁波

---

[1] (民国)张传保、赵家荪修,陈训正、马瀛纂:《鄞县通志》第五《食货志》,宁波出版社2006年影印本,第68页。

(明州)大海商张之信等多次与日本通商。宋代宁波商人仍以海商为主，活跃于沿海并且远及海外从事贸易。《高丽史》记载：北宋仁宗宝元元年(1038)，有"宋明州商陈亮、台州商陈维绩等一百四十七人来献土物"[1]。时过不久，又有"明州杜道济、祝延柞随商船来本国，不还明州"[2]。日本学者斯波义信的研究表明，1015年到1138年在中国商人从宁波到朝鲜的27次航行中，宁波海商占5次。[3] 宋人洪迈在《夷坚志》甲志卷10《昌国商人》目中也载："宣和间，明州昌国人有为海商，至巨岛泊舟，数人登岸伐薪，为岛人所觉，遽归。"[4]在沿海贸易中，两宋时期的宁波海商在今上海附近地区的商业活动就已经较为频繁。北宋时期上海附近的青龙镇已经是一个具有相当规模的繁荣市镇，商船"自杭、苏、湖、常等州期月而至，福建、漳泉、明、越、温、台等州岁二三至，广南、日本、新罗岁或一至"[5]，上海附近的黄姚税场(今黄姚镇)也是各地船商辐辏之地。南宋宁宗开禧二年(1206)有臣僚言："黄姚税场系二广、福建、温、台、明、越等郡大商海船辐辏之地……每年南货关税动以万计。"[6]长江下游北岸的重镇扬州也有宁波海商从事贸易活动，当时明州商人张云衢(1217—1281)，字叔亨，"起家货殖，结约徽商，同客维扬，遂资雄一乡，称封君焉"[7]。南宋时期编写的《宝庆四明志》也载称：宁波人"喜游贩鱼盐"。明代宁波所产白鲞数额颇大，多"贩苏杭等府货卖"[8]。鄞县商人沈文桢(1494—1546)就是其中的一个，此人当时购船经商，装载"鱼脍桔转鬻杭越数郡"[9]。可见，早期的宁波商人一方面利用宁波港及宁波所辖岛屿和港口的有利条件从事海上贸易活动，另一方面利用宁波独特的渔业资源，贩卖鱼盐等海产品。不过这时的宁波商人，其发展受到商品经济发展水平低下的限制，在经商的人数、活动范围、经营业务等方面都很有限，缺乏形成一个具有一定规模的商帮的足够条件。

---

[1] [高丽]郑麟趾：《高丽史》卷6。
[2] [高丽]郑麟趾：《高丽史》卷15。
[3] [美]施坚雅主编，叶光庭等译：《中华帝国晚期的城市》，中华书局2000年版，第474页。
[4] (宋)洪迈：《夷坚志》甲志卷10《昌国商人》，中华书局1981年版，第86页。
[5] 《隆平寺灵鉴宝塔铭》，转自谯枢铭、杨其民、王鹏程、郑祖安、卢汉超：《上海史研究》，学林出版社1984年版，第41页。
[6] (清)徐松辑录：《宋会要辑稿》第130册，转自谯枢铭、杨其民、王鹏程、郑祖安、卢汉超：《上海史研究》，学林出版社1984年版，第44页。
[7] (民国)张美翊等纂：《甬上青石张氏宗谱》卷3《第十二世云衢谱传·行略》。
[8] (明)黄润玉纂：《宁波府简要志》卷3《食货·商贩》。
[9] (明)王世贞：《弇州山人四部稿》卷92《渔江沈君墓志铭》。

二、宁波商人在清初以前的发展与挫折

明成祖永乐初年,宁波恢复了市舶司设置。凭借地处对日贸易口岸的有利条件,宁波商人一面积极从事与市舶司主管的勘合贸易相关的对日贸易,一面积极开展沿海贸易。

宁波市舶司主管的勘合贸易,是一种官方特许的民间贸易,具有"羁縻"海外诸国,采办"海外奇珍"的双重目的。在这一贸易制度下,宁波商人参与其中的主要是居于中介地位的牙行商人。当日本商船到达宁波并经查验确认合法后,聚集在宁波的牙行商人,便与日本船商协商并议定相关货物的交易价格,由牙行商人负责将货物出售,牙行商人同时还接受日本船商的委托,代为采购丝、绸、布、中药、砂糖、陶瓷器、书、画、铜器、漆器等货物。[①] 可见牙行商人在中日勘合贸易中发挥了重要的作用。这些牙行商人中有些来自苏州、杭州,但是宁波本地牙商占有较大比重。在国内贸易方面,明初禁止民间交易中使用银两,商品经济发展受到很大限制。明宣德、正统以后,江南地区商品经济的日趋发展为商人的经营活动提供了相对广阔的空间。因此,江南各地商人活动日益活跃。宁波商人前往长江三角洲经济发达地区经商者日多。如鄞县徐氏家族就有多人到苏州经商,著名者有:徐昂(1459—1511),号智庵,"年逾壮时,始挟资游姑苏、南郡间,量度出入,意表几若端木氏之意中焉,往返十余年,俯拾咸给"[②]。徐佩(1485—1558),号直斋,"弃儒业,服贾于苏(州)"[③]。徐桂(1492—1554),字廷芳,经商致富,"为姑苏大贾"[④]。

对日勘合贸易在宁波持续了100多年后,明嘉靖二年(1523),由于在宁波发生了两日本商团的"争贡事件"而被明政府下令中止,宁波市舶司被改为巡视海道司。合法的中外贸易渠道被封堵,非法的私人海上走私贸易于是由小到大迅速发展。明人万表的《玩鹿亭稿》为我们描述了宁波走私贸易由小到大、由微到显的演变过程。据载:"宁波自来海上无寇,每年只有渔船出洋打鱼樵柴",无人敢于违禁过海通番。随后渐有少数海商经营海上贸易,但也仅是从闽广等地置买商货,陆往船回,返宁波洋面后,也不敢贸然进关,而是"潜泊关外,贿赂地方官以小船早夜进货,

---

① [日]田中健夫:《倭寇与勘合贸易》,知文堂1961年版,第130—131页。
② (民国)张传保等纂修:《鄞县光溪桂林徐氏宗谱》卷5《智庵府君传》。
③ (民国)张传保等纂修:《鄞县光溪桂林徐氏宗谱》卷5《直斋府君传》。
④ (民国)张传保等纂修:《鄞县光溪桂林徐氏宗谱》卷5《句余子传》。

或托乡宦说关"。嘉靖实施海禁后情形大变,"前项贪利之徒,勾引番船,纷然往来"①。走私贸易在规模扩大的同时还演变为武装走私。宁波舟山群岛一带港汊纵横,岛屿众多,明政府难以控驭,成为当时海商走私贸易的中心。其中双屿港、烈港、舟山、岑港、普陀山、洋山等处,都成为当时著名的走私贸易港。②双屿港不仅有日本、南洋诸国海盗商船前来,还有相当数量的西方商人。宁波成为继广州、福建之后又一个违禁通番贸易的重要地区。宁波商民竟视双屿"为衣食父母,远近同风"③。一些宁波海盗商人也成为当时著名的走私贸易首领,如"鄞县毛海峰、徐碧溪、徐光亮、叶宗满"等即在当时最大的海上武装走私集团首领王直(即汪直)手下担任头目,分领商船,经常"装载硝黄、丝绵等违禁诸物,抵日本、暹罗、西洋诸国互市。"④毛海峰与其兄毛子明,原是鄞县海商,因毛子明通番逋欠货物,毛海峰作为人质被扣,沦为海盗。此人"颇有勇力,善使佛郎机,又善弹射",深受王直重用,被王直"托为心腹"。慈溪人柴德美"积年通番",是一个有家丁数百人,并与明朝官府及当时最大的海盗集团头目王直都有联系的人物。有一次,柴德美受王直之约攻打福建海盗头目陈思盼,派出家丁并联络宁波府及明朝官兵,"内外合并,杀之并尽夺其财,德美所得,亦以万计。"⑤宁波海商中武装走私海盗商人的产生与发展,是明朝严厉的海禁政策下,海商发展严重畸形的状态。明人唐枢就曾正确地指出:"寇与商同是人也。市通,则寇转而为商;市禁,则商转而为寇。"⑥真实地说明了当时海盗与海商在不同情况下互相转换的情形。樊百川先生曾经说:"明朝政府既是建立在自给自足的封建社会经济上,又无能力自保海航,海禁时开时严,航运环境既不正常,航商地位也变化无定,时为走私商人,时为海盗,航运事业自然不可能顺利发展。"⑦对于违禁通番的海盗商人和海上贸易,明政府采取了严厉打击的政策。嘉靖二十一年(1542)到嘉靖三十七年(1558),浙江沿海包括双屿、烈港、岑港等在内的私人海上贸易商港相继被明军攻占捣毁,宁波商

---

① (明)万表:《玩鹿亭稿》卷5《海寇议》。
② 林仁川:《明末清初私人海上贸易》,华东师范大学出版社1987年版,第131—141页。
③ (明)朱执:《朱中丞甓余集》,见(明)陈子龙等编著:《明经世文编》卷205,中华书局1962年版,第2165页。
④ (清)傅维麟:《明书》卷162《王直传》。
⑤ (明)万表:《玩鹿亭稿》卷5《海寇议》。
⑥ (清)郑若曾撰:《筹海图编》卷11,中华书局2007年版,第673页。
⑦ 樊百川:《中国轮船航运业的兴起》,中国社会科学出版社2007年版,第2页。

人的海上发展遭受重大挫折。

三、清代宁波商帮的形成

明政府用严厉的军事镇压手段戕杀了沿海私人海上贸易,海禁政策同时也遭到朝野上下日益强烈的反对。到隆庆初年(1567),明政府采纳御史涂泽民的建议,"许贩东西诸番",部分解除海禁。之所以说是部分解除海禁,因为实际上解除的只是商船前往南洋的禁令,而对日贸易依然受到严厉禁止。① 然而,在南洋贸易方面,宁波商人与广东商人、福建商人相比,是没有优势可言的。在这种情况下,宁波商人的唯一出路就是向内地发展。这时,国内商品经济确实有了新的发展,特别是到万历时期,张居正改革对商品经济的发展又有新的推动,出现了市镇繁荣、城乡经济活跃、市场扩大、地区间经济联系加强等新现象,"燕、赵、秦、晋、齐、梁、江淮之货,日夜贩运而南;蛮海、闽、广、豫章、楚、瓯越、新安之货,日夜贩运而北"②。商人活动日益活跃。在此有利的客观条件下,宁波商人发展很快。成书于万历二十五年(1597)的明人著作《广志绎》曾记载:当时"宁、绍盛科名逢掖,其戚里善借为外营,又佣书舞文,竞贾贩锥刀之利,人大半食于外",又说"宁绍人什七在外"。③ 除前述宁波孙氏家族、徐氏家族在苏州开拓商业经营外,慈溪董氏家族、秦氏家族、陈氏家族,鄞县李氏家族等也相率投身商业经营。慈溪董氏家族自晚明时起,以经商而致富。其族人董绳先(1567—1687),字敬左,"家故贫,乃弃铅椠,挟轻资贸易资用"④。鄞县迎恩桥李氏家族在明万历前后也有不少商人,其族人中有李邦综(1581—1639),字子达,"服贾市廛"⑤。李邦绘(1593—1663),字子嘉,"服贾四方"⑥。李贤升(1593—1663)"少承父业,从事贾业"⑦。慈溪秦氏家族、陈氏家族等也在万历前后以经商而兴起。可见,到万历时期以后,宁波所辖鄞县、慈溪两县人民外出经商开始具有一定的规模,宁波府所属其他几个县尚没有这种情况。

研究明清地域商帮的学者,一般并不注重商帮形成时间的考察,关

---

① [日]山协悌二郎:《长崎的唐船贸易》,吉川鸿文馆1972年版,第8页。
② (明)李鼎:《李长卿集》卷19《借箸编》。
③ (明)王士性:《广志绎》卷4,中华书局2006年版,第263、265页。
④ (民国)董兰如等纂修:《慈溪董氏宗谱》卷20《敬左公传》。
⑤ (民国)李炳陞等纂修:《迎恩桥李氏宗谱》卷14《李邦综传》。
⑥ (民国)李炳陞等纂修:《迎恩桥李氏宗谱》卷14《李邦绘传》。
⑦ (民国)李炳陞等纂修:《迎恩桥李氏宗谱》卷14《李贤升传》。

于商帮形成的标志也无一定的标准,商人会馆的成立尽管被认为是商帮形成的标志,但并不是唯一的标志。开拓行会史和会馆史研究的著名学者全汉昇先生在20世纪30年代出版的《中国行会制度史》中说:"同业者跑到他乡经商或劳动的时候,为着应付当地土著的压迫而保护自家的利益计,遂组成帮(约分为商帮、手工帮、苦力帮三种)并建立会馆。故会馆一面是同乡的团体,一面又是同业的组合,可说是同乡的行会。"①当然,他也看到这种同乡的业帮与会馆存在不同的地方,某一会馆可以包含众多的同乡同业帮。全汉昇还敏锐地注意到同乡工商业会馆与行会的不同之处在于是积极保护团体成员的利益还是消极限制团体成员的竞争。他曾言:"我们很有兴趣地发现会馆的事业与中古的行会有不同的地方,后者对于本行工商业的统制只是消极的,行会的规条上几乎全部都有'不准'、'不得'等字,会馆则较积极,尽量的(地)保护会员的利益,而使之发展,甚至要与外来的帝国主义者冲突亦所不惜。究其原因,大约由于中古的行会目的只在免除本行会员相互间的自由竟(竞)争,故有种种严厉的禁止,而会馆目的则较扩大,在乎团结同乡的工商业者为一坚固的壁垒以与外(外地工商业者及外国)抗,来保护本团体的利益。会馆的会员愈受保护而发展,则他们所组织的会馆愈繁荣。"②可见商帮的形成与异乡城市中工商业会馆的创建有密切的关系。就宁波商帮而言,鉴于其同乡团体(商人会馆、公所及同乡会)在组织上十分典型,在职能上非常广泛,在作用上十分突出,因此把宁波籍同乡工商业者会馆或公所的建立作为宁波商帮形成的一个主要标志是合理的。基于这种认识,此前包括笔者在内大多数研究宁波商帮的同行都把明代北京鄞县会馆的创建作为宁波商帮形成最早的标志。③ 其主要根据是撰写于民国时期的

---

① 全汉升:《中国行会制度史》,百花文艺出版社2007年版,第99页。说明:该书作者全汉升通常作全汉昇。
② 全汉升:《中国行会制度史》,百花文艺出版社2007年版,第110页。中国经济史和社会史研究的著名学者何炳棣先生在《中国会馆史论》中注意到籍贯在中国社会的特殊意义,指出郡邑会馆是同乡人士为居留聚会或推进业务在异乡城市成立的同乡组织。京师的会馆在初期主要是同乡仕宦公余聚会的处所,后来多演变为试馆,但始终有同乡工商业者的参与。到清乾隆时期的前半期,正式演变为制度性的试馆。京师以外的会馆属于工商业者的同乡组织,也有仕宦参加的痕迹。见何炳棣:《中国会馆史论》,台北学生书局1966年版,第9—19页。
③ 见张海鹏、张海瀛主编:《中国十大商帮》(黄山书社1993年版)以及拙文:《明清以来的宁波商人》(南京大学硕士论文1988年)、《明清时期宁波商人集团的产生和发展》(《南京师范大学学报》社会科学版1991年第3期)、《横看成岭侧成峰:长江下游城市近代化的轨迹》(茅家琦主编,江苏人民出版社1993年版)等。

《重修鄞县会馆碑记》中的记载:"京师之西南隅多隙地,有旧名鄞县会馆者,相传为明吾郡同乡之操药业者集资建造,以为停柩及春秋祭祀之所。"①但是,经过对该资料的仔细考察会发现,碑文中的说法存在若干问题。根据清道光十五年《鄞县会馆碑文》中记载:"鄞县会馆,创自前明,久经颓废,国初时吾乡大理卿心斋陈公,始力整理,阖邑赖之。"②其中"阖邑赖之"的记述和鄞县会馆的名称表明,该会馆只是鄞县一县人士在北京的同乡会馆而已,"相传为明吾郡同乡之操药业者集资建造,以为停柩及春秋祭祀之所",显然是说宁波府旧属各县在京经营药业的商人集资建造了该会馆,自然为整个宁波府旧属各县在京人士服务,这样的话,显然应该是"阖郡赖之"而非"阖邑赖之"。这说明刻碑的时候,相关史实已经被作了"大而化之"的处理。况此一记述,所凭借者仅为传说,并非明代创建会馆时的碑文,难以作为确实的证据。即使不考虑上述这些问题,单是根据会馆"久经颓废"的记载也可以断言,在明末清初战火绵延、王朝更迭的巨大历史转换时期,特别是北京又历经明军、李自成农民起义军、清军数番争夺,鄞县会馆遭遇了屋宇毁坏、馆务中断的巨变。就是说,宁波商人在北京的发展,遭遇到重大挫折,即使此前确实存在鄞县会馆这一商帮形态,但经过明末清初的社会大动荡,商帮形态实际上也早已中断。宁波商帮在形成过程中不仅遭遇到了与其他商帮相近的困难,而且还遇到了许许多多沿海商人发展进程中特有的困难与阻力,尤其是海禁的影响既深且巨。不过即使在明晚期和清初海上贸易受到严厉限制的岁月里,宁波海商的贸易活动仍然以走私或"违禁通番"的畸形状态艰难地进行。如明万历年间定海发生通倭事件,其经过是久居定海的福建海商严翠梧、方子定,纠合浙人薛三阳、李茂亭等人,"结伙通番,造船下海"③。清顺治十二年(1655),又有鄞县船户朱盛、朱国臣、舒凤、舒茂峰各自雇佣船工、水手多人驾驶海船,"径自越走外洋",被清水勇抓获。④晚清时期著名宁波帮商人樊芬也说,宁波海商"自顺治间海禁未弛,已冒险交通"⑤。这些从事通番贸易、"冒险交通"外国的宁波海商,在明清政府强大的政治、军事压力下,既不可能有太大的发展,更不可能堂而皇之

---

① 李华编:《明清以来北京工商会馆碑刻选编》,文物出版社1980年版,第97页。
② 李华编:《明清以来北京工商会馆碑刻选编》,文物出版社1980年版,第96页。
③ (明)王在晋:《越镌》卷21。
④ 《刑部残题本》,见《明清史料》已编第3本。
⑤ (清)盛炳纬:《养园剩稿》卷1《勤稼别墅记》。

地在沿海建立船商的会馆组织。不过,在日本长崎,包括宁波海商在内的三江系(浙江、江苏、江西等省)海商于1623年建立了具有会馆性质的兴福寺(俗称南京寺)。① 但是,兴福寺的建立,也不能说明宁波商帮已经形成。

清康熙二十三年(1684)开放海禁,特别是宁波被列为对外贸易口岸后,宁波港本身发生了较为明显的变化,方志载:"自海道既通,闽商粤贾舳舻衔尾而至,遂为滨海一大都会。"②宁波的商人再度开始活跃,主要是鄞县和慈溪两县。但即使是鄞县,也并没有立即表现出过于明显的变化,万斯同有诗写道:"鄞俗由来不尚华,布衣粝饭足生涯。田家有子皆知学,士族何人不织麻。"③从该诗中所见,完全一幅自然经济的图景。开海对于镇海而言是可以到沿海进行捕捞,县志说:"自海禁既弛,鱼盐唇蛤之利,遍被他郡,其入尤大于力田。"④经过康熙弛禁后数十年的发展,宁波外出经商谋生者无论人数还是经济力量都有了巨大的发展。到清乾隆十六年(1751),宁波籍章某、陈某联合48位同乡,开始筹建北京鄞县会馆。清乾隆二十年(1755)48位宁波同乡经过5年的努力,积累的捐款和捐款利息达到银350两。同乡范某、杨某、邵某闻知情况后,又联合26位同乡加入筹建会馆的集资活动中。加入捐款的同乡越来越多,前后共有近680人。在北京经商的陈某更将自己所营店铺中职员的储金借出供创建会馆之用。集资款项迅速达到银1000两。于是购买房屋,创建了北京鄞县会馆。⑤ 当时鄞县人董秉纯还清楚地记载道:"吾乡客京师者旧有会馆,在西南门内,建造之本末无可考。其地僻远,流寓之所不经。间有投闲养疴者栖息之。久之,遂有停棺枢于是者。又久之,遂有加封窆于是者。今则古冢垒垒,新阡亹亹,虽存老屋数楹而荒烟野蔓,竟成鼪鼯燐火之乡。寒食中元纸钱麦饭之外,宴享所不及,聚会所不至,仕客乡缙绅之属遂有足迹不一过者,于是是馆为虚设。"⑥可见,乾隆时期创建的北京鄞县会馆与明代北京所谓鄞县会馆并无前后继承关系。同时,如前所

---

① [日]内田直作:《日本华侨社会研究》,大空社1998年版,第54—58页。
② (清)曹秉仁、万经等修纂:雍正《宁波府志》卷12《户赋》。
③ (清)曹秉仁、万经等修纂:雍正《宁波府志》卷35《艺文下》。
④ (清)曹秉仁、万经等修纂:雍正《宁波府志》卷6《风俗·镇海县》。
⑤ (清)屠可堂:《创建鄞县会馆碑记》,见《甬上屠氏家集》卷4;董秉纯:《创建鄞县会馆碑记》,《春雨楼初删稿》卷1。按:两篇《创建鄞县会馆碑记》内容完全一样,为同一篇文章,属董秉纯为乾隆壬申(1752)科举人屠可堂代写。
⑥ (清)董秉纯:《鄞县会馆纪事簿序》,《春雨楼初删稿》卷1。

述,1757年宁波口岸正式对西方商人关闭,显然对于正在形成中的宁波商帮并非好的局面。这表明,宁波商帮的形成道路依然曲折。尽管如此,慈溪成衣业同乡随后在北京创建浙慈会馆,湖北汉口和江苏苏州、常熟的宁波同乡商人也相继创办浙宁会馆或浙宁公所。① 这些宁波商人同乡组织的创办,均在乾隆时期。其中,清乾隆四十五年(1780)宁波帮商人在汉口创建的旨在联络同乡、维持商业的浙宁公所,是现在已知第一个有确切创建年代的以旧府所属各县为同乡范围的同乡组织。② 同乡的商人会馆、公所是一种同乡商人的社会团体组织,其功能主要是通过同乡聚会、祭神以及同乡公益活动,联络同乡感情,促进同乡互助,解决同乡困难,从而形成"休戚与共,痛痒相关"的关系,进而"广其业于朝市间"③,共同一致地与异域商人展开有效的竞争。④ 从清代乾隆二十年(1755)北京鄞县会馆到乾隆四十五年(1780)汉口浙宁公所的创办表明,宁波帮商人在汉口、北京的人数已经达到一定的规模,经营有了相当的成效,而且已经结束了毫无组织的分散状况,在同乡同业的基础上,结成了一个同乡商人集团。因此,我们认为,清乾隆二十年北京鄞县会馆的创办到乾隆四十五年汉口浙宁公所的创办,标志着以宁波府旧属各县为

---

① (民国)侯祖畲等编纂:民国《夏口县志》卷5,《建置志·各会馆公所》;范锴著,江浦等校释:《汉口丛谈校释》,湖北人民出版社1999年版,第80页;江苏省博物馆编:《江苏省明清以来碑刻资料选集》附录及《吴县志·艺文》,三联书店1959年版,第351、337、370—371页。该书推测苏州的浙宁会馆创办于清乾隆以前,这是有可能的,但是没有确切依据。另外,北京有正乙祠,为清康熙四十九年(1710)在北京的绍兴商人倡建,1711年建成,显然是绍兴商人的同乡会馆。清乾隆五十七年修葺时,列名参与兴修和监修的行号中有恒升号等20余家,这些行号显然不全是绍兴帮商人,因为恒升即为著名的四大恒钱铺之一,显然已经成为同业性的公所组织,所以又被称为银号会馆。以上参见李华:《明清以来北京工商会馆碑刻选编》,文物出版社1980年版,第10—14页;20世纪40年代初曾经详细调查过北京会馆公所的仁井田陞,甚至提出正乙祠是由浙江上虞、慈溪两县的炉房者所建的观点。参见[日]仁井田陞:《中国的社会与行会》,岩波书店1989年版,第17页。
② 侯祖畲等编纂:民国《夏口县志》卷5,《建置志·各会馆公所》。该公所于宣统元年(1909)改名宁波会馆。
③ 江苏省博物馆编:《江苏省明清以来碑刻资料选集》附录及《吴县志·艺文》,三联书店1959年版,第351、337页。
④ 也有学者指出:"严格说来,四明公所是宁波同乡的一个慈善机构,主要办理同乡的丧葬和社会救济事宜,只是在遇到有关泛宁波同乡整体利益事情的时候,才以全体旅沪宁波同乡代表的身份出面活动,即使是慈善活动也大多是各帮各会活动的集成。"见古俊贤主编:《中国社团发展史》,当代中国出版社2001年版,第478页。

乡帮范围的宁波商帮历尽艰难,正式形成。①

清嘉庆二年(1797),宁波帮商人在上海建立了四明公所,后来该会馆成为上海最著名的同乡会馆组织。清嘉庆二十四年(1819)年董萃记等在关外和山东贸易的宁波船商又在上海花荷头创建了天后行宫(后称浙宁会馆)。② 温州四明公所也建于乾嘉之际。③ 山东芝罘和广东的广州也建有宁波会馆。甚至在江南市镇上,也不乏宁波商人或宁波商人与绍兴商人合建的会馆。如在盛泽镇,乾隆年间宁绍商人建立了宁绍会馆。④ 双林镇在乾嘉之际建有宁绍药材公所。⑤ 南浔镇宁绍会馆创建于嘉庆年间。⑥ 这些同乡组织的相继建立也表明:到乾嘉时期,宁波帮商人已经在大到北京、汉口、苏州、上海,小到江南市镇乡村的商业交换中具有了一定的地位和影响,成为活跃于各地的重要商帮集团之一。

清代乾隆中后期到鸦片战争前的数十年间是宁波商帮形成和发展的重要时期,经商人数不断增加,经营业务和活动范围不断扩展,其海商特征在传统体制内也得到了最大程度的展现。傅衣凌先生说:浙东多海商,以宁波帮为大,有八百余年发展历史,嘉道之际发展甚速。⑦ 到鸦片战争爆发前后,从发展态势、整体规模和实力等方面看,宁波商帮已经远远超过了曾经在中国商业流通领域中盛极一时的徽帮商人,成为江南和我国沿海一带生气勃勃、实力雄厚,并与海外(主要是日本)有一定的直接贸易关系的沿海地域商帮。

第二节 宁波商帮商业网络的地域分布

当清代中叶宁波商帮作为府一级行政范围的地域商帮群体形成的时候,其活动区域的地域分布已相当广泛,长江流域、沿海地区以及国外

---

① 当我们回头检视日本学者斯波义信的相关论述时,发现他在考察其所谓的"宁波中间商"在宁波地区以外取得惊人发展的问题时,也选择了以1780年为历史起点,由于他没有对这个时间点加以具体的说明,所以其依据不得其详。参见[美]施坚雅主编,叶光庭等译:《中华帝国晚期的城市》,中华书局2000年版,第512页。
② 上海博物馆图书资料室编:《上海碑刻资料选辑》,上海人民出版社1984年版,第508页;(民国)吴馨、姚文楠等修纂:《上海县续志》卷3《建置下·会馆公所》。
③ (清)徐瑞启:《温州四明公所记》(1899),见(民国)徐锡进等修纂:《月湖徐氏宗谱》卷2《艺文》上。
④ (清)仲廷机纂,仲虎腾续纂:《盛湖志》卷6《祠庙》。
⑤ (清)蔡蓉升纂,民国蔡蒙续纂:《双林镇志》卷8《庙寺》。
⑥ (清)周庆云纂:《南浔志》卷2《公署》。
⑦ 傅衣凌:《明清时代商人及商人资本》(《傅衣凌著作集》),中华书局2007年版,第28页。

的日本是宁波帮商人活动的三大区域。从商业活动路线看,宁波帮商人大体上沿两大主干商路开拓商业经营事业。主干商路之一是我国东部沿海南到闽广、北达辽东的海上贸易商路。这一沿海海上贸易商路,分北洋商路和南洋商路。[①] 作为这条海上贸易路线的延伸和补充,又有两条国际贸易通道,一条是东到日本的海外贸易商路,另一条是南至东南亚(南洋)的海上贸易商路。其中北洋商路和赴日贸易商路是其重心。主干商路之二是沿长江西上,直达湖广、四川的沿江贸易商路。清代长江流域各省区人口众多、经济繁荣、商品交换活跃,为宁波帮商人的经营活动提供了广阔的舞台。清代宁波帮商人的活动还有两条重要的贸易商路,其一是以宁波为起点,沿浙东运河到达杭州,再利用京杭大运河南段运河抵达太湖流域各地的商路;其二是以扬州为起点,沿京杭大运河抵达京津,再由京津转赴东北甚至塞外的商路。这两条商路,宁波帮商人通常称为"陆路",其实大部分仍是水路,只不过走的是运河或内河而已。这样,清代的宁波帮商人建立起以当时全国最重要的经济区域——太湖流域地区为经济依托,以长江航道和南北洋航线为主干的庞大商业网。宁波帮商人中的大批行商坐商,或频繁往来各地,或在各地城镇乡村设肆贸易,成为这个商业网上活的灵魂。为叙述便利起见,我们先将宁波帮商人的活动分区域进行考察。

一、沿海和海外地区

沿海南北各地和海外地区自始至终都是宁波商帮商业活动的最重要的区域。尽管该区域颇具危险,但由于获利空间巨大,因此对宁波帮商人具有无限的吸引力,是展现宁波商帮开拓精神和冒险精神的最佳场所。清政府对沿海和海外贸易的政策,总体上来看是保守和落后的,但基于社会、财政、经济等方面的考虑,对沿海贸易和海外贸易的限制又表现出时松时紧的特点,甚至在某一特定时期和某些方面采取了利用和保护的政策,这就为包括宁波商帮在内的沿海海商提供了相对有利的发展

---

① 根据王尔敏先生的研究,中国历史上的东西南北洋概念,有颇为复杂的演化和流变。其中"南洋"概念或称谓形成于清初,其指代的地域范围大致上即为元明时代所说的"西洋"一带,亦即现在的东南亚。"北洋"概念则出现甚晚且意指与现在完全不同。而中国沿海的南洋、北洋地域,实始自1861年以后。盖当时中国沿海、沿江开放的通商口岸达13处之多,于是在监督和管理上南北分别各派一位大臣负责主持,在长江以南者称南洋各口,以北者称北洋各口,主持其事者,定名为"南洋通商大臣"及"北洋大臣"。由于上述外交、通商等情势出现南北洋地域的概念并为世人熟知。参见王尔敏:《五口通商变局》,广西师范大学出版社2006年版,第22—25页。

条件和机会。正是在这种情况下,宁波帮商人在沿海和海外地区的活动有了较大的发展与开拓。

浙东地区与日本

浙东地区是宁波帮商人的发祥地。宁波、绍兴、温州等是这一地区重要的沿海商业城市。宁波作为沿海港口城市,自清代康熙二十三年(1684)解除海禁后,商业贸易迅速得到恢复和发展,来这里经商的外地商人为数颇多,如闽广商人、山东商人、徽州商人等。这些地域的商人群体在宁波建立自己的商帮会馆组织。宁波城内和诸县的商人或商业家族凭借地利、人和之便,在宁波从事商业经营的人更多。鄞县李氏家族兴起于明代中后期,清代有李培基(1738—1811),"年未冠即随伯兄至甬上任遗业。"①同族人李耀基(1736—1795),其家在宁波开有一爿名叫"顺成"的店铺,"公力持之,越数年渐充……至今犹称顺成李氏云。"②镇海新添庙王维岳(1732—1817),"贸易甬江,钩稽出纳,无不亿中,家业日隆。"③不少宁波帮商人正是在宁波接受了各种商业上的训练之后,再到外地去经商的,宁波实际上成为训练宁波帮商人的基地,这种情况一直延续到近代仍没有改变。浙东温州在明清时期也是一个较为繁荣的沿海城市,与宁波间海上交通方便,到温州经商的宁波帮商人很多。镇海人王景杨(1781—1830),"成童后即服贾瓯地,时出其擘画计策,无不亿中……及长而居货甬江……家业日隆隆起"。④ 镇海人包仁义(1762—1823年),"从舅氏至温州之平阳习计然策,冀营什一……旋于温州城大展筹运,不数年辄倍获,家渐饶益。"⑤到清嘉庆时,以镇海商人为主,宁波帮商人在温州设立了四明公所。⑥ 绍兴与宁波有浙东运河相通,经海路往来也很便利,所辖余姚等地在明清时期是著名的棉花产地,锡箔、绍酒、瓷器等手工业品也颇有名,因此宁波帮商人在绍兴及其所辖各县经商者不少。总体上看,宁波帮商人在浙东地区设肆贸易,往来经营,一方面收购渔民的海产品,运往南北各地销售;另一方面,又从南北各地贩运木材、粮食、蓝靛、糖等货物到浙东,以满足当地人民生产、生活上的需要。

---

① (民国)李炳陞等纂修:《迎恩桥李氏宗谱》卷4《李培基传》。
② (民国)李炳陞等纂修:《迎恩桥李氏宗谱》卷4《李耀基传》。
③ (民国)王钦瑞、王友藩、陈培源等修纂:《新添庙桥王氏宗谱》卷4《明德公传》。
④ (民国)王钦瑞、王友藩、陈培源等修纂:《新添庙桥王氏宗谱》卷4《小莱公传》。
⑤ (民国)董佶拭纂修《镇海横河堰包氏重修宗谱》卷首《岵屺公墓志铭》。
⑥ (民国)徐锡进等修纂:《月湖徐氏宗谱》卷2《温州四明公所记》。

特别值得注意的是,宁波帮商人还以宁波港为基地,从事对日贸易。清初由于东南尚未平定,清政府实行严厉的海禁政策。康熙二十三年解除海禁,次年"部议覆准浙江照福建、广东例,许用五百石以下船只出海贸易,地方官登记人数,船头烙号,给发印票,令防守海口官员验票放行"①。海禁解除后,自明朝嘉靖以来在宁波沉寂百余年的沿海贸易和海外贸易又迅速活跃起来,当地"民情踊跃争奋,自近洋诸岛以及日本诸道无所不至"②。此时,宁波、普陀与日本长崎、东京等处往来的航路已为航海者所熟练掌握。③ 清代宁波帮商人所从事的对日贸易与以前对日贸易最大的不同在于,以前的对日贸易主要是日本派船到宁波进行贸易的过程中,宁波当地商人与之进行相应的贸易往来,而清代宁波海商则是在国内置办货物后,驾船出海到日本长崎等地从事贸易。这种贸易持续到19世纪60年代初期。④

闽广沿海地区与东南亚

由长江口和宁波到闽广以及南洋各地的海上交通线通常称为南洋航线。唐宋以来,通过南洋航线,闽广地区与长江下游地区的经济往来就较为频繁,而且陆路也可以往返。到明清时期,珠江流域和福建的经济得到进一步开发,商品经济有了新的发展,与各地经济联系进一步加强,闽广商人也日渐活跃。闽广商人在向海外拓展贸易的同时,还频繁地往来于闽广、江浙之间从事贸易活动。宁波帮商人则利用自身的优势向南洋航线沿海甚至东南亚拓展。慈溪人陈调元(1726—1793),"学计然策,稍有余赢,遂往粤东参同邑俞氏泰隆号事,十年辞归,积累不下十万金"⑤。慈溪人童在朝(1773—1845)"及壮始客粤东,经营四十载,家称小康"⑥。其同族童祥正(1803—1837)"承父业服贾闽、乍间,十余年无少逸"⑦。此外宁波卢氏,慈溪费氏、严氏、俞氏等家族都是活跃于闽广地区有名的商业家族。宁波帮商人在这一地区的活动,以南帮船商为主体,辅以代办货物采购的庄客以及从事铺户贸易的坐商。他们通常把北方

---

① (民国)洪锡范、盛鸿焘修,王荣商、杨敏曾纂:《镇海县志》卷6《关税》。
② (清)姜宸英:《湛园集》卷4《论日本贡市入寇始末》。
③ 向达校注:《两种海道针经》,中华书局2000年版,第168—179页。
④ 魏熊焘:《明清时期中日长崎商船贸易》,见《中国史研究》1986年第2期;姚贤镐编:《中国近代对外贸易史资料》第1册,中华书局1962年版,第77页。
⑤ (民国)陈恒顺等纂修:《慈溪陈氏宗谱》第10册《祖履公传》。
⑥ (民国)童庚年纂修:《慈东鸿门童氏宗谱》卷17《在朝公事略》。
⑦ (民国)童庚年纂修:《慈东鸿门童氏宗谱》卷17《童荇荪先生墓碣铭》。

所产的货物及江浙的布帛等运来销售,同时又把包括台湾在内的闽广地区所产的木材、纸张、糖、果等南货运到宁波和上海等地销售。1845年到过宁波的一位英国传教士曾经记述,宁波与福州和台湾的海上贸易集市"规模盛大,由两地进口蔗糖和大米"①。通过南洋航道,宁波帮商人中有一小部分商人甚至到达东南亚地区。明朝政府禁止丝绸等货出口,西方商人便以南洋吕宋为基地,"市我湖丝诸物,走诸国贸易……而我闽、浙、直商人,乃皆走吕宋诸国"②。清代宁波的浙海关专门设有洋房,"经征宁港商船置货报往南洋暹罗等处贸易,回棹进口洋税"③。来往东南亚贸易的商船,输出的货物主要有丝、绸、棉布等,输入的货物主要是暹罗米以及洋铜等。现存的宁波宗谱资料中,也发现有宁波帮商人到东南亚贸易的记载。雍正、乾隆时鄞县商人孙弘孝,"尝挟策游吴门,贸海岛……死于文莱国中"④。不过到18世纪后半期,由于西方商人和传教士的活动引起清朝政府越来越大的疑忌,宁波帮商人在南洋航线沿海的活动受到越来越多的限制,加上闽广商人实力也颇为雄厚,竞争激烈。在这种情况下,宁波帮商人的活动遂逐渐集中于福建的福州以北沿海地区和台湾地区,在这里采办食糖、木材、果品等,运到江浙销售,特别是台湾糖的经营在宁波帮商人商业经营中的地位越来越重要。

长江三角洲地区

长江三角洲地区是明清时期全国经济和人文重心,所产的棉布号称"衣被天下"。丝绸在国内外有广大的市场。苏州、杭州号称"人间天堂",达官显贵云集,消费畅旺,商业发达。宁波帮商人从明代中晚期开始就着力在该地区开拓经营,到清代中期,已在该地区形成十分牢固的商业基础。宁波鄞县孙氏、慈溪董氏、鄞县李氏、镇海郑氏等家族,在该地区人数较多,实力雄厚。鄞县孙氏家族经营的苏州孙春阳南货店,到乾隆时期,已经成为享誉四方的著名店铺,慈溪董氏家族在苏州经商有资料可查的就有不少人,如:董元科(1747—1826),字宏德,"年十六,族兄宏明携往虞山(常熟)习贾业,刻苦治生……年近六旬,将店事付诸子,

---

① [英]施美夫著,温时幸译:《五口通商城市游记》,北京图书馆出版社2007年版,第159页。
② (清)徐光启:《徐文定公集》卷3《海防迂说》。
③ 《海关衙门须知事宜册》,《近代史资料》总55号,中国社会科学出版社1984年版,第25页。
④ (民国)周苇渔等纂修:《四明章溪孙氏宗谱》卷7《载忠暨嫂胡氏蒋氏合传》。

息辙家居"①。董景渠（1749—1819）成人后"业贾虞山"②。董景濂（1734—1800）"屡困童子试，乃弃去，挟陶朱术游吴下，而高堂之养遂裕"③。乾嘉时人董杏芳，号棣林，"废著鬻财吴门，积资至数十万"④。其子五人，除了长子董秉智以外，其余四人全部继承父业经商。如董秉忠（？—1831），年十四到苏州协助其父经营店业，久居苏州，在苏州建恒善堂、扩建苏州宁绍义园，捐资数万建清节堂救济吴中贫寡妇女。⑤ 鄞县李氏家族中，李燧升（1621—1661），"辍学邀游废著于武林（杭州）、吴会间。⑥"同族李增基（1741—1814），14岁就"至姑苏任贸迁之事"⑦。镇海郑光初（1707—1782），"精于白圭之术，壮年客游嘉、苏间，弃取废举，屡能奇中，数致千金"⑧。慈溪童祥铭（1774—1838），"客姑苏权子目，获十一利，家致殷实"⑨。慈溪半浦周光惠（1767—1805），"家贫习懋迁，业贾于江苏南汇之周浦镇"⑩。在大批商人活跃于该地区的基础上，这一地区才能够在乾嘉时期产生苏州、常熟的浙宁会馆，盛泽、双林、南浔等著名市镇的宁绍会馆或公所。⑪ 宁波帮商人同乡组织在长江三角洲地区的相继建立，既是宁波商帮在该地区形成的标志，也是宁波商帮在该地区实力迅速增强的重要表现。

值得注意的是，18世纪下半叶至1842年间，正当西方商人劳神费思想打入宁波市场时，宁波帮商人也在进行极大的努力，试图寻找新的市场。西方商人迟迟不能进入宁波，而宁波帮商人很快寻找到了上海这个新兴市场，并于18世纪末叶，涌入这个正在迅速发展中的沿海沿江城市。⑫ 当上海崛起成为整个长江下游的中心城市和中国最主要的贸易中

---

① （民国）董兰如等纂修：《慈溪董氏宗谱》卷20《宏德公传》。
② （民国）董兰如等纂修：《慈溪董氏宗谱》卷20《圣宗公传》。
③ （民国）董兰如等纂修：《慈溪董氏宗谱》卷20《镜溪公传》。
④ （民国）董兰如等纂修：《慈溪董氏宗谱》卷20《董君心泉家传》。
⑤ （清）徐时栋：《烟屿楼文集》卷9《董君耿轩谱传》。
⑥ （民国）李炳陛等纂修：《迎恩桥李氏宗谱》卷14《李燧升传》。
⑦ （民国）李炳陛等纂修：《迎恩桥李氏宗谱》卷14《李增基传》。
⑧ （清）郑传澜等纂修：《蛟川前灵绪乡郑氏农谱》卷首《国桢公传》。
⑨ （民国）童庚年纂修：《慈东鸿门童氏宗谱》卷17《景水公事略》。
⑩ （民国）周华渔纂修：《慈溪半浦周氏支谱》卷2《静八府君传》。
⑪ （清）仲廷机纂，仲虎腾续纂：《盛湖志》卷4《公署》；（清）蔡蓉升纂，（民国）蔡蒙续纂：《双林镇志》卷8《庙寺》；（清）范来庚纂：《南浔志》卷1《公署》、卷5《典礼·祠祀》。
⑫ ［美］曼恩：《宁波帮和上海的金融势力》，见张仲礼主编：《中国近代经济史论著选译》，上海社会科学院出版社1987年版，第437—438页。

心时,宁波帮商人已经巩固了他们对上海的经济控制。① 后来被称为宁波帮旅沪第一名门的宁波镇海方氏家族,②是这次寻找、开拓新市场的急先锋之一。据方氏宗谱载,乾隆时期,宁波镇海一带滨海商民,"率造巨舟行海上,冒险贸货"。这种造船航海经商的社会风气以当时方氏家族所居柏墅临近的东管乡周姓诸村最为兴盛。当时方氏家族中有一位叫方元祺(1743—1810)的族人,在与周姓诸村商民交往的过程中,留心探询沿海各地的贸易盛衰情况,"往往于日记中志其事"③。从宗谱资料看,方元祺兄弟三人,兄长方元祯业儒,胞弟方元祚业农,尚无人经商。到方元祺兄弟的子侄辈,方氏家族开始了其商业经营事业,成为方氏家族的第一代商人。方家第一代商人都有在宁波经商的经历。方元祺第三子方亨宁(1772—1822),字建康,因为家贫,12岁便辍学"鬻贩以佐薪水",稍长后,他只身到上海,"典衣被为资,设肆市廛,忍饥寒劳苦,积数年始营立贾店,于是招同族以下昆季俱往"④。方元祚长子方亨学(1747—1828)字建才,因家贫弃儒业贾,在其舅父刘国开设的店铺中当学徒,"舅氏爱其才,助资命远服贾,率诸弟就业申江,竟以起家。"⑤方元祚第三子方亨簪(1783—1840),字建伦,号介堂,最初在其舅父刘国的资助下,于家乡附近憩桥镇开设"粮食杂货肆",经过五六年经营,积累了三四百两银两的资金。其间,方亨簪"习海滨形势,则闻上海居南北要冲,闽粤商人船舶都萃于此,可与驰逐"。在征得舅父刘国同意后,方亨簪由陆路到上海经营糖业。"是时业糖者粤之汕头,闽之厦门称巨擘,而台湾所产为尤多,府君(方亨簪)居糖于市未久,获利倍蓰,遂创义和糖号,与闽粤人贸易,信义既著,息以大赢,其后方氏商号林立遍沪南北市,实发源于此。"方亨簪在获利后,又邀诸胞兄弟、从兄弟来沪协助,也各能自立店业,又"招诸子侄先后出就商,凡经授无不精于积居之术,相继奋起"⑥。自此基本上奠定了方氏家族在上海的商业基础,尤其是方亨学的子孙中,许多人成为近代上海工商业的著名人物。方氏家族之外,著名的慈

---

① [日]斯波义信:《宁波及其腹地》,见[美]施坚雅主编,叶光庭等译:《中华帝国晚期的城市》,中华书局2000年版,第517页。
② [日]根岸佶:《中国社会的领导层》,平和书房1947年版,第135页。
③ (民国)张美翊等纂修:《镇海柏墅方氏宗谱》卷23《益之府君逸事》。
④ (民国)张美翊等纂修:《镇海柏墅方氏宗谱》卷23《鉴航府君墓表》。
⑤ (民国)张美翊等纂修:《镇海柏墅方氏宗谱》卷23《建才方公墓志》。
⑥ (民国)张美翊等纂修:《镇海柏墅方氏宗谱》卷23《介堂府君逸事》。

溪董氏、镇海小港李氏等家族也相继到上海开拓市场。如慈溪董氏家族在董杏芳以前，到上海经商者不多，董杏芳尽管从24岁起或陆路或海路往来辽东十余次，成为巨富，但其所经营的店业主要分布在苏州。① 到其子辈董秉愚时，经营重心开始转向以上海为中心的沙船、宁船航运业，并投资于上海的钱庄业。嘉庆时期宁波商人在上海创设四明公所和浙宁公馆，正是宁波帮商人上述发展的结果，表明上海迅速成为宁波帮商人经营活动的重心。②

冀鲁、辽东沿海地区

自长江口到冀鲁、辽东沿海地区的海上交通线被称为北洋航线。这条航线自宋、元时期起就颇为通畅，但明代中叶后渐被湮没，直到清代解除海禁后才逐渐被重新开通。尽管在康熙五十四年（1715）创建的上海商船会馆中似乎并没有特殊地位，③但宁波海商依然是重开北洋航路的主要商帮群体之一。前章述及乾隆五十八年（1793）英国马嘎尔尼使团在舟山雇用了熟悉北洋航道的宁波籍领航员同赴天津的事实即表明，宁波海商中熟悉北洋航线航道者颇不乏人。嘉庆道光时鄞县海商谢占壬追述北洋航线重开时的情形说："自康熙间大开海禁，始有商贾经登莱海面，直趋天津、奉天，万商辐辏之盛，亘古未有。从此航海舟人，互相讲求，凡夫造船之法，操舟之技，器用之备，石礁沙水，趋避顺逆之方，莫不渐推渐准，愈熟愈精。数十年前，江浙海船赴奉天贸易，岁止两次。近年则一年行运四回。凡北方所产粮、豆、枣、梨，运来江浙，每年不下一千万担。"他自己则是"自幼航海经营，从闽省以至奉天，常年往返"④。从宗谱资料中，我们发现了若干宁波帮商人在北洋航线活动的一些具体资料。如慈溪人费文煜（1750—1802），"客胶西，胶西为海道要冲……（因文煜经商讲诚信二字）至其地者，皆乐就公"⑤。同县叶洙，"废书业贾，随兄之太仓，居久之，慨然曰：此非吾所以毕吾业也。会戚党有赴辽东者，翁偕

---

① （民国）董兰如等纂修：《慈溪董氏宗谱》卷20《董君心泉家传》。
② 张仲礼主编的《近代上海城市研究》第7章（李天纲撰）中提出："当时对各旅沪商帮构成潜在威胁的是正伺机继起争雄的宁波帮。他们的力量开始向上海各个商业领域渗透。但是在上海开埠以前，其活动基地主要在宁波本土，虽然早就有不少宁波人来沪经商贸易和从事各种职业，并在18世纪末、19世纪初先后组建了四明公所和浙宁会馆，但当时的势力范围还很有限。它的大发展，是在上海开埠以后。"（见该书上海文艺出版社2008年版，第402—403页）这种说法颇有值得商榷之处。
③ 上海博物馆图书资料室编：《上海碑刻资料选辑》，上海人民出版社1984年版，第196页。
④ （清）贺长龄：《皇朝经世文编》卷48《古今海运异同》。
⑤ （清）费锦荣修纂：《慈东费氏三修宗谱》第33册《文煜公墓表》。

之行,精会计,重然诺,业隆隆起。嗣是往来南北将三十载,家用以饶"①。慈溪人秦沚(1739—1823)"尝客辽东"②。东北的营口,"向通江南沙船,浙江宁波船,天津卫船"③。东北、山东地区盛产大豆、豆饼、参药、枣子、瓜子等北货,在江南有广阔的市场,江南所产绸布等南货在这里也有很好的销路,宁波帮海商承运和经营的多是这类货物。这与当时宁波商帮在上海尚没有很大的发展的状况是一致的。乾嘉时期宁波海商在上海和北洋航线都有了相当大的发展,因此到嘉庆二十四年(1819),宁波商帮中在关外、山东等处贸易的商人,集资创建了上海浙宁公所(初名天后行宫)。④ 浙宁公所的创建,说明宁波帮海商在北洋航线上已经占据了一席之地。宁波董氏家族、小港李氏家族等在开辟和经营北洋航线业务方面很著名。董氏家族的经营重心由苏州转向上海并经营北洋航线前已述及,小港李氏家族经营北洋航线相关业务开始于李也亭。小港李氏家族船运事业的开创者李也亭(1808—1868)于道光二年(1822)到上海谋生,道光六年辞掉原来的工作,投身于以北洋航线为业务重心的沙船业并当了水手,数年之后开始拥有了自己的久大沙船号,亲自领船在北洋航线上从事货物的贩运。⑤

二、沿江与内陆地区

清代宁波商帮作为一个以海商为主的地域商帮群体,沿海和海外地区在其经营活动中自然占有最重要的地位。同时长江流域各地人口众多,交换活跃,又有便于水运的条件,这一区域也是宁波商帮主要的活动区域之一。

湘鄂川地区

明清时期湖南、湖北地区的社会经济获得了较为迅速的发展,湖南的洞庭湖流域成为继太湖流域、鄱阳湖流域之后又一个新的粮食产区,明晚期起已流传"湖广熟,天下足"的谚语,说明这一地区的开发成效已经相当显著。四川自古号称天府之国,经明末战乱和清代的移民开发,

---

① (清)叶长庆等纂修:《慈溪石步叶氏宗谱》卷2《留余翁传》。
② (民国)秦祖泽等纂修:《慈溪秦氏宗谱》卷23《秦沚传》。
③ (清)诸仁安:《营口杂记》,广陵书社1983年版,第1页。又见(民国)石秀峰、王郁云等修纂:《盖平县志》卷8《交通志》载:该县清河口下游入海处的西河口,在清季道光以前为东三省海运交通唯一出海口,后来该口淤浅,港口转移到营口。但直到咸丰时期,宁波乌船仍"岁必一至"。
④ 上海博物馆图书资料室编:《上海碑刻资料选辑》,上海人民出版社1984年版,第508页。
⑤ 中国人民银行上海市分行编:《上海钱庄史料》,上海人民出版社1979年版,第734页;宁波市政协文史和学习委、政协北仑区委员会编:《宁波小港李氏家族》,中国文史出版社2007年版,第1—3页。

清代四川出现人少地多粮多的社会经济状况。由于清代的湖南和四川都有不少米粮外运销售,而且长江航线延伸到长江上游的四川[①],于是地处长江中游的汉口也发展成为米粮集散地和著名码头。正四处开拓市场的宁波帮商人沿江而上,活跃湘鄂川地区,其中慈溪董氏家族尤其活跃。董氏族人董之策(1679—1751),"仿计然策,游襄、汉间……既而握奇多中,家业日隆"[②]。董一㩧(1715—1779)本来从事农业,30多岁后,"服贾楚蜀,持筹握算,无不中……四旬而外,家日起"[③]。董振乾(1713—1756),"自越郡而历吴楚,首尾二十年,资用饶裕……以商起家"[④]。此外董醉儒(1702—1772)、董景澄(1759—1823)、董继亨(1777—1842)、董华镗(1730—1755)等都是在这一地区经商的董氏家族商人。慈溪陈氏家族在这里也比较活跃,乾嘉时人陈大可,"壮游楚蜀,颇以财雄于乡里"[⑤]。稍晚的资料说:"甬属七邑人士之入川,历史悠久,明清二代,舟楫不绝,而尤以康熙乾嘉之时,采购药材,络绎道路,分庄遍设川康一带,而以渝市为集中地。时以慈溪冯、章、叶诸氏尤为著名,足迹所经,设馆立约,迄今沿江长江各埠多设有药王庙,产业丰裕,外人多羡道之,可窥见乡先辈经营事业之魄力及对于公众利益之热烈。"[⑥]陈越凡,"甫成童即只身赴蜀,羊肠鸟道,历尽崎岖,赤手致万金"[⑦]。重庆作为长江上游的重要口岸,是当时川东的商业中心。乾隆时人慈溪秦学圃,"占籍废居,盱水、湘水,足迹几遍,嗣入蜀……蜀故商贾辐辏之地,吾群人之愁迁者多集焉"。秦学圃有相当大的财力和影响,于是"纠约同志",在重庆创设敦义庄,修建房舍作为同乡病亡商人棺木的寄放场所。[⑧] 敦义庄后来成为重庆著名的八省会馆之一的浙江会馆的公共墓地。另根据窦季良在抗战时期的调查:"在乾隆以前,重庆的外籍商帮已有瓷器帮和药材帮,瓷器帮有一部分是湖州人,药材帮有一部分是宁波人。至乾隆年间,两帮的同乡商人才建立了湖宁公所,亦名浙江馆。至今浙江会馆故址尚有残砖若干,

---

① 许涤新、吴承明主编:《中国资本主义发展史》第一卷《中国资本主义的萌芽》,人民出版社1985年版,第270页。
② (民国)董兰如等纂修:《慈溪董氏宗谱》卷20《汉醇公传》。
③ (民国)董兰如等纂修:《慈溪董氏宗谱》卷20《允中公传》。
④ (民国)董兰如等纂修:《慈溪董氏宗谱》卷20《冠南公传》。
⑤ (民国)陈恒顺等纂修:《慈溪陈氏宗谱》第10册《锦舆公暨鸿业公合传》。
⑥ 马积祚:《宁波旅渝之工商界》,《宁波旅渝同乡会会刊》,1942年12月12日,《商情》第1页。
⑦ (民国)陈恒顺等纂修:《慈溪陈氏宗谱》第10册《陈卧云先生传》。
⑧ (民国)秦祖泽等纂修:《慈溪秦氏宗谱》第27册《学圃秦先生八十寿序》。

均制有'浙江馆'三字。并据该会馆人士称,故址门额旧有'湖宁公所'四字,今址改为镇公所。"①由此可知重庆的浙江会馆实际上就是湖宁公所,并以宁波帮商人创建的敦义庄为公墓。汉口经商的宁波帮商人,也在乾隆四十五年(1780)创建汉口浙宁公所,②办理同乡善举,联络乡谊,加强同乡团结。

北京及塞外地区

清代,宁波帮商人在北京经商者人数颇多。宁波藕桥朱氏、慈溪董氏、秦氏、罗氏、乐氏等家族在北京有比较大的经济实力。朱氏家族的朱国光(1756—1827),号藕庄,经商"居京师四十余年,吾乡(指宁波)之来贸鬻于京者,急则通其财,疑则询其谋,难则解,纷则释",俨然是一位宁波帮商人的领袖人物。他说:"余少壮时,昧宵昏而犯寒露……凡以糊口计。今纵不能拥高赀,而视中人产有过者,于愿大足。"③慈溪人秦兆槐(1733—1788),"乃京兆大贾,工计然术,富致万金"④。乾隆十六年(1751),北京的宁波籍商人和同乡倡议创建鄞县会馆,先后为此捐助资金者达680余人,大多数是工商业者。慈溪董氏家族以北京为依托,把经商区域拓展到塞外。其族人董大智(1808—1794)18岁"北上都门就仲兄学艺。越数年,之塞外多伦诺尔贸易……家自此日裕"⑤。其弟董大略(1720—1800)28岁后随他到多伦诺尔经商。⑥ 其侄董振铎(1725—1806)也由他"携往多伦诺尔贸易,才堪肆应,所业日隆"⑦。

实际上宁波帮商人在商业活动中,虽然一般各有其主要的活动区域,但是确实也有不拘泥于某一个或几个区域的情况。慈溪人董承宽(1772—1828),"法计然策,游历四方,上瞿塘,溯巴峡,既望蜀道之难,复出山海关之辽阳、塞外"⑧。董之笔(1672—1726),"年十五即服贾崇川,数载后家稍裕。俾弟汉醇君一意读书,以承先志,迨及汉醇君怀才不遇,

---

① 窦季良编著:《同乡组织之研究》,见李文海主编:《民国时期社会调查丛编》第2编《社会组织卷》,福建教育出版社2009年版,第121页。按:抗战时期,旅渝镇海籍商人沈佐卿曾经倡言将湖宁公所拨给宁波旅渝同乡会附属四明小学,以扩大办学规模。见沈佐卿:《请拨宁湖公所地址为增设学校意见》,《宁波旅渝同乡会会刊》1942年12月刊,《代启》第8页。
② (民国)侯祖畬等编纂:民国《夏口县志》卷5《建置志·各会馆公所》。
③ (清)朱学宜等修,朱充炽等续修:《四明藕桥朱氏宗谱》卷3《寿藕庄及德配孺人七十双寿序》。
④ (民国)秦祖泽等纂修:《慈溪秦氏宗谱》卷27《艺文·序》。
⑤ (民国)董兰如等纂修:《慈溪董氏宗谱》卷20《紫荣公传》。
⑥ (民国)董兰如等纂修:《慈溪董氏宗谱》卷20《紫宸公传》。
⑦ (民国)董兰如等纂修:《慈溪董氏宗谱》卷20《正谊公传》。
⑧ (民国)董兰如等纂修:《慈溪董氏宗谱》卷20《董君汉风家传》。

乃携之崇川,授计然策,挟资往来楚蜀,家业自此饶裕……在崇川三十余载"①。董尔奇(1710—1775),"仿计然策,跋涉数千里,吴、蜀、晋、楚诸郡(省)靡不遍历"②。可见,慈溪董氏家族在沿海、沿江各地都有许多商人从事经营活动,甚至远达塞外地区。

宁波帮商人的活动区域远不止上述各地,内地其他省份也有宁波帮商人的足迹。慈溪人董继先(1698—1766),字性先,"累试不第,出游北京,远至云南,退而置产"③。鄞县陈沅(1780—1850),"以家贫懋迁,南走闽广,北达燕赵"④。可见,清代宁波帮商人的商业网络的地域分布是相当广阔的。但宁波商帮经营活动的重心到18世纪晚期和19世纪初以后,逐渐集中、转移到长江流域各地及北洋航线所到达的沿海地区,并由此形成其商业网络地域分布的基本格局,即以太湖流域和长江三角洲地区为经济依托、以北洋航线和长江流域为主干的商业网络地域分布的格局。宁波帮商人在其他地区的活动基本上是这一商业网络基本形态的延伸。

第三节 宁波商帮商业网络的行业分布

宁波商帮商业网络的行业分布是十分广泛的,有鱼盐南北货及其他一般生活必需品,有首饰等高档奢侈消费品,也有需要较大规模资金的沿海船运业以及对外贸易,还有以钱庄业和民信业为代表的金融通信服务业等,而以船运业、钱庄业、民信业、南北货等为主,并表现出鲜明的专业化倾向。

一、宁波帮海商经营船运业

海商经营的船运业是宁波地区商人的传统经营行业之一。清代宁波海商有了新的发展,包括了宁波船船商、沙船商,以及从事对日贸易的宁波洋铜商。海商们经营的货物,有海产品、南北货、绸布、粮油、建材、洋铜等。宁波帮海商是清代沿海地区主要的地域海商群体之一。

(一)宁波船船商与沙船商

从海商经营的海船种类上划分,清代宁波海商有宁波船船商和沙船

---

① (民国)董兰如等纂修:《慈溪董氏宗谱》卷20《晋良公传》。
② (民国)董兰如等纂修:《慈溪董氏宗谱》卷20《汉杰公传》。
③ (民国)童庚年纂修:《慈东鸿门童氏宗谱》卷17《杏圃公事略》。
④ (清)戴枚、张恕等修撰:《鄞县志》卷43《人物》。

商。宁波船船商主要经营以宁波船为主的海上运输业。宁波船初为蜑船和三不像船两种。其中,蜑船型制创于康熙以前,其船可装载1800石粮谷,能适应南北洋航线各种航运条件,可以行驶南北洋航线。三不像船型制是模仿康熙三十八年(1699)承运福建木材就钩船旧制并加以改进而成,"以松木为之,其式不像江南之沙船,不像福建之乌船,不像浙江之蜑船,故名曰三不像船"①。三不像船比蜑船稍大,能装载2000石粮谷,专行北洋航线,不能行驶南洋航线。这两种船都在宁波当地建造,并由宁波帮海商经营,一般十只船编为一队,以宁波(后改上海)为中心从事营运,所以统称宁波船。根据阮元在嘉庆时期为筹备重兴漕粮海运时的调查,当时镇海口停泊的宁波船通常有百余艘,松江、上海有两百余艘,合计"约合四百艘,每船可载米一千五百余石"②。从江南到天津、营口之间,一年可以往返三次。另根据樊百川先生研究,若连同北航未归的船只一并计算,则宁波船的总数至少有六七百只,载重约可达到8万多吨。③ 宁波船船商与其他沿海海商一道,重新开通了因明末战乱和清初海禁而荒废的北洋航道。到乾嘉之时,不仅南洋航路相当繁忙,北洋航道也已非常畅通。清康熙、雍正、乾隆时期,宁波船商处于一种较为和缓的恢复发展时期。而到嘉庆、道光时期,宁波地区开始出现了一股颇为活跃的造船经营海上航运业的热潮,有宗谱载:当时宁波"滨海商民,率造巨舟行海上,冒险贸货。北至锦州曰北帮,南至福建曰南帮"④。在这一海商航运业者兴起的过程中,慈溪、鄞县籍商人是其中的主力,同时镇海作为重要的出海口,该县沿江沿海居民对此反应积极,如镇海方氏就是在这种情况下开始加入到经商的队伍中去的。到嘉庆末期,宁波船已经颇具势力和影响,长期由闽广、山东等外地商帮主导的宁波"南号"、"北号"商家中,宁波籍船商迅速在北号船帮中成为要角。嘉庆道光之际,朝野上下有恢复漕粮海运的主张。著名经世派人物魏源就曾建议清政府,用上海沙船、浙江蜑船及三不像船,加上天津卫船等海船来承运漕粮。⑤ 在道光初年漕粮海运实施的过程中,承运任务开始时主要由上海

---

① 蒋益沣等编纂:《浙江海运全案重编·原案初编》卷8《蜑船图式》、《考定蜑船图式》、《考定三不像船图式》。
② (清)阮元:《研经室二集》卷8《海运考跋》。
③ 樊百川:《中国轮船航运业的兴起》,四川人民出版社1985年版,第75页。
④ (民国)张美翊编纂:《镇海柏墅方氏宗谱》卷23《介堂府君逸事》。
⑤ (清)贺长龄等编:《皇朝经世文编》卷48《复魏制府询海运书》。

沙船商承担，但沙船不敷使用。道光四年(1824)，两江总督琦善行文浙江巡抚，"檄饬宁船分运"。当时宁波海商不知在承运漕粮过程中按照规定要付给运费(脚价)并可以附带一定比例的商货，因此"百计规避"，不愿承担漕运事务，甚至用重金雇说客到江宁(南京)向当局游说。不过，此时琦善"奏办海运意甚锐"，说客"几为所戮"。不得已，宁波海商只得答应承运。① 同治《上海县志》载：当时"凡运米之船有四：一曰沙船，一曰蜑船，一曰卫船，一曰三不像船。以上各船俱雇商承揽。每船装米三千石至一千五百石不等，随船身之大小验定派数，均以八成兑运粮米，二成听装民货，免其税。每石给水脚银四钱，耗米八升，承运白粮每石耗米一斗。凡船商承运至一万石以上者，准给顶带；凡承揽之船，限十一月集黄浦候兑，抵津交卸"②。从当时承运漕粮的情况看，宁波海商已颇具规模，并表现出了惊人的气魄。如道光五年(1825)，慈溪船商费三墀(1785—1833)独自承运四万余石漕粮，组织了有30艘帆船的船队。③ 在漕粮海运的刺激下，沿海海商更加活跃，甚至宁波南北号商家也皆"自置海舶，大商一家十余号，中商一家七八号，小商一家二三号"④。到清咸丰初期大约有180只，后增加到300只左右。

清代沙船运输业以上海为中心，以北洋航线沿海地区为主要活动区域。清朝中期以前，沙船"船主皆崇明、通州、海门、南汇、宝山、上海土著之富民，每造一船，须银七八千两。其多者至一主有船四、五十号，故曰船商"。上海沙船兴盛时期总数约有三千五六百艘。⑤ 目前尚不清楚宁波帮商人何时开始介入沙船运输业，前文所述慈溪商人董杏芳(棣林)在上海开办有董萃记宁波船号，乾嘉时期他多次航海到东北各地采办参药，往来交通是利用沿海的帆船无疑。董杏芳积累了数十万银两的巨资，其子董秉忠(1776—1831)，字耿轩、朝英更"以巨资营运辽东"⑥。董秉忠和他的胞弟董秉愚(1793—1869)创办了上海大生沙船号，该沙船号是上海最著名的沙船号之一。⑦ 从董氏兄弟的活动情况看，可以肯定大

---

① 冯可墉等修纂：《慈溪县志》卷3《盛炳煜传》。
② 同治《上海县志》卷7，转自上海市工商业联合会与复旦大学历史系编：《上海总商会组织史资料汇编》，上海古籍出版社2004年版，第4页。
③ (清)费锦荣修纂：《慈东费氏三修宗谱》第32册《峨松公像赞》。
④ (清)段光清：《镜湖自撰年谱》，中华书局1997年版，第91—92页。
⑤ (清)包世臣：《安吴四种·中衢一勺》卷1《海运南漕议》。
⑥ (民国)董兰如等纂修：《慈溪董氏宗谱》卷20《正琦公传》。
⑦ (民国)董兰如等纂修：《慈溪董氏宗谱》卷20《景徐公传》。

生沙船号创办的时间至迟也不会迟于19世纪最初的20年间,即嘉庆时期。这正好与前文所述往关外、山东贸易的宁波商人在上海创办天后行宫(后称浙宁会馆)的时间,即嘉庆二十四年(1819)相符合。该会馆是宁波帮船商在上海的同乡同业组织,宁波帮沙船商在其中也应该有一定的地位。道光初年,镇海人李也亭(1808—1868)即李容,也来到上海经商,"挟资北行,岁获利三倍家,骤富"①。他经营的主要行业也是沙船业,其久大沙船号在最兴盛时有沙船十多只,各值银数万两。他还购进沿江浦滩,建成久大码头,是上海有名的沙船商之一。② 宁波帮商人渗透到沙船业的经营中的事实表明,宁波帮商人已成为上海最有经济实力的地域性商人群体之一。

从事海上船运业务的利润相当可观。根据稍后的资料可知,大型宁波船一次载货货值约为15000两,往来营运一回可获利1900两;小型宁波船一次载货货值约6000两,往来营运一回可获利500两。按照谢占壬一年可以往来四次的说法,则从事北洋航运的大型宁波船一年最多可获利7600两,小型宁波船一年也可获利2000两。③ 前述宁波费氏能具船30艘参加漕运,说明宁波船船商的实力确实相当雄厚。沙船运输利润稍逊于宁波船。根据光绪末年调查,大型沙船载货货值15000两,往返北洋一次可获利1200两。小型沙船载货货值4000两,往返一次可获利450两。④ 按照一年往返四次计算,大型沙船一年最多可以获利4800两,小型沙船也可以获利1800两。高额利润是当时宁波沿海兴起造船航海热潮的重要动力。

(二)宁波洋铜商

清代宁波帮海商从事海外贸易的是宁波帮洋铜商。

清代铸钱,每年需要铜料一千数百万斤。铜料的来源在清初主要靠国内供应,但实际上远远难以满足需要。康熙在平定台湾后,命令厦门官宪赴日通商,以中国土产,交换日本之铜。于是厦门地方官招雇船商,赴日办铜,由此产生东南各省铜商。洋铜商以其雄厚财力,从事海外贸易,并承办国内军需业务,活跃于清代中期的经济领域。洋铜商的地位,

---

① (清)俞樾:《春在堂杂文》3编《李也亭墓志铭》。
② 中国人民银行上海市分行编:《上海钱庄史料》,上海人民出版社1978年版,第734页。
③ [日]根岸佶:《上海的行会》,大空社1998年版,第32页。
④ [日]根岸佶:《上海的行会》,大空社1998年版,第109页。

也渐渐足以与当时的闽粤洋商、两淮盐商相埒。① 从康熙三十八年（1699）开始，从事对日贸易的洋铜商主要由内务府商人、盐商、官铜商、额商等组成。康熙五十四年（1715），内务府商人由于办铜成绩不佳被停止进行铜料贸易。代之而兴的，是清政府责令江浙、闽广、湖广等地总督、巡抚募集殷实商人承办洋铜。康熙六十一年（1722），清政府又责成江浙两省专管办铜事宜。于是，江浙籍洋铜商取代闽商成为主导力量。这时的铜商为官铜商，资本从盐税中划拨而来。到雍正六年（1728），政府又规定从殷实盐商中选出8名为总商，负责铜贸易。乾隆五年（1740）民间铜商即额商开始出现。到乾隆二十年（1755），额商被规定为12名，每年派船12艘，集资288000银两，承购150万斤日本铜料。这些铜料半数归江浙官收，半数听额商出售。官铜商仍由政府出资，每年办铜130万斤，供直隶等省铸钱之用。②

洋铜大部分来自日本，因此日本政府的相关政策也会影响到中国沿海洋铜商的地理分布状况。日本正德五年（1715年，即康熙五十四年），日本政府颁布限制唐船入口贸易的正德新令。该规定把唐船即来自中国的商船入口数限定为30艘，购铜数量为300万斤，发给船头（船主）信牌作为合法贸易的凭证。正德五、六两年共发放43枚信牌，其中南京船20枚、宁波船22枚、广东船1枚。由于福建船一枚也没有得到，福建海商因此上诉宁波府鄞县知县，状告江浙商人接受有日本年号的信牌是奉日本正朔，是背叛朝廷的行为。③

负责办铜料的洋铜商在大部分时间内实际上主要是官铜商和来自民间的额商。官铜商在文献记载里出现最早的是著名的皇商范氏，但是范氏于乾隆四十年（1775）经营失败而破产。继之而起的官铜商是宁波鄞县商人王世荣。王世荣为长芦盐商，每年将引盐30万包经天津贩往直隶大名府销售，乾隆三十八年（1773）又捐职郎中。继王世荣为官铜商的是王的姻亲钱铭萃。在官铜商中，王世荣办铜时间最久。④ 额商中，宁波帮铜商的比重更大。因为康熙六十一年起，洋铜办理全部并入浙海关，并由浙江巡抚派员办理，宁波是浙海关所在地，是唯一的铜船始发和收

---

① 傅衣凌：《明清时代商人与商人资本》，中华书局2007年版，第170页。
② ［日］山协悌二郎：《长崎唐人贸易》，吉川鸿文馆1972年版，第5—7页。
③ ［日］山协悌二郎：《长崎唐人贸易》，吉川鸿文馆1972年版，第155—157页。
④ ［日］内田直作：《日本华侨社会研究》，大空社1998年版，第119页。

泊港,因而一些有资财的宁波帮海商便作为民间私营铜商出洋办铜。在1756—1780年的20多年间,日本配铜证文中发现有南京船23姓,宁波船16姓(赵、谢、邱、黄、钱、郑、周、郭、王、尹、沈、林、何、杨、伊等),而当时的南京船海商实际上包括了苏州等地的商人。① 实际上,上海作为沙船业的中心,为赴日沙船型南京船的出发港,上海籍的叶梦珠在《阅世篇》中记载:"邑商船有愿行货海外者,较远人颇便,大概商于浙、闽及日本居多。"②宁波船未必全由宁波帮海商经营,但是其绝大多数为宁波帮海商经营则是无疑的。因此,宁波帮铜商在当时的洋铜进口贸易中占举足轻重的地位,又从一个侧面说明了宁波商帮经济实力已经非同一般。宁波在清代还是赴东南亚的安南办铜的出海口,清雍正二年(1724)浙江规定,"商船由宁关出洋,其南洋一带,遵例禁绝,独安南因办铜之故,仍许商船往返"③。因此除了赴日办铜外,宁波帮海商可以以办铜的名义到东南亚一带活动。

洋铜商的贸易一般是装载丝绸等货到日本、南洋贩卖,购回的洋铜半数由官府收购作为清代国家铸钱的铜料,半数由海商在市场上出售。善于经营的洋铜商在经营过程中往往能够获得丰厚利润。据清人记载,洋铜商所贩运的货物,"大抵内地价一,至倭可易五;及货回,则又以一得二。故铜商之豪富,甲于东南,与粤之洋商、淮之盐商相埒"④。

二、钱庄业与民信业

钱庄业是明清时期随着封建社会晚期商品经济发展而兴起的旧式金融机构之一,在作于明代晚期的《南都繁绘图卷》的画面上,已经有"钱庄"、"万源号通商银铺"等招牌。但是钱庄业真正发展成为一个有重要影响的行业,则是在清代。清代由于实行银钱并用的货币制度,银两的成色常需鉴别,银与钱之间经常需要兑换。随着商品交换日益频繁和交换规模的不断扩大,钱庄在通都大邑特别是在商品经济发达的长江流域次第开设起来。钱庄最初的业务,主要是银钱间的兑换,随后兼营存放

---

① 魏能涛:《明清时期中日长崎商船贸易》,《中国史研究》1986年第2期。说明:南京船即沙船,以其造于南京。见罗传栋主编:《长江航运史》(古代部分),人民交通出版社1991年版,第399页。也有研究者认为赴日商船中的南京船泛指从上海、苏州、松江、扬州、淮安、镇江等港口开出的沙船型江海两用船只,见辛元欧:《上海沙船》,上海书店出版社2004年版,第66、69、72页。
② (清)叶梦珠:《阅世篇》,中华书局2007年版,第93页。
③ (清)鄂尔泰、张廷玉纂辑:《雍正朱批谕旨》第8册《署浙抚修吉图奏折》。
④ (清)金安清撰:《东倭考》,转自傅衣凌:《明清时代商人与商人资本》,中华书局2007年版,第173页。

款业务,最后是经营汇兑业务等。以宁绍帮商人钱庄为主体的江浙钱庄系统和以北方山西商人为主体的票号系统,成为清代中后期分峙南北的两大金融势力集团和旧式信用机构。宁波帮商人经营钱庄业,是从当时的北京开始的。

清初北京市场上就通行钱庄所出的钱票,开出钱票最多,信誉最为良好的是恒兴、恒和、恒利、恒源四大联号钱铺,或称四恒钱号。1901—1902年时任顺天府尹的陈夔龙记述说:京师"著名钱铺"四恒号,"均系甬商经纪,开设京师,已二百余年,信用最著,流通亦广"①。四恒号在八国联军入侵后因炉房失火,引起资金周转困难,曾请求闭歇。陈受慈禧太后之旨调查处理这一事件,所以他的记述是有根据的。据此四恒号创办时间则当在康熙四十年(1701)以前。近人沃丘仲子也曾到四恒号做过调查,得到的答复是创办于康熙四十二年(1703),②这与陈夔龙的记述基本相符合,说明至迟在康熙四十二年宁波帮商人已经在北京创办了四恒号钱铺。据说,镇海著名的十七房郑氏家族中的郑世昌(1644—1728)于康熙中叶承父命外出经商,与其父于北京创办四恒银号。③ 现在宗谱中,我们也发现了宁波帮商人经营四恒号钱铺的资料。《慈溪罗氏宗谱》记载族人罗陶(1811—1880),15岁到北京恒兴钱铺为学徒,"铺系本宗罗氏开基,与恒利、恒和、恒源为联号"。学成后罗陶被推举为恒兴钱铺经理,"独任会计数十年"④。罗镜涵(约1855—?)经商北京,"所就业之钱肆曰恒利"⑤。说明四恒号确系宁波帮商人所开创与经营的。乾隆年间征伐大小金川之役,四恒号曾经主办京兵家属养赡钱粮款,并为此垫银百余万两,受到户部和内务府的重视,自此以后,经营更加顺利,营业发达。⑥晚清时期,四恒号钱铺依然经营畅旺。《道咸以来朝野杂记》中记载:四恒号"皆浙东商人,宁绍人居多,集股开设者资本雄厚,市面繁荣萧索与有关系……凡官府往来存款及九城富户显宦放款,多依为泰山之靠"⑦。晚清受八国联军之役和辛亥之役两次巨大历史事件的影响,四恒号最后

---

① (清)陈夔龙:《梦蕉亭杂记》卷1。
② 沃丘仲子(费行简):《近代名人小传》,中国书店1988年版,第118页。
③ 宁波市政协文史和学习委、政协镇海区委员会编:《镇海籍宁波帮人士》,中国文史出版社2007年版,第120页。
④ (民国)罗贤赞等纂修:《慈溪罗氏宗谱》卷36《布经理衔罗公墓额》。
⑤ (民国)罗贤赞等纂修:《慈溪罗氏宗谱》卷36《镜涵罗君五十寿序》。
⑥ 沃丘仲子(费行简):《近代名人小传》,中国书店1988年版,第118—119页。
⑦ (清)崇彝:《道咸以来朝野杂记》,北京古籍出版社1982年版,第104页。

衰败，渐改为经营首饰业务。四恒号从康熙中叶到清末，一直在北京金融业中占有重要地位，是有根据的。或云宁绍帮钱庄商人实际上长期控制着北京的金融业，则未必，因为上引《道咸以来朝野杂记》中又记载，清廷内务府和宫内流动款项，另由设于北京西华门外的泰源钱号经营，该号不出银票，但所出兑条，多有达万金以上者，原非四恒号可比，因此，当时又有"四恒不如一泰源"的谚语。① 又见徐珂编撰《清稗类钞》中记"京师四大恒"：

> 京师某钱肆初无赫赫名，而营业日盛。四大恒忌之，乃散布谣言。谓某肆将倒，于是凡藏某肆钱票者，相率往取，如是三日，某肆从容应付，绝不支绌，谣言乃息。后某肆知四大恒之算己也，乃发巨金徧收四大恒票，四大恒闻之，惧，乞人关说，乃已。盖某肆有实钱四百万，每发一票，必贮一票之赀本于肆中，不出空票，故不为人所窘。四大恒则虽名震一时，而未尽实，故一闻某肆收票，即惴惴也。光绪庚子联军入京，车载其银去，三日乃尽。四大恒者，京师有名钱肆也，凡四家，其牌号皆有一"恒"字。②

同时，根据徐珂编撰《清稗类钞》关于炉房的解释可知四恒号并非后来一般意义上的钱庄，而是有其特点的：

> 炉房，亦称银炉，专铸造马蹄银，京师、天津、上海、汉口均有之。亦兼营钱业，发行纸币，流通市中，其效力与庄票同。自银币通行，炉房之业遂衰。③

尽管宁波和绍兴帮商人经营钱庄业开始于北京，并在这里有巨大影响，但从整个钱庄业的发展来看，其重心仍在商品经济较为发达的江南地区。在江南地区，上海和宁波是当时宁波帮商人开展钱庄业的两个重要城市。

上海钱庄业的产生和发展，与船运业有密切关系。以沙船、宁波船为主的船运业兴起后，相关的豆米业和北货业也相继兴起，"款项之进出浩大，金融之调度频繁，钱庄业顺其自然，得有创业成功之机会"④。一般

---

① （清）崇彝：《道咸以来朝野杂记》，北京古籍出版社1982年版，第104页。
② （清）徐珂编撰：《清稗类钞》（第5册），中华书局2010年版，第2294页。
③ （清）徐珂编撰：《清稗类钞》（第5册），中华书局2010年版，第2289页。
④ 中国人民银行上海市分行编：《上海钱庄史料》，上海人民出版社1978年版，第9页。

认为，上海钱庄业为绍兴商人所创，其人当时在上海南市开设炭栈，时常用炭栈中的多余闲置款项兑换银钱，并向邻近的店铺和北洋船帮放款，收取一定的利息，其业务"逐渐推广，独树一帜，遂为上海钱庄业发起之鼻祖"①。乾隆年间(1736—1795)，上海钱庄业已经发展成为具有相当规模的独立行业。仅乾隆四十一年(1776)到嘉庆元年(1796)历年承办上海内园钱业公所的钱庄就有102家。钱庄发行庄票，凡商人买卖豆、麦、花、布等，"皆凭银票往来"②。庄票的广泛使用，既便利了商业交换，也使钱庄业进一步繁荣。宁波帮海商以经营北洋航线商运和贸易为重要业务，自然会与钱庄发生密切的往来关系。加上宁波帮商人有在北京经营钱铺的传统和经验，又有经营商业和船运业积累的雄厚资金，于是继绍兴帮商人之后投资上海钱庄业。1830年前后，宁波镇海商人方仁照(1808—1858)，字润斋，在上海开设了南履穌钱庄(后改名为同康钱庄)。③ 不久后他又创办上海同裕钱庄。其弟方基(1823—1871)，又名方仁孝，字性斋，人称方七先生，于道光十六年(1836)到上海后，就曾经在同裕钱庄习业。④ 鄞县商人赵朴斋也在鸦片战争前到上海经营钱庄业，并"以名德重望为上海钱业董事，商界推为巨擘"⑤，成为上海著名宁波帮钱庄领袖。他曾给予在沙船业中创业的宁波小港李氏以颇多资金上的便利。⑥ 这样到上海开埠前后，宁绍帮商人就不仅创办而且牢牢地控制着上海的钱庄业。⑦

宁波在清代是船运业、南北货业、海产业繁荣的沿海商业都会，又是对日贸易的口岸。各类商业活动经常需要调度资金，为钱庄业的产生与发展提出了需求。一般认为宁波本地钱庄业的兴办开始于乾隆年间。⑧ 当时的宁波，"俗纤俭，工废著，拥巨资者率起家于商，人习跻远，营运遍

---

① 中国人民银行上海市分行编：《上海钱庄史料》，上海人民出版社1978年版，第7页。
② 中国人民银行上海市分行编：《上海钱庄史料》，上海人民出版社1978年版，第12页。
③ 中国人民银行上海市分行编：《上海钱庄史料》，上海人民出版社1978年版，第730页。
④ (民国)张美翊编纂：《镇海柏墅方氏宗谱》卷26《性斋府君家传》。
⑤ (清)盛炳纬：《养园剩稿》卷1《老友慈溪王君焕文七十寿序》，广陵书社2006年版《四明丛书》本，第15458页。
⑥ 中国人民银行上海市分行编：《上海钱庄史料》，上海人民出版社1978年版，第743页。
⑦ [法]白吉尔著，王菊、赵念国译：《上海史：走向现代化之路》，上海社会科学院出版社2005年版，第14—15、57、85页。
⑧ 浙行：《宁绍钱业之今昔观》，《中行月刊》卷7，第2—3号，中国银行总管理处经济研究室，1923年8月。

诸路，钱重不可赍，有钱肆以为周转"①。可见汇兑业务在宁波钱庄业务中占有重要地位。宁波钱庄东家多是富商大贾，资财雄厚，因而在鸦片战争以前，宁波已经是长江下游地区一个重要的金融中心。

总之，在清代康、乾时期，宁波商人就与其邻府绍兴的商人一道，在北京、上海等处共同创立了钱庄行业，并成为此后钱庄业的经营主体。从本质上讲，以宁绍帮商人为主体的钱庄资本，是一种从事货币借资业务的生息资本，它与商业资本关系密切，是商业资本的一种转化形式。钱庄与以典当业为代表的高利贷资本明显不同，其服务的对象主要是商人和商业。宁绍帮钱庄业的兴起，对于促进商业资本的发展，促进物资交流，扩大国内市场，促进经济繁荣，都起到了一定的历史作用，对于宁波商帮自身的发展，同样意义重大。

民信局又称信局，是宁波帮商人创办的一种民间邮递组织，其业务主要是为社会各界特别是商人邮递银信包裹等物，兼营汇兑业务，"在我国金融机关未曾发达以前，民局（即信局）实为汇兑业重要机关之一也"②。民信局创办的时间，据《鄞县通志》中的说法，"民信局始于何时虽无从稽考，然自历史推究，约在明代永乐以后，而以宁波为其中枢。其营业则在清代道光、咸丰、同治以迄光绪初年为最盛。初仅沿海各省有之，后渐及于内地，远届东三省及陕、甘、新疆。当时全国大小信局无虑数千家，其营业范围除国内各都会、市镇外，且及于南洋群岛，而吾甬商帮实执其牛耳。自五口通商以后，上海商业日趋发达，各帮本其敏锐之目光，应商业之需要，扩大其组织，遍设分局及代办处于各埠，星罗棋布，互相联络，各地商民，无不称便。其他各帮虽亦发达，然终不逮吾甬帮之盛。故当时有信局为宁波人独占之语，亦可见甬帮势力之雄厚矣。"③也有人认为在嘉道年间。④ 宁波帮民信局商人则认为，该业"在长江南北洋，自乾隆创始，迄今百余年，内河之局数百年，纳捐已有数十年"⑤。在民信局创办和发展过程中，宁波帮商人拥有举足轻重的独占地位，有"票号为山

---

① 忻江明：《宁波钱业会馆碑记》（1925年）拓片，藏宁波市文物保管委员会，《鹤巢文存》卷3，广陵书社2006年版《四明丛书》本，第18065页。
② 潘子豪：《中国钱庄概要》，见沈云龙主编：《近代中国史料丛刊》（876），台北文海出版社有限公司，第155页。
③ 潘子豪：《中国钱庄概要》，见沈云龙主编：《近代中国史料丛刊》（876），台北文海出版社有限公司，第155页。
④ 《申报》1897年8月28日。
⑤ 中国近代经济史资料丛刊编辑委员会编：《中国海关与邮政》，中华书局1987年版，第137页。

西人特有,信局为宁波人独占"的说法。① 在近代上海兴起以前,宁波一直是民信局的中心所在。民信局的经营,在很大程度上便利了沿江沿海各地的金融往来和信息交流,有力地推动了市场的扩大和宁波商帮的发展。

三、鱼盐、南北货业

宁波港是沿海重要的海产品、南北货的集散中心。宁波帮商人经营南北,最初贩运的货物主要是海产品这种宁波特产,经营鱼盐海产品是宁波帮普通商人受到的基本商业训练。宁波帮海商在各地出售鱼盐海产品后又贩运各地货物回程,使宁波又成为南北货集散中心。鱼盐南北货业发展成为宁波帮商人经营的主要行业之一。

宁波帮商人经营鱼盐业历史久远。清代经营鱼货等海产品的宁波人更多,许多家族和商人靠经营这种商业发家致富。镇海郑氏家族,世代"操鱼盐业于甬江"。郑氏族人郑德标(1770—1826),号浦山,继承祖业,"操奇计赢,致富厚"②。镇海北乡郑氏的郑志贤(1779—1849),号存义,先后到岱山贩鱼盐,到内地贩米谷,"家渐起,既而先祖诸兄弟亦工于心计,相佐益盛,历数年积金钜万"③。族人郑清源(1774—1853),号石塘,同样"以鱼盐起家"④。慈溪董氏家族的董真儒(1744—1782年),字景徐,是一个设店经营的盐商,"弱冠即能自立盐店"⑤。宁波帮商人中经营盐业著名的除前述王世荣为长芦大盐商外,还有慈溪严氏、鄞县江氏等。近代天津名门严氏家族原籍宁波慈溪,严修为其中最为著名的代表人物。严修的祖父严宇香、父亲严仁波,均为盐商。史料载:严宇香"自少佐人治盐,以义声闻于安平、祁州、博野、肃宁等县"。咸丰二年(1852)严宇香自置盐产,"行盐于顺天之三河县"⑥。严仁波23岁时,"弃儒佐吾本

---

① (民国)楼祖诒编著:《中国邮驿史料》,人民邮电出版社1958年版,第54页。值得特别提及的是,刘广生、赵梅庄编著的《中国古代邮驿史》(人民邮电出版社1999年版)中收录了邮电部退休干部孙志平撰写的《以邮传情的民间通信》一文,对于宁波为民信局发源地和中枢的说法提出了质疑(参见该书第620—622页)。总体上看,孙志平的观点史料依据明显不足,其论证逻辑有明显欠缺。
② (清)郑传澜等纂修:《蛟川前灵绪乡郑氏宗谱》卷首《浦山公传》及《浦山郑君六旬寿序》。
③ (清)余燮、朱宗燮纂修:《镇北龙山郑氏宗谱》卷首《存义府君行述》。
④ (清)余燮、朱宗燮纂修:《镇北龙山郑氏宗谱》卷首《石塘郑公传》。
⑤ (民国)董兰如等纂修:《慈溪董氏宗谱》卷20《景徐公传》。
⑥ 严修:《本生先祖父宇香公事略》,转自宁波政协文史委编:《宁波帮在天津》,中国文史出版社2006年版,第9页。

生祖父治盐产",同治九年至十年(1870—1871),"奉檄为长芦总商"①。鄞县江氏原籍徽州,自第一代江彦惺自徽州迁宁波经营盐业致富后,家财巨万。此后江氏即以宁波为中心世代相传经营盐业,在宁波、台州、天台、嘉善等地都设有盐店。② 江启绪(1652—1716),字介鸿,继承先业经营盐业,数年后"国课有加而家亦日起"③。江肇敏(1794—1825),号默庵,也是江氏家族中有名的盐商。鄞县知县周镐曾因宁波盐法积弊太多力行整顿,"闻江氏世业蹉,而君才,以委诸君,君与兄规划尽善,课引骤裕而家亦渐起"④。道光时,江氏在宁波以侵界设立盐店且处理善后不当,引起民变,鄞县数万乡民涌入宁波城内,毁坏江氏居宅和宗祠。⑤ 之后,清政府改变盐法,江氏盐业"减去大半"。此后,私盐盛行,江氏盐业的经营每况愈下,最后放弃盐业,"别营居积"。⑥ 从总的情况来看,鱼货海产是宁波帮商人鱼盐业中的经营重心所在,盐业只占次要的地位。

南北货行业是一个与百姓日常生活、生产密切相关的行业,货物包罗万象,宁波南北船帮贩运的多属此类货物。在南北货经营方面,宁波帮商人颇著成效,而且创设了一些著名的店堂字号,其中最著名的就是苏州孙春阳南货铺。该南货铺为明万历间宁波孙春阳创设,经过孙氏家族的世代经营,到清代乾嘉时期达到全盛,其经营的货物被社会视为珍品,"四方之仕商于苏者,咸争市以归"⑦。清人钱泳在《履园丛话》中也记载道:"苏州……孙春阳南货铺,天下闻名,铺中之物亦贡上用。"⑧自创始到咸丰年间毁于战火,该店在苏州经营长达近300年,是明清时期非常有名的老店。

四、其他行业

除上述几个大的行业外,宁波帮商人商业经营中较为重要的行业还有药业、糖业、成衣业、织造业、矿业、粮食业、牙行业等传统工商行业。

---

① 严修:《先父仁波公事略》,转自宁波政协文史委编:《宁波帮在天津》,中国文史出版社2006年版,第9页。
② (民国)江功甫等纂修:《宁城江氏宗谱》第四卷《遗训》、《介鸿传》。
③ (民国)江功甫等纂修:《宁城江氏宗谱》第四册《介鸿传》。
④ (民国)江功甫等纂修:《宁城江氏宗谱》卷4《默庵孙翁传》。
⑤ (民国)张传保、赵家荪修,陈训正、马瀛纂:《鄞县通志》第四《文献志》,宁波出版社2006年影印本,第1319—1320页。
⑥ (民国)江功甫等纂修:《宁城江氏宗谱》卷4《叶舲江公墓表》。
⑦ (民国)周韦渔等纂修:《四明章溪孙氏宗谱》卷7《故太学介庵孙公传》。
⑧ (清)钱泳:《履园丛话》卷24,中华书局2006年版,第640页。

宁波帮商人有经营药业的悠久传统，前述明代北京鄞县会馆由鄞县药业商人创建就是证明。清代经营药业的宁波帮商人以鄞县和慈溪两县居多。前述鄞县童聚培在北京设有药肆。鄞县郭良宰清初"设药肆京师"①，其后代子孙世代经营，一直到鸦片战争前后。慈溪董氏、叶氏、杜氏、乐氏、童氏等家族经营药业更为著名。慈溪董氏著名商人董杏芳（棣林）多次经陆路或航海到北宁古塔等地采办参药贩到苏州等地销售，成为巨富。该家族成员还有：董国华（1679—1750），字德仪，成年后在崇川药肆经商，该药店是董氏家族董晋良所创办。② 董倬云（1782—1860），字瑞青，也是董氏家族中的一位药业商人，"尝入山采办药材，远之齐鲁"③。张氏家族以经营参药著称，族人张维彰（1690—1753）"营参业往来杭甬间，百余年来郡邑参业之盛，全称吾族为最"④。这些商人及其家族在各地开办了许许多多大小药店，有的发展成为著称一方甚至名闻全国的名店。创办于康熙年间的温州著名国药店叶同仁，创办人是慈溪鸣鹤乡人叶培心。创办于乾隆初年的绍兴著名中药店震元堂，创办人是慈溪人杜景湘。创办于嘉庆十三年（1808）的杭州叶种德堂药号，为杭州国药业中老店翘楚，创办者是慈溪人叶谱山。其中最著名的则是慈溪乐氏家族在北京创办和经营的同仁堂药店。乐氏原本以串铃走方郎中为业，明代永乐间移居北京。清初有族人乐尊育（1630—1688），喜欢鉴诵医书，能辨别草药种类及性能，依旧方炮制丸散诸药，为人治病，成为太医院吏目。其子乐梧冈（1661—1742）参加科举屡受挫折，继承父业学医，于康熙四十年（1701）在北京正阳门外大栅栏创设同仁堂药室（一说为1669），后该铺被称为"乐家老铺"。到雍正年间（1723—1735），同仁堂开始供奉御药房。乾隆初年乐梧冈之子乐礼承继父业经营同仁堂，承办官药，与清朝官府关系密切。后因天灾人祸，同仁堂一度中衰，招商承办，变为合股经营。道光中叶（1834—1843）乐印川收回铺业，锐意经营，使同仁堂进入又一个黄金时期。该药铺历史悠久，信誉卓著，尤以丸、散、膏、丹诸药物著称于世，"外省人之入都者，无不购其硇砂膏、万应锭以为归里之赠品"⑤。宁波鄞县庄桥童氏在清代乾隆时期以经商致富，该家族的童善长

---

① （清）戴枚、张恕等修撰：《鄞县志》卷43《人物》。
② （民国）董兰如等纂修：《慈溪董氏宗谱》卷20《赠儒林郎德仪公传》。
③ （民国）董兰如等纂修：《慈溪董氏宗谱》卷20《瑞青公传》。
④ （民国）张德祖等纂修：《慈东茅洲张氏宗谱》卷5《事略》。
⑤ （清）徐珂编撰：《清稗类钞》（第5册），中华书局2010年版，第2297—2298页。

(1745—1817)到上海后,先开设恒泰药行,经营中药材批发业务。乾隆四十八年(1783),38岁的童善长接盘上海竺涵春中药铺,改为童涵春堂。在童善长主持下,童涵春堂研制了人参再造丸、太乙保珍膏等专有中药制品,初步奠定了童涵春堂国药号的业务基础。① 经过其后世子孙的世代经营,童涵春堂成为上海著名的四大国药号之一。

成衣业是清代发展起来的一种手工业性质的商业行业,当时北京成衣业发达且基本由宁波帮工商业者控制。清人钱泳说:北京"成衣匠各省皆有,而宁波人居多,今京城内外成衣者,皆宁波人也"②。钱泳还记述了宁波成衣匠传奇般的行业技艺:有一顾客拿了一匹绸缎料子让宁波成衣者裁剪,该成衣商询问了将要穿着该服装者的性情、年纪、相貌、科举登第年月等看似不着边际的问题,唯独不问尺寸多少。顾客感到很奇怪,便向成衣商提出了疑问。成衣商回答说:少年就得到科举功名的人,必定心高气傲,昂首挺胸,为他们裁剪服装,需要前短后长,"肥者其腰宽,瘦者其身仄。性之急者,宜衣短;性之缓者,宜衣长。至于尺寸,成法也,何必问耶?"③在宁波成衣商中,又以慈溪籍成衣商最多,由于技艺高超,他省成衣者往往要向他们学习。史料记载:"当时成衣行,皆系浙江慈溪县人氏,来京贸易,教导各省徒弟。"④因而浙江慈溪商人在北京建立的浙慈会馆逐渐发展成为北京成衣会馆。

牙行是商业贸易中在买卖双方之间说合的商业中介,其从业者为纪纪或称牙商。清代刘家港是长江口沙船贸易中心之一,这里有一种专门接待海商的牙行叫做保税行。四家保税行中最早的一家为宁波人吴某创建,与其后创建的其他三家保税行,"四姓连名互保,地邻出结"⑤,为来刘家港贸易的各路海商提供了许多方便。

宁波是一个严重缺粮地区,粮食需要大量输入,于是产生了贩米的商人。雍乾时人严殿先,是一位定海米商。⑥ 鄞县人袁丕营(?—1860)

---

① 包光宇:《上海童涵春堂国药号的创业者童善长、童祥权、孙以康》,见上海市宁波经济建设促进协会、上海市宁波同乡联谊会:《创业上海滩》,上海科学技术出版社2003年版,第59—60页。
② 民国时人徐一士的《一士谭荟》中关于上一段记述有按语:"谓京师内外成衣者皆宁波人云以内,盖清中叶情事。"见荣孟源、章伯锋主编:《近代稗海》第2册,四川人民出版社1985年版,第291页。
③ (清)钱泳:《履园丛话》卷12,中华书局2006年版,第324页。说明:上述文字大致上属于文人所编讽喻时事之作,但用之于宁波裁缝,至少说明宁波裁缝确实是比较著名的。
④ 李华编:《明清以来北京工商会馆碑刻选编》,文物出版社1980年版,第122页。
⑤ (清)刘湄、金瑞表纂:道光《刘河镇记略》卷5《盛衰》。
⑥ (清)袁钧:《瞻衮堂文集》卷9。

兄弟三人,把分家所得千金交给仲叔两兄,合资为米贾,而自己则到外地经商。从前文宁波帮商人的活动区域看,他们可能参加了川湖—江浙—闽广的粮食流通。

宁波帮木材商人在所营行业中也占有较为重要的地位。木材主要来自福建等外省,明代时宁波富室到福建贩运木材已颇为频繁。明人曾说:当时"宁波势家,每至漳州贩木,雇白船往来海中,并无覆溺之患"①。清代宁波南帮商船所贩运的货物中,木材是最大宗的货物。在福建,宁波帮商人专门派遣庄客负责采购木料。如镇海人胡仁洽(1790—1852),字亦周,"习计然策,司船务,赴闽不逾年为中洲丰木号庄客"②。由于宁波造船业发达,因此从福建运来的木料数量颇为可观。

包括台湾在内的闽广等地还是蔗糖的重要产地,因而食用糖也成为宁波南帮商船贩运的一种商货,前述宁波方氏到上海,最初经营的主要是糖业。

松江是明清时期江南棉纺业中心,所产棉布数量很大,宁波帮商人是棉布的主要经营者之一。清代镇海人谢子敬,经营商业,在康熙五十二年(1713)"至松江贩布"③。棉布纺织业后逐渐向上海及江北的南通州一带扩展和转移,上海成为棉布业的重要集散中心。正在向沿海开拓市场并寻找发展机会的宁波帮商人在上海新兴的棉布贸易中,表现活跃。乾隆六年(1741)宁波帮商人中的钱、林二姓就在上海创办了林大成布店,专营南通土布的南销业务,后来发展成为上海布业中有名的老店,"驰名两广及南洋各地,几乎妇孺皆知"④。慈溪半浦周元阳(1791—1835),号鹳山,与其兄弟一起到上海经商,积累一定资本后,"乃自设布肆,兄弟合力经管,遂以小康"⑤。上海的宁波帮布商为扩大经管,还派人到南通设庄收购花布。镇海人朱传纶(1778—1846),字圣初,先在乍浦经商,后到上海伙助某商人经营花布业,见南通州等地所产花布较多,便建议其店主设庄收购并被采纳,"命公赍资本银往沙地经理其事,不数年所获巨万"⑥。

---

① (清)郑若曾撰:《筹海图编》卷7,中华书局2007年版,第460页。
② (民国)王予藩纂修:《蛟东胡氏重修宗谱》卷4《仁治府君传》。
③ (清)于万川、俞樾等修纂:光绪《镇海县志》卷25《孝义》。
④ 林举百:《近代南通土布史》,张謇与南通研究中心1984年刊,第184、75页。
⑤ (民国)周华渔纂修《慈溪周氏半浦支谱》卷2《伯曾王考鹳山公传》。
⑥ (清)谢觐藜等修《镇海虹桥朱氏宗谱》卷12《二十二世传纶事略》。

宁波帮商人中还有人经营书铺。鄞县人屠继序，17岁中秀才，家境困窘却喜欢读书，于是经营书籍，"设书肆市中"①。在织造业方面，慈溪人张世德，与同乡杨某"合营织造业，王公大臣争相购运燕都，年以万计"②。以此看来规模颇大。在矿业方面，有鄞县光溪徐氏家族经营采矿。徐氏家族徐大赍（1789—1834）继承自其父辈们就开始经营的矿业，并从"群工"中选拔何某、徐某协助经营采矿事业，③经营的具体情况则不清楚。

到1840年以前，宁波商帮内部已经形成了一个由钱庄业、帆船运输业、民信业、鱼盐南北货等为支柱的颇具规模的行业体系。在这个行业体系中，钱庄业为宁波帮同乡商人提供一定的流动资金，帆船运输业提供货物转运服务，民信业提供各地商情信息和一定的汇兑服务，其他各业从事商品的购销。各业互相联系、互相促进，使宁波商帮从原来的家族同乡团结，发展为在商业经管上相互依赖、相互依存，由此使支撑着宁波商帮存在和发展的内在维系力量大为增强，呈现出"咄咄逼人"的发展趋势。

第四节　清乾嘉道时期宁波商帮的整体考察

一、基本构成

自清康熙、雍正到乾隆中期宁波商帮正式形成为止，宁波商人基本上以中小商人为主体，富商巨贾并非没有，但不多见。这时期的大多数宁波商人，通常是迫于家庭经济困窘或科举失意而走上经商道路的。包括从明代起就经商的慈溪董氏、鄞县李氏、童氏等家族，都少有富商巨贾的踪影，像王世荣那样以长芦盐商兼办洋铜的大商人是极为特殊的情形，大多数宁波商人只能说是惨淡经营。他们从小本经营开始，逐渐发展，倘若能以经商所获"奉父母甘旨"，或是使"家渐殷实"、"家称小康"，宗谱里就要记上几笔；倘若能以经商积累巨万资财，那就必定是名闻乡里、为族人称道的商人了。宁波商人本以经营航运业见长，但明嘉靖时期遭受重大挫折，清初厉行海禁，海商长期遭受压制，难以发展。康熙弛

---

① （清）吴德旋：《初月楼闻见录》卷5。
② （民国）张德祖等纂修：《慈东茅洲张氏宗谱》卷5《事略》。
③ （民国）张传保等纂修：《鄞县光溪桂林徐氏宗谱》卷5《大赍先生家传》。

禁后,也需要一个恢复和发展的过程。因此这一时期宁波商人经营的主要业务,基本上是药材、成衣、南北货、鱼盐海产品等。这些行业的经营,所需资本有限,行业规模也不很大,但都与日常生活、生产息息相关,只要商品经济持续发展,这些行业的市场需求必定会在一定程度上有所扩展。因此,这一时期的宁波帮商人,虽然主体是中小商人,但是非常活跃,充满活力。具体而言大约又有两种类型:一种是原有一定经商基础的家族,在原有基础上经营、发展但跌宕起伏;一种是适应商品经济的发展,改变家族生产生活方式,由农业转为经营商业。前者如宁波鄞县童氏,后者如宁波慈溪费氏。关于宁波慈溪童氏,资料载:

  公讳聚培,字天因,号碧沚。……高祖春山公讳德富,仕云南大理府同知。曾祖望山公讳瑞,官贵州安顺府通判,卜筑月湖之北醋务桥。今所居其遗址矣。祖寅阳公讳景晨,考明新公讳鼎昌字季萃,国朝授怀远将军。公生康熙十三年正月十日……年十八命分肩家政,不得已废书客游,数载归,益向学。……年二十五,入粟补国子生,遂绝意仕进。初望山公资累千金,季年骤落。寅阳公复居积致富,治田宅舟山,猝遭残明寇乱,舟山隔绝,尽弃之。明新公仅受遗产十数亩,窘甚,乃广计然策,铢积寸累,渐复旧观。至是一以属公,且曰:吾家三世来旋兴旋替,何道而能使稍久?公谨对曰:此或是定数,惟当持俭勤,蓄隐德以贻后耳。是时,除旧有典当外,增金珠、参药、米谷、木植、靛青、桐油、柏油及估衣、作酒等。本城设行铺数处,公审择司任者为主管。素性正直,不逆诈绐。本银无屡千百,以岁时合会计而已。余若兰溪、苏州、山东之登州、莱阳,贸迁所至,不惮涉历江海,于京师西四牌楼北街设有药肆,亦尝亲往经理也。以所入兴诸善举,数十年如一日。……(兄弟五人,公居次,长兄及三四两弟早卒,五未成年。明新公病逝前曾五分家产,由公主持)亡何,各房外侮日至,亲串不肖者觊幼弱可啖,结里中无赖子构讼多端,公不得不出身当之。连年耗费无已,而典肆久任之主管乘公悾偬鲜暇,亦顿萌异志,侵盗典本殆尽。又诸所设市肆及住宅节次被火灾,数载内焚掠一空。公心力交瘁,知已万无可为,亟收各处所业,钩考出入,计存产,才足按份数给四房之数,乃悉拨给而以身任债。

累斥己产,次第毕偿,家遂四壁立。晚年僦邻屋数间,时自酿秫(酒)以资衣食。①

这是关于宁波鄞县童姓家族自明代晚期到清乾隆初期,仕宦、经商交替跌宕的真实故事记载。从中我们可以看到,童氏家族在晚明时期就"居积致富",在不少地方开有店铺,经营着多种商业,但是由于明末的大混乱,家道中落。清初,童鼎昌"广计然策,铢积寸累",经过他的苦心经营,童氏家业和商业又"渐还旧观"。到童鼎昌的儿子童聚培(1674—1740)负责经营之初,童家的商业经营达到全盛,产业分布在浙江的宁波、兰溪,江苏的苏州,山东的登州、莱阳,以及北京等许多地方,经营的行业包括首饰业、药业、米谷杂粮业、染料业、木材业、油漆业、典当业及作酒等。但由于家族中经营者后继乏人,家族之外的人串通觊觎,到乾隆中期,家族事业先后收缩闭歇,归于沉寂。

至于宁波慈溪费氏,大致上是从零起步开始经营商业的,使该家族在经商事业上获得突破的人是费志洽,他晚年曾自述生平如下:

> 今乾隆五年(1740),岁在庚申,余年七十有三岁,闲暇无事,历述生平始末,作为甘苦聊述一番,用示后人。……我家承祖英百府君(名瑞),分授田二十亩零,楼屋一间,平屋一间,厅正间半截,我父设帐在外。……余兄弟五人,余居长。九岁从师入学,家业虽微,料理须人。余年十二三即料理家务。康熙甲子岁(1684),余年十七,乃弃书习经纪。初次行商,苦凑本银十余两,祖亦借与银十两,共二十余两,同国盛瑞瑞照母舅往苏州贩参,连二次。适值大开海禁,即又同歧山叔祖同往温州贩卖木板。其时自己资本只十余两,此一回赚得利息六两,即买花厅福寿房河条船一只,随时出赁,以佐家用。二十六年(1687)丁卯,吾费氏本镇兴二八市,苦凑银十余两,又将车将军庙后田二亩,到苏州卖与盛君佐舅公,得价十五两,共银二十余两,在本镇开张杂货店。次年将店推与三兄弟平源掌管,余仍合本往瓯。此时瓯地不如近今出货之难,一到即买,往返不过匝月可矣。奈因无多本利,卖买下即应用。后数年来稍有余蓄,乃买俊发房楼屋基,陆续营造。而田地自习式

---

① (清)童槐:《贝也赠通议大夫曾祖考碧沚府君行状》,见童槐:《今白华堂诗文集·文集》卷31《行状》。

金房买来,也陆结增置。盖自康熙甲子至甲申(1704)二十年来,原无数十两大本,不过如世所云割乌云补漏天而已。曾借存元兄本银二十两、岸先兄本银三十两、三叔本银二三十两、仲季本银八两、马径张亲翁本银五十两、王雍如本银五十两,有短借者不能枚举。以上本利,一一还清。而所建正间楼屋、过路楼屋,又诸弟完姻,父亲逝世,……买吉壤作坟安葬。……及康熙四十四年(1705)乙酉岁,与盛雨圭弟、锦如妹丈,兴五成兴字号,始有起色。积候弟于庚辰岁(1700)先在木行理事,其年宗仁甫合本进,兴四成兴,我号出银六十两。至五十二年(1713),分账所获之利,可谓如意。先此二载,我已发心辟地起屋。阅两年,竖柱上梁,连年装接。亦复频年置买土地。至于康熙六十一年(1722)壬寅,与诸弟分析新屋三座,各分田地壹百亩,外留公家田地壹佰五六十亩,身分后至今一十八年,幸各房俱得平顺,增置田产,又西边买地起造。私心窃慰,默谢天地,在远近之人,方啧啧称我能连年积财,分与同气。①

费志洽17岁时正赶上康熙皇帝在沿海实施弛禁的政策,毅然弃学经商,原始资本只有十余两银子,所以经商的过程中常常需要挪借资金。他利用开放海禁和市镇兴起的有利时机,使经营渐上轨道,先后经营药材、木板、租船、杂货店、字号等行业。靠经商所获,他解决了诸弟的婚姻、父亲的安葬等问题,又建房、置地,兄弟五人俱称小康。在解决了生活必需之外,另外设立了一家杂货店,两家字号,为费氏家族经商奠定了一定的基础。与费志洽同时经商的亲族成员有其娘舅、舅公、叔祖、表弟、妹丈等人,形成一个亲缘商人群体,这种亲缘商人群体,正是推动宁波商帮发展的一个基本要素。因此我们说,童聚培和费志洽是康熙开放海禁后宁波帮中小商人得以恢复和迅速发展的典型例证。

由于宁波是大家族制度保存完好的地区,因此一人经商顺利,往往能够带动其子弟、亲属参与到经商活动中,从而形成一个亲缘商人群体。一定数量的这样的亲缘商人群体互相交错,有力地推动了宁波商人集团的形成。宁波商帮的这种地域商人群体组织开始时显然是以县为单位

---

① (清)费锦荣修纂:《慈东费氏三修宗谱》第32册《第十九世西俊行志洽公传》。

的，但是由于活动地域的广泛和离家遥远，以县为范围的同乡团结与互助显然无法满足生存、竞争的需要，于是同乡范围扩展到宁波府旧辖各县。出于同样的目的，这种同乡范围有时候还扩展到地域邻近的绍兴府旧辖各县，出现宁绍会馆、宁绍公所等同乡组织，尤其是旧属绍兴府辖县的余姚、上虞等县商人，与宁波商帮关系密切。

  到清乾隆后期以及嘉庆、道光时期，宁波商帮的基本构成和资本规模开始发生显著变化。海商经营的船运业，既在沿海贸易，也在对日贸易中发挥了重要作用。从资本规模上看，海商已经拥有了比较雄厚的经济实力。宁波船与沙船造价相仿，若以沙船每艘造价1000—8000两计算，则道光时期的费三埕仅承运漕粮的三十艘宁波船造价就需20万两。根据规定，漕运海船八分载米，二分载货，则三十艘漕运船装货所需资金也需数万两。三十艘漕运海船需要雇用船员近千名，工资也是一笔巨款。数项相加，费氏至少需要30—40万银两的资本。宁波商帮经营的北京四恒号钱铺的萧索繁荣甚至关乎京城商业的荣枯，宁波商帮在上海钱庄业中也开始崭露头角。乾隆时期得到扩展的民信业需要充足的资金，"必须殷实之家，方可设立"①。宁波商帮在各地创办和经营的店铺字号，也逐渐成为著名的店铺，在社会经济生活中产生影响。如北京的同仁堂国药店、苏州的孙春阳南货铺，都已经驰名海内。名店之外，宁波帮商人中还涌现出一批巨富。除前述慈溪董氏积资达数十万以外，还有清代镇海清泉乡人胡允善（1771—1826），字引之，"少贫以贾直家，身居吴门而懋迁，列肆半天下"②。慈溪冯氏家族更是当时朝野上下都有所闻的著名巨富商家，"各省皆行商，京师御史奏伊家资二千万"，咸丰时期清政府为镇压太平军向商人募款，"皇上特旨输数百万，绅董无能措词，司道亦谓至少也须捐三五十万"。后多方周旋，捐款12万两。③ 宁波帮商人经济实力日益雄厚，并迅速成为宁波社会的新贵阶层。担任过宁波知府的段光清说：

    鄞县东乡，地最辽阔。国初制军李卫定盐课，在城领商引，在乡曰肩引。肩引何？肩贩之引也。明知近海地方，小民

---

① ［日］东亚同文会编：《支那经济全书》第2辑，三秀舍1907年版，第720页。
② （民国）徐同柏：《烟屿楼文集》卷9《胡引之谱传》。参见（民国）洪锡范、盛鸿焘修，王荣商、杨敏曾纂：《镇海县志》卷27《人物传》。
③ （清）段光清：《镜湖自撰年谱》，中华书局1997年版，第91—92页。

岂能不食私盐,名曰肩、商引,示弗与小民争利之意也,相安日久。至乾隆年间,数次南巡,盐商办差捐饷,以致商人势焰日盛,各处渐改商引,更成部案。嘉庆及道光初年,地方官更艳商人之利,惟商人之命是听。宁波商人日益富盛,有子读书,亦得科名,……商皆广列廛肆矣。[①]

各方面资料表明,清乾嘉以后,宁波帮商人以宁波船和沙船为主体的沿海航运业和对外铜料贸易,彰显了宁波商帮作为沿海商帮的海商特征,钱庄业、民信业的创办与经营,表明宁波商帮不仅根植于商品经济,而且从这种发展中获益良多。宁波帮商人还成功地把商业网络的区域空间扩展到长江中上游及北洋航线沿海地区。这样宁波商帮就成功地建立了以长江三角洲(也可以称之为太湖流域)经济发达地区为经济依托,以南北洋沿海(主要是福州以北地区)及长江流域为主干线的商业区域空间网络,并形成了一个集采购、贩运、销售以至融通资金为一体的商业经营行业网络。这一商业经营地区网络和行业网络的形成,使宁波商帮的乡帮团结有了更加牢固的维系力量,有利于宁波帮商人开展激烈的商业竞争并加速资本积聚。考虑到鸦片战争后的历史变局以及宁波商帮的发展,我们有理由认为,上述发展还在一定程度上为宁波商帮应付行将遭遇的近代西方商人强有力的冲击与挑战,积聚了力量。

二、商业组织

清代宁波帮商人经营各种商业行业,在组织方式上主要有独资、合伙、委托、借贷等。独资经营是宁波帮商人特别是商业铺户中普遍采用的一种资本组织形式。这种资本组织形式具有很强的继承性和灵活性,只需数十或上百两银钱,即可以不拘行业,经商牟利。经营得法,且能世代相传。如苏州孙春阳南货铺、北京同仁堂药店等,店堂字号都是以独家资本经营的,且都承传了数百年。独资经营只有在不得已的情况下才会暂时改为合股经营。孙春阳南货铺店自康熙后期到乾隆初年曾因孙氏家族缺乏经营人才,连年亏损,以致被迫与宁波卢氏、王氏等家族合伙经营,到乾隆中叶起才逐渐排挤外股,恢复独资经营局面。[②] 同仁堂药店自乾隆二十年(1755)后,因乐氏家庭遭受各种不幸,被迫改为合伙经营,直到道光中叶才恢复为独资经营。合伙经营或称合股经营,即由两个以

---

① (清)段光清:《镜湖自撰年谱》,中华书局1997年版,第34页。
② (民国)周苇渔等纂修:《四明章溪孙氏宗谱》卷7《先祖考被四府君传》。

上的商人或家族合伙经营的资本形式,它是中国传统商人一种行之有效的资本集中方式,由于联合了多个商人的资本,因而资本较为雄厚,可以兴办独家资本无力承担的一些商业行业。宁波帮商人经营的钱庄业、民信业等多采用这种资本组织方式,尤其是钱庄业,极少独资开办。斯波义信在关于宁波帮商人的研究中,特别强调了宁波商人这种合股经营的重要性。① 委托经营在宁波商人中也有相当的发展。清代鄞县商人孙绪铨(1693—1766)"家小康,有才干,与同邑卢黄仲先生交情最深,属君贸易远方,东粤南闽间,常以万金相往还,翁能审时度势,操其奇赢,以是卢氏之资甲于乡里"②。显然,孙绪铨是受卢黄仲委托代其经营粤东和福建地方生意的。慈溪人董文烂(1774—1840)"翁之为贾也,声闻籍甚,由吴越至豫楚,皆知有翁,而足未尝出五十里外"③。董文烂的周围,必定有一批受其委托代他经营商业的商人。前文所述慈溪冯氏家族在宁波、兰溪、四川、关东等地皆有店肆,而由族亲慈溪人林全(?—1866)代为经营。④ 宁波商人的钱庄业和帆船业,主要股东一般并不出面经营,而是聘请有关人员从事具体的经营业务。至于宁波帮商人在经营中借贷款项,更是经常发生的事情,钱庄业兴起后的业务之一,就是向商人提供借贷服务。

在各类商业行号中,宁波商帮都建立了分工细致、责任明确的人事组织系统。沙船上的成员根据情况由15—30名人员组成,各司其职。钱庄业的内部组织人员由经手、副手、三肩、账房、信房、放账、跑街、银房、栈司、学徒等构成。其中经手即钱庄经理,是钱庄的经营决策者,总管钱庄内一切事务,一般侧重于对外的联络;副手协助经手处理钱庄内部事务的处理;三肩是由曾对钱庄有特别贡献者或有权势者及股东至亲担任的闲职;账房主管会计和清理账务;信房专管往来信件;放账负责存贷款业务。跑街负责招揽生意;银房保管现金;栈司管出纳及银钱搬运;学徒管庄内杂务。民信局配置有司账、管柜、收信人、送信人、挑货杂役、厨役、脚夫等名目,大的民信局由数十人组成。宁波商帮各业主管人员的录用相当严格。苏州孙春阳南货铺的经理人员必须先从宁波孙氏家族

---

① [美]施坚雅主编,叶光庭等译:《中华帝国晚期的城市》,中华书局2000年版,第512—513页。
② (民国)周苇渔等纂修:《四明章溪孙氏宗谱》卷7《蹇庵孙公传》。
③ (民国)童庚年纂修:《慈溪鸿门童氏宗谱》卷17《太学生童翁德星家传》。
④ (民国)林耘堂等修纂:《慈溪林氏宗谱》卷1《林君枚臣墓表》。

成员中挑选。宗谱记载：该店经理人员"例简族中子姓中有可助理者，公举以录用"①。乾隆初孙弘境主持该店经营时，还专门立有称为"议单"的保证书，议单上规定了"如有亏蚀资本，惟主事者是问"的责任条款。② 该店在明万历时期创办之初就制定了较为完备的会计制度和店规，其"会计之术严密，条约之精详，其规模筹划，为后世所遵行者，虽区区廛肆之谋，类皆寻常意计所不到"③。经过后世长期的实践和完备，到清代乾嘉时更加完善，"其为铺也，如州县署，亦有六房，曰南北货房、海货房、腌腊房、酱货房、蜜栈房、蜡烛房。售者由柜上给钱取一票，自往各房发货，而管总者掌其纲，一日一小结，一年一大结……其店规之严，选制之精，合郡无有也"④。宁波帮商人能在各行业中稳步发展，特别是其经营的一批铺户能够长盛不衰，成为名店名铺，与其上述经营和组织特点有密切关系。

三、商人伦理

清代的宁波帮商人在精神伦理上十分重视传统文化因素。宁波帮商人从中国悠久的历史文化传统中寻找可以在商业经营中直接加以应用的若干古代智慧。宁波帮商人的传记中经常出现"仿计然策"、"白圭之术"、"贪三廉五之术"、"刘晏之术"等说法，其中的白圭、刘晏等皆是中国古代著名商人或理财专家，"贪三廉五之术"则是包含了薄利多销、加快资金周转速度的一种经商原则。宁波帮商人还极力在传统伦理与商业伦理的接合点上，寻找经商合理性的道德依据，标榜诚、信、义、不欺等价值和规范。孙氏家族经营的孙春阳南货店是宁波帮商人讲求和重视信用的一个典型。孙绪燮(1733—1811)"废学而奋于贾，尝病市道诈伪。曰：'信义人所弃，自我得之，则富贵也。'既而人争爱慕之，交易者不重千金，而重翁一言"⑤。孙春阳店出售的南北货物被认为是货真价实，如有人说："火腿以金华为最，而孙春阳茶腿尤胜之。所谓茶腿者，以其不待烹调，以之佐茗，亦香美可口也。此外各蜜饯无不佳，即瓜子一项，无一粒不平正者，皆精选而秘制，故所物皆驰名。"⑥在长期的经营实践中，于

---

① （民国）周苇渔等纂修：《四明章溪孙氏宗谱》卷7《星畦孙君传》。
② （民国）周苇渔等纂修：《四明章溪孙氏宗谱》卷7《先祖考被四府君传》。
③ （民国）周苇渔等纂修：《四明章溪孙氏宗谱》卷7《曾祖春阳公传》。
④ （清）钱泳：《履园丛话》卷24，中华书局2006年版，第640—641页。
⑤ （民国）周苇渔等纂修：《四明章溪孙氏宗谱》卷7《介庵孙翁传》。
⑥ （清）金安清撰：《水窗春呓》（卷下），中华书局2007年版，第78页。

社会上确立了牢固的商业信用,清人看到并在总结孙春阳南货店等老店、名店的成功时说,这些店"非有秘授之法,特格外认真耳。在他人皆求速化,不欲费心于一二十年后,故终无成。然此各家,得名之始亦只循诚理二字为之,遂食报于一二百年,子孙亦世其法,莫敢懈忽"①。宁波帮商人在民信业、钱庄业等商业信用要求很高的行业里大有作为,与其商业信用为社会所认可有很大关系。尽管在实际的商业活动中,宁波帮商人未必人人都能够恪守这些道德规范。但对诚、信、不欺等商业道德的标榜和部分实践,无疑是商业史上的一个进步,并推动着商业信用体系的发展建立。

体现传统人文精神的"义"在宁波帮商人的意识中根深蒂固。"义"即孝义和仁义,要求关心家人、宗族和乡里事务,做到"任侠好义"。如镇海方家事业的开创者之一方亨宁,"性好义侠"。邻家不慎失火,他协助灭火奋不顾身,"火灭而头额焦烂无怨声"。他还出资扩建上海四明公所,购米在家乡镇海赈灾,晚年有意在柏墅创建宗族义庄,由于生重病才没有如愿。② 方家事业的另一位开创者方亨学同样热心公益,"性任侠……里中善举多为之昌"。嘉庆十九年(1814)镇海发生饥荒,方亨学从外地购入粮食,依据人口数发给族中各户,"宗党恃以炊者三月"。嘉庆二十一年又发生饥荒,方亨学救济如前。对于贫困族人,他也设法救助。③ 总的看来,宁波帮商人的"义"在清代一方面表现为在自己家乡举办各种公益善举,如修桥梁道路、建灯塔海塘、设义冢等。如董秉忠(1776—1831),是慈溪著名商人董棣林的次子,曾用数万金"筑南汇海塘……得良田数万亩"④。特别是对宗族各项事业,如建宗祠、修宗谱、设义庄等,宁波帮商人十分热心。另一方面表现为在经商所在地兴办同乡公益善举,如创办会馆、公所等。在兴办宗族事业方面,从镇海宗祠的创建时间看,清嘉道时期是第一个高潮,这与宁波商帮兴起的时间相一致。这一时期,宁波帮商人还在家乡各地创建了许多规模庞大的义庄。如鄞县商人徐桂林创办徐氏固本义庄(1819)、慈溪郑氏创办郑氏义庄(1815—1823)、慈溪叶氏创办安雅堂义庄(1832)、慈溪董氏创办承志堂

---

① (清)金安清撰:《水窗春呓》(卷下),中华书局2007年版,第60页。
② (民国)洪锡范、盛鸿焘修,王荣商、杨敏曾纂:《镇海县志》卷26《人物传·方亨宁》。
③ (民国)洪锡范、盛鸿焘修,王荣商、杨敏曾纂:《镇海县志》卷26《人物传·方亨学》。
④ (民国)董兰如等纂修:《慈溪董氏宗谱》卷20《董君耿轩公家传》,参见杨泰亨、冯可墉纂:《慈溪县志》卷33《董秉忠传》。

义庄(1835)、鄞县冯氏创办敦本堂义庄(1837)。义庄是宗族公产,其田租、房租收入主要用于族内赡老扶弱济贫,有些义庄还附设义塾,延师教育本族子弟读书应试。义庄的创办,进一步巩固了宗族经济基础,并提高了商人在宗族社会中的地位。在经商所在地,宁波帮商人的义行主要表现为创建同乡组织等。这类行为之所以被认为是义举,是因为这类组织的最初设施无非是义冢、丙舍等,其作用多在安置客死异地同乡的灵柩并为死者后人提供祭祖场所。当上述设施发展成为会馆公所等功能更加完善的同乡组织时,同乡聚会等遂得以经常举行,从而促进同乡之间联络感情、增进了解、加强团结,共同应对外界的压力和商业竞争。可见,通过上述种种义举,宁波帮商人既加强了与乡里宗族势力的联系,使宗族关系成为商帮发展的重要社会基础,又促使同乡商人在异域结成商帮,共同发展。

事实和研究表明,宁波帮商人"是大家庭制度的拥护者,乡党的观念非常强烈,只要有一个(人)在一处地方成功,立刻一家一族朋友亲戚甚至同乡都闻风猬集了,不数年间,就成为一大群"[①]。宁波商帮中的商业家族很多,如鄞县孙氏,慈溪董氏、乐氏、镇海方氏、李氏家族等。家族间又通过联姻等方式,形成以血缘为背景的同乡集团。同乡商人在所营业务上又辗转仿效,形成行业特色。药业商人主要是慈溪、鄞县籍居多,船商多为鄞县、镇海、慈溪商人,成衣业主要是慈溪人经营。同乡商人利用传统的家族、乡党观念,团结协力,与其他地域商帮展开激烈竞争。这种情形表明,宁波商帮与明清时期的所有商帮一样,在伦理精神方面,儒家价值观占有绝对的优势地位。从这个意义上说,宁波商帮是典型的儒商。正因为宁波帮商人没有偏离儒家价值观,所以,在宁波地方志以及各地地方志中的"义行"、"善举"项下,经常可以找到宁波帮商人的传记。

种种资料也表明,清代的宁波帮商人和宁波社会虽然不把经商看作低贱的行为,但这并不表明商人们不关心仕途。通常他们也力图让自己的子弟由科举而入仕。如前文所述董之笔经商致富,便尽量支持其胞弟董汉醇读书应科举考试,只是在汉醇实在无望考取的情况下,才使其改而经商。宁波帮商人中因应试不第转而业商这一现象的普遍存在,恰恰说明了他们原来就是十分关心仕途的。对于生活于明清社会的商人而

[①] 上海通社编:《上海研究资料续集》,上海书店1984年版,第294页。

言,对科举入仕有着密切的关注,也是正常的现象。

尽管如此,清代宁波帮商人与同时期其他地域商帮群体相比较,仍然有鲜明的特点。这种特点首先表现在宁波商帮的海商特征上。宁波船和沙船自不必说,宁波帮商人经营的其他几乎所有主要行业,如钱庄业、民信业、海产业等也无不与海商、与沿海海上贸易有莫大的关系;其次是宁波商帮到鸦片战争前尚处于快速发展和上升时期,显得生机蓬勃。如大商人董杏芳暮年尝训诸子曰:"余尚幼即慨然有恢复志,年十七服贾吴门……年二十四之辽阳,往返十余次,陆由北直出山海关,上吉林至宁古塔……航海则所遇飓风,数难指屈,其得免覆溺者,幸也。计数十年来,铢积寸累,虽薄有资产,而以言恢复先业,犹未尝我初愿,此中不无歉然。"①对于出生入死丝毫无所畏惧,积资数十万尚没有满足欲望,这生动地反映了宁波帮商人追逐利润、冒险开拓的商业进取精神。到鸦片战争爆发前,由于徽商已经衰败,宁波商帮在中国地域商帮中实际上已经成为与山西帮、广东帮并驾齐驱的主要地域商帮群体之一,活跃在商品流通领域;其三是宁波商帮将自身的发展主要建立在商品经济发展的基础之上而不是依赖官府给予的某种特权,宁波商帮的海商特征使其在明清时期屡受限制甚至打击而遭受重挫。一旦这种封建压制、限制因素被削弱,宁波商帮势必进入一个更加迅猛发展的新时期。

---

① (民国)董兰如等纂修:《慈溪董氏宗谱》卷 20《诰封朝议大夫董棣林先生家传》。

第三章　晚清与民国时期宁波商帮的转型与困境

1840年后,宁波商帮经过了两次集团性的重大转型,首先是宁波帮商人吸收西方近代经营知识,拓展经营领域,在新式商人兴起的同时,使传统行业深深卷入国际市场,由此群体性转型成为一个近代地域性商帮群体。之后,宁波商帮大量投资金融、工业、轮船、商业、保险等中国早期现代经济的各个领域,成功创办了一系列早期现代企业,并涌现出许多早期现代企业家,从而使宁波商帮转型成为一个带有鲜明地域性的现代资本主义工商业集团,成为以上海为重心的江浙金融实业界的重要支柱和核心力量。20世纪30年代起,在日本加快加大侵华步伐的外部侵凌和国民政府国家资本兴起与膨胀的内部挤压的双重打击下,宁波商帮的发展态势和经济实力遭受重挫。随着抗战胜利后国内大规模战争的爆发、蔓延和中华人民共和国的成立,宁波商帮在其探寻前行的道路中走到了一个新的十字路口。

第一节　晚清时期的机遇与困境

19世纪西方势力的东来改变了中国的社会面貌和历史进程。道光庚子(1840)之役,清议不足拒坚船,公愤不足抗利炮。清政府战败,被迫与英国签订《南京条约》,废除公行制度,开辟五口通商。继此以往,又增加十三口、二十余口。由此,中外贸易壁垒逐渐被打破。人们发现,当此情形,不仅闭关谢客不可得,而且对于中外交涉,"但求敷衍能了亦未易易"①。在这"千古未有之变局"下,西方经济、文化势力以中国沿海通商口岸为据点侵入中国,给予中国社会以猛烈的冲击,引发社会经济的巨大变动。宁波帮商人的故乡宁波作为第一批被迫开放的口岸城市,正处于西潮冲击的最前沿。在这种挑战与机遇并存的情况下,宁波帮商人比较成功地应对了空前严峻的挑战,使之变为千载难逢的发展机遇。据记载,当时鄞县商人"四出经营,商旅遍天下,如杭州、绍兴、苏州、上海、吴城、汉口、牛庄、胶州、闽广,诸路贸易綦多,岁或一归,或数岁一归。……甚至东洋日本,南洋吕宋、新加坡、苏门答腊、锡兰诸国,亦借资结队而往,开设廛肆"②。镇海县"自交通便利,镇邑以商起家者衡宇相望。昔人谓无再世之富,今非昔时矣"③。定海县居民在明清时期主要以捕鱼、务农为生,经商者尚不很多。④ 鸦片战争后的定海县风气丕变,"国内北至蒙古,南至粤桂,西至巴蜀,国外日本、南洋以及欧美,无不有邑商足迹",尤其到光绪以后,经商者越来越多,到民国时期,该县经商"侨外人数几达十万"。⑤ 宁波帮商人顺应时势,因势而变,旧有行业有新的巨大发展,新行业不断得到开拓,以新式商人的发展和壮大为契机,逐渐实现对传统的超越,走上了近代化、现代化的道路。

一、宁波开埠与港口贸易

1840年7月5日,英军首次攻占定海,次年3月撤退。1841年10月1—13日,再次北上的英军又相继攻占定海、镇海和宁波城。1842年2月16日,英占领军宣布定海为自由港。⑥ 根据中英《南京条约》的有关条款,清道光二十三年十一月十二日(1844年1月1日)宁波正式开埠通商,通商的地点被指定在江北岸地区。西方商人长期以来把宁波看作中国首屈一指的商埠,因而对宁波开埠寄予了很大的希望。英国率先在宁波设立了领事署。继而法国、美国、普鲁士、荷兰等国也委派了驻宁波的领事

---

① 政协浙江省萧山市文史工作委员会编:《汤寿潜史料专辑》,1993年3月印行,第281页。
② (清)戴枚、张恕等修纂:《鄞县志》卷2《风俗》。
③ (清)于万川、俞樾等修纂:《镇海县志》卷14《风俗》。
④ [英]施美夫著,温时幸译:《五口通商城市游记》,北京图书馆出版社2007年版,第211页。
⑤ (民国)陈训正、马瀛修纂:《定海县志》卷16《风俗》。
⑥ [美]马士著,张汇文等译:《中华帝国对外关系史》第一卷,上海书店出版社2000年版,《大事年表》第10页。

或副领事。1850年各国强划江北岸一大片土地作为居留地,1865、1867年外国巡捕房及其所辖的会审公堂相继设立。1861年清政府在江北岸设立税务司,后称新关或洋关,江东旧浙海关改称常关。

宁波开埠后,港口贸易没有像西方商人预期的那样大规模迅速地开展,而是长期徘徊不前。1846、1847年在宁波从事贸易的外国商人仅有一人,1848年上半年宁波进口的洋货只有17匹本色棉布。这使西方商人感到"宁波的对外贸易似乎是不会繁荣起来的"[1]。不过,在晚清咸同时期,宁波港曾经经历过一个极为辉煌的繁荣时期。光绪《鄞县志》中载:"及西国通商,百货咸备,银钱市值之高下,呼吸与苏杭上海相通,转运既灵,市易愈广,滨江列屋大都皆廛肆矣。"[2]《鄞县通志》中也载:"甬埠通商,要以清代咸同间为最盛。是时国际因初辟商埠,交通频繁。国内则太平军起,各省梗塞,惟甬埠岿然独存,舆沪渎交通不绝。故废著鬻财者,舟楫所至,北达燕鲁,南抵闽粤。而迤西川鄂皖赣诸省之物产,亦由甬埠集散。且仿元人成法,重兴海运,故南北号盛极一时,其所建之天后宫及会馆,辉煌煊赫为一邑建筑冠。"[3]天后宫和庆安会馆均由航行北洋航线的宁波北号船商于1853年集资建成,建筑费达10万元。当时9家北号船商还集资1.69万元,陆续置买房屋31所作为会馆公产,以岁入租息为祭祀海神、维修房屋等费用。[4] 不仅宁波港城的商业出现繁荣局面,而且宁波商人的经营出现了空前活跃的局面。宁波城东徐氏[5]、城西杨氏[6]、镇海林傅[7]两姓等均于此时以经商致巨富。

19世纪60年代以后,宁波港进出口贸易开始有明显增长,19世纪70年代初期起洋货开始充斥宁波市场,70年代中期后宁波进出口贸易

---

[1] 姚贤镐编:《中国近代对外贸易史资料》,中华书局1962年版,第618—623页。
[2] (清)戴枚、张恕等修纂:光绪《鄞县志》卷2《风俗》。
[3] (民国)张传保、赵家荪修,陈训正、马瀛纂:《鄞县通志》第五《食货志》,宁波出版社2006年影印本,第216页。
[4] 九家宁波北号分别为冯公一、董大生、费敦大、费复大、盛惇记、童甡记、葛大成、苏祥和、苏恒久,参与上述工程的北号帮船商分别有董秉愚、冯云祥、苏庆和、费纶金、费纶志、费辅洼、盛炳澄、童祥隆、顾璇、李国相等,参见董沛:《甬东天后宫碑铭》,(民国)张传保、赵家荪修,陈训正、马瀛纂:《鄞县通志》第五《食货志》,宁波出版社2006年影印本,第216页;周道遵:《鄞县知县周给发庆安会馆告示》,同上,第218页。
[5] (民国)陈训正:《天婴室丛稿》卷八《庸海二集·书张葑里徐母寿叙》载:"徐于县东故著姓,清咸同所称为城东徐氏者,以雄资闻于时,息相通声相届者也。逮光绪之季,诸徐寝不振……庆云、承勋者,皆徐之族……家故微,以勤俭殖货起家,各致产数百万,今之称城东徐氏者必首举焉。"
[6] 即杨坊所属的杨氏家族。
[7] 后来长期担任中国通商银行总经理的傅筱庵即为该傅氏家族中人。

又开始下降。其变化趋势见下表：

年份	进出口贸易总额（海关两）	年份	进出口贸易总额（海关两）
1865	11271090	1882	11180726
1872	19709297	1887	10965522
1875	12844315		

资料来源：姚贤镐编《中国近代对外贸易史资料》，中华书局1962年版，第1623页。

出现上述情况的主要原因在于上海港的迅速崛起和温州港的开埠。上海港地理位置、港口条件优越，经济腹地广阔，到19世纪60年代，已经取代广州成为全国最大的对外贸易中心城市。与此同时，宁波港则沦为依附于上海港的辅助性贸易城市，"外货贸易皆经上海，直接来甬者少"[①]。到20世纪30年代，宁波港贸易总额虽然上升了，但是其港口地位则进一步降低，不仅无法与上海、天津、汉口等一流港口相提并论，甚至远远不及牛庄等二流港口。在宁波帮商人看来，此时的宁波港至多不过是"宁属七县外面去的一个驿站"而已。[②] 正是在这种情况下，更多的宁波帮商人走出宁波，开拓新的市场和发展空间。

宁波港毕竟是中国近代最早的通商口岸之一，而通商口岸是中国近代社会变迁的神经中枢。19世纪60年中期，上海的外商轮船公司开始开辟对宁波的定期航线。成立于1862年的上海美商航船公司，1864年起以原来行驶于长江的"江西号"轮船经营宁波航线，后又加入"杭州号"、"慕容号"、"舟山号"等轮船，沪甬间每日保持两轮对开。1867年英商太古洋行组建的中国航业公司，1869年以"北京"、"盛京"两轮经营沪甬航线，后又增加"新北京"轮船。1873年初，外商公平洋行原来行驶福建等处的"平安"轮船，改行宁波。同年招商局宁波分公司成立，1877年太古公司设立宁波分公司。由于轮船运量大、速度快，很快成为进出宁波的主要船型。

随着轮船的增多，近代轮船码头也在宁波港陆续兴建。1862年美商旗昌轮船公司在江北岸建造千吨级趸船式浮码头。1875年丹麦宝隆洋行在宁波建千吨级华顺北京码头。与此同时，航道、航标设施也得到改善。这样宁波港在19世纪60年代末到70年代中期，初步由帆船码头转

---

① （民国）张传保、赵家荪修，陈训正、马瀛纂：《鄞县通志》第四《文献志》，宁波出版社2006年影印本，第1307页。

② （民国）顾礼宁：《宁波都市之概观》，《宁波旅沪同乡会月报》第73期，1929年8月，《专著》第1页。

变为轮船码头。

二、西方宗教与文化传入宁波

鸦片战争前后,外国传教士抵达宁波,创办教会学校,传播西方宗教与文化。

首次将基督教传入近代宁波的是荷兰传道会(Netherlands Mission Society)传教士郭士立(Karl Friedrich August Gützlaff,1803—1851)。郭士立是英国传教士马礼逊的妹婿,1827年来华,初期在澳门学习中文,并协助马礼逊传教及编译《英华字典》。1832—1835年郭士立担任英商胡夏米(Hugh Hamilton Lindsay)等人的翻译到广东、福建、浙江、江苏、山东等中国沿海各地搜集情报。郭士立关于这次航行的报告引起欧洲新教会的重视,此后大批传教士被派到中国传教。在这次航行中,郭士立第一次到宁波。鸦片战争期间,定海两次被英军攻占,郭士立被英军任命为舟山知县,定海由此成为近代西方传教士最早在华传教的地区之一。鸦片战争结束特别是宁波开埠以后,基督教在宁波的势力发展更快,"大兴土木,造教堂、开学堂、医院、养婴室等,颇事救济事业。穷民无告者以渐归向"①。1842年美国传教士米怜(William C. Milne,又译美魏茶)在定海创建美教会,1843年美北浸礼差会(American Baptist Foreign Mission Society)传教士麦高恩(Deniel Jerome MacGowan)在宁波从事传教并建医院。1844年美浸礼会传教士麦克卡尔悌(Divid Bethune McCartee)等在宁波编撰33种中文传教书籍。② 1855年,在宁波居住的22个外国人中,有14个是传教士。与宁波中外直接贸易的停滞相比,西方人把宁波看作是一个"在高尚居民中进行安然的传教工作的最有希望的地区"③。到1893年前后,宁波地区有基督教堂近30所,外籍传教至少20人。④ 到20世纪30年代,仅鄞县就有天主教徒2300人,新教信徒

---

① (民国)张传保、赵家荪修,陈训正、马瀛纂:《鄞县通志》第四《文献志》,宁波出版社2006年影印本,第1307页。
② 李国祁:《中国现代化的区域研究:闽浙台地区,1860—1916》,台北"中央研究院"近代史研究所1985年版,第130—131页。
③ [美]马士著,张汇文等译:《中华帝国对外关系史》第一卷,上海书店出版社2000年版,第404—405页。
④ 台北"中央研究院"近代史研究所编:《教务档》,台北"中央研究院"近代史研究所1974年版,第560—597页。

2000多人。① 传教士通过宗教活动,向宁波甚至更广的地区传播西方神学,同时传播颇多的新知识和新观念。教会团体和传教士在宁波还创办文教事业,如1845年美国长老会将原设在澳门的花华圣经书房迁到宁波,后改名为美华书馆,经营印刷业务。1854年美国基督教会在宁波创办《中外新报》(Chinese and Foreign Gazette),介绍宗教、科学、文学,并刊布新闻,到1860年才停刊。② 对宁波社会和宁波商人影响最大的是教会学校的创办。

宁波近代第一所教会学校是英国女传教士阿德莎(Mary Ann Aldersey,又译阿尔德尔萨)1844年创办的教会女塾,这也是中国近代第一所女子学校。③ 此后英美教会在宁波创办了多所教会中小学、夜校及职业学校,其中著名者见下表:

创办年份	学校名称	所属教会	备注
1850	崇信中学	美长老会	
1860	浸会女校	美浸礼会	后改称圣模女校
1860年前后	蒙馆	英国循道公会	教士阚斐迪创建,斐迪中学前身
1864	崇德女子学校	美浸礼会	后改称崇德中学
1868	义塾	英圣公会	三一书院前身
1876	三一书院	英圣公会	英霍约瑟主持,后改为三一中学
1880年左右	浸会中学	美浸礼会等	卫福恩(Wilor)创办
1887	斐迪中学	偕我会	
1902	毓才中学	天主教	创办人赵保禄,1948年改名益三中学
1923	四明中学	美浸礼会	由浸会中学与崇信中学合并而成
1930	甬江女子中学	美浸礼会	由圣模女校与崇德女校合并而成
1935	浙东中学	美浸礼会、英循道公会等合办	四明中学、斐迪中学合并而成

资料来源:(民国)张传保、赵家荪修,陈训正、马瀛纂:《鄞县通志》第二《政教志》,宁波出版社2006年影印本,第1071—1072、1370页;李国祁:《中国现代化的区域研究:闽浙台地

---

① (民国)张传保、赵家荪修,陈训正、马瀛纂:《鄞县通志》第二《政教志》,宁波出版社2006年影印本,第1261—1262、1370—1376页。
② (清)戈公振:《中国报学史》,三联书店1955年版,第68页。
③ (民国)张传保、赵家荪修,陈训正、马瀛纂:《鄞县通志》第二《政教志》,宁波出版社2006年影印本,第1121页。

区》,台北"中央研究院"近代史研究所1982年版,第137页;《宁波文史资料》第3辑第154—164页。

传教士创办教会学校的主要目的在于为教会组织培养神职人员以及为外国在华企业培养应用人才,西方文化由此得以在宁波传播,而宁波贫弱子弟基于各种原因进入这些学校,得以吸收西方新知。19世纪70—80年代初,"华人渐以西法为习见之端而创造仿制,日渐加广……中国此时通商码头,无不究心西学",宁波与其他口岸一样,"学西法者在在多有"。① 在这种情况下,进入教会学校的宁波子弟迅速增加,英国圣公会于同治间创建的小规模学塾,在1881年扩建校舍,改名为三一书院以适应新的情况。近代宁波帮商人中颇有一批接受过教会学校教育或受教会影响的著名买办商人、企业家,如朱志尧、周宗良、刘鸿生、邬廷生、鲍氏兄弟等,多信奉基督教或毕业(肄业)于教会学校。

三、宁波商帮社会基础的扩大

鸦片战争以后,上海、宁波被辟为对外通商口岸城市,宁波地区很快作出反应。此前定海并无大规模从事经商的情况,但"迨商埠既开,遂相率而趋沪若鹜,且地狭人稠,生活维艰,而冒险之性,又岛民所特具,饥驱寒逐,迫而之外,航海梯山,视若户庭"②。随之而来横扫江南大部分地区的太平天国农民运动,对宁波社会的影响同样巨大而直接,一时间避难和移民上海者为数甚巨。③ 随着上海成为对外贸易的最大口岸,宁波人利用天时地利人和之便,进一步向上海大量移民,经商务工,并反过来引起宁波社会风尚的进一步显著变化。宁波地区原有的重商文化传统和冒险进取、团结互助精神得以发扬,同时人民开始广泛接受新事物,形成了一种弃旧谋新、弃儒习贾、外向发展、追求物质财富的新风尚。《鄞县通志》载:

> 迨光绪季年,欧风东渐,愿应试者渐减至千余人。至科举废而学校兴,青年者皆肄业学校,习佉庐之文字,间有留学欧美者。惟本邑为通商大埠,习与性成,兼之生计日绌,故高小毕业者,父兄即命之学贾。而肄业中学者,其志亦在通晓英算,为异日得商界优越之位置,往往有毕业中学不逾时即改为

---

① 《论学西法近事》,《申报》1881年5月15日。
② (民国)陈训正、马瀛纂修:《定海县志》第16《风俗》。
③ (清)段光清:《镜湖自撰年谱》,中华书局1997年版,第189页。同治元年(1862)条载:"宁波殷户,皆在上海逃难未归。"

商。即大学毕业或自欧美留学而归者,一遇有商业高等地位亦尽弃其学而为之。故入仕途者既属寥寥,即愿拥皋皮而终身为教师者十之中亦不过三四。①

镇海县与鄞县情况十分相像,在清末废除科举制度后,该县的青年知识分子,"其志则多在通晓英算,为他日可得商界高尚之位置,其望入仕途者,固千人中无一二……故高中毕业后,有力者大抵入教会设立或偏重英文之中学,无力者皆改而就商"②。19世纪80年代末浙东上海新谚语"三年出一个状元易,三年出一个经纪难"的出现,表明该地区已经真正认识到作为"明于货殖者"的经纪,"诚未可轻量也"③。"大海洋洋,忘记爹娘""世上无难事,只要现铜钱""顶臭是穷,顶香是铜"等宁波谚语于是应运而生。④ 甚至激励童稚发奋读书的著名神童诗"天子重英豪,文章教尔曹",也被改为"天子重英豪,还是铜钱好"在宁波儿童中传唱。⑤ 在宁波地区,一般人家小孩十四五岁就送到上海学生意,家境差一点的到宁波城里当学徒。⑥

外出务工经商成为近代宁波社会的突出现象,史料中相关记载很多。《沪游杂记》中载上海开埠后,"洋人用华人使唤谓之细崽(按:后通称西崽),粤人多而甬人次之"⑦。《淞南梦影录》载江南制造局成立后,局中"工匠皆闽粤宁波人"⑧。《鄞县通志》载:"甬人具有冒险性且习海善航,以是与西人接触较早,轮舶驾驶工手十八九为甬籍,机械制造工手甬帮亦属不少"⑨。上海开埠后,鄞县"弃儒习贾者益众"⑩。不仅商人、手工

---

① (民国)张传保、赵家荪修,陈训正、马瀛纂:《鄞县通志》第四《文献志》,宁波出版社2006年影印本,第2630页。
② (民国)洪锡范等修纂:《镇海县志》卷16《风俗》。
③ (清)虞和平编:《经元善集》,华中师范大学出版社1988年版,第101—102页。
④ (民国)张传保、赵家荪修,陈训正、马瀛纂:《鄞县通志》第四《文献志》,宁波出版社2006年影印版,第3151—3246页。
⑤ (民国)张传保、赵家荪修,陈训正、马瀛纂:《鄞县通志》第四《文献志》,宁波出版社2006年影印本,第3476页。
⑥ 李储文:《我陪船王首次回故乡》,见宁波市政协文史委员会编:《包玉刚与宁波开发开放》,中国文史出版社2008年版,第36页。
⑦ (清)葛元煦:《沪游杂记》,上海古籍出版社1989年版,第22页。
⑧ (清)黄式权:《淞南梦影录》,上海古籍出版社1989年版,第120页;朱邦兴等:《上海产业与上海职工》也载:江南造船厂"机铜匠多宁波人",见上海人民出版社1984年版该书第559页。
⑨ (民国)张传保、赵家荪修,陈训正、马瀛纂:《鄞县通志》第五《食货志》,宁波出版社2006年影印本,第52页。
⑩ (民国)张传保、赵家荪修,陈训正、马瀛纂:《鄞县通志》第二《政教志》,宁波出版社2006年影印本,第767页。

业者外出经营,农民也不再安于现状而纷纷离乡奔赴城市寻找机会。如鄞县四乡农村也"舍本逐末,以农为贱役,往往轻去其乡,争趋沪汉为佣"①。"各乡男子佣于轮舶者谓之茶房,……佣于西人住宅者谓之西崽,在沪上轮船充当苦力者谓之码头小工。妇女近年亦多外出。佣于西人住宅者谓之大妈,佣于商人住宅者谓之娘姨,印刷、丝纱、烟纸各厂,男女在此服务者多有之。良以生计日迫,不得不四处营生也。"②这种情况甚至造成鄞县东西各乡,土地无人耕种的现象。③ 定海的变化尤其显著,"所可述者,惟旅外之侨民耳。岛民习于航海,富冒险性,故多向外发展,与甬属其他六邑之人同。国内则北至蒙古,南至粤桂,西至巴蜀。国外则日本、南洋、欧美,靡不有定海人之足迹,侨居上海、汉口者尤多。综合各处计算,其数当不下十万人,多从事于工商,其从事于航业者尤伙,殆行之所近欤?"④定海人擅长航业,所以在南北运客载货海舶上任职者多达两万余人,凡轮船上驾驶(船主即驾驶、领港、大副、二副、水手)、机器(老轨、二规、三规⑤、火夫)、营业(买办、账房、泰利、茶房)各部分都有,在小轮上有担任驾驶者,在长江沿海大轮船上则多任买办以下的各种职务。在外商轮船公司中,多充任水手、火夫,部分充当西崽。⑥ 1933年调查显示,自定海侨居上海者人数达五六万人。⑦ 宁波人外出谋生的主要目的地首先是上海、汉口等城市,尤其以去上海者为多。

因势变革、弃旧谋新是近代宁波社会风尚变化的另一个显著表现。宁波原有的旧式手工业如木工(产品有眠床、椅子、桌子)、石工(极善于雕刻人物花鸟)、漆工(产品朱红漆、擦漆、金漆、透艺漆)、雕刻工都非常有名,工艺精湛,技术高超。开埠后,宁波手工业者积极适应新的情况,瞄准市场变化的趋势,改进工艺,制作新品。宁波帮成衣匠本来擅长缝制长袍马褂等服饰,此时则纷纷改做西服,善做西服者,称作红帮裁缝。

---

① (民国)张传保、赵家荪修,陈训正、马瀛纂:《鄞县通志》第四《文献志》,宁波出版社2006年影印本,第2633页。
② (民国)张传保、赵家荪修,陈训正、马瀛纂:《鄞县通志》第四《文献志》,宁波出版社2006年影印本,第2636—2637页。
③ (民国)张传保、赵家荪修,陈训正、马瀛纂:《鄞县通志》第四《文献志》,宁波出版社2006年影印本,第2632页。
④ 陈汉清:《舟山群岛述要》,《宁波旅沪同乡会月刊》第92期,1931年3月,《论著》第3页。
⑤ 轮船上管理机器的工人,又称老鬼、二鬼、三鬼。
⑥ (民国)洪锡范等修纂:《镇海县志》卷16《风俗》。
⑦ (民国)张传保、赵家荪修,陈训正、马瀛纂:《鄞县通志》第二《政教志》,宁波出版社2006年影印本,第1620页。

宁波帮木工也纷纷采用西式木工技术制作西式家具，这种新式木工就称为红帮作头。《鄞县通志》中记述说："海通以还，工人知墨守旧习不足与人相竞争，于是舍旧谋新，渐趋欧化。"① 由于适应了形势变化，在上海经营的宁波帮手工业者无不获利，如鄞县东南两乡具有资产而以殷实闻者，大多数都是从事红帮裁缝、红帮作头两业的手工业者。

宁波地区近代社会变迁中值得注意的另一个重要问题是区域性的专业化社会分工已经清晰可见。如在鄞县新、旧手工业中，"旧工业若木工，若石工，若漆工，若雕刻工皆著名。西乡之席工，其所织席营销遐迩，所产不赀。船工，东乡善造浙西诸郡各帮粮船及出海大小对渔船，东乡段塘善造南北商用蜑船及江河行走百官船、乌山船，此亦邑人所独具之匠心也。至若新工业、手工，东乡产有高布，城区产有软席、龙须帘。自海通以还，工人知墨守旧习不足与人相竞争，于是舍旧谋新，渐趋欧化。若成衣，若土木，若铜铁，若机械，若绘图（俗曰打样）等，东、南两乡业此者孔多。成衣、土木名之曰红帮裁缝、红帮作头。红帮作头有大包、小包之分，近年在上海者几无不获利，东南两乡之具有资产而以殷实闻者，大率惟此二业矣"②。手工业如此，渔业也如此。鄞县"渔业可分东乡、南乡二处。东乡多捕黄鱼，南乡则捕墨鱼"③。捕黄鱼用大对船，捕墨鱼则用小对船。渔船行止、船队组织、捕鱼区域、鱼汛时间等均有不同。这种地区专业化分工的出现与宁波人注重家族、地缘关系等有关，此处不作展开。

第二节　现代化转型的初步展开（1840—1900）

19 世纪 40 年代到 90 年代，是宁波商帮近现代化转型的第一个阶段，或可称为第一次近现代化转型。这一次转型主要表现在新式宁波帮商人群体的兴起、传统行业的发展与蜕变、现代企业的初步经营、依托以上海为主的沿海沿江新型城市出现等，其中宁波帮新式商人的产生并成为宁波商帮的骨干力量最为重要。

---

① （民国）张传保、赵家荪修，陈训正、马瀛纂：《鄞县通志》第四《文献志》，宁波出版社 2006 年影印本，第 2632—2633 页。
② （民国）张传保、赵家荪修，陈训正、马瀛纂：《鄞县通志》第四《文献志》，宁波出版社 2006 年影印本，第 2632—2633 页。
③ （民国）张传保、赵家荪修，陈训正、马瀛纂：《鄞县通志》第四《文献志》，宁波出版社 2006 年影印本，第 2634 页。

一、宁波帮新式商人的崛起

1840年以后,西方商人以武力和强大的工业为后盾强行闯入中国市场,他们手中握着近代大机器工业生产出的大量物美价廉的工业品,雄心勃勃地要把中国纳入到资本主义世界市场体系。一大批西方商人的洋行、轮船公司、银行在中国各地创办起来。据统计,西方商人在上海等通商口岸开设的洋行1843年为11家,1855年增加到209家。19世纪60年代以后增加更快,1872年达343家,外商人数3673人。1894年更进一步增加到552家,人数达9350人。① 许多洋行在上海开设总行后,又在汉口、天津等地设立分支机构,把业务扩展到沿海各地与长江流域的广大地区。1848年到1895年西方商人在华设立的轮船公司有10多家。随着对华商品输出的发展,外商银行也纷纷设立。1845年英商东方银行(又名丽如银行)在香港设立分行,1848年又在上海设立分行。到1849年,外商先后在华设立银行8家,并有分支机构16处。外商在上海等通商口岸设立机器工厂,修造轮船,加工原料。1870年各通商口岸已有43家外商工厂,1894年增加到100家左右。

外商企业的大量出现,为中国买办的活动提供了广阔的舞台。因为西方商人在通商口岸遇到了与他们完全不同的商业制度和商业习惯,中国城市里普遍存在的行会势力和地域商帮势力是外商向中国行号直接推销货物的屏障。这种"既定的、传统的社会经济条件,再加上文化隔阂,使西方商人必须雇用中国买办才能顺利地同中国人做生意"②。西方商人在打开中国市场方面,需要中国商人的帮助和中介。由于以近代机器工业为基础的西方商人在中外贸易中处于主导地位,因此中外贸易中的中国买办只能处于依附地位。这些以买办为主体的依附商人和经营进出口贸易的商人构成了中国近代新式商人群体。说买办和与买办相关的进出口商等依附商人是新式商人,主要是因为他们所从事的交换,已经不再是小生产者之间的交换,而是国际贸易,是西方工业品与中国丝茶等农产品之间的交换。这种交换开始在通商口岸及其附近地区进行,继而蔓延至中国内地,并以前所未有的剧烈程度冲击着中国根深蒂固的自然经济形态,为商品经济的发展扫清道路。这些新式商人区别于

---

① 黄逸峰、姜铎等:《旧中国的买办阶级》,上海人民出版社1982年,第31,41页。
② [美]郝延平著,李荣昌等译:《十九世纪的中国买办:东西间的桥梁》,上海社会科学院出版社1988年版,第216—217页。

传统商人的地方还在于,他们在与西方商人的交往过程中,逐渐了解了西方商人的价值观、行为方式,掌握了有关国际贸易事务的相关知识,深切感受到兴办工业、航运、银行等近代经济事业所能带来的巨大利益,从而不但对商品流通感兴趣,而且越来越关心商品的生产过程。由于历史的原因,开埠初期的买办以广东籍居多数。随后,江浙籍买办兴起,而宁波帮买办是江浙籍买办的中坚。宁波帮商人正是以投身于买办和近代进出口贸易为契机,开始了近代化转变的历程。

(一)宁波帮买办的兴起

近代宁波帮买办首先在上海获得发展,并迅速赶上、超过广东买办,成为买办中的主导力量。一般认为,近代上海最早的买办是宁波人穆炳元。姚公鹤《上海闲话》载:

> 西人之来我国,首至之地为广州。彼时外人仅得居于船,不准逗留陆地。(间有登陆居住者,则以澳门为安插地,明时即然。见《中西纪事》及曾劫刚集。)而贸易往来,全凭十三洋行为之居间绍介。遇一洋船来,十三行必着一人前赴该船看视货样,议定价格,然后偕同官厅派员开舱起货。及货已售罄,洋人购办土货回国,亦由此人为之居间购进。而此一人者,当时即名之为买办,意义上若谓代外人买办物件者然。盖此系我国商号雇用以与外人交易,与上海之所谓买办完全受外人之雇用者,尚异其性质也。惟买办之名,则沿袭由此矣。暨上海开埠,外人麇集,彼时中西隔绝,风气锢蔽,洋商感于种种之不便,动受人欺。时则有宁波人穆炳元者(穆系陷定海时被俘。暨英舰来上海,则穆已熟悉英语受外人指挥矣。此事闻之穆炳元之侄某君,后当另详其事),颇得外人之信用,无论何人,接有大宗交易,必央穆为之居间。而穆又别收学徒,授以英语,教以与外人贸易之手续法。及后外人商业愈繁,穆一人不能兼顾,乃使其学徒出任介绍。此为上海洋商雇用买办之始。然一宗交易既毕事,则雇用关系亦遂解除,犹今人延请

律师办案者然。①

从这些记载看,穆炳元实际上还不能算是严格意义上的近代买办,而近似于居间说合的掮客。但这则记载却表明,宁波帮商人在上海开埠之初就与西方商人建立了较为密切的商业联系和往来关系,熟悉外商的贸易手续并受到外商信任。严格意义上最早的宁波帮大买办是鄞县人杨坊。杨坊(1810—1865),谱名启堂,字荣阶,号憩棠,1810年2月11日生于鄞县县城内一个商人家庭,6岁入私塾读书。后家境日渐艰难,不能延师读书,改为白天到邻村私塾借读,晚上则随胞兄杨启福习商,大约此后一度到宁波某绸布店任过职。道光五年(1825),15岁的杨坊到苏州协助其父经营祖业。道光二十三年(1843),33岁的杨坊到上海经商,不久设立泰记栈,经营丝茶生意②,大约在此前后曾到教会学校学习英语。之后,杨坊进入英商怡和洋行作报关和收丝工作,升任买办③,"以通事奸商起家,致数百万"④。怡和洋行正是通过杨坊形成了所谓"苏州制度"的生丝采购制度。这种制度的具体办法是:买办从上海带鸦片到苏州产丝地区销售,并在那里购买生丝。⑤ 杨坊成为早期买办的代表人物之一。在太平天国席卷江南并对上海形成巨大军事威胁之时,与当时的上海道台吴煦过从甚密的杨坊出面,与美国人华尔订立合同,由杨坊出资、华尔负责组织"洋枪队"对付太平军。⑥ "洋枪队"成立后,迅速成为太平军的劲敌。

开埠前就到上海经商的宁波方氏家族,其第二代在上海开埠后很快就加入到了对外贸易和买办的行列。该家族的重要人物之一方仁照(1808—1858,号润斋),将原有的同裕钱庄改为方记号(后改为方镇记),从事丝茶进出口业务,并在50年代任英商李百里洋行买办。⑦ 其弟方仁

---

① (清)姚公鹤:《上海闲话》,上海古籍出版社1989年版,第47页。徐珂编撰的《清稗类钞》第五册(中华书局2010年版,第2319—2320页)中有《上海洋行之买办》一节,与姚公鹤的说法大致相同。姚公鹤《上海闲话》和徐珂编撰的《清稗类钞》的初版时间皆为1917年,从内容上看,姚公鹤的说法盖为徐珂编撰《清稗类钞》时所据。
② 宁波市政协文史委、政协鄞州区委员会编:《鄞县籍宁波帮人士》,中国文史出版社2006年版,第54—58页。
③ 黄逸峰、姜铎等:《旧中国的买办阶级》,上海人民出版社1982年版,第241—242页;聂宝璋:《中国买办资产阶级的发生》,中国社会科学出版社1979年版,第162页。
④ (清)李鸿章:《致左寄高中丞》,(清)吴汝纶:《李文忠公全集·朋僚函稿》卷一第57页。
⑤ [美]郝延平著,李荣昌等译:《十九世纪的中国买办:东西间的桥梁》,上海社会科学院出版社1988年版,第69、98页。
⑥ 唐振常主编:《上海史》,上海人民出版社1989年,第187—188页。
⑦ (民国)洪锡范等修纂:《镇海县志》卷27《方仁照》;聂宝璋:《中国买办资产阶级的发生》,中国社会科学出版社1979年版,第175页。

荣(1812—1865,号梦香)、方仁孝(1823—1872,字性斋)协助方仁照经营。当时,方镇记自己派人到湖州收购土丝,到绍兴嵊县收买绿茶,将丝茶售与李百里洋行,交换进口英国花色洋布,再用自备夹板船运至汉口销售。①据1851年《北华捷报》统计,该年李百里洋行进上海船只计4艘,其中3艘装的是花色洋布,出口船也只有4艘,装的全是丝茶②,可见该洋行交易额颇大。方仁照即润斋成为上海早期租界里最早的著名商人之一。由于方氏与李百里相熟,因此,方仁孝从其学习外语。方润斋、方梦香去世后,方仁孝便接任李百里洋行买办一职,并主持方氏的丝茶贸易,"与时俯仰,中外倚以为重,一二十年间,积资数百万,兼营钱业,分到南北市,远至于汉皋,皆有廛肆"③,不仅成为上海著名商人,而且与汇丰、怡和、公平、太平等洋行均有关系。1865年由上述各洋行东家共同发起组织了一所主要"适应商界子弟需要"的教会学校——上海英华书馆(Anglo-Chinese School),由傅兰雅任校长,方性斋是联系人之一。④ 1879年李百里洋行倒闭,此后方氏家族不再担任买办。略通英文的余姚籍钱庄跑街王槐山于同治八年(1869)被聘为上海汇丰银行第一买办。王槐山充任买办后,将汇丰银行资金导入钱庄生息。此后数年间,他积资达数十万,在同乡中被称为"快发财"。绍兴帮著名人物经元善曾经记述道:

> 昔年票号口皆荟萃苏垣,分号于沪者只有数家,资无此时之巨,专为汇兑为交易,而不放长期。军兴以来,藏富于官,票号结交官场,是以存资日富。迨东南底定,上海商埠日盛,票号聚集于斯者二十四家,其放银于钱庄多至二三百万。银行始初仅通洋商,外洋往来以先令汇票为宗,存银概不放息。自己巳年,余姚王某为汇丰通事,伊本庄伙,深悉各庄底细,导银行放息,岁存庄家何止数百万。银根偶紧,通事即乘间居奇,至市上拆息有骤涨骤落之弊。十余年来,银行获息无算,王亦骤富,同乡中咸有快发财之名。⑤

---

① 中国人民银行上海市分行编:《上海钱庄史料》,上海人民出版社1978年版,第730页。
② 茅家琦主编:《横看成岭侧成峰:长江下游城市近代化的轨迹》,江苏古籍出版社1993年版,第25页。
③ (民国)张美翊编纂:《镇海柏墅方氏宗谱》卷16《性斋府君传》。
④ 《北华捷报》1865年9月16日,第147页。
⑤ (清)虞和平编:《经元善集》,华中师范大学出版社1988年版,第52—53页。需要说明的是:余姚当时辖于绍兴府,王槐山导入资金的钱庄主要是绍兴帮钱庄,绍兴帮钱庄因此得以迅速发展壮大,在上海钱庄业中占据重要地位。

早期宁波帮买办的另一代表人物是叶澄衷（1840—1899）。叶为镇海庄市人，出身贫寒且自幼丧父，11岁在家乡为人做童工，受主妇窘辱，由同乡倪某带到上海法租界杂货店当学徒。此时上海黄浦江上外商轮船往来不断，许多人在江面上以舢板装载杂货向轮船乘客出售，叶澄衷也侧身其间，并掌握了洋泾浜英语。后遇一洋行巨贾并受其信任，即"延掌账籍，已而迁华经理，十余年致巨富"①，成为"沪上商雄"②。

杨坊、方氏兄弟、叶澄衷、王槐山等，代表着19世纪40—70年代宁波帮早期买办的兴起。这一时期，宁波帮商人在上海与西方商人建立了多种联系。史料记载，在19世纪60年代，"宁波人之在上海交易者，多与夷人交好"③。宁波帮买办成为仅次于广东帮的最大买办群体。1863年李鸿章在一份报告中也提到："广州、宁波商伙子弟，佻达游闲，别无转移执事之路者，转以学习通事为逋逃薮。"④1874年9月7日《申报》也说："通商以来，中西贸易不能无人经理，广帮宁帮为西人司事者特多。"⑤广东帮买办开始遇到宁波帮买办的挑战。

19世纪80年代以后，上海的宁波帮买办已经超过广东帮而占据首位。海关税务司裴式楷（R. E. Bredon）在1891年写的十年报告中明确提到了这一变化。他说此时上海的买办，"主要来自宁波"⑥。这一变化的出现，由多种因素所促成。首先，宁波商帮在上海的经济实力和影响总体上强于广东商帮。由于承办漕运和捐纳官衔等，宁波帮商人具有与官府交往的能力，并进而受到外商重视；其次，在沿海（尤其是北洋航线沿海）地区和长江流域，宁波帮商人早已建立了庞大的商业网。19世纪六七十年代，由于民信业等的发展，这一商业网又有了新的发展。在资金调度、商货购销、运输、商情传递，甚至语言、习俗等方面，宁波帮商人都远胜于广东帮商人。此外，宁波帮商人同乡观念很重，因而宁波帮买办常能着力培养乡帮买办势力。此后一直到买办制度被废除，宁波帮买办在上海的优势地位从未发生过动摇。朱葆三、朱志尧、虞洽卿、周宗良、

---

① 沃丘仲子（费行简）：《近代名人小传》，中国书店1988年版，第111页。
② （清）徐珂编撰：《清稗类钞》（第五册），中华书局2010年版，第2314页。
③ （清）段光清：《镜湖自撰年谱》，中华书局1997年版，第192页。
④ （清）李鸿章著，（清）吴汝纶编：《李文忠公全书·奏稿》卷三《请设外国语言文字馆折》，第11—12页。
⑤ 《宁帮众商来稿》，《申报》1874年9月7日。
⑥ 徐雪筠等译编：《上海近代社会经济发展概况（1882—1931）——〈海关十年报告〉译编》，上海社会科学院出版社1985年版，第21页。

刘鸿生、傅筱庵、徐庆云、(鄞县)蔡氏、袁履登、邬挺生、丁忠茂等都是上海宁波帮著名买办。

朱葆三(1848—1926),名佩珍,定海人。其父名朱祥麟(1808—1868),字玉书,成年后投清军水师,1844年升任定海中营把总,后升千总,历署乍浦营守备、定海城营都司护理、龙营游击,有五品官衔,是一个以武职起家的清朝官员。1861年,14岁的朱葆三到上海,进协记五金店当学徒。他白天勤奋工作,晚上自学英文,经过六七年,居然由学徒升任经理。1878年,朱葆三自设慎裕五金号,得到叶澄衷的帮助和提携,成为五金业中的活跃人物。大约在1900年前后,朱葆三旧识袁海观任上海道,朱于是得以联络官场,成为上海工商界的著名人物。他不仅自己担任英商平和洋行买办,还把自己的四个儿子全都安排担任外国洋行银行的买办。其长子朱子奎任日商三井银行买办,次子朱子聪任平和洋行买办,三子朱子方任汉口平和洋行买办,后又兼汉口日商日清轮船公司分公司买办,四子朱子衡继朱葆三任平和洋行买办,长孙朱乃昌也曾任职于三井银行买办,朱氏家族成为一个显赫一时的买办家族。朱葆三还"特别努力介绍宁波人任外商洋行的买办。凡属宁波人,无论识与不识,请求朱担保者朱无不答应。万一有人卷款潜逃,朱则要所有被保人共同负责损失。外人因朱信用卓著,认为其签字甚有价值,因此之故,宁波商帮在买办事业上,较广东人着了先鞭"①。充任买办需要介绍和担保,而朱葆三为宁波定海人,乐意介绍和担保同乡任买办,前述宁波《定海县志》中载该县任买办的人数在各县中首屈一指,朱葆三的介绍和担保应是很重要的一个因素,当是可信的叙述。

虞和德(1867—1945),字洽卿,浙江镇海人,自幼丧父,为谋生计,15岁时由其母托同族虞鹏九带到上海当学徒。事先讲好虞洽卿进南市某钱庄,与虞同行的另一人去瑞康颜料号。据说到达上海那天,恰逢雨天,虞鹏九先带二人进入奚九如开办的瑞康颜料号。该颜料号资本只有800两,规模小,生意清淡,但奚九如发财心切,恰在前晚梦中梦到有"赤脚财神"进门。而虞洽卿由于当天下雨道路泥泞,没舍得穿母亲做的新鞋,赤脚进店时,地上一滑,摔了个四脚朝天,像一个元宝滚进店中。奚九如连忙把他扶起,仔细打量,恰与梦中所见相仿,竟执意留下虞洽卿当学徒。

---

① 钟树元:《江浙财团的支柱——宁波帮》,(香港)《经济导报》(周刊)第67期,1948年4月20日。

尽管上述传说属于无稽之谈,但虞洽卿进店后事事用心,白天做店务,晚上进夜校学英文,确有不寻常处。由于他手脚勤快,头脑灵活,善于经营,深得老板信任,被委以跑街重任,第一年就使瑞康大发其财,赚得两万两银子。同业者皆认为这是虞洽卿的功劳,争相延聘,奚九如哪里肯放,遂将瑞康股份让与虞洽卿两股。从此瑞康营业日益发达,虞洽卿"赤脚财神"的名声也被四处传扬。光绪十九年(1893)虞洽卿由其族叔——礼和洋行买办虞芗山推荐,进入经营颜料业务的德商鲁麟洋行任跑街,因为善于推销,很快升任买办。光绪二十二年(1896),他花钱捐得候补道。光绪二十八年(1902),转任华俄道胜银行买办,第二年又转任荷兰银行买办。1928年虞洽卿辞去荷兰银行买办一职,由其子虞顺恩担任。虞洽卿担任洋行、银行买办三十余年,积累了巨额的财富,并且与上海社会各方面商人建立了广泛的联系。1936年在其70岁时,上海公共租界当局将虞洽卿住处所在的西藏路改名为虞洽卿路以示祝贺。上海宁波旅沪同乡会、银行公会、市商会、万国商团华队公会、公共租界华人会、第一特别市民联合会等16个团体联为其举行庆贺会。虞洽卿还被称为国际绅士,[1]可见其声势之显赫。

朱志尧(1863—1955),奉化人,也是一位著名的宁波帮银行买办。他出身于信奉天主教的家庭,其弟朱云佐是法商东方汇理银行第一任买办,做了一年多后病亡。1898年朱志尧担任该银行买办,直到1904年左右辞职。在担任银行买办期间,朱志尧积累了巨额的财富,1904年投资创办上海求新制造机器轮船厂。

19世纪80年代以后,以上海为活动中心,宁波帮买办将其势力扩大到天津、汉口等地。

天津宁波帮买办势力的发展壮大始于鄞县人王铭槐。王铭槐(1846—1918),字宗堂,鄞县人。他起初在上海叶澄衷开的老顺记五金号当学徒,后成为叶的亲信和得力助手。1880年王铭槐被派到天津任老顺记分号经理,通过同乡严信厚结交李鸿章,并担任德商泰来洋行买办,从事军火和机器买卖业务。后又凭借与李鸿章的关系,担任华俄道胜银行津行买办。1904年后,王铭槐又担任天津德商礼和洋行买办兼沈阳礼和洋行买办,从事军火、机器进口业务。在其买办生涯的全盛时期,积累

---

[1] [日]根岸佶:《中国社会的领导层》,平和书房1947年版,第157—164页。

财产总值约有250万两,是天津的"四大买办"之一。王铭槐有意识地让三个儿子走官僚和买办两条路线,长子王毓丞从北洋大学毕业后为官山东,与巡抚孙宝琦关系密切,是该省洋务派的重要人物,王家买办势力因此发展到山东。次子王采丞从上海圣约翰中学毕业后,先在华俄道胜银行任职,民国初年任青岛德华银行买办,第一次世界大战后,长期任天津中法工商银行买办。三子王衡丞也曾任职于洋行。在王铭槐的孙辈中,王步洲初任济南和天津德华银行买办,王镜洲任职于华俄道胜银行,王芷洲曾任英商协和贸易公司华账房和出口部主任,王云洲曾任华俄道胜银行职员及天津德华银行副买办、买办,王观奎为中法工商银行副买办等。王氏家族三代人中在外商银行、洋行充任买办的人如此之多,故有"三代买办"之称。① 王铭槐不仅让自己的子孙任买办,而且在天津培置起一个买办乡帮集团。这个宁波帮买办集团的著名人物有叶星海、陈协中、严蕉铭、王品南、李正卿等。

叶星海(？—1928),镇海人。幼年想当买办而苦学英文,后来经太古洋行买办鄞县人李维龄介绍,进入上海美隆洋行,1887年到天津任德商兴隆洋行买办。叶星海在天津以实力雄厚、路子宽、外庄多、号召力大而著称,被称为天津宁波帮买办的前辈老英雄。1918年天津法商永兴洋行慕名聘请叶星海兼任买办,并破例豁免保证金,这在叶本人和他的华账房职员们看来,都是十分光彩的。叶星海善于鉴别货物,对行市有准确的估断能力,所以在他任买办期间,洋行业务进展迅速,叶本人也乘机大发其财。②

陈协中(1864—1913),又名济易,原籍广东。咸、同之际其父长湅以武弁来镇海,遂定居镇海县城。陈协中自幼丧父,后由其舅父陶长发携往上海,进入老顺记五金号当学徒。天津老顺记分号副经理王铭槐等人充任买办后不久,陈协中被派往天津接任副经理,不久也离开老顺记天津分号,担任天津德商逸信洋行买办,"通英文算术,性谨慎,为西人所信任"③。

宁波帮买办在天津的活动晚于广东帮,但人数和经济实力很快超过

---

① 王芷洲:《我家三代买办纪实》,见天津政协文史资料研究委员会编:《旧天津的洋行与买办》,天津人民出版社1987年版,第206—211页。
② 严逸文:《我在永兴洋行的买办生涯》,见天津政协文史资料研究委员会编:《旧天津的洋行与买办》,天津人民出版社1987年版,第281—282页。
③ (民国)董祖义纂修:《镇海县新志备稿》卷下《人物传·陈协中传》。

了广东帮。广东帮买办梁炎卿、郑翼之等人资格老,并且担任大洋行买办,但是他们人数少,业务局限于航运业,而宁波帮买办则人数众多,经营业务广泛,同乡间辗转介绍,彼此声援,在天津形成了一个有实力有影响的买办集团,并且成为天津宁波商帮的核心。

武汉自1862年开埠通商以后,很快成为长江中游最重要的商埠,外商纷纷在此建立洋行。在汉口,宁波帮买办在为外商"招徕货运和推销进口货方面,都具有决定的优势",因为汉口的商人"都是……宁波人,或同宁波人更接近而同广东人疏远的那些地区的人……同宁波买办在一起,便能很容易地做成蜡、烟草等生意"。① 汪显述、王伯年、蔡丕基等是汉口著名宁波帮买办。汪显述(1853—1925),字炳生,自幼丧父,后经人介绍到上海习商,并掌握了英语,引起同乡巨商叶澄衷注意,聘任为老顺记管理人员。当老顺记在汉口设立分公司后,汪显述被任命为副经理,之后升任经理。汪显述还负责叶澄衷在汉口的报关行及帆船运输公司相关业务,还以老顺记汉口分号经理身份被张之洞委任为汉阳铁政局采办员,主管该局生产资料的采购业务。基于上述经商履历,他又担任了汉口日商大阪、日清、三井、日信等公司或洋行的买办、副买办职务。② 汪显述在汉口数十年,亦官亦商,成为汉口著名工商界人物。王伯年也是镇海人,任汉口美最时洋行买办达三十年以上,深受德商信任,第一次世界大战期间,德国大班回国,全部财产表面委托荷兰总领事馆代管,而实际上由王经营。他利用该行的芝麻厂,代客加工风净芝麻和蚕豌豆等,仅收取加工费一项,一年就达15万元。战后,王伯年继续担任该行买办,他死后,买办职务由其子王芸卿继任。③

宁波帮的买办,主要由商人转化而成。其次是由教会学校毕业进入洋行或由亲戚、同乡介绍进入洋行由学徒升任买办。一旦充任买办,他们往往在短期内便能积累巨额的财富。刘鸿生在进入上海开平矿务局任职员时月薪70元,1911年任买办后,月薪200元。周宗良任德孚洋行总买办月薪300元,加上兼任其他洋行买办,年薪约万元左右。但买办收

---

① [美]郝延平著,李荣昌等译:《十九世纪的中国买办:东西间的桥梁》,上海社会科学院出版社1988年版,第216—217页。
② (民国)董祖羲纂修:《镇海县新志备稿》卷下《汪显述》;(民国)洪锡范等修纂:《镇海县志》卷27《人物传》。
③ 金善宝:《汉口的美最时洋行》,《文史资料选辑》(全国,合订本)第44辑,中国文史出版社2000年版,第168—169页。

入的最主要来源,是其自营商业行号所获利润以及监守自盗,挪用洋行特别是外商银行资金的收益。天津宁波买办王铭槐负责道胜银行银库,暗中将库存现银拿到自己开办的银号里使用,从而扩大了自营商业的经营规模,取得厚利。做买办成为积累巨额财富的捷径,被称为快发财。王韬曾说当时通商口岸"中外贸易,惟凭通事一言……顷刻间千金赤手可致"①。《定海县志》亦载:"充任各洋行之买办,所谓康白度者,当以邑人为首屈一指,其余各洋行及西人机关中之充任大写、小写、翻译(昔日通事)、跑街(曰煞老大),亦实繁有徒。曩年充任诸职者,薪资既丰,获利亦厚,故常有赤手起家至数百万金者。"②

宁波帮买办兴起的重要性,不仅在于他们积累的巨额财富,还在于他们在近代化过程中作为新型商人所发挥的经济职能。在近代中外贸易中,特别是在19世纪末20世纪初,买办行使着华洋一体的中介职能。由于买办的中介作用,中外贸易得以开展,他们把中国传统的商业行号纳入近代贸易体系中,从而使传统商业的发展有了新意义。他们在依附于西方商人、破坏中国自然经济体系的同时,又从与西方商人的交往中,了解了经营现代贸易的方法,了解了世界变化的趋势,从而改变了自身的价值观念和行为方式。杨坊不仅抛弃了中国传统陋习阻止自己的女儿缠足,甚至将女儿嫁给了常胜军的美国首领华尔,虞洽卿在清末筹办南洋劝业会时西装革履去晋见两江总督端方。更重要的是,在与西方商人的长期接触中,他们看到了投资近代企业的巨大利益,因而较早投资于轮船、纺织、机器、火柴、化工、金融等早期的新兴现代企业领域,成为资本家和企业家一体化的新式商人。

(二)进出口贸易商

在买办商人兴起的同时,进出口贸易商也得到迅速发展。因为买办商人在担任买办职务的同时,通常开设自己独立经营的商业字号,从事进出口贸易,所以买办与进出口贸易商常常是一身二任。有的则是担任若干年买办职务之后,脱离买办生涯,专营进出口贸易。宁波帮进出口贸易商与广东帮、婺源茶商、湖州丝商等是上海进出口贸易中的主要商帮。与买办乡帮力量的消长相同,在进出口贸易中,宁波帮商人的实力在开始时不如广东帮商人,但随着上海等口岸的迅速兴起和宁波帮买办

---

① (清)王韬:《瀛壖杂志》,上海古籍出版社1989年版,第8页。
② (民国)陈训正、马瀛等纂修:《定海县志》卷16《风俗》。

的显著发展，宁波帮进出口贸易商很快就在许多进出口行业中超过广东帮商人。上海"金属、染料、棉布、砂糖、机械、杂货等输入品之经营，数十年来，为宁波人绝对独占"[①]。宁波帮商人以其卓有成效的经营，在进出口贸易相关的行业中，涌现出了一批著名商业行号和经营巨子。

在五金进口行业的经营中，宁波帮商人叶澄衷和朱葆三等人经营五金业极负盛名。叶澄衷于1862年在上海虹口设立顺记五金洋杂货店，该店是近代上海最早经营进口五金的商店，后来被称为老顺记。老顺记主要经营船上五金杂货、食品、洋油、洋烛等日用洋货，由于叶澄衷在经营中以"开敏诚信"为中外商人所信任，[②]业务相当发达。1870年后叶澄衷又陆续增设南顺记、新顺记、新顺泰等五金洋货店。1883—1893年，顺记号获得美商美孚石油在华经销权，业务发展很快，"不数年大昌其业，推广分肆，遍于南北各埠"[③]。在全国各大城市，老顺记分号、联号最多时达18家之多。1894年，老顺记又经营亚细亚及俄国火油，同时扩大五金经营范围，兼营进口小轮船等业务。其业务最旺盛时，老顺记、新顺记、新顺泰三家五金店，均有百万元以上的资本。在老顺记及其各分号任经理的人员多是宁波帮著名商人，如樊芬（树勋）、王铭槐、陈协中、周星北等。叶澄衷由贫而商，由商人充任买办，进而经营五金进口业务，在其事业巅峰时期的19世纪90年代，资产总值达到白银800万两，[④]成为公认的"五金大王"。自叶澄衷经营五金大获成功之后，宁波帮商人在上海和各地经营五金业者更多。自1870到1914年，上海开设的进口五金店，大多是宁波帮商人投资。其中瑞昌顺（宁波杨氏经营）、顺利（宁波徐悉顺经营）等五金号，"凌驾乎老顺记等，资本约百万两"[⑤]。朱葆三是经营五金业的后起之秀，1878年在上海开设慎裕五金号，在同乡巨商叶澄衷帮助下，慎裕号连年获利，成为朱葆三一生事业的基础。[⑥] 由于早期五金店兼营石油产品，所以宁波帮商人在石油产品的进口经营中也十分活跃，尤其是定海籍商人实力特别雄厚。《定海县志》记载："经理煤油亦邑人特擅之

[①] 陈真、姚洛编：《中国近代工业史资料》第一辑，生活·读书·新知三联书店1957年版，第314页。
[②] 《叶澄衷传》，《上海总商会月报》第1卷第3期，1921年9月。
[③] (民国)洪锡范等修纂：《镇海县志》卷27《叶澄衷传》。
[④] 黄逸峰等：《中国近代经济史研究文选》，江苏人民出版社1981年版，第93页。
[⑤] 陈真、姚洛编：《中国近代工业史资料》第一辑，生活·读书·新知书店1957年版，第318页。
[⑥] 徐鼎新、钱小明：《上海总商会史》，上海社会科学院出版社1991年版，第12—13页。

业也。美孚、亚细亚二大公司,其各埠分销处,几十之六七由邑人承办。"①

宁波帮商人经营颜料进口业务以鄞县秦氏家族和周宗良最为著称。鄞县秦君安在鸦片战争后不久便到上海经营洋靛业,成为巨富。第一次世界大战期间,秦家通过经营颜料积累了更多的财富。周宗良(1876—1957),其父是宁波的一名牧师,并经营一家漆店。周宗良幼年就读于宁波著名的教会中学——斐迪中学,毕业后入宁波的海关任职,旋即转入德商爱礼司洋行设在宁波的美益颜料号任翻译。1905年,周宗良到上海任德商谦信洋行跑楼,1910年升任买办。谦信洋行是德国在华推销颜料的最大洋行,周宗良任该行买办,对此后其在颜料业中的发展至关重要。第一次世界大战爆发后,谦信洋行大班回国,离沪前将该洋行全部不动产委托周宗良代为匿名保管,并把栈存颜料折价赊给周宗良。一战期间,颜料来源中断,价格扶摇直上,高于战前十几倍甚至上百倍,周宗良骤获巨利,成为上海豪富。一战结束后,德商恢复在华业务,周宗良由于成功保管谦信洋行不动产而更受重用。1920年周宗良与号称"上海首富"的苏州籍颜料商贝润生改组谦和靛油号并担任副经理,在全国广设推销机构,建立了谦信燃料推销网。1924年谦信洋行等经营颜料业务的德商洋行合并成为德孚洋行,周宗良名义上是该洋行五个买办之一,由于深受洋行大班信任,实际上相当于总买办。在全国各大城市为德孚洋行设立分支机构的同时,周宗良将自己经营的谦和靛油号分支号由几十个增加到200多个,形成销售网。1930年他又独资创办周宗记颜料号,包销德孚颜料,并购置德孚洋行股票,成为该洋行董事。周宗良任买办35年,并从事相关的颜料进口销售业务,积累财富400多万元美金。除此之外,鄞县蔡氏也在第一次世界大战中经营颜料,获得巨额财富。

洋纱、洋布是西方打开中国市场最重要的商品之一,宁波帮商人则从一开始就在经营洋纱洋布中起到了重要作用。1853年前后宁波帮商人在上海已有恒兴(资本2000两)、大丰(资本3000两)、增泰(资本10000两)、协泰、时和等洋布店经营进口洋布。这几家洋布店都是1858年成立的上海振华堂洋布公所的成员,经营批发兼零售业务。其中大丰洋布店,是当时上海最大的专营英美进口布匹的原件批发字号,老板为

---

① (民国)陈训正、马瀛等纂修:《定海县志》卷16《风俗》。

宁波翁某,基本上包销了英商泰和洋行进口的全部洋布,并聘湖州人许春荣任经理,许善于经营,因而业务相当发达。据从业人员回忆,大丰洋布号当时每年营业额在200—300万两,年结盈利常在3—4万两银子上下。宁波帮商人孙增来开设的增泰洋布店,独家经销英商祥泰洋行进口的金洋钱牌漂布和登台拜将牌花布匹,所获利润也十分丰厚。由于他们与洋行关系密切,掌握大量货源,转手向各大客帮推销,因此业务发展很快。① 在向其他口岸的洋布转口贸易中,宁波帮商人也很活跃。如在天津开埠之初,天津商人经营的棉布一般由常住上海的代理商供应,但由于这些代理商不会讲英文,因而主要"通过中间商——通常是宁波人——从外国人那里买到这类物资"②。在棉纱经营方面,鄞县籍商人陆懋德(字竹坪),是清末民初上海著名纱业商人,在上海南市设有懋昌纱号,曾任上海纱业公所的议董、董事长等。宁波帮纱商徐庆云,是上海三大纱业巨头之一。

宁波鄞县籍蔡氏和卢氏以经营玻璃业著称。蔡氏家族在1840年前就开始商业活动,1840年以后发展更快,是宁波望族,所谓甬上蔡、杨、屠三姓,并称富足。③ 蔡筠(字岘台)自幼习贾,"以货殖致富,在家乡以2000亩地建义庄"④。其长子蔡鸿仪,"不喜举子业,尝以资郎应北洋大臣李鸿章之招,创立纺织机器厂于上海,中国设厂自装(制)棉纱实鸿仪始也。旋又会办电报局,亦创举也。皆能称其职"⑤。蔡鸿仪还创办了宁波禾盛碾米厂、禾盛烟公司等。蔡筠次子蔡鸿鉴,"喜书,收藏极名贵,世称墨海楼藏书,后卢氏抱经楼故物及镇海姚复庄所藏皆归之。于是墨海之名不亚于天一阁"⑥。1879年,蔡氏族人蔡仁茂在上海虹口创设蔡仁茂玻璃洋铁铺,经营配划玻璃和其他业务。1884年蔡仁茂之子蔡同伦继承父业。1905年蔡同伦病逝后,其子蔡体鏊(1877—1934),字仁初,接手经营。此

---

① 上海市工商行政管理局编:《上海市棉布商业》,中华书局1979年版,第10—11、25页
② 聂宝璋编:《中国近代航运史资料》第1辑(1840—1895),上海人民出版社1983年版,第540页。
③ 《宁波派捐》,《申报》1879年1月8日。
④ (民国)张传保、赵家荪修,陈训正、马瀛纂:《鄞县通志》第四《文献志》,宁波出版社2006年影印本,第636页。
⑤ (民国)张传保、赵家荪修,陈训正、马瀛纂:《鄞县通志》第四《文献志》,宁波出版社2006年影印本,第636页。陈旭麓、顾廷龙、汪熙主编的《盛宣怀档案资料选辑》之六《上海机器织布局》(上海人民出版社2001年版,第31、68页)收录了盛宣怀为上海机器织布局事致郑观应、蔡鸿仪等函以及蔡鸿仪等人致盛宣怀函,说明蔡鸿仪确实参与了筹办上海机器织布局的活动。
⑥ (民国)张传保、赵家荪修,陈训正、马瀛纂:《鄞县通志》第四《文献志》,宁波出版社2006年影印本,第636—367页。

时蔡仁茂号已经成为上海玻璃同业中的著名店家,通过洋行从比国进口玻璃,加上蔡体鏊精于核算,经营有方,业务非常发达,得利丰厚。第一次世界大战期间,玻璃来货中断,而蔡仁茂号因存货多,大获厚利,市面上"几非蔡氏物不得也,利什佰于曩所业,业乃猛增,为一市冠冕"[①]。一战后,该号资本增加近百万两。后该号在比国派驻人员设立座庄直接订货。卢氏也是宁波商业家族,清代中叶就已颇有声势,近代族人转营洋货业者不少。卢绪延(1903—?),字大章,自幼到上海学玻璃五金业,深受重用,后自创玻璃五金号,营业发达,曾任上海玻璃五金业同业公会理事长。

军火军械进口业务在近代有日益扩大的趋势,宁波帮商人经营该项业务由来已久。如慈溪林奎(字耕堂),自幼到上海经商,经营洋货业,通英文。同治元年(1862),清军李朝冰部驻上海,林奎被委派为随营采办,成为亦官亦商的人物,经手清军步兵及兵舰应用器械的采购。后林奎脱离官场,被叶澄衷派往汉口主持老顺记分号业务。[②] 像王铭槐、严蕉铭等都是有名的军火买办商人,在甲午战争前后大做军火生意,获得厚利。

西药业最初主要由外商经营,20世纪80年代后,渐有华商创办西药商号,此后发展成一个新的行业。宁波帮商人本来就有经营药业的传统,也积极投资于西药业的经营。1889年创办的上海华英药房是较早的华商药房之一,其股东中就有宁波帮买办商人朱葆三、虞洽卿和洋务派官员出身的严信厚。严信厚还是1894年创立的上海中英药房的主要合伙人之一。1890年,余姚人黄楚九在法租界创办中法大药房,经营西药并自制中成药,1927年当选上海新药同业公会主席。1927年慈溪人陈升海创办上海天华药房,后发展为有三个支店的中型西药企业,年营业额常达30—40万元。鄞县人史致富,西药房学徒出身,1933年创办上海万国药房,初期资本较小,1937年增为12万元,规模扩大,营业较为发达,在重庆、南京、天津等处设有支店,史致富成为上海西药业中的重要人物,曾担任上海新药同业公会的理事长。

宁波帮商人经营钟表眼镜业也很著名。咸丰年间有鄞县孙廷源(1844—1919),在宁波江北通商口岸创设万卷书钟表店,经营进口钟表,并从事仿制。后业务扩展到上海,由其子孙梅堂主持经营。孙梅堂担任

---

① (民国)蔡载武、蔡和铿等修纂:《鄞东蔡氏宗谱》卷首《仁初事状》。
② (民国)林耘堂等修纂:《慈溪林氏宗谱》卷7《先君林耕堂公行述》。

洋行买办,于光绪二年(1876)改万卷书钟表店为美华利钟表店,营业相当发达,在全国各地广设分号,①是钟表业中的著名商号,孙梅堂成为著名的钟表大王。眼镜钟表行业中的著名商号亨达利、亨得利也与宁波商人有关。亨达利洋行本是1864年由法商霍普创办于上海的一家钟表首饰行,经营钟表及百货,是一家非常有名的洋行,②在天津、汉口等地有其分行。③ 19世纪末,该洋行由德商礼和洋行接盘,主持人拔都,买办为虞芗山,跑街为孙梅堂。1914年拔都回到德国,亨达利由虞芗山接盘,孙梅堂附股。④ 1917年,虞芗山退出股份,宁波帮商人孙梅堂的美华利钟表行接办。⑤ 接办后,孙梅堂等人就把亨达利迁到南京路,专业经营钟表,营业得到迅速发展。⑥ 到20年代末美华利钟表行以上海为中心,在全国设立制造所和门市店多达26处,见下表。

美华利钟表行相关厂店

序号	名称	创设时间	所在地	备注
1	宁波美华利	1876年	浙江宁波	万卷书钟表店改组而成,1905年改为宁波美华利分行
2	宁波美记行	1914年	浙江宁波	
3	上海美华利第二所	1902年	上海英租界河南路	美华利总行,1913年以上海美华利第二所一部分为南号,1920年以南号改为第二发行所
4	宁波美华利钟表工厂	1905年	浙江宁波	用手工制造各种时钟,1917年迁往上海杨树浦
5	上海美华利时钟制造厂	1915年	上海闸北天通庵镇	采用机器生产时钟,产品日益精美。1920年在上海北京路设首饰厂,隶于时钟制造厂。
6	上海美华利第三所	1908年	上海英租界南京路	1913年为北号,1920年以北号为第三发行所
7	上海美华利第四所	1920年	上海南市小东门大街	

---

① (民国)孙礼彪等纂修:《鄞县北渡村孙氏宗谱》卷12《孙翁廷源墓表》。
② (清)葛元煦:《沪游杂记》卷二载:"西人所开洋货行以亨达利为最著,专售时辰寒暑风雨各式钟表、箫鼓丝弦八音琴鸟匣、显微镜、救命肚带及一切要货,名目甚繁。"
③ (清)张焘:《津门杂记》(卷下)载:"亨达利洋行,兼卖钟表、八音、寒暑风雨表、显微镜等各色洋货。"
④ 达文:《钟表元老亨达利》,见吴汉民主编:《20世纪上海文史资料文库》(4),上海书店出版社1999年版,第270页。
⑤ 《美华利钟表行营业发达史》,《宁波旅沪同乡会月报》第75期,1929年10月,《工商业丛载》第2页。
⑥ 郭绪印:《老上海的同乡团体》,文汇出版社2003年版,第511页。

续表

序号	名称	创设时间	所在地	备注
8	天津美华利分行	1917年	天津日租界旭街	
9	天津美华利门庄部	1921年	天津日租界旭街	
10	杭州美华利分行	1914年	杭州城站羊市街	
11	北京美华利分行	1920年	北京前门外陕西巷	
12	济南美华利分行	1922年	济南商埠二马路	1920年派山东营业专员坐镇胶、济二埠。
13	武昌美华利分行	1924年	武昌南楼前街	1913年总号派湖北营业专员坐镇汉口
14	南京美华利分行	1924年	南京府东大街	
15	上海亨达利	1917年	上海南京路河南路交叉口	本年接盘上海亨达利,美华利钟表行总行迁至亨达利二楼
16	南京亨达利分行	1924年	南京黑廊大街	
17	上海时中	1917年	上海南京路	
18	北京时中分行	1923年	北京大栅栏路北	
19	上海惠林登	1918年	上海南京路	
20	杭州惠林登分行	1920年	杭州荐桥街口水漾桥下	
21	上海太平洋	1920年	上海南京路	
22	天津太平洋分行	1920年	天津日租界旭街	
23	北京太平洋分行	1921年	北京廊坊头条	
24	汉口太平洋分行	1923年	汉口后城马路歆生路	
25	上海华盛顿	1923年	上海南京路	
26	汉口华盛顿分行	1923年	汉口一码头	

资料来源:《美华利钟表行营业发达史》,《宁波旅沪同乡会月报》第75期,1929年10月,《工商业丛载》第1—5页。

由于孙梅堂在其他方面经营失利,1926年由美华利董事奉化人毛文荣(号茂生)出任上海亨达利钟表总行董事长兼总经理,并任上海钟表商业同业公会理事。上海亨达利钟表行为扩大业务,增加股份,于1933年

5月2日召开会议,改组为股份有限公司,通过公司章程,选举孙梅堂、谢其纲、毛文荣等为董事,组成董事会,选举陈文生等为监察人,到7月12日完成登记手续。① 亨得利钟表眼镜行由宁波鄞县籍商人应启霖、庄九泉等在1873年创办于宁波,初期以修理钟表为主要业务。20世纪初该钟表行总店迁移到上海,并开始销售进口钟表,规模日益扩大。1928年,亨得利钟表眼镜行改组,鄞县樟树村人庄鸿皋(号守久)任总行经理,最多时全国分支机构达64家之多。② 庄鸿皋后又兼任大明钟表眼镜总行、中国联合眼镜公司的总经理。现在不少城市还可以看到亨得利、亨达利眼镜店的招牌,只不过已经不是宁波帮商人在经营了。

综上所述,在1840年后的新形势下,宁波人在上海的人数激增,生意基础更加扩大,而且与西方商人建立了互相信赖的良好关系,所谓"宁波人之在上海者,多与夷人交好"③。由此,宁波帮商人中迅速兴起了以买办和进出口贸易商为主体的新式商人。到20世纪80年代前后,宁波商帮中的新式商人已成为近代宁波商帮的主体部分和核心势力。宁波帮新式商人在担任买办等职务从事进出口贸易的过程中迅速积累了巨额的货币财富。镇海方氏家族的方性斋,人称方七先生,鸦片战争后从事进出口贸易,"一二十年间,积资数百万,兼营钱业,分列南北市,远至汉皋"。杨坊、叶澄衷、周宗良、徐庆云、徐懋棠、王铭槐、刘鸿生、朱葆三、虞洽卿、袁履登、朱志尧、傅筱庵等人,无不以买办兼营自营工商业成为巨商豪富。新式宁波帮商人对西方商人存在事实上的依附,使他们在把中国传统商业纳入近代资本主义国际贸易体系以及破坏中国自然经济方面,做得较为成功。由于新式商人在与西方商人的经济交往和人际交往中,逐渐掌握了近代国际贸易的方法,价值观和行为方式也由此发生了根本的变化。他们已经能够清楚地看到经营近代工业的巨大利益。这些集财富和近代知识于一身的新式商人,他们能够打破中国商人传统的发展模式,在中国经济早期现代化事业中扮演了先驱者的重要角色。

二、传统行业的发展和蜕变

鸦片战争后,宁波帮商人经营的传统行业出现了相当大的起伏。有

---

① 上海市档案馆编:《旧中国的股份制》,中国档案出版社1996年版,第393页。
② 崔松泉等:《上海钟表工商业史话》,见上海市政协文史资料委员会编:《上海文史资料存稿汇编》(6),上海古籍出版社2001年版,第126页。
③ (清)段光清:《镜湖自撰年谱》,中华书局1997年版,第192页。

些行业如钱庄业、旧式帆船业、民信业等在获得一度发展之后,最终不可避免地走向衰败。有些行业如成衣业、木工行业等经过一番变革后获得了新的活力。药业、首饰业、渔业、日用百货业等则获得了持续的发展。传统行业的蜕变、维系和发展,成为宁波商帮得以转型的一个重要基础。传统行业在积累资本、培育人才、建立商业网等方面,为宁波商帮的近代化转型提供了丰富的养料。

(一)帆船运输业

清政府实施的漕粮海运政策以及五口通商后贸易规模的扩大,太平天国时期宁波港口的特殊地位,上海的兴起等,使宁波帮商人经营的帆船运输业出现了繁荣局面。其中又"以北洋商舶为最巨,其往也,转浙西之粟,达之于津门;其来也,运辽燕齐莒之产,贸之于甬东,航海万里,上下交资"[①]。到清咸丰同治时期,"上海沙船坐港者常有七八百号,宁船也数百号,每年统计进口沙宁船何止六七八千"[②]。慈溪、镇海经营帆船运输的除费氏、董氏、小港李氏外,又有林氏、傅氏等家族先后兴起经营船运业,林氏、傅氏兴起于咸同之际,林氏林中岳"以帆船起家"。其子林礼孝(字本初)兄弟继承父业,"竞造巨舶贸易登莱、辽沈间"[③]。傅鼎基卒于同治时期,71岁,业船商,"与林君中岳同时崛起,其后辗转仿效,帆船之盛甲于四明,而两家食其利最久,至今犹并称林傅云"[④]。宁波帮船商在上海原建有天后行宫,1853年上海小刀会起义,该会馆被毁。1855年宁波帮号商董椿记、方镇记、李慎记、赵钜康等集资重建该会馆,1859年建成并改称浙宁会馆。[⑤] 宁波慈溪、镇海的9家北号商人在1850—1853年耗资10万修建天后宫及庆安会馆,"辉煌煊赫,为一邑建筑冠"[⑥]。镇海的商船,行驶北洋航线者称北船,结成北帮,常运蜀楚等地棉花、牛骨、坑沙等;行驶南洋航线者称为南船,结成南帮,常运糖、靛、板果、胡椒、药

[①] (民国)张传保、赵家荪修,陈训正、马瀛纂:《鄞县通志》第五《食货志》,宁波出版社2006年影印本,第216页。
[②] 《申报》1889年6月28日。
[③] (民国)王容商:《容膝轩文集》卷5《林本初家传》。
[④] (民国)王容商:《容膝轩文集》卷5《傅鼎基家传》。
[⑤] 吴馨、姚文楠等修纂:《上海县续志》卷3《建置·会馆公所》。该项材料还记载:光绪七年,宁波船商方镇记、新记、镇康三家负责,扩建浙宁会馆大殿、戏台、看楼等,历时三年完成。
[⑥] (民国)张传保、赵家荪修,陈训正、马瀛纂:《鄞县通志》第五《食货志》,宁波出版社2006年影印本,第216页。

材、海蜇、杉木、尺板等货物。① 这一时期宁波商船帮的代表人物为李也亭。咸丰时清政府办理海运漕粮,浙江漕粮海运以宁船为主力,上海沙船协运,在管理上由清政府地方当局委托李也亭负责其事。到同治时,浙省海运局在上海成立,负责浙江省漕粮海运事宜,专用宁波船,由轮船协运,负责者依然为李也亭。② 宁波帮帆船运输业在发展的同时,也悄无声息地有了变化,以适应新的形势。

显著的变化之一,是宁波帮商人经营的帆船纷纷挂起了西商旗号。1861年的关册记载,仅上海一个口岸,在该年下半年中,就有193只悬挂英国国旗、129只悬挂美国国旗及50只悬挂其他国国旗的"宁波小船和汉口沙船"。③ 上海黄浦江上由宁波、闽广人经营的舢板,也"咸假西商旗号"④。变化之二,是宁波帮商人经营的帆船受雇于西方商人,代其运输货物。1864年李鸿章给总理衙门的报告中说到当时的一种关照船,这种船"系宁波白壁壳钓船,并非外国船只,多系洋商雇用,往来上海、宁波二处,驳运货物,在新关报完税钞,别处均无此项船只"⑤。变化之三,是宁波帮商人雇买洋商火轮夹板船只的情形日益增多。夹板船是一种简易的机帆船,这种船有西洋式的船体和风帆、中国式的索具、固定或转动的齿轮等,载重180吨,每艘船价在墨银4500元左右。⑥ 19世纪60年代,华商为免遭厘金盘剥以及海盗袭击等困扰,往往雇买洋商火轮夹板船只,写立笔据,并托洋行出面,到领事衙门呈报备案,领取船牌行驶。这些船只在营运中,用外国船牌、旗号。方氏家族就用夹板船往来于汉口、上海间运输货物。⑦ 从一些资料看来,宁波帮商人在使用夹板船运输方面取得了显著成效。史料记载,晚清以后"长江之夹板船航运,皆属宁波商人所经营,其所输入品为棉纱、棉布、绸缎、海产物等,其输出品为杂粮、黄豆、桐油、芝麻、棉、米等类,年贸易额约三千五百万至四千万"⑧。宁波帮商人的这些变化,一方面使其对西方商人产生了一种依附的关

---

① (民国)洪锡范等修纂:《镇海县志》卷6《关税》。
② (清)俞樾:《春在堂杂文》3编《李也亭墓志铭》;吴馨、姚文楠等修纂:《上海县续志》卷2《建置上》。
③ 聂宝璋编:《中国近代航运史资料》第1辑,上海人民出版社1983年版,第1327页。
④ (清)毛祥麟:《墨余录》卷8《西商租地》。
⑤ 台北"中央研究院"近代史研究所编:《海防档》甲卷《购买船炮》,台北"中央研究院"近代史研究所1957年版,第908页。
⑥ 唐振常主编:《上海史》,上海人民出版社1989年,第239页。
⑦ 中国人民银行上海市分行编:《上海钱庄史料》,上海人民出版社1978年版,第730页。
⑧ (民国)侯祖畲等修纂:民国《夏口县志》卷12《商务志·商团组织》。

系，另一方面使其在一定时期内获得了发展。从这里可以看出历史发展中的复杂与多样性的特征。

一部分仍在经营沙船业的船商也有了一些变化。清咸丰同治以后，宁波帮沙船号放弃原来"北行为放空，南返为正载"的经营传统，开始注重南通土布北运业务。宁波帮商人由于有上海钱庄业作后盾，因而在资金调度等方面占有很大优势，于是逐渐在土布购销中形成了一套宁波商帮特有的凭折垫款的办法，提高了竞争力。当时南通土布业发展迅速，特别是自1884年后出现了各种大尺布（采用洋经本纬织成的土布，与尺套布比又长又宽）牌号。这些牌号的土布虽销路较好，但由于是新牌子，客商买主不敢大量购进。于是卖方为扩大业务负责包价，称为包码，即保证在定码（不同的布牌所定包码的码数不同）内，布牌跌价则照数赔偿，又称为定码包盘。宁波商帮介入土布北运业务后，经过与捐客协商，由其协同通海地区的土布卖方庄客，将布牌码折先行寄出，由捐客交与宁波帮号帮，由号帮按照码折付给庄客临时垫款。这样，那些代宁波商帮收货的庄客资金充裕，能够组织充足货源。同时宁波帮商人附设捐客字号，组织土布收购。通过一系列办法，宁波商帮很快就在南通土布业的运销中超过山东帮商人居于主要地位。如宁波镇海李氏家族开设的久大沙船号，咸丰时期曾一度改为同康，代山东帮商人运货，同治时恢复久大号。鉴于南通土布在东北市场的扩大，久大号开始向土布运输业方向发展。1889—1890年后久大号改为新记号，由李泳裳任经理，有帆船9艘，往来于上海和营口之间，去时装运南通大尺布，回时载豆饼、油等货物。由于资金雄厚，营业发达，曾附设仁元捐客号。1897年后久大号又培植和慎昌捐客号，为其代收布货，提货装船，并办理定码包盘、凭折垫款等手续。宁波人梁文臣的镇康号，有帆船6艘，业务与久大、新记相同，与捐客号顺记、和慎昌有联系。在南通土布销路最旺时，专门的运输帆船有30多艘，其中宁波帮帆船就有15艘，其他均为散帮，无力与宁波帮土布运销商相抗衡。[①]

总的看来，宁波商帮经营的帆船运输业在经过清咸丰同治时期的短暂繁荣之后，迅速走向了衰落，衰落的原因首先是外商船只享有不平等条约规定的特权，宁波帮船商只能在不平等的基础上与之竞争。其次是

---

① 林举百：《近代南通土布史》，张謇与南通研究中心1984刊，第77—79页。

旧式帆船本身在组织上、技术上远远落后于轮船。到清光绪中后期,宁波帮帆船运输业已经基本上退出了沿海船运业。在这个过程中,宁波商帮开始经营夹板船和少量的轮船运输。

(二)钱庄业与票号

宁波帮商人经营的传统商业中,钱庄业在近代获得了显著的发展。由于上海开埠后迅速发展成为全国商业和对外贸易中心,贸易规模获得了惊人的增长。在这种增长中,得益最大的当然是外商银行,而外商银行业务的扩大正是通过钱庄才得以实现的。没有钱庄的合作,外国银行便无法深入渗透到中国市场。同时,上海钱庄由于资本薄弱,也需要外商银行资金的注入以扩大经营规模。于是,在19世纪60年代末,通过买办,利用钱庄原有的庄票和新创的拆票制度,外商银行与上海钱庄建立了密切的业务往来关系。所谓钱庄庄票是钱庄开出的一种延期支付的期票(一般5—10天)。例如当一个华商想购买外国进出口商的货物又缺乏现金时,可以在有往来的钱庄开出一张面额等于购货款的庄票,交给进出口商,由其存于上海的外商银行,外国进出口商即可据此发货。这样华商与外商的关系,就变为钱庄与外商银行的关系。外商银行之所以接受庄票是因为有买办担保。在庄票到期之前,华商将现金付给钱庄,钱庄则结清存于外商银行中的借据,这种信用形式在近代上海十分流行。当时钱庄庄票,"全市通行,视同现金,凡向洋行出货,银行买汇,以及各种交易之交割,莫不规定须以汇划庄票为之"[①]。拆票则是外商银行对钱庄的信用放款,这种放款的期限很短,通常是两日一结,如果外商银行需要,还可以随时要求归还。通过拆票,外商银行将资金源注入钱庄,使钱庄成为其附庸,而钱庄则因此得以扩大经营规模。这样,在上海开埠后,钱庄业很快就被纳入到外商主导的市场体系和金融体系之中,在对外贸易中发挥了重要的作用。

开埠后的上海钱庄业中,主要有宁波帮、绍兴帮、苏州帮(或苏州洞庭东山帮)、镇扬帮、上海帮(本地帮)、广东帮等。其中宁波帮、绍兴帮钱庄实力最为雄厚。钱庄业投资不多却获利丰厚,钱庄的开设资本一般只需要3—5万两(元),每年却可以获利1.2—1.3万两(元)[②]。因为创设

[①] (民国)秦润卿:《五十年来上海钱庄业之回顾》,《五十年来之中国经济》,中国通商银行1947年编印,第79页。

[②] 《申报》1874年9月23日。

不难，获利可观，特别是在上海钱庄业中有根深蒂固的传统经营势力，所以许多从事买办和对外贸易发家致富的宁波帮商人也纷纷投资于钱庄业或扩大钱庄业的经营规模。镇海方氏、叶氏、鄞县秦氏等家族，都以经营进出口货物或充任买办发家，投资于钱庄业。镇海李氏、慈溪董氏等家族以经营沙船业发家，也投资于钱庄业。买办商人徐庆云、徐承勋、徐懋堂、刘鸿生、周宗良、孙梅堂等都在钱庄业中有相当规模的投资。还有一些宁波帮商人，资本不多，看到市场对于钱庄业的需求旺盛，也争相开设钱庄，"但有店东招牌即可向场上答应"，居然也能"骤然获利"。① 钱庄还参与银洋买卖，"卖空买空，皆宁波人为之，俗呼为滩先生"②。1883 年发生金融危机，上海钱庄业各帮格局发生了更加有利于宁绍帮的变化。苏州、镇江等江苏帮钱庄在继广东帮钱庄之后，也被宁绍帮为主体的浙江钱庄商人压倒。自此以后，宁绍帮钱庄得以"着着进展，而确保其独占的地位"③。近代上海有 9 家显赫的钱庄资本家家族，其中镇海方氏、李氏、叶氏、慈溪董氏、鄞县秦氏等 5 家都是宁波帮钱庄家族。宁绍帮钱庄商人长期牢牢地控制着上海的钱庄业。直到 20 世纪 20—30 年代，依然如此。1921 年上海有 69 家汇划钱庄，其中宁绍帮占 53 家。1933 年的 72 个汇划钱庄中，宁绍帮占 53 个。④ 就宁绍帮钱庄而言，宁波帮又强于绍兴帮。正如秦润卿所说："当时绍帮诸庄，大都为别帮资本家所投资；宁帮则本帮资本家投资者，比较略多。此盖当地人士之财力不同使然也。"⑤由于宁绍帮商人财力雄厚，经营有方，所以上海钱庄业中的领袖，基本上全是宁绍帮商人。晚清时期上海钱庄业中的宁波帮领袖有赵朴斋、张宝楚、庄尔芗、冯泽夫、袁联清、李墨君等人；绍兴帮钱庄领袖有经芳洲、胡小松、陈笙郊、屠云峰、王冀生、谢纶辉等人，"皆一时之选，备乎人望"⑥。赵朴斋，名立诚，号惟一，鄞县人，自幼学商，五口通商前就到上海经营钱业，是上海钱业会馆中最早的宁波帮董事，"商界推为巨擘"⑦。同治间，他还参与了海运漕粮的沿海航运业，⑧对于李氏家族的沙船航运

---

① 《申报》1875 年 11 月 11 日。
② 《申报》1886 年 11 月 9 日。
③ 陈真、姚洛编：《中国近代工业史资料》第一辑，生活・读书・新知三联书店 1957 年版，第 770 页。
④ 中国人民银行上海市分行编：《上海钱庄史料》，上海人民出版社 1978 年版，第 53 页。
⑤ 中国人民银行上海市分行编：《上海钱庄史料》，上海人民出版社 1978 年版，第 35 页。
⑥ 中国人民银行上海市分行编：《上海钱庄史料》，上海人民出版社 1978 年版，第 53 页。
⑦ （清）盛炳纬：《养园剩稿》卷 1。
⑧ （清）孙德祖：《寄龛文存》卷 2《朴斋先生家传》。

事业帮助很大,同时也使自己经营的钱庄业得到比较大的发展,是上海钱庄业和沙船业中的著名人物。张宝楚曾任上海钱业董事,与当时上海宝顺洋行副买办徐润关系较密切,曾为同业钱庄向徐筹借大宗款项。① 冯泽夫鉴于当时钱业往来现金的授受没有凭证,只靠信用,易于引起纠纷,"首创回单制度,以便勾稽,同业称便"②。袁联清与绍帮谢纶辉于1900年与西商成功地议定了对外商银行往来汇划庄票隔日付现的方法。③ 这种方法使钱庄可以利用隔日的便利,迅速调动资金,以免倒闭,对保护同业有重要意义。民国时期宁波帮钱庄商人秦润卿任上海钱业公会主席、副主席近20年,带领钱业向近代资本主义经营方式转变,是钱庄业最著名的领袖人物之一。宁波商帮在上海的钱庄还通过各种方法将影响扩展到杭州、汉口以及江南市镇上。

钱庄业在宁波本地同样获得了显著发展,清同治三年(1864)时,宁波已有和源等36家大同行钱庄。同治五年又添设谦益等4家。宣统时期,宁波共有大小同行钱庄70家。民国初年达到80家。④ 1931年,宁波的大小钱庄竟达到160家之多。其中大同行42家,整个钱庄业资本达到3866000元。⑤ 宁波钱庄分为大同行、小同行、现兑庄三类,这种分类与宁波特有的过账制度有密切关系。约在清道光末年和咸丰初,宁波钱庄商人就已创立过账制度。咸丰二年(1852)鄞县知县段光清发布的布告中就提到"甬江过账钱"⑥。太平天国期间及以后,过账制度在宁波广为流行,被商人和社会普遍接受和使用。宁波也因此被称为"过账码头"。过账有多种类型,如经折过账(用于个人存款)、信札过账(用于与各乡镇钱庄间的过账)、盖印过账(用于特殊情况下的即时过账)、同过账(用于两个存户在同一钱庄过账)、轧字过账(用于两笔款有连带关系的过账)。其中,使用最多的是账簿过账。其方法是,商人事先选定一家钱庄为自己的代理庄,大同行(可以直接过账),小同行(通过大同行过账)都可以,

---

① 中国人民银行上海市分行编:《上海钱庄史料》,上海人民出版社1978年版,第16页。
② (民国)秦润卿:《五十年来上海钱庄业之回顾》,《五十年来之中国经济》,中国通商银行1947年编印,第75页。
③ 中国人民银行上海市分行编:《上海钱庄史料》,上海人民出版社1978年版,第58、496页。
④ 浙行:《宁绍钱业之今昔观》,《中行月刊》第7卷第2期,1923年8月。
⑤ (民国)张传保、赵家荪修,陈训正、马瀛纂:《鄞县通志》第四《文献志》,宁波出版社2006年影印本,第1322—1323页。
⑥ (民国)张传保、赵家荪修,陈训正、马瀛纂:《鄞县通志》第五《食货志》,宁波出版社2006年影印本,第72—73页。

并在该钱庄领取过账簿。买卖双方将生意谈妥后互报代理庄名号,并把各自应收付款项抄入过账簿,在规定时间内送到有关钱庄。次日收款钱庄对过账簿进行核对,如无差错,就由值日钱庄根据情况,将有关联的收付款项轧平,过账即告完成。可见这种过账制度,就是商人在交易中不用现款,通过钱庄用过账办法了解收付款项的制度,实际上是一种汇划制度。过账制度的创立和普及,节省了商人之间用于流通的实际货币数额,省去了鉴别钱币真假及搬运的许多麻烦,而且交易中银钱往来出现的差错也易于查询。同时由过账而产生根据市场银根松紧而发生的现升(现金与过账簿之间的一种差额),使商人在利用过账制度交易时,必须计算现升,从而有助于宁波帮商人养成精密计算的习惯,"宁波人之望其子弟成一良好商人者,每使之一度为钱庄之学徒",因为受到过账制度的训练可以使人在此后的经商实践中"精明干练"。过账制度在宁波的普遍应用,被认为是宁波帮商人与其他商人相比,"常居于优越地位"的重要原因之一。① 过账制度的采用,使宁波钱庄业务得以扩大,钱庄资本虽在3—6万元之间,但营业额"有自三十万到五十万以达百万者"②。过账制度还使以富裕著名的近代宁波产生了大量的过剩资本,使宁波钱庄有实力向上海、汉口等地进行长期放款。放款最旺盛时,"仅就上海一埠言之,已得二三千万元之数"③。

在钱庄业的经营获得显著发展的同时,宁波帮商人还渗透到票号行业中,打破了山西商人垄断票号业的局面。晚清时期的南帮票号中,最著名的有两家。其一是苏州洞庭山席氏家族与安徽合肥李氏家族合办的义善源票号,另一家就是宁波商帮巨头之一严信厚创办的源丰润票号。严信厚(1838—1907),字筱舫,慈溪人,读过私塾,初在宁波一个小钱庄当学徒,后结识杭州富商胡光墉(雪岩),并由胡推荐给李鸿章。时值清同治初年,严信厚作为李幕僚随清军攻克湖州。后李鸿章受命镇压捻军,严信厚被李委派在上海襄办饷械。李鸿章任直隶总督兼北洋大臣时,严又被委派为长芦盐务督销、天津盐务帮办等职,并自设同德盐号,经营河南沈丘、太康、扶沟、郾城等四县运盐引岸,"以盐务起家"。④ 严信

---

① [日]有本邦造:《宁波之金融制度》,《钱业月报》卷12第4号,1932年4月。
② 半僧:《宁波钱业概况》,《钱业月报》卷1,第2号,1921年2月。
③ (民国)张传保、赵家荪修,陈训正、马瀛纂:《鄞县通志》第五《食货志》,宁波出版社2006年影印本,第246页。
④ 《严信厚传》,《上海总商会月报》第1卷第1号,1921年7月。

厚此时亦官亦商,有财有势,遂创立源丰润票号,①资本 100 万两以上。后严信厚回到上海,遂将票号总号设于上海,在各大城市设立分号 17 处,主要经营汇兑及达官贵人放款业务,"局面宏大,为中外所信用"。严信厚原本从 19 世纪 60 年代就开始通过源通海关官银号,经手上海道进出公款。②清末上海赔付各国款项每年有一千几百万万两,而以上海为总汇,源通海关官银号业务繁巨可以想见。源丰润票号与源通海关官银号资金相互挹注,"其势力之雄厚,几与西号等"③。甚至有人说"其势力不在大清、交通(银行)之下"④。严信厚病逝后,其子严子均(义彬)继承父业,长袖善舞。1910 年上海发生橡皮股票风潮,银根骤紧,源丰润总分各号遂宣告倒闭,共欠公私款项 2000 余万,"影响所及,牵动全国"。天津宁波帮买办王铭槐发家后,曾经在北京、天津及东北的沈阳、铁岭、牛庄等地,开设了 20 余家胜字号钱庄,经营汇兑业务,并与源丰润票号衔接,形成了一个庞大的汇兑网。镇海叶澄衷也设有大庆元票号(银号),总号在上海,天津等地设有分号。

宁波商帮经营的以钱庄业为主的传统金融业,长期与银行并行不悖,并驾齐驱。但是钱庄业毕竟有诸多局限和弊端,导致其最终走向衰败。钱庄业衰败的趋势到清末由于近代银行的兴起而加速。特别是 1910 年的金融风潮和 1911 年辛亥革命的动荡局面,使宁波帮钱庄大受打击,宁波商帮董氏、李氏、叶氏等钱庄家族在上海的钱庄全部停业。风潮过后,才又相继开办。1935 年金融风潮又起,宁波帮钱庄业作为一个重要的行业最终衰落。

(三)民信业

据《鄞县通志》载,宁波帮商人经营的民信业在清道光、咸丰、同治以迄光绪初年最为兴盛。"当时全国大小信局无虑数千家,其营业范围除国内各都会市镇外,且远及于南洋诸岛,而吾甬帮实执其牛耳。"⑤徐珂在《清稗类钞》中也记载:"自同治初,粤寇乱平,而信局之业乃大盛,其主其伙,大都皆宁波人,东西南北,无不设立,水路以舟,陆路以车。南北交通

---

① 天津市档案馆等编:《天津商会档案汇编(1903—1911)》上册,天津人民出版社 1989 年版,第 558 页。
② 中国人民银行上海市分行编:《上海钱庄史料》,上海人民出版社 1978 年版,第 80 页。
③ 《国风报》第 1 年,第 25 册《中国纪事》。
④ 《源丰润》,《帝周日报》1910 年 10 月 10 日。
⑤ (民国)张传保、赵家荪修,陈训正、马瀛纂:《鄞县通志》第二《政教志》,宁波出版社 2006 年影印本,第 1255 页。

最早，故设局尤夥，大而都会，小而市镇，皆有足迹焉。"①

民信业的经营中心原在宁波，五口通商后，上海成为全国最重要的商业贸易中心和最大的移民城市，及时传递各种信息的需要与日俱增。于是，各帮民信局商人争相把民信局总局迁到上海。宁波帮商人经营民信业的重心也由宁波转移到了上海，当时上海的民信局业中，"尤其是宁波帮的势力最大，几乎独占了这种营业"②。上海南市是民信局最为集中的地区，这里"各信局概系甬人开设"③。宁波帮民信业以上海为中心，将营业扩展到全国，"遍设分局及代办处于各埠，星罗棋布，互相联络，各地商民，无不称便，其他各帮虽发达，然终不逮甬帮之盛，故当时有信局为宁波人独占之语"④。宁波帮商业重心迁移上海后，宁波本地民信局仍很发达。据1882年调查，宁波当地有永利、正和、广大、福润、全盛、协兴、靛顺、正大等八家民信局，在上海都有联号。此外还有7家规模较小的信局。⑤ 到民国初年，民信局在宁波仍较活跃，"该处商民踊跃趋赴之，民局十二家，经营一如往时"⑥。镇海人郑景丰创办的全盛信局在宁波帮商人经营的民信局中颇为有名。郑景丰幼年在上海学习酒业，成年后到著名江南市镇——盛泽镇经商。由于经营的店铺在太平天国时期被毁，他便回到宁波。在宁波他发现民信局业大有可为，于是当太平天国被平定后，他重返盛泽镇开设了全盛信局，专递苏州、嘉兴往来信件。随后该信局总号迁到上海，专门邮递苏、嘉、湖区域书信，加上用人得当，业务进展顺利，"由是而姑苏，而宁绍。由是而长江，由是而京师、天津、闽广，天下之人，无不知全盛，天下之人无不信全盛，全盛之名震天下"⑦。郑景丰还与同业人士一道，创办了上海信业公所，议定同行业规，在同行中很有影响。在19世纪90年代上海《申报》上，经常可以看到全盛信局的广告。

近代宁波帮商人经营的民信局大致有两种类型。一种是专行内地的普通信局，由脚夫和民船运送书信物品分投内地各埠；一种是轮船信局，用轮船附载书信物品分投沿江、沿海各地，分北洋、南洋、长江三路并

---

① （清）徐珂编撰：《清稗类钞》第五册，中华书局2010年版，第2290页。
② 朱邦兴等：《上海产业与上海职工》，上海人民出版社1984年版，第420页。
③ 《申报》1898年7月18日。
④ （民国）张传保、赵家荪修，陈训正、马瀛纂：《鄞县通志》第二《政教志》，宁波出版社2006年影印本，第1256页。
⑤ 中国近代经济史资料丛刊编辑委员会编：《中国海关与邮政》，中华书局1987年版，第24—25页
⑥ 上海经世文编社辑：《民国经世文编·交通》（近代中国史料丛刊本），第5016—5017页。
⑦ （清）余燮、朱宗燮纂修：《镇北龙山郑氏宗谱》卷首《景丰公七十寿序》。

各有专营区域。信局资本,"少则四五千金,多则二三十万金"[1]。非殷实之家,无力开办。在组织形式上,有独资开办的信局,也有合伙开办的信局。小规模的信局从业人员只需两三人,而规模较大的信局,从业人员可达数十人,各有专责。从业务上看,民信局经营的有:1.普通信业,即书信、报纸、契约、包裹、金银等物品的递送;2.运送业,即在交通困难的地方兼营货物运送;3.代办报刊、图书发行;4.汇兑;5.有些信局还从事一般商业活动。从收递银钱包裹到从事汇兑业,民信业成为一种准金融机构。由于民信局业的服务对象以商人和社会上的普通民众为主,所以在营业特点上能适应社会上通行的商业习惯。多数店铺习惯于夜间处理信件业务,民信局便夜间到店铺收集信件。商铺习惯对老主顾可以不收现钱,民信局便采用"三节"或四季分别集中收账的办法。经营民信业获利也比较丰厚,不少宁波帮商人以此发家。近代宁波人陈训正曾说:"尔时吾甬人经营信交事业,各有所获,起家数十百万者,交游中大有其人。"[2]

(四)其他传统行业

银楼业、南北货业、国药业、海产业、杂粮业等传统行业与日常社会生活密切相关,在近代不仅没有衰落,而且有了新的发展。甚至涌现出了一批新的名店名铺。成衣业、木作业等经过变革,转变为新的经营行业。

在以银楼、金店为主的金银首饰行业中,宁波帮商人的经营颇有影响,尤其是慈溪、镇海两县籍商人最具声势。《宁波旅沪同乡会月报》载,"甬人营银楼业者,以慈、镇两帮为多,全国各埠随处均有"[3]。上海南北市银楼业60多家,大多是宁波帮商人经营。其中著名行号如裘天宝、老凤祥、杨庆和、方九霞、费文元等银楼,资本额都在三四十万两,实力雄厚。[4] 镇海十七房郑氏、方氏,慈溪严氏都经营银楼业。上海老凤祥银楼为镇海十七房郑氏家族于1848年创办,是上海银楼业中的著名老店。方氏家族除在上海开有数家大银楼外,在宁波还开设有方聚元、方九霞、方行远、方紫金、凤宝等大银楼。严信厚曾任职于上海宝成银楼,对首饰业

---

[1] (民国)张传保、赵家荪修,陈训正、马瀛纂:《鄞县通志》第二《政教志》,宁波出版社2006年影印本,第1258页。
[2] (民国)陈训正:《天婴室丛稿》天八《庸海二集》。
[3] 《各埠同乡消息》,《宁波旅沪同乡会月报》第73期,1929年。
[4] 陈真、姚洛编:《中国近代工业史资料》第一辑,生活·读书·新知三联书店1957年版,第318页。

很内行。他从天津返回上海后,在上海开设物华楼金店,并在天津设物华金店分店,派绍兴人张继三担任经理,业务发达。天津恒利金店、天成金店、新宝华金店,均为宁波帮商人开设,其中恒利金店是北京四大恒钱铺开设在天津的首饰店。汉口宝成银楼,资本4.8万两,"股东全系甬人",其中有童澄海、方稼生、盛筱珊、吴廷范等,童澄海任总经理。① 开设银楼的都是宁波商帮中的殷实商人,如方氏、严氏、童氏等。银楼业以经营金银首饰、银器为主。宁波帮商人经营的银楼金店,都把店面装饰得富丽堂皇,还有自己的作场,聘请手艺精湛的师傅从事加工制作。因此这些银楼制作销售的首饰品,一般均品质优良,造型美观,远近驰名。

海产、南北货业是具有特色的宁波商帮传统行业,近代仍很发达。据20世纪30年代资料,当时宁波每年渔海产值在1200万元以上,其中黄鱼、带鱼、墨鱼等主要鱼类年产值均在300万元左右。这些海产品大都运到上海、汉口等大城市销售。上海所消费的海产品数量很大,"几乎全部都是宁波货"②。上海东盛公、东源、源记、震新、乾丰、余发、茂昌、源金等著名海味行,都由宁波帮商人经营。这些海味行一面将宁波海产品运沪销售,一面又经常用帆船将海产运到汉口、天津等城市销售。清末,汉口的宁波帮海味行有30多家,年营业额达300万两。其中,大东阳、王平登、立生昌、万泰隆、源大、同福昌、裕源祥、山海珍等行号,资本均在10万两以上,年营业额均在30—40万两。③ 南北货业中,上海著名的邵万生、三阳、大同、震康、新和、同华等南货、北货店,都为宁波帮商人所开设。宁波帮和厦门帮是上海糖业的两大乡帮集团,宁波帮商人开设的著名糖号有方翠和、方惠和、元裕、元生、元秦恒、裕大恒等10余家。这些糖号资金雄厚,每年营业额都在数十万两到百万两左右,"非特与爪哇,且与日本贸易亦甚大",实际上已经由传统的沿海贸易发展成为颇具规模的进口贸易。镇海方氏家族的方椒伯、方稼荪是宁波帮商人中经营糖业的代表人物,又是"上海财界著名之人物"④。

近代宁波帮商人在杂粮业中也获得了较大的发展。上海经营米谷油业的商业行号,其股东和职员多为宁波人,宁波商帮李氏家族经营的

---

① 《汉口新组之宝成银楼》,《宁波旅沪同乡会月报》第73期,《各埠同乡消息》1929年8月,第1页。
② 上海通社编:《上海研究资料续集》,上海书店1984年版,第293—294页。
③ [日]东亚同文会编:《支那经济全书》第7辑,秀英舍1908年版,第172页。
④ 陈真、姚洛编:《中国近代工业史资料》第一辑,生活·读书·新知三联书店1957年版,第315页。

新丰行很有名气。① 上海杂粮业中的汉帮志成堂,是汉口及长江上游来货行家的行会组织,主持人多为宁波帮商人。② 扬州仙女庙自晚清以后粮食交易也有相当大的规模,"浙宁米麦向赖仙濠接济",因而宁波帮商人在这里也很活跃,1894年以前就在这里建有安澜公馆和安澜公所,③以便同乡商人往来和交易。在重要粮食集散地汉口,宁波杂粮帮是一支颇为活跃的力量。④ 前述宁波帮商人经营的长江夹板船运输业,其主要业务之一就是从汉口将杂粮等货物运到长江下游地区。在著名米市芜湖,宁波帮米粮帮是广(东)、潮(州)、烟(台)、宁(波)四大粮帮中的重要一员。⑤ 1909年宁波帮商人在芜湖创办了四明公所。⑥ 由此可以清楚地看到,晚清以后,宁波帮杂粮帮从长江中游的汉口,中经芜湖、仙女庙等地到上海,使用夹板船和轮船,把杂粮运送到上海和宁波消费的大致情况。

在国药行业,宁波帮商人在药材、药店经营方面仍相当突出。原有的同仁堂等药店有了新发展,新国药号又相继创办。宁波帮商人经营的蔡同德、童涵春、冯存仁、胡庆余等国药号,发展成为上海四大国药号。近代上海参行最多时有大小4000余家,几乎全是宁波帮商人经营。⑦ 宁波慈溪籍徐之萱(1895—1971),早年在绍兴、杭州做国药店学徒和店员,1914年到上海,1920年在上海开设徐重道国药号。到30年代,该药店在上海的总分号、制药厂等,合计多达20家左右。在汉口,宁波药材帮,是该地重要行业帮口之一。河北祁州庙会是一个全国性的药材市场,宁波药材帮昌记经理桂金章、亨吉泰经理朱吉仁等人,在这里用南药换北药,大量出口,销往香港、日本、南洋等地,并在祁州购置大片房地产和货栈。慈溪童氏家族经营药业很有名,童逊富(1870—?),字在章,自幼学习药业,曾受聘于同乡王位东任四川药号经理,后来在日本设有药店,⑧从事药材的进出口贸易。

在成衣、木作、酿造、锡箔等与手工业密不可分的商业行业中,宁波帮商人的变革与发展也很显著。宁波帮服装行业中的红帮裁缝,经营西

---

① 陈真、姚洛编:《中国近代工业史资料》第一辑,生活·读书·新知三联书店1957年版,第315页。
② 浙江省政协文史资料委员会编:《宁波帮企业家的崛起》,浙江人民出版社1989年版,第33页。
③ 《安澜会馆众商公鉴》,《申报》1906年1月17日。
④ (民国)侯祖畲等修纂:民国《夏口县志》卷12《商务志·商团组织》。
⑤ (民国)余谊密等修:《芜湖县志》卷35《实业志·商业》,第1—2页。
⑥ [日]松浦章著,董科译:《清代内河水运史研究》,江苏人民出版社2010年版,第182页。
⑦ 陈真、姚洛编:《中国近代工业史资料》第一辑,生活·读书·新知三联书店1957年版,第316页。
⑧ (清)童宷等纂修《慈溪童氏宗谱》卷17《童君在章家传》。

服行业,手工精良。经营这一行业的多是鄞县南乡人和奉化人。上海制作西服的著名行号"荣昌祥"即是奉化籍裁缝王才运创办的。王才运(1879—1931),裁缝家庭出身,自幼到上海谋生。1910年,王才运集资在上海创办荣昌祥呢绒西服号,坊店结合,经营西服制作与销售。正是荣昌祥呢绒西服号创制了著名的中山装。① 五四运动时,王才运还担任南京路商界联合会会长。1925年"五卅运动"后,王才运弃商回乡,荣昌祥呢绒西服号经理一职由其族侄王宏卿(1900—1972)接任。在王宏卿悉心经营下,荣昌祥呢绒西服号成为上海西服行业的翘楚,为全国众多西服店家提供货源。王宏卿本人也成为上海市西服业同业公会理事长。天津各国租界之内,宁波帮西服业行号最兴旺时就有几十家,规模较大的有复兴祥、张兴茂、马源昌、王珍记、王元记、周立昌、何庆锡、周和昌等。宁波帮西服行业之所以叫红帮裁缝,源于宁波人称呼西洋人为"红毛人"的习惯。依此例,宁波帮木作在近代被称为红帮木匠,以修造船舶为主,在上海设有鲁班殿,作为同业乡帮组织,入会者限于宁波旧属六县木工,会员有600人左右。② 咸丰三年(1853)外商船厂宁波帮木工陈庆云等在上海创办浙宁红帮木业公所。同治十年十二月(1872年1月)该公所花名册上的宁波帮木匠有889人。光绪五年(1879),上海宁波帮木匠又组织木业长兴会。上海著名宁波帮红帮木匠李大雪曾参加1862年英商老船坞的建坞工程,并任该船坞木工头脑。曹青章曾承包外滩俄国道胜银行的建造工程。天津宁波帮生昌木器行、惠福木器行也很受欢迎。同治十年(1871),宁波鄞县籍乐丽水在上海创办泰昌洋货木器号,后改组为泰昌洋货木器公司。乐丽水之子乐振葆继承父业经营该公司后,不仅经营写字台等各种西式木器,还附设木器制造工厂,首创沙发产销业务。奉化人何绍庭(1875—1953)出身贫苦,幼年到上海,入何祖记木作、石仁记营造厂当学徒。1901年石仁记营造厂厂主去世,何绍庭承其遗愿成为厂主。1908年何绍庭与同乡营造厂商合组浙宁水木业公所。1910年何绍庭将石仁记营造厂改组为新仁记营造厂,1922年进一步将其改组为股份公司。新仁记营造厂承建了上海花旗总会、沙逊大厦、汉弥尔顿大楼、百老汇大厦、都城饭店等高层、重要建筑,成为上海营造业

---

① 上海市宁波经济建设促进协会、上海市宁波同乡联谊会编:《创业上海滩》,上海科学技术出版社2003年版,第211页。
② 上海市工商行政管理局等编:《上海民族机器工业》上册,中华书局1966年版,第60—61页。

中的著名企业。鄞县籍企业家张继光(1882—1965)幼丧父,16岁到上海当学徒,1901年创办上海协盛营造厂,承建了大清银行上海分行、东方汇理银行、荷兰银行、盐业银行、日清公司、中国实业银行、福利百货公司等上海著名大楼和福新面粉厂、申新纺织九厂等企业厂房及太古别墅等花园洋房,其中东方汇理银行大楼等已经成为受到保护的近代建筑著名精品。1930年,在张继光的大力推动下,上海营造行业中实力最为雄厚的浙宁帮与本帮上海帮达成和解,组建了上海特别市营造厂同业公会,为上海营造业营造了良好的发展氛围。1936年,张继光当选为上海特别市营造厂同业公会理事长。

在酿造业中,宁波帮商人基本控制了上海的酿造行业。当时上海酿造业规模较大的店家有100多家,其中被称为"上海酱园王"的宁波帮商人张逸云一家开设的酱园就有70多家。这些酱园中以"张"字开头命名的店号,是他独家资本经营的,以"万"字开头命名的店号,是他与人合资经营的。上海最大的张崇新酱园和张振新酱园,资本都在100万两以上,也都由宁波帮张逸云开设。①

锡箔是传统民俗中祭奠先祖以及亡故亲人的一种祭祀物品,销量很大,特别是北方各省需要更多。晚清以后,锡箔的生产,主要集中在杭州。当时杭州的锡箔业"有行有庄,有铺有作坊,又有经手,亦一大业也",而经营锡箔业的行铺,"宁波人十居其九"。② 特别以宁波鄞县、慈溪两县商人和手工业者为最多。他们每年自农历八月中旬开始纷纷到杭州从事生产和销售,到九月份大致到齐。由于该业一向有歇夏习惯,于是到次年夏天又纷纷渡过钱塘江东归。宁波人在杭州开设的大箔庄,业务很发达,其影响所及,"近而至于苏、申、金陵,远而至于北五省,皆有字号开设贸易"。③ 因为以北方为最重要的销售方向,因而又有"南荒北熟"的说法。

宁波帮商人经营的传统行业还有绸缎业、典当业、漆业、餐馆业、戏院业等。上海、天津的老九章绸缎庄以及汉口鸿彰永绸缎庄都是宁波帮商人创办经营的著名绸缎庄。宁波帮镇海方氏家族在江南丝绸市场南

---

① 陈真、姚洛编:《中国近代工业史资料》第一辑,生活·读书·新知三联书店1957年版,第315—316页。
② 《杭城箔业开造缓期》,《申报》1874年10月17日。
③ 《杭箔开业》,《申报》1877年10月31日。

浔镇开办有振成典当号,曾延请宁波帮商人胡桂青为经理。① 杨坊在19世纪的50—60年代也曾开设过当铺,其每月营业额在2万两左右,当额最高为10万两。其他如木材、石作、漆业、餐馆业等,宁波帮商人的经营也很活跃。

从总的情况看,近代宁波帮商人经营的传统商业行业,在许多方面呈现出了新的特点。首先,这些传统行业中,新式商人的投资占有相当大的比重。以钱庄业为例,方氏、叶氏、秦氏等都是在五口通商后迅速投身于新兴进出口贸易的,并积累了巨额货币财富,然后扩大经营,从而成为著名的钱庄资本家族。棉布商人徐承勋,买办徐庆云、周宗良等在钱庄业中也都有大量的投资。其次,宁波帮商人经营的传统商业行业的性质和作用发生了变化。这些行业经过1840年后数十年的变革,已经逐渐被纳入近代商业轨道。尤其是钱庄业,不仅在近代对外贸易中发挥过非常重要的作用,而且在近代工业兴起的过程中,通过对工业企业放款,推动了中国近代工业的发展。宁波秦氏投资的恒隆钱庄,在慈溪著名商人陈薰担任经理时,对南通大生纱厂的放款经常在30—50万两之间,并经常介绍宁波本地到上海委托放款的钱庄向大生纱厂放款,金额也常在30—50万两之间。由此张謇邀陈薰担任了大生纱厂一厂、三厂的董事。陈薰还是达丰染织厂发起人,对该厂放款也常在20—30万两之间,该厂从宁波本地钱庄所获得的放款也常在30万两左右。② 宁波帮商人秦润卿任经理的福源钱庄常用抵押放款方式向上海等地大厂放款,款额很大。其三,宁波商帮传统商业的经营者和投资者的阶级属性发生了显著变化。随着19世纪末20世纪初中国近代金融实业界的形成,宁波帮商人中经营传统行业的资本家,也成为近代金融实业界的一个有机组成部分。

三、创办与经营现代企业的初步尝试

18—19世纪,源于英国的工业革命浪潮席卷了欧美资本主义世界。自此以后,工业企业、银行、交通运输业等资本主义企业的发展程度,就成为衡量一个国家经济发展程度的重要指标。中国经济近代化同样以资本主义近代企业的兴办和发展为主要标志。宁波帮商人适应近代化发展的历史趋势,经过新式商人为主的发展阶段后,在中国近代资本主

---

① (民国)胡士纪等纂修:《慈溪田湖胡氏宗谱》卷首《表兄胡桂青先生传》。
② 中国人民银行上海市分行编:《上海钱庄史料》,上海人民出版社1978年版,第170—171页。

义企业的创办和发展中大显身手,转型成为一个具有地域乡帮色彩的近代资本主义工商业集团。宁波商帮这种转型能够成功,主要得益于以下几个方面的优越条件。

第一,五口通商后,宁波帮新旧商人积累了巨额货币财富,并且在钱庄业中获得了巨大发展,有大规模投资企业的经济实力。第二,宁波帮新式商人所经营的进出口贸易中,金属材料、机械、运输设备、染料等生产资料的进口占有相当大的比重,这些生产资料的进口对于中国近代经济的发展具有重要意义,对于宁波商帮自身的转型,同样也是重要的;第三,宁波帮新式商人熟悉国际贸易,了解近代工业、轮船航运、银行等现代经济部门的巨大利益,了解现代企业的经营方式与管理方法;第四,宁波帮商人以上海这个中国近代最大的现代都市为中心开展其经济活动。在上海宁波帮商人又主要聚集在租界区。租界的社会经济文化环境在近代特殊的历史条件下,有利于宁波帮企业的产生与发展。[1] 最后,宁波帮同乡在上海分布于社会各个层面,尤其是轮船业中的海员和机器业中的工匠宁波籍者占非常高的比例,[2]这在一定程度上为宁波帮创办现代企业准备了必不可少的现代技术基础和现代技术力量。这样,从19世纪80年代起,以新式商人为主体,宁波帮商人开始向近代企业投资,并在机器修造、轮船航运、棉纺织等现代工商业领域获得初步发展。

(一)宁波商帮与近代轮船航运业

宁波渔民和海商长期使用帆船从事海上渔业生产和贸易,对海船优劣的重要性有深切的认识。当外商轮船越来越多地出现在中国各商埠,宁波帮商人很快意识到轮船相对于帆船的巨大优越性,并表现出积极引进的态度。早在清咸丰年间,由于黄河溃决而重兴漕粮海运时,"沙船卫船咸出应命而以宁波船为大宗",但承运漕粮海运的宁波帮北号商船常遭广帮海盗布兴有集团的袭击甚至勒索,于是在1855年,由慈溪籍费纶志、盛植琯与镇海籍李容(也亭)等北号商人和沙船商人倡议,取得宁波知府段光清的赞许并由段呈请浙江省巡抚何桂清默许,由杨坊(鄞县籍)、张斯臧(慈溪籍)、俞斌(镇海籍)等熟悉西方贸易事务的旅沪宁波帮商人出面,向广东的外商购得一艘大型轮船。船价银7万两,官商各垫一半,官垫部分由船货收入中抽取一定比例归还。该船购回后,经改造安

---

[1] 唐振常主编:《上海史》,上海人民出版社1989年版,第219页。
[2] 《宁波旅沪同乡会月报》第145期,1935年8月。

上小钢炮,命名为宝顺轮,设庆成轮船局进行管理,延请鄞县卢以瑛为船长,慈溪张斯桂督率船勇,镇海贝锦泉主管炮舵,全船船员79人。在后来对付海盗、保护漕运船队航海安全的护航活动中,"宝顺船之名震于海外"①,功绩卓著。而负责驾驶的贝锦泉,"未尝读彼中书籍,习彼中技,能自作船主,西人亦称许之"②。宝顺轮成为中国近代由商人购买的第一艘轮船,而庆成轮船局比洋务派创办的轮船招商局早18年,是中国近代最早的轮船局。宝顺轮的购买和庆成轮船局的成立表明,宁波帮海商愿意并且能够使用和管理轮船从事航运业。贝锦泉兄弟还成为中国近代海军中第一批掌握了驾驶轮船技术的军官。据记载,福建马尾船厂造成轮船后,船政大臣沈葆桢"稔知锦泉才,令管驾第一号船曰万年青,后改驾超武,迭著功绩",后来被任命为定海总兵。其弟贝珊泉"亦有才,随锦泉襄办船务,锦泉擢总兵,珊泉继其超武轮船管带职"③。自购买宝顺轮之后,宁波帮商人出现了购买轮船从事海运的第一次颇有规模的尝试。同治元年(1862),买办商人杨坊购元宝号轮船装载各种货物,往来于镇江、安庆、九江及汉口等处。④ 八月,新任宁绍台道史士良自上海到宁波赴任,乘的即是该轮。同行的段光清在《镜湖自撰年谱》中载:"史士良赴任,又邀余同往宁波。杨憨棠乃将自备轮船送史道赴任,余亦同坐船,驶入海中,忽然遇风,虽轮船亦颠簸波浪之中,余一时头昏目眩口吐,辽宿夷目舱内。次日,抵宁波。"⑤这说明宁波地方官对于商民购买轮船并无异议。因为类似的情形也见于一般的商人,如同年有宁波王姓商人购买小轮船,航行于沪、甬之间。⑥ 同治六年(1867)翁同龢在他的日记中也记载:"章采南来长谈……言宁波人往往买轮船破家,盖无比资本,终为所给耳!"⑦该记载从反面说明宁波帮商人当时投资轮船业颇为踊跃。同治六年十月清政府颁布《华商买用洋商火轮夹板等项船只章程》,开始严格限制华商购船活动。1868年宁波帮钱庄兼沙船商人赵朴斋(立诚)等请

---

① (清)董沛:《宝顺轮船始末》,见张传保、赵家荪修,陈训正、马瀛纂:《鄞县通志》第五《食货志》,宁波出版社2006年影印本,第217页。
② 中国史学会主编:《洋务运动》(一),上海人民出版社2000年版,第112页。
③ (民国)洪锡范等修纂:《镇海县志》卷27《贝锦泉》。
④ (清)李鸿章著、吴汝纶编:《李文忠公全书·朋僚函稿》第1卷,及《上海新报》1862年11月26日,1864年3月21日。
⑤ (清)段光清:《镜湖自撰年谱》,中华书局1997年版,第191页。
⑥ 聂宝璋编:《中国近代航运史资料》第1辑,上海人民出版社1983年版,第1350—1351页。
⑦ 中国史学会主编:《洋务运动》(一),上海人民出版社2000年版,第233页。

求用轮船承运漕粮,曾国藩不许;1882年沪甬商叶澄衷请求置造轮船立广运局,被李鸿章严令"不许独树一帜"。1884年宁波帮商人彭丰成禀请用小轮往来定海、宁波间,1887年宁波职员韩山曦禀请小火轮来往宁波、定海间。1890年定海贡生谷凤年禀请用轮船保护宁波、定海间往来船只,一概遭到清政府各级官员阻挠而失败。①

尽管阻力重重,但是在1867至1894年间,宁波帮商人还是通过各种方式和途经参与或创办了一些近代轮船企业。光绪三年(1877)招商局购买美商旗昌轮船公司的船只和财产,并愿意雇佣原来旗昌公司的买办人员。这些买办拒绝招商局的聘请,组建宁波轮船公司(Ningpo S. N. Co.)。该公司拥有"平江"、"苏州"、"宝江"、"大裕丰"等四艘轮船,以外商名义注册,悬挂美国国旗,行驶于长江线、沪甬线及上海到中国北方各大港口间,"这些船的股份,有一部分或全部都是中国人所有的"②。从各方面情况综合判断,该轮船公司至少应该有宁波帮商人的股份。光绪十五年(1889),英商创办鸿安轮船公司,宁波帮巨富叶澄衷是该公司大股东之一。③ 光绪十七年(1891),宁波帮商人戴嗣源创办戴生昌轮船公司。戴嗣源,字绥之,镇海人,自幼丧父,稍长赴上海,在黄浦江上摇舢板向西人轮船乘客销售食用诸物,"习其语言并留心机械等事"。之后他一度任美商旗记铁厂买办。同治四年(1865)该铁厂售与清政府改为江南制造总局。之后戴嗣源在虹口开办戴生昌五金号,在各商埠设立分号,经营颇为顺利,捐得同知候补衔。中法战争期间,戴嗣源协助龚照瑗承运台防军械有功,被授予花翎三品衔。此后,戴嗣源筹办赈捐,监修兵轮,跻身洋务官僚群体之中,亦官亦商。当1890年清政府颁布命令准许华商在内河航行后,④1891年戴嗣源以内河官轮局名义创办戴生昌轮船公司,资本13万两,以轮船拖带客货船只,往来于苏州、杭州、嘉兴、湖州、上海之间,是长江三角洲地区开办最早的民族内河轮船公司。⑤

甲午战争后,宁波商帮经营的轮船航运业有了显著的发展。戴生昌轮船公司到1896年年底,已经拥有9艘轮船。⑥ 该公司在19世纪末20

---

① 樊百川:《中国轮船航运业的兴起》,中国社会科学出版社2007年版,第145、152—153、160—161页。
② 聂宝璋编:《中国近代航运史资料》第1辑,上海人民出版社1983年版,第140页。
③ 樊百川:《中国轮船航运业的兴起》,中国社会科学出版社2007年版,第153—154页。
④ 樊百川:《中国轮船航运业的兴起》,中国社会科学出版社2007年版,第159页。
⑤ (民国)洪锡范等修纂:《镇海县志》卷27《戴嗣源》。
⑥ 聂宝璋编:《中国近代航运史资料》第1辑,上海人民出版社1983年版,第1422页。

世纪初经营非常活跃,除定期轮船往来于上海苏杭嘉湖等埠外,又开辟了往来于无锡、常州、镇江等地的不定期航班,与日商大东轮船公司在长江三角洲水网地区的内河航线上展开激烈竞争。① 清光绪三十二年(1906)宁波帮买办巨商朱葆三等人集资5.5万元,创办越东轮船公司,购置永利轮船一艘。此后,朱葆三又与人合资创办顺昌轮船公司、镇昌轮船公司、同益轮船公司等,形成了一个以朱葆三为中心的轮船航运集团。该集团有轮船6艘,行驶于长江及南北洋沿海各地。② 1908年宁波帮商人虞洽卿、方舜年、袁履登等人又发起创办了宁绍轮船公司,投资者都是宁波商帮中的著名人物。该公司发起时议定资本100万元,实收70万元,购船两艘,定名为"宁绍"、"永安",后又增加新宁绍轮,往来沪甬间及长江沿线。③ 1914年宁绍轮船公司以7艘小轮船开展内河航运事业,并与其他小轮公司协议,取得独航杭湖一线的权利,此后又成立宁绍内河小轮公司,到1921年时,有小轮船10多艘,成为苏杭嘉湖地区内河航运的巨头。④ 宁绍轮船公司首任总经理是虞洽卿,继虞之后担任总经理的有石运乾、袁履登、陆维庸等人,方椒伯曾经担任董事长。

(二)宁波商帮与工业企业

从19世纪80年代起,宁波商帮开始投资近代工业,最初投资的是机器工业,后来扩展到各个工业部门。

五口通商后,外商来华轮船数目急剧增加,清同治二年(1863)进入上海的各国轮船就达到3400艘以上。⑤ 外商轮船远道而来,例需修理,于是船舶修造业应运而生。该行业产生之初,全由外商垄断经营,到19世纪70年代前后,华商机器厂才在各口岸相继出现,协助外商修造船舶。从19世纪80年代起,宁波帮商人开始投资于船舶机器修造业。光绪八年(1882)宁波人董秋根、何金泉等集资300两,在上海虹桥附近创办永昌机器厂。光绪十一年(1885),老船坞头脑宁波人何德顺在上海创办广德昌机器厂,布号主宁波帮商人郑良裕在上海创办公茂机器厂修造小轮船。光绪十四年,宁波人周梦湘创办上海大昌机器厂,最初修造小汽船,

---

① 《浙江潮》第1期,《记事》第53页第5期第147页;并见(民国)洪锡范等修纂:《镇海县志》卷27《人物传》。
② 樊百川:《中国轮船航运业的兴起》,中国社会科学出版社2007年版,第357—358页。
③ 《虞洽卿通告宁绍公司股东》,《时报》1917年5月14日。
④ 樊百川:《中国轮船航运业的兴起》,中国社会科学出版社2007年版,第379页。
⑤ 王玉璋:《商业史》,自力书屋1948年版,第247页。

后仿制缫丝车。以上宁波帮机器厂资本虽然只有1900元,但是却占当时上海12家机器工厂资本总额3600元的52.8%。光绪二十年(1894)宁波帮商人傅采芹创办东信机器厂,生产轧花机,是第一次世界大战前上海民族资本轧花机厂中最大的企业。1895年到1913年民族缫丝工业有较大发展,带动了缫丝机的生产。上海相继创办8家缫丝机厂,其中永昌等4家由宁波帮工商业者创办。光绪二十三年(1897)宁波帮商人蔡方源创办协泰机器厂,专营纺织机器安装维修。光绪三十二年(1906)镇海人赵孝林创办上海万昌机器厂,1912年奉化人马金山创办上海明昌机器厂,1913年宁波孙荣泉创办上海荣铝机器厂。[①] 镇海人包振荣(1874—1940),出身于经营洋布业的旅沪宁波帮商人家庭,清末民初在汉口创办东顺机器厂。[②] 这些机器工厂一般规模不大,资本不多,但却是工业技术力量比较集中的地方,对其他工业企业的建立和发展有相当大的影响和作用。

与机器工业的规模小、资本有限相对比,宁波商帮在近代棉纺织工业、火柴工业、日用化学工业、制药工业、电器工业、造纸工业、橡胶工业等生产领域,创办了一系列规模庞大的民族资本企业,有的还发展成为企业集团,如陈万运、沈九成、沈启涌创办的三友实业社,刘鸿生创办的大中华火柴股份有限公司,方液仙创办的中国化学工业社,项松茂经营的五洲大药房,鲍国昌经营的信谊化学制药厂,宋炜臣创办的汉口既济水电公司,胡西园经营的亚浦耳电器厂,叶澄衷创办的燮昌火柴厂,竺梅先、金润庠经营的民丰、华丰造纸厂,余芝卿创办的大中华橡胶厂等企业都是近代上海各个工业部门的著名企业。

总的看来,宁波帮商人对近代工业投资较早,甲午战争前已经在民族机器工业、火柴工业、棉纺织工业中有所发展。如严信厚于光绪十三年(1887)在宁波创设通久源轧花厂。光绪十五年宁波慈溪又有商人开办火柴厂。光绪十六年旅沪宁波帮商人叶澄衷与其族侄叶安新于上海创办燮昌火柴厂,资本20万元。[③] 清光绪二十年严信厚在沪甬招股创设宁波通久源纱厂,[④] 主要业务为纺纱和织布。[⑤] 甲午战争后到民国初年,

---

[①] 上海工商行政管理局等编:《上海民族机器工业》上册,中华书局1979年版,第111—247页。
[②] (民国)董估拭纂修:《镇海横河堰包氏重修宗谱》卷首《清第十五世斐堂公传》。
[③] 青岛市工商行政管理局史料组编:《中国民族火柴工业》,中华书局1963年版,第5—6页。
[④] 孙毓棠编:《中国近代工业史资料》第1辑,科学出版社1957年,第984页。
[⑤] 黄逸峰、姜铎、唐传泗、徐鼎新:《旧中国民族资产阶级》,江苏古籍出版社1990年版,第26页。

宁波帮工业企业进入初步发展时期。这一时期内,光绪二十三年叶澄衷与宋炜臣又创办了汉口燮昌火柴厂,资本42万元。叶澄衷还在苏州设立了燮昌火柴厂分厂。光绪三十二年(1906)宋炜臣在汉口筹建既济水电公司,第二年建成,股本300万元。宣统元年(1909)既济水电公司增加股本为500万元,实收346万元。

(三)银行

19世纪60年代后拆票制度的出现,使上海钱庄的流动资本在很大程度上依赖于外国银行的借款。一家七八万两资本的钱庄,通过拆票向外国银行借入流动资金,账面可以做到七八十万两营业额。在拆票最兴盛时,外国银行流向钱庄的拆票款有一千数百万两,获得拆票款最多的钱庄一家就可以达到七八十万两。于是,"钱庄之生死操之于外国银行"①。要摆脱受制于人的局面,唯有创设华资银行。事实上,宁波帮商人早就对投资银行产生浓厚的兴趣。例如叶澄衷就曾经投资于外商中华汇理银行,成为该行的发起人和主要的股东之一。② 宁波帮商人在近代化转型过程中,不仅新式商人中的买办和进出口商相当熟悉银行业务,而且钱庄商人由于与银行往来关系颇多,也逐渐熟悉了银行的组织和经营方法。随着1895年后近代工业的兴起,社会对于通过银行获得大规模融资的需求越来越迫切,特别是银行业的巨额利润,强烈吸引宁波商帮积极投资、创办近代银行。

中国通商银行是盛宣怀发起,1897年成立,总行设于上海的第一家华资银行。该行额定资本500万两,1898年收足半数,其中轮船招商局、电报局等洋务企业投资100万两,李鸿章、王文韶等洋务派官僚投资78万两,其余为商股。在组织上,该行"用人办事,以汇丰为准",不仅聘任英人美德伦(A. M. Maitland)任洋大班,③而且由第一任总经理陈笙郊兼任买办(后来称华大班)。银行章程中又同时规定通商银行"权归总董"。通商银行成立时的八位总董中,宁波商帮有严信厚、叶澄衷、朱葆三等三人,都是上海著名巨商。盛宣怀拉拢严、叶、朱三人进入通商银行,显然是想借助宁波商帮的经济实力。例如在该行筹备过程中,盛宣怀与严信

---

① 中国银行编:《各省金融概略》,1915年10月,第213—214页。
② 汪敬虞:《十九世纪外国侵华活动中的华商附股活动》,《历史研究》1965年第4期。
③ 中国人民银行上海市分行金融研究室编:《中国第一家银行——中国通商银行的初创时期(1897—1911)》,中国社会科学出版社1882年版,第10—12页。

厚曾经议定将严独立开设的"海关银号归并银行"。后来严信厚意识到盛氏有吞并之意,改变主意,拒绝将源通海关官银号并入通商银行。① 虽然盛氏对严信厚此举颇为恼火,但鉴于严在上海工商界的巨大社会影响和经济实力,仍聘严为总董。通商银行首任总经理余姚人陈笙郊,是著名绍帮钱业领袖,长期担任镇海方氏延康钱庄经理。通商银行第二任总经理绍兴人谢纶辉,也是著名绍帮钱业领袖,长期担任方氏承裕钱庄经理。② 可见,通商银行虽然为盛宣怀发起创办,而实际上从一开始就为宁绍帮特别是宁波商帮控制,从而被视为宁波帮银行。正因为方氏与通商银行有渊源关系,所以后来方氏家族出身的方椒伯(1885—1968)自1922年起担任该行上海十六铺南市分行经理,直到1932年。从经营情况看,向钱庄放款是通商银行开办之初的主要业务之一。例如到1897年5月20日止该行所收股银180余万两,全部由陈笙郊"分存南北各钱庄代为拆息"。同年9月份该行月结钱庄拆票270余万两,"拆息极好"。12月该行总董致函盛宣怀报告,上海总行拆票仍有280余万,"市上得此巨款为挹注,众情欣喜,而总行得此厚息,春夏之抱耗均可弥补耳"。银行钱庄均从拆票中大获利益而欢呼雀跃,宁波帮商人初步尝到了经营银行业的甜蜜果实。1905—1906年,通商银行对钱庄的拆票通常仍在数十万至百万两以上。③ 随着业务的展开,该行还发行钞票,对民族工业放款等业务也日益重要,后来该行发展成为银行业中的"小四行"之一。更有资料载:"四明银行在当时,确成为宁波帮繁荣的象征,而且是宁波帮的中坚机构。"④

1908年沪、甬两地宁波帮工商业者又发起创设四明商业储蓄银行,方樵苓、李云书、朱葆三、虞洽卿、严义彬、周晋镳、叶璋、陈薰等著名人物都参与其事。⑤ 这是一家完全由宁波商帮人士投资的银行,方氏、李氏、叶氏都是著名钱庄资本家家族,严氏、陈氏为票号、银号经营者,朱、虞则是著名买办商人,周晋镳是著名绅商。四明商业储蓄银行的创设具有这

---

① 中国人民银行上海市分行金融研究室编:《中国第一家银行——中国通商银行的初创时期(1897—1911)》,中国社会科学出版社1882年版,第87—88页。
② 当时余姚属绍兴,陈笙郊、谢纶辉皆当时绍帮钱业领袖。
③ 中国人民银行上海市分行编:《上海钱庄史料》,上海人民出版社1978年版,第54—55页。
④ 钟树元:《江浙财团的支柱——宁波帮》,《经济导报》第68期,1948年5月27日。
⑤ 周葆銮:《中华银行史》,见沈云龙主编:《近代中国史料丛刊》(875),台北文海出版社有限公司,第6页。

样广泛的基础,一方面是因为晚清新政的进行,一系列促进工商业发展的措施和法律逐渐推出,近代企业的创设出现了新的高潮。如1904年到1908年间在公司注册局注册的公司达272家。[1] 近代工业企业的兴起,要求银行业有较大的发展;另一方面,到20世纪初,宁波帮工商业者已经普遍认识到银行的重要作用。方氏宗谱中记载四明银行发起人之一的方樵苓时说:"承父兄之业,往来沪甬,深慨于世局之变,殆未有已。自道咸以来,与东西洋各国立约通商,凡泉货之出纳,水陆之交通,大利之所在,皆为彼族垄而有之,吾人咸袖手熟视而无可如何。即如西国版克(银行)之制,金融之机关,所谓银行是也,吾国之豪于商界者,几无不抑其挹注而逐什一,然权操自彼,或往往为其所持。君慨然忧之,号召同志,招集巨资,于是创设四明银行。"[2] 四明银行总行设在上海,股本原定规银150万两,实收75万两,折合银元1013500元。[3] 该行首任总经理为陈薰,字子琴,"精于商业",曾经被严信厚委派主持源丰润福建分号,[4] 南通张謇创办大生纱厂,曾聘任陈薰为沪董,负责在上海的招股事宜。继陈薰之后担任四明银行总经理的人是宁波帮银行家孙衡甫。孙衡甫(1875—1944),又名遵法,其父孙铨阶(1837—1915),字味莼,是曾经开设孙春阳南货铺的孙春阳十世孙,自幼经商,后迁居慈溪半浦,并赴杭州经营土药(国产鸦片)发家,孙衡甫为他的第四子。[5] 1906年孙衡甫自宁波土药行学徒师满后,进入上海钱庄,担任过账房、信房等。1910年他转入浙江银行上海分行,很快由营业主任升为经理。1911年辛亥革命后四明银行改组,孙衡甫担任了总经理。四明银行在北洋时期取得了钞票发行权,存款总额也不断上升,1926年四明银行存款额为2000余万元,1930年达到4000余万元。在钱庄业逐渐走向衰落的过程中,四明银行发展迅速,信誉良好,成为著名的"小四行"之一,被视为宁波商帮的金融根据地,在宁波商帮的近代化转型中发挥了重要作用。

四、宁波商帮的壮大与传统组织形态的变化

晚清时期,宁波商帮获得了飞跃性的发展,商帮人数急剧增加,富商

---

[1] 张仲礼主编:《中国近代经济史论著选译》,上海社会科学院出版社1987年版,第227页。
[2] (民国)张美翊等纂修:《镇海柏墅方氏宗谱》卷21《樵苓太守四十寿序》。
[3] 周葆銮:《中国银行史》,见沈云龙主编:《近代中国史料丛刊》(875),台北文海出版社有限公司第6页。
[4] (民国)董祖义纂:《镇海县新志备稿》卷下《人物传·陈薰》。
[5] (民国)周苇渔等纂修:《四明章溪孙氏宗谱》卷10《孙味莼先生七十寿序》。

巨贾纷起辈出。同时活动区域形成以上海为中心，以沪汉、沪津江海航线为两翼，四处经营，遍及海内外的新格局。国内各大商帮中能够与宁波商帮相比的，只有山西商帮和广东商帮，但从趋势上看，宁波商帮显然居于巨大的优势地位，这就为其在大上海奠定了坚如磐石的社会基础，确立了坚不可摧的地位。与此同时，宁波商帮在上海的商帮组织也经历了严峻的考验，并更加壮大。

（一）"宁波人的上海"：宁波移民成为上海最大的移民集团

鸦片战争后上海、宁波作为五口通商口岸于道光二十三年（1843）几乎同时开埠。上海以其优越的地理位置、广阔的经济腹地，强于其他几个通商口岸的巨大优越性迅速得以呈现，"侨商客估，四时而至，废著鬻财者，率趋重于是"①。19世纪60年代，上海已经取代广州成为中国对外贸易的中心城市。

由于地理位置接近，上海与宁波间海路不过134海里，陆路也可相通，往来方便，加上原本在这里具有雄厚的社会与经济基础，到上海后容易找到比较合适、易于发展的工作，因此宁波人赴沪经商、谋生者为数众多。19世纪40年代末到50年代初，上海宁波帮各业从业人数已达6万人左右，仅次于另一外来移民集团——拥有8万人左右的广东帮。② 19世纪50年代初到60年代初，太平天国农民起义军横扫中国东南半壁，江浙一带富绅巨贾，争趋上海，以上海的外国租界为安乐土。据统计，1860年上海英美租界中，华人已达30万人，到1862年等进一步增至50万。③ 在这种情况下，宁波籍商人、富户也纷纷逃难到上海，以至于宁波地方官为了募集镇压太平军的经费，需要到上海办理，因为"宁波殷户，皆在上海逃难未归"④。其实，不仅殷户逃难于上海，"四明估舶一宿即至，故寓沪者尤众"⑤。随着大量人口避难到上海，到19世纪60年代宁波籍人士

---

① 上海博物馆图书资料室编：《上海碑刻资料选编》，上海人民出版社1980年版，第401页。
② （新加坡）梁元生著，乐嘉书译：《十九世纪中叶上海商界地区性集团之间的竞争》，《上海社会科学》1984年第1期，第52—58页。
③ 中国人民银行上海分行编：《上海钱庄史料》，上海人民出版社1978年版，第15页。
④ （清）段光清：《镜湖自撰年谱》，中华书局1997年版，第189页。
⑤ （民国）王荣商：《容膝轩文集》卷1《沪上四明义塾记》。

已经跃居上海外来移民的第一位,上海四明公所的规模也超过了广东会馆。① 当时上海美租界沿江数里,"皆船厂、货栈、轮舟码头、洋商住宅,粤东、宁波人在此计工度日者甚众"②。此后,宁波人一直是上海最大的外来移民集团。1910年上海人口据统计为128.9万人,而来自宁波的移民就有40万人。③ 到20世纪二三十年代,上海的宁波籍人口号称百万,④实际上有五六十万人⑤。其中,工商业者及工商从业人员约有30万人,富豪大小数百人,著名家族百余家。⑥ 宁波人在上海社会各阶层中,"上自缙绅硕贤,下至负贩杂技,曹进曹退,纷若归市"。特别是轮船业中的海员和机器业中的工匠,"几无往而非宁波人"⑦。上海成为"宁波人之第二故乡"⑧,著名实业家穆藕初甚至说上海成为"宁波人之上海"⑨。由于宁波帮人数众多,以至于宁波方言成为近代上海话的一个重要基础,"所谓上海白话者,大抵均宁波、苏州混合之语言,已非通商前之旧"⑩。由于在上海谋生的人越来越多,沪甬间客轮常常人满为患。基于人员往来和物品托运的需要,还产生了一种名为信客业的新行业。《鄞县通志》载:"四明七邑旅沪经商者不下数十万人,货物、行李、书信、金钱往返寄递,

---

① [法]白吉尔著,王菊、赵念国译:《上海史》,上海社会科学院出版社2005年版,第57页。清末李维青著《上海乡土志》(见上海古籍出版社1989年第108页)中载:"上海五方杂处,侨寓之民,实多于土著。故各处之旅沪者,皆立会馆以通声气,宁波人最多,所立者为四明公所。粤人次之,所立者为广肇山庄、潮惠会馆。"
② (清)葛元煦:《沪游杂记》,上海古籍出版社1989年版,第1页。
③ 徐雪筠等译编:《上海近代社会经济发展概况(1882—1931):〈海关十年报告〉译编》,上海社会科学院出版社1985年版,第228页。
④ (清)盛炳纬:《养园剩稿》卷1《上海四明医院》。
⑤ 上海通社编:《上海研究资料续集》,上海书店出版社1984年版,第298页;见《宁波旅沪同乡会月报》第145期,1935年8月,则估计当时上海的宁波籍人口约有40万人。
⑥ [日]东亚研究所编:《商事惯行调查报告书》,东亚研究所1943年版,第525页。
⑦ 何瑞芝:《全国宁波旅外同乡团体概况》,《宁波旅沪同乡会月报》第145期,1935年8月,《论著》第1页。
⑧ 张其昀在1929年9月为《宁波同乡会月刊》写的《序》中说:"沪甬线之轮船,每日有二三艘,为沿海航线中之最发达者。每见满舱旅客,熙熙攘攘,未尝不私自为慰,上海诚为宁波人之第二故乡。"见《宁波旅沪同乡会月刊》第73期,1929年8月,第2页;《宁波旅沪同乡会月报》第145期,1935年8月;张传保、赵家荪修,陈训正、马瀛纂《鄞县通志》第四《文献志》也载:"商业为邑人所擅长,惟迩年生齿日繁,地之所产不给于用,本埠既无可发展,不得不四出经营以谋生活。北至燕、齐、关东,南至闽、粤、滇、黔,西至湘、鄂、巴蜀,几无不有邑人之足迹,尤以上海为最盛。经商于此者,奚啻二三万人。故有第二故乡之谚。"见宁波出版社该书2006年影印本,第2631页。上海为宁波人之第二故乡,已为当时宁波人和其他地方人所公认。
⑨ 何瑞芝:《全国宁波旅外同乡团体概况》,《宁波旅沪同乡会月刊》第145期,1935年8月,《论著》第1页。
⑩ 姚公鹤:《上海闲话》,上海古籍出版社1989年版,第26页。

终岁不绝,且(当)时提携老弱、搬取家具由甬迁沪或由沪返籍,为谋输送之便利,于是信局以外又有信客业之组织。信客业不知起于何时,然在五口通商以后似无疑也。其组织则一人或二三人,每月随轮船往返数次,为商旅输送信件、金钱。抵埠后即按宅分投,有时亦为旅客在船中照料行李,或当迁居时为搬取家具,至月终岁杪或季节向各家收取规费。虽营此业者未必家皆素封,然信用颇著,且与旅沪人士多相稔识,故商旅咸深信不疑。"①信客随轮船往来于沪甬两地,代商旅人等递送信件、托运货物。这一行业的从业人员人数颇多,组织有宁属七邑信客联合会。

宁波人到上海后,最初主要聚集在南市,"南市内外咸瓜街尽甬人字号,如在宁波"②。其商业经营活动也以南市为中心。例如方氏家族在上海开设的第一家钱庄南履龢钱庄就在南市。早期宁波帮钱业董事赵朴斋是南市钱业公所的董事。19世纪60年代以后,上海商业活动以及钱业的主要区域转移到租界区,宁波商帮也相继将各业转入租界经营。如方氏家族在五口通商后开设的第一家钱庄北履龢钱庄就设在北市的租界区。秦润卿所提及的宁波帮钱庄领袖,除早期的赵朴斋以外,其余各人都是北市钱业会馆的历任董事。《海关十年报告(1882—1891)》中记载:"中国人有涌入租界的倾向。……在上海的中国人中许多是外地人。他们是被各种各样的就业机会吸引到这里来的。……买办、仆役、船员、木匠、裁缝、男洗衣工、店员则主要来自宁波。"③由于来自宁波的大规模移民来到上海并涌入租界,与外商发生联系,发展了自己的经济力量。这样,宁波商帮"不仅在上海的工商业中占了极重要的地位,而且以上海为大本营,伸张他们的势力到长江流域,又联络了南北各地,与日本遥通声气"④。

近代上海是一个典型的半殖民地性质的城市,拥有最高权力的势力是外国势力,租界内尤其如此。上海又是一个新兴起的大城市,五方杂处,鱼龙混杂,流氓黑社会势力无处不在,被称为"冒险家的乐园"。在这样的社会生存、发展,显然不是轻而易举的事情,但宁波籍移民似乎非常

---

① (民国)张传保、赵家荪修,陈训正、马瀛纂:《鄞县通志》第二《政教志》,宁波出版社2006年影印本,第1260页。
② (民国)胡祥翰:《上海小志》卷10《杂记》。
③ 徐雪筠等译编:《上海近代社会经济发展概况(1882—1931):〈海关十年报告〉译编》,上海社会科学院出版社1985年版,第21—22页。
④ 上海通社编:《上海研究资料续集》,上海书店1984年版,第295页。

准确地发现了自己在上海的生存和发展之道,那就是紧紧依靠由家族和同乡为基础的社会网络,通过由这个网络而产生的互助、团结,构建起同乡共同发展和个人事业不断上升的通道、阶梯和广袤无垠的空间。这正印证了学术界这样一种学术观点:在商场中,网络是创造资本的源泉,甚至可以说"网路即资本(Network is Capital)"①。学术界很早就观察到宁波人在上海同乡同业组织众多这样的事实,如日本学者特别是根岸佶在其诸多相关著作中,都对上海宁波的同乡同业组织给予了高度的关注。②20世纪初上海资深报人陈伯熙的《老上海》一书,曾详细记述了在上海的宁波人一些重要的同乡同业组织的概况。③ 20世纪30年代全汉昇的《中国行会制度史》,以及上海通社所编的《上海研究资料续集》中《上海四明公所研究》,对上海宁波帮同乡组织均有记述和分析。笔者曾经对这些宁波人同乡组织作过一个初步的统计,发现这类组织在上海至少也在80个以上。④ 对上海宁波人有专门研究的李瑊,更指出这样的同乡会多达上百个。⑤ 正是这些大大小小的同乡组织,为旅居上海的宁波人提供了社会地位上升的强大支撑力量。在这种支撑力量的作用下,宁波人在上海的各个社会层面发挥着越来越重要的作用。就工商业而言,"他们不仅在上海的工商业中占了极重要的地位,并且以上海为大本营,伸张他们的势力,到长江流域,又联络了南北各地"⑥。宁波人在上海,利用各种有利的经济和社会因素,奋斗经营,涌现出一批有名的绅商如杨坊、方性斋、李也亭、蔡笏、叶澄衷、严信厚、朱葆三、虞洽卿等。

(二)在两次四明公所事件中经受严峻考验

晚清时期,尽管旅沪宁波人的同乡组织为数众多,但其中最重要的组织无疑是上海四明公所(俗称宁波会馆),"该公所不仅是以一府所组织的会馆的典型,其规模的巨大,势力的旺盛,可以说是上海同乡会馆的

---

① 黎志刚:《中国近代的国家与市场》,香港教育图书公司2003年版,第344页。说明:在黎著中,网路与network同义,而大陆通常使用网络这一术语。
② [日]东亚同文会编:《支那经济全书》第2辑,1907年7月第3版;[日]根岸佶:《中国的行会》,评论新社1953年版;[日]根岸佶:《上海的行会》,大空社1998年版。
③ (民国)陈伯熙:《老上海》(中),上海泰东图书局1919年版,第69页。
④ 张守广:《超越传统:宁波帮的近代化历程》,西南师范大学出版社2000年版,第261—263页。
⑤ 李瑊:《上海的宁波人》,上海人民出版社2000年版,第231页。旧上海出租汽车大王周祥生之子周惠定于2006年在接受上海档案馆研究馆员邢建榕采访的时候说:"宁波人喜欢结帮",见周惠定口述、邢建榕整理:《我的父亲周祥生与祥生出租汽车公司》,载《上海档案史料研究》第5辑,上海三联书店2008年版,第159页。
⑥ 上海通社编:《上海研究资料续集》,上海书店1984年版,第294—295页。

翘楚"①。上海四明公所在特殊的历史条件下,依靠自身的坚韧和团结,经受住了两次公所事件的严峻考验,捍卫了自己的权利,从而推动了宁波帮在上海的发展。

1844年,定海人蓝蔚雯任上海知县。上海四明公所董事谢绍心、庄巨、方椿等乘此时机,厘定公所章程,呈报给这位知县同乡,请求将公所纳入地方政府规划,并豁免税赋。结果,四明公所的要求得到批准。1845年11月25日,苏松太道宫慕久与英国驻上海领事巴富尔签署《上海土地章程》(也称《上海租地章程》),将上海县城以北黄浦江滨江约千亩土地租给上海英国侨民作为居留地,由此英租界在上海出现。租界,即concessions and settlements,意为特权区和居留地。在通商口岸的外国租界内,西方殖民者享有一切权利,不受中国政府和中国法律的约束。此后法、美也争相效尤。1849年4月6日,江南海关监督兼苏松太兵备道麟桂与法国驻上海总领事敏体尼签字换文,答应法方在上海北门外"南至城河,北至洋泾浜,西至关帝庙诸家桥,东至广东潮州会馆沿河至洋泾浜东角,注明界址",设立法租界。② 四明公所"适当其冲,自是而后,遂多事矣"③。1853年3月19日,太平军攻下南京。9月8日刘丽川在上海发动小刀会起义,响应太平天国运动。四明公所适当双方争夺的要冲,④在战火中被毁。1855年,公所董事方仁照、方椿、邵炳等募集资金,"经营两载,始复旧观,且加拓焉"。新公所前为关帝殿(正殿),后为地藏殿(后殿),旁为土地祠、祀事所。土地祠两翼设龛奉祀公所历任董事,其旁则为殡舍,殡厂不仅分男女,而且宁波府所属六县各为一所(分鄞、慈、镇、奉、象、定六县)。这次重修还在公所中建有济元堂,作为同乡集会处,公所办事室附设在济元堂里,同时创建了赊材局和馆丁寓舍。1860年,为镇压太平天国运动,由苏松太道吴煦和候补道杨坊出资,清政府雇用美国人华尔组织洋枪队,"假公所为驻地",直到1864年在公所董事的

---

① 上海通社编:《上海研究资料续集》,上海书店1984年版,第289页。
② [法]梅朋、傅立德著,倪静兰译:《上海法租界史》,上海社会科学院出版社2007年版,第31页;(民国)王臻善:《沪租界前后经过概要》,台北文海出版社有限公司1925年版,第3页。
③ 葛恩元编:《上海四明公所大事记》,见彭泽益主编:《中国工商行会史料集》,中华书局1995年版,第912页。
④ [法]梅朋、傅立德著,倪静兰译:《上海法租界史》,上海社会科学院出版社2007年版,第64—65、73页。

努力下,才"撤兵归地"。① 在洋枪队驻扎期间,公所屋宇毁坏甚多,至此公所董事再次予以修葺。之后,由于宁波同乡誓死反抗上海法租界的强占企图,连续两次发生四明公所血案。

法租界设立后,一直由法国驻上海总领事直接负责。1862 年法租界公董局成立,被赋予一定的行政职权。1866 年法国政府明文规定上海法租界公董局董事会由租界内的纳税人选举产生,向法驻上海总领事负责,一旦发生冲突,领事有权解散公董局。② 公董局成立后,法租界开始注意道路和卫生建设,力图清除租界内的坟墓和棺材。当时法租界内有福建会馆和四明公所两个大规模的公墓群落,福建会馆坐落在公董局大楼的所在地及其毗连的地方,四明公所坐落在法租界的南端。1861 年 12 月一位名叫维克多·爱棠的法国人得到四明公所的同意,拟买下四明公所包括坟地在内的地皮,并以租地人身份向租界当局承担四明公所地皮的平整工程、地税,同时同意开辟贯穿此地的八里桥路、宁波路、西贡路三条马路。1862—1863 年的年度报告中,公董局表示,"为了消灭这些坟墓,绝不在任何尝试面前后退,不管这种尝试有多么艰巨。这些坟墓是传染疾病的巢穴,特别在炎热季节"③。1863 年 9 月,由于付不出购地价款,维克多·爱棠放弃了购地计划。1868 年公董局还应上海道的要求,同意豁免四明公所的捐税。④ 法租界对租界内福建会馆和四明公所内大量坟墓难以容忍,在洋枪队退出后"欲攘而有之"。在公所方面的坚决反对下,目的没有达到。1873 年包括法国人在内的西方商人看上了"古木苍郁,青翠欲滴,风景之秀,甲于沪江"的上海静安寺一带,法租界"欲于徐家汇置邸第,因先修道路,而宁波会馆墓地,适当其中,拟设法迁掘"⑤。由此法租界贯穿四明公所修筑宁波路、西贡路之议再起,四明公所方面坚决反对,公所方面认为公所义冢设立于租界产生之前,所藏棺木极多,在公所修筑横穿冢地的马路,伤及亡灵,"对于如此侮辱,何能忍受!"⑥ 1874 年 1 月 27 日法租界收到四明公所的请愿书,要求租界当局修改筑

---

① 葛恩元编:《上海四明公所大事记》,见彭泽益主编:《中国工商行会史料集》,中华书局 1995 年版,第 912 页。
② [法]白吉尔著,王菊、赵念国译:《上海史》,上海社会科学院出版社 2005 年版,第 104 页。
③ [法]梅朋、傅立德著,倪静兰译:《上海法租界史》,上海社会科学院出版社 2007 年版,第 323 页。
④ [法]梅朋、傅立德著,倪静兰译:《上海法租界史》,上海社会科学院出版社 2007 年版,第 323—324 页。
⑤ [英]裘昔斯著,程灏译:《上海通商史》,商务印书馆 1915 年版,第 85 页。
⑥ 董枢:《上海法租界的长成时期》,《上海通志馆期刊》第 1 卷第 2 期,第 388 页。

路计划,在距离义冢十英尺的地方开辟道路,所有因此增加的费用可由公所承担。① 请愿书中说:"我们认为,像这样筑路,势必使车马通行于死者之尸骨上,致使亡人的阴灵不得安宁,此乃亵渎之事;至于起棺改葬而扰乱遗骸,我等也并非愿意。"请愿书表示四明公所绝非要与公董局为难,只求葬地不受糟蹋,"祖宗尸骨不被扰乱"②。四明公所的请愿书交给了法租界公董局董事会,但此时的公董局正忙于选举,无暇顾及此事。不久四明会馆又写了一份请愿书致函法国驻上海总领事葛笃(M. Godeaux,或译为葛多),列举理由请求其阻止法租界当局筑路,尤其强调:"而我们所葬的,全是宁波同乡的棺木,不是朋友就是亲戚;若是易地移葬,势必造成极大的混乱,将来人家向我们索取棺材时,就无法交待,因为公所中棺材数量极多,而且差不多都朽腐了。"③3月24日,葛笃把该函转交给法租界公董局董事会。4月7日公董局董事会会议讨论了上述问题,对旅沪宁波人"敬奉祖先的观念自当表示敬意",但又认为租界当局不能无视欧洲人讲究卫生的习惯,因此决定拒绝四明公所的要求,坚持迁墓筑路原议。4月17日,公董局总董瓦赞(W. Voisin,又译为华成)致函总领事葛笃,报告不准四明公所的要求,仍坚持宁波路和西贡路路线的决定,并就决议作出说明:"若准其所请,就将取消或至少改变现在靠近四明公所的徐家汇的路线,该路由工兵部队修筑。而且公董局也将不得不取消其他路线,因为这些路也是筑在和四明公所同样的坟地上,当时法租界的大部分地方是坟地。至于四明公所呈文内所具理由,董事会对其敬奉祖先的观念自当表示敬意,但董事会不能抛弃欧洲人的习性,考虑到卫生和墓地的安宁问题,准备把公墓迁至偏僻之处。"④同日,公董局也把决定通知四明公所。对于此项决议,《申报》刊载《论四明公所议请改建法国马路辩》,提出质疑并发出警告:"兹该公所已允捐集公赀另谋创造,在华人固已为美备之举。而该局已得驰骋之场,情理可容,轻重亦判。若屡次固执己见,既属大失民望,又为不协舆情。种种事端,不可不预为审慎。故当揣度时势,斟酌行之。"⑤

---

① 董枢:《上海法租界的长成时期》,《上海通志馆期刊》第1卷第2期,第389页。
② [法]梅朋、傅立德著,倪静兰译:《上海法租界史》,上海社会科学院出版社2007年版,第324页。
③ [法]梅朋、傅立德著,倪静兰译:《上海法租界史》,上海社会科学院出版社2007年版,第325页。
④ [法]梅朋、傅立德著,倪静兰译:《上海法租界史》,上海社会科学院出版社2007年版,第325页。
⑤ 《论四明公所议请改建法国马路辩》,《申报》1874年4月21日,见宁波市政协文史委员会编:《〈申报〉宁波旅沪同乡社团史料》,宁波出版社2009年版,第2—3页。

4月28日上午,宁波旅沪同乡1000余人聚集到四明公所,拟集体向法国驻上海总领事葛笃递交于27日草拟的请愿书,公所董事担心人众事多,最后决定由6名公所董事向葛笃呈递该请愿书,请法驻上海总领事"体恤舆情,更改前议"①。请愿书全文如下:

> 宁波旅沪全体同乡敬呈葛笃总领事大人,请求重新考虑法国公董局议决案。
>
> 我等前已禀明历任法国驻华公使和前任驻沪总领事,请求维持四明公所之坟地永远完整。我们的呈请已蒙核准,公董局已允免一切捐税,并给予证书,界石亦已竖立。去年,董事会突然决定要在我们坟地上开筑道路,在它给我们的复函中,似乎我们的要求是可以考虑的,但应与董事会直接交涉。此后,我们又收到总董一封信,内说这些路线早已划定,不能变更。我们现谨报告,四明公所公墓早在外国租界建立之前即已设立,迄今一百多年,所葬棺木当然极多。若在此坟地上开筑道路,死者骸骨定将丢散,并受车辆通行之亵渎;死者亡灵不能享受安宁,则其子孙对于如此之侮辱怎能忍受?我们在前次呈文中曾提出,若是绝对必须开辟一条自东至西的道路,请将此路开辟在远离十英尺左右的地方;一切起造费用由同乡会负担,这是能真正调停双方的办法。我们今再次联合请求总领事大人,鉴核民众意见,务将此事重行考虑,并令公董局改变计划,以期另辟路线而本公所坟地得以保持完整;则死者安宁,生者亦将为此不胜感荷。随附有关此事的公文两件。②

葛笃认为可以考虑四明公所的意见,并要求公董局总董瓦赞重新考虑修筑横穿四明公所的道路问题。在接到四明公所请愿文的次日,葛笃致函公董局董事会,要求公董局下令停止横穿四明公所坟地的筑路工程以避免引起冲突。③ 同时,葛笃直接命令巡捕房总巡监督执行这项命令。

---

① 《四明公所禀请改建马路事》,《申报》1874年4月29日;《四明公所会议情形》,《申报》1874年5月2日。俱见宁波市政协文史委员会编:《〈申报〉宁波旅沪同乡社团史料》,宁波出版社2009年版,第3页。《申报》上述两则史料报道当时四明公所会议情形:千余同乡到会,公所董事预先准备馒头500枚,"馒头五百枚,岂足以解众饿,众人忍饿不食。……惟目下事势,或欲各罢市,俟法人能顺舆情,始复照常生理。并议众人一齐拥赴法国公署诉怨,继被董事劝住。及至午时,众人始带饿含怨而散。"
② [法]梅朋、傅立德著,倪静兰译:《上海法租界史》,上海社会科学院出版社2007年版,第326页。
③ [法]梅朋、傅立德著,倪静兰译:《上海法租界史》,上海社会科学院出版社2007年版,第327页。

公董局董事会总董瓦赞和副总董埃尼昆回沪后,于 5 月 2 日前去拜会葛笃,在表示绝对不愿意改变既定路线的同时,也表示不再坚持迁移坟墓而激起公众的不满。实际上,瓦赞对于葛笃的意见根本不予理会,两人之间即法租界公董局与法国驻上海总领事之间出现了尖锐的意见分歧。当晚 8 时,葛笃致函瓦赞,请其重新考虑筑路迁坟问题。① 同日,上海一位著名商人向瓦赞提出有四明公所的几位权威人士要求在次日与瓦赞会晤,瓦赞以次日为星期天等为由托词不见。于是会晤定于 5 月 4 日(星期一)进行。

为准备次日的会晤,瓦赞于 5 月 3 日(星期天)早晨 7 时 30 分到 8 时之间,到四明公所的地皮上去查看情况。下午 1 时到 1 时半左右,"积怒日甚"的宁波人开始在四明公所聚集,人数约 300 多人。② 2 时 30 分左右,一法巡捕在神父路到八里桥之间的公馆马路上巡逻并回护一个过路的粤妓,被愤怒的宁人撞见,便将该巡捕痛击。巡捕在附近几个外国人的帮助下逃回捕房。愤怒的人们又到近神父路法租界路政管理所工程师佩斯布瓦(Percebois)的住所抗议,佩斯布瓦竟向人群开了枪,当场打死一人。群众愈加愤怒,殴打了佩斯布瓦的家人,并放火烧屋。③ 根据葛笃的命令,法租界的巡捕集中到公董局。3 时左右,法租界当局呼吁宁人不要聚集喧哗,宁人则向其投掷石块。法当局竟然向宁人开枪。宁人则赶赴法人住所拆其房屋,并点火焚烧。6 时左右,宁人又到捕房,放火焚烧捕房 40 多间,并砸碎路灯。④ 晚 7 时许,愤怒的人群包围了公董局,向里面抛掷砖石。英美租界巡捕、法舰"水蛇号"上的水兵应公董局之请赶来增援,帮助镇压,又有宁人六人被杀。⑤ 上海知县率员赶到后,8 时左右,聚集的宁人才逐渐散去。这一天,共有 7 名宁人死亡,伤者 10 多人。⑥ 这就是著名的第一次四明公所血案。事件发生后,法领事葛笃意

---

① [法]梅朋、傅立德著,倪静兰译:《上海法租界史》,上海社会科学院出版社 2007 年版,第 327—328 页。
② [法]梅朋、傅立德著,倪静兰译:《上海法租界史》,上海社会科学院出版社 2007 年版,第 328 页;岑德彰著:《上海租界史略》,第 9 章《四明公所》,第 129 页。
③ [法]梅朋、傅立德著,倪静兰译:《上海法租界史》,上海社会科学院出版社 2007 年版,第 329 页;唐振常主编:《上海史》,上海人民出版社 1989 年版,第 348 页。
④ 《法界构衅杀人放火情形》,《申报》1875 年 5 月 4 日,见宁波市政协文史委员会编:《〈申报〉宁波旅沪同乡社团史料》,宁波出版社 2009 年版,第 5 页。
⑤ [法]梅朋、傅立德著,倪静兰译:《上海法租界史》,上海社会科学院出版社 2007 年版,第 332 页。
⑥ 《总纪构衅情形事后》,《申报》1874 年 5 月 11 日,见宁波市政协文史委员会编:《〈申报〉宁波旅沪同乡社团史料》,宁波出版社 2009 年版,第 13 页。该报道说中枪死亡 8 人,对照各种资料,应为 7 人。

识到众怒难犯,表示不再坚持原意,并于5月4日11时发布紧急通告,宣布停止迁坟筑路①。上海县令叶廷眷也同时发布告示说:"四明公所冢地,现已不筑马路,并由宁董筑墙,各清界址。"②

对于法领事的决定,法租界公董局总董瓦赞甚为不满,于当日4时举行会议讨论对策。5月5日,瓦赞上书法国驻上海总领事葛笃提出不满和质疑。③ 外国报纸也多不满法领事葛笃的决定,《字林西报》5月5日的评论说:葛笃的行动"只是鼓励中国人相信以后如有交涉,达到目的的最妙法子,就是用武力解决"④。5月12日起,公董局董事会把四明公所相关问题提交给法国驻北京公使裁定,要求裁定法驻上海领事撤回通告。5月22日法国驻北京公使热福里(Ceofroy,又译为曹华)复函对此表示惊讶,并明确表示:"明智而有远见的处理办法,本应该是在适当时机接受四明公所的合理而又适当的要求。我很奇怪,你们董事会明知中国人对坟墓问题是何等重视,竟然不怕挑起这个问题,之后还为了一个并不重要的,甚至有争议的利益而对这个问题一再坚持。"⑤5月31日公董局董事会收到热福里的信,同时收到葛笃的通知函,通知说公使已经肯定了领事馆的意见,取消修筑宁波路和西贡路的决议。公董局董事会总董瓦赞立刻以董事会的名义致函热福里,以愤然不平的措辞要求由法国驻上海总领事兼任公董局总董。⑥ 在迁坟筑路问题上,公董局的顽固态度由此可见一斑。其实,正如后来《上海法租界史》的作者所说,公董局拒绝改变计划"并不是从法租界的发展和修筑道路的观点看非要保留这两条路线不可,而是因为修筑这两条路可以使法租界达到消灭这些坟地的目的"⑦。

热福里在责备法租界公董局董事会的同时,于5月中旬向中国清政

---

① 上海博物馆图书资料室编:《上海碑刻资料选辑》,上海人民出版社1984年版,第427页;梅朋、傅立德著,倪静兰译:《上海法租界史》(上海社会科学院出版社2007年版)中载有根据英文翻译的该通告,参见该书第334页。
② 上海博物馆图书资料室编:《上海碑刻资料选辑》,上海人民出版社1984年版,第427页。
③ [法]梅朋、傅立德著,倪静兰译:《上海法租界史》,上海社会科学院出版社2007年版,第333页。
④ 董枢:《上海法租界的长成时期》,《上海通志馆期刊》第1卷第2期,见沈云龙主编:《近代中国史料丛刊续编》(384),台北文海出版社,第401页。
⑤ [法]梅朋、傅立德著,倪静兰译:《上海法租界史》,上海社会科学院出版社2007年版,第337页。并可参考董枢:《上海法租界的长成时期》,《上海通志馆期刊》第1卷第2期,第402页。
⑥ [法]梅朋、傅立德著,倪静兰译:《上海法租界史》,上海社会科学院出版社2007年版,第337—338页。
⑦ [法]梅朋、傅立德著,倪静兰译:《上海法租界史》,上海社会科学院出版社2007年版,第327页。

府总理衙门提出交涉,要求惩处中方责任者,并要求中国政府就事件进行赔款。奕䜣则于5月21日通过外交照会方式予以反击:"有华人六名,已被外人火器击毙。若不缉获凶犯,审判处死,则何足以镇人心而平民忿,杀人者死,中外一例!"①法公使遵照5月29日法国政府的饬令,对于奕䜣的外交照会没有作出进一步的回答。

  1875年3月23日法租界公董局董事会通过决议,决定四明公所事件及相关问题交给法国驻华公使解决。1878年8月,就四明公所事件,法驻华公使白来尼与清政府达成协议,清政府竟同意赔偿所谓损失关平银3.765万两(由上海道台支付),而事件中被杀华人则由法方赔偿恤银0.7万两。清政府方面对事件解决提出两个条件:一是法租界公董局董事会放弃筑路计划,二是四明公所及其所属地产应免除捐税。协议中规定,"此后法国租界内四明公所房屋冢地,永归宁波董事经营,免其迁移。凡冢地之内,永不得筑路、开沟、造房、种植,致损藏棺"②。四明公所运用自己的力量与法殖民者抗争,并巧妙地利用法租界当局和法国驻上海总领事之间意见的矛盾,保全了四明公所位于法租界内的冢地,这在中国近代反对西方殖民主义的斗争史上是有其影响的。

  光绪八年(1882)上海四明公所在宁波江北岸分设甬公所,并置义冢。光绪十四年(1888)在上海褚家桥西南设分厂曰西厂。光绪十六年在慈溪小隐山购置土地41亩建义冢,后增加到206亩。

  1884年法国挑起中法战争,清政府却没有意识到可以将上海法租界收回而错失良机。相反,第一次四明公所事件,法公董局当局目的没有达到,仍不断找借口企图占有公所土地。甲午战争以中国失败告终,帝国主义掀起瓜分中国狂潮,法租界公董局也乘机再次提出四明公所问题。

  到1897年,法公董局当局就修路和卫生问题对四明公所方面多有责难,并在1897年11月9日(光绪二十三年十月十五日)通过一项所谓决议案件宣布:自1898年1月1日(光绪二十三年十二月初九日)起,巡捕房总巡应在六个月内,执行在法租界内严禁棺柩寄厝的命令。③法国驻

---

① 董枢:《上海法租界的长成时期》,《上海通志馆期刊》第1卷第2期,见沈云龙主编:《近代中国史料丛刊续编》(384),台北文海出版社有限公司,第404页;[法]梅朋、傅立德著,倪静兰译:《上海法租界史》,上海社会科学院出版社2007年版,第339页。
② 上海博物馆图书资料室编:《上海碑刻资料选辑》,上海人民出版社1984年版,第429页。
③ 董枢:《上海法租界的发展时期》,《上海通志馆期刊》第1卷第3期,见沈云龙主编:《近代中国史料丛刊续编》(385),台北文海出版社有限公司,第714页。

沪总领事白藻泰(G. G. S. de Bezaure)核准了法租界公董局的上述决议,并于1898年1月6日(光绪二十三年十二月十四日)发布了执行该决议的命令。根据该决议和命令,四明公所必须在六个月内将公所内的棺柩全部迁出运走。对于法租界当局公然置1878年解决方案于不顾的蛮横要求,四明公所方面无论从情感上还是从实际上都无法办到,故不予理会。与此同时,法国驻沪总领事白藻泰照会上海道蔡钧,正式提出扩展法租界问题,扩展范围为法租界以西八仙桥一带、浦东一部分、吴淞一部分。上海道蔡钧对此要求予以断然拒绝,并说明四明公所之事20多年前已有协议。① 1898年5月11日(光绪二十四年闰三月二十一日),法租界公董局又通过决议,以建造学校和医院为借口,征收法租界内地册第186及191号地产。② 这两个编号的地产实际上正是四明公所的所在地。6月28日,四明公所绅董方继善等呈文上海道,请求上海道照会法国驻上海总领事转饬法租界当局,"毋庸重改前议",重启事端:③

> 敬禀者,窃董等昨接法国工部局(应为公董局,下同)来函云:顷查上海法国工部局□□宁波会馆之地系一百八十六号与一百九十一号图内之地,经贵会馆动用多年,且查此地并无契据。顷敝局按照条约禀请驻沪总领事照准,将原地讨还,以使作为公举有益界内华民之事,如建立华民年少学堂一所、施医院一所、宰牛羊场一所,已蒙领事允准。工部局即于今日为始,立一一百八十六号与一百九十一号之契据,所有应给价值,候领事与地方官商量后给与应领之人。所有前因系奉工部局所谕,相应函至执事查照等因。查敝公所于嘉庆二年创始,在上海二十五保四图地方共置义田五十二亩五分三厘六毫,□造房屋两所为四明公所,屋外四面余地为四明义冢,即埋葬贫苦难归之棺,迄今正及百年,执有印契为据。义冢葬骸已有数万具之多,是法国创立租界在后,四明建设公所在前。故于同治四年禀请立案保全义冢,并蒙法领事体念四明公所系宁商逢节祭祀之所,免其捐输。又于同治十三年闹事之后

---

① 唐振常主编:《上海史》,上海人民出版社1989年,第349页。
② 董枢:《上海法租界的发展时期》,《上海通志馆期刊》第1卷第3期,见沈云龙主编:《近代中国史料丛刊续编》(385),台北文海出版社有限公司,第714页。
③ 《四明公所绅董禀上海道并道宪回批照录》,《申报》1898年7月11日,见宁波市政协文史委员会编:《〈申报〉宁波旅沪同乡社团史料》,宁波出版社2009年版,第16—17页。

蒙前法总领事葛出示晓谕：本总领事驻扎上海以□，凡在本法国租界内商民无不准情保护。兹因外面谣言，业经劝谕公董局议改前说，毋庸伤及该公所房屋，并不得伤动该义冢坟墓，非但不筑马路，并传知四明公所董事，速筑围墙，以清界限，而免疑惑等因各在案。兹准法工部局来函，有禀请总领事准将原地讨还以便为公举有益华民之事等语，接讯之下，群相惊诧。查义冢坟墓公所房屋已阅有百年，无□不便改动，既与历来中西官宪谕饬显然不符。华人于坟墓一事第一郑重，而宁郡人民在沪者不下数十万。若不曲顺舆情，恐迫成众怒，致肇事端。为此吁求宪台查照历年成案，照会法总领事谕饬工部局，仍照原议，毋稍更动，庶可以相安无事。总之，□前法总领事葛示谕饬公所董事，速筑围墙，以清界限等语，是四明公所在法国租界地内既有界限可清，即毋庸重改前议。兹将同治十三年法总领事告示抄呈□宪鉴，伏乞大人俯念宁阖郡义举，迅速照会，以期保全而安民心，不胜急切待命之至。专肃敬请勋安。四明公所绅董方继善等谨禀。

对此呈文，6月30日上海道批示："此案业经本道切实函商并电出使法国庆大臣，商请外部饬阻在案，希即谕饬在沪甬人静候商办，毋得聚众滋闹为要。此复。五月十七。"①

法租界公董局不顾事实，于7月1日（光绪二十四年五月十三日）致函四明公所声称：租界内186号及191号地基，"经贵馆动用多年，且查此地并无契据，顷敝局按照条约禀请驻沪总领事照准将原地讨还，以便作为公举有益界内华民之事业，如建立华民年少学堂一所，施医局一所，宰牛羊场一所……"②该项蛮横无理的决定和要求，当然遭到四明公所方面的拒绝。同时四明公所方面立即将相关情形禀报上海道蔡钧，请求设法予以阻止。但法驻上海总领事和租界当局依然坚持其蛮横做法，对于四明公所方面的正当权益不予考虑。7月8日，四明公所总董方镇记主人方继善又与同乡30余人联名禀请江海关道蔡钧设法保全。蔡钧数次照

---

① 《四明公所绅董禀上海道并道宪回批照录》，《申报》1898年7月11日，见宁波市政协文史委员会编：《〈申报〉宁波旅沪同乡社团史料》，宁波出版社2009年版，第17页。
② 葛恩元编：《上海四明公所大事记》，见彭泽益主编：《中国工商行会史料集》，中华书局1995年版，第914页。

会法驻上海总领事为四明公所辩论,但无结果。

7月16日(光绪二十四年五月十八日,星期六)早上5时半,法驻上海总领事法国巡洋舰"侦察号"上的陆战队80名士兵携带大炮,跟随法驻上海总领事、法租界翻译、法租界公董局董事,于6时左右到达四明公所东首。在法驻上海总领事和巡洋舰"侦察号"陆战队官佐指挥下,用大炮轰开公所围墙,以法租界公董局名义予以占领,并开始拆除四明公所围墙,在此过程中,开枪打死两名甬人,伤多人。这种强盗行径,激起旅沪宁波人的极大愤怒,迅即出现激烈反抗。旅沪甬人随即发出传单,分送各同乡,10时左右,会馆董事齐集北京路安仁里方镇记商议对策。① 之后,公所发出两份传单:"一约于翌晨十下钟时在安仁里集议,一约凡属甬人一律停止贸易。"当晚开始,法租界内的甬人店铺闭门罢市,并蔓延到租界之外,"计里咸瓜街自施相公弄以北,外咸瓜街自如意弄口,里马路自大马路以北直达十六铺陆家桥,甬人店铺一律闭门罢市"②。17日,事态进一步发展。上午10时,数百名宁波人聚集到北京路安仁里方镇记。对于宁波人的反抗,法租界当局以残酷的屠杀对付,在16、17日两天,开枪击毙宁人及无辜平民10多人,伤20多人。③ 屠杀激起当时上海30万宁人"商人罢市,劳工罢工",接连数日的罢工罢市,使上海各码头货物堆积如山。19日《申报》发表《再论四明公所事》,其中说:"如此区区公所而一郡之人心如此之坚,足见国可弱,官可制,而民不可欺也。"④法租界当局不得不撤走驻扎在公所的军队。蔡钧于19日中午收到法驻上海总领事照会,照会中说法国军舰即日撤走,公所事可通融办理云云。随后,法国兵舰驶出吴淞口。⑤ 南洋大臣刘坤一派聂缉椝到上海劝民开业,之后上海港和法租界才逐渐恢复秩序。

---

① 《公所被夺》,《申报》1898年7月17日,见宁波市政协文史委员会编:《〈申报〉宁波旅沪同乡社团史料》,宁波出版社2009年版,第17页。
② 《详记公所被夺后情形》,《申报》1898年7月18日,见宁波市政协文史委员会编:《〈申报〉宁波旅沪同乡社团史料》,宁波出版社2009年版,第19—20页。
③ 徐雪筠等译编:《上海近代社会经济发展概况(1882—1931):〈海关十年报告〉译编》,上海社会科学院出版社1985年版,第44页;《五纪公所被夺后情形》,《申报》1898年7月22日,见宁波市政协文史委员会编:《〈申报〉宁波旅沪同乡社团史料》,宁波出版社2009年版,第27页;唐振常主编:《上海史》(上海人民出版社1989年版)中载此次血案造成17人死亡,伤者无算,参见该书第349页。
④ 《再论四明公所事》,《申报》1898年7月19日,见宁波市政协文史委员会编:《〈申报〉宁波旅沪同乡社团史料》,宁波出版社2009年版,第22页。
⑤ 《三纪公所被夺后情事》,《申报》1898年7月20日,见宁波市政协文史委员会编:《〈申报〉宁波旅沪同乡社团史料》,宁波出版社2009年版,第25页。

江苏布政使聂缉椝、上海道蔡钧与法领事白藻泰就事件进行谈判，公所提出了1874年四明公所事件处理的文件。1898年9月2日，双方就事件达成协议。聂缉椝、蔡钧以同意扩展法租界为代价，保全了四明公所。协议内容有四项：1.确定法租界的扩张；2.维持四明公所土地权；3.四明公所坟地不得掩埋新尸或停柩，原有旧坟亦应陆续起送回籍；4.在四明公所地面上可以开筑交通上所需的道路。① 1900年1月，法租界当局承认四明公所对公所土地的所有权并发给了地契文书，法租界也以此为条件进行了第二次扩充，第二次四明公所事件最终解决。

四明公所方面通过两次事件，逐渐认识到修路和卫生方面的问题。为避免再生事端，1900年四明公所自行拆除偏北的房屋38间，自辟宁波路。1901年四明公所又在沪南日晖港以南地方购地30亩建筑厂屋以厝棺木，称为南厂。1905年，四明公所原大殿两庑中间设施医局，延请医生为同乡贫病者施以诊疗。1906年，南厂建成，四明公所原用于存放棺木的东西两厂遂改建为市房，出租收息，并设立专门的医院为同乡服务。② 这样，在第二次事件后，四明公所"让余地以通道，修围墙以保冢，停柩以卫生"③，面貌发生了显著的变化。

两次四明公所事件的过程和结果对整个宁波帮的发展都带来非常巨大的刺激和影响，对上海宁波帮的影响则尤其巨大而明显。④ 同时，两次事件中，公所以同乡的力量取得"民气压倒洋气"的胜利。⑤ 公所凝聚同乡力量、保护同乡利益的作用更加明显，事实表明了"会馆力量的伟

---

① 唐振常主编：《上海史》，上海人民出版社1989年版，第350页。
② 葛恩元编：《上海四明公所大事记》，见彭泽益主编：《中国工商行会史料集》，中华书局1995年版，第909页。
③ 张美翊：《方公黼臣传》，见葛恩元编：《上海四明公所大事记》附编《传志》，上海四明公所1918年刊，第11—12页。
④ 1936年7月初，宁波旅沪同乡会为虞洽卿举行70岁生日及旅沪55年纪念大会，到会七八百人，盛况空前。虞洽卿颇为动情地回顾了自己在上海的经历和奋斗，其中也提到了四明公所事件的意义。他说："卅五年前待遇华人，极不公平，公园跑马厅，均不许入内，最可笑者，当时无汽车，只有马车，如华人之车，走过洋人之车，须罚银二十五两。大马路行人道，若华人偶碰洋人，即遭棒击。当时华人不敢有所举动，华人运动，自四明公所案起。"见《虞洽卿先生七秩大庆五五纪念》，《申报》1936年7月6日；后来甚至有人将事件与五四运动、五卅运动相提并论说：五四运动、五卅运动"即播种于……宁波人争回四明公所冢地一役"。见汪兆平、郑大慈编：《虞洽卿先生》，宁波文物社1946年版，第27页；两次四明公所事件当然也引起外国学者的高度关注，如著名中国问题专家马士在《中国行会考》中就记述道："1874年和1898年发生于上海的所谓四明公所事件，是同乡会馆在发现它的利益或者是它的会员的利益遭到官府或者外国商人团体敌对行为的侵害时，会采取何种方式进行抵抗的生动写照。"见彭泽益主编：《中国工商行会史料集》，中华书局1995年版，第83页。
⑤ 汪兆平、郑大悲编：《虞洽卿先生》，宁波文物社1946年版，第27页。

大",同时也表明会馆的作用"在乎团结同乡的工商业者成一坚固的壁垒,以与外(外地工商业者及外国)抗,来保护本团体的利益。会馆的成员,愈受保护而发展,则他们组织的会馆愈繁荣"①。"它向上海的外国人显示了这些组织(指会馆)的真正力量,证明它有能力对这个口岸的根本利益施加影响。"②公所的领导层在第二次事件发生后,当即发出两份传单:"一约于翌晨十下钟时在安仁里集议,一约凡属甬人一律停止贸易。"③安仁里为英租界内镇海方氏方铭记(一说为方镇记),后来的斗争即在此领导。南市各信局绝大多数为宁波人所开设,当晚信局业宁波董事接到公所传单,"即约齐商号,一律停班"④。公所董事们已经能够充分认识到同乡中下层的力量,敢于斗争,且善于斗争。在斗争中,"严、叶二董实总其成,而抗身犯难者,则工界沈洪赉也"⑤。严即严信厚,叶即叶澄衷。有资料载,在这次抗争事件中"密为划者信厚也"⑥。在斗争中,四明公所勇谋结合,取得胜利,这无疑进一步激励了宁波帮人士的团结、互助意识。从不完全资料看,两次事件期间和事件后,一些原来与公所并无直接关系的同乡会、社组织,纷纷助入到公所,⑦成为下属组织(详见下表)。

旅沪宁波籍同乡小团体助入四明公所概况表

会、所成立时间	会、所名称	会、所组成人员	助入四明公所时间
不详	龙会、锭会	两会创办年月及具体情况不详。	同治八年(1869)并入上海四明长生会
咸丰十年(1860)	敬梓堂义所	上海宁波同乡杨坊、方基等,集资在沪北江湾购地50多亩创建	1885年(清光绪十一年)并入上海四明公所
同治二年(1863)	四明长生会	旅沪洗衣、厨师、码头搬运等行业的宁波同乡创办,负责人为沈洪赉	光绪二十二年(1896)并入四明公所

① 全汉昇:《中国行会制度史》,上海新生命书局1934年版,第114—115页。
② 徐雪筠等译编:《上海近代社会经济发展概况(1882—1931):〈海关十年报告〉译编》,上海社会科学院出版社1985年版,第119页。
③ 《申报》1898年7月18日。
④ 汪兆平、郑大悲编:《虞洽卿先生》,宁波文物社1946年版,第27页。
⑤ 葛恩元编:《上海四明公所大事记》,见彭泽益主编:《中国工商行会史料集》,中华书局1995年版,第914页。
⑥ 《严信厚传》,《上海总商会月报》第1卷第1号,1921年7月。
⑦ 助入与加入略有不同。助入是将原有会、所的动产、不动产的所有权转移到四明公所,而原有会、所大体上仍维持对这些动产、不动产的使用权,同时基本上维持其原有的活动方式,而活动地点转移到四明公所内。

续表

会、所成立时间	会、所名称	会、所组成人员	助入四明公所时间
同治五年(1866)	盂兰盆会	上海摆渡码头帮和百官船帮，两帮船户都是宁波人，共同创办	光绪三十三年(1907)并入四明公所
光绪五年(1879)	四明木业长兴会	宁波籍木工	光绪二十五年(1899)并入四明公所
光绪十八年(1892)	竹业公所(同新会)	宁波六县竹业商人	光绪三十四年(1908)并入四明公所
光绪二十四年(1898)	四明内河小轮业公所(永安会)	宁波内河小轮业同业	宣统二年(1910)并入四明公所
光绪二十七年(1899)	汉帮粮食业公所志成堂	绝大部分为宁波帮	
光绪三十一年(1905)	马车漆业同议胜会	宁波府辖6县马车漆帮	宣统二年(1910)并入四明公所
光绪三十二年(1906)	浙宁水木公所	宁波籍建筑业者	
光绪三十三年(1907)	四明铜铁机器业永生会	宁波籍铜铁机器工匠	光绪三十四年(1908)并入四明公所

资料来源：彭泽益主编：《中国工商行会史料集》，中华书局1995年版，第92、98、102—103—812—813页；张仲礼主编：《近代上海城市史》，上海文艺出版社2008年版，第405—409页。

实际上，通过两次四明公所事件，在上海的宁波人更为团结，而四明公所则由原来的工商业者的同乡同业组织，一变而为旅沪宁波籍同乡即包括商帮、手工帮、劳工帮在内的上海宁波帮的总机关。

(三)晚清上海四明公所的组织、功能及演化[①]

从整个历史发展的各个阶段看，晚清时期是四明公所的极盛时期。这一时期，上海四明公所的组织特点主要表现在三个方面：首先，豪商巨室在公所事务中发挥着决定性的作用。其次，它是一个包括许多同乡小团体在内的同乡团体。最后，公所的领导核心主要是董事会，后期公义联合会开始发挥重要作用。

上海四明公所原来是一个工商业者的同乡团体，其创会成员和会员几乎是清一色的工商业者。在公所事务上，四明公所董事会代表公所，有议定各事并加以执行的权力。公所的最初董事是钱随、费元圭、潘凤

---

① 为了叙述的方便和完整起见，此节内容有小部分涉及民国时期。

占、王忠烈等人。清道光年间,方家开始在公所事务中发挥重要作用,这时公所董事有方亨宁、谢绍心、庄钜等人。咸丰时董事有方仁照、方仁荣、方仁孝、杨坊、李也亭、赵立诚等人。同治年间的董事有方仁孝、赵立诚、方继善、蔡筠、庄芿、李也亭等人。光绪年间董事有李听涛、李镛、叶澄衷、严信厚、袁鎏、方继善、方樵苓等人。宣统到民初担任董事的有朱葆三、方樵苓、方积珏、沈洪赉、严义彬等人。① 总的看来,在整个晚清时期,上海四明公所的董事基本保持着由方氏家族成员加上当时宁波商帮豪富和名流,共约5—7人组成的格局。1915年公所正式组成由朱葆三、周晋镳、沈敦和、虞洽卿、严义彬、方舜年、方积珏、周鸿孙、葛恩元等九位成员的董事会,并议定"凡损益兴革诸大端,悉取裁于会议,岁一大会,季一常会,事之大者临时集会,以董事一人轮代为值年,总其成"②。1916年方积蕃起草的《上海四明公所章程》得到董事会通过,明确规定四明公所设同乡董事会,"以创办人后裔及原有董事组织之",九人出现缺额时,由董事会自行增补。③ 公所设司年董事一名,由九位董事按年轮流担任,管理公所事务。作为一个原本以工商业者为主组成的同乡商人团体,上海四明公所章程中对会员资格没有明确的规定,凡属宁波同乡,都可以加入成为其会员。因此,上海四明公所在设立之初是一个单一的宁波府辖各县同乡工商业者的同乡组织,五口通商后宁波帮同乡大量涌入上海,人数多达数十万,他们根据家族、同乡关系,组织了许多同乡小团体,有的属于手工业团体,有的属于劳工团体,有的属于慈善团体,已如上述。这些同乡小团体自19世末到20世纪初纷纷以同乡团体的名义助入或加入四明公所,就使上海四明公所成为一个包括了许多同乡小团体的规模庞大的同乡组织联合体。《上海县续志》卷3称:"甬人之旅沪者最众,各业各帮大率有会,而皆总汇于公所云。"④各同乡小团体(会、堂)都有自己的章程规则,各自推举或选举柱首或理事,分管各自会堂的事务,一般的事务在小团体内自行解决,只有在小团体内无法解决或事关宁波同乡这个群体时,才交由上海四明公所解决。尽管四明公所的组织比较松散,但一旦发生同乡利益严重受损的情形,采取一致行动并不困难。到1912

---

① 葛恩元编:《上海四明公所大事记·董事表》,上海图书馆馆藏。
② 彭泽益主编:《中国工商行会史料集》,中华书局1995年版,第910页。
③ 彭泽益主编:《中国工商行会史料集》,中华书局1995年版,第918页。
④ 彭泽益主编:《中国工商行会史料集》,中华书局1995年版,第917页。

年，四明公所除董事会之外，设立公义联合会作为辅助监督机构，由每年捐纳会费的会员组成，若会员是商店或团体，则可以根据情况派一至十人为代表。1916年经讨论决定公义联合会组成六人董事会，于是公推周林庆、陈征献、陈仁琅、石运乾、孙鹏、丁骏照为董事，周林庆兼任会长。1919年又议定公义联合会由九人组成董事会，于是增补陈圣佐、方积蕃、叶成钦为董事，除原任董事丁骏照于1917年辞去由乐俊宝担任外，全部连任。不久周林庆病逝，以洪贤钫补为董事兼会长。此外该会推选加入该会各团体的代表任司月董事，每月轮流核查公所的财务账目。上海四明公所在董事会和公义联合会之下设执行人员若干，执行人员包括经理一人、司账二人、司事人役工匠若干名，经理、司账职责比较重要，须得到董事会、公义联合会两会董事赞成方能充任，司事人役工匠则由经理根据情况需要择用。两会董事各有商业行号，而且多系巨商富室，因此都只是从事公所公务，不支薪俸，经理以下人员，则有额定报酬。由于四明公所的组织比较得当，成为当时上海公所、会馆仿效的对象。[①]

　　四明公所的收入来源有馆业收入、手续费、同乡各种捐款。其中馆业收入主要包括公所制棺工场收入、市房收入、投资收入等项。到清末，上海宁波帮同乡已达40万人，20世纪30年代更增加到五六十万人，每年所需棺木颇多，于是公所设立制棺工场，所制棺木一方面通过公所赊材局施给贫困的同乡，另一方面廉价售与同乡，并向社会销售。制棺工场所制棺木共有14等，其价格从20元到500元不等，特级棺木售价高达1800余元。施棺用的棺木通常用杉木制造，而售与富商巨室用的棺木通常用婺源产的名贵楠木制造，并由良匠雕刻涂漆。制棺工场的收入成为公所常年收入的重要来源之一，例如1928年，其纯收入就达55912元，约占公所整个收入的1/3。市房收入也是公所的重要收入来源，光绪二十九年(1903)公所共收房租4668元。公所各项投资的收入在1926年达到59254元。四明公所对同乡灵柩，通过公所运柩回甬也适当收取一定的手续费，在1928年，这项手续费收入为27051元。对于宁波帮同乡，四明公所根据各人经营商店的规模、营业额以及在上海商界的影响收取岁月常捐，其数额少则5角，多者可达300元。加上其他一些收入，民国时期

[①] 咸丰十年(1860)上海丝业筹建同业公所，其组织即系仿照四明公所，见彭泽益主编：《中国工商行会史料集》，中华书局1995年版，第770—773页。

上海四明公所每年的收入可达十六七万元。① 遇有特别事件，四明公所再进行特别募款活动，如1920年为建四明公所虹口北厂发起募捐，计划以一月为期筹集款项20万元。当时鉴于数额巨大，担心不易募集，于是在公所设募捐总办事处，议定以银币200元为一愿，以10愿为一团，共设百团，每团设一团长，以朱葆三为总团长，王正廷、虞洽卿为副总团长，葛恩元为事务总长，届期竟募集款项达23万余元。② 1928年8月，四明公所发起赈材基金募集活动，募集活动分5次进行，第一次就实际收到捐款10.2834万元，在一个月内就募集资金23.3270万元。③ 宁波帮同乡人数众多，热心公益，财力雄厚，积极支持四明公所的各项事业，加上四明公所本身组织完善，因此能够在推动上海宁波商帮的发展中起到巨大的作用。

上海四明公所作为上海宁波帮同乡的同乡组织联合体，其职能主要表现在保卫同乡的保护职能、停柩运柩的慈济职能、崇祀保护神的宗教职能诸方面。在保护同乡方面，宁波帮工商业者从宁波来到上海，首先面对的是各帮商人激烈竞争的局面，封建官府和恶势力的压榨也时有发生。五口通商后，西方列强势力在上海建立租界，宁波帮和上海其他乡帮集团一样，又面临着西方商人激烈竞争的压力和租界当局的压迫。这就要求宁波帮为生存和发展，必须结成牢固的同乡团体以保护同乡的经济、政治和社会利益。这种保护同乡利益的作用，在两次四明公所事件中表现得尤其突出。宁波旅沪同乡会成立后，越来越多地承担起了保卫同乡的职能，上海四明公所这方面的职能于是才日渐减少。在慈济职能方面，四明会馆最基本的职能是慈善救济。④ 其慈善事业至少有育婴、保婴、恤嫠、义塾、施药、施棺、丙舍等七项。特别值得注意的是，在宁波帮发展过程中形成的以上海四明公所为中心的停柩运柩的完整体系，并不是单纯的慈善事业，而是与宁波帮工商业者的工商业活动有密切关系的重要社会事业。四明公所在嘉庆二年（1797）创设之初就开始建置殡舍，

---

① ［日］根岸佶：《中国的行会》，日本评论新社1953年版，第179—188页。
② 葛恩元编：《上海四明公所大事记》，见彭泽益主编：《中国工商行会史料集》，中华书局1995年版，第911—912页。
③ 宁波市政协文史委员会编：《〈申报〉宁波旅沪同乡社团史料》，宁波出版社2009年版，第462—464页。
④ 上海市工商业联合会与复旦大学历史系编：《上海总商会组织史资料汇编》，上海古籍出版社2004年版，第25页。

第二年建成殡舍并辟余地为义冢,于是以殡舍停放亡故同乡的灵柩,以义冢作为共同墓地,无力运回宁波的灵柩即于此安葬。第一次四明公所事件之后,由四明公所董事方继善等首倡在宁波江北岸设立甬公所,建厂屋停放棺柩,建义山作公共墓地。并规定:凡棺柩在上海四明公所殡舍内停放满一年者,由公所负责于清明、冬至分两次运回甬厂,停放甬厂满一年仍无亲族认领者,在甬厂义山埋葬。由此,上海四明公所开始了规模庞大的运柩事业。第二次四明公所事件后,四明公所不再在法租界内停放棺柩,于是另建沪南日晖港南厂。清光绪三十一年(1905),昆山四明公所向上海四明公所提出请求,愿意提供若干运送费和埋葬费给上海四明公所,在昆山宁波帮同乡亡故者棺柩运抵上海后,由上海四明公所接收并负责运回甬厂。这一请求得到上海四明公所的同意。随后天津、南京、汉口、温州、太仓、吴淞等地宁波帮同乡组织,也"先后援以为请,著为例"①。上海四明公所从事的停柩运柩事业的规模由此进一步扩大,并专门为此制定了上海四明公所凡材进厂章程。每年春冬运柩回甬,数量有一千二三百具。开始时全部由帆船经内河绕道杭州运送,光绪二十七年(1901),经公所袁咏笙、费鸿生等与招商局、太古两轮船公司商定,改由两公司各承运400具,所余三分之一仍由帆船运送。宣统元年(1909),全部棺柩改归宁绍轮船公司承运回甬。② 进入民国时期,上海四明公所的职能日益集中于停柩运柩的社会事业。1916年议定的上海四明公所章程中明确规定,该公所"以建丙舍、置义冢、归旅榇等诸善举为宗旨"③。此后从1918年起上海四明公所兴办四大工程,其中三项全部是建设停柩设施,1922年工程竣工,所建成东厂(浦东分所)、北厂、南厂,规模宏大。如1920年建成的南厂,由原日晖港南厂迁址徐家汇重建而成,耗资17万,建筑房屋396椽,厝柩处分为厅堂舍厂四级,别建客厅、佛殿、崇祠、祀宇,为便于自力运柩回宁波的同乡暂住,南厂还建有大招亭。据公所有关资料,1924年时,上海四明公所各厂停放棺柩5209具,赊材局施棺758具,运回宁波棺柩达到2971具。④ 通过四明公所规模庞大的

---

① 彭泽益主编:《中国工商行会史料集》,中华书局1995年版,第909页。
② 葛恩元编:《上海四明公所大事记》,见彭泽益主编:《中国工商行会史料集》,中华书局1995年版,第909页。
③ 《上海四明公所章程》(1916年),见彭泽益主编:《中国工商行会史料集》,中华书局1995年版,第918页。
④ [日]根岸佶:《上海的行会》,大空社1998年版,第41页。

停柩运柩事业,各地宁波帮亡故同乡棺柩,先由各地运至上海四明公所各厂暂时停放,然后由该公所每年分两次运回宁波。棺柩到达宁波后,再经宁波四明公所分厂以及宁波绅商在当地及各县创设的相应机构设施,或暂时集中停放,或由亲属认领归葬,或埋葬于公共墓地,从而得到妥善、完满的解决。除停柩运柩以外,上海四明公所的社会事业还包括对同乡诊病施药。光绪三十一年(1905)公所在大殿两庑设施医局,此后施药诊病的规模不断扩大。第二年公所原有西厂改建为市房,同时在这里创设病院。1921年公所又募集款项10余万,增建四明医院,第二年建成,耗资8万元。四明医院设有内外两科,以及男女病房。病房分为甲乙丙丁四等,重病患者可住进甲乙两等级病房医治。于是贫困宁波帮同乡患病不仅可以得到免费门诊医治,重病患者也可以免费住院治疗。据有关资料,该医院1925年时门诊病人3500人,入院病人1800人,收入九八规元200两,银币33375元,支出九八规元3581两,银币49009元,不足部分由四明公所进行补助。① 此外上海四明公所还出资创建四明第一义务小学,招收同乡子弟入校学习。除上述职能外,上海四明公所还有重要的宗教职能。该公所创建之始,就建关帝殿作为公所正殿,崇祀关帝。关帝在中国传统的神仙体系中被称为武财神而受到普遍敬崇,特别在宁波,人们对关帝更加敬崇。据宁波民间传说,金人非常惧怕关羽,金兀术追赶宋高宗到宁波后,遇到庙宇,就下令焚毁,只对关帝庙,丝毫不加破坏,因此宁波风俗便以关帝为最灵。上海四明公所遵从故乡宁波的传统习惯,奉祀关帝,每年农历五月十三日,必举行祭祀关帝的活动。同时,公所内又设土地祠,奉祀社神。② 同时上海四明公所又是一个包括许多同乡小团体的同乡组织,其所辖同乡团体也以经营行业的差异,奉祀各自行业的保护神。例如宁波帮船商在上海建立的浙宁会馆,最初称为天后行宫,奉祀天妃。天妃又称天后、妈祖、马祖、玛祖、海祖娘娘、天上圣母等,是宋代以后沿海地区水运业、渔业普遍供奉的行业保护神;宁波帮木工创建公输子庙,每年一度,祭祀鲁班;③ 钱庄业则奉祀财神赵公明,每年农历正月初四夜迎接财神的活动受到业内上下普遍重视,迎神时"店里全体人员都要向简单的纸印神像膜拜,但是非常严肃隆重,是钱庄

---

① [日]根岸佶:《中国的行会》,日本评论新社1953年版,第169—170页。
② 上海通社编:《上海研究资料续集》,上海书店1984年版,第303页。
③ 上海市工商行政管理局等编:《上海民族机器工业》,中华书局1979年版,第59—60页。

开市前的一个大礼节,钱庄人员的提升即以拜神的次序来定,被开除的人员,照例不得参加接财神仪式"。① 上海四明公所及其所辖各团体的宗教祭典活动,对宁波帮在上海的发展,起着特殊的凝聚和保障作用。值得一提的是,上海四明公所每年收入达十六七万元,但用于祭祀活动的费用不满千元,而其他方面如建殡舍、创建医院,往往不惜巨资,说明随着时代的进步,四明公所的宗教职能有逐渐减弱的趋势。

进入民国以后,由于宁波旅沪同乡会成立并分担了上海四明公所的许多职能,四明公所的职能减少,留下的主要是同乡殡葬事业。因此,四明公所的同乡殡葬事业在规模上反而有所扩大。1923 年,上海四明公所对东厂加以添建,1918 年到 1921 年又重建了南厂、北厂,1920 年新建立浦东分所。1933 年时四明公所丙舍中寄棺有 3400 多具,运棺回乡 3800 多具,赊材 530 多具。除此之外,四明公所还开拓一些新兴事业,如扩建四明医院救护贫困者,无论是否甬籍,都不收医药费,同乡还可免费住院,1933 年四明医院门诊人数达 6 万多人。② 四明公所还开办有一所小学和一所孤儿院。但总体上,四明公所的事业仍以殡葬为主,公所的费用也多用于此。③ 尽管四明公所在民国时进入衰落时期,但该组织仍有巨大的力量。特别是从 1918 年到 1922 年,上海四明公所集资 52 万元,先后完成重建日晖港南厂、创设虹口北厂、分设浦东公所(东厂)、创建四明医院四大工程,不仅富商巨贾踊跃捐款,而且普通宁波帮同乡也争先恐后出钱出力,表明四明公所对于宁波帮同乡仍然有巨大的凝聚作用。1954 年,四明公所停止活动。

第三节　现代化转型的基本实现(1901—1931)

19 世纪末到 20 世纪的二三十年代,是宁波商帮近现代化转型的第二个阶段。这一阶段的转型主要表现在宁波帮工商业者广泛投资于近代金融、轮船航运、机器工业以及其他现代经济领域,成为一个以现代金融家、工商业企业家为主体和核心的带有明显现代特征和地域特征的工商业集团,并在上海、武汉、天津等为主的现代城市经济生活中占据重要的地位。

---

① 中国人民银行上海市分行编:《上海钱庄史料》,上海人民出版社 1978 年版,第 483—485 页。
② 《四明公所议事录》(1933 年),转自郭绪印:《老上海的同乡团体》,文汇出版社 2003 年版,第 559 页。
③ 郭绪印:《老上海的同乡团体》,文汇出版社 2003 年版,第 559—560 页。

一、宁波商帮向现代工商集团的转型

西方在华企业的创办和洋务企业的创办,开启了中国工业化的早期进程。自1895年《马关条约》签订到1911年辛亥革命爆发前,中国社会连续两次掀起颇具声势和规模的创办企业的热潮。① 第一次世界大战爆发后,中国民族经济获得前所未有的发展机会,出现所谓经济发展的"黄金时期",②中国早期工业化迎来了一个快速发展的历史时期。1927年到20世纪30年代初,南京国民政府当局采取了一系列措施保护和发展民族工商业。正是在这种情况下,宁波帮商人在近代金融业、轮船航运业、工业、商业等领域获得迅速的发展,转型成为一个现代工商业集团。

(一)轮船航运业

甲午战争后到20世纪初,宁波帮商人经营的轮船航运业有了显著发展。戴生昌轮船公司到1896年年底已有9艘轮船,不仅有定期轮船往来于杭州、上海、苏州、嘉兴、湖州间,而且开辟了到无锡、常州、镇江等地的航班,与日商大东轮船公司在长江三角洲水网地区的内河航线上展开了激烈的竞争。③ 1906年宁波帮商人朱葆三等人集资5.5万元创设越东轮船公司,购置一艘555吨的永利轮,航行于上海与定海、石浦间各处。④ 1915—1918年,他又先后与人合资创办了顺昌轮船公司、镇昌轮船公司和同益轮船公司。这样,朱葆三就拥有轮船6艘,这些轮船航行于长江及南北沿海,初步形成了一个以朱葆三为中心的轮船航运集团。1908年10月创办于上海的宁绍轮船公司也是一家很有生气的轮船公司,其投资经营者都是宁波帮著名人物,如虞洽卿、方舜年、袁履登等。该公司发起时,议定资本为大洋100万元,实收70万元,向马尾造船厂购轮船一艘,定名为"宁绍轮",后来又增置"永安"、"新宁绍"等轮船,往来于沪甬间及长江沿线。1914年宁绍轮船公司以7艘小轮船开展内河航运事业,并与其他小轮公司协议,取得独航杭湖一线的权利。之后又成立宁绍内河小轮公司,到1921年已拥有小轮10多艘,成为苏杭嘉湖地区内河航运中的

---

① 学术界过去习惯上把这一时期实业界的投资活动称为两次投资设厂热潮,但窥诸实际,用"企业热"也许更为贴切。参见黄逸峰、姜铎、唐传泗、徐鼎新:《旧中国民族资产阶级》,江苏古籍出版社1990年版,第69—71页。
② 黄逸峰、姜铎、唐传泗、徐鼎新:《旧中国民族资产阶级》,江苏古籍出版社1990年版,第189页。
③ 《浙江潮》第1期,《记事》第53页,第5期147页;并参见洪锡范等修纂:《镇海县志》卷27《人物传》。
④ 樊百川:《中国轮船航运业的兴起》,中国社会科学出版社2007年版,第301页。

巨头。① 宁绍轮船公司的首任总经理是虞洽卿,在虞以后担任总经理的有石运乾、袁履登、陆维庸等人,方椒伯曾任董事长,这些人都是宁波商帮著名人物。1924年宁波帮买办商人朱志尧创办大通仁记航业公司,所属轮船航行于上海至扬州,有船4艘。不过最著名的宁波帮轮船企业则是1913年虞洽卿创办的三北轮埠公司。

虞洽卿在任宁绍公司经理时,就开始在镇海龙山开创独营的航运事业,因这里地处镇海、慈溪、余姚三县北部,所以又称为三北。1913年虞洽卿投资数十万元建造龙山码头和轻便铁路,铺设电报线,并购买慈北、姚北、镇北三艘轮船创办了三北轮船公司。所属慈北、姚北两轮,往来于穿山、舟山、沈家门等港,镇北轮行驶甬江。三北轮船公司的航线与上海宁绍公司航线相衔接,只是规模较小,资本仅20万元。1914年因承购"甬兴轮"与宁绍公司董事会发生争执,虞洽卿被撤销总经理职务,于是他全力经营三北公司,增加资本,设总公司于上海,改名为三北轮埠公司。1915年虞筹资百万元,接盘英商鸿安轮船公司改名为鸿安商轮公司,于是该公司原来行驶沪汉线的"长安"、"德兴"轮及镇江、南京、芜湖、九江、汉口的趸栈码头,皆成虞氏产业。因时值第一次世界大战爆发,外商轮船纷纷被征调回国,民族航运业得以发展,虞氏经营得相当顺利,三北公司也在各埠设立分公司。1917年他又以20万元资本开设宁兴轮船公司,不久增至百万元。1918年三北公司增购3000吨轮船两艘,行驶于沿海南北洋各埠,使三北资本增加到百万元。不久虞洽卿又变卖所有不动产,添资百万,购买江海轮船五六艘,拓展沿海及长江中上游航线。这样,以虞洽卿为中心的三北轮埠公司、鸿安商轮公司、宁兴轮船公司共计资产达到400万元,规模庞大,这是虞洽卿航运事业的第一个黄金时期。第一次世界大战期间,外商轮船卷土重来,虞所经营的航运业一度亏损达数百万元,局面危险。为图生存,虞洽卿力事整顿,将各公司轮船"去旧更新,以小易大",勉强支撑五六年,才逐渐恢复。他又创办三北轮埠公司机器厂,修理各公司船只,兼制造小轮船、拖轮、驳轮及码头趸船。到抗战爆发前,虞洽卿拥有轮船30多艘,加上小轮船和拖轮、油驳、铁驳等项船只共有65条之多,总吨位达9100余吨,约占当时全国轮船总吨位的十分之一。② 三北集团在长江沿线和沿海各埠设立的分公司,代理处

---

① 樊百川:《中国轮船航运业的兴起》,中国社会科学出版社2007年版,第304—305页。
② 丁日初、杜恂诚:《虞洽卿简论》,《历史研究》1981年3期。

达数十个,其航线"不独航行南北洋,且兼航上海至海参崴,上海至仰光、南洋群岛及上海至日本诸线,为我国民营航业的翘楚"[①]。

(二)宁波商帮与近代银行金融业

在近代化转型过程中,不仅新式商人中的众多宁波帮银行买办熟悉银行业务,而且宁波帮钱庄商人由于与银行往来频繁,对银行组织和经营方法也相当熟悉。1895年以后,中国近代工业兴起,工商企业对于通过银行获得大规模融资的需求越来越迫切,特别是银行业的巨额利润,强烈吸引着宁波帮商人踊跃投资、创办近代银行。于是,自清末以后,一批由宁波帮商人投资、创办的银行相继产生,并由此产生了一批宁波帮银行家。1934年浙江兴业银行调查报告中说:"全国商业资本以上海居首位,上海商业资本以银行居首位,银行资本以宁波人居首位。"[②]

中国垦业银行是宁波商帮创办和经营的又一家著名银行。该行由宁波帮人士童今吾发起,1926年在天津开业,由俞佐庭任总经理。俞佐庭(1888—1915),字崇功,镇海人,曾任镇海小港李氏家族镇余钱庄和天益钱庄经理。该行创办时取得钞票发行权,在业务上得到宁波本地钱庄的长期放款作大部分股本。1928年童今吾把自己的股份让给俞,自己脱离垦业。俞佐庭也应宁波市市长罗惠侨邀请,返宁波任市政府财政局局长,垦业银行一度由孙衡甫任董事长。经孙之手,慈溪籍金融家秦润卿、王伯元等人于1929年接办垦业,加以改组,总行由天津迁到上海,成立董事会,秦润卿担任董事长兼总经理。1943年底,秦润卿辞去总经理一职,仍任董事长。1944年王伯元任中国垦业银行总行经理,掌握实权。王伯元(1893—1977),字怀忠,慈溪人,其父王清芬曾经商于江苏苏州、海门等地。14岁到上海震丰永金号为学徒并加入上海金业公会,1916年任上海涵恒金号经理,1918年改任天昌祥金号副经理。1921年王伯元自设裕发永金号,同时在上海金业交易所任经纪人。1923年王伯元又开设元发证券号。短短数年间,王伯元发展成为百万富翁。主持中国垦业银行后,王伯元与秦润卿采取稳步发展的方针,首先成立储蓄所,开展储蓄业务,再用储蓄存款购置房地产,收取房租。1931年中国垦业银行添设地产部,经营房地产押款业务兼代收房租。后来还设立了信托部,经营信托业务。中国垦业银行放款对象为农林垦牧等事业,也对民族工业办

---

① 王玉璋:《商业史》,自力书屋1948年,第247页。
② 浙江省政协文史资料委员会编:《宁波帮企业家的崛起》,浙江人民出版社1989年版,第246页。

理抵押放款。在秦润卿、王伯元的稳健经营下，中国垦业银行的业务蒸蒸日上，成为上海著名的银行。

近代银行"南五行"中的中国银行、交通银行、浙江兴业银行、浙江实业银行，宁波帮商人多有投资或参与经营。中国银行于民国初年由大清银行改组成立后，资本2500万元，其中商股2000万元，官股500万元，商股董事15人中有宁波帮著名工商业者周宗良、叶琢堂等。交通银行成立于1907年，总行设在上海，宁波帮商人李寿山是其董事之一。1928年后，宁波帮金融家胡孟嘉曾任总经理，梁晨岚任总行副理，王正廷任董事长。鄞县卢鸿沧曾任该行驻汉口分行经理，镇海人盛竹书、慈溪人秦润卿曾任该行上海分行经理。浙江兴业银行创办于1907年，由浙江铁路公司发起成立，资本额100万元，先收25万元，总行设于杭州，有权发行兑换券。1915年浙江铁路公司收归国有，浙江兴业银行另招商股，1916年收足股本100万元，总行迁到上海。1921年浙江兴业银行增资为250万元，到1935年股本达到400万元，分支机构达30处以上。① 宁波帮银行家盛竹书曾任该行总经理，1929年镇海人蒉延芳任该行董事兼地产部经理。浙江实业银行由1909年成立的浙江官司银号演变而来，总行设在杭州，上海设有分行。辛亥革命浙江官司银号改名为中华民国浙江银行。1915年又改组为浙江地方实业银行，资本100万元，官股六成，商股四成，实收69万余元，1923年官商分家，官股称浙江地方银行，商股为浙江实业银行。浙江实业银行设总行于上海，资本200万元。② 宁波帮商人朱葆三、周宗良为该银行董事，宁波帮银行家卢学博曾担任该行常务董事。

鄞县籍蔡氏家族于1921年9月在上海创办了惇叙商业储蓄银行，蔡仁初任董事长，蔡松甫任总经理，资本10万元，后增加到20万元。这大概是宁波帮银行中以家族之力创办银行的特例。

由于宁波商帮的实力雄厚，影响很大，因此南京政府时期的著名国家银行中也常聘任宁波帮商人任职其中。如虞洽卿、秦润卿是南京政府时期中央银行监事，周宗良是中央银行董事。

近代宁波商帮控制、创办或有关系的银行当然不止这些。宁波帮商人在银行业中的发展，有力地推动了宁波帮工商业的发展。如四明银行

---

① 陈真、姚洛编：《中国近代工业史资料》第一辑，生活·读书·新知三联书店1957年版，第198—199页。
② 上海通社编：《上海研究资料续集》，上海书店1984年版，第220、223、252页。

对宁波帮工业企业的放款数额很大,1905年对汉口既济水电公司放款,抗战爆发前对大中华火柴厂的放款,1936年给胡西园的亚浦耳电器厂放款。① 中国垦业银行对宁波商帮的工业放款数额也颇大。

(三)宁波商帮的近代工业投资与经营

与机器工业规模小、资本有限相比,宁波帮商人在棉纺织工业、火柴工业、日用化学品工业、制药工业、电器工业、造纸工业、橡胶工业等早期工业经济部门,创办并发展出一批规模庞大的民族资本企业,其中三友实业社、大中华火柴股份有限公司、"天"字化工企业、中国化学工业社、五洲大药房、信谊化学制药厂、既济水电公司、亚浦耳电器厂、华生电器厂、燮昌火柴厂、民丰造纸厂、华丰造纸厂、大中华橡胶厂、华孚金笔厂等都是近代上海各个工业部门的著名企业。

在钢铁重工业方面,乐振葆与朋友集资,于1917年在上海创办和兴钢铁厂,并担任董事长。该厂1918年建成投产后,日产生铁可达10万吨。1923年,该厂改组为和兴钢铁股份有限公司,乐振葆仍为董事长。宁波帮商人余名钰1934年9月在上海杨树浦齐物浦路创办大鑫钢铁厂,自任总经理兼总工程师。到1936年时,不仅上海江南、耶松、合兴等造船厂以及上海美商电力公司、法商水电厂、英商公共汽车公司、公共租界工部局等中外厂商、机构向大鑫厂订购所需机件材料,而且京沪、杭沪、津浦、陇海、平汉、粤汉、平绥等铁路所需配件,也由大鑫钢铁厂供应,大鑫钢铁厂成为战前全国规模最大的民营钢铁厂。②

到20世纪二三十年代,宁波帮工业企业进入全盛时期,一批宁波帮企业成为民族工业企业中的代表性企业,生产出一批名牌国货产品。在创办和经营这些企业的过程中,产生了一批宁波帮著名企业家,如余名钰、胡西园、鲍咸昌兄弟、方液仙、项松茂、刘鸿生、陈万运、竺梅先、金润庠、朱志尧、余芝卿等,如果加上余姚籍的黄楚九、陈笙郊、谢纶辉等,人数更多。

1.刘鸿生企业

刘鸿生企业集团由宁波帮杰出企业家刘鸿生创办。刘鸿生(1888—1956),定海人,其祖父刘维忠曾经开设上海丹桂茶园,是当时上海颇有

---

① 陈真、姚洛编:《中国近代工业史资料》第一辑,生活·读书·新知三联书店1957年版,第804—805页。
② 《余名钰的大鑫钢铁厂》,《新世界》1944年9月号,1944年9月15日,第22页。

名气的戏院老板。其父刘贤喜、其兄刘菊生相继担任招商局轮船买办。刘鸿生13岁时进入上海圣约翰中学,17岁时升入上海圣约翰大学。1909年经人介绍进入英商上海开滦矿务局任职员,开始了推销开滦煤的活动。1911年24岁的刘鸿生任开滦买办。第一次世界大战爆发后,开滦矿务局自备船被英国政府征用回国,刘鸿生乘机征得该局洋经理同意,陆续租船数十只将开滦煤运到上海销售,获利极为丰厚。刘鸿生后来追忆说:"短短几年的推销煤炭工作,使我突然从一个贫寒的大学生成了百万富翁。"①通过租船运煤,刘鸿生成为上海有名的"煤炭大王"。1918年他投资于上海华商柳江煤矿公司并担任该公司董事,同时在上海浦东建造了一座简易的木结构码头,以此开始了创办企业的活动。1919年刘鸿生又在上海创建义泰兴董家渡北栈。1920年刘鸿生与其胞弟刘吉生以及杜家坤等人筹资12万元,在苏州创办了华商鸿生火柴有限公司,机器设备大部分购自日本,这是刘鸿生创办的第一家工业企业。同年刘鸿生还投资开办了福泰煤号,经销煤炭,并筹办上海水泥公司。1921年建义泰兴董家渡码头南栈。1922年刘鸿生担任筹建中的上海水泥公司总经理,1923年该公司建成投产后,为改善原料及水泥产品的运输问题,另投资32万元购买周家渡沿浦江土地250余亩建立水泥专用码头。1924年刘鸿生盘购燮昌火柴厂上海、苏州两厂。同年为适应煤号业务发展,建立上海义泰兴白莲泾栈。1925年开办元泰煤号,1926年该煤号改组为元泰股份有限公司。1926年刘鸿生又开办东京煤公司,1927年与著名银行家陈光甫合组大华保险公司。1929年刘鸿生创建上海章华毛绒纺织厂、上海华丰搪瓷股份有限公司,组建惠工银团,改组中华工业公司。1930年鸿生火柴公司与荧昌火柴股份有限公司、中华火柴股份有限公司合并为大中华火柴公司,刘鸿生担任该公司总经理,不久又收购了汉口燮昌火柴厂。这样,大中华火柴股份有限公司所产火柴可以占到当时全国火柴总产量的15%,成为华商火柴工厂中规模最大的企业。②刘鸿生本人也成为全国闻名的"火柴大王"。抗日战争时期,刘鸿生在香港组织大中国火柴公司,在重庆组建华业和记火柴公司。通过一系列的企业活动,形成了一个以刘鸿生为中心,包括煤炭销售、火柴工业、毛纺织工业、水泥工业、搪瓷工业、保险、码头、堆栈等企业在内的刘鸿生企业

---

① 上海社会科学院经济研究所编:《刘鸿生企业史料》下册,上海人民出版社1981年版,第462页。
② 青岛市工商行政管理局史料组编:《中国民族火柴工业》,中华书局1963年版,第67页。

集团。刘鸿生本人也成为中国近现代有名的"企业大王",并成为上海第一豪富。①

2. 三友实业社

1912年慈溪人陈万运、沈九成、沈启涌在上海创办三友实业社,资本450元,每人出资150元,生产棉线烛芯。三友实业社由小到大,逐渐发展成上海著名的大型棉纺织企业集团。

三友实业社的主要创办人陈万运(1885—1950),又名陈遇宏,出生在一个小商人家庭,清光绪二十六年(1900)到上海一家烟纸店当学徒。在经营洋烛生意的过程中,他发现洋烛所用棉线烛芯的制造工艺简单,本轻利重,于是与同乡蜡烛店学徒沈九成、沈启涌商定,创办三友实业社。经过陈万运反复试验,生产洋烛烛芯的关键技术得到解决,产品质量得到保证,三友实业社的产品"金星牌"洋烛烛芯能够在市场上与日货相抗衡。第一次世界大战爆发后,三友实业社得到英美洋行在华制烛工厂的大量订货和预付定金,经营业务迅速扩大。1916年三友实业社改组为股份有限公司,增资为3万元,扩充设备,锐意发展,增加"三角牌"毛巾的产量,市场销量很好。1918年三友实业社进一步增资到10万元。1920年三友实业社设立香港、汉口分发行所,扩大销售渠道,成效显著,年销售量比上一年增加两倍。1922年三友实业社开设上海总发行所,并在全国各大城市相继开办分发行所,产品销售渠道更加畅通。1929年三友实业社盘购杭州通益公纱厂,改名为三友实业社股份有限公司杭州制造厂。1931年三友实业社资本已经增加到200万元。②经过20年的不断增资扩充和发展,三友实业社从450元起家的小型手工工场,到20世纪30年代初发展成为一个拥有上海、杭州两个大型厂、上海郊区17个毛巾工厂、1个总发行所、36个分发行所的纺织工业企业集团。③

3. 中国化学工业社

1912年镇海方氏家族出身的方液仙在上海创办了中国化学工业社。

方液仙(1893—1940)是宁波帮镇海旅沪方氏家族第五代代表人物。他自宁波教会学校斐迪中学毕业后,进入上海美国教会开设的中西书院

---

① [日]东亚研究所编:《商事惯行调查报告书:合股的研究》,东亚印刷株式会社1943年刊,第25页。
② 陈真、姚洛编:《中国近代工业史资料》第一辑,生活·读书·新知三联书店1957年版,第467—468页。
③ 陆志濂等:《三友实业社与陈万运、沈九成》,见浙江省文史资料委员会编:《宁波帮企业家的崛起》,浙江人民出版社1989年版,第206页。

学习，对化学研究有浓厚的兴趣。在商业方面，对于方家经营的传统行业钱庄业，他却毫无兴趣。看到市场上充斥着欧美、日本所产的化妆品、牙粉等，他认为应当设厂生产这类产品。方液仙在无法得到其父方选青的理解与支持的困难条件下，毅然打出中国化学工业社的招牌，开始了"三星牌"化工产品的开发和生产。经过数年的曲折发展，得到方氏家族钱业巨子方季扬和舅父李云书资金上的支持，1920 年中国化学工业社增资为 5 万元，方季扬任董事长，方液仙担任总经理。1930 年聘请留美归国的李祖范为经理，引入资本主义企业管理制度。1931 年到 1940 年，中国化学工业社达到全盛时期，资本扩大到 500 万元，产品"三星牌"牙粉、雪花膏、香皂、蚊香等四大类产品，不仅在国内市场深受欢迎，而且在南洋和美国市场也有一定销路。[①] 为保证中国化学工业社原料，从 1925 年起，方液仙相继开办永盛薄荷厂、肇新化学厂、造酸公司、中国胶木厂等企业，使中国化学工业社发展成为一个拥有四个工厂和三个附属企业的日用化学工业集团。

4. 五洲大药房

清光绪三十三年（1907），商务印书馆创办人夏瑞芳、光华堂药房经理谢瑞卿、中法药房总经理黄楚九等人于上海合伙创办五洲药房，谢瑞卿担任经理，资本不满万元，规模很小。由于谢瑞卿在经营中图谋私利，被迫退伙，1911 年项松茂被聘为总经理。在项松茂主持下，五洲药房发展成为规模庞大的制药和日用化工集团。

项松茂（1880—1932），鄞县人。其父项锦三经商起家，"晚岁以货殖雄于杭州"[②]，其父项锦三、伯父项仕元在杭州开设山货行，经营皮毛牛骨。[③] 项松茂出生于这样一个商人家庭，14 岁时就到苏州一家皮毛牛骨行当学徒，师满后曾升任账房。光绪二十六年（1900）在其舅父中英药房经理吴子琴引荐下，项松茂进入中英药房，任账房，后来又被派往汉口担任中英药房分店经理。担任五洲药房经理后，为争取金融业的支持，项松茂聘请钱庄跑街俞钜担任副经理。1913 年在项松茂的建议下，五洲药房改组为股份有限公司，资本增加到 10 万两，由项松茂任总经理。1915

[①] 陈真、姚洛编：《中国近代工业史资料》第一辑，生活·读书·新知三联书店 1957 年版，第 530—532 页。

[②] 《项锦三先生墓志铭》，《宁波旅沪同乡会月报》第 86 期，1930 年 9 月。

[③] 《项君锦三墓志铭》，《宁波旅沪同乡会月报》第 83 期，1930 年 6 月。

年夏瑞芳遇刺身亡,1916年黄楚九退出五洲药房,于是项松茂更成为五洲药房发展的支柱人物。适值第一次世界大战,五洲药房获利甚厚,1917年,在天津设立五洲药房支店。1918年项松茂盘购太和药房转让给五洲药房作联号。1920年五洲药房又盘入原德商固本肥皂厂,改为五洲固本药皂厂,分设制皂、制药两部,制药部后来成为五洲第一制药厂,从此五洲药房开始兼营制药工业。1922年项松茂盘入德商上海亚林化学厂,1925年又盘入南洋木塞厂和中华兴记香皂厂,并入皂药两部,生产药、皂、医疗设备等产品。1929年五洲药房又盘入宁波公济药棉绷布厂,改为东吴药棉绷布厂,生产医药用棉。1932年项松茂被害后,经董事会决议,其长子项绳武继任总经理。项绳武积极拓展企业业务,1934年从德国进口机器设备,创设五洲第二制药厂,除制药外,兼制蚊香。在项绳武的主持下,五洲药房及各附属企业达到全盛,不仅在上海有制药、制皂各厂和总发行所,在全国各地也设有支店10多处,联号50多处。各厂生产规模不断扩大,如洗衣皂的生产,1921年时日均生产100箱,到1936年时已经增加到3000箱。资本额1936年时为150万元,1937年增加到250万元,1940年进一步增加到500万元。① 五洲集团发展成为一个规模庞大的医药、医疗器械、医疗用品、日用化工生产、销售集团。

5. 信谊化学制药厂

信谊化学制药厂原是1922年德籍俄人霞飞在上海创办的一家化学制药小企业,生产"长命牌"维他赐保命针剂、片剂。1930年鄞县鲍国昌、鲍国梁兄弟与人合资盘入该厂,并集资数万元,合为10万元,改组为华商股份有限公司。

鲍氏兄弟中鲍国昌1922年自上海教会学校圣芳济学院毕业后,进入上海震旦大学医科,1925年毕业后进入上海英商怡和洋行担任跑楼,并且兼营房地产生意,积累了资金。其弟鲍国梁曾经担任盛京洋行买办。在改组后的信谊化学制药厂中,鲍氏兄弟的股份占绝对优势。在鲍氏兄弟经营下,信谊化学制药厂发展迅速,资本不断增加,1932年增加到15万元,1936年增加到60万元。1937年鲍国昌脱离怡和洋行,担任信谊化学制药厂总经理。1941年时信谊化学制药厂已经增资到710万元。经营规模也不断扩大,除总厂外,先后开办分厂7处,并附设研究所从事新

---

① 陈真、姚洛编:《中国近代工业史资料》第一辑,生活·读书·新知三联书店1957年版,第538—540页。

产品开发。信谊化学制药厂的产品达百种以上,著名的有消治龙片、维他赐命制剂、维他赐保命针丸等,远销南洋各地。① 该制药厂是与上海新亚制药厂齐名的著名药品生产厂,在全国各地设立数十家办事处、代理处从事产品的推销。

6. 民丰、华丰造纸厂

宁波帮企业家竺梅先、金润庠经营的民丰、华丰造纸厂是近代民族资本造纸工业中著名的大型企业。

竺梅先(1889—1942),字佑庭,奉化人。13岁时到上海进入同乡何源通五金杂货店当学徒,曾参加辛亥革命,做过中美交易所经纪人、张宗昌所部少校军需、山东省恤赏局科长等。后又与人合伙开设三合成字号,经营面粉,积累了约20万元资金,于是回上海经营军装生意,又赚了10余万元。1929年竺梅先以9万元入股大来商业储蓄银行,担任董事长兼经理。② 金润庠(1890—1961),字绅友,镇海人,其父为清朝举人。金润庠14岁时到汉口立昌海味行当学徒,后到上海英商华通保险公司工作,19岁时升为该公司分公司华经理,之后又进入上海美商光耀桅灯洋行任买办。他还在上海开设润丰恒字号,采办军用面粉,与友人竺梅先合营山东军粮。1929年金润庠以5万元入股大来商业储蓄银行,担任该行监察人。1930年竺梅先、金润庠筹资50万元,接办嘉兴禾丰造纸厂,将该厂改组为民丰造纸股份有限公司,竺梅先任总经理,金润庠任协理,时任上海市财政局长的徐圣禅任董事长,第二年开工生产黄纸板。1931年竺梅先、金润庠又筹资50万元接办杭州武林造纸厂,改组为华丰造纸股份有限公司,竺梅先任总经理,金润庠任协理,杜月笙任董事长。竺金二人经营的民丰、华丰造纸厂习惯上合称"民华丰",两厂在上海设有总公司。初创时,民华丰主要生产制造纸箱、纸盒用的低档黄纸板,后来试制薄白纸板、灰纸板、卷烟纸等产品成功,尤其是试制卷烟纸成功并大量投入生产,使民华丰实现了由生产低级纸到生产高级纸的转变,是民族造纸工业的一项重大突破。民华丰生产的"帆船牌"黄纸板、薄白纸板、卷烟纸都是优质国货名牌产品。民丰、华丰两造纸厂到1937年时分别增

---

① 陈真、姚洛编:《中国近代工业史资料》第一辑,生活·读书·新知三联书店1957年版,第541—542页。
② 竺培农等:《竺梅先与民丰、华丰造纸厂》,《工商经济史料丛刊》第3辑,第163—165页。

资到 300 万元和 150 万元。①

7.大中华橡胶厂

宁波帮商人余芝卿创办的上海大中华橡胶厂,是中国近代著名的民族橡胶工业企业。

余芝卿(1874—1941),号茂芳,宁波人。13 岁时到上海进入德成东洋庄当学徒,师满后做过捐客,曾任上海泰生祥东洋庄跑楼,并开设过永泰祥东洋庄。光绪三十年(1904)余芝卿到日本大阪经商,开设鸿茂祥庄,从事进出口贸易,包销日本武川橡胶厂和 A 字橡胶厂出品的"地铃牌"、"铁锚牌"跑鞋、套鞋,在江阴旅日侨商薛福基协助下,业务进展得十分顺利。光绪三十三年(1907)余芝卿又与人合伙在上海开设和昌盛东洋庄,从事进出口业务。1928 年余芝卿投资 8 万元创办了上海大中华橡胶厂,生产"双钱牌"套鞋。1930 年大中华橡胶厂改组为合伙企业,资本增加到 20 万元,同年余芝卿盘购上海交通橡胶厂,改名为交通利记橡胶厂,作为大中华第二厂。同时又开设碳酸钙制造厂和加硫油胶厂等原料厂生产原料。1931 年大中华橡胶厂再次增资改组,资本增加到 110 万元,生产套鞋、跑鞋、球鞋、长筒靴、热水袋等,成为上海民族橡胶工业中资本最为雄厚、规模最大、设备先进的大型企业。1933 年大中华厂又先后盘购日商泰山橡胶厂、春华橡胶厂,分别改名为大中央橡胶厂和春华发记橡胶厂,作为大中华橡胶厂的第三、第四厂。同年又开设氧化锌制造厂。1934 年大中华各厂改组为股份有限公司,增资到 200 万元,并在全国各大城市如汉口、南京、重庆、广州、青岛等地设立了批发所,从事产品推销业务。1937 年大中华橡胶厂进一步增资为 300 万元,不仅生产胶鞋,还能够生产汽车轮胎和脚踏车胎。② 大中华橡胶厂所辖各厂及批发所,形成一个规模颇大的民族橡胶工业企业集团。

宁波帮企业家创办和经营的上述著名工业企业或工业企业集团所生产的大部分产品,主要是进口替代产品,具有相当高的资本和技术含量,具有比较强的市场竞争力。这些企业的发展表明,中国民族工业中的一些优秀企业,在 20 世纪 20 年代和 30 年代,已经改变了只能生产粗纱粗布等低级产品的发展格局,经过艰苦奋斗和勤奋创业,已经能够在

---

① 陈真、姚洛编:《中国近代工业史资料》第一辑,生活·读书·新知三联书店 1957 年版,第 555—558 页。

② 上海市工商行政管理局编:《上海民族橡胶工业》,中华书局 1979 年版,第 22—32 页。

某些工业部门生产出比较高级的产品了。

(四)宁波商帮的其他投资

1. 陆路运输业

在近代铁路运输、公路汽车运输、市内交通等交通运输行业中,宁波帮商人也有比较大的投资。在铁路投资方面,光绪二十四年(1898)督办铁路大臣盛宣怀与英国订立《苏杭甬铁路草约》,借款修筑苏杭甬铁路,江浙绅商对此十分不满。1903年宁波帮商人李云书请准自办沪杭铁路杭州湖墅段工程。此后保路运动兴起,1905年由绍兴汤寿潜发起组织浙江铁路公司,在上海、浙江等地招集股份,自办浙江铁路。宁波帮商人认股相当踊跃。据当时报载:"寓沪浙省同乡,认集路股,系宁波人首先出场,且为之领袖者均为富商巨贾,故认股之数最多。"[①]汤寿潜在述及浙江铁路公司集股情况时说,该路集股中宁属"集资达七百万",四明公所认股460万,樊时勋、周金箴等宁波旅沪巨商在招集商股中发挥了重要作用。[②] 在长途汽车运输业中,1919年宁波帮商人李正卿创办张(家口)库(伦)长途汽车公司,资本10万元,有24辆汽车。在市内出租汽车业中,宁波帮周祥生是上海滩有名的出租汽车大王。周祥生(1895—1974),定海人,小名阿祥,其父为农民。1907年13岁的周祥生到上海,做过帮工、杂工、学徒、西崽,同时学会了英语会话。1919年底,他用分期付款的方式,购置了一部日产黑龙牌旧轿车,开始出租汽车业的经营。1920年他又购进旧汽车两部,设立了车行,自任经理。1923年他打出祥生汽车行招牌,汽车增加到5辆。1929年车行合伙人拆股,车行成为周祥生独资经营,此时拥有轿车20辆。1930年周祥生担任上海市出租汽车同业公会会长。1931年周祥生接受朋友新顺记五金号副经理李宾臣建议,扩大经营规模,在两个月内,用押款方式向银行筹借款项,订购雪佛兰轿车四批共400辆,此后银元对美元比价直线下降,周赚了一大笔钱款。于是他改组车行为祥生汽车有限公司,招募新股,股金资本为10万元。1932年元旦该公司正式成立,周祥生任董事兼总经理,资本增为15万元,1935年增加到25万元,1937年股金增加到50万元。该公司经营最兴盛的时候,有270辆汽车,22处分行,委托代叫点50多处,职工800多人,在上

---

① 墨菲:《浙江铁路风潮》第2册,第439页。
② 政协浙江省萧山市文史委员会编:《汤寿潜史科专辑》,该会1993年刊,第273—274页

海出租汽车业中占据了首位。①

2. 地产等行业

在房地产业中，宁波商人也非常活跃。叶澄衷曾组织树德地产公司，经营房地产，金润庠开设大同企业公司，经营房地产，李氏家族开有天、地、元、黄四家地产公司，而像秦君安、朱葆三、虞洽卿、徐承勋等宁波帮巨商豪富，也都有大量地产。

3. 出版、电影等文化行业

在出版印刷业中，宁波帮人士鄞县鲍氏兄弟是商务印书馆的主要创办人。鲍氏兄妹六人，父亲鲍哲伟是上海南门清心教堂牧师，所以鲍氏兄妹六人自幼在该教堂附设的清心书院读书，学习英文等科目。鲍氏兄弟三人毕业后即到基督教长老会在上海开设的美华书馆当学徒。其中鲍咸恩学刻字，鲍咸昌学排字，鲍咸亨学印刷。鲍氏兄妹在清心书院读书时有一个同学是青浦人夏瑞芳，毕业后在上海字林西报报馆当排字工，并与鲍氏二姑娘结婚。光绪二十三年(1897)，鲍氏兄弟与夏瑞芳集资4000元创办商务印书馆，经营宗教书籍、洋行账簿表册及小件印刷业务，兼出版英文教科书译本。适逢清政府实行新政，商务印书馆翻译出版的教科书和外文学习工具书大受欢迎。光绪二十七年(1901)商务印书馆改组为股份有限公司，并聘请张元济、蔡元培等加入编译所，所出教科书质量进一步提高，风行全国。其间一度与日本印刷企业合作，并引进了日本若干先进技术。1910年，总经理夏瑞芳参与投机活动，受到橡皮股票风潮影响，使商务印书馆受到严重损失。1914年商务印书馆增资到200万元。1920年鲍咸昌担任商务印书馆总经理。1921年鲍咸昌接受北京大学教授胡适推荐，聘请王云五为编辑所代所长、所长，之后又聘请杨端六、朱经农、竺可桢等一批学有专长的人才加入编辑所。1922年商务印书馆资本达到500万元，②成为印刷出版行业中首屈一指的大企业。商务印书馆出版的《四部丛刊》、《万有文库》等图书，对于保存中国历史文化遗产，传播近代科学文化知识，贡献尤为显著。

在文化娱乐产业中，余姚籍企业家黄楚九以经营西药发家，随后又

---

① 周惠定口述，邢建榕整理：《我的父亲周祥生与祥生出租汽车公司》，载《上海档案史料研究》第5辑，上海三联书店2008年版，第159—167页。
② 陈真、姚洛编：《中国近代工业史资料》第一辑，生活·读书·新知三联书店1957年版，第573—579页。

涉足娱乐行业。1912年,黄楚九与经润三合资在上海新新舞台开辟楼外楼屋顶花园,供游人游乐。游客在这里既可欣赏地方戏剧节目,也可远眺、观赏上海风景,日夜满座,使黄楚九获利丰厚。之后,黄楚九又与经润三合资创办新业公司,于1915年建成新世界游艺场,营业十分兴旺。1917年黄楚九集资80万元创办的大世界游乐场在法租界建成,成为上海标志性游乐设施。张石川于1916年与人合作创办幻仙影片公司,1922年创办明星影片股份有限公司。张石川一生制作了150多部电影,并培养出胡蝶、阮玲玉等电影明星,成为中国电影事业的开拓者。

4. 农林渔业

在农林渔业中,宁波帮实业家也创办了一些具有近代资本主义性质的企业。光绪二十七年镇海李氏家族的李云书(李也亭之孙)和宁波帮巨头严信厚等在东北的锦州创办了天一垦务公司。李家原以经营沙船和钱庄业而闻名,到李云书时,他接受朋友的建议,认为开设钱庄不如兴办实业和垦荒,从而把李氏家族经营的重点转向了近代企业的经营方面。当时东三省开放领地招垦,地价低廉,每亩仅售银一二钱,天一垦务公司在这里开垦荒地,等垦成熟地后,高价售给原垦农民。根据该公司集股章程,议定资本额为60万两,发起人为李云书、严信厚等人。8位董事出资50万两,其余10万两作5000股招商认购。① 熟地售完后,因有利可图,又在黑龙江呼玛县另设三大公司,从事农垦,投资以李氏坤房为主,乾房也有一定投入。② 在镇海家乡,李云书于1906年创办永裕垦牧公司。李云书还是大达轮船公司投资人和四明银行发起人之一。镇海商人包达三在20世纪二三十年代曾在苏北办理盐垦,开垦碱地数千亩。镇海富商樊芬(1844—1916),字时勋,曾协助张謇在苏北通海地区经营垦牧。林业方面有奉化人庄崧甫于1910年组建杭北林业公司,1929年又组建安北造林场。渔业方面,包达三曾在上海创建黄海渔船公司,有数十条机动渔船,从事海上捕捞。可见在农林渔业的近代化中,宁波商帮的实业家也做过有益的尝试。

二、宁波商帮与现代上海实业界

(一)宁波商帮与上海总商会

统称上海总商会的上海商会以其成立早、影响大,并且曾经是旧中

---

① [日]东亚同文会编:《支那经济全书》第1辑,秀英舍1907年版,第200页。
② 中国人民银行上海市分行编:《上海钱庄史料》,上海人民出版社1978年版,第736—737页。

国三大具有地域色彩的金融实业集团中最有影响的上海金融实业集团的喉舌而受到社会的广泛关注,有中国"第一商会"之称。上海商会从其创办到发展的每一个阶段,都与宁波商帮有着密切的关系。正是宁波商帮创办了上海商会,并长期居于上海商会的领导地位。在宁波商帮的领导下,上海商会在20世纪最初的20多年中达到全盛。通过上海的商会,宁波商帮也扩大了自身的政治和社会影响,对上海乃至中国的近代化产生了广泛的影响。

从1902年到20世纪20年代末,上海商会的发展主要有上海商业会议公所、上海商务总会、上海总商会、上海市商会四个发展时期。其中,从清光绪二十八年(1902)成立上海商业会议公所到1927年南京国民政府成立,上海总商会被置于国民党严密控制之下为止,这一时期是上海商会由草创到全盛的重要时期,其间商会主要领导人的情况见下表:

名称	时间	总理或会长 姓名	总理或会长 籍贯	协理或副会长 姓名	协理或副会长 籍贯	备注
上海商业会议公所	1902.2	严信厚（筱舫）	浙江慈溪	周晋镳（金箴）	浙江慈溪	
上海商务总会	1904.5	严信厚（筱舫）	浙江慈溪	徐润（雨之）	广东香山	周晋镳（金箴）为坐办
上海商务总会	1905.12	曾少卿（铸）	福建同安	朱葆三（佩珍）	浙江定海	
上海商务总会	1906.12	李厚祐（云书）	浙江镇海	孙荫庭（多森）	安徽寿州	
上海商务总会	1907.12	周晋镳（金箴）	浙江慈溪	李厚祐（云书）	浙江镇海	
上海商务总会	1909.3	周晋镳（金箴）	浙江慈溪	严义彬	浙江慈溪	严义彬为严信厚之子
上海商务总会	1910.2	周晋镳（金箴）	浙江慈溪	邵琴涛（廷松）	江苏长洲（今苏州）	
上海商务总会	1911.2	陈润夫（作霖）	江西清江	贝润生（仁元）	江苏元和	1911年11月成立上海商务公所,由宁波帮人士朱葆三、林莲荪任正副会长。

续表

名称	时间	总理或会长		协理或副会长		备注
		姓名	籍贯	姓名	籍贯	
上海总商会	1912.6	周晋镳（金箴）	浙江慈溪	贝润生（仁元）	江苏元和	
				王震（一亭）	浙江归安	
上海总商会	1914.6	周晋镳（金箴）	浙江慈溪	贝润生（仁元）	江苏元和	
				朱葆三（佩珍）	浙江定海	
上海总商会	1915.10	朱葆三（佩珍）	浙江定海	沈联芳	浙江乌程	
上海总商会	1916.11	朱葆三（佩珍）	浙江定海	沈联芳	浙江乌程	
上海总商会	1918.10	朱葆三（佩珍）	浙江定海	沈联芳	浙江乌程	
上海总商会	1920.8	聂云台（其杰）	湖南衡山	秦润卿（祖泽）	浙江慈溪	
上海总商会	1922.7	宋汉章	浙江余姚	方椒伯（积蕃）	浙江镇海	
上海总商会	1924.7	虞洽卿（和德）	浙江镇海	方椒伯（积蕃）	浙江镇海	
上海总商会	1926.7	傅筱庵	浙江镇海	袁履登	浙江鄞县	

资料来源：上海市工商业联合会与复旦大学历史系编：《上海总商会组织史资料汇编》，上海古籍出版社2004年版，第94—95页；黄逸峰、姜铎、唐传泗、徐鼎新：《旧中国民族资产阶级》，江苏古籍出版社1990年版，第290—294页。徐鼎新、钱小明：《上海总商会史》，上海社会科学院出版社1991年版；张恒忠：《上海总商会研究》，知书房出版社1996年版。

上海商业会议公所时期是上海商会的草创时期，其成立的直接原因是迫在眉睫的中外商约谈判。光绪二十七年（1901）年底，清政府委派盛宣怀等人为商约大臣到上海与英国代表进行商约谈判。盛宣怀迫切希望了解上海工商界的意向和具体主张。于是他通过上海道袁树勋饬令上海商务总局商务总董严信厚出面,仿照西人办法筹备组织商会。严信厚积极响应,并与各方商定以上海商业会议公所为正式名称。光绪二十八年正月十五日(1902年2月22日),上海商业会议公所正式成立,严信厚被推举为总理,周晋镳、毛祖谟为协理。宁波帮严信厚、朱葆三,广东帮唐杰臣、梁玉堂,江西帮陈润夫等5人为总董,议员13人,其中宁波商帮占5席。从上海商业会议公所的领导层到成员比重看,宁波商帮完全控制了这个草创的商会组织。上海商业会议公所从总体上看已经是一个带有明显近现代性质的商会团体,对于正在形成中的金融实业家阶层提供了一个聚集阶级力量的重要组织形式和活动场所,而宁波商帮在上海商业会议公所的筹建和运作中,起到了无可替代的关键作用。

光绪三十年(1904),根据清政府颁布的《商部奏定商会简明章程》,上海商业会议公所改组为上海商务总会,上海的商会由此进入迅速发展时期。到1912年上海总商会成立为止,上海商务总会共组织了七届领导班子,其中由宁波商帮实业家担任总理职务的有5届,只有两届由非宁波商帮人士任总理,其一是福建帮曾少卿,其二是江西帮陈润夫。不过他帮人士担任商会总理,也并不能说明宁波商帮势力有多么大的削弱。因为福建帮曾少卿担任总理时,协理为宁波帮著名人士朱葆三,在商会领导层的21名董事会成员中,宁波帮商人有11名,如果加上与宁波商帮关系密切的绍兴帮余姚籍钱业领袖谢纶辉,宁绍帮至少有12人,而福建帮只有曾少卿本人,加上影响力今非昔比的广东帮徐润,实力也实在薄弱。① 因此,曾少卿虽然担任总理,但他若"不以宁波商帮势力的意志为意志,就必然孤掌难鸣"②。江西帮票号商人陈润夫担任清政府灭亡前最后一届商会总理更是徒有其名。因为这时政局极为动荡,特别是不久就爆发了辛亥革命,上海商务总会已经被社会上看作是应该被取缔的旧商会。而在1911年11—12月,宁波帮巨头朱葆三、宁波鄞县籍钱业商人林莲荪以及与宁波商帮关系密切的苏州帮巨头贝润生(仁元)在上海发起创办被认为是"革命商会"的上海商务公所。该组织的规模、影响不亚于上海商务总会,而且朱葆三、林莲荪、贝润生原来都是上海商务总会的实

---

① 上海市工商业联合会与复旦大学历史系编:《上海总商会组织史资料汇编》,上海古籍出版社2004年版,第96页。
② 徐鼎新、钱小明:《上海总商会史》,上海社会科学院出版社1991年版,第88—89页。

权人物,现在另组商会,使陈润夫更加形单影只。

1912年2月上海商务总会与上海商务公所合并,改组为上海总商会,上海的商会进入全盛时期。到1927年南京国民政府成立为止,上海总商会共组织了9届班子,其中宁波商帮人士担任总理或会长的有7届。如果加上当时属于绍兴帮的余姚籍著名银行家宋汉章,则有8届。唯一非宁绍帮担任会长的是1920年8月担任会长的湖南籍著名棉纺织工业家聂云台(其杰)。聂云台任会长时年仅41岁,年富力强。而他能担任会长,正是宁波帮金融家秦润卿推崇的结果,秦润卿还担任了本届商会的副会长。① 1922年7月上海总商会改选,余姚籍的宋汉章当选为会长,宁波商帮人士方椒伯为副会长。

1927年春,北伐军占领上海,4月26日国民党当局下令接收上海总商会,同时通缉曾经极力支持孙传芳的上海总商会会长傅筱庵。5月组成由广东帮人士冯少山主持的上海总商会临时委员会。1928年上海总商会正式选举冯少山为主席委员。但是这时候的上海总商会已经今非昔比,不仅不断遭到新组建的上海市商民协会的攻击,而且遭到来自官方日益加强的控制和压制。1929年5月上海总商会和上海市商民协会奉命停办,会务由上海特别市商人团体整理委员会接收办理。而在上海特别市商人团体整理委员会的7名常务委员中,宁波籍人士有虞洽卿、秦润卿、叶琢堂、陈布雷。② 陈布雷虽非商人或企业家,但是他以国民革命军总司令部秘书、中央宣传部副部长等职历,负监督职责。这表明,宁波商帮对上海的商会仍有重要的影响力。

1930年6月21日,按照南京国民政府颁布的商会法组成的新商会——上海市商会正式成立。该商会以各同业公会为基础,会员原则上由各业同业公会派代表充任,宁波籍会员人数所占比例有明显下降。如1934年该会有396名会员,其中浙江籍会员207人,宁波籍会员已不及半数。在15名执行委员组成的商会领导中,宁波商帮仍有金润庠、胡西园、邓澄清、葛杰臣等5人,金润庠还担任了主任委员。可见在新商会中,宁波商帮的力量尽管有所削弱,但依然居于重要的地位。③

---

① 上海市工商业联合会与复旦大学历史系编:《上海总商会组织史资料汇编》,上海古籍出版社2004年版,第344页。
② 上海市工商业联合会与复旦大学历史系编:《上海总商会组织史资料汇编》,上海古籍出版社2004年版,第629页。
③ [日]根岸佶:《上海的行会》,大空社1998年版,第345—355、374—376页。

上海商会中宁波商帮无法撼动的主导地位突出地表现了宁波商帮在上海金融实业家社会阶层的核心作用。这种核心作用的发挥,是宁波商帮在上海社会基础牢固、经济实力雄厚、动员能力和组织能力强的体现。

(二)宁波商帮与上海金融实业界

近代以来,以上海为中心的江浙金融实业界可谓人才济济,其中有许多著名的银行家、工商企业家是宁波籍人士,尤其是虞洽卿、秦润卿、刘鸿生和原籍余姚的宋汉章,更是上海金融实业界中显赫一时的重要人物。

虞洽卿(1867—1945),宁波镇海龙山人,出身寒微,自幼到上海,从商号学徒开始做起,经过奋斗,充任外商洋行、银行买办,创办了规模庞大的民族资本航运企业集团——以三北轮埠公司为核心的三北集团,并担任公共租界华董、宁波旅沪同乡会会长、上海总商会会长、南京国民政府顾问等职。虞洽卿凭借各种有利条件,成为宁波帮领袖、上海闻人和上海金融实业家阶层的著名人物。虞洽卿从人才济济的宁波商帮中脱颖而出始于第二次四明公所事件。虞洽卿和沈洪赉是这次反侵占斗争的实际领导人,他深知宁波帮同乡在上海社会中的巨大力量,主张坚决斗争。他向长生会会首沈洪赉表示,"只须工商两界做我后盾,不怕法人蛮横到底"。在斗争取胜后,他总结说,这次胜利"不是运气,而是民气压倒洋气"[①]。事件后,虞洽卿被推举为上海四明公所董事,成为上海宁波商帮领袖之一。清光绪三十一年(1905)上海发生的"大闹会审公廨案"中,虞洽卿奔走于华洋两界之间,对于促成租界当局与清政府地方当局达成协议发挥了重要作用。[②] 由此,虞洽卿在旅沪广东帮人士及上海社会各界赢得了声望。[③] 事件结束后,虞洽卿以推动租界青年参加体育锻炼为名,发起组织租界华商体操会。第二年他向公共租界工部局交涉,要求在租界万国商团设立体操中华队。光绪三十三年(1907)华商体操会正式加入万国商团,对内称为沪北商团体操会。[④] 之后,上海华界也争相仿效,先后成立5个类似团体,这5个团体又合并为南市商团公会。

---

① 汪兆平、郑大悲编:《虞洽卿先生》,宁波文物社1946年版,第27页。
② [日]根岸佶:《中国社会的领导层》,平和书房1947年版,第160—161页。
③ 《宁波旅沪同乡会回顾》,见中国人民政治协商会议全国委员会文史资料委员会:《文史资料存稿选编》第25卷《社会》,中国文史出版社2002年版,第443页。
④ 徐鼎新、钱小明:《上海总商会史》,上海社会科学院出版社1991年版,第136页。

1911年南市商团公会与沪北商团体操会合并,组成上海商团,虞洽卿因为首倡华人商团被推举为名誉会长。在随后的上海光复之役中,上海商团发挥了重要作用。① 光绪三十四年,上海宁波帮工商业者发起创办四明商业储蓄银行,虞洽卿为发起人之一。不久宁波帮工商业者创办宁绍轮船公司,虞洽卿被任命为公司总经理。随后虞洽卿创办三北轮埠公司,后来成为著名的民族资本集团企业。1924年,虞洽卿当选为上海总商会会长。在1925年上海发生声势浩大的"五卅运动"时,虞洽卿利用群众反帝运动的力量,在收回上海租界会审公廨的过程中发挥了重要的作用。② 随后,他成为上海公共租界工部局华董。作为上海金融实业家阶层的代表人物,虞洽卿希望建立一个能够保护和发展民族工商业的中央政府,因此在辛亥革命前后他表现出高度的政治热情,支持革命党人在上海的革命活动。但是出于阶级本性,他又将中国共产党和工人运动视为洪水猛兽。在北伐军尚未到达上海之前,他匆忙在上海组织以反共为公开政治主张的上海商业联合会。在血腥的"四一二大屠杀"中,虞洽卿又是卖力的参与者。在上海金融实业家阶层与南京国民政府的折冲中,虞洽卿是一个重要的角色。

抗战时期,上海沦为"孤岛"后,虞洽卿拒绝日本侵略者的利诱,1941年绕道香港到重庆,在后方从事工商业经营。1945年虞洽卿病逝于重庆。

秦润卿(1877—1966),名祖泽,以字行,宁波慈溪人,其父秦九龄曾经是上海一家洋行的小职员,后因失业,生活困顿。光绪十七年(1891)秦润卿由其表叔林韶斋介绍进入苏州程氏在上海开设的协源钱庄当学徒,由于聪明谨慎,深受东家和经理的信任,由此进入钱庄业。1897年升任跑街,1909年升任豫源钱庄经理。由于他经营稳健,使豫源钱庄在1910年的橡皮股票风潮和1911—1912年辛亥革命引发的金融风潮中顺利渡过难关。之后他又被任命为程氏福源钱庄、福康钱庄经理。秦润卿经营钱庄,能够吸收银行之长,采用新式簿记、制作资产负债表、实行抵押贷款扩大资本额等经营管理方式,而这些都是钱业中的创举。经过秦润卿的不断改进,使程氏福源、福康、豫源等钱庄在资本额、经营方式等方面与普通银行相比也毫不逊色,而在经营范围和投资方面,甚至能超

---

① 唐振常主编:《上海史》,上海人民出版社1989年版,第450—464页。
② [日]根岸佶:《中国社会的领导层》,平和书房1947年版,第161页。

过普通商业银行。1917年上海钱业公会成立，秦润卿被公选为副会长，1920年当选为会长，长期担任上海钱业公会领导职务，直到1935年。在负责上海钱业公会期间，秦润卿运用渐进主义方式带领钱业顺应时代要求，革除钱业弊端，培养具有新知识的新型人才，吸收银行业的经营管理方式，增加钱业资本，扩大业务范围，走银行化道路，取得诸多成效。在秦润卿的大力倡导下，1921年2月钱业公会创办机关刊物《钱业月报》，一方面将钱业界主张诉诸社会舆论，一方面刊载金融知识及钱业调查报告，特别是强调改革钱业的重要性，并提出改革办法。该刊对于增进钱业界人士现代金融知识，推动钱业改革，发挥了重要作用。[1] 1924年钱业公会创办上海钱业公学，培养同业子弟，秦润卿担任该校校董。1933年秦润卿发起创设上海钱业业务研究社，研究钱业学术与钱业实务问题。在秦润卿的主持下，钱业公会对钱业经营方式和业务也进行改革，改信用放款为抵押贷款，吸收储蓄，慎发庄票。1917年钱业公会规定了往来行号需要缮立保单的制度。之后对于抵押贷款的规定越来越详细。抵押贷款方式的采用，增强了钱庄抵御金融风险的能力。秦润卿主持下的钱业公会还积极推动钱庄充实资本，扩充业务。原本普通钱庄资本只有2—4万两，但到20世纪30年代中期，上海有55家钱庄的资本绝大多数都达到20万元以上，其中10多家钱庄资本均超过50万元。[2] 1932年"一·二八"事变发生后，上海商业停顿，人心惶惶。为避免钱业危机，秦润卿在钱业公会中创设财产特别保管委员会。后鉴于银行业设立的上海银行公会联合准备委员会更加有效，秦润卿决心仿效。于是他说服同业，在10月成立了钱业联合准备库，还亲自担任该组织的主席，避免了可能发生的钱业危机。1920年秦润卿当选为上海总商会副会长，他与担任正会长的纺织工业家聂云台一道，采取一系列革新措施，刷新总商会会务，使之在上海近代化进程中发挥更大的作用。在总商会中创设财政、陈列所、公证、调查等八个专门委员会，研究上海工商界面临的各种问题，有针对性地探讨解决的办法，取得了明显成效。1928年秦润卿与王伯元一道接办中国垦业银行，并担任董事长兼总经理，自此他身跨银钱两业，均被奉为泰斗。1943年秦润卿辞去中国垦业银行总经理职务，但仍任董事长职务。

---

[1] 黄逸峰、姜铎、唐传泗、徐鼎新：《旧中国民族资产阶级》，江苏古籍出版社1990年版，第233页。
[2] 中国人民银行上海市分行编：《上海钱庄史料》，上海人民出版社1978年版，第460、263页。

刘鸿生(1888—1956),浙江定海人,生于上海,教会学校上海圣约翰大学肄业,是民国时期的天才实业家。刘鸿生的祖父刘维忠在上海开设名叫丹桂茶园的戏院,父亲刘贤喜做过轮船招商局的买办。刘鸿生于1909年开始作为上海开滦矿务局职员,为英商开滦矿务局在上海推销煤炭,两年后成为该公司驻上海买办。第一次世界大战期间,刘鸿生自租轮船从秦皇岛运销开滦煤到上海,获利丰厚,成为百万富翁。此后刘鸿生在上海、苏州、无锡、常州等地与人合伙开设煤号、煤公司。从1918年开始,刘鸿生开始创办码头堆栈事业。1927年10月,刘鸿生创办中华煤球厂,生产机制煤球。上述事业大多与煤炭有关,刘鸿生成为上海和长江下游有名的煤炭大王。在经营煤炭的过程中,刘鸿生看到第一次大战中办工厂的人都发了财,同时受到抵制日货爱国运动的影响,1920年集资12万元,在苏州创办鸿生火柴公司,从此开始经营工业。1925年刘鸿生收购燮昌火柴公司上海、苏州分两厂,营业逐渐发达。1926年燮昌火柴公司增加资本为50万元,改组为华商鸿生火柴股份有限公司。1929年11月刘鸿生当选为全国火柴同业联合会常务委员会主席。1930年7月鸿生火柴公司与荧昌火柴公司、中华火柴公司合并,成立大中华火柴公司,总资本191万元,刘鸿生任总经理,其后各地都有火柴公司加入联营。到1934年大中华火柴公司成为中国最大的火柴公司,拥有苏州鸿生厂、周浦中华厂、上海荧昌厂、镇江荧昌厂、九江裕生厂、汉口燮昌厂、杭州光华厂等7家火柴制造厂和上海东沟梗片厂,总资本达到365万元,年产火柴15万箱[①],刘鸿生成为中国火柴大王。1920年9月,刘鸿生等人邀集上海工商界人士发起创办华商上海龙华水泥有限公司,资本120万元。1921年南通张謇兄弟入股加入,1922年9月刘鸿生被推举为总经理,1923年7月该厂建成投产。1930年7月刘鸿生创办的章华毛绒纺织厂建成投产,同时刘鸿生还创办了华丰搪瓷厂,原料均来自国外。1933年到1936年,刘鸿生还担任了国营招商局总经理,并对其进行了大规模的整理,使招商局的经营管理状况大为改观。在自营事业方面,到抗战前,刘鸿生投资的事业,除了火柴、水泥、煤炭、招商局、运输以外,还有毛绒纺织厂、搪瓷、堆栈、码头、银行等十大类,刘鸿生本人也成为宁波旅沪同乡会会长,上海工商界的闻人,并以上海工商界为中心,与社会各界建

---

① 上海社会科学院经济研究所编:《刘鸿生企业史料》上册,上海人民出版社1981年版,第139页。

立了广泛的关系。1937年上海"八一三"抗战期间,对于抵抗日本的侵略,刘鸿生积极参与。他担任中国红十字会和伤兵救济委员会副会长,把他在上海的办公地提供给主持内迁的机构使用。但是对于厂矿内迁,刘鸿生一开始认为不适宜,并在1937年11月3日致函上海市地方协会黄炎培,随函附寄自己撰写拟呈交有关方面的意见书《拟迁移战区工厂及创设自由港之管见》,主张在安徽芜湖创建中国战时自由港,而不是把企业迁移到内地。他十分顾虑企业内迁后的生存问题,企图利用洋商和租界保护自己在上海的企业,等待战局变化,结果收效甚微,使刘氏企业损失惨重。属于刘氏企业的上海水泥厂,经过刘鸿生与德商禅臣洋行订立财产移交保管合同,由禅臣洋行保管。但是日军控制上海后,驱逐禅臣洋行员工,把该厂列入军管工厂,并大肆掠夺。章华毛绒纺织公司在抗战爆发后停工,先后从浦东本厂迁移机器设备到浦西租界区设立了两个分厂,章华浦东本厂与德商礼和洋行订立财产转让合同,以求得到保护。后日军进入该厂,驱逐德商人员强占该厂,委任日商上海纺织株式会社进行管理。太平洋战争爆发后,浦西租界的章华分厂也被日军查封。大中华火柴公司所属各厂也相继被日军军管,刘氏企业的煤矿码头等事业也惨遭相同的命运。1938年日方多次要求他出面担任伪职,为避免纠缠和寻找新的发展空间,1938年6月刘鸿生秘密离开上海赴香港。1938年6月底刘鸿生抵达香港,7月考察了广西、贵州、云南、四川、甘肃、陕西等西南、西北各省。回香港后,他筹建香港大中国火柴公司,一面在四川与人合办重庆华业火柴厂,并决定筹办四川毛纺织厂。1939年4月香港大中国火柴公司开工建设,资本30万元,刘鸿生担任总经理,1940年4月建成投产,营业十分发达。1940年12月,香港大中国火柴公司自制火柴原料成功。在此前后,1938年夏属于上海大中华火柴公司的九江裕生火柴厂内迁湘西,后冒险把设备、原料运到重庆。经与重庆本地企业华业火柴厂筹商,裕生火柴厂以原材料和机器设备作价投入华业厂,把华业厂改组为重庆华业和记火柴股份有限公司,资本25万元,刘鸿生任总经理,大中华火柴公司拥有该公司五分之三股权。1939年4月重庆华业和记火柴股份有限公司复工,6月开始生产,年产火柴2000多箱,连年盈利,1941年4月增资为50万元。为解决后方缺乏的火柴原料问题,1939年9月大中华火柴公司与川黔火柴工商业联合会发起组织火柴原料制造厂,并推举刘鸿生等3人为主任委员。1940年1月火柴原料制造厂发起筹备,各方决定资本额增加为100万元,厂名定为中国火柴原料厂股份有限公司。4月进一步增资为200万元,实收50万元。5月中国火柴原料厂股份有限公司正式成立,刘鸿生为董事长,制造厂厂址设在四川长寿。1940年8月由于资金短缺,吸收官股100万元,合商股100万元,资本总额为200万元。从此该公司成为官商合办性质的火柴原料公司。1941年12月该公司改组为中国火柴原料厂特种股份有限公司。1942年5月增资为2800万元,其中官股1000万元,商股1800万元。1944年3月再次增资为5000万元。该公司建成后,连年盈利,1942年盈利139万余元,1943年盈利952万余元,1944年盈利6617万元,1945年盈利1亿989万元。① 中国毛纺织厂从1938年开始筹备,1939年秋正式发起,资本300万元,厂址设在巴县李家沱。1939年12月该厂加入经济部100万元股份,合商股共为400万元。1940年春中国毛纺织厂正式成立,宋子良为董事长,刘鸿生为总经理。机器设备部分来自上海章华毛纺织厂,部分在英国等地采购所得。在技术力量方面,章华毛纺织厂的骨干包括技术人员、管理人员、技工等在1940年10月和1941年2月分两批举家迁到重庆,这些人员又培训了大量的重庆本地工人。到1942年春,大部分机器设备陆续运到了重庆,7月中国毛纺织厂正式开工,原料主要来自西北西宁、宁夏。该厂开工后连年获利,当年获利72万元,1943年获利5241万元,1944年获利1亿1150万元,1945年获利2亿2636万元。② 1943年该厂资本增加为1200万元。在该厂创办、发展的过程中,1941年初与复兴公司合资500万元,在兰州创办西北洗毛厂,该厂1943年8月建成投产,机器设备主要由重庆制造。同年刘鸿生又发起筹办兰州西北毛纺织厂,初定资本3000万元,1944年4月增加资本额为1亿元,1945年1月建成开工。中国毛纺织公司还对给水、电力、制帽等有关行业进行投资,到1944年12月31日该公司长期投资的企事业单位8家,投资额2217万元。③ 1940年12月应蒋介石电邀,刘鸿生飞抵重庆。在重庆的几年间,刘鸿生以弹子石华业火柴厂为家,以个人或大中华公司的名义,在西南、西北地区直接间接投资的火柴厂和火柴原料厂就达

---

① 上海社会科学院经济研究所编:《刘鸿生企业史料》下册,上海人民出版社1981年版,第183页。
② 上海社会科学院经济研究所编:《刘鸿生企业史料》下册,上海人民出版社1981年版,第200页。
③ 上海社会科学院经济研究所编:《刘鸿生企业史料》下册,上海人民出版社1981年版,第211页。

到8家之多,①此外还有毛纺织厂3家,水泥厂2家,给水、电力、电磁、制帽等厂各1家,特别是在后方火柴工业、毛纺织工业中有着举足轻重的影响。刘鸿生还应邀担任火柴专卖公司总经理。火柴专卖公司总公司成立于1942年4月7日,是国民政府在后方地区推行火柴专卖政策的主要机构。此外,刘鸿生在抗战期间还担任了中国西南实业协会监事、重庆中国国货厂商联合会理事、宁波旅渝同乡会会长等职。抗战胜利后,刘鸿生返回上海,力图重整刘氏企业,但时局的急剧变化,使其希望化为泡影。

宋汉章(1872—1968),名鲁,以字行,浙江余姚人,毕业于上海中西书院,曾任职于上海电报局,1900年进入上海中国通商银行,1906年受聘担任户部银行附设的北京储蓄银行经理,1908年任大清银行上海分行经理。1912年中国银行成立,宋汉章任上海分行协理,不久升任经理。1916年5月宋汉章与中国银行上海分行协理张公权拒绝北京政府要求中国银行、交通银行停止兑现的命令,使中国银行上海分行信誉大增。1916年他当选为上海总商会会长(未就任),1918年7月当选为上海银行公会首任会长,1921当选租界工部局纳税华人顾问委员,1922年再次当选为上海总商会会长。1931年中国银行投资创办中国保险公司,宋汉章任董事长。之后,又担任中国保险学会首任会长。1935年宋汉章任中国银行总经理,1948年任中国银行董事长。宋汉章在金融上的主要贡献,张公权曾经概括为五个方面:1. 建立中国银行上海分行之基础,辅助中国银行全体之发展,促进上海银行业之滋长。2. 树立中国银行上海分行纸币之信用,使国人乐于使用纸币,增加纸币流通。同时抵制外商银行发行之纸币,间接帮助中国货币之统一。3. 协助上海中国商业银行与钱庄解决金融上之困难,并助长其发展。4. 创办国外汇兑,积储外汇资金,奠定日后中国银行改组为国际汇兑银行之基础。5. 扩充工业农业放款,辅助国家经济建设,抗战期间,在后方协助政府安定金融,增加生产。②宋汉章长期位居金融界重要地位,所兼社会职务甚多,但兼职全是义务,③真正做到了廉洁自律,两袖清风。

---

① 张圻福、韦恒:《火柴大王刘鸿生》,河南人民出版社1990年版,第153页。
② 中国银行上海分行编:《中国银行上海分行史(1912—1949年)》,经济科学出版社1991年版,第239页。
③ 上海市宁波经济建设促进协会、上海市宁波同乡联谊会编:《创业上海滩》,上海科学技术文献出版社2003年版,第173页。

随着近代宁波帮商人的发展和壮大,其经营活动的区域范围进一步扩大,经济触角伸向全国各地,形成"无宁不成市"、"无宁不成埠"的巨大工商势力。① 据20世纪30年代宁波同乡会的调查,宁波旅外同乡会有30多个,分布在全国12个省份的29个城市。② 在这些城市中,又以上海为其活动的大本营。抗战爆发前,天津和汉口是宁波商帮经营活动中仅次于上海的重要城市。抗战爆发后,重庆和香港取代天津和汉口成为宁波商帮新的重要经营活动中心。

三、宁波商帮在其他地区的经营活动与影响

《鄞县通志》说:"鄞之为县,介在山海之间,农产不甚丰富,民性通倪,多向外发展。其上者出而为商,足迹几遍国中,下者远棹捕海,常穷南北洋面。至如制作工事,业此者固属不少,但大抵皆开业各大埠。"③

(一)宁波帮商人在汉口

与武昌隔江相望的汉口一直是宁波商帮极为重要的活动区域,在这里有为数众多的宁波帮富商。1853年1月12日,太平军攻陷武昌,2月8日太平军撤离。对武昌这座军兴以来攻陷的第一座省城,太平军政权第一次开始试行其城市政策,主要包括:对殷实富户实行"打先锋"等逼交钱财的政策,对一般居民实行自愿进贡的政策;以25人为一馆设立男馆女馆,男女分别入馆,没收私人财产,生活资料由圣库供给。④ 张德坚在比较系统地考察了太平军自广西到武昌的相关政策后记述道:

> (太平军)所过粤西州邑,搜刮赀粮,每遇富室巨家,必掘土三尺。……逮逆党由长沙陷武汉,虏劫之局一变屡变。始则专虏城市,不但不虏乡民,且所过之处,以攫得衣物散给贫者。布散流言,谓将来概免租赋三年。乡民德之,以致富者坐视城中困守,不肯捐助一钱,贫者方幸贼来,藉可肥己。殊不知贼得武汉及沿江州邑,辎重已如山积,船不敷载,有弃数千石米菽寄囤于积谷之家者……此等悖惑情形,比比皆然,而以

---

① 何瑞芝在《全国宁波旅外同乡团体概况》中说:"洎同乡会设立后,凡会章宗旨之所示,赖任事人员之热忱领导,一般会员之竭诚鼎助,均已逐一实现,不特增进甬侨之福利,抑且协谋当地事业及公益之促进与发展,此吾甬人所以被国人称为'无宁不成埠'也。"见《宁波旅沪同乡会月刊》第145期,1935年8月,《论著》第2页。
② 《宁波旅沪同乡会月报》第145期,1935年8月。
③ (民国)张传保、赵家荪修,陈训正、马瀛纂:《鄞县通志》第三《博物志》,宁波出版社2006年影印本,第77页。
④ 茅家琦主编:《太平天国通史》上册,南京大学出版社1991年版,第343—346页。

湖北为尤甚。①

"专房城市"的政策,代表了太平军严重摧残城市工商业的落后一面。太平军尽管没有攻打汉口,但汉口的宁波帮富商在耳闻目睹上述政策实施下商人的悲惨境况时仍感受到巨大的威胁。此后,武汉地区于1860年6月受到李秀成统帅的太平军的强大威慑。②可以想见,这一时期,包括汉口在内的武汉地区宁波商帮的经济事业自然遭受了重创甚至是比较彻底的摧毁。

清政府在第二次鸦片战争中及战败后,被迫于1858年6月签订《天津条约》,其中规定汉口为增辟的11个通商口岸之一。1860年,英法联军攻占北京,逼迫清政府签订《北京条约》,重申汉口开埠等条款。1861年3月汉口正式开埠,③此后迅速成为华中地区重要的商业和经济中心。随着汉口的开埠,宁波帮商人在汉口的经济力量逐渐得到恢复和发展,到清末成为汉口最大的外来商帮势力,其实力和影响仅次于湖北帮。④清光绪十九年(1893)宁波帮商人在汉口创设四明公所,办理同乡善举。自该公所成立后,宁波帮商人在汉口"会社朋兴",其中之一为光绪癸卯年(1903)由旅汉宁波杂货杂粮帮创办的崇德会。1916年,旅汉宁波杂粮商号创办志成公所。杂粮帮另立组织后,崇德会的经费乃由杂货帮单独承担,此时杂货业经营大不如前,于是到1919年公议将崇德会资产助入汉口四明公所。⑤清末民初,宁波商帮利用手中掌握的夹板船船队将棉布、棉纱、石油、绸缎、海产品及杂货运到汉口,又将杂粮、黄豆、桐油、丝麻等货物从汉口运出。每年进出口货值达三四千万两。汉口的棉布、棉纱、五金、石油、海产品、银楼金店等商业行号,大多为宁波帮商人经营。

在晚清时期开拓汉口市场的宁波帮实业家中,最值得注意的无疑是被称为汉口头号商人的宋炜臣。宋炜臣是宁波镇海庄市人,受叶澄衷委

---

① (清)张德坚编:《贼情汇纂》卷10,见中国史学会主编《太平天国》(三),神州国光社1952年版,第271—272页。张德坚还记述太平军在进军江浙的过程中,曾有绅商江寿民约集众人集资犒劳太平军但最终仍不免被戮事,原文载:"绅士江寿民辈纠金银犒贼,引贼入城,设数百席恣其啖噉,冀免骚扰。而不料其肆毒如初,江寿民仍为所杀。江南在籍绅耆遍晓众曰:'若等有江寿民之富厚声望,可以酿金数十万及备百席乎? 即能效之,亦不能息事而仍不免一死,贼之甘言可勿听也。'"同上,第272页。这大概也可以看作是杨坊等宁波帮富商与太平军为死敌的重要原因。
② 茅家琦主编:《太平天国通史》中册,南京大学出版社1991年版,第371—372页。
③ 皮明庥主编:《近代武汉城市史》,中国社会科学出版社1993年版,第36页。
④ [日]东亚同文会编:《支那经济全书》第7辑,秀英舍1908年版,第171—172页。
⑤ 刘廉巽:《崇德会资产助入四明公所记》,《宁波旅沪同乡会月刊》第76期,1929年11月,《文艺》第1页。

派于1896年到汉口开拓市场。此时正值甲午战争失败后民族工业初兴之时,湖广总督张之洞是当时热心提倡兴办工业的封疆大吏,并与叶澄衷有往来。宋炜臣到汉口显然与此有关。辜鸿铭《张文襄幕府纪闻》中《叶君传》载:叶澄衷"在沪北汉镇创设缫丝、火柴诸厂,以兴工业"①。火柴厂即宋炜臣到汉口后于1897年8月创办的汉口燮昌火柴厂。该厂占地面积1.7万余平方米,工人最多时达2500余人,是武汉第一家民族工业企业。②1906年,宋炜臣又联合朱佩珍(葆三)、叶璋(叶澄衷子)、丁维藩等宁波同乡以及王予坊、万昭度、蒋鸿林、朱士彬、叶世濂、蔡绍荣、胡敞等鄂、赣籍巨商发起筹办既济水电股份有限公司,宋炜臣任公司经理。为此,张之洞给予大力支持,特拨官款30万元相助,并规定汉口地区"除租界外,不得另设电气灯、煤油汽灯、自来水公司",③给予特许专利权。该公司下设电气灯厂和自来水厂,1906年8月兴工。其中电气灯厂装有500千瓦直流发电机3部,总装机容量为1500千瓦,1908年建成送电。自来水厂于1909年建成,日供水量22730吨,约可满足10万人需要,并对城市消防系统的近代化建设大有裨益。④之后,宋炜臣于光绪三十三年(1907)创办扬子机器制造厂,制造轮船、兵舰、锅炉、铁屋、梁柱、水塔、水柜、水闸、抽水机和打桩机,工人最多时超过2000人。1918年该厂建造高炉。⑤

汉口宁波帮实业家中,卢鸿沧、汪显述、盛竹书、蔡丕基、史晋生、沈宾笙、郑似松、王伯年等也是著名的人物。其中卢鸿沧,鄞县人,原名洪昶,以字行,原姓戎,9岁为同里卢氏养子遂改姓卢。卢鸿沧早年在杭州、上海为公司职员,后应盛宣怀之邀,到汉口参与汉口铁工厂等企业的管理。交通银行汉口分行成立后,卢鸿沧任经理。汪显述(1852—1825),字炳生,早年经亲友介绍到上海并进入叶澄衷开设的义昌成五金号任职,在工作之余学习并掌握了外语,为叶澄衷赏识并派到汉口开设顺记五金号分号。汪显述久居汉口,深受叶澄衷倚重,为湖北地方当局以及汉口的中外商人所信任,曾任汉口日商大阪公司、日清公司、三井洋行、日信洋行买办,还自设太记洋油行,是宁波商帮在汉口的著名商人。盛

---

① (清)辜鸿铭著,黄兴涛等译:《辜鸿铭文集》上册,海南出版社1996年版,第457页。
② 宁波市政协文史委员会编:《汉口宁波帮》,中国文史出版社2009年版,第8—9页。
③ (民国)侯祖畲等纂:民国《夏口县志》卷10《实业志》,1920年版,第3页。
④ 皮明庥主编:《近代武汉城市史》,中国社会科学出版社1993年版,第103页。
⑤ 宁波市政协文史委员会编:《汉口宁波帮》,中国文史出版社2009年版,第9页。

竹书(1860—1927)为镇海籍银行家,光绪三十三年(1907),盛竹书应邀到汉口任宁波会馆董事。之后,盛竹书租办湖北汉丰面粉公司并任总经理,1911年担任浙江兴业银行汉口分行经理等,成为汉口实业界重要人物。史晋生(1862—1946),早年在上海叶澄衷的顺记五金号任职,后被派到汉口。此后史晋生先后担任宁绍轮船公司汉口分公司、浙江兴业银行汉口分行经理等重要职务,并长期担任汉口日商三井洋行的买办,在汉口实业界享有盛誉。王伯年为汉口美最时洋行买办、任职达30余年。

　　清光绪三十三年汉口成立商务总会,以总理、协理为主要领导人。1915年改名为汉口总商会,总理、协理改为会长、副会长。由于长期以来在汉口奠定了雄厚的经济实力基础,并建立了广泛的社会联系网络,宁波帮商人任总协理(或正副会长)、董事等职务者颇多。如第一届、第三届总理是担任汉口交通银行经理的鄞县籍商人卢鸿沧,第二届协理是太记洋油行行东镇海籍商人汪炳生。驻汉口兴业银行经理镇海籍银行家盛竹书任第五、六两届协理。担任董事的则有宁波帮宋炜臣(镇海人,既济水电公司总经理,第一、四、五、六、七届董事)、蔡丕基(鄞县人,华昌洋行华经理,第二届董事)、史晋生(宁波人,顺记号洋油号经理,第二、三、四、六、七届董事)、沈宾笙(镇海人,顺记五金号经理,第四届董事)、郑似松(镇海人,太和杂粮行经理,第二、三、四、五、六、七届董事)、王伯年(镇海人,美最时洋行华经理,第六、七、八届董事)。① 这些在汉口总商会中担任各种职务的宁波籍人士中,有银行家2人,新式商人5人,工商企业家1人,普通商人1人,可以说基本上都是具有新知识的工商业者。其中卢鸿沧、盛竹书、宋炜臣、蔡丕基等人都与上海的宁波商帮有密切联系,由他们担任汉口总商会的领导职务,不仅表明宁波商帮在汉口有较大影响,而且非常有助于加强沪汉间的经济联系,推动汉口经济近代化的进程。1909年,汉口的宁波商帮把原有的浙宁公所改名为宁波会馆。1923年,宁波旅汉同乡会在汉口成立,1931年常住汉口的宁波籍人口有3万人。② 1933年时,宁波旅汉同乡会有将近4000名会员,该同乡会还创办了宁波旅汉公学,学生有400多人。20世纪30年代武汉的宁波帮实业家中,沈祝三是一个代表性人物。沈祝三(1877—1941),鄞县人,早年在上海务工经商,先后在杨瑞泰营造厂、协盛营造厂任职,后被协盛营造厂

---

① (民国)侯祖畬等编纂:民国《夏口县志》卷12《商务志》。
② 宁波市政协文史委员会编:《汉口宁波帮》,中国文史出版社2009年版,第1页。

派到汉口主持相关业务。沈祝三后脱离上海协盛营造厂,创办汉口协盛营造厂,并发展成为武汉最著名的营造商,先后承建了武汉和记蛋厂,"平和"、"汉口"、"隆茂"等打包厂,汉口第一纱厂,裕华纱厂,福新面粉厂,"汇丰"、"正丰"、"台湾"、"花旗"、"交通"等10家银行大楼,"礼和"、"日信"、"永兴"等洋行,既济水电公司及三北轮埠、英美烟草、"三菱"、"日清"等在汉口的分公司,中国国货商场、汉口总商会大楼、汉口西商跑马场、汉口四明公所以及武汉大学建筑群等。①

(二)宁波帮商人在天津

天津在清代乾隆时期就是北洋航线上的重要港口,宁波商帮向有宁船、沙船往来,贩运南糖、南纸、香料、铜纽扣、锡箔等。清咸丰十年(1860)天津被迫辟为对外商开放的口岸,很快成为华北最大的沿海商埠。虽然宁波帮帆船商由于不敌火轮夹板船而在竞争中逐渐衰落,减少了北洋航线上的活动,但是由于宁波帮新式商人兴起,并以上海为中心向天津拓展业务,因此宁波商帮在天津的商业活动有增无减,宁波帮买办势力和宁波商帮门市批发商齐头并进得到发展。晚清时期在天津开拓经营事业并产生重大影响的当首推绅商型实业家严信厚。

严信厚于19世纪70年代随李鸿章到天津,被委以长芦盐务督销、天津盐务帮办等职,"十余年间积赀以巨万计"②。严信厚亦官亦商,在上海创办源丰润票号,多财善贾,营业发达。③ 源丰润票号之外,严信厚还于光绪七年(1881)在天津开设物华楼金店,光绪十三年(1887)在天津开办老九章绸缎庄,成为宁波商帮在天津发展门市商店的"开路先锋"。虽然后来严信厚将经营重心转移到了上海,但他仍念念不忘天津以及长芦,甚至将其在上海的寓所命名"小长芦馆",以"志其发轫实自长芦始也"④。与严信厚几乎同时到天津开拓经营事业的是宁波帮五金大王叶澄衷。叶澄衷于光绪四年(1878)在天津创办老顺记天津分号,任命蒋贤刚、王铭槐、徐企生为正副经理。后蒋贤刚回上海总号服务,王铭槐接任天津德商泰来洋行买办,徐企生升任经理。不久徐企生也充任天津外商洋行买办,叶澄衷又派金荫锡到天津任经理,并派陈协中、周星北前往协助。

---

① 宁波市政协文史委、政协鄞州区委员会编:《鄞县籍宁波帮人士》,中国文史出版社2006年版,第294页。
② 宁波市政协文史委:《宁波帮在天津》,中国文史出版社2006年版,第9页。
③ 天津市档案馆等编:《天津商会档案汇编(1903—1911)》,天津人民出版社1989年版,第123页。
④ 《严信厚传》,《上海总商会月报》第2卷第3号,1922年3月。

庚子事变中金荫锡去世,之后陈协中又接任天津外商洋行买办,周星北升任经理。老顺记天津分号附设信裕公司,经营军装、军火生意。叶澄衷在天津还创办了大庆元票号,经营存放款及汇兑业务,兼营地产生意。这样老顺记天津分号不仅是宁波商帮在天津开办的著名五金门市批发字号,而且成为孕育天津宁波帮买办的基地。王铭槐离开老顺记天津分号后,先后接任天津德商泰来洋行、俄道胜银行、德商礼和洋行买办,着力培植家族和同乡买办势力。王铭槐之后,王氏家族在天津代有买办,有三代买办之称。① 王铭槐广泛地介绍同乡当买办,因此在他之后宁波商帮在天津出了不少大买办,如德商禅臣洋行的严蕉铭、法商永兴洋行的叶星海、英商信记洋行李组才、永丰洋行的王品南、荷商恒丰洋行的徐企生、美商美丰洋行的李正卿等。而王铭槐则成为天津宁波帮买办的核心人物,后来王铭槐经营商业失败,宁波帮买办合力帮他又做了德商礼和洋行的买办。由于宁波商帮在天津的活跃,在天津商务局成立之初,宁波商帮的代表人物之一王铭槐被推举为帮办(1902年8月—1903年4月)。② 鄞县籍的徐企生离开天津老顺记分号担任荷商天津恒丰洋行买办,1907年去世。徐企生之子徐楚良、徐楚潮后来也先后在天津恒丰洋行任买办。陈协中(1865—1914),又名济易,原籍广东,其父陈长湘在咸丰、同治年间以武弁身份到宁波镇海对抗太平军,遂定居镇海。陈协中早年在上海五金店学做生意,并掌握了英语。后到天津,担任德商逸信洋行买办,并创办济安自来水厂及相关救火设施。周星北,镇海人,"家世商业",经商天津,"家业日起"。③ 严蕉铭(1846—?),镇海人,初在上海美商旗昌洋行任轮船买办,1882年到天津,先后担任"顺全隆"、"禅臣"、"绵华"、"立兴"等洋行买办,这些洋行大都以进口军火为主。严蕉铭以业务上的关系,与李鸿章、袁世凯、王士珍等大官僚建立了比较密切的关系,成为天津著名的军火买办。由于与外商交往比较早,资格较老,在天津洋行买办中,颇具声望,成为宁波商帮在天津的代表人物之一。叶星海(?—1828),镇海人,初在上海美隆洋行任职,1887年到天津,任德商兴隆洋行买办,1923年任法商天津永兴洋行买办。第一次世界大战期

---

① 王芷洲:《我家三代买办纪实》,见天津政协文史资料研究委员会编:《旧天津的洋行与买办》,天津人民出版社1987年版,第206—214页。
② 宋美云:《近代天津商会》,天津社会科学院出版社2002年版,第67页。
③ (清)盛炳纬:《养园剩稿》卷2《周星北六十寿序言》。

间,叶星海与人合资创办天津打包公司、利济贸易公司等。1928年叶星海因病去世,永兴洋行买办由其子叶庸方继任。在天津的买办社会里,宁波帮比广东帮稍晚产生,但作为一个帮派,其实力则比广东帮大。宁波帮买办人数众多,经营广泛,同乡辗转介绍,互相支援,在天津几十年的买办历史里成为一个强有力的集团力量。① 天津的宁波帮买办则成为天津宁波商帮的核心。王铭槐还倡办了浙江会馆、浙江义园、浙江同乡会,确实是宁波商帮在天津发展的关键人物之一。② 银行业兴起后,宁波商帮在天津相继创办了东陆银行、明华银行、中国垦业银行等,三家银行均成为近代天津的著名银行。在轮船航运业中,则出现了董浩云这样的宁波籍世界船王。董浩云原籍宁波定海,通过考试于1931年11月底进入由金城银行所辖的通成公司创办的天津航业公司任职员。其间,董浩云积极倡导"自船、自货、自运"的经营理念,并在1933年取得阎锡山的支持,取得从美国进口、由天津大沽口交货的山西同蒲路枕木运输承运权,为天津航业公司拓展远洋航运奠定了基础。1934年6月初,董浩云升任天津航业公司船务部主任,并先后担任天津轮船业同业公会执委、常务执委。1934年10月,通过董浩云的努力,天津航业公司与天津英租界方面达成租借天津英租界九号地产的协议,使天津航业公司有了自己的码头。1938年初,董浩云调往上海。董浩云在天津六年的航运职业生涯中,积累了初步的航运经验,天津成为其航运事业的起航地。③

总之,天津的宁波帮商人,在天津的金融业、轮船航运业、棉花出口业、机器打包业、呢绒业、钟表眼镜业、颜料进口业、银楼业、保险业、服装业、绸缎业、木器家具业、南北货业等行业中,十分活跃。天津的宁波商帮凭借与上海的密切金融和商业关系,又把经营区域扩展到东北、山东、河北等地。

(三)宁波帮商人在其他城市

晚清到民国初期,宁波帮商人在北京拥有强大的金融势力。宁波商帮控制的四大恒钱铺直到1900年八国联军入侵以前,一直是北京最有实

---

① 毕鸣岐:《天津的洋行与买办》,见天津政协文史资料研究委员会编:《旧天津的洋行与买办》,天津人民出版社1987年版,第7—8页。
② 毕鸣岐:《天津的洋行与买办》,见天津政协文史资料研究委员会编:《旧天津的洋行与买办》,天津人民出版社1987年版,第7、20页。
③ 宋美云、周利成主编:《船王董浩云在天津》,天津人民出版社2008年版,第15—16、479页。

力的金融力量之一,甚至山西票号也常需向其借款。① 南帮票号兴起后,宁波帮绅商严信厚创办的源丰润票号声名鹊起,"为京中极大之商号"②,一度发挥过重要的作用。20世纪30年代,宁波旅平同乡会中的工商业从业者约有700余人。

宁波商帮在浙江旧辖上八府的金、衢、严、处、宁、绍、台、温及下三府的杭、嘉、湖等地,都有各类商人从事经营活动,特别是杭州和温州两地,宁波帮工商业者人数众多,在当地社会经济生活中占重要地位。据《浙江潮》所载,清末"杭州、温州,凡上等商社会,皆宁人也"③。杭州金融业的资金来源除上海外,主要来自宁波,"出之殷富,司之商贾,为我浙省会之绝大流动资本家"④。镇海籍方氏家族在杭州设有慎裕、豫和、赓和等钱庄,慈溪董氏家族设有阜生、阜源泉等钱庄,镇海叶氏则有和庆、元大等庄。杭州锡箔业和国药业也主要由宁波商帮经营。杭州民丰造纸厂是宁波商帮经营的大型近代工业企业。晚清时,温州"商贾百工,大半宁波人"⑤。至于绍兴,在光绪初年,"曾由甬江钱业放款至绍,商业于以兴旺",数年后宁波商帮"移资沪渎"⑥,在绍兴的影响才减小。

与浙江毗邻的江苏各地如南京、苏州、南通等地也是宁波帮商人较为集中的地方。在南京,从太平天国运动结束后就有宁波帮商人陆续前去经商,光绪后期人数渐多。光绪二十三年(1897),南京的宁波帮银楼商人孙敏豪、张韵楼、裘梓华、陆焕章、费昭坤等人倡建南京四明公所,光绪二十八年(1902)公所建成,内设安旅会、延寿会、工业会、众姓会、同善会等,"均同乡各业组成"。⑦ 1901年南京举办南洋劝业会,这是南京城市近代化中的一件大事,也是清末提倡实业的一件大事。南洋劝业会是中国近代第一次全国规模的博览会,其目的和宗旨"专以振兴实业开通民智为主意"⑧。南洋劝业会从酝酿举办到正式闭会,历时两年多,主要由宁波帮著名企业家虞洽卿发起,"由他说动南洋大臣端方,举办劝业会"。

---

① (清)陈夔龙:《梦蕉亭杂记》卷1。
② 《大公报》1910年10月13日。
③ 匪石:《浙风篇》,《浙江潮》第4期,第6页。
④ (民国)王逸:《中国金融之前途》,《浙江潮》第3期,第47页。
⑤ 麦仲华:《皇朝经世文新编》卷13下《邮运》,第1009页。
⑥ 浙行:《宁波钱业之今昔观》,《中行月刊》卷7第3期,1923年9月。
⑦ 《宁波旅沪同乡会月报》第145期,1935年8月。
⑧ 华中师范大学历史研究所、苏州市档案馆编:《苏州商会档案丛编》第1辑,华中师范大学出版社1991年版,第391页。

并由他垫银 36 万银两,度支部(国家财政)拨银 70 万两,在南京鼓楼建会场及各省陈列馆,并建轻便铁道。后来端方调任北洋大臣,张人骏继任两江总督,对举办劝业会毫无热情,"但结果终为虞办成"。南洋劝业会会期三个月,参观者 20 万人,[①]虞洽卿担任劝业会副会长,宁波商帮的周晋镳、朱佩珍担任董事,宁波帮严义彬(子均)、丁维藩任坐办。他们代表上海总商会,在该会的筹办和举办中,发挥了重要作用。1935 年,宁波帮各界同乡又在南京创办宁波旅京同乡会。宁波帮商人在苏州经营许多煤炭号、绸业商号。宁波帮企业家创办的燮昌火柴厂分厂和鸿生火柴厂是苏州早期现代工业中的著名企业。镇海人刘正康(1874—1939),20 岁左右到苏州从事木业,由学徒而升任经理,曾任苏州市木业公会董事,后又参与经营上海天一保险公司、中兴煤矿公司、中央储蓄会等,任苏州分公司经理。他还筹建了苏福(苏州到光福)长途汽车公司,参与创设华盛造纸厂、苏州国货公司,并任董事长或常务董事等职。他还与地方士绅张謇、李根源等一起,做了许多有益于苏州地方的社会工作,是民国初年以后苏州工商界的有名人物。宁波帮商人蕢敏伯参与创设苏州振新电火厂公司。苏州所辖昆山、新阳两县商业,"宁波帮居多数"。镇海籍绸缎商李庆钊,"在昆经商四十余年",1906 年成立昆新商务分会时,被举为总理,1908 年获得连任,任满后成为该会特别会员。慈溪籍药材商人徐钧担任该会议董,慈溪籍银楼商王守森、药材商沈和旸、徐嘉润、镇海籍绸缎商李宏勋也是该商会会员。[②]无锡近代第一家轮船公司是 1905 年由宁绍商人设立的上海公茂轮船公司在无锡开办的分公司。

在东北的沈阳、营口,华东的青岛、芝罘,东南沿海的广州、厦门、福州,中西部的太原、西安,西南的桂林、昆明,长江下游的芜湖和中上游的沙市、宜昌等城市,都有宁波帮商人的足迹。值得一提的是,内陆省份河南新兴城市郑州,由于平汉、陇海铁路交汇于此,"商务逐渐发达,成为内地之商埠"。1917—1918 年左右,宁波帮商人开始陆续前来,到 1931 年,人数已经达到 300 多,主要是鄞县、慈溪、镇海三县工商业者。他们在郑州经营的行业主要是五金、银楼、药房、钟表、呢绒等商业字号及工厂。其中五金号以"永隆"、"永豫"、"慎泰"、"豫成"等四家较大,并与汉口、上

[①] 钟树元:《江浙财团的支柱——宁波帮》,(香港)《经济导报》(周刊)第 67 期,1948 年 4 月 20 日。
[②] 华中师范大学历史研究所、苏州市档案馆会编:《苏州商会档案丛编》第 1 辑,华中师范大学出版社 1991 年版,第 143—145 页。

海有业务联系,其业务主要是向巩县兵工厂、开封兵工厂、铜元局、郑州预丰纱厂、陇海铁路材料厂及各处煤矿提供具有生产资料性质的五金材料,业务规模颇大。药房主要有"广济"、"五洲"、"大华"三家,其中广济药房,"犹如沪上各大药房"。钟表店有"亨达利"、"亨得利"两家,"橱窗陈设,日必一易,花样新奇,彼乡民见之,驻足不行"。工厂主要有穆才湘投资10万元创办的大东机器翻砂厂,该厂有员工100多人,业务发达,当时开封兵工厂、张家口兵工厂采办机件者,"非该厂不问津"。①

(四)宁波帮商人向海外拓展

宁波帮商人素以海商著称,远涉重洋到海外经商由来已久,但较大规模移居海外的高潮则发生在五口通商后,特别是清光绪到民国初年。

这一时期移居海外的宁波人包括社会各阶层,其中有的是在上海积累了一定的经商经验和资本后,为谋求更大发展而移居海外;有的是迫于生计,凭理发刀、厨刀、裁缝剪刀等"三把刀"的手工技艺出洋谋生;还有一部分海员、水手移居海外;有一部分是被当作"猪仔"贩卖到海外的苦力。这次移民海外的宁波人中,有一些远到欧美各地,不过去日本和南洋各地者占多数,尤其是到日本的人数最多。到日本的宁波人又以经商者为主,其中最有名的是旅日宁波帮侨商张尊三、吴锦堂。

张尊三(1845—1918),鄞县人,幼习商。清同治九年(1870)到日本北海道的函馆任万丰海产号司账,光绪五年(1879)自设德新海产号(后改名为裕源成海产号),并向当地渔民传授鱼翅加工技术,预约收购,销往中国,成为北海道著名的"鱼翅大王"。据统计,1914年北海道向中国出口海产品价值220万日元,其中张氏联号占60%。② 1902年函馆华商成立同德堂三江公所,张尊三被公推为董事。宣统二年(1910)同德堂三江公所改组为中华会馆,张尊三被推举为董事长。1916年张尊三回国,其在函馆的事业由其诸子继承,其四子张定卿曾任中华会馆顾问。③

吴锦堂(1855—1926),名作谟,以字行,慈溪人,早年经同乡介绍入上海的豆腐作坊、香烛店任职。光绪十一年(1885),他携资1000元与两位朋友一起赴日本,开始时从事棉业,不久转营长崎至神户间委托运输

---

① 谢椒分:《甬人在郑州之工商业》,《宁波旅沪同乡会月报》第94期,1931年5月,《外埠同乡消息》第2页。
② 上海市宁波经济建设促进协会、上海市宁波同乡联谊会编:《创业上海滩》,上海科学技术出版社2003年版,第97页。
③ [日]内田直作:《日本华侨社会的研究》,大空社1998年版,第226—234页;

业,获得成功。之后他迁居神户,投资 30 万元创办"怡生商号",经营杂货。这时,正值日本神户、大阪地区工业迅速发展,其中生产火柴的清燧社具有一定规模。吴锦堂利用自己的商号,以上海为基地向中国的长江流域推销清燧社生产的火柴,同时想办法打开了中国华南和东南亚区域的销路,由此成为神户华商的巨头。随着日本棉纺织业的勃兴,吴锦堂又开始大力经营中国棉花向日本的输入业务。日本明治二十九年(1896)钟渊纺织株式会社(简称钟纺)的兵库工厂投产后,吴锦堂在继续棉花贸易的同时,兼营阪神地区所产棉纱棉布对华销售业务。之后他购进钟纺股票,成为该企业第八大股东。经商成功使吴锦堂成为日本地方性财阀——阪神财阀之一,[①]由此声名大振,担任了阪神中华会馆的理事长,成为该地区华商领袖。日俄战争期间,他购入德国商船并将该船命名为"锦生号",经营军火、军需生意,积累了更多的财富。日俄战争后,他凭借雄厚的财力,购进钟纺大股东三井集团抛售的钟纺股票,成为钟纺董事。此外,吴锦堂还在阪神地区创办了东亚水泥公司,投资神户煤气公司、内外棉纱厂、大阪针织厂、中国汉冶萍煤矿及汉阳铁厂等工矿企业。[②] 明治三十七年(1904)11 月吴锦堂与其子吴启藩加入日本国籍,但他仍心系祖国和家乡,积极支持和赞助孙中山的革命事业,并利用光绪三十一年(1905)回乡省墓之机,开始在家乡修水利、办学堂,造福桑梓。其中为兴修慈溪杜湖、白洋湖水利工程,他出资 7 万余元设立慈北水利局,修筑了杜湖外塘一座、中门闸一座、减水坝两座、杜湖内闸一座;新开凿减水坝两座、漾塘一座,修补塘闸、石坝各一座,新建凉亭两座、石桥十二座,疏浚河流两条;开凿山麓,疏导河流,修理道路;购进杜白二湖湖田 52 亩、漾塘基田 30 余亩充作公田,加上两湖的其他公田约千余亩,放田开种后,以田租充当以上水利工程岁修费用。[③] 出资 20 万元在故乡慈溪创办锦堂学校,1909 年开学,1926 年该校改为浙江省立慈溪锦堂乡村师范学堂,是浙江省著名的师范学校之一。他在临终前特意嘱咐家人,死后归葬故里。

---

① [日]中村哲夫:《"吴锦堂财阀"与孙中山》,参见宁波市政协文史和学习委、政协慈溪市委员会编:《吴锦堂研究》,中国文史出版社 2005 年版,第 120 页。
② [日]斯波义信:《华侨》,岩波新书 1997 年版,第 192—195 页。
③ [日]森田明著,雷国山译:《清代水利与区域社会》,山东画报出版社 2002 年版,第 202 页。

四、新型同乡组织——宁波旅外同乡会的产生与发展

有宁波帮同乡会会务专家之称的何瑞芝在论及宁波旅外同乡会兴起时曾说:"夫同乡会之设,乃乡人之侨居异地者,每感其环境之艰,景物之非,而群策群力,集合团体,以同乡会作枢纽,借以敦睦乡谊,协助事业,慰其疾苦,抚其颠沛,内谋恳亲,外事团结,怡怡陶陶,亲若昆季。所以然者,因其言语既同,风俗相若,易于团结而无间隔,此各地甬侨所以有同乡会之组织也。"① 从20世纪初在上海产生,到20世纪30年代中期,宁波旅外同乡会发展迅速,尽管同一时期会馆性质的同乡组织依然存在于各地,但是作为新型同乡组织的同乡会日益呈现出取代会馆性同乡组织的趋势。宁波商帮是同乡会组织的创始者。

(一)宁波旅外同乡组织的产生与发展

到20世纪初,由于以上海等城市为代表的近代工业的兴起,以经商务工为主体,宁波流向外地的人口进一步迅速增加。据有关资料记载,这种外流人口的数量,1900年接近15万人次,1905年约为20万人次,1910年接近80万人次。② 这些外流的宁波籍人口,大部分以上海、汉口、天津等地为目的地,尤其以上海为最主要的目的地。同时,旅沪宁波商帮已经成为上海经济和社会生活中的重要力量。旅沪宁波帮商人在上海最富有的社会群体——买办和进出口商人中占据首位,并先后涌现出杨坊、朱葆三、虞洽卿、刘鸿生等代表人物。旅沪宁波帮商人在上海的进出口贸易、钱庄、银行、轮船航运、地产、保险、信局等行业中举足轻重。旅沪宁波帮商人在包括商会等上海新式工商社团中居于领导地位,使其具备了组织和领导新式同乡社团的知识、能力和意识。③ 以举办慈善等公益事业为核心的四明公所尽管依然具有顽强的生命力,但是已经难以满足宁波帮团体组织发展过程中提出的新要求和新需要。于是,一种崭新形态的同乡组织——同乡会,便应运而生。宁波向外地流动的人口,大部分流向了上海,在上海蓬勃发展的工商各业中寻找就业的机会,如此庞大的人流涌向上海寻找职业,这是以慈善为主要事务的上海四明公所所无法面对的新问题。在这种情况下,创造一种新型同乡组织的要求

---

① 何瑞芝:《全国宁波旅外同乡团体概况》,《宁波旅沪同乡会月刊》第145期,1935年8月,《论著》第2页。
② 虞和平:《清末以后城市同乡组织形态的现代化——以宁波旅沪同乡组织为中心》,见方行主编:《中国社会经济史论丛:吴承明教授九十华诞文集》,中国社会科学出版社2006年版,第663页。
③ 古俊贤主编:《中国社团发展史》,当代中国出版社2001年版,第472页。

就被历史性地提上了议事日程,而宁波旅沪同乡会就在这种背景下产生了。这种应运而生的新型同乡组织一经诞生,便立即被社会所接受并受到欢迎,纷纷仿效。各地宁波同乡也先后建立起同乡会组织。到20世纪30年代中期,宁波旅外同乡会已经有30多处(宁波本地除外),其概况见下表。

晚清民国时期宁波旅外同乡会概况一览

序号	名称	地址	创办时间	组织制度	概况(会员人数、经济状况、兴办事业、附设机关)
1	宁波旅严同乡会	浙江严州城中	清光绪时期	无正式组织和会章,推举恒懋、孙春阳、九德堂、济成堂四商号轮流值年,处理会务	据1936年所作的调查:会员26人,草创时按人数派助经费,年久渐有积蓄,置有田产和房屋数处,以租息充作日常运作经费。除办理义厝外,会务还包括每年在关帝诞日邀集同乡于会所祭奠和聚会,并于清明、中元、冬至祭祀乡先辈。
2	宁波旅杭同乡会	浙江杭州新市场湖边长生路口	1908年①	初为会长制,后改为委员制	据1935年6月所作的调查:会员1500人,其中鄞县501人,慈溪324人,镇海213人,奉华129人,象山3人,定海25人,南田无,籍贯未详者156人。常年经费约1800元。办理同乡教育、图书阅览、资迁回籍、排解纠纷、喜庆借座、招待寄宿等会务。会所中设有书报阅览室。1933年8月25日建成小学1所,学生100多人。
3	宁波旅沪同乡会	上海西藏路	1910年	初为会长制,后改为委员制	详细情况见下文。

---

① 一说成立时间为1912年,见《旅杭同乡会消息》,《宁波旅沪同乡会月刊》第73期,1929年8月,《各埠同乡会消息》第1页。

续表

序号	名称	地址	创办时间	组织制度	概况（会员人数、经济状况、兴办事业、附设机关）
4	宁波旅平同乡会	北平东交民巷	1917年成立		据1936年所作的调查：1917年已经有宁波旅平同乡会的成立，后会务无故停顿，旅居北平的宁波工商业者另组旅平宁波同乡公益会。1929年上述两会合并，正式成立宁波旅平同乡会并兼管北平四明会馆。会员786人，经费来自会员常年捐献，办理护卫乡人、排难解纷、同乡教育、救济伤病、介绍职业、酌赠川资、酌送棺费、担任埋葬、运送灵柩等事业。
5	宁波旅苏同乡会	江苏苏州大马路	1919年		据1936年调查：会所设于苏州浙宁会馆内，会员900多人，1926年以前会费收入足资会务开支，1926年以后停收会费，会务依赖浙宁会馆房租维持。
6	宁波旅沙同乡会	湖北沙市	1921年		据1936年调查：会员300多人，经费由会员和宁属商号年捐开支，1925年以后会所被军队占据，加上沙市工商业萧条，会务停顿。
7	宁波旅青同乡会	山东青岛寿张街	1921年3月		据1936年调查：会员和非会员约1000多人，经费约1700—1800元，由商号和会员按年捐助。
8	宁波旅郑同乡会	河南郑州	1921年3月	会长制	据1936年调查：会员325人，拟建会所。
9	宁波旅渝同乡会	四川重庆一牌坊	1922年		据1936年调查：初名四明旅渝同乡会，1928年建西式会所，改名为宁波旅渝同乡会。1935年征求会员大会揭晓，会员496人。经费年开支约4000元，办理教育、公益、慈善等事业。

续表

序号	名称	地址	创办时间	组织制度	概况（会员人数、经济状况、兴办事业、附设机关）
10	宁波旅芜同乡会	安徽芜湖新马路	1923年		据《宁波旅沪同乡会会刊》载：该同乡会开办之初，会务发达，凡方便同乡的各种事业应有尽有，还设有公学，但1932年年底会所一部分拆让以修筑马路，此后，会务由于经费困难难以为继。
11	宁波旅汉同乡会	湖北汉口三新街	1923年春	初为会长制，1927年改为委员制	据1936年调查：会员约5000人，1926年建成新会所，经费支出中事务费年约3000元，事业费年约13000元，会务包括教育、公益、慈善等。创办宁波旅汉完全小学总分两校以及同乡送诊所等。
12	宁绍旅四同乡会	浙江湖州长兴县四安镇	1924年5月		据1936年调查：该地宁绍同乡于1894年创办宁绍会馆，1924年改组为同乡会。会员506人，其中鄞县39人，慈溪17人，镇海15人，奉化8人，象山9人，定海6人。会务主要办理寄柩、埋棺、运葬以及小学教育。1894年设立义冢及厝房，1926年设立长兴县第五区私立宁绍小学。
13	宁波旅烟同乡会	山东烟台朝阳街	1924年12月	初为会长制，1929年改为委员制	据1936年调查：会员210人，其中鄞县96人，其他各县114人。经费年约1000元，由会员捐助，办理教育、慈善等。会内设有图书室、养病室。
14	宁波旅瓯同乡会	浙江温州南门外虞师里宁波公所内	1927年8月8日	初为会长制，1930年改为委员制	据1936年调查：会员390人，经费由会员会费开支。特别会员会费每年5元，普通会员会费分每年3元、2元、1元和0.5元四种。由于经费有限，很少举办相关公益事业。
15	宁波旅琴同乡会	江苏常熟紫金街	1928年6月6日	委员制	根据1936年调查：会员182人，经费由会员会费开支。会务包括联合团体、爱护乡人、排难解纷、建设事业、协谋公益、力行义举。

续表

序号	名称	地址	创办时间	组织制度	概况（会员人数、经济状况、兴办事业、附设机关）
16	宁波旅扬同乡会	江苏江都	1928年		据1936年调查：成立时会员100多人，调查时由于会员商店多停歇，会员仅几十人，会务处于停顿状态。
17	宁波旅京同乡会	南京中山北路	1929年7月7日	理事制	该同乡会由何瑞芝等发起。据1936年4月调查：会员2746人。经费在开始数年以会员会费充开支，1935年7月7日建成造价5万余元的新会所后，以会所宿舍收入充开支。常年经费约7000元。每两年征求会员一次。该会宗旨在于提高同乡的德、智、体、群、美五育。会务包括普及教育、举办慈善、调解纠纷、援助不幸、介绍职业、提倡国货、保卫乡里、改良风俗、促进自治等。该同乡会会所有礼堂、宿舍可供租用，有阅报室、球室、浴室等。该处原有四明公所，创办于光绪二十八年（1902）。
18	宁波旅赣同乡会	江西南昌	1929年		
19	宁波旅皖同乡会	安徽怀宁	1930年		据1936年调查：会员146人，原为1918年由宁绍两府旅皖工商界人士设立的宁绍工商公所，后改称宁绍工商联合会，1930年改为宁波旅皖同乡会。拟筹建殡所以厝病亡同乡。
20	浙慈旅平同乡会	北平	1933年10月	会长制	据《宁波旅沪同乡会月刊》载：该会由童蒙求等人发起，以发挥互助精神，联络感情，交换知识及办理公产等为宗旨。

续表

序号	名称	地址	创办时间	组织制度	概况（会员人数、经济状况、兴办事业、附设机关）
21	宁波旅厦同乡会	福建厦门番仔街	1935年	委员制	据1936年调查：20世纪20年代曾有同乡会，后会务中断，1935年重建。会员700人，经费由会员交纳会费开支，以团结同乡、发挥自治精神为宗旨。
22	宁波旅临同乡会	浙江临海县海门镇	1936年9月20日		根据1936年9月5日《时事公报》报道：旅临同乡约1000多人，会员未详。同乡会设于临海县海门镇四明公所内，宗旨在于联络同乡，增进团结。
23	宁波旅汕同乡会	广东澄海汕头永安街			一度拟建殡舍
24	宁波旅应同乡会	湖北应城			
25	宁波旅锡同乡会	江苏无锡西村里			
26	宁波旅盛同乡会	江苏吴县盛泽镇			设于盛泽镇宁绍公司内
27	粤港宁波众商公会	香港永乐西街			
28	宁波旅樊同乡会	湖北樊城			
29	宁波旅湘同乡会	湖南长沙浙江会馆			

续表

序号	名称	地址	创办时间	组织制度	概况(会员人数、经济状况、兴办事业、附设机关)
30	宁波旅辽同乡会	辽宁沈阳鼓楼北			
31	宁波旅连同乡会	辽宁大连市内			
32	宁波旅兰同乡会	浙江兰溪城内			
33	宁波旅徐同乡会	江苏徐州东门大街			

资料来源:张传保、赵家荪修,陈训正、马瀛纂:《鄞县通志》第二《政教志》,宁波出版社2006年影印本,第1586—1599页;何瑞芝:《全国宁波旅外同乡团体概况》,《宁波旅沪同乡会月刊》第145期,1935年8月,《论著》第2页;何瑞芝:《慈溪旅平同乡会成立》,《宁波旅沪同乡会月刊》第123期,《外埠同乡消息》第1页。

(二)宁波旅沪同乡会

创办于1910年的宁波旅沪同乡会,是中国近代最早创办的城市新型同乡组织,"在整个近代中国城市同乡组织从传统到现代的转变过程中,居于领先和典型的地位"[①]。在宁波商帮的同乡组织中,宁波旅沪同乡会成立后,逐渐成为"上海宁波帮的组织核心"[②]。

根据现有的各种资料和研究,有关宁波旅沪同乡会创办的情形,大致上有三种说法:其一是以1903年钟观光、虞舍章等开设"科学仪器馆"为起点。其二是以洪宝斋创办四明旅沪同乡会为起点。其三是以沈洪赉创办四明旅沪同乡会为起点。

第一种说法由庄禹梅提出。他曾撰文指出:在1903年左右,镇海南乡有几位知识分子,包括钟观光、虞舍章等,鄙夷科举,从实业救国的愿

[①] 虞和平:《清末以后城市同乡组织形态的现代化——以宁波旅沪同乡组织为中心》,见方行主编:《中国社会经济史论丛:吴承明教授九十华诞文集》,中国社会科学出版社2006年,第662页。

[②] 郭绪印:《老上海的同乡团体》,文汇出版社2003年版,第559页。

望出发从事科学研究,筹集基金,在上海开设科学仪器馆,从国外购买供国内各学校教学使用,"最早的宁波同乡会,就是在这里组织起来的"。作为宁波同乡会,还创办上海《宁波白话报》等。① 这种观点后来还被吸收进丁守和主编的《辛亥革命时期期刊介绍》中,该书在介绍《宁波白话报》时说,该报"是由上海的宁波同乡会主办的一个白话文刊物"等等。② 但据虞和平的研究,能够证明该科学仪器馆有同乡性质活动的史料尚未发现,其与上海旅沪同乡会在时间上、筹建上无任何关系。③

第二种说法由董启俊提出。在最早发表于《宁波旅沪同乡会会刊》上的《宁波旅沪同乡会简史》中他记述道:"当逊清光绪元年,慈溪洪宝斋先生集乡人数十人首创四明旅沪同乡会于汉口路。旋洪君离沪,会务中辍。施君峋青乃就商于钱达三、谢蘅窗、陈韵泉、陈蓉绾、朱葆三、孙梅堂诸君,捐资复兴,于宣统二年夏三月初五日,改称宁波旅沪同乡会,本会即宣告成立,设事务所于福州路二十二号,此为本会草创之胚胎。"④查各种资料,均缺乏洪宝斋其人生平事迹的记载。但发起成立宁波同乡会者,决非泛泛之辈。此种说法为目前大多数论著所采用,但其中关于洪宝斋创设四明旅沪同乡会之说实在令人难以确信。

第三种说法由日本研究中国社会经济史、行会史的学者根岸佶提出。根岸佶在其《中国的行会》中记述道:中国同乡会的嚆矢为上海的宁波旅沪同乡会,而宁波旅沪同乡会的创始人是沈洪赉。沈洪赉出生于宁波府辖慈溪县灵阳乡,幼孤家贫,年少时就随叔父到上海充任西崽。沈洪赉身材短小,性格刚直,目光逼人。他曾经一度赴日考察,通过考察认识到中国人若不集合群力,必事事遭受外人之侮,于是联合租界内宁波籍劳工结成长生会,并担任柱首。不仅如此,沈洪赉还大力推动分布在上海各行各业的宁波籍同乡各自结成团体,然后助入四明公所。这样,旅沪宁波籍同乡遂结成一大规模团体,其中沈洪赉功不可没。光绪二十四年(1898)第二次四明公所事件中,沈洪赉率领数千长生会会众,在反抗法租界当局的强占图谋中表现异常突出,对于维护同乡权利起到了重

---

① 庄禹梅:《关于宁波旅沪同乡会》,《文史资料选辑》(合订本),中国文史资料出版社2000年版,第236—238页。
② 丁守和主编:《辛亥革命时期期刊介绍》第1集,人民出版社1982年版,第431页。
③ 虞和平:《清末以后城市同乡组织形态的现代化——以宁波旅沪同乡组织为中心》,见方行主编:《中国社会经济史论丛:吴承明教授九十华诞文集》,中国社会科学出版社2006年,第662—663页。
④ 董启俊:《宁波旅沪同乡会简史》,《宁波旅沪同乡会会刊》,复刊第1期,1946年9月10日,第8页。

要作用。因此,沈洪赉在事件之后于光绪二十七年(1901)被推举为四明公所总经理,掌管公所一切事务。他开源节流,力事整饬。在担任总经理的第一年里,他就与应其北等人发起一元捐,所募款项购置山地、田地40余亩,造房屋300余间。光绪三十二年(1906)改造废弃的东西厂房屋150多间为市房,每年可收房租4700余元。在沈洪赉的主持下,公所设立了医局、病院,并拨款4万余元作为经常费用。为监督公所事务,光绪三十一年公所举各业代表为司月,以每月中旬稽核前一个月的收支账簿。1912年沈洪赉自度年迈,又创设公义联合会作为四明公所的辅助监督机关,力图推动公所实权由富商巨贾向普通同乡转移。在沈洪赉的大力整饬下,上海四明公所各项事业着实进展,面貌一新。在整饬四明公所会务的过程中,沈洪赉也深感公所内惰性力量强大,改变不易,于是在宣统元年三月五日(1909年4月24日),于上海汉口路别立四明旅沪同乡会。创会不久,沈洪赉因事离开上海,会务由此中断。施峒青承继沈洪赉之志,与朱葆三等人商议,决定集资恢复该会,并改名称为宁波旅沪同乡会,在福州路设立事务所,宣统三年二月二十一日在四明公所召开成立大会,宣布正式成立。①

比照第二种和第三种说法,除四明旅沪同乡会创办人的说法不同之外,其余内容基本相同。但就董启俊所记洪宝斋的叙述,不仅语焉不详,且无其他任何关于洪宝斋其人的材料,而根岸佶有关沈洪赉创设四明旅沪同乡会的记述,事实清楚,合乎情理。据此推断,董启俊所记洪宝斋云云,应为沈洪赉之误。

可见,宁波旅沪同乡会的创设,其实原是鉴于四明公所改造困难,而在公所之外另立一同乡会组织而来,区别在于一新一旧。这与宁波商帮在其他方面的作为恰有异曲同工之妙,如宁波帮工商业者一人一族何以同时经营钱庄和银行两种新旧不同的金融业,可以经营帆船、轮船两种新旧不同的航运业等等。而在四明旅沪同乡会向宁波旅沪同乡会转变的过程中,施峒青是一个十分关键的人物。施峒青(?—1911),名鋆,一名锦春,字峒青,鄞县人,幼孤,到上海依其父生前好友某西人,通外国语言,后经商致富。他与钱达三、谢蘅窗②、陈韵泉、陈蓉绾、朱葆三、孙梅堂

---

① [日]根岸佶:《中国的行会》,日本评论新社1953年,第200—202页。[日]根岸佶:《上海的行会》,日本评论社1951年初版,大空社1998年再版,第43页。
② 谢蘅窗(1875—1960年),名天锡、德丰,鄞县籍煤业巨商,有"煤炭大王"之称。

等人商议恢复四明旅沪同乡会。宣统二年(1910)在上海福州路设立事务所,并议定改同乡会名称为宁波旅沪同乡会,他被推举为干事长;他还为同乡会订定了章则,①以"联络同乡"、"力谋公益"、"调查实业"、"排解纠纷"为宗旨,宁波旅沪同乡会遂由此成立,"开上海各同乡会之先河"。②宣统三年二月十九日(1911年3月19日)下午,宁波旅沪同乡会在四明公所召开成立大会,到会会员2000多人,推选沈敦和(仲礼)为首任会长,③虞洽卿、朱葆三为副会长,设审查、评议、文牍、经济、会计、调查六科,处理日常会务,复推28人担任筹款。会员约有千人。④ 根据此前公布的《旅沪宁波同乡会暂定章程》,宁波旅沪同乡会以"敦睦乡谊图谋公益为宗旨",具体办理调查事件、研究方法、表示意见、勉行义举、联合同乡、保卫乡人等事务。⑤ 4月同乡会议决迁事务所于九江路7号。⑥ 随着会务发展,位于九江路7号的会所空间狭小不敷使用,于是决定筹建新会所。经过数年筹备集资,1921年5月在西藏中路建成宁波旅沪同乡会新会所。宁波旅沪同乡会新会所由新记营造厂负责修建,占地二亩八分有奇,建造费价银9.5万两。⑦ 该建筑高大雄伟,共五层并有地下室,第一层和第二层是演讲厅,可以作会议以及结婚仪式之用;第三层是藏书室和阅览室,备置报纸、杂志、图书等供同乡阅览;第四层是陈列屋,收集宁波帮企业生产的产品及宁波土产陈列于此;第五层为健身室,附设游艺室、弹子房,供同乡从事文体活动。地下室的大厅可以供同乡举行规模较大的传统礼仪活动。整个建筑及购置地皮等项,耗银15万两。

(三)人事组织与经费

宁波旅沪同乡会用会员制方式组织同乡,凡是宁波府旧辖七县籍贯,品行方正,经会员介绍都可以入会。根据年缴会费数额,会员分为四类:年缴会费5角为普通会员,1元为特别会员,5元为赞助会员,10元为

---

① (民国)张传保、赵家荪修,陈训正、马瀛纂:《鄞县通志》第四《文献志》,宁波出版社2006年影印本,第638页。
② 董启俊:《宁波旅沪同乡会简史》,《宁波旅沪同乡会会刊》,复刊第1期,1946年9月10日,第8页。
③ 首任会长一说为李征五,见江五民《艮园文集》卷7《宁波旅沪同乡会开幕祝词》。
④ 《旅沪宁波同乡大会纪事》,《申报》1911年3月20日,见宁波市政协文史委员会编:《〈申报〉宁波旅沪同乡社团史料》,宁波出版社2009年版,第55页。另见古俊贤主编:《中国社团发展史》,当代中国出版社2001年版。
⑤ 《旅沪宁波同乡会暂定章程》,《申报》1911年3月16、17日,见宁波市政协文史委员会编:《〈申报〉宁波旅沪同乡社团史料》,宁波出版社2009年版,第52—55页。
⑥ 古俊贤主编:《中国社团发展史》,当代中国出版社2001年版,第473页。
⑦ 董启俊:《宁波旅沪同乡会简史》,《宁波旅沪同乡会会刊》,复刊第1期,1946年9月10日,第8页。

基本会员,此外一次捐纳百元以上者为永远名誉会董之别。据1946年统计,共有会员36490人,其中基本会员1578人,赞助会员5177人,特别会员12547人,普通会员17188人。依职业分布,商业20862人,工业3524人,占据了会员中的大多数。从籍贯分布看,鄞县13362人,镇海10302人,慈溪9121人,三县占了大多数。① 其中个人会员35059人,这与宁属同乡"号称百万"的庞大数字相比,②实在显得太少,表明宁波旅沪同乡会实际上仍主要是上海工商业者的组织。③ 会员虽然有四类以及永远名誉会董之别,但一律平等,都享有选举权和被选举权。

在人事管理组织上,宁波旅沪同乡会领导层以选贤任能的原则通过选举产生。开始时采用会长制,继首任会长沈仲礼之后,1912年第二届选举虞洽卿任会长。1920—1925年张让三④、朱葆三各担任两届会长,虞洽卿仍然担任副会长。1926年朱葆三去世,虞洽卿任会长,傅筱庵、方椒伯担任副会长。1929年,会长制改为委员制,虞洽卿担任委员长,直到1941年离沪,推选王伯元代理委员长。委员长之下设执行委员会、监察委员会、基金委员会。执行委员会由35名成员组成,其主席由委员长兼任,该委员会负责征收经费、修订规章、议决及执行各项同乡会事务、推荐名誉会董及选任同乡会各机构负责人等。执行委员会又选举7人为常务委员,负责同乡会日常事务。执行委员会之下初设第一、第二两科,由励建侯、乌崖琴担任该两科主任。第一科之下分设评议、审查、调查、出版四个委员会,第二科之下分设教育、社交、考察、慈善、土物陈列、职业介绍六个委员会,另有职业介绍、书报、统计、审计、征求、注册、游艺六个委员会,职责较轻,临时根据需要决定其从属于第一科还是第二科;监察委员会由15名成员组成,负责监督会务,审查基金委员会的预算决算编制,有权修改执行委员会的决议,纠正有关部门对事件的不当处理办法;基金委员会由3名成员组成,负责保管同乡会的基金,编制预算、决算,检

---

① 董启俊:《宁波旅沪同乡会》,《宁波文史资料》第5辑,第11—12页。
② 董启俊:《宁波旅沪同乡会简史》(续),《宁波旅沪同乡会会刊》复刊第2期,1946年9月20日,第10页。
③ 李瑊:《上海的宁波人》,上海人民出版社2000年版,第34页。20世纪20、30年代上海宁波帮极盛时期,旅沪宁波籍工商业者有5万多人。经过抗战初期、孤岛时期、日军占领时期的严重摧残,旅沪宁波工商业者的力量大为减弱,人数也自当有所减少。
④ 张美翊(1856—1924年),字让三,又字简硕,晚年自号"骞叟老人",鄞县人,曾任薛福成之子的塾师,并曾随薛福成出使欧洲四国。后入盛宣怀幕府,参与东南互保的谋划。见《张骞叟先生传》,《宁波旅沪同乡会月刊》第17期(1924年),第3页。

查各部门收支账簿。同乡会的最高权力机关是会员大会,会员大会于每年 3 月定期举行,议决重要事项,有特别事件发生时召开临时大会。

宁波旅沪同乡会组织沿革及历任主要负责人

制度形态	时间	正	副		备注
会长制	1911 年	沈仲礼（敦和）	虞洽卿	朱葆三	
	1912 年	虞洽卿	沈仲礼	朱葆三	
	1913—1914 年	沈仲礼	虞洽卿	李征五	
	1915 年	虞洽卿	李征五	王正廷	
	1916 年	虞洽卿	张让三	李征五	
	1917 年	虞洽卿	张让三	钱达三	
	1918 年	张让三	方樵苓	钱达三	
	1919—1920 年	张让三	方樵苓	陈良玉	
	1921—1922 年	朱葆三	虞洽卿	王正廷	
	1923 年	朱葆三	虞洽卿	傅筱庵	另设理事长一职,由李征五担任
	1926 年	朱葆三	虞洽卿	傅筱庵	本年 9 月朱葆三去世,虞洽卿继任会长,方椒伯补副会长
	1927 年	虞洽卿	傅筱庵	方椒伯	本年 7 月改为委员长制
委员长制	1929 年	虞洽卿			本年 6 月 4 日,向政府备案
	1931 年	虞洽卿			1932 年组织特种专务委员会,负责救护等
	1933 年	虞洽卿			
	1935 年	虞洽卿			
	1937 年	虞洽卿			本年 8 月 13 日办理特种委员会负责救济同乡等,该特种委员会持续工作 3 个月。抗战时期遵令停开会员大会,未再改选,会务由原职员维持
	1941 年	虞洽卿			本年 8 月离沪到香港、重庆,委员长职由王伯元代理
	1945 年	刘鸿生	黄延芳	赵志游、魏伯桢	本年 12 月 20 日选举产生。1946 年春赵志游去世,魏伯桢补副理事长
	1950 年	黄延芳			

资料来源:《历届会长、副会长与委员长、理事长及任期表》(上海档案馆档案 Q117—4—

1);李瑊:《宁波旅沪同乡会百年纪》,中国文史出版社2010年版,第8页;董启俊:《宁波旅沪同乡会简史》(续),《宁波旅沪同乡会会刊》复刊第2期,1946年9月20日,第8页。

通过选举而担任宁波旅沪同乡会领导职务的,多是热心同乡公益又具有非凡能力和影响的宁波帮著名实业家、社会活动家。其中对会务贡献尤其巨大的有施峋青、朱葆三、乐振葆、虞洽卿四人,为此,该会以此四人"皆为本会筚路蓝缕之功臣,倾其精力、财力尽粹于本会者",春秋祭祀,以为纪念。①

随着宁波帮同乡在上海人数的激增和资力增加,20世纪20年代以后,宁波旅沪同乡组织中又出现了县同乡会。如1921年成立镇海旅沪同乡会,1924年成立奉化旅沪同乡公,1935年成立象山旅沪同乡会,清末建立的定海会馆,此时也演变为定海旅沪同乡会。1930年定海所属金塘岛旅沪同乡由陈舜五、金馥荪、林传恩等人发起成立金塘旅沪同乡会,制定章程,募集会员,1931年在宁波旅沪同乡会事务所召开成立大会,此后积极从事同乡公益事业。县同乡会在形式上是独立的同乡团体,原则上凡属旅沪同县同乡事务及故乡事务,均由县同乡会自行解决,当自己的力量无法解决或涉及全体宁波同乡时,则与宁波旅沪同乡会协同处理。不过由于各县同乡会情形各异,与宁波旅沪同乡会的关系也不完全相同。例如定海旅沪同乡会拥有朱葆三、周金箴、刘鸿生等上海第一流的豪商名流,财力雄厚,因此,对于从事上海定海同乡的诸项社会事业以及故乡定海的治安维持、救济饥馑等完全可以独立处理;镇海旅沪同乡会会长方椒伯、副会长刘聘三等人,同时又是宁波旅沪同乡会的负责人,因此,镇海旅沪同乡会的事务不多,凡属同乡间解纷排难或公益事项,都由宁波旅沪同乡会经办;相比之下,象山旅沪同乡会就有些势单力薄,侨居上海的同乡不满2万人,缺少富商大贾,凡兴办同乡事业,必须求助于宁波旅沪同乡会。

宁波旅沪同乡会的经费,除向各类会员征收的会费之外,还通过举行大规模地征求会员大会进行募集。其方法是先成立征求会员总队,设总队长一名,副总队长一至二名,总参谋一人,总副队长及总参谋都由富室巨商充任,如先后担任该职者有虞洽卿、方椒伯、俞佐庭、袁履登、黄延芳、张莲芳、黄振世等人。总队之下设分队数十,分队长则由二三流富商

---

① 董启俊:《宁波旅沪同乡会简史》(续),《宁波旅沪同乡会会刊》复刊第2期,1946年9月20日,第10页。

巨室担任，各分队长承担基本指标，以一月为期，其间分四次公布各队征求的结果，最后夺得前十名者为优胜，争得第一名的队更是兴高采烈。这种募集款项的办法，始自1916年筹建同乡会新会所的征求会员大会。1920年4月为建新厦需增加款项，又举行第二次征求会员大会。此后一般每两年举行一次，到1948年为止，共举行过15次。各县同乡会同样用这种征求会员大会的方法募集经费。由于组织严密，同乡捐款踊跃，所以所募款项往往超过预定数额。

（三）同乡会的事业

宁波旅沪同乡会会所议事室壁上镜框内有黄葆村撰写、方椒伯书写的联语："距甬水一宿程，咫尺乡关，莫道相逢非素识。借沪滨小笏地，商量群学，应知阮庶又何加！"[①]该联语以凝练的文字体现了宁波旅沪同乡会章程中规定的"以团结同乡团体，发挥自治精神为宗旨"的精神。[②] 宁波旅沪同乡会的事业分为9类：1.同乡职业调查及统计；2.同乡子女教育及社会教育；3.同乡救助；4.改进同乡习俗；5.提倡学术，增进知识；6.同乡排难解纷；7.同乡职业介绍；8.促进本乡建设；9.其他同乡福利事业。[③]从这些事业看，宁波旅沪同乡会分担了原由上海四明公所履行的保卫乡人等职能，并增添了许多新的社会事业，但它并不是上海四明公所的替代组织，诸如停柩运柩等项事业仍由四明公所经营。总体上看，宁波旅沪同乡会的事业与四明公所的事业相比，显著的不同在于由以灾难救济为主转变为以事业促进为主。在第二届同乡会大会上，副会长沈仲礼的演说词中指出："四明公所系救死事项，同乡会系救生事项，鄙意救生较救死尤为切要。"[④]从实际情形看，宁波旅沪同乡会对于扶助同乡、解纷排难、发展文教、建设家乡四项事业，尤其重视。

在扶助同乡、保护同乡利益方面。1909年，英商太古公司沪甬航线上轮船统舱票价，突然间由1元增加到2元，这对乘坐轮船频繁往来沪甬

---

① 应斐章：《本会会务发展路线之理论的探讨》，《宁波旅沪同乡会月刊》复刊第1期，1946年9月10日，第2页。按注：应斐章为宁波旅沪同乡会会务主任。
② 上海通社编：《上海研究资料续集》，上海书店1984年版，第303页。
③ 董启俊：《宁波旅沪同乡会简史》，《宁波旅沪同乡会会刊》复刊第2期，1946年9月20日，第8页。按：日本学者根岸佶在其所著的《上海的行会》中说上海旅沪同乡会的事业有10项：1.生活调查；2.实业统计；3.普及教育；4.广行慈善；5.改良风俗；6.交换知识；7.保卫乡人；8.解纷排难；9.讲求卫生；10.职业介绍。见大空社1998年版，第48页。
④ 《宁波同乡会开会选举》，《申报》1912年4月9日，见宁波市政协文史委员会编：《〈申报〉宁波旅沪同乡社团史料》，宁波出版社2009年版，第60页。

间的宁波帮人士,以及为数众多通过宁波港往来上海和绍兴的宁绍籍乘客而言,是难以接受的,宁波帮人士虞洽卿愤然决心发起创办航业公司以与太古竞争。公司成立后,沪甬航线统舱票价定为0.5元,这是仅够维持营运的最低限度,比太古公司涨价前的一元票价还低一半。对此,太古公司凭借其雄厚的经济实力,骤然将票价降低到0.1元,将虞洽卿的宁绍公司置于亏累日甚、朝不保夕的困难境地。面对此情此境,于是由宁波旅沪同乡会的发起人施嵋青振臂而起,利用宁波旅沪同乡会的影响力,组织"宁绍航业维持会",推举同乡会侨日董事吴锦堂为会长。维持会采取一系列方法支持宁绍公司与太古公司竞争。一是利用同乡关系号召宁波和绍兴两地人民支持宁绍公司,形成"宁绍人众志成城,总以货装宁绍,人乘宁绍"的局面。二是帮助宁绍公司提高服务质量,由维持会派员义务"轮班随船稽查,举凡轮行之迟速、水脚之多寡、某房之勤惰,由随船员填写报告册,随时改良,渐臻完备"①。三是向同乡募集资金,向宁绍公司提供亏损补贴和发展资金。维持会知照宁绍公司,也将统舱票价由0.5元降为0.1元,所亏折的0.4元由维持会募集的现金中补贴。施嵋青首先捐款500元以为倡导,很快募集到10余万元现金直接补贴公司的损失。同时维持会又通过推销公债式股票银35万两,结果宁绍公司不仅顶住了国际性轮船航运巨头的竞争,而且在竞争中还能够添造1艘新宁绍轮,迫使太古公司放弃独占沪甬航权的野心。② 这件事在宁波、上海的宁波人社会中产生异常巨大的积极反响,甚至被编为歌谣在宁波民间小儿中传唱。③ 每当发生重大事件或有损于同乡的事件,宁波旅沪同乡

---

① 《志宁绍航业维持会在甬开特别大会》,《时报》1910年8月12日。
② 应斐章:《宁绍航业维持会时代的精神安在?》,《宁波旅沪同乡会会刊》复刊第6期,1946年10月30日,第1页;袁孟德:《乡先贤施、陈、乐、虞四公对本会之功绩述略》,《时报》1910年8月12日。关于当时的票价,另有一说是沪甬间原有太古公司的北京轮和轮船招商局的江天轮,统舱票价1元,乘客非常拥挤。于是法商东方公司加入立大轮,前两家公司于是跌价到0.5元打压,后三公司妥协,统舱票价恢复1元,虞洽卿代表乘客要求永定为0.5元遭到拒绝,于是有宁绍轮船公司的创办。此说见方腾《虞洽卿论》(《杂志》第12卷第2期,1943年11月),但似不甚可靠。
③ 张传保、赵家荪修,陈训正、马瀛纂《鄞县通志》第四《文献志》中载《电灯亮晶晶》即"记甬人因抵制外轮水脚涨价而自办宁绍轮船公司也",歌谣简洁有趣并富有宁波韵味:"电灯亮晶晶,宁绍拉卫生,宁绍跟北京,江天跟甬兴,买办虞洽卿。"宁绍公司行驶沪甬间的宁绍轮通常傍晚开船,黎明到达,因此码头及船上需要开电灯,所以说"电灯亮晶晶"。"卫生"为英文whistle的宁波方言音译,"拉卫生"为轮船鸣笛起航之意。北京轮为英商太古公司行驶沪甬间的轮船,为抵制该船招徕乘客,宁绍轮故意迟一步开船。江天轮和甬兴轮分别为轮船招商局和宁绍轮船公司行驶沪甬间的轮船,两者互不抢夺生意,所以甬兴轮先开船。该童谣见宁波出版社2006年影印本《鄞县通志》第四《文献志》,第2697页。

会都出面为同乡提供保护。武昌起义爆发后,鉴于汉口宁波帮工商业者人数颇多,上海旅沪同乡会雇用鸿安公司轮船赴武昌汉口,把宁波同乡愿意回宁波者数百人运送回宁波,使旅汉同乡人心大定。1923年日本发生关东大地震,宁波旅沪同乡会派代表赴日本东京、横滨等地,调查灾情,抚恤受灾同乡。1930年上海发生宁波同乡忻丁香被法国水兵殴击溺水死亡事件,宁波旅沪同乡会出面交涉,迫使法方惩凶、道歉并赔偿抚恤金。1932年上海实行大赦,宁波旅沪同乡会为处理同乡出狱者善后问题,特设专门委员会,由虞洽卿、方椒伯、袁履登等一流绅商任委员,每日派员到各监狱,保护出狱的同乡人员。同一年汉口发生大水灾,宁波旅沪同乡会特组织急救汉灾会,出资20万元,选派医师并雇新宁兴、甬兴轮两艘装载救恤品赴汉口,一边从事救护工作,一边将受灾同乡运送回宁波。1936年,虞洽卿以宁波旅沪同乡会委员长身份,函请驻日大使保护侨日甬人。[1] 上海"一·二八"淞沪抗战、"八一三"抗战时期,宁波旅沪同乡会都专设委员会办理救护、收容、遣送遇难同乡的各项工作。其中,"八一三"之役,宁波旅沪同乡会办理救济历时三个月,租救护车20辆,在闸北、虹口、南市援救同乡难民,在沪设收容所14所,租轮4艘,免费遣返者,为数20余万人。[2] 同乡有妻室子女被拐,其在上海发生者,一经报告宁波旅沪同乡会,该会必尽力协助解决,而上海警察厅、租界两公廨,"多以本会一言为信"[3]。

  宁波帮同乡在上海以从事工商业者占多数,同乡间经济纠纷的发生在所难免,宁波旅沪同乡会第一科及审查、调查、评议、审计四个委员会就专门为此而设。一旦发生经济纠纷,首先由第一科负责处理。如果一时难以作出判定,则交审查委员会进行慎重的审查,若有必要,可以进一步由调查委员会进行实地调查。如果事关重大,可以再交由评议委员会处理,该委员会定下日期,请争执双方同时到场,据情解决。如果是需要专门经济知识才能判明的纠纷,可由审计委员会先行审定,并请争执双方到场解决。与通过官宪解决相比,宁波旅沪同乡会对同乡纠纷的处理迅速公平,花费不多,受到同乡的欢迎。如遇在沪或在宁波同乡受冤被

---

[1] 宁波市政协文史委员会编:《〈申报〉宁波旅沪同乡社团史料》,宁波出版社2009年版,第622页。
[2] 《宁波旅沪同乡会回顾》,见中国人民政治协商会议全国委员会文史资料委员会编:《文史资料存稿选编》第25卷《社会》,中国文史出版社2002年版,第442页。
[3] 《宁波旅沪同乡会宣言书》,见宁波市政协文史委员会编:《〈申报〉宁波旅沪同乡社团史料》,宁波出版社2009年版,第106页。

诬者,宁波旅沪同乡会必为之伸雪救济,"往往本会一席谈、一纸书,遂得和平解决,有案可稽,难以胜数"①。同乡会利用在同乡中崇高的威信做了不少工作,同乡中遇有争执,常有不愿诉诸法律,而请求同乡会来作调解。因调解案件纷繁,所以在该会组织中设有调解委员会。调解内容繁多,有债务、婚姻、殴打、房地产、遗产,甚至夫妇发生口角,以及其他民刑事件,亦常来请求调处,如此同乡会俨然成为司法机关了。遇有重大纠纷,往往由虞洽卿等巨头亲自来解决,如1918年9月初,宁波钱业因"平现"事停止收付,以至罢市。该会推虞洽卿、张让三、陈蓉绾为代表,亲赴宁波调处,经与宁波总商会协力,一场巨波,终于平息。虞洽卿在同乡中有很大的威望,有数年不能解决的重大纠纷,由他出来调解,往往片言立决。同乡中有言:"阿德哥(虞名和德,因此人每称他为阿德哥)一句话,胜于法院一张判决书。"②

宁波旅沪同乡会还以"争学问于世界"的气概,推动同乡教育与科学的发展。③ 1913年,宁波旅沪同乡会在上海福州路创设初等小学校,由于学生人数太少,不久就停办了,但这是同乡会办学的开始。1914在七浦路创建宁波旅沪第一小学校。到1928年为止,宁波旅沪同乡会共创建小学10所,1935年时入学的同乡子弟达2824人。④ 1922年因同乡留法勤工俭学学生之请,宁波旅沪同乡会补助其学费,为该会补助同乡子弟助学金的开始。1934年宁波旅沪同乡会有创办"四明大学"之议,后以条件未具,乃决定先自举办"四明大学奖学金"入手,以资助在各大学之优秀同乡子弟。同乡会领导者又往往以个人名义设置奖学金,如王伯元设置"王伯元奖学金",凡家境清寒,成绩优良,有志升大学者,不论其为何地人,经审查合格,即予全部学费,至大学期满为止,初以20名为限,后人数增至三倍以上。厉树雄为纪念其父虞卿,有"虞卿奖学金"之设,专助宁

---

① 《宁波旅沪同乡会宣言书》,见宁波市政协文史委员会编:《〈申报〉宁波旅沪同乡社团史料》,宁波出版社2009年版,第106页。
② 《宁波旅沪同乡会回顾》,见中国人民政治协商会议全国委员会文史资料委员会编:《文史资料存稿选编》第25卷《社会》,中国文史出版社2002年,第443页。
③ 《宁波旅沪同乡会宣言书》,见宁波市政协文史委员会编:《〈申报〉宁波旅沪同乡社团史料》,宁波出版社2009年版,第106页。
④ (民国)张传保、赵家荪修,陈训正、马瀛纂:《鄞县通志》第二《政教志》,宁波出版社2006年影印本,第1590—1593页。

波各中学优秀生。① 抗战时期,宁波旅沪同乡会把奖学金改为贷学金并扩大规模,学生经考核后,由同乡会分为大、中、小学三组支付其学杂费,受助者工作后按本金归还。从1942年至1947年,共举办十期此类教育贷金,受惠各类学生达886人。② 同时,宁波旅沪同乡会积极协助宁波子弟到上海的学校深造和就业,"凡宁波子弟在家乡中学高小学校毕业者,为介绍于上海相当各学校。其甲种商校毕业及其他改习商业者,则介绍于商号,俾资上进"。③ 1922年7—8月,宁波旅沪同乡会自德国购进精密天文望远镜,安置于会所楼顶花园,可观测到金木土诸星,通告欢迎会员前来参观。④ 在社会教育方面,同乡会于1944年春开办道德讲座,旨在通过宣讲道德,以期提高同乡道德水准。⑤

建设家乡方面,旅沪宁波同乡会几乎无役不从。宁波旅沪同乡会在1946年回顾35年兴办事业的时候说:"至其他推进社会建设,发挥自治精神,苟为同乡福利之所在,靡不悉力以赴,而于桑梓之事业,尤加注意。"⑥辛亥革命以后,宁波百废待举,就地士绅有善后会议之设。该会特派朱葆三、虞洽卿等13人为代表列席会议,提议创设六邑联合会,管理商务、财政、交涉各事,企业官绅合作,共同办好地方事业。如1926年起为建宁波灵桥筹款;1929年组织宁波整理东钱湖协赞会,请恢复梅湖,以保障鄞、奉、镇三县之水利;同年7月,拨款协助鄞、镇两县防疫种种。1930年为筑鄞、慈、镇公路筹款。⑦

作为上海最有影响力的同乡社团,宁波旅沪同乡会在一定程度上对当时的政治有所参与。从清末到国民党统治时代,每次的上海地方性对外交涉,往往由江浙财阀所操纵,而宁波财阀实占江浙财阀集团的领导

---

① 《宁波旅沪同乡会回顾》,见中国人民政治协商会议全国委员会文史资料委员会编:《文史资料存稿选编》第25卷《社会》,中国文史出版社2002年,第442页。
② 郭绪印:《老上海的同乡团体》,文汇出版社2003年版,第546页。
③ 《宁波旅沪同乡会宣言书》,见宁波市政协文史委员会编:《〈申报〉宁波旅沪同乡社团史料》,宁波出版社2009年版,第106页。
④ 《宁波同乡会试验天文镜》、《宁波同乡会天文镜观星纪》、《宁波同乡会天文镜观星再纪》,见宁波市政协文史委员会编:《〈申报〉宁波旅沪同乡社团史料》,宁波出版社2009年版,第245—246页。
⑤ 《〈本会道德讲座听讲纪〉编者按》,《宁波旅沪同乡会会刊》复刊第2期,1946年9月20日,第6页。
⑥ 董启俊:《宁波旅沪同乡会简史》(续),《宁波旅沪同乡会会刊》复刊第2期,1946年9月20日,第10页。
⑦ 《宁波旅沪同乡会回顾》,见中国人民政治协商会议全国委员会文史资料委员会编:《文史资料存稿选编》第25卷《社会》,中国文史出版社2002年版,第442页;李瑊编著:《宁波旅沪同乡会百年纪》,中国文史出版社2010年版。

地位,上海的对外交涉,上海总商会起了很大的作用,而历任总商会的会长多由宁波人担任(如朱葆三、虞洽卿、方椒伯、傅筱庵、袁履登等),所以宁波旅沪同乡会的对外态度,往往和上海总商会的态度是一致的。① 五四运动发生后,宁波旅沪同乡会召集紧急会议,一致议决通告宁波商界与学界一致行动,不达到惩办国贼释放学生决不中止。② 1935年5月,根据鄞县有关人士函告宁波旅沪同乡会,鄞县县政府征收户捐,百姓不堪负担。宁波同乡会经过调查所说属实,于是函请浙江省政府及浙江捐税监理委员会,请饬令鄞县政府撤销苛税。③ 关于嵊泗列岛划治问题,宁波旅沪同乡会也多次函、电南京国民政府申述意见,表达立场。④ 1937年4月,宁波旅沪同乡会与50余个其他旅沪同乡团体,呈文国民政府外交部,要求撤销领事裁判权。⑤

1921年6月15日开始,宁波旅沪同乡会开始出版《宁波旅沪同乡会月报》(月刊),到1922年2月共出4册,之后由于经费不敷而停刊9个月。之后,鄞县陈蓉绾、励建侯、袁鸣山等人经过慎重考虑,将编辑出版事务委托同乡会内的文社,印刷等费用则委托同乡相关商店负责,同乡会月报遂得以继续刊行。⑥ 1937年7月抗战爆发后停刊,先后出版168期,抗战后1945年9月复刊。该刊作为宁波"旅沪乡人之喉舌",刊登了许多有关同乡会建设和同乡活动的信息,辟有"本会纪事"、"公学报告"、"水灾急赈会纪事"、"七邑拾闻"、"旅外同乡近讯"、"明州轶事"、"案牍"、"学务"、"经济"、"专件"、"谈丛"等栏目。⑦ 这些栏目所刊登的内容,或引导和号召同乡加入组织;或向广大同乡通报同乡会的组织和活动状况;或为全体同乡提供各地同乡和故乡的状况;或发表同乡人士的会务、商务和政见言论。这一切,对增强同乡的团体观念、互助意识、信息沟通、公益活动都颇有益处。⑧

---

① 董启俊:《宁波旅沪同乡会回顾》,见中国人民政治协商会议全国委员会文史资料委员会:《文史资料存稿选编》第25卷《社会》,中国文史出版社2002年版,第445页。
② 宁波市政协文史委员会编:《〈申报〉宁波旅沪社团史料》,宁波出版社2009年版,第166页。
③ 宁波市政协文史委员会编:《〈申报〉宁波旅沪社团史料》,宁波出版社2009年版,第558—559页。
④ 宁波市政协文史委员会编:《〈申报〉宁波旅沪社团史料》,宁波出版社2009年版,第573、582—584页。
⑤ 宁波市政协文史委员会编:《〈申报〉宁波旅沪社团史料》,宁波出版社2009年版,第646页。
⑥ 江起鲲:《续刊月报缘起》,《宁波旅沪同乡会月报》第5号,1922年10月,第1页。
⑦ 《本会会刊之沿革》,《宁波旅沪同乡会会刊》复刊第1期,1946年9月。
⑧ 古俊贤主编:《中国社团发展史》,当代中国出版社2001年版,第481页。

宁波旅沪同乡会与四明公所是上海宁波籍同乡的两个同乡组织，各自独立，相互之间既有密切关系又有新旧之分。四明公所与源远流长的中国历史文化传统、传统的思想观念密切相关，而这种传统文化和思想观念在中国近代仍有广泛而深入的影响，从而使四明公所在近代仍能够发挥重要的社会影响和社会功能。但是随着城市化的推进和人们思想观念的变化，四明公所赖以生存的基础正在发生变化和动摇，而一些新的社会需要，四明公所又无法满足。在上述情况下，宁波旅沪同乡会就作为一种新式的同乡组织应运而生，由小到大，并逐渐显示出蓬勃、旺盛的生命活力，在宁波商帮的发展中发挥越来越大的作用。

第四节　忧患日亟与艰难选择（1931—1949）

1929年10月，世界性资本主义经济危机首先从美国爆发，并迅速波及全世界。在严重经济危机的影响下，法西斯主义开始在世界范围内兴起，并形成欧洲和亚洲两个战争策源地。在此过程中，1931年9月到1932年2月，日本侵略者先后制造东北"九一八"事变和上海"一·二八"事变，在几个月之内强占了中国的东北，并对上海造成重大破坏，中国被置于"亡国歧路"[①]。1937年7月日本侵略者更加疯狂，悍然发动全面侵华战争，妄图把中国变为其殖民地。中国人民经过艰苦卓绝的全民族抗战，并得到世界反法西斯盟国强有力的支援，最终取得了战争的胜利。抗日战争结束后，执政的国民党不顾人民的反对，执意实行专制独裁统治，采取限共、反共、反人民的反动政策。在和平无望的情况下，中国共产党领导人民英勇奋战，最终取得新民主主义革命的胜利，推翻了国民党的反动统治。在此大规模内外战争和形势巨变之下，宁波商帮遭遇的打击、困境和挑战空前严重。

一、"九一八"、"一·二八"两次事变对宁波商帮的影响

第一次世界大战期间，中国和日本的资本主义都获得了快速的发展，而日本资本主义经济发展的速度远快于中国，并利用欧美经济力量在中国有所减弱的机会大肆扩张其势力，由此与中国民族资本的矛盾也更加尖锐。宁波商帮企业在发展过程中，与日本在华企业展开了激烈的

---

① 张季鸾：《张序》，见王芸生：《六十年来中国与日本》第1卷，生活·读书·新知三联书店2005年版，《张序》第14页。

商战,宁波帮企业家在抵制日货、反抗日本侵略方面表现积极,因此被日本企业甚至日本侵华势力视为死敌。随着日本帝国主义对华侵略的步伐显著加快,这种矛盾和冲突就变为针锋相对的、更加激烈残酷的直接斗争。

1931年7月万宝山事件后,上海市各界社会团体组织成立了反日援侨委员会,推举虞洽卿为主席,他明确主张:"第一步应先从抵触日货办起,并应预筹准备金五百万元,至少亦应有二百万元,以为抵制日货时之必需费用。如果此次国民对日仍无彻底觉悟,则亡国无日矣!"[①]"九一八"事变发生后,宁波旅沪同乡会于9月22日召开紧急会议,决定发起召集各地同乡会联席会议,以期团结民众,一致御侮。宁波旅沪同乡会还率先通电南京、北平、广州等处,呼吁各方面停止内战,共同御侮。紧接着上海各地旅沪同乡会于9月25日、30日两次在宁波旅沪同乡会会所内召开联席会议,并成立旅沪各地同乡会团体抗日救国会,在宁波同乡会内两次召开了各同乡会抗日救国联席会议,成立旅沪各地同乡团体抗日救国会,并决定组织义勇军、募集救国储金、呼吁对日经济绝交。[②] 虞洽卿曾当着蒋介石的面说:"非归还东北,不停止抵货。"[③]"一·二八"事变期间,宁波旅沪同乡会在《申报》上刊载启事征集物品劳军,并开办多所临时伤兵医院,援助十九路军的抗日壮举。

著名宁波帮企业三友实业社在20年代末30年代初发展迅速,以质量上佳的"三角"牌毛巾击败日货"铁猫"牌毛巾,是宁波帮企业对日商战中的先锋。"九一八"事变后,三友实业社在《申报》刊登《救国方案》,呼吁工业界"惮(殚)心积虑,发挥生产,使国人消费自给,减少洋货之漏卮,持之以恒,国家不患不富强"[④]。该厂自发组织400人的工人抗日义勇队,由陈万运亲自担任大队长,抗日情绪异常高涨,深受日本驻上海外交和特务机关的关注与忌恨,被视为上海工商界抵制日货和排日的堡垒,必欲除之而后快。1932年初日本驻上海公使馆武官辅助官田中隆吉,接到日本关东军高级参谋板垣征四郎"在上海搞出一些事情"的指令,指使

---

① 孙筹成、黄振世等:《虞洽卿事略》,见浙江省政协文史资料研究委员会编:《浙江籍资本家的兴起》(《浙江文史资料选辑》第32辑),浙江人民出版社1986年版,第126页。
② 郭绪印:《老上海的同乡团体》,文汇出版社2003年版,第551页。
③ 孙筹成、黄振世等:《虞洽卿事略》,见浙江省政协文史资料研究委员会编:《浙江籍资本家的兴起》(《浙江文史资料选辑》第32辑),浙江人民出版社1986年版,第126页。
④ 郭绪印:《老上海的同乡团体》,文汇出版社2003年版,第552页。

5个日本和尚在上海向三友实业社工人抗日义勇队挑衅,成为"一·二八"事变的导火线。事变发生后,该社上海总厂引翔港厂被日军占领,并遭纵火焚烧,损失巨大。淞沪停战协定签字后,由于各种原因,上海总厂始终未能复工,经营中心完全转向杭州厂,①而三友实业社也从此由盛转衰。

宁波帮著名企业家、五洲大药房总经理项松茂自20年代开始就积极从事国货运动,担任中华国货维持会执行委员、上海机制国货工厂联合会常务委员。"九一八"事变后,项松茂在药厂中组织了一个营的义勇军,亲自担任营长,带领大家天天操练,以备抗敌御侮。② 9月23日,项松茂发起全厂员工捐献一天工资,援助在东北抗日的义勇军将士。"一·二八"事变的次日,位于上海四川路老靶子路口的五洲大药房第二支店遭日军搜查,11名店员被逮捕带走,项松茂为营救被日寇捕去的职工,甘冒万险,两次深入虎穴,被日军扣捕。他不畏强暴,面斥敌酋,正义凛然,于31日遭日寇杀害,尸骨无存。③

二、南京国民政府的金融、财经政策对宁波商帮的影响

宁波商帮对南京国民政府的建立曾经寄予了极高的期望,期望其能够对外修订不平等条约以保护民族资本主义的发展,对内压制不断高涨的工人运动。为此,虞洽卿曾以蒋介石同乡和上海总商会的双重身份到南昌与蒋介石会见,答应保证有6000万元借款。返上海后,1927年3月20日虞洽卿联合上海金融实业界代表人物组成上海商业联合会。该会标榜其成立的动机在于领导商界"对外应时势之需要,对内谋自身之保障",其实完全是为了促使上海金融实业家阶层与蒋介石南京政权的结合。在3月26日蒋介石抵上海的当晚,虞洽卿即去晋谒,商讨组织财政与外交委员会的问题。而蒋介石对上海商业联合会的宗旨也"颇赞成"。当晚由白崇禧代委的上海工商机构的人员,"大多数为宁波人"④。蒋介石本打算委派虞洽卿担任即将成立的南京国民政府的财政次长,虞洽卿

---

① 黄逸峰、姜铎、唐传泗、徐鼎新:《旧中国民族资产阶级》,江苏古籍出版社1990年版,第379—382页;王奇生:《党员、党权与党争:1924—1949年中国国民党的组织形态》,上海书店出版社2003年版,第124—148页;

② 郭绪印:《老上海的同乡团体》,文汇出版社2003年版,第552页。

③ 汪仁泽:《抗日殉国的爱国企业家项松茂》,见浙江省政协文史资料委员会编:《宁波帮企业家的崛起》(浙江文史资料选辑第39辑),浙江人民出版社1989年版,第177—188页。

④ 上海市档案馆编:《一九二七年的上海商业联合会》,上海人民出版社1983年版,第30、46页。

借故婉辞，并力荐鄞县人张寿镛。在随后于4月9日成立的江苏兼上海财政委员会中，虞洽卿和秦润卿等宁波帮巨头均名列其中，而且包括了江浙工商、金融界中实力雄厚的陈光甫、陈其采、王晓籁、钱新之等著名人物。① 由此，江浙金融、实业界与蒋介石的南京政权建立了紧密的合作关系。4月1日和25日，上海工商、金融界两次各给蒋介石垫支300万元，南京国民政府成立后三次发行"江海关二五附税库券"计7000万元，也大部分由江浙金融实业界认购。② 在血腥的"四一二"反革命政变中，虞洽卿更以国民革命军总司令部少将参议名义以及自己在上海社会的巨大影响，积极参与对共产党人的屠杀，并因此与黄金荣、杨虎、张啸林、杜月笙一起，被称为"清共五大功臣"，为蒋介石南京政府的建立，立下了汗马功劳。西安事变发生后，虞洽卿对新闻界发表意见，把蒋介石列为自己平生服膺的人之一，③ 以示对蒋介石的支持和声援。

南京国民政府成立后，确实实行了一些有利于民族工商业发展的政策和措施。如从1929年2月1日起提高了进口商品的税率，1930年底开始在全国实行裁厘改征统税和特税等新税。前者在一定程度上对民族工业起到了一些保护作用，后者使民族工商业者的负担有所减轻。④ 其他诸如制定工商法规条例、奖励国货工业、统一度量衡等，都有利于民族工商业的发展，因此民族工商业在一段时期内确实得到了较快的发展。宁波帮企业在此一时期也获得了较快的发展，加快了资本集中的进程，在金融业、火柴工业、橡胶工业、制药工业、化学工业、造纸工业、轮船运输等重要经济部门，产生了一批颇具规模的银行和集团性企业。但是好景不长，随着南京国民政府国家资本的产生和发展，宁波商帮私人资本从金融资本开始，逐步被纳入国家资本的控制之下。

南京国民政府国家资本的产生开始于以"四行二局"为中心的金融垄断体系的建立。其中，中央银行成立于1928年，资本2000万元，1934年增为1亿元，是南京国民政府开办的国家银行，没有商股。中国银行由大清银行递嬗而来，在中央银行设立后，成为国际汇兑银行。交通银行原由清邮传部奏请设立，中央银行设立后成为特许实业银行。中国银行

---

① 中国人民银行上海市分行编：《上海钱庄史料》，上海人民出版社1978年版，第210页。
② 丁日初、杜恂诚：《虞洽卿简论》，《历史研究》1981年第3期。
③ 《虞洽卿发表对陕变意见》，《申报》1936年12月19日。
④ 杜恂诚：《民族资本主义与旧中国政府（1840—1937）》，上海社会科学院出版社1991年版，第256—257页。

和交通银行曾是北洋政府的两大金融支柱,南京国民政府成立后继承其官股,并于1928年和1935年先后用公债预约券及金融公债券充官股,对其实现了国家控制。1935年两银行资本分别达到4000万元、1900余万元。中国农民银行的前身是1933年设立的豫鄂皖赣四省农民银行,1935年改组为中国农民银行,资本额定1000万元,实收720万元。中央信托局和邮政储金汇业局分别成立于1935年和1930年,被称为两局。随着四行两局的建立,国家金融资本开始控制私营金融资本。宁波商帮由于在钱庄和银行中地位显要而首当其冲。

1933年4月南京国民政府财政部实行废两改元的币制改革,废除银两本位,改用银元本位。[①] 银两本位是钱庄业赖以存在的重要币制基础,素为钱庄业所坚决维护。废两改元的币制改革沉重打击了宁波商帮的钱庄业。1935年钱业爆发危机,钱庄资金周转困难,财政部拨出金融公债2500万元设立钱业监理委员会,由中央银行、中国银行、交通银行三行贷款给各钱庄。当时,上海钱业公会会员钱庄55家,借款者有27家,宁波帮钱庄恒巽(秦氏家族、李泳裳、徐庆云、俞佐庭等为股东)、慎源(秦氏家族、徐承员等为股东)、恒隆(秦氏家族、徐庆云、严康懋、陈薰等为股东)、恒贵(秦氏家族、徐庆云、孙衡甫、严康懋等为股东)、恒兴(秦氏家族等为股东)等钱庄,都向监理委员会借到大笔款项以资周转。通过钱业监理委员会,强弩之末的宁波帮钱庄开始在很大程度受到了国家金融资本的控制。[②]

废两改元,实行以银元为本位的货币制度后不久,国际金融市场发生重大变化,银价飞速上涨,白银大量外流形成白银风潮,银元本位的货币制度受到严重冲击。为应对这种局面,1935年11月南京国民政府实施法币政策,[③]规定货币发行权由国家收回,并由中央银行统一发行法币。曾获得钞票发行权的银行,限期用中央银行发行的法币收回。宁波商帮的四明银行、中国通商银行此前均有钞票发行权,至此接财政部通知,必须根据所发行钞票的总额,提出十足的准备金,其中现金为60%,房地产债券等为40%。该两行力不从心,不得不接受财政部的条件,同意两行加入官股,变成官商合办银行。加入官股后,两行管理层进行相

---

① 中国第二历史档案馆编:《中华民国金融法规选编》(上册),档案出版社1989年版,第380—381页。
② 中国第二历史档案馆编:《中华民国金融法规选编》(上册),档案出版社1989年版,第401—403页。
③ 中国第二历史档案馆编:《中华民国金融法规选编》(上册),档案出版社1989年版,第606—608页。

应改组,其中四明银行由财政部派吴启鼎为董事长,李嘉隆为总经理。吴启鼎为慈溪人,曾留美攻读经济学,参加过北伐,历任南京政府财政部缉私处秘书、运输局长、闽海关监督、浙江印花烟酒税局局长等职。吴启鼎之后任四明银行董事长的有孙鹤皋、俞飞鹏、俞佐庭、徐桴等人。孙鹤皋是奉化人,日本长崎商业学校毕业,历任武昌关监督,京沪、沪杭甬铁路局长等职。俞飞鹏也是奉化人,北京陆军大学毕业,曾任黄埔军校教官,国民革命军总司令部参议、交通部长等职。俞佐庭是镇海人,四明专门学校毕业,钱庄出身,曾任上海钱业公会董事、上海总商会主任委员、宁波财政局长等职。徐桴为镇海人,历任国民革命军经济处长、军政部军需署署长,福建省政府委员兼财政厅长、上海市财政局长、中国通商银行董事等职。① 这样,四明银行和中国通商银行这两家宁波帮长期控制的商办私营银行,一变而成为基本上由财政部控制的官商合办银行。经过废两改元和实施法币政策两次重大的币值金融改革,宁波商帮企业失去了钱庄和银行这新旧两大金融支柱,金融上的优势和便利条件完全丧失。

当然,宁波帮金融家有多人在南京国民政府四行二局中担任职务。如在中央银行,宁波帮虞洽卿、秦润卿任监事职,叶琢堂任常务理事,周宗良为理事。在中国银行,宁波帮叶琢堂、周宗良等人为董事,余姚籍银行家宋汉章长期担任总经理。在交通银行,宁波帮梁晨岚任副总裁,秦润卿任总理,盛竹书任经理。1934年,国民政府筹组中央信托局,叶琢堂为筹备主任,后任局长。② 只是在这些金融机关中,宁波商帮无论地位多高,都难以起到曾经在四明银行、中国通商银行中发挥的那种主导作用。

在工商业和交通运输业等方面,宁波帮实业家与国家资本也开始出现错综复杂的关系。如南京国民政府交通部接办轮船招商局后,因经营不善,连年亏损,而刘鸿生在任买办期间以经营租船运销煤炭发家,之后又涉足码头堆栈业,组建了规模庞大的中华码头公司,表现出了杰出的经营管理才能,被国民政府视为招商局总理的合适人选。1928年到1929年间,国民政府工商部长孔祥熙多次致函天津开滦矿务总局,希望其同意在该局上海分局任买办的刘鸿生出任招商局总经理,后得到了肯定答

---

① 《经济导报》(香港),第68期,1948年4月27日。
② 陈真、姚洛编:《中国近代工业史资料》第一辑,生活・读书・新知三联书店1957版,第313页,并参见寿充一编:《孔祥熙其人其事》,中国文史出版社1990年版,第66—88页。

复。刘鸿生本人也经过审慎考虑,特别是考虑到自身利害关系后,决心暂就招商局职务,后时局有变,此事被搁置。宋子文任财政部长后,旧事重提。刘鸿生后来回忆说:1933年11月,当宋子文"一口允诺我在企业上的一切问题由他包下来"等互惠条件后,便放下了自己的实业,担任了国营轮船招商局总经理。刘鸿生就任后,经过大胆革新,使轮船招商局出现了转机。1935年,因世界经济危机余波等影响,许多民族工商企业纷纷倒闭,刘氏企事业的全部产业也都先后抵押给了银行,当银行要来收回债款时,刘鸿生找到宋子文,希望能将其全部财产转而抵押给中国银行,结果不但没有谈成,反而被宋子文嘲笑说刘氏企业的股票连草纸也不如。刘鸿生在会议中说,这是他一生难忘的时刻。之后不久,他便提出辞呈,退出招商局。① 在航运业中,1933年秋,铁道部举办全国水陆联运,因将民营航业排斥在外,曾激起民营航业者的强烈反对。为此,虞洽卿曾直接给蒋介石去电,要求允许民营航业参加联运,后铁道部虽决定成立国营、民营航运企业联合办事处,以办理联运,实际上并没有认真实行。到1936年1月底,行政院又下令暂停民营航业公司参加水陆联运的办法。② 1937年,宁波帮实业家宋炜臣创办的汉口既济水电公司,被宋子文控制的中国建设银公司接收改组。③ 刘鸿生、虞洽卿、宋炜臣等都是宁波商帮乃至整个近代金融实业家阶层中有代表性的著名人物,其情形尚且如此,可见在南京国民政府直接控制的国家资本产生和壮大后,民营工商业资本处于怎样尴尬的境地!

总之,从20世纪30年代南京国民政府的统治基础初步稳定,开始采取一系列金融和发展国家资本的措施开始,宁波商帮的发展就开始遭遇到越来越大的困难。

三、抗战时期宁波商帮经济实力的严重削弱

从"七七"卢沟桥事变到"八一三"事变,日本发动全面侵华战争,中国政府和人民被迫应战,以国共第二次合作为基础的抗日民族统一战线形成,爆发了可歌可泣的全民族抗战。在这场反抗日本侵略的大规模民族战争爆发的情况下,以上海为大本营的宁波商帮该何去何从呢?

---

① 上海社会科学院经济研究所编:《刘鸿生企业史料》(上册),上海人民出版社1981年版,第303—310页。
② 杜恂诚:《民族资本主义与旧中国政府(1840—1937)》,上海社会科学院出版社1991年版,第412页。
③ 陈真、姚洛编:《中国近代工业史资料》第一辑,生活·读书·新知三联书店1957版,第334页。

(一)宁波帮企业家与厂矿的内迁

抗战全面爆发前后,中国国民党领导下的国民政府一方面调动庞大的兵力和物力、财力投入到上海,展开规模空前的淞沪会战,力图争取战局和国际局势朝向有利于我的方向转换。① 同时,出于持久抗战的实际需要,国民政府又以资源委员会为主体,发动了声势浩大的厂矿内迁运动。宁波帮工商业者出于各种不同的原因,对厂矿内迁作出各种不同的反应,大体上有以下几种反应和态度。

第一种是从抗战大局和民族大义出发,对国民政府内迁动员作出积极响应,将自己的厂矿企业内迁到大后方,这类宁波帮企业家和所属企业以余名钰及其大鑫钢铁厂、胡西园及其亚浦耳电器厂、叶友才及其华成电器制造厂为典型代表。

宁波镇海籍著名企业家余名钰是经营钢铁业为主的大鑫钢铁厂的创办人,大鑫钢铁厂地处沪东,"七七事变"发生后,该厂即成为日军觊觎的重要目标,受到日军的直接威胁。因此,当南京国民政府负责工业动员的资源委员会派林继庸到上海发动相关厂矿内迁时,余名钰迅速作出积极响应。8月5日余名钰呈文资源委员会交给林继庸,提出内迁要求,呈文说:

> 呈为密呈事:窃以用兵有赖运输,我国工业落后,无相当之炼钢厂。一旦大战开始,后方对于运输机件之修理补充,定有大感缺乏之虞。查商厂成立不过四年,对于火车上所需要之钢铁材料已经全国各铁路采用,坦克车配件亦经交辎重学校试用,合宜即改制其他,亦能应军用上之需要,如飞机炸弹钢壳,亦曾代兵工署上海炼钢厂制造二千余枚。在此最后关头,深愿全厂已经训练之职工与齐全之设备为国家效力,担任运输机械方面钢材料之供给。但商厂因就交通之便利设于沪东之虹口区域中,早已为日人所注目,前曾以利相诱,今则据传已列入被毁之列,即不然而被武力管束,非被利用,亦必禁止生产或截留成品,不准运送,则亦无从奋斗尽职矣。倘海运被阻,一切材料往昔尚可向各国订购者,届时则全赖自给。仅就过去一年间危局未曾临头之时,商厂已供给各铁路之铸钢

---

① 张宪文主编:《中国抗日战争史》,南京大学出版社 2001 年版,第 263 页;赵佳楹编著:《中国现代外交史》,世界知识出版社 2005 年版,第 654 页。

车辆材料,在国币一百万元左右,一旦无法运送,铁路材料既有缺乏供给之虞,其影响运输实可深虑。为此惟有呈请钧会指定办法,将商厂在最短时间中移设内地,庶能尽供给铁钢材料之职。此其一也。再查商厂因承办铁道部自制新车一千辆之铸钢材料,虽交货日期订定来年三月,但因各国备战,铁钢材料多已禁止外运。商厂事前及此,已将锰、锡、镍、铬等各种配剂,存储齐全,足敷一年之用。一旦被人攫取,金钱上损失尚属其次,其为各国禁运物品不易购办,为可虑耳。是以不得不呈请钧会指示办法,将商厂所备之特种原料,火速运送内地,则炼制钢铁即可无配剂困难之虑矣。此其二也。更有进者,商厂深虑国内之废钢旧铁北运转口,故于数日以来,即着手搜集存储在二千吨以上,除一部分业经熔炼外,至本日止,尚存一千五百余吨。因限于财力不能继续尽量吸储,以致市上堆而未售者,尚有数千吨之多。倘不设法收买,定必转手资敌,不然即存积沪上,亦决难接济于万一也。在大规模炼钢厂未曾设立之先,废钢旧铁实为炼钢之唯一原料。若不设法预为存储,则即保有炼炉,亦有(犹)巧妇无米之炊。惟有呈请钧会妥筹办法,将沪上所有废钢旧铁尽量收集,以特许办法,免除请领护照等手续,迅速运存内地以资制炼。此其三也。寇深时危,敬请钧会迅赐示导,使民间实力得以保全,长期抵抗得以达到最后胜利之的。实属迫切待命之至,谨呈资源委员会蒋。①

　　8月12日上海工厂联合迁移委员会成立,余名钰为该委员会11位委员之一。8月20日大鑫钢铁厂从铁道部领到迁厂10万元运输搬迁津贴及20万元购地、重建贷款,余名钰恰在此时患上阑尾炎,但他毅然带病安排内迁。8月28日大鑫钢铁厂第一批物资分装6条木船与其他5家工厂的船只一道由苏州河绕道内迁,抵达镇江后改装轮船,9月16日到达汉口。之后该厂第二批、第三批物资也分别启运,最后一批物资11月2日抵达镇江,11月8日在此装船转运汉口。抵达汉口后,余名钰很快发现无法在此建厂复工,因为既找不到合适的建厂地点,也缺乏足够的电

---

① 余名钰:《大鑫钢铁工厂股份有限公司总经理余名钰申请内迁报告》(1937年8月5日),《民国档案》1987年第2期,第40页。

力来源。恰在此时,四川省政府派代表到武汉,表示欢迎内迁工厂到四川,并愿意提供相应的优惠条件协助重建。考虑到川江运输困难、经费及抵达四川后的经营问题,12月1日余名钰与四川籍著名实业家卢作孚经营的民生实业公司签订了合作协议,合组大鑫钢铁渝厂股份有限公司,股本定为50万元,双方各投资25万元,民生实业公司以运费为投资,余名钰任总经理兼总工程师,卢作孚担任董事长,不久奉命改名为渝鑫钢铁厂股份有限公司(简称渝鑫钢铁厂)。1938年2月渝鑫钢铁厂300多名员工(其中工人193人)、机件和原料(728吨)全部运到重庆,其中机件设备有炼炉4座、车床16台、刨床7台、钻床7台、铣床1台、电动机42台。利用这些设备,并向民生公司机器厂借若干设备,渝鑫钢铁厂便在民生公司江北堆栈成立临时工厂,开始生产。

上海工厂联合迁移委员会中的另一个宁波帮企业家是定海籍企业家叶友才(1888—1952),叶友才以创办和经营华生电器厂、华成电机制造厂著称。第一次世界大战爆发后,他抓住机会,与朋友一道仿制电扇、试制电流限制表成功,1916年在上海创办华生电器制造厂,生产电流限制表和电扇。1930年又在上海创办华成电机制造厂,1933年在上海创办华明电器厂,生产电机等产品。1935年华生电机制造厂改组为股份有限公司,并按照电扇零部件生产专业分工需要,分为10个分厂,年产电扇3万多台,产品行销国内外。8月12日,上海"八一三"事变前夕上海工厂联合迁移委员会成立,叶有才与余名钰一起被推举为该会委员,号召和组织机器业同业内迁,同时把自己经营的华生、华成两厂内迁。[①] 当时华生电器厂的内迁克服了许多困难,"河运阻梗,车运停顿,而内河船只缺乏,预计准备待运之机货有百船之多,数日以来,竭尽办法,现运出者仅30船而已。困难万分,危险实多,为保持实力计,供应国家、社会之需,不得不置生死于度外,冒险进行耳"[②]。由于华生电器厂采取了全部机器悉数内迁的办法,迁出的各类机件、原料和成品之多,居上海民营内迁工厂之首,共达1250余吨。在华生厂内迁的同时,华成电器厂也主动把全部机件迁往武昌。在上海内迁诸工厂中,采用这种办法搬迁全部机器设备

[①] 乐群、陈俊言:《创建华生电器厂的叶友才和他的朋友们》,上海市宁波经济建设促进协会、上海市宁波同乡联谊会编:《创业上海滩》,上海科学技术文献出版社2003年版,第300—305页。
[②] 《华生电器厂关于受战火损失及内迁情形复资源委员会公函》,转自孙果达:《民族工业大迁徙——抗战时期民营工厂的内迁》,中国文史出版社1991年版,第41—42页。

的工厂是不多的。①

胡西园是以经营电器为主的著名宁波帮工业家,他经营的亚浦耳电器厂是上海著名的华商电器制造厂,抗战爆发前"凡是有电的地方,就可以发现亚浦耳的商标、亚浦耳的电灯泡、电风扇、电炉、马达"②。抗战爆发后,上海亚浦耳电器厂总厂和分厂被日军强占,电机厂在炮火中化为灰烬。胡西园不甘屈服,在上海公共租界小沙渡路旁重新创设亚浦耳电器厂,并"向南洋、印度、澳洲等地寻找出路,经营结果,收获倒也可观"③。随着战局的恶化,胡西园把亚浦耳电器厂部分机件内迁,在湖南辰溪设立亚浦耳电器厂分厂,每月生产电灯泡 5000 只。胡西园本人也于 1937 年底与吴蕴初、蔡声白、陈蝶仙等上海著名工业家一起到了四川重庆。后辰溪亚浦耳电器厂分厂迁到重庆。

三北机器造船厂由虞洽卿等创办于 1924 年,原为三北轮埠公司修理船舶而设,厂址在上海南市高昌庙,从 1926 年开始建造一些 1000 吨以下行驶于长江的货轮或客货轮,是上海八家比较大的造船厂之一。抗战爆发后,三北造船厂一面抢运部分机器设备到租界,一面把部分机件内迁至汉口。1937 年 10 月三北造船厂机器设备运抵汉口,并改组为汉口三北机器造船厂,未及复工生产,武汉危急,12 月初再次装船内迁,经宜昌内运,1939 年初终于运抵重庆。之后,得到工矿调整处协助,在重庆江北头塘惠馆湾租地重建工厂,3 月恢复生产。④

第二种是视内迁为畏途,不愿意内迁,想托庇于租界或转移部分资产到香港继续经营,这类企业家和企业颇有其人,以刘鸿生、余芝卿及其所属各企业为典型代表。

抗战初期,刘氏企业集团的损失十分惨重,上海租界以外的刘氏企业很快均为日军占领,约占刘氏企业总数的 2/3 以上。余下的相关企业受到战争冲击也一蹶不振。⑤ 在这种情况下,刘鸿生一方面把他在上海的企业大厦提供给主持厂矿内迁的机构使用,并于 9 月上旬向有关方面提出内迁大中华火柴厂,把地处战区的上海荧昌和周浦中华两厂的存货及主要原料内运。这批内迁的物资共约 369 吨,大部分运到了大中华在

---

① 孙果达:《民族工业大迁徙——抗战时期民营工厂的内迁》,中国文史出版社 1991 年版,第 42 页。
② 《中国"亚浦耳"胡西园》,《商务日报》1944 年 8 月 6 日,第 4 版。
③ 胡西园:《写给工商新闻元旦特刊》,《工商新闻》(1943 年元旦特刊),第 63 页。
④ 《重庆三北机器制造厂》(1944 年 7 月),交通银行重庆分行档案,重庆档案馆藏。
⑤ 张圻福、韦恒:《火柴大王刘鸿生》,河南人民出版社 1990 年版,第 134 页。

镇江、九江、芜湖等地的分厂,运达武汉的主要是107吨存货。① 另一方面,刘鸿生所经营的企业均不在内迁之列,他对当时的厂矿内迁也深不以为然。他草拟出《拟迁移战区工厂及创设自由港之管见》,提出在安徽芜湖创建中国战时自由港的主张。在该意见书中,他首先质疑迁移上海战区工厂之举,认为不应让上海工厂立即迁移,而应从长计议。他列举了一系列论据说明上海工厂之所以能够取得相应的发展与进步,关键原因在于上海拥有有利于企业发展的经济环境。他指出这种有利于工厂发展的环境包括:1.轮船、铁路等交通设施完备,水陆交通便利畅通,物料容易进口,货物易于行销。2.金融设施完备,服务周全,银行林立,集资与借贷迅捷。3.人口密集,需求旺盛,市场广大,营业发达。4.相关产业均有一定基础,多有扶助相依情形。5.吸收侨资和外资,开辟国外市场均较易。同时,他也指出上海在发展工业中的不利因素也颇多,如:1.上海城市化已经达到一定阶段,劳工昂贵,开支浩大。2.外国厂商资本雄厚,常排挤倾轧华商,致使华商发展困难。3.租界受不平等条约保护,租界内一切行政管理受制于外人,中国资本工厂往往受其侵抑。4.外国商品物美价廉,而本国产品原料多来自外国,进口时常被课以重税,造成成本昂贵,难有竞争力。因此,上海显然并非实业界心目中经营工厂的理想区域。刘鸿生建议在战时条件下,政府当局应创建一自由商港,有上海之利,而无上海之弊,作为上海迁移工厂的安置之所,为迁移而来的工厂提供"消极之安全"与"积极经营"的必备条件,使其能"发扬滋长"。② 在刘鸿生看来,通常说的内地包括华中诸地及四川等等,均由于原料缺乏、交通不便等,根本不适合工厂的生存与发展,一旦将上海大多数工厂迁移到这些地方,"犹如鱼入枯井,无以为生矣","纵不论迁移之损失如何,早晚亦将萎靡困顿以尽"③。

刘鸿生认为解决上海及战区工厂迁移地点最好的办法是创设战时自由商港,他说:

> 今丁此时艰,如能乘机选择水陆两利之地,创设自由商港,由国家设立主管机关,对于进口原料等概予免征关税,则(一)可解决上海战区工厂之迁移问题,(二)可夺租界各通商

---

① 孙果达:《民族工业大迁徙——抗战时期民营工厂的内迁》,中国文史出版社1991年版,第46页。
② 上海社会科学院经济研究所编:《刘鸿生企业史料》下册,上海人民出版社1981年版,第3—5页。
③ 上海社会科学院经济研究所编:《刘鸿生企业史料》下册,上海人民出版社1981年版,第5页。

口岸之繁荣,(三)可安置国内投资于国家管理地域之内,(四)可促进国内、外国之投资,(五)可增加国内生产之效率,(六)可减轻国内、生产之成本,(七)可树立基础以促进内地之各种生产企业,(八)重要工厂集中一地可用全力设备防空,以免散处各处受各个之轰炸,而最要之点,则在以国内成本低廉之制品,推销于国外及华侨所在地方,借广国货销路,而挽回巨额入超。至于国税收入,其货物由自由商港之运入内地者,仍可按例征收,反因生产率提高,可以增加收入。盖厂商所利者,为原料税之变为分销出产品税,其中轻重互异,负担自不同也。所有一切计算及精密擘画,尚未能于此文中详细说明,有待于贤明执政及国内专家之共同筹策。然在中国今日之情势下,不可谓非一堪供深长考虑之一步骤也。①

刘鸿生从交通、矿产、农产、市场、军力等方面论证安徽芜湖是战时自由港的最佳选择。他指出芜湖的优越性在于:1. 水陆交通便利,有深水港可以停泊外洋航轮,陆路将来京赣铁路与浙赣铁路相接②,淮南铁路与津浦、平汉铁路相接后,交通肯定会更加便捷,这对获得原料和推销产品均甚有益。2. 芜湖位于安徽两大煤矿之间,南北分别有水东煤矿和淮南煤矿,且有铁路直达芜湖,动力不成问题。3. 芜湖不仅是中国最大的米市,而且附近各地出生铁、石灰石、明矾、棉等丰富的矿产和农产品,可为工业发展提供充足的原料。4. 由于水陆交通方便,且多为比较富庶的区域,所以市场潜力巨大。5. 芜湖地处长江下游但远离海口,东有江阴要塞可策安全,陆军、空军可弥补海军力量的不足。在刘鸿生看来,芜湖在战时远胜上海,至少也可以与上海媲美。③

乍看起来,这些建议主张无异于异想天开,但正如有的学者所指出的那样:"刘鸿生的意见书,代表了绝大多数民族工商业者的心愿,我们既可以看到他们为发展实业,振兴国家经济力量而深谋远虑的爱国热情,又能觉察到他们因为战争的破坏而对自身企业的生存忧心忡忡的焦

---

① 上海社会科学院经济研究所编:《刘鸿生企业史料》下册,上海人民出版社 1981 年版,第 6 页。
② 上海社会科学院经济研究所编:《刘鸿生企业史料》下册,第 7 页此处载"将来京诏[ ]?铁路与浙赣铁路相接",查宓汝成编:《中华民国铁路史资料》,(社会科学出版社 2002 年版)第 802 页引用时任国民政府铁道部长的张嘉璈的笔记,其中有修筑京赣铁路并与浙赣铁路衔接的计划,则此处显然为"京赣铁路"无疑。
③ 上海社会科学院经济研究所编:《刘鸿生企业史料》下册,上海人民出版社 1981 年版,第 7 页。

虑心情。"①除此之外，我们从意见书中还可以清楚地体味到其中包含着的中国工商业者发自内心的对于不平等条约体系之下在上海这座"畸形"现代城市中饱受外国资本和本国官僚体系压榨的不满情绪。由于不满外国资本的压榨，他们希望在上海之外的内地城市创设自由港，由于担心当局的过度压榨，他们不希望自由港设在四川、河南等传统势力过于强大的内地。在这种进退两难的境地中，刘氏企业在内迁中行动迟缓，成效甚微，遭受重大损失。1938年，有着像刘鸿生这样心态的宁波帮工商业者其实为数不少。如余芝卿主持和经营的大中华橡胶厂，主要只内迁了一个设在南市的分厂，其总厂及大部分设备仍留在上海租界。②这种在内迁时期采取"分迁"办法的企业家和企业在当时上海内迁企业中占有相当大的比重，甚至像大鑫钢铁厂那样积极主张并实际内迁的工厂，也在上海保留了一部分设备。③

第三种是个别宁波帮实业家民族意识淡漠，反对内迁，以傅筱庵为典型代表。

傅筱庵是造纸业大厂之一的龙章造纸厂的董事，在当时被定为内迁民营工厂之一，然而傅筱庵从中作梗，使董事会意见不一，幸亏该厂经理庞赞臣深明大义，力主迁移，才使龙章厂迁移成功。但由于傅筱庵的干扰，龙章厂到1937年10月21日才开始内迁，而当时苏州河已不能通航，结果只得从南市日晖港启运，内迁物资约有800余吨。由于贻误了时机，许多机件未能及时运出。④

（二）宁波帮企业与企业家在大后方

西南川渝地区在明清时期就是宁波帮商人重要的活动区域，近代宁波帮商人在川渝仍然有相当强的力量。1921年成立的重庆"四明公所"，在1929年改组为宁波旅渝同乡会，1930年时会员超过了1000人。⑤抗战爆发后，以余名钰及其经营的渝鑫钢铁厂、叶有才及其经营的华生电器厂、胡西园及其经营的亚浦耳电器厂、刘鸿生及其经营的刘氏企业、虞洽卿及其创办的三北公司为代表的一批著名的宁波帮企业家和他们经营的企业内迁到了以重庆为中心的后方地区，在艰苦的战时环境和缺乏

---

① 张圻福、韦恒：《火柴大王刘鸿生》，河南人民出版社1990年版，第136页。
② 孙果达：《民族工业大迁徙——抗战时期民营工厂的内迁》，中国文史出版社1991年版，第44页。
③ 孙果达：《民族工业大迁徙——抗战时期民营工厂的内迁》，中国文史出版社1991年版，第43页。
④ 孙果达：《民族工业大迁徙——抗战时期民营工厂的内迁》，中国文史出版社1991年版，第51页。
⑤ 窦季良编著：《同乡组织之研究》，正中书局1943年版，第39、90页。

工业基础的经济环境中奋斗发展,为中国的抗战事业,为后方地区的经济发展作出了贡献。

余名钰选定沙坪坝土湾为新厂厂址,4月开始兴建厂屋,6月到9月新厂各部分相继复工生产。渝鑫钢铁厂建成后,全厂工人约700人,其中技工有300人,是后方重要的大型私营钢铁企业,也是当时后方民营钢铁厂中唯一一家能够轧制钢品的厂家,设备齐全,产品种类多,并能自己制造设备,钢铁多供应兵工厂需要。① 到抗战胜利前夕,除土湾占地百余亩、厂屋20多幢的总厂外,还有分厂矿五处,投资有关事业4处,即江北石马乡分厂、长寿县詹家沱分厂、北碚江家沱分厂、北碚童家溪煤矿及炼油厂、深炭沟煤焦矿、石竹县氟石矿、彭水县遗彭乡矿洞岩铁矿、遵义团溪锰矿、安顺氟石矿等。② 在后方企业家组织中,余名钰从迁川工厂联合会成立起,就担任理事(开始称为执行委员),1939年重庆金属冶制业同业公会也同时成立,余名钰被推举为理事长。1942年周恩来、冯玉祥到厂参观,并题词。③ 到抗战结束后,渝鑫钢铁厂在1946年年底受经济困难的影响被迫办理总遣散,只留下部分不愿离开的员工,实行部分开工,1947年资本为24亿元,1948年的资本为44亿元,维持到新中国成立初期为人民政府接办,④是重庆特钢的前身。

叶友才创办和经营的华生电器厂,在1938年武汉失守前迁出,年底抵达重庆,1939年从工矿调整处租得南岸大佛殿地方土地19亩重建。由于迭遭轰炸,损失很大,直到1939年冬才复工出货。复工后该厂有机床百余台,职工200多人(其中职员33人,技术工人124人,粗工杂役64人),资本250万元,厂房30多栋,主要设备有卧式车床21部,立式冲床8部,刨床3部,钻床12部,自动车5部,剪刀车2部,滚刀车1部,30千瓦交流发电机及50匹柴油引擎各1部。生产交流发电机、油冷变压器、各式配点板、电表、避雷针等,大部分由工矿调整处订购,1943年9月资产总额为3054万余元。该厂董事长为叶友才,总经理为王载非。根据

---

① 《渝鑫钢铁厂过去简史》,金城银行档案,重庆档案馆藏。
② 重庆市档案馆等编:《抗战后方冶金工业史料》,重庆出版社1988年版,第431页。
③ 黄逸峰、姜铎、唐传泗、徐鼎新:《旧中国民族资产阶级》,江苏古籍出版社1990年版,第529页。
④ 《渝鑫钢铁厂概况》(1950年11月3日),金城银行档案,重庆档案馆藏。

1944年的调查,该厂存料可用两年以上,1943年盈余309万元。① 抗战胜利后的1945年11月,该厂资产总额达到17000余万元,其中流动资金13000余万元,流动负债15000余万元,表面上看偿债能力并不好,但流动资产中仅原料一项价值即达3亿元,可见其经营稳健,信用良好。② 不过,与战前相比,该厂在抗战时期"管理及出品成绩,远不如前"③。华成电器制造厂股份有限公司初迁湖南衡阳黄茶岭,并在长沙设有分厂,资本逐渐增加,到1943年年底,该厂资本已经达到140万元,设备有各式车床30部,各式刨床11部,各式冲床7部,以及磨铣床、铡床、电焊机、水压机、熔铁炉等,动力设备有发电机3部,蒸汽及柴油引擎各1部。主要产品有发电机、电动机、起重机及电阻机等,大部分产品由经济部批购,偶尔向各厂零售。公司采取股份有限公司的组织形式,董事会之下设总经理,总经理为周锦水,副经理为周才业。该厂经营状况良好,1942年账面盈余即达75万余元。1943年年底交通银行调查认为该厂"资本雄厚"、"情形颇佳","该厂设备齐全,并力谋扩展,允为后方有数之电器制造厂,财务情形稳健灵活"。④ 稍后的有关征信调查并载,"该厂为我国二大电机制造厂之一,以制造电机著称,每年产量几占后方总产量85%以上"⑤。1944年受湘桂战役失利影响,华成电器制造厂仓促内迁,价值12亿元的2000多吨器材,在战事和内迁中损失殆尽,最后安全运达重庆的仅有3部机器。到重庆后,在经济部工矿调整处协助下,于重庆窍角沱租入10亩土地兴建厂房,并由工矿调整处借予资金1000万元。该厂向工矿调整处购到30部工具机,又从华生电器厂筹借10部工具机,复向顺昌厂定制6部,从他处购买2部,加上从衡阳运出的3部,准备复工。战时生产局成立后,再贷予资金7555万元,并拟委托该厂承制12000万元订货。⑥ 不过,到该调查进行时,该厂尚未复工。

---

① 《华生电器厂调查报告提要》(1943年12月)及《华生电器厂调查报告提要表》(1944年4月),交通银行重庆分行档案,重庆档案馆藏;傅润华、汤约生主编:《陪都工商年鉴》第4编,文信书局1945年12月版,第7页。
② 《重庆华生电器厂调查报告提要》(1946年2月),交通银行重庆分行档案,重庆档案馆藏。
③ (民国)恽震:《三十年来之电机制造工业》,见吴承洛主编:《三十年来之中国工程》,京华印书馆1948年版,第1页。
④ 《华成电器制造厂股份有限公司调查报告提要》(1943年12月),交通银行重庆分行档案,重庆档案馆藏。
⑤ 《华成电器制造厂调查报告提要表》(1945年3月),交通银行重庆分行档案,重庆档案馆藏。
⑥ 《华成电器制造厂调查报告提要表》(1945年3月),交通银行重庆分行档案,重庆档案馆藏。

胡西园 1937 年年底到了重庆。1939 年他在重庆设立中国亚浦耳电器厂总办事处；同时把湖南辰溪亚浦耳电器厂分厂迁到重庆，利用这些设备，集股 300 万元，于 1943 年 4 月在重庆沙坪坝创办了西亚电器制造厂，自任总经理兼厂长，生产电光牌电灯泡。① 西亚电器制造厂是当时"后方电灯泡厂设备最完善、出品最丰富之一家"②，每日最高产量为电灯泡 1 万只。除了西亚电器制造厂，胡西园在后方创办的工厂还有四川的新亚热水瓶厂、开远松香厂、开泰化工厂，湖南的中国实业公司等，成为大后方工业界巨头之一。由于在后方工业界的影响，胡西园长期担任迁川工厂联合会常务理事及该会下属工业经济研究所主持人，是后方工业界团体组织的活跃人物。1943 年 4 月 22 日中国全国工业协会在重庆成立，胡西园为该会常务理事之一，一度代理理事长一职。抗战胜利后重庆谈判期间，1945 年 9 月 17 日，毛泽东在重庆桂园接见大后方著名工商界人士，胡西园是代表之一。毛泽东回延安后，1945 年 10 月 19 日周恩来应中国西南实业协会邀请，在该会主办的星五聚餐会上作了题为"当前经济大势"的重要演讲。胡西园则是这次具有重要意义的演讲会的大会主席，对于演讲会的成功举办，功不可没。

1938 年 6 月到港后，刘鸿生一面筹建香港大中华火柴公司，一面安排在重庆合办华业和记火柴厂、在四川筹办中国毛纺织厂。1940 年 4 月资本 30 万元的香港大中华火柴公司建成投产。大中华火柴公司九江裕生火柴厂迁川后，与重庆华业火柴厂合作，改组为重庆华业和记火柴股份有限公司，资本 25 万元，刘鸿生任董事长兼总经理，1939 年 6 月复工生产，年产火柴 2000 多箱。1939 年 9 月大中华火柴公司又与川黔火柴工商业联合会筹资本 30 万元创办中国火柴原料厂股份有限公司，1940 年 1 月增资为 100 万元，1940 年 5 月公司本部在重庆成立，刘鸿生为董事长，制造厂设在四川长寿。③ 1939 年 5 月刘鸿生发起创办中国毛纺织厂，厂址最后选在巴县李家沱工业区，占地 113 亩，资本 300 万元，1939 年 12 月经济部入股 100 万元，共为 400 万元，1940 年 1 月 1 日公司正式成立。1940 年 12 月刘鸿生应蒋介石电邀飞抵重庆，刘氏企业的指挥中枢由此转移到了大后方。重庆华业和记火柴厂建成后连年盈利，得以扩

---

① 《西亚电器厂》，《工商调查通讯》第 275 号，1943 年 10 月 15 日。
② 《亚浦耳电器厂干部在后方组织之西亚电器厂》，《工业通讯》第 12 期，1944 年 9 月 10 日，第 5 页。
③ 《中国火柴原料厂》，《工商调查通讯》第 53 号，1942 年 4 月 13 日，第 1 页。

充资本,到1944年时资本额已经增加到150万元,固定资产价值达2000万元。① 中国火柴原料厂在1941年春加入官股100万元,资本总额达到200万元,同年底改组为特种股份有限公司。该公司1942年盈利139万余元,1943年盈利952万余元,1944年盈利6617万元,1945年盈利1亿989万元。资本到1944年3月增资到了5000万元。中国毛纺织厂在1942年7月建成投产,当年就获利72万元,1943年获利5241万元,1944年获利1亿1150万元,1945年获利2亿2636万元②。资本到1943年增加为1200万元,资产总额到1945年6月已达法币9亿2600万元。③ 中国毛纺织厂还与复兴公司合资500万元,在兰州创办西北洗毛厂,1943年8月建成投产。1943年刘鸿生又发起筹办兰州西北毛纺织厂,1945年1月建成开工,资本额为1亿元。④ 整个抗战期间,刘鸿生在大后方相继创办或投资的企业,有火柴厂和火柴原料厂8家,毛纺织厂3家,水泥厂2家,给水、电力、电磁、制帽等厂各一家,其中在火柴工业、毛纺织工业中有着举足轻重的地位和影响。抗战期间,刘鸿生还应邀担任火柴专卖公司总经理、中国西南实业协会监事、重庆中国国货厂商联合会理事、宁波旅渝同乡会会长等职。重庆谈判期间,1945年9月17日,毛泽东在重庆桂园接见大后方著名工商界人士,刘鸿生也是其中代表之一。

虞洽卿是中国近代特别是民国史上著名的民族资本企业家。⑤ 抗战爆发后,三北公司的轮船先后有7艘被国民政府有关方面征用,另有7艘暂时更换国籍,所余轮船一面投入到战时运输,一面进行内迁。1937年8月底,三北公司与轮船招商局、民生公司根据国民政府交通部命令在南京成立长江航业联合办事处,"凡是京中公用物品,抗战部队,军需用品,兵工厂的器材都交给这个联合办事处装运"⑥。由于三北公司轮船载重量大且适宜长江中下游的航线,所以在武汉以下的长江航线的物资抢运中,三北公司发挥了重要的作用。特别是当武汉危机时,1938年5—10

---

① 《华业和记火柴股份有限公司》(1944年6月),交通银行重庆分行档案,重庆档案馆藏。
② 上海社会科学院经济研究所编:《刘鸿生企业史料》下册,上海人民出版社1981年版,第183—200页。
③ 《中国毛纺织公司动态报告提要》(1941年6月),交通银行重庆分行档案,重庆档案馆藏。
④ 徐盈:《当代中国实业人物志》,见沈云龙主编:《近代中国史料丛刊续编》(496),台北文海出版有限公司,第101页。
⑤ 丁日初:《虞洽卿简论》,《历史研究》1981年第3期,第166页。
⑥ 万迪鹤等:《抗战以来本公司的货运与客运》,《新世界》第13卷第2、3、4期合刊,1938年10月31日,第37页。

月,国民政府与长江航业联合办事处相关的三北公司、民生公司、招商局3家公司签订运输汉口8万吨重要兵工器材的特约。这8万吨器材中,属于国防建设委员会的器材有5万吨,属于兵工署的器材有3万吨。5月3日起三北公司开始与民生公司和招商局从汉口装运这一批器材,由于三北公司和招商局适宜于宜昌以下航线运输,因此成为武汉到宜昌间运输的主力,民生公司轮船适宜于宜昌以上航线的航行,以民生公司为主力。① 1941年春,虞洽卿离开上海经香港到重庆,重建三北公司及相关企业,并创办了若干企业。三北公司退入川江的轮船总吨位约有1.5万吨,但是由于川江航行条件与沿海情况完全不同,这些轮船基本不能行驶。虞洽卿到重庆后,向通惠公司购进"长通"、"涪通"、"渝通"三只轮船,改名为"渝丰"、"涪丰"、"寿丰",另购进"大东"轮改名为"蜀丰",同年三北公司开始在川江营业,虞洽卿仍然担任总经理,整个公司约有50多人,有小轮四五艘,航行于重庆到叙府、酆都、万县之间,虽然"营业甚为清淡"②,却仍然是集中于后方四川地区的15家轮船公司之一。三北机器造船厂原为三北轮埠公司修理船埠而设立,厂址在上海南市高昌庙,抗战爆发后内迁到汉口改组为汉口三北机器造船厂,未及开工,汉口危机,再迁重庆,在重庆江北头塘惠观湾租地建厂复工,直辖于三北总公司,全厂职工160多人,多数是随厂内迁的熟练技工,业务方面以修理船舶为主,制造机器零件为辅,虽然不能建造大量轮船,但是由于后方造船厂不多,因此"该厂颇具重要地位"③。虞洽卿在重庆还与王晓籁等筹资20万元合组三民运输公司,自任总经理,从国外购买大型卡车数十辆,从事物资运输。1942年当日军侵入缅甸,仰光、曼地勒、腊戍等战时货物集中地货物价格猛跌,虞洽卿又与滇缅公路当局合组三北运输公司,从国民政府财政部借得一笔外汇,在香港购买载重三吨的卡车300辆,从仰光贩运大后方急需的汽车零部件、五金器材等,有史料称当时虞洽卿以70多岁高龄,"躬自巡视全线,作实地之考察,历时兼旬,旅途困顿,仅以糗粮果腹,而先生甘之如饴。其热忱毅力,老当益壮,洵非常人哉!"④公司获利丰厚。此外,虞洽卿还在1941年筹组西北企业公司,并一度拟筹组

---

① 佚名:《民生公司在长江》,《新世界》1945年11月号,1945年11月15日,第10页。
② 《三北轮埠股份有限公司调查报告摘要》(1944年2月),交通银行重庆分行档案,重庆档案馆藏。
③ 《重庆三北机器造船厂》(1944年7月),交通银行重庆分行档案,重庆档案馆藏。
④ 汪兆平、郑大悲:《虞洽卿先生》,宁波文物社1946年版,第7—8页。

兴华冶金公司以开采湘西金矿,①可惜没有结果。1945年4月,虞洽卿在重庆病逝。

奉化籍企业家李允成1933年在上海创办中国工业炼气股份有限公司,抗战爆发后李允成将该厂主要器材,内迁至四川,1939年设电熔铁厂于长寿,面积88亩,后又设炼气厂于泸县。资本400万元,资产1400万元,主要设备有全套炼气设备及全套电熔铁设备等,生产原料中的化学药剂需要从外国进口,其余均可于国内制造。1941年11月开始大量生产,主要产品为碳化钙、氧气、氮气、流质氧气、电石矽铁及锰铁等,销售于铁路、船厂、兵工厂、机器厂以及航空机关,业务兴旺,为大后方唯一的民营炼气工厂。到1944年各种原料存量尚多。1944年6月有关征信机构调查后认为,该企业财务稳定,机器新颖,技工熟练,基础健全,偿债及获利能力均优,前途极有希望。②

抗战爆发后,中国化学工业社由朱元正带队,内迁了10多吨物资,主要有马达2架、冲床7部、车床8部、钻床1部、抛光车2部等,随行有20多名技术人员。抵达武汉后,由于无法设厂,计划迁移到贵阳,1938年1月由帆船载运上述设备,辗转抵达重庆,遂于1940年在重庆李家沱工业区租地17亩(租自工矿调整处)设厂,称中国化学工业社重庆分厂,经理为李祖谦,厂长为沈立人,上海总公司董事会驻重庆代表为王志莘,全厂分肥皂、化妆品、牙膏、甘油、碳酸钙、车木包装等六工厂,主要产品为洗衣肥皂、牙膏、甘油等,资本200万元,大约在1941年7月开始生产,产品优良,销路良好。根据有关征信机构调查,1943年销售额2000余万元,赢利140余万元,但该厂设备较差,采购原料不易,财务基础不甚健全和稳固。③

王性尧为1937年7月正式营业的中国国货联营公司副经理,负实际责任。1937年11月王性尧离开上海到内地,成立或筹设汉口、重庆、贵阳三地的国货公司。武汉失守后,王性尧到重庆继续从事国货事业。经过王性尧的不断努力,在大后方地区的成都、昆明、桂林等地先后成立国货公司,并在重庆创设了中国国货联营公司西南业务处。1939年,官商

---

① 《实业家消息》,《西南实业通讯》第4卷第5、6期合刊,1940年12月。
② 《中国工业炼气股份有限公司》(1944年6月),交通银行重庆分行档案,重庆档案馆藏;李允成:《中国炼气工业之沿革及其概况》,《西南实业通讯》第8卷第1期,1943年7月31日,第11页。
③ 《中国化学工业社重庆分厂》(1944年6月),交通银行重庆分行档案,重庆档案馆藏。

合办的中国国货联营公司迁到重庆。1940年12月年底,戴笠、孔祥熙、徐堪制造了"平价大案"以打击经济部部长翁文灏①。"平价大案"牵涉到经济部所属中国国货联营公司,王性尧无辜被羁押于重庆化龙桥监狱达两天。王性尧本想在后方为国货事业做点工作,今不料遭此冤狱,看清了国民党当局派系斗争的险恶,决心改组联营公司为完全私营。经过努力,1941年5月改组完成,王性尧也于8月返沪养病。②

在抗战时期的大后方的实业界,宁波帮中还有一位真正意义上的红色资本家——卢绪章。据有关研究:1940年以经营实业为掩护的共产党人卢绪章根据党组织的安排到重庆开展地下工作,于1941年初开办广大华行重庆分行并担任经理,接受中共南方局直接领导。③ 1943年,卢绪章为增强广大华行的经济实力和社会声誉,为党的秘密工作创造更加有利的条件,决心创办一家保险公司,以便扩大业务往来,并广泛接触社会上层人士,此议得到中共中央南方局负责人周恩来的赞同。通过时任重庆中兴保险公司总经理的著名保险业专家杨经才的介绍和引荐,卢绪章结识了在川渝政商两界负有盛名的著名实业家卢作孚,请卢作孚出面发起创办保险公司。1943年11月11日,民安产物保险有限公司在重庆成

---

① 1940年12月28日下午到晚上,中国国货联合营业公司西南业务处经理寿墨卿、经济部商业司司长兼平价购销处处长章元善被军统特务奉蒋介石手令拘讯。29日中午,翁文灏、张公权等应蒋介石邀约在蒋宅午餐。餐后,蒋介石告诉翁文灏:由于平价基金"人多闲言",已派人查办,被查之人应照常办公,不准他去。翁文灏一面表示遵命照办,一面陈明章元善持身廉洁,可以力保。之后,翁文灏回经济部,传达蒋介石命令。不久,戴笠奉蒋介石手令到经济部,嘱翁文灏约集平价购销处蔡承新、王性尧、吴味经、朱伯涛及农本局办理棉布粮食平价人员共计10人(其中章元善、寿墨卿已于此前被拘讯),于下午5时半到经济部面谈。其中除蔡承新外,其余人员均被带到重庆化龙桥四行联合办事处办公室候讯,史称"平价大案"。29日晚,翁文灏电话通知在成都的卢作孚速返重庆主持全国粮食管理局工作。卢作孚于当晚赶回重庆。翁文灏并于晚间与经济部次长秦汾到孔祥熙宅访孔,表示希望被拘讯各员能到部办公。孔祥熙出示蒋介石手令,声称应在行政院内设立粮、物、工平价执行总局,以孔祥熙为主席,谷正纲、贺耀祖为总干事,于各部中调用二三人,分期降价,务必从速实行等,谈至晚间十二时半。"平价大案"严重影响经济部相关部门日常工作,30日经济部长翁文灏、次长秦汾面见行政院长孔祥熙,呈请辞去经济部正、副部长职务。卢作孚、何廉也于同日决定分别辞去全国粮食管理局局长、农本局总经理职务。31日,翁文灏、卢作孚联名上书蒋介石,请令负责查办者迅即查明实情,有罪者治罪,无罪者释放,以便正常工作。同日,交通部长张公权也将连夜写成的17页长函呈交蒋介石,请其对于被拘传各员案予以考虑,并先行释放,并"力言对官吏须留体面,深恐学术及事业出身之人优秀人员从此灰心,不肯任事。"1941年1月5日,翁文灏面见蒋介石,再表辞意,蒋坚持不允。"平价大案"后,翁文灏认为孔祥熙、徐堪等为争权利不择手段,对于经济部所辖经济管制及物资管制事宜不愿再加过问,而主要致力于工矿建设事业。
② 王立科:《国货运动中的佼佼者王性尧》,见上海市宁波经济促进协会、上海市宁波同乡联谊会编:《创业上海滩》,上海科学技术文献出版社2003年版,第470—472页。
③ 李征:《卢绪章传》,中国商务出版社2004年版,第80—84页。

立,资本1000万元,广大华行和民生实业公司各占半数,卢作孚为董事长,杨经才任经理,卢绪章任协理,①邓华益(时任重庆市轮船业公会理事长)任监事。民安产物保险有限公司成立后,除卢绪章外,还有中共地下党员杨延修、舒自清、张平担任该公司的常务董事和监事。民安保险公司的成立,使中国共产党领导的秘密机构以企业名义成功跻身大后方金融界②。杨经才因病去世后,1945年5月卢绪章担任了民安产物保险有限公司总经理。1944年11月17日,广大华行又与民生实业公司合作成立民孚企业公司,卢作孚任该公司董事长,卢绪章任总经理。12月21日,民孚企业公司公司改组人事,由陶胜伯任董事长,卢绪章仍任总经理。③

抗战时期后方地区的宁波帮企业和企业家当然不止上述这些,还有包括包玉刚等在内的许多宁波帮企业家在后方也相当活跃。总的看来,后方地区的宁波帮企业家和企业在数量上并不占多大的优势,但是由于有一批经验丰富的著名企业家和若干有广泛影响的大企业发挥骨干作用,使得宁波帮企业和企业家仍然能够在后方毛纺织业、五金业、钢铁业、火柴业、电器业、轮船运输和公路运输等行业和后方企业家群体中占据比较重要的地位。宁波帮还以此为基础,在后方各重要工业团体组织中占据一定的地位,发挥产生了重要的影响,这也是宁波帮发展史上值得注意的一段重要史实。

后方主要工业团体中,成立最早的中国战时生产促进会。该会于1938年3月成立于汉口,系由当时的军政、工商界人士(宁波籍,军事委员会委员长侍从室人员)、俞飞鹏、周至柔、陈良、唐寿民等创办,毛庆祥常务理事资格负责会务。该会成立后,"以研究中国经济建设问题,并筹集资金促进战时生产为宗旨",④"对于工商厂家颇多帮助"。⑤ 武汉沦陷前,中国战时生产促进会总部西迁重庆,先后在湖南、西康、贵州、云南、陕西等地成立分会,并在《扫荡报》上刊行《生产建设》双月刊,是后方著名的5工业团体之一。1940年5月2日,中国战时生产促进会在重庆召开第二届会员大会,改选理事监事,选出毛庆祥、王育三、向志浩、李敬

---

① 《重庆市金融市况调查》(1943年11月15日至21日),重庆档案馆馆藏。
② 李征:《卢绪章传》,中国商务出版社2004年版,第112页。
③ 李征:《卢绪章传》,中国商务出版社2004年版,第114—115页。
④ 《战时生产促进会各地成立分会》,《商务日报》1939年4月17日,第3版。
⑤ 《战时生产促进会移渝》,《商务日报》1939年3月6日,第3版。

安、周至柔、周佩箴、林权英、竺鸣涛、余飞鹏、徐鸿涛、梁栋、梁霖、秦炳株、袁晓图、陈良、薄以拔、张予歆、曹师昂、潘宜之、卢汉等30人为理事，选出牛若望、唐寿民、张静愚、彭学沛、缪云台、罗敦伟等15人为监事，毛庆祥被推选为理事长。到1940年5月份，该会已经有个人会员1156人，团体会员43家。该会成立后，主要从三个方面促进生产建设：1.研究。该会曾经派人调查湘西金矿、湘西经济、川东农村副业及小手工业、大涉河林垦、南充金矿、西充煤矿、宁雅铜矿等。调查后写成详细的调查报告，提供给会员参考，同时该会还与各方面专家和研究机关分工合作，对川产纤维、川产羊毛等各种川产原料进行工业生产的有关试验和其他方面的试验；2.投资生产事业。该会直接投资的生产事业有实验农场及油墨厂，会员投资设立的工厂有华康机器厂、华兴造纸厂、西南造纸厂、建华实业公司、西南垦殖公司、尚华纺织厂、嘉陵企业公司、万深铁矿公司等，各企业资金合计达百万元；3.协助会员企业发展。① 1941年1月30日中国战时生产促进会在重庆举办化学工业产品展览会。

稍晚于中国战时生产促进会成立的是迁川工厂联合会。该会于1938年4月17日在重庆召开成立大会，会员工厂有30多家，选举上海机器厂负责人颜耀秋、龙章机器厂负责人庞赞臣为正副主任委员，马雄冠、吴蕴初、余名钰、胡西园等为执行委员。在内迁工厂复工的基础上，1942年1月1日由宁波帮实业家胡西园为主任委员的迁川工厂工业产品展览会在重庆牛角沱开幕，参展厂家共有200多家，产品有49类，"为我抗战期中工业日臻发展之铁证"。② 展览会上展出的展品中不少是宁波商帮厂家的发明创造，如中国亚浦尔电器厂制造的氮气电灯泡、华生电器厂生产的华生电扇和各种发动机、发报机、变压器等。③ 1月14日展览会闭幕，14天中参观者有12万人，不少为国民党军政要人，可谓盛极一时④。就在展览会结束的当天，周恩来和冯玉祥视察渝鑫钢铁厂并题词鼓励。周恩来的题词是："没有重工业，便没有民族工业的基础，更谈

---

① 刀雨贤：《战时生产促进会访问记》(上)，《嘉陵江日报》1940年5月14日，第2版。刀雨贤：《战时生产促进会访问记》(下)，《嘉陵江日报》1940年5月15日，第2版。
② 潘仰尧：《迁川工厂联合会展览会感言》，《西南实业通讯》第5卷第1期，1942年1月，第18页。
③ 黄逸峰、姜铎、唐传泗、徐鼎新：《旧中国民族资产阶级》，江苏古籍出版社1990年版，第529页。
④ 彭陶：《外汇问题与中小工业》，《西南实业协会》第13卷第3、4期，19年，第8页。

不上国防工业,渝鑫钢铁厂的生产已为民族工业打下了初步基础!"①

重庆中国国货厂商联合会也是大后方主要工业团体之一,1938年12月20日在重庆银行公会召开大会宣告成立,到会代表100多人。成立大会由美亚绸缎厂经理赵秉三主持,张嘉璈(交通部长)、寿景伟(经济部长翁文灏的代表)、林继庸(工矿调整处代表)、黄炎培等出席了成立大会。赵秉三在大会上说明了该会5项使命:1.倡导国家至上原则,2.改进产品质量促进手工业的进化,3.推动重工业的发展,制造轻工业机器,4.积极参与对西南的开发,5.推动国货运销。大会还选出赵秉三、王性尧、康心如、宋师度、陈叔敬、潘仰山等15人为理事,宁芷邨等5人为监事。② 会长(理事长)由潘仰山担任,章乃器、颜耀秋、吴羹梅、庄茂如、刘鸿生、康心如、苏汰余、章剑慧、寿景伟等为该会理事、监事,会址在重庆官井。该会"以联络感情,互谋改进业务,力求产销合作,推动国货发展,增进对外贸易及公共利益等项"为宗旨。③ 1944年初会员有134个单位,其中银行业21单位,纺织业15单位,纱布丝绸业4单位,机械铁工12单位,百货业10单位,企业公司15单位,制造厂商57单位。该会主要活动有:第一,集会。联合会用聚餐会、茶会等方式举办定期的集会,讨论有关问题或请名人讲演。第二,推动技术改进。举办各种技术培训,推动工业标准化工作等。第三,研究国货生产改进措施,计划各种工业管制的方案。第四,研究战时工业生产问题。第五,研究战后工业问题。④

中国西南实业协会于1939年9月19日在重庆召开成立大会宣布成立,会上推举张群、钱新之、缪云台、吴晋航、张禹九、张肖梅、何北衡、吴蕴初、范旭东、孙越崎、康心如、康心之、潘仰尧、徐柏园、戴自牧等35人为理事,推举刘鸿生、何廉、卢作孚、黄季陆等15人为监事。9月21日召开的理事、监事会议,又推选张群、钱新之、缪云台、项康元、周作民、范旭东、吴晋航、康心之等11人为执行理事,刘鸿生、何廉、卢作孚等3人为执行监事,何北衡为总干事,张禹九、范英士为副总干事。中国西南实业协会分会则有上海、贵州、广西、云南、香港、四川等分会⑤。由于四川分会

---

① 中国人民政治协商会议西南地区文史资料协作会议编:《抗战时期内迁西南的工商企业》,云南人民出版社1988年版,第115页。
② 《国货厂商大团体联合会成立》,《商务日报》1938年12月21日,第3版。
③ 白鸟:《介绍国货厂商联合会》,《商务日报》1944年1月12日,第4版。
④ 潘仰山:《一年来之国货厂商联合会》,《工商新闻》(民国三十二年元旦特刊),1943年,第60页。
⑤ 《西南实业协会》,《云南实业通讯》第1卷第1期,1940年1月,第4页。

在中国西南实业协会中的特殊地位,四川分会的名誉理事长张群也自然成为中国西南实业协会的名誉理事长。抗战时期,西南实业协会不断发展,盛极一时。

自1942年年底开始,后方工业界为应对企业发展中越来越突出的困难,开始强烈呼吁国民政府当局制定工业会法,作为成立全国性工业团体提供法律依据。宁波帮工业家胡西园一贯主张工业界应有独立的团体组织,因此被推举为工业会立法问题起草人。1943年1月1日,胡西园发表《全国工业团体立法问题》,论述工业会创设的必要性。① 稍后,西南实业协会、迁川工厂联合会、重庆市国货厂商联合会、中国战时生产促进会等后方四个工业团体为推动国民政府召开第二次全国生产会议,各推出代表二三人,在1943年2月联合组成了生产会议促进会。② 工业界代表聚集一起,深感商会不能及时有效地表达工业界的要求,不能代表工业界的利益,而工业界缺乏统一的组织,有关工业生产上的各项困难以及需要改进的地方,很少有相互交换意见和共同研究的机会。特别是太平洋战争爆发后,后方工业界遭遇到了前所未有的困难,刻不容缓地需要团结起来,共同设法克服困难。而迁川工厂联合会几年来的经验,也证明有必要成立一个工业家自己的独立组织的必要。于是各地工业界的代表开始筹备发起成立全国性的工业联合会,但是国民政府社会部对此不予支持,只允许先成立一个学术性团体。结果,工业界只得将会名改为中国全国工业协会,并由吴蕴初、胡西园、颜耀秋等负责筹备,而以胡西园为筹备主任。1943年4月22日中国全国工业协会在重庆迁川大厦召开大会宣告成立,化学工业家吴蕴初担任理事长,胡西园成为该会常务理事之一,一度代理理事长。中国全国工业协会成立后,迅速成为后方五个主要的工业团体之一。

1943年9月中国国民党召开九届十一中全会,吴敬恒等提出了有关制定工业会法,设立工业会的提案,并得到通过。③ 于是行政院令社会部、经济部分别制定工业会法,而工业界则开始组织中国工业协会。社

---

① 胡西园:《全国工业团体立法问题》,《工商新闻(民国三十二年元旦特刊)》,1943年1月1日,第25—27页。
② 《所望与全国生产会议者》(中央日报社论),转自《西南实业通讯》第7卷第6期,1943年6月30日,第49页。
③ 吴敬恒等:《政府应速制工业会法使各地工业同业公会不仅附属于商会另组工业会以发展工业增加生产案》,《工业经济参考资料》第4号,1944年12月,第1—2页。

会部、经济部随后分别拟订了工业会法草案和工商会法草案。然后由行政院令中央设计局拟订立法原则,再交社会局拟定。1944年6月28日,全国工业协会第七次理监事会议,请中央设计局设计委员李木园和资源委员会秘书吴兆洪商谈工业会法,据说,工业会法正由中央设计局工业组、经济组、政治组草拟,已经接近完成。① 不久便以社会部名义拟定的《工业会法草案》就正式出台。

1944年初,美国工商界发起召开纽约国际通商会议,得到中国后方工商界热烈响应。8月初期中国参加会议的代表确定为张公权、陈光甫、范旭东、卢作孚、李铭、贝祖贻等6人,分别代表中国银行业、化工业、运输业、进出口业。8月30日中国全国工业协会宴请出席国际通商会议的代表,并交换意见。② 9月25日中国全国工业协会又与中国战时生产促进会、中国西南实业协会、迁川工厂联合会、重庆市国货厂商联合会等后方主要代表60余人,在迁川大厦大礼堂举行国际通商会议美方建议9项提案座谈会,③向参加通商会议的代表提出了许多建议。

后方企业家中原以持在商言商、不问政治态度者居多,但在经济困难日益严重的情况下,越来越多的人认识到政治改良是改善经济环境的必要条件,胡西园就是这样的宁波帮企业家。1944年9月1日,胡西园与黄炎培、褚辅成、王云五、卢作孚、章乃器等重庆工商、文化、教育界名流30余人,联合发表《民主与胜利献言》,提出9项主张,要求国民党政府实行民主,"一新政象"④。《民主与胜利献言》的发表,对日益高涨的大后方民主宪政运动起到了推波助澜的作用,产生了深远的影响。1944年12月26日,西南实业协会、中国全国工业协会、迁川工厂联合会、中国战时生产促进会、中国国货厂商联合会、重庆市商会等6个著名工商团体联合发表对时局的主张,呼吁政府实施宪政、厉行民治。

1945年5月24日,中国全国工业协会等五大工业团体邀请主管当局、产业界领袖、各工业同业公会负责人以及经济学者专家等,举行座谈会,征求意见,为举行此次座谈会,中国工业经济研究所事前还拟定了讨

---

① 《举行第七次理监事聚餐会》,《工业通讯》第10期,1944年7月10日,第6页。
② 《欢宴出席国际通商会议代表并拟举行九案座谈会》,《工业通讯》第12期,1944年9月10日,第6页。
③ 《国际通商会议美方建议九项提案座谈会记录》,《工业通讯》第13期,1944年10月10日,第7—10页。
④ 黄炎培等:《民主与政治献言》,《宪政月刊》第9期,1944年9月1日,第1—2页。

论纲要,分送参加会议的代表。认为工业会的主要任务,为培养工业界的合作精神。① 与会人士抗战胜利后,国民政府对后方民营工厂的军工订货完全停止,致使后方民营工厂陷入一片混乱。为此,迁川工厂联合会与全国工业协会等重要工业团体在重庆联合召开会员大会,协商讨论出了解决困难的4项办法,并推举胡西园、胡厥文、吴羹梅等人为代表,向国民政府交涉实施。经过胡西园等人的不懈努力,甚至直接面谒国民政府最高当局,促使蒋介石作出了发放50亿元工业贷款给内迁工厂的决定。9月上旬50亿元工业贷款在迁川工厂联合会发放给近300家迁川工厂,②解决了部分内迁工厂的燃眉之急。

1945年9月17日,毛泽东在桂园举行茶会,招待产业界人士。1945年11月10日,中国全国工业协会、中国全国工业协会重庆分会、迁川工厂联合会紧急呼吁国共两党停止内战,政治解决争端,从速召开政治协商会议。1946年1月7日,政治协商会议在重庆政府礼堂开幕,1946年1月11日,民主建国会、迁川工厂联合会、中国人民建国会等联合举行代表会议,决定组织政治协商会议陪都各界协进会,即日起开始工作,每日举行会议,并向各界报告,以表达民意。

抗日战争胜利后,1945年9月吴蕴初回到上海,在上海设立工业协会上海办事处,重庆总会理事长一职由该会常务理事胡西园代理。接着相继成立了苏南区、湖北、青岛、天津等分会。黄炎培、胡厥文、吴羹梅、杨卫东、胡西园、章乃器、孙起孟等人感到工业协会所能起到的作用有限,1945年9月29日在重庆冉家巷集会,决定发起筹组中国民主建国会。1945年12月16日,中国民主建国会在重庆正式成立,推举胡厥文、黄炎培等11人为常务理事,通过成立宣言、政纲、组织原则、章程,并决定创办《平民周刊》。1946年3月中国全国工业协会总会迁到上海,同年11月总会迁南京,11月11日在南京举行成立大会,决定以每年11月11日为工业节,经呈请国民政府主管机关核准,于是诞生了工业节。1948年11月11日正式改组为中国工业会,并成为现在台湾工业总会的前身。著名化学工业家吴蕴初为理事长,著名工业企业家胡西园、潘仰山、周茂

---

① 《工业会与工业同业公会制度研究》,《工业问题丛刊》第3号,1945年6月15日,第8页。
② 胡西园:《抗战胜利后内迁工厂陷入困境》,《中华文史资料文库》第12卷,中国文史出版社1996年,第974页。

柏等任常务理事。该会成立后,"便致力于中国工业化运动"。[①] 该协会最初从事的工作主要有4项:1.推动制定独立于商会法之外的工业会法;2.加紧研究战时工业经济;3.筹划战后工业对策;4.研究修改商约相关问题。为此,该协会专门成立了中国工业经济研究所,进行研究,成绩斐然。抗战胜利前夕,该会还组织了对敌要求赔款委员会,调查日寇侵华战争给中国工业界造成的损失;为利用外资,该会还积极筹组中外资本技术合作委员会,以便在战后吸收外资,发展中国战后工业;到1945年7月为止,中国全国工业协会先后成立了中南区分会(桂林)、云南省分会(昆明)、江西省分会、贵州省分会、重庆区分会、川东区分会等分会组织,会员多达700余个单位。

(三)宁波商帮在沦陷区

随着包括上海、南京、武汉、广州等沿海、沿江城市相继沦陷,抗战进入艰难的相持阶段。日本侵略者将占领区工矿业分成两类进行所谓管理,凡与军事直接相关的经济事业,由日本"国策会社"华北开发会社和华中振兴会社的分公司直接控制经营,对于一般工商业则实行"军管理"、委托经营、中日合租赁、收买等方式进行直接、间接的控制,以此在占领区进行大肆掠夺。大部分由于各种原因没有能够内迁的宁波帮工商业者,面临着严峻的生存与发展的生死考验。因为近代宁波帮工商业者以上海最为集中,因此以上海宁波帮企业家群体为例,考察沦陷区的宁波帮工商业者的状况尽管不够全面,但大体上仍能代表当时宁波帮工商业者的基本情况。以上海宁波帮企业家群体为例,沦陷区宁波帮企业家及其企业大致出现三种情形。

第一种原本不愿意到后方,但更不甘心与日伪合作,最终选择经过香港到大后方,如刘鸿生、虞洽卿等。

1937年11月上海沦陷后,日本侵略者侵占上海。包括上海水泥厂、中华码头公司在浦东三个码头和仓库、大中国火柴公司的荧昌火柴厂、周浦火柴厂、东沟梗片厂、章华毛纺织厂、华丰搪瓷厂、中华煤球厂、炽昌新牛皮胶厂等刘氏企业,均被日军占领。对此,刘鸿生采取三项措施力图减少损失:1.设法托庇洋商以求保护,上海水泥厂为典型。1937年10月27日,该厂与德商禅臣洋行签订"财产移交保管合同",将该厂总价值

[①] 薛桂轮:《工业化运动》,《工业通讯》第8期,1944年5月,第2页。

2514104.96元的土地、厂房、设备、原料等移交德商禅臣洋行保管。合同订立后,禅臣洋行派人到厂看守,并在该厂悬挂德国国旗。1938年3月21日,日本上海占领军把看守厂房的德国人驱逐出厂,将该厂改为"军管理"工厂,由日商三井洋行与小野田洋灰株式会社为受托经营管理人。同年7月18日起,竟自行开工出货。所有该厂原有货品,悉被运出销售,一切原料、燃料、物料亦均任意取用,而其所制之水泥,更用该厂麻袋、纸袋分别包装,交由各五金号、各砖灰行公开出售。后虽经禅臣洋行出面交涉,甚至采取法律手段,也仅仅使日商受托经营管理人将产品更改商标牌号而已。① 2.想托庇租界以求保护。章华毛纺织厂为典型。1937年8月初,刘鸿生就与章华毛纺织厂经理程年彭、襄理华尔康商妥,把章华毛纺织厂部分机器搬进租界,在华山路建立了纺织二厂,在曹家渡设立了染整三厂。同年11月初,章华毛纺织厂又与德礼和洋行订立"财产转移"合同,将该厂价值10余万元的设备等项财产转移到礼和洋行名下。前项迁移到租界新建的工厂也在礼和洋行的名义下经营。② 3.静观待变。上海沦陷后,刘氏企业在租界者如企业大楼、企业银行、大华保险公司等,仍可经营。由于上海煤炭供应紧张,日军与开滦矿务公司达成协议,允许开滦煤炭运沪销售。刘鸿生在这种情况下,自然采取一种"迟疑、观望、踌躇、等待"的态度。③ 1938年年初,上海日本占领军开始采用软硬兼施的办法企图诱使刘鸿生与其合作并担任伪上海市商会会长。经过反复考虑,刘鸿生于6月下旬乘加拿大轮船公司"俄罗斯皇后号"轮船离开上海到香港。刘鸿生到香港后,迅即出发到西南的广东、广西、云南、贵州、四川等地进行了一番考察,决定以香港为重心,并在内地设厂,重整旗鼓。他召集上海刘氏各企业主要负责人到香港商议,经过几次商议后,决定在香港办一家火柴厂,再在重庆办一家火柴厂和一家毛纺织厂,并由上海各企业的专家拟定出具体的建厂计划和实施方案。香港大中国火柴公司厂址在坪州岛,故又称香港大中国火柴公司坪州厂,股东除刘鸿生外,还有宋子良(中国国货银行)、香港火柴同业和原大中华火柴公司的股东等共约40人,以刘吉生(中国国货银行协理)为董事长,陆兆

---

① 上海社会科学院经济研究所编:《刘鸿生企业史料》下册,上海人民出版社1981年版,第14—17页。
② 刘念智:《实业家刘鸿生传略——回忆我的父亲》,文史资料出版社1982年版,第83页;上海社会科学院经济研究所编:《刘鸿生企业史料》下册,上海人民出版社1981年版,第28—30页。
③ 刘念智:《实业家刘鸿生传略——回忆我的父亲》,文史资料出版社1982年版,第83页。

麟为厂长,翁文漪为总工程师,刘鸿生任总经理,资本30万港元,1940年4月建成出货。由于该厂产品质量好,所产的各种品牌的火柴,行销香港及南洋,营业十分发达,资料载称:"开幕四月,营业殊形发达,出品布满全市,大有供不应求之势,即爪哇、新加坡等埠亦纷纷来函要求推销,爪哇已有成效。"①此时的刘鸿生考虑的是,"以香港大中国火柴厂为基地,再向后方发展刘氏企业,这是当时的如意算盘"②。1940、1941年两年,盈利五六十万港元,为投资的两倍。其间,1941年4月,大中国火柴公司坪州厂自制火柴原料氯酸钾研制成功,取得自制火柴的重大技术突破,为刘氏企业此后在火柴工业中的进一步发展奠定了核心技术基础。在香港办厂的同时,刘鸿生决定迁移九江的裕生火柴厂到重庆,与重庆的华业火柴厂合作创办华业和记火柴厂。另外,他还设法把浦东章华毛纺织厂的部分纺织和染整机器偷运至四川,筹建中国毛纺织厂。为了解决火柴原料不足的问题,还决定在四川长寿设立火柴原料厂。谋定而后动,刘氏企业在内迁问题上尽管一度非常迟疑,但最终还是以自己的独特方式,实施了颇具成效的内迁,此一问题将在后面刘氏企业相关部分考察。

大中华橡胶厂是民族橡胶工业中有名的大型企业,资本额在战前达到300万元,并且被列为上海内迁工厂之一。内迁之始,江苏无锡籍的大中华橡胶厂经理薛福基对内迁态度十分积极,决定把该厂迁往湖南湘潭。可惜的是,"八一三"事变的第二天,薛福基即在接洽迁厂事宜途中遭到日本飞机的轰炸,中弹受重伤并最终不治身亡。薛福基去世后,大中华橡胶厂内迁陷于停顿。直到11月初上海行将沦陷前夕,大中华橡胶厂才开始内迁,当时将120吨机件、物资、成品分装于4条船上,由上海南市的日晖港启运。由于内迁行动为时太晚,结果有三条船在途中散失,只有一条于1938年1月中旬抵达武汉。根据工矿调整处的安排,计划内迁云南设厂。大中华橡胶厂新任经理吴哲生还为此向英国订购机器,并从上海招募工人。同时,由武汉迁移到长沙的设备,也计划经过越南同登运到云南。当这些物资运到越南同登等地的时候,恰遇到越南的法国殖民当局向日本投降,上述机器设备悉数落入日本人之手,直接损失达600万元,大中华橡胶厂内迁物资至此损失殆尽。太平洋战争爆发后,滇缅路也告中断,大中华橡胶厂在云南设立橡胶厂的计划至此夭折,损失

---

① 上海社会科学院经济研究所编:《刘鸿生企业史料》下册,上海人民出版社1981年版,第143页。
② 刘念智:《实业家刘鸿生传略——回忆我的父亲》,文史资料出版社1982年版,第87页。

巨大。① 留在上海的大中华橡胶厂董事长余芝卿由于曾在日本经商而为日方所熟知，日本占领当局曾派人诱其出任伪职，为其拒绝。为防止不测，余芝卿避居香港，并在香港注册大中华橡胶股份有限公司，设立总管理处，改上海为办事处。②

留在孤岛上海的虞洽卿，鉴于上海粮食困难，曾组织"平粜会"，利用仅存的轮船，悬挂外国旗帜，从泰国购买米粮运回，并高抬售价，获得厚利，被人讥为"米蛀虫"。不过，在日本占领军企图利用他加入汉奸政权的大是大非面前，他毅然拒绝，出走香港，保持了可贵的民族气节。③ 但是三北公司在抗战时期有3万余吨位的船只被毁，沉入长江，其余也多被日军损毁。抗战胜利时，三北公司已残破不堪。④

俞佐庭、俞佐宸分别为上海、宁波两地工商界领袖。1937年沪宁沦陷后，俞佐庭在上海将恒隆、同庆钱庄歇业结束，深居简出，尽量少参加社会活动。不久日伪勾结，企图胁迫俞佐庭出任伪中央储备银行职。俞佐庭不愿附逆，为避免纠缠，偕其弟俞佐宸一同离沪，企图在香港安顿，未曾想太平洋战争爆发后日军又侵占香港。之后，俞佐庭、俞佐宸兄弟又分别携家眷离开香港，经桂林、贵阳来到重庆。在重庆，俞佐庭受重庆四明银行董事长吴启鼎之邀，任该行私股董事。俞佐宸则闭门谢客。⑤

第二种是在极其艰难的情形下采用各种方法力图保存和保护自己的企业和资产。

滞留在"孤岛"上海和沦陷区的宁波帮商人，在极端情况下度过了艰辛的八年。由于特殊的历史因素，上海租界地区在日本占领后的最初四年多的时间里，被允许继续存在而使欧美殖民统治的秩序得以延续，租界地区也因此成为工商业者逃避日本直接控制的经济"孤岛"，随着大批工商业者蜂拥而至，产生了短暂而畸形的"孤岛繁荣"景象。宁波帮工商

---

① 孙果达：《民族工业大迁徙——抗战时期民营工厂的内迁》，中国文史出版社1991年版，第77—79页。
② 汪仁泽：《上海大中华橡胶厂创办人余芝卿》，见上海市宁波经济建设促进协会、上海市宁波同乡联谊会编：《创业上海滩》(《宁波人在上海》第1辑)，上海科学技术文献出版社2003年版，第180页。
③ 汪仁泽：《"海上闻人"虞洽卿》，见上海市宁波经济建设促进协会、上海市宁波同乡联谊会编：《创业上海滩》，上海科学技术文献出版社2003年版，第141页。
④ 丁日初、杜恂诚：《虞洽卿简论》，《历史研究》1981年第3期；郭绪印：《老上海的同乡团体》，文汇出版社2003年版，第556页。
⑤ 周竹君自述，王晓舜整理：《俞佐宸和我》，宁波出版社2006年版，第57—58页；陆志濂、陆志斌：《身居沪甬钱业要职的俞佐庭》，见上海市宁波经济建设促进协会、上海市宁波同乡联谊会编：《创业上海滩》，上海科学技术文献出版社2003年版，第298页。

业者在"孤岛"经济繁荣过程中是十分活跃的。太平洋战争爆发后,日本军队迅速开进租界并对上海欧美租界实施实际占领和控制,宁波帮工商业者遭遇到更加严峻的困难。滞留在"孤岛"上海和沦陷区的宁波帮商人中,有不少人寓居沦陷后的上海,大多数在极为艰难的情形下度过了八年,有些人由于坚决不与日本人合作而献出了生命。

方液仙是一位具有高度爱国热情的著名宁波帮化学工业家,"九一八"事变后,提出采用日货原料的工厂将日货原料样本寄中国化学工业社研究部,由该部"免费代为研究并尽量供应,期谋适当办法而收彻底抵制之效"①。早在1932年8月中华国货产销协会成立时,方液仙就作为中国化学工业社创办人成为该会理事之一。"九一八"事变周年之际,方液仙所在的中国化学工业社联合美亚织绸厂、五和织造厂、中华第一针织厂、三友实业社、中华珐琅厂、胜德织造厂、一心牙刷厂、华福制帽厂等9家中华国货产销协会会员工厂,在繁华的南京路组织"九厂国货临时联合商场",提倡国货,抵制日货,取得巨大成功。② 1933年2月,方液仙又与中华国货产销协会会员工厂共同投资,在上海的南京路创办中国国货公司,并担任董事长兼总经理。之后,方液仙又联合一些爱国企业家,于1937年4月在上海创办中国国货联营公司,5月正式开业,计划在全国成立50多处国货公司,以推销国货。由于方液仙在国货运动中的作用和影响,被社会各界誉为"国货大王"。③ 抗战爆发前,方液仙主办的中国化学工业社的资本已经达到300万元,并在广州和香港设立了发行所。淞沪会战期间,方液仙一面让出部分厂房,作为临时的伤兵医院,救护大批抗日战士。一面迁移一小部分设备到内地设厂,打算仍将产销重心放在上海、广州、香港等沿海。上海沦陷后,中国化学工业社总社改名为美联实业公司并悬挂美国国旗,依托租界继续生产,供应香港和广州的发行所。广州沦陷后,又在广西柳州与广东湛江、韶关等地设立分销处。1939年日伪当局曾派伪上海市长傅筱庵向方液仙游说,诱其出任实业部长,被方液仙断然拒绝。日伪随后又以恫吓、威胁等手段,企图使方液仙就范,但方液仙仍无所畏惧。1940年7月25日上午,方液仙在离开寓所去办

---

① 《申报》1931年10月19日,转自郭绪印:《老上海的同乡团体》,文汇出版社2003年版,第553页。
② 潘君祥主编:《近代中国国货运动研究》,上海社会科学院出版社1998年版,第36页。
③ 方之雄:《中国日用化学工业的奠基人方液仙》,见上海市宁波经济建设促进协会、上海市宁波同乡联谊会编:《创业上海滩》,上海科学技术文献出版社2003年版,第367页。

公室的途中,被日伪匪徒绑架,惨遭杀害,时年 47 岁。太平洋战争爆发后,日军侵入上海租界,中国化学工业社被当做美资敌产实行军管,厂内物资被洗劫,从此一蹶不振。

秦润卿是上海著名的钱业领袖,抗战爆发后,积极参加上海地区的抗敌后援和难民救助活动。1937 年 7 月 22 日,秦润卿、虞洽卿担任上海各界抗敌后援会监察委员,为声援抗日、募集捐款积极奔走。上海沦陷后,拒绝出任伪职,拒绝与日伪政权合作。但对于以租界为主的上海钱业和社会公益事业仍予高度关注,对于自己主持的苏州帮程氏钱庄,则奉行保守方针。① 当日军占领上海租界之后,秦润卿开始"家居简出,不闻外事,即借年老力衰,耳聋目眩,即行退休,一生忠贞不贰,非权势利禄所能诱惑"②。

周宗良在抗战时期以德商禅臣洋行买办和"世界红十字会中华东南各会联合总办事处总监理"的特殊身份,组织上海国际救济会,为上海沦陷时期的难民救济工作作出了贡献。③

孙梅堂曾有"钟表大王"之称,尽管到抗战爆发前后已经衰落,但当日伪政权以种种名利引诱其出任伪职时,他一概拒而不就,表现出"宁为茶箩,不当汉奸"的铮铮铁骨。④

张继先(1882—1965)为上海滩著名建筑商,曾经担任上海特别市营造厂同业公会理事长。在上海沦陷期间,张继先拒绝与伪"商统会"合作,自动辞去上海营造厂同业公会理事长职;宁愿歇业,不领伪商业执照。同时,张继先对于同乡事宜非常热心,分别担任宁波旅沪同乡会、四明公所与四明医院常务董事、董事长等职,与张继先、乌崖琴一起被称为"宁波帮三巨头"。⑤

由于在上海"一·二八"事变中遭受重创,因此尽管陈万运奔走于沪

---

① 孙善根:《钱业巨子秦润卿传》,中国社会科学出版社 2007 年版,第 181—186 页。
② 秦则贤:《先严润卿公事略》,见孙善根、周晓屏编:《秦润卿史料集》,天津古籍出版社 2009 年版,第 100 页。
③ 李瑊:《著名颜料买办周宗良》,见上海市宁波经济建设促进协会、上海市宁波同乡联谊会编:《创业上海滩》,上海科学技术文献出版社 2003 年版,第 198 页。
④ 周绮霖、余季常:《"钟表大王"孙梅堂》,见上海市宁波经济建设促进协会、上海市宁波同乡联谊会编:《创业上海滩》,上海科学技术文献出版社 2003 年版,第 231 页。按:"茶箩",即"赤佬",在吴语中有"穷鬼"、"穷光蛋"、"混混"之意。
⑤ 何重建、毛鸿源:《上海近代建筑业的领头人张继先》,见上海市宁波经济建设促进协会、上海市宁波同乡联谊会编:《创业上海滩》,上海科学技术文献出版社 2003 年版,第 241 页。

杭两地,竭尽所能,终难使三友实业社恢复旧观。全面抗战爆发后,1937年年底三友实业社杭厂复被日军强占,厂内存货被掠夺一空。日军还企图让陈万运出任维持会长,遭陈万运拒绝。陈万运到上海后,日方再次提出"合作"要求,亦被其拒绝。1938年,避居于上海租界内的陈万运仍多方设法企图摆脱困境,均遭失败。在债台高筑的无奈境况之下,1942年三友实业社杭厂出让给国华工贸工业投资公司,1944年,陈万运辞去总经理职务。①

上海淞沪抗战期间,宁波帮工业家金润庠是上海市商会常务理事,积极领导和参与"上海市抗敌后援会"的抗日救亡工作,他曾多次亲临前线与张治中等秘密会晤,商调将物资送达前线事宜。当得知据守苏州河四行仓库的孤军谢晋元所部急需一面国旗助威之时,金润庠亲授一面国旗于一勇士送达四行仓库,大大振奋了抗日军民的斗志。1942年,日伪政权企图秘密盗运"民华丰"两厂造纸设备。金润庠与两厂在沪董事秘密召开临时董事会,决定据理力争,最后两厂得以以出租给"日商"的形式保留下来。②

王伯元有"金子大王"之称,抗日战争爆发后,日伪几次利诱企图使他出任伪职,都被他设法拒绝。他在自述中言道:"时欲走不能,只能伪装衰老,留须抽烟,敌伪欲拖我下水,来家勾引,见我一榻横陈,吞云吐雾,我谓胃病甚剧,唯吸鸦片可以止痛,非黎明不能入眠,非午后不能起身,实则我生平从未胃痛过。此一伪装居然生效,日伪见我如此颓废,认为已无利用价值,愤然而去。"③

任士刚是上海著名纺织工业家,以创造"鹅牌"针织名牌享有盛名。淞沪会战期间的1937年9月16日,上海日商康泰织造厂厂主雇用一批日本浪人,凭借日军庇护,到五和织造总厂纵火,将五和织造总厂所有原料、成品焚毁。经此浩劫,五和织造厂元气大伤,所幸事前曾办有保险,因而得到一些补偿。任士刚重建五和织造厂总办事处及成衣工场,力求恢复元气,逐渐增加资本,添加设备。太平洋战争爆发后,五和织造厂被

---

① 陆志濂、陆志斌:《实业救国开拓者陈万运》,见上海市宁波经济建设促进协会、上海市宁波同乡联谊会编:《创业上海滩》,上海科学技术文献出版社2003年版,第269页。
② 金嗣骢:《重振民丰、华丰的金润庠》,见上海市宁波经济建设促进协会、上海市宁波同乡联谊会编:《创业上海滩》,上海科学技术文献出版社2003年版,第344页。
③ 李瑊:《"金子大王"王伯元》,见上海市宁波经济建设促进协会、上海市宁波同乡联谊会编:《创业上海滩》,上海科学技术文献出版社2003年版,第374页。

日军占领当局查封。历尽周折于1942年4月启封后,原料、电力、销路等又受到种种阻碍,到1944年五和织造厂已处于完全停产状态。①

设于上海南市旧城区的宁波帮国药店童涵春堂在"八一三"事变后被迫停业,将店中药材等贵重货物、物品迁往法租界,先租借房屋为仓库,又将仓库改为门市,维持经营,②既维持了店员的生计,也延续了牌号的生命。

项松茂之子项绳武克承父志,宁断手也不与敌人签约合作。③ 太平洋战争爆发后,五洲集团各厂机器设备又被日方劫运一空,抗战胜利后仅剩下一具空壳。

银行家孙鹤皋在四明银行成为官商合办银行后为官股常务董事之一,自1939年起,在"孤岛"时期的上海租界以常务理事名义先主持行务,后改任总经理。他根据当时局势,提出四明银行将总部迁到重庆,上海改设分行的主张,未被采纳。结果是根据孔祥熙的主张,四明银行把总部迁设香港。太平洋战争爆发后,香港被日军侵占。孙鹤皋在港料理行务时被日军扣留,并被送回上海,周佛海迫其维持四明银行行务,他则借故离沪返乡,不与汪伪政权合作。④

上海高层建筑商何绍庭坚决不与日本人有生意上的往来,闭门谢客6年。⑤

第三种是极少数利欲熏心者,勾结日伪,沦为汉奸。

滞留在"孤岛"上海和沦陷区的宁波帮商人中,不可否认有少数利欲熏心、甘心附逆的汉奸、败类。在上海沦陷后,先后有傅筱庵、袁履登、张啸林等人与日本占领当局和汉奸政权勾结,出任伪职。傅筱庵与日本侵华势力素有勾结,在国民革命军北伐时期早已声名狼藉,为工商界所不齿。上海沦陷后,于1939年10月公然投敌出任伪上海市长,结果被国民

---

① 秦师娄:《创针织"鹅牌"名品的实业家任士刚》,见上海市宁波经济建设促进会、上海市宁波同乡联谊会编:《创业上海滩》,上海科学技术文献出版社2003年版,第408—409页。
② 包光宇:《上海童涵堂国药号的创业者童善长、童祥权、孙以康》,见上海市宁波经济建设促进会、上海市宁波同乡联谊会编:《创业上海滩》,上海科学技术文献出版社2003年版,第65—66页。
③ 汪仁泽:《抗日殉国的爱国企业家项松茂》,见浙江省政协文史资料委员会编:《宁波帮企业家的崛起》(浙江文史资料选辑第39辑),浙江人民出版社1989年版,第177—190页。
④ 孙烨、孙军烺:《弃政从事工商的实业家孙鹤皋》,见上海市宁波经济建设促进会、上海市宁波同乡联谊会编:《创业上海滩》,上海科学技术文献出版社2003年版,第322页。
⑤ 张戈:《近代上海高层建筑的开拓者何绍庭》,见上海市宁波经济建设促进会、上海市宁波同乡联谊会编:《创业上海滩》,上海科学技术文献出版社2003年版,第192页。

政府军统上海站及杜月笙上海青帮组织联合,于1940年10月10日由跟随其数十年的亲信厨师朱升源在其官邸中用菜刀砍毙。袁履登(1879—1954),上海圣约翰大学毕业后,入裕昌煤号任鄞县籍宁波帮巨商谢蘅窗的英文秘书,后担任宁绍轮船公司总经理,为上海三老之一(其余两人为闻兰亭、林康侯)。① 从1943年起连续两次担任汪伪上海市商会理事长,抗战胜利后以汉奸罪被判重刑。张啸林(1877—1940),宁波慈溪人,是上海著名的"生意白相人"(即由流氓转营工商业者)之一。由于近现代特殊的社会历史环境,张啸林在上海也曾经盛极一时,当1936年60岁时,《申报》曾登出《慈溪张啸林先生六秩大庆征文启》,列名为发起人者多达数十位,皆当时军政商学名流,包括蒋介石、阎锡山、居正、戴传贤、吴佩孚、于右任、孙科、张学良、宋子文、何应钦、李宗仁、孔祥熙、蔡元培、张人杰、程潜、杨永泰、刘湘、白崇禧、唐生智、张群、韩复榘、邵力子、叶楚伧、宋哲元、吴鼎昌、熊式辉、张嘉璈、陈果夫、吴铁城、魏道明、叶琢堂、周作民、褚辅成、荣宗敬、陈光甫、秦润卿、俞佐廷、穆湘玥、唐寿民、傅宗耀、黄金荣、章士钊、虞和德、钱永铭、杜镛等,该征文启称赞张啸林为"铮铮佼佼"的"杰出之士"。② 然而正是这样一位所谓杰出人士,却在日本侵占上海后公开投敌,且在1939年被日本特务机关任命为伪浙江省主席,1940年8月14日被国民党军统局收买的其保镖林怀部刺杀,被钉在历史的耻辱柱上。

四、20世纪40年代后期的宁波商帮

20世纪40年代后半期的数年,时间虽然短暂,但在宁波商帮发展演变史上是一个重要的过渡时期,大致上可以分为经济复员、恢复发展、再次迁移三个小的阶段。抗战胜利之初,宁波商帮开始复员和再次迁移。

(一)对国民政府战后经济政策不满的日益加剧

后方民营工业家为主体的后方工业界对于工矿业复员进程中政府当局对后方工业界的珍惜、重视和对于大后方工矿业困难的切实救济,对工矿业复员充满了无限的期待和希望。由于在后方工业界的重要地位和在后方工业团体组织中的重要地位,宁波帮工业家在经济复员和战

---

① 适尘:《红极一时的袁履登》,见上海市政协文史资料委员会编:《上海文史资料存稿汇编》(7),上海古籍出版社2001年版,第253页。
② 《慈溪张啸林先生六秩大庆征文启》,见中国蔡元培研究会编著:《蔡元培全集》第18卷,浙江教育出版社1998年版,第577页。

后经济重建中曾经发挥了重要的作用。

1945年8月13日上午11时,中国工业全国协会总分会、迁川工厂联合会全体理监事在重庆迁川大厦举行紧急联席会议,宁波帮工业家余名钰、胡西园等出席会议。会议讨论了请政府积极奖助后方工业以及组织各地工业复员协进会、迅速调查各工厂情况、各工厂损失赔偿问题、邀集行政当局讨论复员等问题并作出相应决议。关于呈请政府积极奖助后方工业,会议认为后方工业界八年来对国家军需民用贡献厥伟,自有请求政府协助重建新厂的权利,具体内容有请求政府继续战时生产订货制度到复员工作完成为止,借以维持后方工业生存并保障国防安全;继续工贷政策并降低后方工业界贷款利息直到复员工作完成;对后方工业界有突出贡献者应有奖励。请政府尽快成立接收敌伪产业相关机构并请后方工业界人士参加;后方工业界有优先获得赔偿及代营接收敌伪工厂的权利;资助内迁工厂回迁全部运费及给予交通运输便利;内迁工厂与国营工厂平均分配美国租借法案内运新机器等。①

8月25日,迁川工厂联合会、全国工协总会、全国工协渝分会等各工业团体根据8月13日会议关于邀集行政当局讨论复员问题的决议,在重庆江苏同乡会会所召开联合大会,并邀请行政院副院长兼经济部部长翁文灏到会,出席此次会议的有会员和来宾160余人。会议开始后,首先由工商界代表致开会辞并当场宣读工商界共同拟具的工业复员方案呈请政府代表方面批准。之后,即请翁副院长演讲,翁文灏首先讲,中国工业界因战事关系须渡过三个时期:第一为抗战时期,第二为复员时期,第三为建设时期,现在正处于第二个时期。他表示经济部现在已将收复区分为江浙区、辽吉黑区、冀鲁察热区、晋豫绥区、鄂湘赣区、粤桂闽区及台湾区等七区进行接收工作。关于后方工业,他表示:"至目前后方工业亦有吾人予以帮助之必要,政府已筹划数项办法,现尚未经最高当局核定,故办法内容不便发表。但综括言之约为两点:一、政府对后方工业如何积极帮助,二、后方各种工业本身在目前状况下应如何努力。"②工业界有关人士在回忆此次会议上翁文灏的演讲及与会者的反应时说:

> 国民政府经济部长翁文灏在大会上强调,复员是一个长

---

① 《中国全国工业协会总分会、迁川工厂联合会全体理监事紧急联席会议记录》(1945年8月13日),重庆档案馆藏,豫丰纱厂档案全宗。
② 《工业团体联合大会翁文灏部长讲工业复员》,《中央日报》1945年8月26日,第3版。

期性的工作,有许多严重的困难,并说同盟国也有类似问题等,来掩饰当局的责任。对于目前的救济问题,他再三强调政府有许多困难,不能一概加以救济,要看对象,是否对政府有帮助,是否值得救济;并说工业界本身要减低成本,合并小厂,实在不能支持的就只好停工等等。这一番话遭到了与会代表的猛烈抨击,会场上嘘声四起,特别是中小厂家情绪更为愤慨。中小厂代表陈钧当场指责翁的讲话是学术讲演,对实际问题毫无裨益。他说:我们中小工厂跟着政府吃苦耐劳支持抗战,八年来,政府何尝帮助过我们中小工厂?今天终于迎来了胜利,却要淘汰我们中小工厂,叫我们自动结束,实在令人寒心。他责问翁文灏,为什么政府能拨 20 亿元给金融业周转,以支持投机商,却不能贷款救济工业界?今天的政府究竟是一个投机商政府,还是一个想要工业化的政府?他的话博得了一阵掌声和欢呼声。翁文灏开始极力为自己辩解、开脱,见毫无效果就中途退席。会议最后一致决定,推我和吴蕴初、章乃器、陈钧、许瘦锋、徐崇林等向当局陈述意见,如无结果便停工、罢市。第二天重庆好几家报纸详细报道了会议的情况。《商务日报》称:"一向平静的工商界,他们第一次波动起来了。"①

由于对 8 月 25 日翁文灏的讲话甚为不满,经过全国工协总会、全国工协渝分会、迁川工厂联合会协商,公推宁波帮工业家胡西园与后方工业界著名人士吴蕴初、胡厥文等为工业界的代表,8 月 29 日晋谒经济部长翁文灏、财政部长俞鸿钧,详陈最近工业界的困难危机,亟待政府援助。翁文灏当即表示:对机器钢铁业订货及向日用工业品工厂收购成品,已拟有办法,请示最高当局后可望批准。关于紧急工贷一节,须与财政部会商。其他援助办法,原则上均予采纳。俞鸿钧除对于目下工业界表示同情援助外,还表示对于四联放款手续,将尽量求其简化、快捷,以资救济。②

9 月 1 日,胡西园受各工业团体推举,再次谒见财政部长俞鸿钧,详述工业界亟须救济之情形。俞鸿钧面告胡西园,关于紧急工贷部分,已

---

① 胡厥文著,胡世华等整理:《胡厥文回忆录》,中国文史出版社 1994 年,第 72—73 页。
② 《工业界亟待援助 公推代表谒财经两部长》,《中央日报》1945 年 8 月 31 日,第 2 版。

核定50亿元,机器、房地产、成品、原料均可抵押,手续当力求简便,至于订货收购成品部分,胡氏定明日再谒经济部翁部长请示办法。① 同日国民参政会驻会委员会也邀请包括宁波帮工业家胡西园、余名钰在内的后方工业界人士到会,商讨关于救济目前工业界危机之有效办法,彼此交换意见,商讨达3小时,并计划将商讨结果向政府建议,促政府迅速办理。②

1945年9月21、28日,西南实业协会为大后方工业问题,连续举行两次星五聚餐会进行讨论,交换意见。在9月28日的星五聚餐会上,胡西园就抗战胜利与相关政府当局接洽的情形作了介绍并谈了自身感受最深的两点问题,他说:"第一个是政府缺少分层负责的精神。一个月来我们分向各机关接洽,初则主管长官不明了目前情形,经过一再解释提出各项事实反复说明,方才明了。主管长官明了,中枢仍然不明了。我们花了一个月的精力与时间,所得的结果是如此。不过我们有一点要请各位注意,对于任何事,必须明是非,知善恶。此次五十亿的工贷,在俞部长方面对于工业界算是尽力了,因而受到了别人的责备。翁部长对工业界是非常同情,但是中枢不了解……第二是在这次交涉中,体验到现在政府主管人员的态度,可以大别为两类:一类是敷衍塞责,一类是刚愎自用。"③两次聚餐座谈会后,各工业团体公推包括宁波帮工业家胡西园在内的多位工业界著名人士负责向各方面征求意见,定期召开中外记者招待会,并向蒋介石和国民政府当局提出后方工业界关于工业复员以及救济后方工业的具体意见。

10月4、5日,包括胡西园在内的后方工业界代表晋见行政院长宋子文(蒋廷黻代为接见)、文官长吴鼎昌,陈述后方工业危机及挽救办法建议,并呈递工业建国计划建议书。由于仍不见任何效果,10月31日上午,后方三工业团体在重庆合作举行紧急联合大会,到会厂商代表300多人,经济部、社会部、战时生产局、重庆市政府等均派代表与会。大会通过了《后方工业界对目前紧急情势宣言》,提出了请求政府拨款100亿元订货收购后方工业成品以解决后方工业危机、从速召集工业复员会议以

---

① 《紧急工贷50亿元 救济工业界困难》,《中央日报》1945年9月2日,第3版。
② 《紧急工贷50亿元 救济工业界困难》,《中央日报》1945年9月2日,第3版。
③ 《星五聚餐会工业问题座谈会纪录》(1945年9月28日下午),《西南实业通讯》第12卷第1、2期合刊,1945年8月31日(实际出刊应在9月底以后),第22页。

确定战后工业复员和建国方针、兴建西南西北公共工程以利工业发展、后方民营工业家参与接受和经营原日伪工矿等。同时大会还决定组织请愿团,向行政院请愿。① 会后经过一个小时左右的准备,100多位厂商代表组成的请愿团,到上清寺行政院向宋子文请愿。他们在向行政院递上请愿书后被要求推举代表到院长办公室谈话,于是请愿团推出胡西园等人为代表入院长办公室交涉。胡西园后来回忆说:

> 我们五个代表上楼进入院长办公室去见宋子文。胡西园首先对宋说:"我们到这里来,事前没有同院长联系,使院长受惊,事实上我们并没有吓人的意图,而是要院长为我们解决迫在眉睫的紧急问题。这整个请愿团的成员,都是工厂的老板,我们是遵守秩序的,也懂得纪律,唯一的要求是我们要生产,并无其他恶意,请你放心。"接着胡厥文把内迁工厂联合会会员大会第一次会议的四项决议申述了一遍,并补充理由,说得非常详尽。宋听了后说:"你们讲的许多道理,我听了莫明其妙,这等于对牛弹琴。"鄞云鹤就说:"院长太客气了,中国人才无论怎样缺乏,不致于要牛来当院长。"宋强笑说:"老实讲,中国以后的工业,希望寄托在美国的自动化机器上。你们这批破破烂烂的废铜烂铁,济得什么事呢?你们要办工业,也要跟上时代,才不致于被外国人所淘汰。"代表们听了宋的话,大为不满,于是列举各地内迁工厂对抗战的贡献,及战后这批工厂有很大潜力可以发挥,对以后国民经济将起极大作用,等等。宋终以理屈词穷,勉强接受了请愿书,允为核办。②

在代表们的一再质问下,宋子文只得推辞说待翁文灏部长从外地回来后请其合理解决。于是请愿代表们只好退出。这次请愿在后方工业史上曾经留下了深深的历史印记,《大公报》记者在一年后还写道:"去年今日,一百多位厂家代表,冒着霏霏的细雨,鹄立于曾家岩行政院的草坪上,从日中守候到黄昏,请宋院长伸出救援的手,队伍里有五六十岁的长者,都为这而气得老泪纵横,可是没有任何结果,就黯然散去了。"③民族

---

① 胡厥文著,胡世华等整理:《胡厥文回忆录》,中国文史出版社1994年版,第78页。
② 胡西园:《抗战胜利内迁工厂陷入困境》,《工商经济史料丛刊》1983年第2辑,第98—99页;并参见胡西园:《中国电光源之父胡西园自述——追忆商海往事前尘》,中国文史出版社2006年版,第185页;许家骏等整理:《铅笔大王——吴羹梅自述》,中国文史出版社1989年版,第89页。
③ 黄克夫:《搁浅中的西南工业》,《西南实业通讯》第14卷第5、6期合刊,1946年12月30日,第43页。

工业家对于国民政府的离心倾向明显加大了。请愿后第二天,胡西园等人又作为后方工业界的代表找到翁文灏将请愿经过向翁说明,翁文灏表示这个问题要迅速解决,唯一的希望是要蒋主席表态,作最后的决定。此时重庆一家由外籍人士办的英文报纸《自由西报》将工业界的请愿情形加以详细报道,并加上按语。大意说:一个资本主义国家的最高行政机关行政院被本国的资本家所包围,一个国家的最高行政长官行政院长,被群众所窘,弄得被迫屈服,这真是一桩世界新闻云云。这个报道引起外国使节和外交界的纷纷议论。就在工业界代表向行政院请愿的同日,包括宁波帮企业渝鑫钢铁厂等迁川工厂联合向国民政府发出要求救济的呼吁,呼吁书中表示"工业已陷绝境,进退均感失凭"①。在内外压力下,工业界代表在请愿后的第5天,终于得到蒋介石的接见。代表们向蒋介石当面呈递了事先由工业界精心准备的9点书面意见,并口头表达了请求政府拨款100亿元,从速召集工业复员会议等相关要求。在工业界与蒋介石会晤的几天后,财政部通知中国全国工业协会,政府决定拨款40亿元收购民营机器成品,并发放工业贷款50亿元。② 由此,后方工业界终于得以缓过一口气来。同时,也正是在这种令人身心俱疲的交涉中,迁川工厂联合会的部分领导人,开始与中国职业教育社的黄炎培紧密合作,以迁川工厂联合会和中国职业教育社为基础,开始了筹备中国民主建国会的工作。③这是后方工业团体发展演变过程中由"在商言商"到关注并参与政治的重大转变。

经济复员或工业复员对于整个宁波商帮而言都是一个非常痛苦的历程。刘氏企业在抗战时期的大后方有所发展,但抗战结束后,刘鸿生曾经说:"我原来在上海是大老板,到了重庆却成了大老板的伙计。"④他曾以内迁厂中国毛纺织厂名义向国民政府有关方面提出承购或承租接收日伪在沪毛纺织厂,并取得经济部部长翁文灏的同意及经济部苏浙皖区特派员办公处通知。1945年10月18日,刘鸿生派中国毛纺织厂副经

---

① 中国第二历史档案馆编:《中华民国史档案资料汇编》第5辑第3编财政经济(5),江苏古籍出版社2000年版,第512页。
② 胡厥文著,胡世华等整理:《胡厥文回忆录》,中国文史出版社1994年版,第76页;许家骏等整理:《铅笔大王——吴羹梅自述》,中国文史出版社1989年版,第90页。
③ 胡厥文著,胡世华等整理:《胡厥文回忆录》,中国文史出版社1994年版,第78页。
④ 刘鸿生:《我作为一个实业家的经历》,见上海社会科学院经济研究所编:《刘鸿生企业史料》下册,上海人民出版社1981年版,第465页。

理徐谟君赴沪,准备办理相关手续。但不久即由于国家资本筹组国营中国纺织建设公司,刘鸿生的愿望落空。他非常气愤,联合川康毛纺厂等西南地区7家毛纺织厂致函有关方面,指责中纺公司"借国营之威,而营企业独裁之实"①,但承购、承租日伪毛纺织厂的愿望终究难以实现。

在通货膨胀日趋恶化的情况下,南京国民政府不是采取措施平衡预算,减少货币发行,而是加强经济管制、增加税收,引起资本家的强烈不满。民丰造纸厂资本家金润庠对管制政策下燃煤配给的不公和办法的刻板满腹怨言:"国营可得燃料管理委员会配给煤,民营配到者少,黑市煤价与配给煤价相差一倍半。本人有厂在嘉兴、杭州,但(上海)燃管会不配外埠煤斤,故无法得到。自己在淮南购得煤1000吨,请燃管会发许可证,亦不发给,谓如果运到浦口,燃管会依旧要收买。这不是逼着我们关厂吗?"②

1948年秋,解放战争进入决战阶段,国民党政权面临的财政经济形势也更加严峻,在此情形下,蒋经国以特派员身份到上海,邀集包括刘鸿生在内的上海工商界著名人士到南京路汇中饭店谈话,并指名要求刘鸿生带头,交出全部黄金、美钞、外汇,向国民政府中央银行兑换金圆券。一周后,蒋经国再次召集刘鸿生等参加相关会议,并向刘鸿生发出威胁性警告,胁迫其交出黄金、美钞、外汇。在此情况下,刘鸿生只得赶忙召集紧急会议,忍痛作出决定:上海水泥公司、中华码头公司、章华毛纺织厂和华东煤矿等企业,交黄金800条,美钞230万元,银元数千,一概兑换成金圆券。③ 黄金、外汇换来的金圆券天天贬值,不久即变为废纸。如此一场浩劫,给刘氏企业带来沉重打击。刘鸿生本打算在迫不得已的时候将各项事业随国民党政权迁往台湾,并为此作了相当充分的准备,如派刘念智到台湾,在台北购置了大批房地产,筹办糖果厂,在高雄筹建化工厂,还把刘家各房兄弟姐妹所有的金银财宝集中,分装若干箱,托中兴轮船公司运往台湾,交刘念孝、刘念忠保管。④ 但是,国民党政府和蒋经国通过金圆券从刘氏企业和刘氏家族劫夺黄金、美钞的残酷现实,使刘鸿生深切地感到台湾也不会是安乐窝,对国民党的国民政府彻底绝望。

---

① 上海社会科学院经济研究所编:《刘鸿生企业史料》下册,上海人民出版社1981年版,第244页。
② 陈真等编:《中国近代工业史资料》第4辑,三联书店1961年版,第586页。
③ 刘念智:《实业家刘鸿生传略——回忆我的父亲》,文史资料出版社1982年版,第109页。
④ 刘念智:《实业家刘鸿生传略——回忆我的父亲》,文史资料出版社1982年版,第110页。

(二) 中国共产党拉住宁波商帮的政策

中国共产党的第一代领导人毛泽东、周恩来对宁波商帮在工商业中举足轻重的地位有深刻的认识。如前所述，抗战时期，中共中央南方局书记周恩来就以八路军驻渝办事处负责人等身份参观内迁重庆的渝鑫钢铁厂并题词留念。重庆谈判刚刚结束，周恩来就应西南实业协会之邀到闻名于实业界的星五聚餐会上，发表了著名的演讲——《当前经济大势》，面对数百名大后方企业界人士，阐述中国共产党有关保护民族工商业政策的根本方针及具体内容，而这次聚餐会的主持人就是宁波帮工业家胡西园。

抗战胜利后政治、经济重心再次东移，1946—1947 年中共中央相继在上海设立中共代表团办事处并重建中共中央南方局，利用工商实业界举办的各种聚餐会、经济学术团体、亲友关系等开展和加强对上海为中心的江浙资本家的统战工作。如盛丕华、包达三、张绚伯等人在上海红棉酒家组织的星期聚餐会，主动靠拢和接受中国共产党的领导，对上海中共地下党领导的爱国民主运动做了不少有益的工作。他们在聚餐活动时，经常交换对时局的相关信息和各自意见，传播中共的政策信息等。① 实业家黄延芳在宁波帮中很有威望，对国民党挑起内战十分不满，也经常参加红棉酒家的聚餐会，思想日趋进步。当包达三、盛丕华等组织上海各界人士赴南京向国民政府请愿代表团的时候，考虑到黄延芳社会声望高，适合当工商界代表，于是前往动员。黄延芳欣然接受盛丕华的邀请。1946 年 6 月 23 日包括盛丕华、包达三、黄延芳等宁波帮著名工商业者在内的 11 名各界人士组成的上海各界人民和平请愿团乘坐的列车自上海北站开出抵达南京下关车站，部分代表还遭特务殴打、侮辱，发生震惊中外的"下关事件"，舆论哗然。1946 年初秋周恩来、邓颖超到上海，拜访黄延芳并晤谈。上海解放前夕，黄延芳被列入国民党特务暗杀的黑名单。中共地下组织及时通知，黄延芳避居上海英商太古洋行安德鲁家中，直到上海解放。② 以王性尧为中心的星五聚餐会，参加者多是工商界有影响的资力较为雄厚的资本家和社会名流，议论的多是与资本家切身

---

① 黄逸峰、姜铎、唐传泗、徐鼎新：《旧中国民族资产阶级》，江苏古籍出版社 1990 年版，第 516、620 页。
② 汪仁泽：《著名实业家、民主斗士包达三》，见上海市宁波经济建设促进协会、上海市宁波同乡联谊会编《创业上海滩》，上海科学技术文献出版社 2003 年版，第 290 页；汪仁泽、孙善根：《上海商界著名爱国民主人士黄延芳》，见上海市宁波经济建设促进协会、上海市宁波同乡联谊会编《创业上海滩》，上海科学技术文献出版社 2003 年版，第 255—256 页。

利益相关的问题,通过餐叙增加对中共工商业政策的了解。中共地下党还利用刘鸿生的六子刘公诚是中共党员的特殊渠道做刘鸿生的工作。

1949年3月中下旬,宁波帮工商界代表人物盛丕华、包达三、张绚伯、李康年等与黄炎培等一道作为上海民主建国会主要负责人秘密从上海乘船经天津到达北京,并于4月15日受到毛泽东的接见并聚餐座谈,盛丕华提议组织顾问团南下,协助上海解放后的经济接管工作。① 4月7日,毛泽东电告华东局邓小平、饶漱石、陈毅:"上海民主建国会主要负责人黄炎培、章乃器、盛丕华、包达三、张绚伯、施复亮等已到北平,表示向我们靠拢。他们是上海自由资产阶级的代表。我们认为,接收及管理上海如果没有自由资产阶级的帮助,可能发生很大的困难,很难对付帝国主义、官僚资本及国民党的强大的联合势力,很难使这些敌对势力处于孤立。这件事,你们现在就应开始注意。因此,请你们考虑,是否有必要在没有占领上海以前,即吸收他们参加某些工作。而在占领上海以后,则吸引更多的这类人物参加工作。如果允许他们参加工作,采取何种方式为宜,设立某种咨询机关例如参议室之类是否适宜,请考虑答复。"②

当解放战争进入尾声,解放大军开始在"将革命进行到底"的号召下向东南沿海挺进之时,毛泽东特意于1949年5月6日致电前方将领粟裕(第三野战军副司令员兼第二副政治委员)、张震(第三野战军参谋长)并嘱转令所部谭启龙(第三野战军第七兵团政治委员)、王建安(第三野战军第七兵团司令员)、姬鹏飞(副政治委员兼政治部主任),同时嘱其告知陈毅(第三野战军司令员兼政治委员)、饶漱石(华东军区政治委员)、刘伯承(第二野战军司令员)、邓小平(第二野战军政治委员)等,电报中明确指示:"在占领奉化时,要告诫部队,不要破坏蒋介石的住宅、祠堂及其他建筑物。在占领绍兴、宁波等处时,要注意保护宁波帮大中小资本家的房屋财产,以利我们拉住资本家在上海和我们合作。"③显然,毛泽东力图通过保护宁波帮大小资本家财产房屋的实际行动,达到争取整个上海资本家与中国共产党合作的目的。

---

① 黄炎培:《黄炎培日记》第10卷,华文出版社2008年版,第198、214页;陆和建:《上海资本家的最后十年》,甘肃人民出版社2009年版,第107页。
② 毛泽东:《注意吸收自由资产阶级分子参加工作》,《毛泽东文集》第5卷,人民出版社1996年版,第274页。
③ 毛泽东:《占领吴淞嘉兴等地应注意的问题》,《毛泽东文集》第5卷,人民出版社1996年版,第290页。

(三) 去留之间

在1947年到1950年中国军事、政治形势发生历史性转折和政权更迭的重大历史关头,以上海为重心的中国金融实业界出现了一个以香港为主要目的地的颇具规模的资金、工厂南迁潮。这次南迁潮源自1947年下半年内战规模的持续扩大,东北战局胶着并向关内蔓延。于是东北的资金向华北的天津流动,华北平津的资金,向上海集中,再由上海向香港流动。与此同时,"许多工厂也纷纷南迁,其趋势且方兴未艾"①。据有关报道:1947年下半年由内地迁港或在香港设立分厂的南迁工厂已有50多家,②颇具声势,对于宁波商帮中的大小资本家来说,面临着各种不同的选择:留在大陆,去香港或台湾,或到海外其他地方。从总体上看,宁波帮工商业者大部分都留在了大陆,同时也有为数不少的人去了港台和海外。当然无论是留是去,大多经历了去留皆彷徨的艰难选择,刘鸿生及其家族在去留问题上就是一个典型。有一部分出走的宁波帮工商业者则是对于国内纷繁的经济政治混乱局面,尤其是对于南京国民党政权后期的腐败感到厌倦,而自动出走,去香港的人中持这种心态的比较多。当然也有一部分宁波帮工商业者的出走是出于对政权更迭的担心和惧怕。

抗战时期刘鸿生在重庆见过周恩来两次,并对其留下了良好、深刻的印象,认为周恩来谦逊和蔼、平易近人,没有官架子,是个伟大的人物。国共重庆谈判期间,刘鸿生又两次见到毛泽东,觉得毛泽东文质彬彬而胆量过人,讲话充满自信和感染力。不过,尽管他通过接触,了解了毛泽东和周恩来,而且对他们颇为钦佩和崇敬,但作为一个资本家,他是反对共产主义的,对中国共产党存有戒心,认为"共产党决不会和我们真正交朋友"③。在渡江战役前夕,刘鸿生几度召集家庭会议,讨论应付紧急情况的办法。家庭成员说来说去,免不了是"脚踏两条船","不要把所有的鸡蛋放在一个筐子里"的想法。刘公诚的让大家坚定信心、相信中共保护民族工商业的政策抛弃怀疑顾虑态度的主张则得不到大家的重视。④在这种情况下,刘鸿生决定把事业南迁至香港。1949年初,刘氏各企业

---

① 《资金南流与工业南迁问题》,《资本市场》第1卷第5号,1948年5月,第65页。
② 《工业南迁》,《经济周报》第6卷第18期,1948年5月,第336页。
③ 刘念智:《实业家刘鸿生传略——回忆我的父亲》,文史资料出版社1982年版,第110—111页。
④ 刘念智:《实业家刘鸿生传略——回忆我的父亲》,文史资料出版社1982年版,第112页。

负责人在刘鸿生的鼓励下有计划地将外汇、资金、原材料、成品等价值500万美元的财产转移到香港。在上海解放前3天,刘鸿生被陈保泰亲带2名武装人员强行送上飞往广州的飞机。刘鸿生到广州后,设法避开特务的监视,于5月底到达香港。香港当时成为各派政治、经济力量公开或秘密展开激烈斗争和争夺的场所,国民党方面许以高官厚禄,竭力拉拢他去台湾。共产党方面也派人到港劝他返回上海,为建设新中国尽力。但是刘鸿生对返回上海顾虑重重,他后来说:"我踌躇,因为我认为共产党解决不了上海的米和煤的基本问题,更不用说所有其他复杂的经济问题了。我顾虑,因为我不知道共产党将会怎样对待我。但是有一点我是肯定的,只要蒋介石统治中国,中国是没有希望的。"①经过相当长时间的犹豫和彷徨,当刘念义再次到香港劝说的时候,刘鸿生终于下定回国决心,他对刘念义说:"我已经是六十出头的老人了!我的事业都在国内,不想留在海外做'白华'。现在你们都盼望我回去,我一个人流落在海外,有什么意思呢!我决定回去。"②这样在1949年11月初的一个深夜,刘鸿生在二子刘念义的陪同下,避开特务的监视,搭上英国太古公司的轮船离开香港,前往天津。刘鸿生到天津后,很快接到政务院总理周恩来邀请他到北京会晤的电报。第二天上午,刘鸿生、刘念义父子即进京与周总理会晤,一谈就是两个半小时。刘鸿生事后说:"我还不能完全理解总理的意见,但是他的坦率态度,使我开始消除了对共产党的疑虑。"③回到上海后,刘鸿生又受到上海市市长陈毅的接见,陈毅勉励他与人民政府合作,为恢复和发展上海经济共同努力。

当然自愿出走香港的宁波帮企业家也为数不少,如王启宇等。王启宇肄业于上海圣约翰大学,1913年在上海创办小作坊性质的达丰漂炼染色工场,后经营逐渐扩大,并于1920年在上海创办振泰纺织厂。1921年王启宇在上海创办中国第一家棉布机器漂染厂——达丰染织股份有限公司,之后又创办宝兴纱厂等企业。"八一三"事变爆发后,宝兴纱厂遭日军炸毁,损失惨重。达丰诸厂也相继被日军侵占。王启宇离开上海,誓拒与敌合作。为谋求生存,达丰厂与英商信昌洋行达成协议,将达丰厂改为信昌染织厂。1938年5月在延平路171号建印染工场,名为达丰

---

① 刘鸿生:《我作为一个实业家的经历》,《中国建设》,1953年第6期。
② 刘念智:《实业家刘鸿生传略——回忆我的父亲》,文史资料出版社1982年版,第116页。
③ 刘念智:《实业家刘鸿生传略——回忆我的父亲》,文史资料出版社1982年版,第116页。

股份有限公司印染厂。1939年,达丰、振泰、宝兴三厂合并改组为英商中纺公司,下辖中纺一厂(宝兴)、中纺二厂(振泰)、中纺三厂(达丰),王启宇为董事长兼总经理,资本1500万元,并在香港注册。1941年底日军侵占租界,中纺公司诸厂一度落入日军之手,1943年中纺公司诸厂通过汪伪政府归还原主。① 当1948年上半年工厂南迁潮开始之际,中纺公司就在香港创办了香港棉纺厂,拥有纱锭37000枚,相当于中纺规模的约3/4,并有8000锭迅速开工生产。② 纺织工业是1948年上半年开始的工厂南迁中"规模最大和最为活跃的主流"③。

值得注意的是,在去留两难的艰难选择中彷徨不定的宁波帮工商业者,做两手准备的企业家和家族也为数不少。如遵循"不把所有鸡蛋放一个筐子里"原则的刘鸿生企业和刘鸿生家族中,大中华火柴公司、上海水泥公司、章华毛纺厂的刘念仁、刘念礼、程年彭等去了香港、台湾,刘鸿生、刘念义、刘念智及华东煤矿另一大股东严惠宇留在上海。中国钟厂的王宽诚在香港,而李康年则留在上海。④

---

① 李瑊:《上海染织业先驱王启宇》,见上海市宁波经济建设促进协会、上海市宁波同乡联谊会编:《创业上海滩》,上海科学技术文献出版社2003年版,第260页。
② 《资金南流与工业南迁问题》,《资本市场》第1卷第5号,1948年5月,第67页;陆和建:《上海资本家的最后十年》,甘肃人民出版社2009年版,第103页。
③ 《资金南流与工业南迁问题》,《资本市场》第1卷第5号,1948年5月,第67页。
④ 李文杰:《中国民族工商业者的海外关系》,见全国政协文史资料研究委员会编:《工商经济史料丛刊》第3辑,文史资料出版社1984年版,第134—135页。

第四章　20世纪50年代以来的宁波商帮

1949年中华人民共和国成立，半殖民地半封建的中国一变而为独立自主的社会主义新中国，中国历史翻开了新的一页。新中国成立以来，经过生产资料所有制的社会主义改造，建立了社会主义国有经济。同时，由于社会主义制度还处在初期阶段，新中国在社会主义改造、社会主义建设的进程中也走了不少弯路。1978年年底党的十一届三中全会后，党领导国家和人民进入改革开放的新时期。20世纪50年代以来，当代宁波商帮包括港澳台、海外宁波商帮与改革开放后形成和发展起来的新宁波商帮两部分，这是宁波商帮的现代化与全球化进一步发展的时期。

第一节　港澳台、海外宁波商帮的奋斗与辉煌

当代港澳台及海外宁波商帮是明清以来宁波商帮在海外发展的延续，20世纪四五十年代大批宁波帮人士移民港澳台以及海外。这次移居海外的宁波帮中，有一批实力雄厚、经验丰富的工商企业家、金融家、学者、社会名流，如宋汉章、王宽诚、周宗良、俞佐庭、厉树雄、王启宇、李惠利、金宗城、董浩云、包兆龙、包玉刚等。这批宁波帮企业家的移居地以港澳台和北美为主，南美、西欧、日本、东南亚也有一定比重，对于移居地的经济发展都作出了一定的贡献，对香港的经济发展和繁荣贡献尤其突出。20世纪70

年代末中国改革开放后,又有一批宁波籍人士由于经商、留学等移居海外,这些人与老一代海外宁波帮的子女辈,逐渐形成海外新一代港澳台及海外宁波商帮,其中也颇有一批佼佼者。

一、当代宁波商帮对香港经济发展和繁荣的贡献

位于珠江口的香港在沦为英国殖民地之后,在很长的一个历史时期主要是一个转口港。但是第二次世界大战后,特别是中华人民共和国成立及朝鲜战争爆发后,以美国为首的西方世界对新中国实行贸易封锁,使依赖中国贸易的香港经济发生重要变化,港英政府和香港商业团体开始把目标转向工业生产。其后几十年中,香港工业化取得了骄人的成果,特别是20世纪中期来自上海的企业家发挥了极为重要的作用。[①] 这些来自上海的移民企业家从事的行业主要集中在纺织、建筑、金融、航运、电影、地产等领域,其中有约三分之一的上海移民企业家投身于纺织工业。[②] 这股来自上海的经济力量中,宁波商帮的经济力量占有重要比重。著名余姚籍银行家宋汉章于1949年去南美洲的巴西,1963年回香港定居。宁波帮颜料大王周宗良于1948年6月南迁香港,并将资产转移到海外的南美、瑞士、德国等地。担任过四明银行总经理的俞佐庭在上海解放前夕移居台湾,后返迁香港。不少人成为香港各行各业中的翘楚,如纺织工业中的王统元、陈廷骅、曹光彪、厉树雄、安子介、包从兴,航运业中的包玉刚、董浩云,影视业中的邵逸夫、邱德根、袁仰安,酒店业中的李达三等。其中,包玉刚、董浩云等更是在全世界都有重要影响的宁波帮企业家。

(一)宁波商帮与当代香港纺织业

20世纪50年代香港纺织业的兴起,主要得益于来自上海的一批纺织业大亨,其中王统元、陈廷骅、曹光彪、安子介、王启宇、厉树雄、包从兴、赵安中等著名企业家都是宁波人。[③]

宁波商帮中从上海到香港经营纺织业的著名代表人物王统元,1908出生于经营纺织业的宁波工商家族,曾经由上海圣约翰大学留学英国,学习纺织技术。1933年回国后,王统元即在上海经营纺织工业。在上海

---

① 冯邦彦:《香港英资财团》,东方出版中心2008年版,第165页。宁波慈溪籍企业家阮维扬(1902—1989年),1930年到香港经商,可能是最早到香港经商的著名宁波帮企业家。参见沈雨梧编著:《走向世界的宁波帮企业家》,生活·读书·新知三联书店1990年版,第95—98页。
② 黄绍伦著,张秀莉译:《移民企业家:香港的上海工业家》,上海古籍出版社2003年版,第2—6页。
③ 冯邦彦:《香港华资财团》,东方出版中心2008年版,第139页。

工业南迁大潮风起云涌的1948年，王统元选派优秀技术人员和熟练工由上海到香港，创办了香港纺织有限公司。1949年，王统元携家人移居香港。王统元创办的香港纺织有限公司在50年代末已经拥有纱锭45440枚，是香港当时规模最大、设备先进的纺织厂，产品远销英美市场。王统元成为香港纺织行业的主要先驱之一。[①] 王统元之女王培蘐女士继承家族事业，也是香港著名的纺织及成衣工业家。

宁波籍香港企业家陈廷骅（1920—　），出身于宁波布商家庭，先在上海经商，1950年迁香港。在老一代宁波商帮著名颜料大王周宗良的帮助下，1954年陈廷骅创办香港南丰纺织有限公司，从事棉纺织业。到1960年，南丰纺织公司的纱锭已经超过5万枚，资本增加到港币600万元。1969年，南丰纺织有限公司改组为南丰纺织联合有限公司，1970年成为香港上市公司，资本达到港币4500万元。20世纪70年代中期，南丰集团制定了多元化发展战略，业务扩展到地产等行业，同时仍在纺织行业中稳步发展。到1987年，南丰纺织的纱锭达到10万多枚，陈廷骅也成为香港著名的棉纱大王。南丰集团财力雄厚，是香港十大著名财团之一。

鄞县籍香港企业家曹光彪（1920—　），出身于宁波商业家族，早年在上海经商，1949年到香港，1954年创办毛纺织厂，开始在毛纺织业大展身手。1964年曹光彪创办香港永新企业有限公司，先后在香港、澳门、葡萄牙、毛里求斯、美国、法国、德国、荷兰设分厂或合营厂。由此，曹光彪成为香港著名的毛纺大王。曹光彪还以毛纺织业为依托，向航空等经营领域发展，与包玉刚等合作投资创办港龙航空公司。后包氏退出，曹光彪担任港龙航空公司董事会主席。

定海籍企业家安子介（1912—2000），毕业于上海圣芳济学院经济系，曾任职于香港进出口商行和重庆国民政府中央信托局，1948年移居香港，先后参与创办香港华南染厂、中南纺织厂、永南纺织厂等企业。1969年，安子介与人合资创办香港南联实业有限公司并任董事局主席。该企业集纺织、漂染、针织、毛纺、制衣为一体，下属公司有70多家，产品远销世界各国，是20世纪六七十年代香港经济起飞的龙头企业之一，[②]蜚声中外，在战后香港工业发展和国际贸易中占有重要地位。70年代中

---

① 冯邦彦：《香港华资财团》，东方出版中心2008年版，第139—140页。
② 陈炎：《陈炎文集》第3卷，中华书局2006年版，第1273页。

期以后,南联适应世界经济形势变化,业务扩展到地产、航运、电子等方面,形成多元化发展格局。安子介自20世纪60年代起,还先后担任香港贸易发展局主席、工业总会主席、训练局主席等重要职务,为香港纺织业打开世界市场作出了艰苦的努力和杰出的贡献。在香港回归过程中,安子介还担任香港特别行政区基本法咨询委员会主任,为香港回归及平稳过渡作出了显著贡献。

定海籍企业家王启宇(1883—1965),上海圣约翰大学肄业,1913年在上海创办小作坊性质的达丰漂炼染色工厂,后经营逐渐扩大。1920年集资银80万两,在上海创办振泰纺织厂。1921年达丰漂炼染色工厂增资50万两改组为达丰染织股份有限公司,1923年进一步增资200万两,该企业发展成为中国近代最大的纺织染联合企业,王启宇也成为我国染织业重要开拓者之一。① 1950年王启宇移居香港,创办香港、九龙等纱厂,并担任香港棉纺织业同业公会理事长,是开拓香港现代棉纺织业的重要人物。王启宇之子王福元(1917—   )投资香港制衣业,由其创办的怡泰制衣集团是总部设在香港的世界著名制衣业跨国企业集团。

定海籍企业家厉树雄(1891—1987),生于上海,18岁起即在上海经商,曾在上海、宁波及江浙各地参与投资、经营和创办了一系列企业,涉足保险、房地产、金融、纺织、对外贸易等行业。历任地丰地产公司经理、中国通商银行常务董事、上海中新纱厂董事、湖北汉冶萍钢铁公司董事、丰盛实业公司常务董事、宁波永耀电力公司总经理、宁波和新纱厂总经理等职。1931年创办上海毛绒厂,该厂生产的"小囡牌"绒线闻名遐迩。1948年厉树雄移居香港,不久创办香港信昌机器公司。1950年朝鲜战争爆发,香港转口贸易受到美国经济封锁的影响大受打击。厉树雄联络香港纺织工业同业人员,将17家棉纺厂中的14家组成联营机构,从事印染整等纺织业务,产品打入国际市场,为香港纺织工业的飞跃发展奠定了基础。厉树雄主持的信昌机器公司对香港兴建住宅、水库、机场、码头等也作出了重要贡献。

镇海籍香港企业家包从兴(1921—   ),镇海庄市人,幼年就读于当地由叶澄衷出资创办的中兴学校。1935年14岁的包从兴离家到上海当学徒,抗战时期一度到重庆经商,后回到上海经商。1946年移居香港,创

---

① 李瑊:《上海染织业先驱王启宇》,见上海市宁波经济建设促进协会、上海市宁波同乡联谊会编:《创业上海滩》,上海科学技术文献出版社2003年版,第258—260页。

办香港友宁纺织投资有限公司并任董事长。20世纪60年代包从兴在非洲加纳创办友邦、天马等纺织厂,并使之成为西非大规模的纺织集团。由此,友宁纺织投资有限公司发展成为跨国纺织集团企业。

镇海籍香港企业家赵安中(1918—2007),早年毕业于由叶澄衷创办的镇海中兴学校,后投身商界并于1947年移居香港,创办香港荣华纺织有限公司,后发展成为香港有名的纺织工业集团——荣华纺织集团。

(二)宁波商帮与当代香港、台湾轮船航运业

在20世纪50年代以前,香港的航运业几乎完全由太古洋行、怡和洋行等英资财团操纵,华商仅有几十艘客货轮船经营近距离船运。到50年代以后,随着香港和东亚、东南亚经济的发展,香港航运业也获得高速发展,一批华资航运集团应运而生,冲破英资主导香港航运业的局面。[①] 其中,宁波帮企业家包玉刚、董浩云是香港华资航运财团兴起的主要代表人物。

镇海籍企业家包玉刚(1918—1991),出生于宁波镇海县庄市钟包村一个商人家庭,其父包兆龙继承祖业先在汉口经营平和鞋帽庄,后到上海银楼、纸厂等任职。包玉刚早年毕业于著名宁波巨商叶澄衷在家乡创办的中兴学校,1931年到汉口随父学做生意,后转入英商安利洋行保险部任职。抗战爆发后,包玉刚曾经任职于中央信托局衡阳办事处、中国工矿银行衡阳办事处及重庆分行。抗战胜利后,包玉刚回到上海,先后被任命为上海市银行业务部经理、副总经理等职。1949年3月包玉刚携全家移居香港,集资开办新联公司任总经理,经营与内地的进出口贸易。受到美国对华禁运的影响,包玉刚经营的进出口贸易业务日益萎缩,经过慎重考虑,最终决定向航运业方向发展。[②] 1955年,包玉刚集资20万英镑(约合77万元港币)从英国威廉森公司买下一条建造于1927年、载重8700多吨的旧燃煤货船,取名为 Golden Alpha,即金安号,由此创办了香港环球轮船代理有限公司,经营印度与日本之间的煤炭运输,获得厚利。1970年环球轮船代理有限公司改组为环球航运集团股份有限公司。1972年包玉刚又创办环球国际金融有限公司。1973年2月美国《财富》杂志称包玉刚为"海上的统治者"。1976年3月美国《新闻周刊》封面

---

① 冯邦彦:《香港华资财团》,东方出版中心2008年版,第165页。
② 陆志濂:《包玉刚与环球航运集团》,见《宁波文史资料》第6辑,宁波市政协文史资料研究委员会1987年版,第12—13页。

文章称包玉刚为"海上之王"。① 到1980年,包玉刚所属环球集团的轮船达到202艘,总吨位达到2050万吨,比排名世界第二的日本三光船务公司多出一倍,直逼当时苏联全国商船总吨位,②成为名副其实的世界船王,也是"第一位华人世界船王"③。这时,他敏锐觉察到世界经济状况的巨大变动,毅然决定在海上航运事业之外,发展陆上事业。1980年6月,在被称为世纪收购战的九龙仓争夺战中,包玉刚从汇丰银行借款15亿元港币,然后召开记者会,宣布以个人和家族的名义,动用22亿元港币现金,作价每股105元收购2000万股九龙仓股票,把自己所持股份提高至49%。收购期只在周一、周二两天。同时宣布不买入怡和及置地手上的九龙仓股份。此外还在各大报纸上刊登大幅广告,宣布了反收购行动。④成功获得英资怡和集团控制的香港九龙货仓有限公司的控制权,这是包玉刚登陆战的第一场漂亮的胜仗,随之成为九龙仓有限公司第一位华人主席。香港九龙货仓有限公司创办于1889年,经营天星小轮和电车公司,在香港历史上占有极为重要的地位。1984年10月,包玉刚回到阔别数十年的家乡宁波访问,正式宣布捐资2000万美元创办宁波大学。当时担任宁波市委书记的葛洪升后来在回忆中评论道:"在众多海外宁波商帮的头面人物中,最早响应小平同志号召的是包玉刚先生。在宁波商帮为家乡兴办的众多公益事业中,影响最大的是包先生捐资创办的宁波大学。"⑤1985年3月,包玉刚在李嘉诚先生的支持下又成功全面收购香港英资四大财团之一的会德丰企业集团。由此,包玉刚不仅实现了经营战略由海洋到陆地的转移,成为香港实业界最有影响力的人物之一,而且弥补了英资撤出香港所留下的资本真空,为香港的平稳过渡作出了重大贡献。⑥ 此外,1985年10月,包玉刚与曹光彪一起创办香港港龙航空公司,并担任该公司董事局主席。1988年,包玉刚以10.54亿港元收购美国东部的奥丽酒店集团,该企业是美国第14大酒店集团。在收购会德丰

---

① 盛二龙、葛卫卫、储钧编:《包玉刚画册》,浙江摄影出版社1991年版,第241页。
② 冯邦彦:《香港华资财团》,东方出版中心2008年版,第169页。
③ 包陪庆:《包玉刚:我的爸爸》,浙江大学出版社2010年版,第204页。
④ 包陪庆:《包玉刚:我的爸爸》,浙江大学出版社2010年版,第207页。
⑤ 葛洪升:《宁波人民应当永远铭记他》,宁波市政协文史委员会编:《包玉刚与宁波开发开放》,中国文史出版社2008年版,第5页。
⑥ 庄凯勋:《"长风破浪会有时"——世界船王包玉刚的足迹》,见盛二龙、葛卫卫、储钧编:《包玉刚画册》,浙江摄影出版社1991年版,第18页;余贤群:《邓小平与包玉刚》,华文出版社2000年,第263页。

企业集团之后,包玉刚进行了一连串的资产重组,形成了一个以隆丰国际为龙头,包括九龙仓、置业信托、联邦地产、夏利文发展、连卡佛、联合企业、海港企业、宝福发展等9家上市公司的大规模综合性企业集团。①包玉刚被认为是1949年以后到香港的新一代移民企业家中"最杰出、最成功的一位"②。1991年9月逝世后,中国领导人邓小平、美国总统布什、英国首相撒切尔夫人、新加坡内阁资政李光耀等均致函慰问其家属。

包玉刚之弟包玉星(1920——),上海沪江大学经济管理专业毕业后,曾在上海四明银行任职,1956年到香港,先在包玉刚创办的环球航运公司驻东京办事处任职,后在新加坡创办联成航运公司并在香港设立总部,该公司有轮船20多艘。

定海籍企业家董浩云(1912—1982),出身于商人家庭,其父董瑞昌曾在上海经营五金业,去世时不满60岁。董浩云曾经自述"我本人自幼即对海洋发生兴趣,以船为第二生命"③。初入社会的董浩云在上海一家日本运输公司任职,1928年考入天津金城银行,被分派在该行所属天津航运公司。1931年,董浩云任天津航业公会执行委员。1933年,董浩云到上海。抗战爆发后,董浩云到重庆。1941年,董浩云在香港注册成立中国航运信托公司。抗战胜利后董浩云在上海创办复兴航业公司。1946年8月,鉴于中国航运信托公司恢复无望,董浩云在上海创办中国航业公司,拥有慈航、慈云、天龙、天平、通平等9艘海轮。④ 1947年下半年,中国航业公司所属轮船天龙轮远航欧洲、美洲,先到达法国,又到美国。1948年上半年,中国航业公司所属通平轮远航北美、南美成功。远航的成功,使董浩云成为我国近现代远洋航运事业的先驱。此时的董浩云,实际上也成为宁波商帮在上海航业界乃至于上海工商界的重要角色。⑤ 1949年,董浩云一家移居香港,并在香港创办金山轮船国际有限公司。1950年,中国航业公司迁移到台湾。董浩云有一套关于船舶的经济理论,认为油轮容积越大,成本越低,越符合经济原则。据此,他于1959

---

① 冯邦彦:《香港英资财团》,东方出版中心2008年版,第196页。
② [英]弗兰克·韦尔什著,王皖强、黄亚红译:《香港史》,中央编译出版社2007年版,第494页。
③ 董浩云:《历尽沧桑话航运》,见金董建平、郑会欣注编:《董浩云的世界》,生活·读书·新知三联书店2007年版,第67页。
④ [澳大利亚]麦克·康纳斯、董建平编注:《董浩云:理想与成就》,上海交通大学出版社2003年版,第10、19页。
⑤ 冯筱才:《董浩云的"上海脉络"与"三北讼案"》,见郑会欣、金董建平主编:《董浩云:中国现代航运先驱》,上海交通大学出版社2007年版,第86页。

年在日本建造了载重 7 万多吨的东方巨人号油轮,这艘轮船也是当时亚洲第一、世界十大油轮之一。20 世纪 60 年代,董浩云的船队开辟多条定期国际航线,规模迅速扩大。1969 年,董浩云创办东方海外集装箱航业公司。1973 年该公司在香港上市,引进集装箱运输,专门经营集装箱航运,拥有 22 艘集装箱运输船,总吨位 54 万吨,8 条航线,业务遍及世界各地。① 70 年代中期,董浩云着力培育旗下的东方海外实业公司。之后,相继建造了两批吨位更大的超级油轮。1979 年,更委托日本住友重工会社建造了载重 56 万余吨的海上巨人号油轮。在董氏航运集团最兴盛时期,董浩云拥有 150 艘巨轮,载重达到 1200 多万吨。② 1970 年 8 月出版的美国《福布斯》杂志,排列了当时世界航运界船王级著名人物,董浩云名列第一,成为全球公认的世界船王。20 世纪 80 年代初,仍为世界七大船王之一。董浩云早年的理想是成为一名银行家,1975 年他终于在旧金山创办美亚银行,1979 年,他又在美国纽约创办环球联合银行,由此夙愿得偿。1979 年董浩云创办欧亚造船有限公司,专门建造海洋石油钻井平台。不过由于 20 世纪 70 年代末 80 年代初世界经济的巨大变化,董氏航运集团不知不觉深陷危机之中。董浩云去世后,董氏航运集团由董建华继承经营。1985 年,董氏航运集团的核心企业东方海外实业的财务危机开始表面化。经过董建华的艰苦努力,1987 年,与债权人达成集团重组协议。通过债务重组,董氏航运集团又成立一家东方海外国际公司,负责货柜运输业务。1992 年 5 月,董氏航运集团再次重组东方海外国际取代东方海外实业在香港上市。此后,董氏航运集团财务状况逐渐好转,业务重上轨道。③ 董建华任香港特区第一任行政长官后,董氏航运集团由董建成掌管。

镇海籍顾氏家族的顾宗瑞(1886—1972),自 20 世纪 20 年代起就在上海开办泰昌祥轮船行,经营轮船航运业,抗战时期遭受重创。抗战胜利后,顾宗瑞重整旗鼓,先是恢复了泰昌祥轮船行,继而改组泰昌祥轮船行为泰昌祥轮船公司。20 世纪 40 年代末,顾宗瑞将泰昌祥轮船公司迁

---

① [澳大利亚]麦克·康纳斯、董建平编注:《董浩云:理想与成就》,上海交通大学出版社 2003 年版,第 27 页。
② 宋训伦:《董浩云先生传略》,见金董建平、郑会欣编注:《董浩云的世界》,三联书店 2007 年版,第 24—25 页。
③ 冯邦彦:《香港华资财团》,东方出版中心 2008 年版,第 267—272 页。

到香港,①并改组为万利轮船有限公司,继续从事轮船航运业的经营。顾宗瑞去世后,顾氏兄弟于1983年把原有的12条轮船一分为二,其中顾国敏继续以万利轮船有限公司的名义经营航运业务,而顾国华和顾国和则以泰昌祥轮船(香港)公司的名义从事经营。经过不断发展,新万利和香港泰昌祥均发展成为香港轮船航运业中实力雄厚的集团型企业,并在日本东京、美国纽约、加拿大的温哥华、中国内地的上海、东南亚的新加坡和马尼拉等地设立了分公司。目前,顾氏家族的第三代代表人物顾建舟、顾建纲也已经成为活跃于国际航运界的重量级人物。

(三)宁波商帮与当代香港影视娱乐行业

随着香港经济的发展和市民生活水平的提高,香港的影视娱乐业也得到发展,并产生了一批新兴的华资财团,其中邵逸夫、邱德根等是宁波帮企业家。

邵逸夫(1906—   ,英文名为Run Run Shaw),原籍镇海县庄市下邵村(宁波市镇海庄市鄞勇村人)人,生于1906年10月14日。其父亲是旅沪从事漂染业的工商业者,但邵氏兄弟没有继承父业,而是选择在上海开办戏院,之后改为电影院。②1925年邵醉翁、邵邨人、邵仁枚、邵逸夫兄弟在上海创办天一影片公司,邵醉翁任总经理兼导演,邵逸夫任发行。1927年邵逸夫与胞兄邵仁枚在新加坡创办邵氏兄弟(新加坡)公司,迅速在东南亚地区建立了业务网络,邵氏兄弟成为称雄东南亚影业市场的影业巨子。1936年,邵氏兄弟立足港九,成立邵氏兄弟南洋影业公司。1949年邵逸夫在香港成立邵氏兄弟(香港)影业有限公司。1958年,邵氏兄弟影业公司改组为邵氏兄弟(香港)有限公司,制作电影。1961年香港邵氏影城建成启用。20世纪60年代是邵氏电影王国的鼎盛时期。20世纪60年代中期,邵氏兄弟开始涉足香港电视行业,1965年邵逸夫与香港利氏集团的利孝和等发起创办香港电视广播有限公司(简称香港无线电视),并获得经营电视广播专利权,1967年11月正式开播。1980年邵逸夫成为香港无线电视台即香港电视广播有限公司的最大股东并担任香港无线电视台董事局主席。20世纪70年代中期更进一步将经营重心转移到电视业。同时,邵逸夫投资香港房地产、股票市场,邵氏所属企业

---

① 一说泰昌祥轮船公司的轮船仍留在上海。
② 《风靡东南亚影坛的邵氏兄弟影业公司》,见中国人民政治协商会议全国委员会文史资料委员会编:《文史资料存稿选编》第25卷《社会》,中国文史出版社2002年版,第122页。

是香港十大财团之一。

宁波籍邱德根（1920—   ），早年在上海光明戏院任职，1950年到香港，由电影放映业起家。1959年创办远东钱庄，后发展成远东银行。之后创办远东发展公司，经营业务包括银行、地产、证券、食品、面粉、仓储、报纸、影剧院、游乐场等，远东集团逐渐发展成为香港著名财团之一。1982年邱德根收购了香港英资丽电视台50%的股权，将其改组为亚洲电视台，担任董事局主席。亚洲电视台推出的古装武打片《霍元甲》、《陈真》、《霍东阁》及古装戏《武则天》、《秦始皇》、《西施》等都获得极大成功，轰动香港和内地。邱德根主持下的亚洲电视台为香港影视业的发展作出了贡献。邱德根还在香港创建了宋城，在新加坡创建了唐城等著名游乐园。

镇海籍袁仰安（1905—   ），曾为上海著名律师和出版家，抗战胜利后到香港，参与创办长城和凤凰等电影制片厂。1962年袁仰安又创办了新新电影公司。

（四）宁波商帮与当代香港其他行业和社会事业

宁波商帮在香港经济和社会事业发展中的作用不仅仅表现在上述纺织、航运、影视等行业，而且表现在各个方面。

宁波帮鄞县籍李达三（1922—   ），早年毕业于上海澄衷中学和复旦大学会计系，1949年移居香港，开办乐声贸易公司，取得代理日本声乐产品的销售权，经销包括家用电器、办公用品、电子元器件等在内的日本声宝电器。之后他与日本声宝电器合资创办声乐乐声电器有限公司。1988年李达三投资兴建了卡尔顿酒店，此后收购多家大酒店，形成卡尔顿酒店集团，又成为著名的酒店业大亨。李达三是香港宁波同乡会首任会长，同时也是担任会长次数最多、时间最长的一位。

宁波帮银行家金宗城（1895—1995），镇海人，17岁从上海金业同业公会创办的金业小学毕业后，即进入陈光甫任总经理的江苏银行为练习生，1917年转入陈光甫创办的上海商业储蓄银行任职。1934年后，任上海商业储蓄银行董事、营业部经理等。1941年，金宗城邀集王宽诚等人，集资500万，创办五洲银行，被推举为董事长。1950年5月，金宗城移居香港，担任香港海外信托银行、香港工商银行、华侨地产公司等银行、企业重要职务。金宗城之子金如新等也是活跃在香港和海外的著名宁波帮企业家。

镇海籍企业家叶庚年(1900—1988)是镇海叶氏家族后代,早年在家乡庄市中兴学校就读,后到上海入澄衷中学、圣芳济书院读书,毕业后考入香港大学工程专业,未毕业即通过考试进入山东烟台盐务稽核所任职。后辞官经商,先后经营五金业、营造业等。[①] 1948年叶庚年移居香港,创办新昌营造厂。由于经营有方,新昌营造逐步发展成规模宏大的新昌企业集团,业务涉及建筑、地产、海运、保险等行业。[②] 其子叶谋遵、叶谋迪也已经成为香港商界活跃人物。

鄞县籍企业家王宽诚(1907—1986),又名文侠,15岁入宁波江东一家猪行当学徒,期满后入宁波源吉钱庄、太丰面粉厂任职。1935年,王宽诚集资创办宁波维大鼎记面粉号任经理,并相继在宁波市区和邻近诸县余姚、镇海、慈溪等处设立6家分号,成为宁波面粉业的翘楚。在宁波奠定了事业基础之后,王宽诚于1937年3月在上海创设维大华行,经营面粉、罐头食品、呢绒、木材等进口业务,与宁波籍实业家李康年等创办中国钟厂并任经理,与友人开办通合成地产公司等。上海沦陷后,王宽诚在孤岛上海经营面粉业务。太平洋战争爆发后,"孤岛"也被日军占领,王宽诚曾经到地处大后方的重庆生活了数年。抗战胜利后,王宽诚返回上海,扩大维大华行并改名为维大洋行,经营各类产品的进出口业务。鉴于国内局势动荡,王宽诚于1947年将经营重心从上海转移到香港。他一面扩大香港维大洋行的业务,一面抓住时机购进地产并建设海国公寓,获得巨额利润。由此他不仅成为香港地产大亨,而且先后创办数十家企业,业务扩展到美国、加拿大等国。新中国成立后,他仍往来于港沪两地。抗美援朝战争爆发后,王宽诚带头捐献一架飞机及其他有关物资。他十分关心内地与香港的教育事业和慈善公益事业,捐款支持香港及内地20多余所学校或社团,如香港培华教育基金会、中国残疾人福利基金会、宋庆龄基金会、中国癌症研究基金会等。1985年王宽诚又捐资1亿美元设立王宽诚教育基金会,以其利息为贷学金资助优秀人才出国深造。由于德高望重,王宽诚长期担任香港中华总商会正、副会长职。王宽诚还是中华人民共和国第二、三、四、六届全国政协委员,第四、五届全

---

① 叶庚年:《我的自述》,见沈雨梧:《走向世界的宁波帮》,生活·读书·新知三联书店1990年版,第62—63页。
② 马卫光等编:《百年宁波帮》第2卷,西泠印社出版社2004年版,第101页。

国人大代表,香港特别行政区基本法咨询委员会执行委员会副主任。①

鄞县人李惠利(1912—1991),1934年在上海创办华明钟表店,1947年移居香港,创办华明行有限公司,经营钟表进出口批发业务,是香港著名的"钟表大王"。李惠利曾经担任香港甬港联谊会和宁波旅港同乡会名誉会长。

鄞县人闻儒根(1920—2002),出生于宁波一家经营烟纸店的商人家庭,小学毕业后就到上海一家五金店当学徒。学徒期满后,回宁波协助其父经营烟纸店。1950年,闻儒根到香港寻找发展出路,1953年起开始在香港经营钟表业。1960年,闻儒根创办香港永联行贸易有限公司,生产钟表,在日本、台湾、香港等地销售,该企业成为香港著名钟表企业,在瑞士、日本、台湾等地均有分支机构。

奉化人王剑伟(1912—2000),早年在上海经商,1953年将原设上海的大伟行有限公司迁移到香港,并创办琪娜织品有限公司。

慈溪人企业家邵炎忠(1935—),1948年移居香港,先后留学英国和美国,毕业后在香港创办益电半导体有限公司,被称为香港电子大王。

镇海人顾国和(1928—1990),1949年随家人到香港,长期经营航运业,任泰昌祥轮船(香港)有限公司董事长。

慈溪人姚云龙(1923—)、镇海人顾兆田(1922—)、镇海人翁伟年(1926—)等曾经是香港中药行业非常活跃的宁波商帮代表人物,镇海人陈志耀(1928—)是香港渥太华皮革行董事长,裘皮业翘楚。定海人方新道(1916—)是香港皮货大王。

20世纪四五十年代有不少宁波帮企业家移居台湾。如慈溪籍应昌期(1917—1997),早年为银行职员,1946年到台湾,1963年以后先后创办国华海洋企业公司、台北利华羊毛工业公司、国泰化工公司、益华纺织工业公司、国际票券公司、华夏塑胶公司等,是台湾著名企业家。史致富(1906—1962),鄞县人,1933年在上海创办万国药房,1939年创办上海药剂生联谊会并任理事长,1946年初担任上海新药商业同业公会理事长,1949年到台湾开设药房。李允成(1900—1953),奉化人,1933年在上海创办中国工业炼气股份有限公司,1949年到台湾,1953年因病逝世于日本。

---

① 屠一泉:《王宽诚生平》,见《宁波文史资料》第6辑,宁波市政协文史资料研究委员会1987年版,第1—6页。

新一代港台宁波商帮中的杰出代表有董建成、曹其真、李宗德、叶泰海、金维明、朱敏等。其中董建成为已故著名世界船王董浩云之子,现任香港东方(海外)有限公司主席。朱敏为改革开放后的赴美留学生,1996年在美国硅谷创办高科技企业,发展顺利。

鄞县籍制药工业家鲍国昌(1902—　),1921年从上海圣芳济学堂(中学)毕业后,升入震旦大学医科,读到三年级时,弃学就商,入英商怡和洋行地产部任跑楼。1930年入股德籍俄人霞飞在沪创办的信谊化学制药厂,1937年霞飞退股后,鲍国昌担任该制药厂总经理。到上海解放前夕,鲍国昌成为药厂最大股东。1948年,鲍国昌成为药厂董事长兼总经理,同年携家眷到香港定居。[①]

二、分布在世界各地的宁波帮工商业者及其经营活动

上海解放前夕,宋汉章曾同张元济、陈叔通等约定,留在上海,但被国民党劫持去了香港,他拒绝去台湾,1950年到美国,转道到巴西,1963年返回香港定居,1968年病逝。[②]

在世界各地的海外宁波帮人士中,有不少杰出的企业家。

鄞县籍企业家胡嘉烈(1911—1977),宁波商业世家出身,其祖父胡开泰长期担任慈溪冯恒大号经理,并担任过慈溪县商会会长。1924年,年仅14岁的胡嘉烈在家人的支持下加入到下南洋的行列,到新加坡谋生。1935年,胡嘉烈在新加坡创办立兴企业公司,经营汽油灯业务。数年后,胡嘉烈创办立兴总公司和五金制造厂等,使立兴公司成为综合性公司。此后他又将业务扩展到东南亚甚至欧洲的英国、美洲的加拿大等地,成为新加坡著名的企业家。1968年,胡嘉烈当选为新加坡宁波同乡会主席。

镇海人应行久(1914—2001),早年在上海经商,1947年赴美国经商,从事进出口贸易、首饰、礼品等业。1973年应行久买下纽约世界贸易中心的顶层第107层,经过装修,开设幸运礼品公司。之后,应行久又独资买下纽约丰泽楼,经营中国菜,使之成为富有中国文化气息的著名高级中餐馆。镇海籍企业家张和祥(1909—1987),1945年只身远赴日本,由

---

① 汪仁泽:《著名的制药工业企业家鲍国昌》,见上海市宁波经济建设促进协会、上海市宁波同乡联谊会编:《创业上海滩》,上海科学技术文献出版社2003年版,第454—461页。
② 汪仁泽:《我国近代杰出的金融家宋汉章》,见上海市宁波经济建设促进协会、上海市宁波同乡联谊会编:《创业上海滩》,上海科学技术文献出版社2003年版,第172页。

经营小吃店开始,逐步发展,创办山王大饭店,一度成为东京十大华人财团之一。祖籍奉化的孙忠利(1934—)是旅日华侨企业家,主要经营房地产业,是东京著名的地产企业家,曾在香港、上海等地购下大片地产或土地使用权,任日本东京孙氏企业株式会社董事长兼总经理。余姚籍企业家朱艺峰(1946—),1958年随母亲到香港定居,1971年从日本大学毕业后到美国,先后创办长江地产投资有限公司、长发建筑有限公司、海外投资有限公司等,并以这些企业为基础,创办美华集团。宁波籍企业家顾国和(1928—)、顾国敏、顾国华在日本创办的泰昌祥轮船公司,拥有30多艘远洋轮船。奉化籍企业家魏重庆(1914—)1962年在美国休斯敦创办复康轮船公司。余姚籍企业家何兆丰(1920—)在菲律宾创办麦赛航运公司。镇海籍企业家周祥赓(1910—1988),1929年到日本,大学毕业后经商,由经营普通面食店开始,发展到创办东京交通大饭店。象山籍企业家王家福(1917—),1948年到日本,由苦力做起,进而经营小吃店,最后创办东京滨园饭店。

祖籍宁波的范岁久(1913—2003),20世纪60年代创办丹麦大龙食品公司,凭借小小的春卷在遥远的北欧"创造了一个连安徒生也写不出来的童话"。至今发展成为固定资产达到3亿多克朗的现代化跨国公司,成为春卷大王,所生产的大龙春卷畅销欧美、中东各地。他的生意经就是"不投机,不取巧,脚踏实地,勤勤恳恳"。[1]

三、港澳台与海外宁波商帮的同乡团体

港澳台及海外宁波商帮虽然长期在外漂泊,但仍然保持着宁波商帮注重乡谊的传统,为数颇多的宁波商帮同乡组织的存在和发展就是明证。其中比较著名的宁波帮同乡团体组织见下表:

序号	名称	所在地	创办时间	概况
1	宁波旅日同乡会	日本东京	1922年	由陈锦云、何秉发发起创办。1923年关东大地震中房屋被毁,会务停顿。1950年重建会所,恢复活动,周所桥为会长。1957年4月会长制改理事长制,张和祥为首届理事长并连任16届至1987年逝世。后傅健兴继任理事长。该会以敦睦乡谊、团结同乡、发展福利、为会员排忧解难为宗旨。

---

[1] 应华根、魏玉祺:《新宁波帮》,中国经济出版社2009年版,第82页。

续表

序号	名称	所在地	创办时间	概况
2	新加坡宁波同乡会	新加坡	1937年	邵逸夫、胡嘉烈、水铭漳、朱承民、崔珏琛、顾宝庆、朱克勇、董发昌等先后担任该会负责人。
3	台北市宁波同乡会	台北	1947年	由叶启发、应昌期等发起创办,原称台北市宁波旅台同乡会,1949年年底改称台北市宁波同乡会。历任理事长有叶启发、周梦怀、水祥云、范鹤言、沈友梅、虞舜、王雄夫、翁大铭、毛葆庆等。该会近年来在推动宁波与台湾之间的交流、交往方面颇为活跃。
4	宁波旅港同乡会	香港	1967年	李达三、王宽诚等人发起创办,李达三、王统元、曹伯中、包从兴、王惟翰、金如新、周亦卿、顾国华等先后任会长。
5	香港甬港联谊会	香港、宁波	1980年	1980年8月由王宽诚发起创办,旨在加强港甬两地的交往。创会会员有包兆龙、包玉书、包玉刚、安子介、叶庚年、陈廷骅、曹光彪、包从兴等。王宽诚为首届会长。历任会长有王剑伟、忻礼轼、周鸣山、姚祥兴、孙启烈、严信才等。
6	澳大利亚宁波同乡会	澳大利亚悉尼	1996年	历任理事长有郑建平、姚亦仕。
7	旅德宁波同乡会	德国汉堡	1998年	宁波籍人士陈名豪发起创办。会员为宁波籍贯的华侨、华人。
8	美东宁波联谊会	美国纽约	1998年	虞中任为会长,成员主要是留学生和华侨青年。
9	纽约宁波同乡会	美国纽约	1999年	会长为王心仁。
10	加拿大宁波同乡会	加拿大温哥华	2001年	会长为徐徐。

主要资料来源:马卫光等编:《百年宁波帮》第1卷,西泠印社出版社2004年版,第33—45页;周千军主编:《甬人风采》,宁波出版社2007年版,第98—101页。

宁波商帮的乡谊观念不是狭隘的,在许多情况下,宁波商帮是更大范围的乡帮组织的积极参加者或领导者。当代宁波商帮参加的相关乡帮社团组织主要有:

序号	名称	所在地	创办时间	概况
1	新加坡三江会馆	新加坡	1906年	原名为三江公所,由宁波籍人士傅竺贤等人发起创办,1927年改为三江会馆,傅竺贤、胡嘉烈、水铭漳、李秉萱等先后担任该会馆负责人。

续表

序号	名称	所在地	创办时间	概况
2	日本函馆中华会馆	日本函馆	1910年	宁波帮张尊三等倡建,前身为1876年函馆同德堂及1880年函馆同德堂三江公所。1968年受地震损坏后很快修复。
3	日本神户三江会馆	日本神户	1912年	宁波籍人士吴锦堂、姜成生等曾任该会馆负责人。会员以来自江浙的旅日华侨、华人为主。该会在推动中日文化交流、友好往来、相互了解方面十分活跃。
4	中华旅日宁绍同乡会	日本东京	1922年	日本侵华期间被解散。
5	泰国江浙会馆	泰国曼谷	1923年	宁波籍人士徐长寿、胡国材、陆恩达先后担任理事长。
6	美东三江公所	美国纽约	1929年	历届负责人中有宁波籍人士陈志飞、王心仁、胡运熹等。
7	德国汉堡中华会馆	德国汉堡	1929年	又名汉堡中华公会,宁波籍人士陈纪林发起创办,历任负责人有宁波籍人士陈纪林、陈顺庆、何培生、张大勇等。
8	旧金山东华社	美国旧金山	1944年	历届负责人中有宁波籍人士陆森茂。
9	香港苏浙同乡会	香港	1946年	会员主要是来自江浙沪的旅港同乡,前身为1939年成立的旅港苏浙沪商人协会,宁波籍人士阮维扬、叶庚友、曹光彪等先后担任该会会长。
10	三江总会	马来西亚	1946年	由雪兰莪三江公会等合组而成,宁波帮人士王南叠、任国铭曾任名誉会长。
11	德国汉堡中华海员之家	德国汉堡	1962年	前身为德国汉堡水手馆,由宁波籍人士陈纪林于1920年创办,1962年改组为汉堡中华海员之家。宁波籍人士陈顺庆、陈名豪为该组织负责人。
12	留日华侨浙江同乡会	日本东京	1968年	会员以宁波籍人士为主,宁波籍人士钟永义、王家福、刘京荣、张珑堂等先后担任会长。
13	香港上海总会	香港	1980年	前身为香港上海联谊会,由宁波帮人士王剑伟和上海籍人士黄梦花于1977年发起创办,1980年改组为香港上海总会。宁波帮人士包玉刚、邵逸夫、陈延骅、王剑伟、董建华、李和声等曾任该会名誉会长。会员主要是来自上海、浙江的旅港同乡人士。
14	美中联谊会	美国洛杉矶	1983年	宁波籍人士朱艺峰发起创办。

续表

序号	名称	所在地	创办时间	概况
15	日本兵库县浙江同乡会	日本兵库	1989年	宁波籍人士虞德财、汪和生、沈宏华等先后担任会长。
16	澳门苏浙沪同乡会	澳门	1996年	宁波籍人士曹光彪任名誉会长,曹美真任会长。
17	美中工商协会	美国纽约	1996年	宁波籍人士孙文铁为会长。
18	澳大利亚浙江同乡会	澳大利亚悉尼	1996年	由包括宁波籍人士在内的新移民组成,担任该会会长的宁波籍人士有胡蓬、姚亦仕。
19	美国浙江商会	美国纽约	1998年	由包括宁波籍人士在内的浙江同乡组成。
20	香港浙江省同乡会联合会	香港	1998	由在港浙江籍社团组成,宁波籍人士李达三、顾国华等曾任会长。
21	夏威夷苏浙同乡会	美国夏威夷	1998年	宁波籍人士陆连国任首任会长。

资料来源:马卫光等编:《百年宁波帮》第1卷,西泠印社出版社2004年版,第33—45页;周千军主编:《甬人风采》,宁波出版社2007年版,第98—101页。

上述港台及海外宁波商帮同乡团体的组织特点及功能,与传统的宁波帮同乡组织有不少相同之处。这些特点主要表现在:

首先,宁波帮人士经商的地域范围十分广泛,同时又有若干比较集中的城市或区域。

近代宁波商帮主要集中在上海、天津、汉口等通商大埠,因此宁波商帮的同乡组织也在城市中最为发达,特别是在上海,具有巨大的社会影响。当代港台及海外宁波商帮主要集中在港台等地,尤其是集中在香港、台北等重要城市。因此香港、台北的宁波同乡会组织也具有比较强大的凝聚力和社会影响。

其次,宁波商帮人士具有相当强的同乡凝聚力,同时又有开放的现代意识。

一些宁波帮企业家在这些同乡组织中往往能够发挥关键的作用。如鄞县人李达三长期担任宁波旅港同乡会会长。1934年胡嘉烈发起创办新加坡宁波同乡会,连任多届会长,在同乡中具有很高的威望。1979年6月美东华侨商会改组为全美华侨总商会,应行久被选为董事长,成为纽约侨领。应行久创建的大中集团是美国华人十大财团之一,业务范围包括美国佛罗里达州迪斯尼乐园中国馆在内,有航运、旅游、餐馆、百货、地产、投资等领域。应行久之子应立人,在美国取得物理学博士学位后继承父业,担任美国大中集团主席兼总裁,并任美中国际贸易促进会会长,继续为促进中美两国间的贸易往来而努力。镇海籍企业家周祥赓担任东京华侨联合会会长,其妻张杏素则担任东京华侨妇女会会长。余姚籍企业家朱艺峰担任美国洛杉矶华商总会会长,并发起创办美国洛杉矶美中联谊会。象山籍企业家王家福担任旅日华侨浙江同乡会会长。鄞县人陈顺庆(1908—1971)1957年在德国创办中华洗衣店,1960年创办德国汉堡中华海员之家。镇海籍的旅美企业家张济民(1921—),1945年赴日本经商,1972年转赴美国经商,创办伟士利企业有限公司、华声广播电视公司、西湖投资发展公司等。1977年担任美国旧金山华商总会首任会长。祖籍镇海的水铭漳(1929—)是新加坡著名建筑商,担任新加坡三江会馆主席、新加坡宁波同乡会会长等。宁波商帮通过同乡团体,加强同乡联系,促进事业发展。同时,当代港台及海外宁波商帮与近代宁波商帮一样,在扩大的同乡组织如三江会馆、浙江同乡会等乡帮组织中也非常活跃,经常担任这些组织中的重要角色,发挥重要的作用。

当代港台及海外宁波商帮也有一些与近代宁波商帮不同的特点,主要表现在:

首先,当代港台及海外宁波商帮中产生了一批具有全球影响的世界级企业家。

近代宁波商帮集中在以上海、汉口、天津等城市为主要舞台的中国国内,尽管也产生了像吴锦堂那样在日本经商成功的大企业家,但为数极少,在世界舞台上并没有太大的影响。但是当代港台及海外宁波商帮中产生了一批世界级的大企业家,如包玉刚、董浩云。包、董二人不仅在世界船运界赫赫有名,而且与世界许多国家的政要,甚至总统、首相具有良好的私人关系。这是近代宁波商帮企业家所无法相比的。正是凭借自身在企业界和国际舞台上的巨大影响力,以包玉刚、董浩云等为代表的当代港台及海外宁波商帮能够为推动祖国统一事业,推动两岸、港甬间经济文化交流,甚至为推动中国与海外的经济文化交流,发挥重要的作用。

其次,当代港台及海外宁波商帮在向世界介绍和推广中国优秀文化方面作出了许多努力和贡献。

近代宁波商帮的重要贡献之一是吸收西方经济制度和西方文化因素,将其融入中国的经济制度之中,从而推动中国经济近代化和社会进步。当代港台及海外宁波商帮,则通过许多实际的活动,向世界介绍和推广中国优秀文化,并取得了若干显著的成果。如著名企业家安子介,对于向海外推广中国文字做了许多努力。他宣传汉字的优点,扭转海内外对汉字的偏见。他撰写了皇皇巨著《解开汉字之谜》,介绍了学习汉语的有效途径,编写出《安子介现代千字文》以推广汉字,研制出安子介写字机以推动汉字电脑化。应昌期于1981年在台北创立应昌期围棋教育基金会,1987年创办应氏杯世界围棋锦标赛,向全世界推广围棋。[①]

第二节 动员全世界的宁波帮建设故乡

"故乡何处是,忘了除非醉!"对于轻去其乡又深爱恋其故乡的宁波帮人士更是如此。改革开放政策实施之初,以王宽诚等为代表的香港宁波帮人士已经与宁波当地的老一代工商业者建立了密切联系,开始谋划如何联络更多的海外宁波帮人士建设故乡。因此,当邓小平发出动员全世界宁波帮建设宁波的指示后,立即引起了海内外宁波帮人士的强烈共鸣和响应,热情被点燃的港澳台和海外宁波帮人士,放下个人的恩怨,从回乡探亲访友开始,发展到踊跃捐钱捐物,牵线搭桥、献计献策,支援家乡,由此宁波大学得以创建。遍布于全世界的宁波帮被动员起来,成为建设故乡的一支关系重大的力量。

一、港、甬两地甬港联谊会的成立

1978年年底党中央召开的十一届三中全会,开启了中国改革开放的历史进程。宁波作为中国沿海城市,在沐浴到改革春风的同时,也较早沐浴到开放的春风。宁波港于1979年对外开放,时任民建中央和全国工商联顾问、全国人大代表、宁波工商联主委同时也是老一代宁波帮代表人物之一的俞佐宸到北京参加两会,与身为全国政协委员的旅港宁波籍爱国实业家王宽诚再次见面,王宽诚表示自己愿意为家乡干点事情。1980年俞佐宸写信给王宽诚,介绍家乡宁波的变化,表示欢迎他回宁波探亲访友、旅游观光,并希望他为家乡的建设献计出力。王宽诚很快回

---

① 王遂今:《宁波帮怎样经商致富》,中国华侨出版公司1994年版,第189—195页。

信表示:"为国出力,匹夫有责,然而我个人的力量微薄。旅居港澳和海外宁波商帮,人多且富有经济实力,如果将这些人都团结起来,力量就大了。"他还在信中建议:"在宁波和香港两地分别成立甬港联谊会,由联谊会负责香港宁波籍人士与家乡各方面的交往和联系,以吸引更多爱国人士参加家乡建设。"①随后,在宁波市、浙江省和中央有关领导的支持下,1980年8月和10月,甬港联谊会先后在香港和宁波两地得以创办,成为互为对口的同乡联谊团体。

香港甬港联谊会的创始会员有220多名,包括旅港宁波籍企业家包兆龙、包玉书、包玉刚、安子介、叶庚年、陈廷骅、曹光彪、包从兴等著名人士,王宽诚被推选为首任会长。历任会长有王剑伟、忻礼轼、周鸣山、姚祥兴、孙启烈、严信才等。该会的宗旨为:本着互尊互助的精神,加强宁波与香港两地宁波人的联谊和交往,充分发扬香港同胞爱国爱乡的优良传统,为促进宁波的经济发展和香港的繁荣稳定,为祖国统一、振兴中华作贡献。②该会成立后,积极发挥桥梁纽带作用,在发动香港宁波帮人士关心、支持和参与宁波现代化建设等方面,成果丰硕。③

宁波甬港联谊会是由宁波市委统战部领导的与香港甬港联谊会互为对口的民间团体,独立开展工作。历任会长为俞佐宸、崔汉章、周竹君、卢良宝。联谊会的主要任务是:接待香港甬港联谊会成员和其他海外宁波帮人士回宁波探亲访友、旅游观光;为香港甬港联谊会成员和其他海外宁波帮人士回宁波兴办企业,开展经济贸易和引进技术设备、资料等牵线搭桥;协助香港甬港联谊会成员和其他海外宁波帮人士回宁波兴办文教、卫生、公益福利等事业办理有关事宜。该会成立后,以香港宁波帮为主要工作对象,在接待回宁波探亲、旅游、投资、经贸、捐赠的旅居香港等地的宁波乡亲和其他海外人士方面做了大量工作。同时,广泛联络海外宁波帮人士,为促进宁波经济和社会发展,为推进香港平稳过渡、促进祖国统一大业也作出了很大的贡献。④

二、卢绪章与包玉刚

卢绪章和包玉刚两人在动员全世界宁波帮建设宁波过程中无疑发

---

① 周竹君口述,王晓舜整理:《俞佐宸和我》,宁波出版社2006年版,第136页。
② 周千军主编:《甬人风采》,宁波出版社2007年版,第99页。
③ 屠一泉:《王宽诚生平》,见《宁波文史资料》第6辑,宁波市政协文史资料研究委员会1987年刊,第6页。
④ 马卫光主编:《百年宁波帮》第1卷,西泠印社出版社2004年版,第59页。

挥了关键作用。

卢绪章(1911—1995)出生于宁波鄞县一个小商人家庭,1925年小学尚未毕业就到上海谋生,入源通轮船公司为练习生。第二年成为公司职员并担负公司货运业务重任。1927年卢绪章参加上海市商会主办的童子军团,积极参与抗日救亡活动。1932年,卢绪章与友人发起成立上海进步社团——兰社。同年,创办经营医药用品代理业务的上海光大行。兰社和光大行夭折后,1933年卢绪章又与友人以200元资本创办广大华行,仍然经营医药器械和药品的邮购业务。由于从事抗日救亡运动,卢绪章与地下党建立了联系。1937年卢绪章加入中国共产党,置生死于度外,长期以商人身份从事党的地下工作。1938年,上海广大华行改组,卢绪章担任广大华行上海分行经理。此后,广大华行在大后方的昆明、重庆等地设立了分行。1939年1月,中共中央南方局在重庆成立,周恩来任书记。根据周恩来要求,江苏省委选派卢绪章到重庆协助周恩来建立西南大后方党的第三线秘密机构。为此,1940年6月,卢绪章等将广大华行改组为广大华行股份有限公司,在上海设立总管理处,在上海、昆明、重庆、海防、贵阳设立分行及办事处。公司改组后,1940年7月卢绪章以广大华行重庆分行经理的公开身份经昆明到重庆,开始在周恩来直接领导下从事党的秘密地下工作。经过几个月的筹备,1941年广大华行重庆分行开业。经过一年努力,在西南大后方迅速建立或扩建了包括广大华行重庆分行、昆明分行、成都分行以及重庆广大药房、昆明中和大药房、贵阳中美商行、香港新中贸易行等由广大华行直接掌握的企业。1941年11月,广大华行再次改组,重庆分行改为总行,卢绪章任总经理。此后,基于经营上的考虑,卢绪章将贵阳中美商行关闭,1942年7月另创贵阳广和大药房。1944年开办广大华行西安分行,1944年开办广大华行兰州办事处,在新疆和印度的加尔各答也派有专门的办事人员。在此过程中,卢绪章与后方企业界、金融界人士有了越来越多的交往,其中包括后来成为世界船王的宁波籍香港企业家包玉刚以及当时后方企业界著名人物卢作孚等。1943—1945年,广大华行与卢作孚的民生实业公司合作创办民安保险公司和民孚企业公司,与重庆大众药房联合创办万力制药厂,投资重庆建成银行等为数颇多的企业和金融机构,甚至在美国纽约开设了分行,发展成为西南地区具有一定规模的企业集团。① 抗战胜利后,广大华行总行迁回上海,并且在上海设立广大药房,在香港、天津、广州设立广大华行分行或办事处。与广大华行相关的其他相关企业也用各种方式在上海复员。到1946年,广大华行的业务已经广泛涉及银行、金融、保险、运输、钢铁、化工、医药、进出口贸易和投资等领域,营业额达到法币119亿元。

　　上海解放和新中国建立后,卢绪章在上海和北京等地长期从事新中国对外贸易、旅游、宁波改革开放和经济建设的领导工作。1950年,卢绪章被任命为贸易部所属中国进口公司经理。1951年,中国进口公司和中国出口公司合并为中国进出口公司,卢绪章任经理。1953年,卢绪章担任对外贸易部第三局局长,主管对西方资本主义国家的贸易和技术合作等事宜。1956年,卢绪章被任命为对外贸易部副部长,主管对资本主义国家的贸易和出口领导工作,直到"文化大革命"爆发后的1968年。1975年,卢绪章被重新起用,担任中国华侨旅行社和中国旅行社总社社长。1979年,卢绪章担任新成立的国务院国家旅行游览事业管理局局长,为旅游业的发展做了大量工作。正是通过卢绪章的穿针引线,1981年7月包玉刚第一次得到邓小平接见。1981年2月,卢绪章任国务院国家进出口管理委员会副主任兼国家投资管理委员会副主任。1981年8月卢绪章任外贸部常务副部长,1982年任外贸部顾问。1984年8月1日,邓小平在北戴河向中共中央书记处书记、国务委员谷牧表示,让卢绪章"把全世界的'宁波帮'都动员起来,建设宁波"。此后,卢绪章作为中央特派协助宁波经济开发的特别顾问,在动员海外宁波帮建设宁波的过程中发挥了非常重要的作用,尤其是通过做好世界船王包玉刚的工作,把动员全世界宁波帮建设宁波的工作推进到一个全新的阶段和难以逾越的历史高度。

　　卢绪章和包玉刚,虽然一个是中央政府长期负责外经外贸和旅游事业的高级政府官员,一个是享誉世界的"海上之王",但两个人不仅是同乡、亲戚,而且早就互相熟知。原来当卢绪章以中共中央南方局直接领导的地下党的身份并作为广大华行的总经理在抗战大后方从事商业活动的时候,包玉刚也在地处后方地区的湖南供职于中央信托局衡阳办事

---

① 李征:《卢绪章传》,中国商务出版社2004年版,第128页。

处、中国工矿银行衡阳办事处。1942年,卢绪章到衡阳出差,在顺便看望一位朋友的时候,正好遇到了当时担任中国工矿银行衡阳办事处经理的包玉刚和包玉刚的夫人黄秀英。黄秀英的母亲与卢绪章的母亲是亲姐妹,所以黄秀英也就是卢绪章的表妹。卢绪章后来回忆说:

> 我和包先生的亲戚关系,是从这时候开始知道的。后来他到重庆任工矿银行副经理,我们之间的往来就密切起来了。
>
> 1945年9月抗日战争胜利后,上海成为全国经济金融中心。当年年底,广大华行总行迁往上海。我和当时任上海市银行经理的包玉刚先生交往更为频繁。每当广大华行在资金周转发生困难时,经常得到包玉刚的积极支持。他热心为我们安排贷款,给予我们很大帮助。包玉刚那时没有想到我是共产党员,也不可能知道广大华行的政治背景,但是,他对广大华行的支持,客观上也是对中国人民解放事业的支持。
>
> 1947年,国民党区域经济极度混乱,货币贬值极为严重,上海一般工商企业已难以为继。出于政治和经济两方面考虑,我们把广大华行的业务重心移到香港。我也于1948年4月迁往香港。包玉刚先生一家于1948年底移居香港。因为大家都很忙,我们只见过一两次面。当年圣诞节深夜,我同一批民主人士乘船回到大连,迎接新中国的诞生。此后,我同包玉刚先生中断了联系。1957年冬季,包玉刚曾到内地短期停留,当时我正在蒙古人民共和国访问,从而失去了一次见面的机会。
>
> 直到1963年,我访英回国途经香港,才见到了阔别十五年之久的包玉刚。那时,他的事业正处于兴旺时期,他本人已成国际航运界巨头。我们一起重叙旧谊,并对国内外局势交换了看法。包玉刚对祖国建设成就是高兴的。我希望他在力所能及的范围内为国家作点贡献,他欣然表示同意。可惜的是,当时的环境和条件还不可能产生像今天这样的对外开放和利用外资的政策,所以包玉刚纵然有报国之愿也难以实现。十年浩劫又把许多应该办的事耽误了,我国人民遭受了举世

皆知的沉重损失。①

1978年10月28日,包玉刚乘飞机抵达北京,时任国家旅游总局局长的卢绪章到机场迎接。正是在这次回国访问中,包玉刚决定捐资1000万美元在北京建造兆龙饭店及国家旅游总局办公大楼。在邓小平的直接关心下,兆龙饭店于1981年7月4日在北京举行开工典礼,1985年9月27日建成,邓小平亲自题写了"兆龙饭店"店名并出席了10月24日的开业仪式。② 兆龙饭店建筑面积2.4万平方米,有250套客房,成为国家旅游部门直接管理的现代化旅游饭店。该饭店的建成营业,在改革开放后我国旅游事业的兴起和发展中具有重要的意义。

在卢绪章的盛情邀请下,1984年10月28—30日,包玉刚回到阔别数十年的宁波考察,动员海外宁波帮工作获得重要突破。后来包玉刚为创办宁波大学捐献巨款,并在宁波创办了一系列事业。在中英关于香港问题的谈判中,包玉刚更是充分发挥了巨大的影响力,对于沟通双方起到重要作用。③ 卢绪章还动员邵逸夫回家乡宁波参观,邵逸夫也愉快答应,并对宁波和国家作出了巨大贡献。1985年11月,国务院成立宁波经济开发协调小组,国务委员谷牧任组长,卢绪章、包玉刚为顾问。宁波经济开发协调小组成立后,开展了一系列工作,启动了新时期宁波经济快速发展的巨轮。

三、当代港澳台及海外宁波商帮对祖国和家乡的贡献

当代港澳台及海外宁波帮人数在30万以上,大多数热爱祖国,关心家乡,对祖国的统一大业、改革开放事业以及祖国和家乡的现代化建设贡献巨大。邓小平发出"把全世界的'宁波帮'动员起来建设宁波"的号召,在海外宁波商帮中得到积极、热烈的响应。第二年,海外宁波商帮就捐款5700多万元,帮助宁波的现代化建设。

1978年夏初,内地的改革开放尚在酝酿之中,曹光彪应邀到北京参观,了解到国内经济政策的若干新动向,就有意向内地投资。在得到有关方面的积极支持的情况下,当年曹光彪就与中国纺织品进出口总公司

---

① 卢绪章:《〈环球航运家包玉刚〉前言》,见庄凯勋主编:《环球航运家包玉刚》,海洋出版社1986年版,《前言》第1—2页。
② 包陪庆:《包玉刚:我的爸爸》,浙江大学出版社2010年版,第192页。
③ 包陪庆说:"在中英谈判的两年里,爸爸默默地做了许多事情。有传媒将他在中英谈判过程中所扮演的角色称之为'政治媒人',还有的将他之为'民间大使'。我则把父亲比作中英谈判这架机器里的润滑剂。"见包陪庆:《包玉刚:我的爸爸》,浙江大学出版社2010年版,第224页。

签订合同,以补偿贸易形式,投资750万港元,在珠海创办香洲毛织厂。1979年11月,香洲毛织厂正式成立。这时,包括珠海在内的最早的四个经济特区还没有设立。后来经济特区设立之初,港商区主要以"三来一补"的形式进行投资,曹光彪是开拓者之一。后来,曹光彪又在上海、厦门、深圳等地与当地政府合资创办企业,到20世纪90年代,在内地创办的合资、独资经营的企业达39家。①

香港影业大王邵逸夫对祖国教育事业十分关心,向内地捐资兴学的款项达到数十亿港元,这笔款项共修建教学楼、图书馆、科技馆等1800多所。1999年长江流域遭受严重水灾,邵逸夫捐款帮助灾区重建118所小学。2000年云南发生强烈地震,邵逸夫捐款1005万港元,帮助灾区重建48所中小学。在宁波,邵逸夫捐款修建了宁波师范学院(后并入宁波大学)的邵逸夫图书馆、职教楼、职教中心,并捐款创办了宁波市幼儿师范学校和逸夫中学。2002年设立的香港邵逸夫奖,有天文学、数学科学、生命科学与医学等三类奖项,每年颁奖一次,奖金100万美元。

旅港宁波帮企业家、担任过香港总商会会长的王宽诚参加了新中国的开国大典。朝鲜战争期间,他率先捐献一架飞机支援抗美援朝。1962年他捐款100万元人民币修建了宁波东恩中学。② 1985年他出资一亿美元,创办王宽诚教育基金会,资助中国学生出国深造。

香港钟表大王李惠利曾经担任香港联谊会、宁波旅港同乡会名誉会长,捐款250万港元在宁波家乡创办李惠利中学,捐款400万港币倡建李惠利中专,捐款千万元港币创办李惠利医院等。

旅港企业家赵安中父子捐款1300多万元,修建了宁波大学林杏琴礼堂、安中大楼,又捐款1000万元,设立杏琴园教学专款,支援宁波教育事业的发展。

旅美企业家应行久1978年就联合旅美华人给台湾的蒋经国写信,呼吁国共和谈,推动两岸交往,促进祖国统一。应行久还多次捐款为家乡兴办教育事业。2001年捐款100万元人民币助建外语实验学校教学楼。后应行久之子应立人又捐资1100余万元人民币支持外语实验学校的建设和发展。

---

① 冯邦彦:《香港华资财团》,东方出版中心2008年版,第455—456页。
② 屠一泉:《王宽诚生平》,见《宁波文史资料》第6期,宁波市政协文史资料研究委员会1987年刊,第6—7页。

应昌期 1991 年捐资 140 万美元重建慈城中城小学，1994 年他捐资 1300 万元人民币重建慈湖中学，捐资 45 万元人民币创建慈城昌期幼儿园，1997 年捐资 150 万美元扩建慈城保黎医院；捐资助建台北市宁波同乡会馆、市联谊中心。他还投资创办宁波现代建筑材料股份有限公司、利华羊毛工业股份有限公司等，投资金额达 1 亿美元，为促进家乡经济建设和社会事业发展作出了贡献。2007 年 10 月应昌期长子应明皓代表应氏家族又捐资 100 万元人民币给宁波慈湖中学和中城小学，作为教育奖励基金。

美国洛杉矶美华集团董事长、余姚籍企业家朱艺峰，在美国创办中国联谊会，从事促进中美交流和促进祖国统一工作。1984 年为参加洛杉矶奥运会的中国体育代表团举办盛大庆功酒会。1985 年朱艺峰在洛杉矶举行欢迎中国国家领导人李先念的盛大酒会。1985、1986 年朱艺峰在蒙特利尔举办规模空前的盛大国庆宴会、酒会，促使该市将 10 月 1 日定为中国国庆节日。朱艺峰在其家乡余姚，投资 500 万美元创办久丰纺织制衣公司。

陈廷骅、曹光彪、李达三、闻儒根、傅在源等宁波帮企业家对宁波教育事业和经济发展也有很大贡献。

第三节　宁波商帮的曲折与新宁波商帮的重新崛起

20 世纪 50 年代到 70 年代，新中国境内的宁波商帮经过社会主义改造后基本上销声匿迹，但为数众多的宁波籍工商业者在经济建设的各行各业依然作出了不可磨灭的巨大贡献。从 20 世纪 80 年代起，新宁波商帮开始孕育，并不断发展。根据有关统计，目前在全国各地从事工商业的宁波籍人士超过 30 万人，已经成为我国经济领域中一支十分重要的力量。

一、老一代宁波帮工商业者对新中国社会主义建设的历史贡献

新中国成立后，根据中国共产党制定的过渡时期总路线，1953—1956 年进行了生产资料社会主义改造，通过改造，使国家由新民主主义社会过渡到社会主义社会。在社会主义改造中，大批宁波帮企业家响应党和国家的号召，接受改造，绝大多数转变成为社会主义的建设者和国家干部，为新中国的社会主义建设事业作出了杰出的贡献。

宁波帮企业家刘鸿生（1888—1956），是中国近代著名的企业大王、火柴大王。由于对国民党政权失去信心，刘鸿生1949年10月由香港经天津、北京回到上海，担任中国人民救济总会上海市分会副会长和上海市失业工人救济委员会经济审核委员会主任委员等职务，参加了上海失业工人救济工作。经过反复思考和深入观察，他对共产党逐渐由疑惧转变为真诚拥护。抗美援朝战争爆发后，刘鸿生带头捐献飞机支援国家。在社会主义改造时期，刘鸿生能够响应国家号召，到1956年年初，把价值2000万元的刘氏企业全部公私合营。他还担任了公私合营中国毛纺织厂董事长等职务。在去世前不久，刘鸿生接受记者采访时表示："你问我为什么拥护共产党？我是一个企业家，我的企业，无论水泥、毛纺、码头、火柴、煤矿、银行业目前都在发展着，规模远较过去大得多，共产党能推动企业，能使中国变工业化的国家，这是我过去五十年的梦想，我为什么不拥护它？""我拥护共产党还有一个最主要的原因：我是一个中国人，中国资本家。现在我身体不好，不能陪你去黄浦滩头看看。在过去几十年中，从杨树浦到南码头，沿着黄浦江一带是各国的码头，一长串的外国兵舰插着各式各样的国旗。人们走过这里，会不知道这儿究竟是那（哪）国的土地。我自己是搞码头企业的，往往站在码头上摇摇头。如今呢，这一带地方每个码头上都是五星红旗迎风飘扬，你想想看，一个看过上海五十年变迁的中国人，他心中会不高兴吗？"①刘鸿生之子刘念智，1951年出任刘氏企业章华毛纺织厂总经理。公私合营后，刘念智任公私合营中国毛纺织厂总经理。党的十一届三中全会后，刘念智当选为第五届全国人大代表、全国工商联副主委，为促进对外开放、引进外资和技术，发挥了重要作用。

镇海籍银行家盛丕华（1882—1961），早年丧父，自幼习商。1920年，盛丕华与虞洽卿等发起创办上海证券物品交易所，并成为上海工商界知名人物。交易所失败后，盛丕华一度到中国银行汉口分行任职，1930年重返上海，在经商办实业的同时，积极投身抗日救亡运动。抗战胜利后，盛丕华在上海开设的红棉酒家，成为爱国、民主进步人士举办星期聚餐会的场所。1946年6月，盛丕华作为上海人民和平请愿团代表之一，与马叙伦等一道到南京请愿。"下关惨案"发生后，盛丕华在南京国民参政

---

① 上海社会科学院经济研究所编：《刘鸿生企业史料》下册，上海人民出版社1981年版，第471—472页。

会上发言,揭露特务的暴行。1949年3月中下旬,盛丕华作为上海民主建国会的代表之一到北平,受到毛泽东的接见。1949年6月25日,盛丕华等参加了以邓颖超为首的71人南下工作组到上海,宣传党的民族工商业政策,对安定人心稳定社会,起到很大的积极作用。之后,盛丕华又投入到筹备上海市工商业联合会的工作之中。1949年9月,盛丕华出席了筹备创建新中国的第一届中国人民政治协商会议,并参加了随后举行的开国大典。1951年11月上海市工商业联合会成立,盛丕华被推选为主任委员。1953年,盛丕华担任上海市副市长。在社会主义改造运动中,盛丕华作为上海工商界代表,作出了重要贡献。[①] 此外,盛丕华还任第一至三届全国政协委员以及中国民主建国会、中华全国工商业联合会等组织的重要领导职务。

镇海籍金融企业家俞佐宸(1891—1985),15岁为钱庄学徒,25岁起在宁波任钱庄经理,此后又担任或兼任宁波为数颇多的金融、工商企业的重要职务,如1933年任宁波和丰纱厂总经理兼董事长,成为宁波工商业界的重要代表人物。抗战时期流亡重庆。新中国成立后,俞佐宸率领和丰纱厂、永耀电力公司等五家重要企业首先进行公私合营,对宁波私营工商业社会主义改造的顺利进行作出了表率。1953—1966年,俞佐宸担任宁波市副市长,此后又连续当选全国人大第一、二、三届代表,以及全国工商联等社会团体组织的重要职务。进入改革开放新时期后,他又担任第五届全国人大代表以及民建宁波市主委、民建浙江省主委、浙江华侨投资公司副经理等职务。他还与香港宁波帮企业家王宽诚等倡议,创办了甬港联谊会,为加强港甬经济联系作出了重要贡献。

上海解放后,著名金融家秦润卿主持的银行和钱庄于1952年全部参加了金融业全行业的公私合营,秦润卿不仅被推举为公私合营银行副董事长,还被推举为第一届上海市政协委员,这时的秦润卿虽然年事已高,但仍坚持到行上班。后来中国人民银行上海市分行金融研究室整理编辑《上海钱庄史料》,秦润卿积极协助,尽力提供有关资料。[②] 1966年7月,秦润卿在上海病逝。

上海解放后,胡西园响应中国共产党的号召,积极恢复和发展生产。

---

① 胡鲍淇:《丹心爱国盛丕华》,见吴汉民主编:《20世纪上海文史资料文库》(2),上海书店出版社1999年版,第282—283页。
② 孙善根:《钱业巨子秦润卿传》,中国社会科学出版社2007年版,第258页。

50年代初期大规模经济建设开始后,胡西园积极主动选调技术骨干,支援北京电子管厂、上海机电研究院等新中国第一个五年计划重点建设项目。① 1956年亚浦耳厂进行了公私合营的社会主义改造,胡西园继续任总经理,一直到退休。1959年亚浦耳电灯泡厂改为上海亚明电灯泡厂。该厂不仅自身努力生产,而且为全国新兴同业工厂培训技术工人,传授技术,甚至还为邻国越南、朝鲜等国培训技术骨干。② 党的十一届三中全会后,胡西园精神振奋,不仅积极参加中国民主建国会上海市委员会以及上海市工商联的活动,而且写信给台湾的朋友故旧,呼吁共同推动祖国统一大业。垂暮之年的胡西园曾希望能够恢复"亚浦耳电灯泡厂"这一名称,遗憾的是,这个愿望没能实现,他却于1981年在上海病逝。

镇海籍企业家丁佐成(1897—1966),1925年在上海以6000元资金创办中华科学仪器馆,1927年改组为大华科学仪器馆,并迅速发展成为专门生产仪表的著名民族资本企业。上海沦陷期间,丁佐成发誓宁愿关厂也不做汉奸,含泪遣散职工,藏匿设备。抗战胜利后,丁佐成想重整旗鼓大干一场,但是国民党政府推行的搜刮政策和滥发法币导致的恶性通货膨胀,又使其梦想破灭。怀着矛盾的心情,丁佐成等来了新中国的成立。1954年大华厂公私合营,丁佐成任私方总经理兼总工程师。合营后,大华厂公私关系融洽。在社会主义经济建设中,大华厂不仅根据上级指定为哈尔滨、西安等地仪表制造企业培训技术人员,而且动员部分技术人员到内地落户,在重庆创办曙光仪表厂。上海的大华厂还成为上海自动化仪表二厂(后又恢复"大华仪表厂"这一名称)、上海电表厂、浦江电表厂、上海调节器厂的前身。③ 丁佐成不仅是为新中国仪表工业的发展作出重要贡献的著名仪表专家,而且担任上海市第一届政协委员、上海市工商联合会执行委员、第三和第四届全国政协委员。

原籍宁波的王幸生(1908—1974),出生于旅日华侨家庭。1930年春他于日本关西大学毕业后,回到上海,在一家工厂担任技术员与管理员。1933年在上海创办了中央化学玻璃厂,生产各种化学玻璃仪器,产品行

---

① 乐寿英:《胡西园与亚浦耳灯泡厂》,见乐寿英主编:《近代中国工商人物志》第3册,中国文史出版社2006年版,第209页。
② 胡西园:《追忆商海往事前尘:中国电光源之父胡西园自述》,中国文史出版社2006年版,第242、255页。
③ 邵鹤年:《丁佐成与大华仪表厂》,见乐寿英主编:《近代中国工商人物志》第3册,中国文史出版社2006年版,第246—247页。

销国内 20 多个省市及南洋地区的新加坡、马来西亚等地。抗战爆发后，王幸生组织中央化学玻璃厂内迁，但是其中两批重要的内迁器材，第一批在长江上游的万县附近因船触礁沉入江中，第二批在长江上被日寇飞机炸毁，结果内迁失败。之后，王幸生返回上海，重新招集员工，恢复中央化学玻璃厂，后又改组为木下硝子厂。1946 年王幸生到香港，创办了香港远东玻璃股份有限公司，生产较为高档的玻璃器皿，以及渔民使用的玻璃灯罩。在香港，王幸生结识了包括马叙伦等在内的一批民主进步人士。1948 年在香港加入中国民主促进会。1949 年 7 月，王幸生应陈云之邀到东北发展玻璃工业。1950 年 1 月，王幸生参与投资的公私合营新中国玻璃厂在沈阳正式创办。之后，根据陈云建议，王幸生将香港远东玻璃股份有限公司内迁山西太原，1950 年 6 月创办了太原中元玻璃厂。①1954 年太原中元玻璃厂正式实行公私合营，合营后王幸生担任副厂长，负责生产技术工作。1955 年，王幸生将上海中央玻璃厂迁到太原，并入太原中元玻璃厂，1956 年担任太原中元玻璃厂总工程师。1956 年，担任轻工业部技改组组长，负责全国玻璃工业熔炉改造工作。他研制的换热式池炉、连续退火炉都曾经在全国推广。王幸生不仅为新中国的玻璃化学工业事业作出了贡献，而且参加了中国民主建国会，任山西省第一届政协委员、山西省人大代表、第三届全国人大代表，1958 年和 1962 年，王幸生两次出席全国群英会。

周荆庭（1900—1966），宁波奉化人，1927 年与友人集资在上海创办中国合群自来水笔公司并任经理，经营进口金笔及文具。1931 年"九一八"事变后，国货运动一浪高过一浪，合群公司在上海虹口创办华孚金笔厂，资本 1.5 万元，职工约 20 人，由周荆庭任经理，先后生产"合群"、"学士"、"新民"、"华孚"等牌号金笔，是中国较早的具有一定规模的自来水笔厂。1936 年，华孚金笔厂改为周荆庭独资经营。到抗日战争前夕，华孚金笔厂职工增加到 200 左右人，并组建为股份有限公司，资金增加到 20 万元。抗战爆发后，地处虹口的华孚金笔厂损失惨重。周荆庭从该厂抢运部分设备到上海公共租界恢复生产。1940 年，华孚盘进法租界大众笔厂并将原华孚厂设备移入扩大经营。自此，华孚厂生产的金笔在质、量两方面均有很大提高，深受消费者欢迎，成为与"金星"、"博士"、"关勒

---

① 胡新生：《王幸生与中央化学玻璃厂》，见乐寿英主编：《近代中国工商人物志》第 4 册，中国文史出版社 2006 年版，第 62—63 页。

铭"等名牌齐名的自来水笔品牌之一。太平洋战争爆发后,日军侵占租界,华孚金笔厂再次遭遇严重困难。抗战胜利后,华孚厂再次出现了产销活跃的局面,可惜好景不长,在美货和通货膨胀等不断打击下,陷入严重困难境地。新中国成立后,由周荆庭主动请求,经华东局批准,华孚金笔厂于1952年1月正式公私合营,周荆庭担任合营后负责技术管理的第一副厂长。1954—1958年,华孚金笔厂修建了新厂房,并先后并入大小笔厂70家,由此职工达到1400多人,生产规模和技术力量大为提高,生产英雄牌金笔,并提出数年内英雄金笔要赶上美国派克金笔的奋斗目标。党和国家领导人刘少奇、邓小平、杨尚昆、胡耀邦、贺龙、罗荣桓、彭真、李富春、蔡畅、班禅额尔德尼等都曾到厂参观考察。1966年8月周荆庭在上海病逝,同年10月,上海华孚金笔厂改名为英雄金笔厂。①

李康年(1898—1964),宁波鄞县人。1925年经介绍进入上海中国化学工业社任总务科长兼文牍。在1932年"九一八"周年之前,李康年向方液仙提出联合其他国货厂家举办国货展览的建议并得到赞同。经过李康年的奔走,终于在"九一八"周年之际于南京路举办了盛大的"九厂临时国货商场"。接着,李康年又草拟出筹设中国国货公司的计划书,并得到包括方液仙在内的参加"九厂临时国货商场"的国货厂商等的赞同。于是各国货厂商集资10万元,以方液仙为总经理,李康年为经理开始筹设中国国货公司。1933年2月9日,上海中国国货公司在繁华的南京路正式开业。1952年中国国货公司停业,1954年中国钟厂、萃众毛巾厂和鸿兴袜厂被批准公私合营。②

蔡松甫(1897—1968),宁波鄞县人。1921年9月蔡氏旅沪同宗会发起创办惇叙商业储蓄银行,蔡仁初任董事长,蔡松甫任经理,资本10万元,后于1930年增加到20万元。1934年蔡仁初病逝,蔡松甫兼任董事长。抗战时期,蔡松甫不投靠日伪政权。1952年担任上海公私合营银行常务董事兼副经理等。③

镇海籍企业家陈楚湘(1897—1973),出身于宁波帮商人家庭,1924

---

① 李珹:《为中国制笔工业添彩的周荆庭》,见上海市宁波经济建设促进协会、上海市宁波同乡联谊会编:《创业上海滩》,上海科学技术文献出版社2003年版,第444—147页。
② 俞辉:《敢与洋商较量的国货巨擘李康年》,见上海市宁波经济建设促进协会、上海市宁波同乡联谊会编:《创业上海滩》,上海科学技术文献出版社2003年版,第435—441页。
③ 蔡圆华、任献华:《"松鹤余霞存天穹"的金融家蔡松甫》,见上海市宁波经济建设促进协会、上海市宁波同乡联谊会编:《创业上海滩》,上海科学技术文献出版社2003年版,第411—415页。

年担任上海中国华成烟草股份有限公司总经理兼常务董事。从 1924 年到 1936 年的十多年间,华成厂获得了空前的发展,从原有资本仅 4 万元增加到拥有资产 1239 余万元,职工由 140 人增加到 4000 多人。1955 年华成厂作为上海烟草工业中的大型企业实现公私合营,陈楚湘任经理。1960 年华成烟厂转并于上海新建电子仪器厂。陈楚湘在党的领导下从事社会活动,历任上海市第二、三届政协委员等。

二、改革开放后新宁波帮的兴起与发展

经过改革开放以来三十多年的发展,新一代宁波工商企业家及企业已经从无到有从小到大成长和发展起来,活跃于我国经济领域。

(一)新宁波商帮的产生

改革开放政策实施后兴起和发展起来的以宁波民营经济为主体的工商企业者、企业家群体,有人称之为"新宁波帮"、"新甬商"、"现代本土宁波帮"。[①] 全国工商联副主席孙晓华在《为新宁波帮喝彩》一文中说:"新宁波帮,体现在一个'新'字。与以往的一家独大不同的是,今天的宁波出现了一种新气象,那就是产业集聚效应,形成了像鄞州的服装、宁海的文具、慈溪的小家电等较大规模产业带,不仅产业分工明显,而且产生了一大批执行业牛耳的旗舰级企业。另一个'新'表现在政府的开明开放,不但实现了民营企业与其他所有制企业享受同等待遇,实现公平竞争;还总结出了一条可操作性强的发展思路:以建设一批名园、培育一批名企、发展一批名品为载体,以推进技术创新为动力,推进民营经济增长方式从粗放型向集约型转变。"[②] 尽管"新宁波帮"、"新甬商"、"现代本土宁波帮"的提法未必十分科学和周到,但由于没有更合适的概念,为叙述便利起见,本书拟权且使用"新宁波商帮"这一概念。笔者认为,与社会主义改造完成以前的宁波商帮及港台、海外宁波商帮相比,新宁波帮的产生有其全新的社会历史条件,这些条件可以从客观和主观两个方面来认识。

从客观条件上看,1949 年 10 月中华人民共和国成立,标志着中国从此摆脱帝国主义、封建主义、官僚资本主义的沉重压迫,成为一个独立自主的社会主义国家。在中国共产党的领导下,新中国在政治、经济、文化、国防等方面均取得了举世公认的巨大成就,已经成为国际社会中举

---

① 应华根、魏玉祺:《新宁波帮》,中国经济出版社 2009 年版,第 24 页。
② 孙晓华:《为新宁波帮喝彩》,见应华根、魏玉祺:《新宁波帮》,中国经济出版社 2009 年版,第 2 页。

足轻重的力量,尤其是1978年党的十一届三中全会开启了我国改革开放和中国特色社会主义现代化建设的崭新历史时期。国家的日益强盛和改革开放新局面的开创,为新宁波商帮的重新兴起和发展奠定了坚实的政治基础,提供了强有力的后盾。没有改革开放和中国特色社会主义现代化建设道路的开辟,就不可能有新宁波商帮的产生。首先,改革开放和中国特色社会主义现代化建设道路的探索,使我国的经济体制逐步实现了从僵化的计划经济体制到社会主义市场经济体制的演变和突破,经济体制上的演变和突破为非公有制经济提供广阔的发展空间。新宁波帮作为民营工商业者、民营企业家为主体的经济、社会力量,或由个体经济经过艰难的资本积累和资本重组而产生,或从乡镇企业改制转换而产生,或由国有、集体企业改制而来。根据有关研究,从乡镇企业转型而来的宁波民营企业就有9万多家。[①] 没有改革开放和中国特色社会主义建设道路的探索和开辟,在强调纯粹的公有制的传统计划经济体制下,新宁波帮的产生是不可想象的。其次,随着改革开放和中国特色社会主义现代化建设的不断深化,人们逐渐从过去"左"的思想禁锢中解放出来,重新认识国情,也重新认识历史,重新评价历史。不仅宁波商帮为中国经济近代化作出重要贡献的历史重新被肯定,而且改革开放的现实迫切需要动员海外宁波帮回国、回乡投资,以加快改革开放和社会主义现代化建设的步伐。以包玉刚、王宽诚、邵逸夫等为代表的大批港澳台及海外宁波帮人士回国、回乡投资办事业、办教育、办社会公益事业,对新宁波商帮的产生具有极大的"见贤思齐"式的精神激励作用。传统宁波商帮和当代海外宁波商帮为新宁波帮的产生准备了厚重丰富、鲜活多彩的工商文明的历史积淀;其三,国家改革开放的一系列强有力举措,为新宁波帮的产生创造了良好的经营环境和社会氛围。如1979年6月1日,国务院批准宁波港对外开放,外籍轮船可以装载货物出入宁波港。1984年5月,宁波被列为14个沿海对外开放的城市之一。8月,邓小平明确指示"把全世界的'宁波帮'都动员起来建设宁波"。10月,经国务院批准设立宁波经济技术开发区。1985年12月10日,国务院成立宁波经济开发协调小组,中共中央书记处书记、国务委员谷牧任组长。1988年1月,宁波市实行计划单列。3月,宁波市拥有地方立法权。1989年,宁波港被列

[①] 阎怡男主编:《新甬商:风景这边独好》,浙江大学出版社2009年版,第7页。

为全国四大国际深水中转港口之一。1992年年初,邓小平视察南方,发表南方讲话。9月,宁波航空口岸开放。11月,国务院批准设立宁波保税区。1993年,国家体改委批准宁波为社会主义市场经济综合配套改革试点城市,宁波开始进行乡镇企业改革。1994年,宁波交易团亮相广交会。1999年,宁波企业开始进入外贸领域。2005年,宁波栎社机场成为国际机场。2006年宁波港与舟山港整合。2008年2月国务院批准设立宁波梅山保税港区,试行自由贸易政策。宁波港已经由历史上的内河港口演变为海港,而且是中国四大国际深水枢纽港口之一。到2007年,宁波港完成港口货物吞吐量3.45亿吨,居世界第4位;集装箱吞吐量935万标箱,居世界第11位。[1] 2008年5月1日,杭州湾跨海大桥建成通车,上海、杭州、宁波间形成两小时交通圈;第四,国家的日益强盛和经济全球化的时代潮流,为地处我国对外开放前沿和中国最具经济活力的长三角的新宁波帮的产生和发展提供了一个可以尽情挥洒智慧和创造力的广袤无垠的社会舞台。十一届三中全会后的改革开放,是在中国已经拥有以"两弹一星"为代表的尖端国防科技、尖端国防力量和已经建立了比较完整的工业体系和国民经济体系的前提下的改革开放,是在坚持独立自主基础上的改革开放,这也是新宁波帮产生和发展过程中不同于以往且不能忽视的重要历史前提。在和平与发展的时代主题下,日益发达的交通、通信手段使世界越来越紧密地联系在一起,经济全球化的浪潮一浪高过一浪,这是一个需要经济奇迹,而且必然创造出经济奇迹的时代,而新宁波商帮恰恰成为改革开放后初步创造出经济奇迹的一个社会群体。

从主观条件上看,改革开放政策实行以后,宁波逐渐发展出一种"全民皆工"的社会氛围。[2] 在这种社会氛围之下,知识化、专业化、国际化的新一代企业家的产生出现只是时间问题。如1971年10月出生的丁磊,1993年毕业于成都电讯工程学院(今成都电子科技大学),1997年26岁的丁磊创办网易公司,与王志东、张朝阳一起被称为中国网络三剑客。又如沈国军,1962年出生,1986年从中南财经大学硕士研究生毕业,现任中国银泰投资有限公司董事长兼总裁,银泰百货(集团)有限公司董事局主席高级经济师,像丁磊、沈国军这样的企业家,在新一代宁波帮企

---

[1] 应华根、魏玉祺:《新宁波帮》,中国经济出版社2009年版,第9页。
[2] 应华根、魏玉祺:《新宁波帮》,中国经济出版社2009年版,《自序》第5页。

家中将会越来越多。

新宁波商帮的产生也有一个孕育和形成的过程。一般认为,新宁波帮产生于改革开放之后,但是若干工商业者开始出现是一回事,众多工商业者形成一个具有凝聚力的群体(即地域性的商帮)又是一回事。新宁波帮形成有无标志?以何为标志?应该怎样科学定义?这是我们在使用新宁波商帮概念来论述改革开放以来产生的新一代宁波籍工商业者的时候必须考虑和考察的问题。我们认为,新宁波商帮是改革开放后产生于宁波或走出宁波的宁波籍工商业者群体。首先新宁波商帮的"新"在于其包含的地域范围不同于传统宁波商帮所包含的七县,而是以现有的宁波行政管辖区域为范围,即不包含原属于宁波而现在不属于宁波范围的舟山地区,而包含了原来不属于宁波而现在归属于宁波的余姚、宁海等。其次,新宁波帮的"新"在于产生于全新的社会历史条件之下,中国既不是封闭守旧的明清时代,也不是半殖民地半封建的近代中国,而是独立自主、改革开放和逐步繁荣昌盛的社会主义新中国。其三,新宁波帮的"新"还在于世界格局发生了巨大的变化,在全球化浪潮下,中国的发展离不开世界,世界的稳定也离不开中国。最后,新宁波商帮的"新"在于其历史使命的新,新宁波商帮必须开拓宁波商帮发展的新阶段、新境界,新宁波帮的真正经济舞台不应该局限在宁波,局限在上海,而应该是全球化背景下的整个世界。这就需要新宁波商帮在融入世界的同时,创造具有宁波人色彩的新世界。从这样的视野看新宁波商帮形成、发展的历程,我们认为:从改革开放开始的1978年到1988年宁波经济发展促进协会成立之前,是新宁波商帮的孕育阶段。从1988年宁波经济发展促进协会在宁波成立,经乡镇企业、集体企业、国营企业的大规模改制,到2003年北京宁波商会正式成立,标志着新宁波商帮的形成。[①]

(二)新宁波商帮的代表人物和企业

新宁波商帮在形成和发展的过程中,已经涌现出一批代表性企业和企业家,如李如成与雅戈尔集团,郑永刚与杉杉集团,郑坚江与奥克斯集团,盛军海盛静生父子与罗蒙集团,茅理翔茅忠群父子与方太集团,邱风雷与浙东建材集团有限公司,郑宏舫与宏润建设集团,翁南道与颐高集

[①] 应华根、魏玉祺:《新宁波帮》,中国经济出版社2009年版。该书认为新宁波帮的发展分为三个阶段:1978—1988年是宁波民营经济从萌芽到起步的阶段,1988—1998年是宁波民营经济大规模转型的阶段,1998—2008年是宁波民营经济起飞的阶段(见第9—12页)。

团,王利平与广博集团,丁磊与网易,沈国军与银泰、叶立培与仲盛、张建浩与赛象、石钟韶与新中大软件等。

雅戈尔集团股份有限公司创办于 1979 年,当时称为青春服装厂,是鄞县石碶镇的一家只有 2 万元资产的镇办小作坊,业务为缝制衬衣及加工生产工艺简单的服装。1980 年,李如成被安排到青春服装厂工作。1983 年,李如成担任青春服装厂厂长,与上海静安区服装公司所属上海开开衬衫公司联营,经营状况迅速改观。1990 年,与澳门南光公司合资组建雅戈尔制衣公司。1993 年雅戈尔制衣公司改组为股份制公司。1994 年,雅戈尔股份有限公司向市场推出"雅戈尔"品牌服装。1998 年,雅戈尔股份有限公司股票上市。经过三十年的发展,雅戈尔集团股份有限公司已经成为拥有 150 家分公司,2000 多家专卖店,以服装业为主,向服装、房地产、证券投资、旅游休闲产业等领域发展的集团企业。①

杉杉集团有限公司的前身是创办于 1980 年 7 月的宁波甬港服装厂,由浙江省纺织公司和鄞县工业局合资经营,当时是隶属于宁波鄞县工业局的集体企业。该厂成立后,从上海聘请红帮裁缝师傅,从事外贸西服加工及中山装等业务。1984 年成立宁波甬港服装总厂,引进德国生产线,生产男式高级西服。1989 年郑永刚任宁波甬港服装厂厂长,瞄准上海市场推出"杉杉"品牌西服。1992 年 11 月,宁波甬港服装厂改名为杉杉集团公司。1994 年 6 月,杉杉集团公司实行股份制改造,改组为杉杉集团有限公司。1996 年 1 月杉杉集团有限公司发行 1300 万股 A 股并在上交所挂牌上市。1999 年年初,杉杉总部由宁波搬迁至上海浦东。2007 年,杉杉集团董事长郑永刚提出了到 2018 年企业市值要达到 1000 亿元的"千亿计划"。2009 年 2 月,杉杉与日本著名商社伊藤忠商事株式会社签订合作协议,伊藤忠从杉杉集团获得 28% 的股份。2009 年 6 月初,杉杉与澳洲矿业巨头赫荣达成协议,成立合资公司,共同开发赫荣旗下的镍钴矿。杉杉集团由一家主要生产服装的企业,一步步发展,并逐渐把发展方向确定为跨国的综合性商社。②

罗蒙集团股份有限公司由盛军海集资于 1984 年创办的罗蒙西服厂

---

① 宁波市政协文史委编:《宁波帮与中国近现代服装业》,中国文史出版社 2005 年版,第 158—160 页;应华根、魏玉祺:《新宁波帮》,中国经济出版社 2009 年版,第 11、13 页。
② 浙江省工商行政管理局、浙江省私营(民营)企业协会编:《典型促转型——逆势上扬的 60 个浙商样本》,人民日报出版社 2009 年版,第 275—279 页;宁波市政协文史委编:《宁波帮与中国近现代服装业》,中国文史出版社 2005 年版,第 160—162 页。

发展而来,原始资本仅有2万元,属于镇办企业。创业之始,缝纫机、电熨斗等生产设备大部分由员工自带,生产技术则请老辈红帮裁缝师傅言传身教,业务也是通过师傅们的人脉找门路。[①] 1985年罗蒙西服成功打入上海市场。1998年,罗蒙西服厂实行股份制改造,成立罗蒙集团股份有限公司,同时盛军海之子盛静生接任集团总裁,罗蒙走上快速发展的轨道。经过20多年的发展,罗蒙已经由一家名不见经传的小型乡镇西服厂发展成为以中高档西服、衬衫、服饰为主业,并投资于房地产、金融、国际贸易和酒店等行业的大型股份制企业集团。该企业集团拥有员工一万多名,固定资产达到30亿元,生产设备先进,年产600万套西服。该集团下属有10家核心企业,在全国有186家销售分公司以及2000多家专卖店,罗蒙西服作为该集团的主导产品,是中国西服行业的标志性品牌之一。在美国、日本、韩国、意大利、法国等国,罗蒙集团已经设立了6家分支机构。在20多个国家和地区,罗蒙集团注册了"罗蒙"商标以保护自己的品牌。2008年,尽管有国际金融风暴的猛烈冲击,罗蒙销售收入依然达到32亿元,外贸出口值达到3亿元。[②]

茅理翔于1985年创办慈溪无线电厂,担任厂长、经理10余年。其间,茅理翔开发出中国首只电子打火枪,由于电子打火枪成为市场上的热销产品,茅理翔也因此被称为"点火枪大王"。1995年,茅理翔与其子茅忠群开发出"方太"油烟机。1996年茅理翔与茅忠群一道二次创业,创办宁波方太厨具有限公司,茅理翔任董事长,茅忠群任总经理。方太集团从成立之初即集中力量专注于高端嵌入式厨房电器和集成厨房产品的研发和生产。目前已成为我国中高端厨房电器市场的第一品牌,市场占有率持续保持行业第一,并已在全球厨房市场上崭露头角。[③]

1986年郑坚江承包了一家资不抵债的乡办钟表零件厂,开始创业。经过20余年的发展,如今郑坚江已经把他的企业发展成为涉及家电、电力、房产、通信、医疗等诸多行业的大型企业集团。其中,三星电能表从2000年起一直保持全球第一的位置,国内市场占有率达30%左右。"三

---

① 应华根、魏玉祺:《新宁波帮》,中国经济出版社2009年版,第71页。
② 宁波市政协文史委编:《宁波帮与中国近现代服装业》,中国文史出版社2005年版,第1162—163页;阎怡男:《新甬商:风景这边独好》,浙江大学出版社2009年版,第294页。
③ 阎怡男:《新甬商:风景这边独好》,浙江大学出版社2009年版,第207—210页;浙江省工商行政管理局、浙江省私营(民营)企业协会编:《典型促转型——逆势上扬的60个浙商样本》,人民日报出版社2009年版,第191页。

星"和"奥克斯"为该集团企业的两个跨行业名牌产品。目前,奥克斯集团是中国 500 强企业,在宁波以及上海、深圳、南昌等地建立了四个具有较强研发力量的研究院。

1997 年,26 岁的丁磊创办网易公司。2000 年 6 月,网易公司股票在美国纳斯达克股票交易所上市。目前公司下属的网易与新浪、搜狐、腾讯并称中国四大门户网站,并以自主开发网络游戏等见长。

2007 年 3 月 20 日,银泰百货(集团)有限公司的股票在香港联交所上市。目前银泰运营的大型百货商场和购物中心多达数十家,门店遍及北京、武汉、西安、杭州、宁波、温州等城市的商业中心。

1944 年出生的叶立培,1989 年在深圳创办地产公司,2003 年移师上海,投资兴建上海仲夏商业中心。目前叶立培名下控股的企业主要有香港中颖发展有限公司、香港仲盛有限公司、仲盛房地产(深圳)有限公司、仲盛房地产(上海)有限公司、北京新盛房地产开发有限公司以及在澳大利亚注册的 Super Ocean(Australia)PTL Limited 等。

南苑集团最初是一家招待所,用了 7 年时间发展成为浙江省第一家五星级饭店。2005 年 11 月开出第一家宁波本土经济型酒店——"南苑 e 家",到 2009 年南苑 e 家在全国的连锁店达到 100 家以上。南苑 e 家成功的秘密在于用五星级的模式、五星级的酒店专业人才来经营经济型酒店,用五星级的品质、五星级的服务来服务消费者。①

1965 年出生的余姚籍企业家翁南道,1988 年从浙江大学计算机系计算机专业毕业,1993 年创办浙江大学灵峰科技开发公司,1998 年创办颐高集团有限公司,2000 年创办颐高数码广场,在不到 20 年的时间内,颐高集团已经发展成为拥有 42 家子公司及控股公司的大型集团性企业,经营数码连锁、创业园、龙城商业等三大核心业务产业,涉及 IT、商业、地产、网络、传媒等众多经营领域,资产达到数十亿元。

1992 年 10 月,30 岁出头的王利平被鄞县石碶镇政府任命为该镇铝合金电子门窗厂厂长。此时的铝合金电子门窗厂,职工只有 30 多人而负债却高达 80 多万元。接任后,王利平把合金电子门窗厂改组为鄞县彩印包装厂,经营彩色包装业,取得了不错的业绩。1994 年,王利平决定放弃彩色包装业,改营文具业。1995 年,开始以广博商标生产自主品牌文具

---

① 应华根、魏玉祺:《新宁波帮》,中国经济出版社 2009 年版,第 41 页。

产品。之后,又涉足纳米技术等高新技术领域。如今广博集团已经成为一家以广博股份和广博投资控股为主体,并在美国、阿联酋、香港等国家和地区设有分公司的大型集团性跨国企业,总资产达到30亿元,员工7000多名,主营轻工文具、新材料电子生产,并从事投资与贸易等,产品行销东南亚、美欧、中东等世界各地。

象山人郑宏舫出生于1950年,1973年率领象山中娄工程队闯荡大上海,1994年郑宏舫创办宏润建设集团股份有限公司并任董事长兼总经理。凭借企业形象和工程质量,宏润建设集团参与了上海一系列重大市政工程项目的建设,如世纪大道、浦东机场、南北高架、地铁等项目,成为全国地铁建设中的首家民营企业。如今宏润建设集团已经是一家拥有10多亿元固定资产,职工达1万多名,技术力量雄厚,可以承担高难度市政工程的大型营造企业。

石钟韶是新中大软件股份有限公司总裁,他的著作《抢位——灵动联盟的故事》,为我们剖析了新宁波帮崛起鲜为人知的秘密。石钟韶发现浙江宁波一带无数中小制衣厂、电器厂自发形成的一种"合作大生产"模式。这些不同的生产商、供应商以及经销商,分工完成商品生产销售中看似繁杂的各个环节。这样的精细分工、发挥各自的优势的运作模式,在全国来说都是比较罕见的。[①]

(三)新宁波帮的主要特点

到目前为止,新宁波商帮可以说仍处于初步形成和发展的阶段,与海外宁波帮及传统宁波商帮的声势相比,显得比较稚嫩。尽管如此,新宁波帮也已经明显地显现出与传统宁波商帮及海外宁波商帮不尽相同的历史特点,这些特点主要表现在:

第一,新宁波帮企业家强烈的品牌意识和新宁波企业著名品牌的涌现。

品牌其实是通过产品集中体现出来的企业形象、产品品位、产品质量等商品要素。由于新宁波帮企业家具有强烈的品牌意识,着力从质量、品质、外观、名称、营销等多重层面研发和推广品牌产品,实践上取得了一系列成功,这样由新宁波帮企业和企业家创造的著名品牌开始相继涌现,如服装业中的雅戈尔、杉杉、罗蒙、太平鸟、洛兹,电表业中的三星

---

① 应华根、魏玉祺:《新宁波帮》,中国经济出版社2009年版,第25页。

奥克斯,厨具业中的帅康、方太,文具业中的贝发、广博等。

第二,新宁波帮企业家强烈的创业意识和新宁波帮企业的迅速成长。

改革开放30多年来,一批宁波民营企业家通过艰苦拼搏、创业创新而脱颖而出,并对宁波地区经济发展作出了显著的贡献。宁波市工商联主席崔秀玲提供的数据显示:到2008年6月底宁波市共有非公有制企业10.53万家,注册资本1540.85亿元,非公有制经济创造的GDP接近全市总量的80%,创造的利税约占全市的70%,创造的就业岗位接近全市的85%,非公有制经济活力指数在全国位居前列①。另有研究显示:到2008年,民营经济已经成为宁波经济的主体,宁波地区规模以上民营经济已经有10937家。② 民营企业已经逐渐从发展初期的"千辛万苦、千言万语、千方百计、千山万水"为代表的苦干、硬干求生存、找出路的艰难处境下解放出来,逐渐发展成为拥有先进生产设备、拥有自主品牌和较强的产品研发能力、拥有比较雄厚的资金和技术力量,拥有较雄厚的资本和较大的经营规模,有能力开拓国际市场的新的经济力量。同时,新宁波帮又有十分明显的稚气,"他们开始喜欢用带着洋气的舶来品作为自己产品的商标,并把一本本厚重而老掉牙的哈佛商业案例奉为经典"③。当然,"不少的新生代企业家在实践中认为,要想在这种新的市场经济中获得生存和发展,就要懂得变革,懂得从中国传统文化中汲取精华,并在适当的时候、适当的市场思谋变革和突破"④。

第三,新宁波帮企业家强烈的草根意识和新宁波帮企业的全球布局。

以鄞州的服装、宁海的文具、慈溪的小家电为代表的块状经济现象的出现,⑤反映出宁波地区民营经济发展中根植于亲属、熟人关系的草根性人脉关系仍然具有强大的生命力和巨大的社会经济意义,"全民皆工"的社会氛围则表明宁波地区的社会经济生活正在发生深刻而广泛的巨大变迁。在此基础上产生的新宁波帮企业家,具有强烈的草根意识有其必然性。但是,新宁波帮要想真正腾飞,需要新宁波帮企业家在经营视

---

① 应华根、魏玉祺:《新宁波帮》,中国经济出版社2009年版,第243—244页。
② 应华根、魏玉祺:《新宁波帮》,中国经济出版社2009年版,《前言》第8页。
③ 应华根、魏玉祺:《新宁波帮》,中国经济出版社2009年版,《序言》第4页。
④ 应华根、魏玉祺:《新宁波帮》,中国经济出版社2009年版,《序言》第4页。
⑤ 应华根、魏玉祺:《新宁波帮》,中国经济出版社2009年,《前言》第2、12页。

野、经营理念等方面从草根意识中迅速升华出全球化的视野、全球化的观念、全球化的经营理念。具体而言,新宁波帮要想真正腾飞,需要在经营地域、经营行业上作出适合自身发展实际和经济全球化需要的相应的行业布局和地域布局。从目前的发展态势上看,新宁波帮在地域布局上显然仍以国内为主,而且国内布局的重心所在仍不甚明晰,同时有若干新宁波帮企业展现跨国经营、跨国布局的苗头,但此类企业仍不多,新宁波帮的发展总体上还没有达到需要大规模进行跨国布局的阶段。据有关研究,到 2007 年年底,宁波已在 72 个国家和地区设立了 750 家境外企业和机构,中方投资额 3.58 亿美元。[①]

就经营行业上看,到现在为止,新宁波帮在服装、网络服务、房地产、电子、建筑工程、旅店等行业也有不俗的表现,但正如有的研究者所说的:新宁波帮企业家从事的行业与以前的宁波商帮不同,因为金融业和港口受到国家直接控制,新宁波帮要想重现甚至超越祖辈们的辉煌,必须另辟新路。[②]

三、新宁波商帮的组织形态

改革开放后新宁波帮在产生和发展的过程中,其商帮组织形态出现了新的面貌,即各地宁波经济建设促进协会、各地宁波同乡联谊会、各地宁波商会三位一体、各有其用的同乡团体格局。

(一)各地宁波经济建设促进会的产生与发展

为贯彻开发宁波的决策,推动宁波经济发展,在宁波党政领导的支持下,由卢绪章、包玉刚、陈先等宁波籍知名人士发起,宁波经济建设促进协会于 1988 年 10 月 18 日在宁波成立,并推选卢绪章任首任会长,谷牧、包玉刚、沈祖伦、陈先等为名誉会长。此后,到 2010 年,包括宁波在内的全国各地 16 个重要城市相继成立了相应组织,其大致情况见下表。

宁波经济建设促进协会及各地宁波经济建设促进会概况表

序号	名称	所在地	创办时间	概况
1	宁波经济建设促进协会	宁波	1988 年	对海外又称宁波同乡联谊会,历任会长有卢绪章、陈先、刘仲黎等。

[①] 应华根、魏玉祺:《新宁波帮》,中国经济出版社 2009 年版,第 10 页。
[②] 应华根、魏玉祺:《新宁波帮》,中国经济出版社 2009 年版,第 24 页。

续表

序号	名称	所在地	创办时间	概况
2	宁波经济建设促进协会北京联谊会	北京	1988 年	历任会长有姜习、林殷才等。
3	上海市宁波经济建设促进协会	上海	1989 年	历任会长有李储文、庄晓天等。
4	天津市宁波经济建设促进协会	天津	1990 年	历任会长有郑飞、陈礼章等。
5	深圳宁波经济建设促进会	深圳	1993 年	会长为应启瑞。
6	杭州宁波经济建设促进会	杭州	1994 年	会长为乐子型、张蔚文等。
7	贵阳宁波经济建设促进协会	贵阳	1997 年	历任会长有葛镇、王惠芬、王翰宇等。
8	南京宁波经济建设促进会	南京	1997 年	历任会长有毛忠国、徐信久等。
9	合肥宁波经济建设促进会	合肥	1998 年	历任会长有张秉令、孔令渊等。
10	南昌宁波经济建设促进会	南昌	1998 年	历任会长有王明珊、冯章豪等。
11	武汉宁波经济建设促进会	武汉	1999 年	会长毛冬声。
12	辽宁宁波经济建设促进会	沈阳	2003 年	会长方之昭、骆永富。
13	西安宁波经济建设促进会	西安	2003 年	会长傅冬林。
14	成都宁波经济建设促进会	成都	2005 年	会长为张坚。
15	广州宁波经济促进会	广州	2007 年	会长为应华江。
16	乌鲁木齐宁波经济建设促进会	乌鲁木齐	2008 年	会长为龚继军。

资料来源：马卫光等编：《百年宁波帮》第 1 卷，西泠印社出版社 2004 年版，第 46—57 页；周千军主编：《甬人风采》，宁波出版社 2007 年版，第 49—53 页。

1988 年 10 月成立的宁波经济建设促进协会，是 16 个宁波经济建设促进（协）会中率先成立具有示范作用的协会。根据 1988 年 10 月 18 日宁波经济建设促进协会成立大会上通过的《宁波经济建设促进协会章程》，该会是"海内外宁波籍人士和关心、支持宁波开发建设的各界人士自愿组成的社会团体"，以"广交朋友，增进友谊，联络海内外宁波籍（或祖籍在宁波的）人士和关心宁波建设的人士，群策群力，通过多种渠道，推动工业、交通、农业、文教、贸易、科技等方面与外界交流合作，为促进宁波外向型经济的发展,为宁波经济的繁荣作出应有的贡献"为宗旨。[①] 章程中规定的主要任务有6项:1.联系海内外人士到宁波探亲、观光旅游、访问,给予力所能及的协助。2.协助宁波市组织经济发展战略和规划的讨论,供宁波市有关单位参考。3.听取各界人士对建设宁波的建议和意见,并及时向宁波市政府和有关方面转达。4.为宁波市外引内联建设项目和资金起牵线搭桥作用,并为投资者提供法律咨询。5.促进宁波市与国内外的科学技术交流,帮助宁波市引进技术设备和需要的人才。6.开展信息交流和咨询服务等活动,不定期地出版刊物,介绍宁波经济发展方面的情况和问题。[②] 从该章程中关于宗旨和主要任务的规定看,宁波经济建设促进协会明显是一个具有政府顾问或政府智囊性质的团体,其要联络的包括宁波帮人士和热心帮助宁波的人士,因此不能说是一个单纯的同乡团体。该会成立后,很快得到社会各界人士的认同,从其实际作用上看,无论是联络宁波帮人士以及热心于帮助宁波的人士,还是在推进宁波开发和开放方面都发挥了非常重要的作用,其同乡组织功能相当突出。如在该会第一届理事会任内的五年中,充分利用各种条件,促成在全国各地宁波籍人士集中的城市中成立相应组织,吸收4000多位海内外宁波籍专家、学者、实业家入会,组建了上百个专业或行业小组,为宁波的经济发展和社会进步提出了许多有建设性的意见和建议,在争取国家重大项目的立项、引进外资和国外先进技术等方面作出了卓有成效的工作和巨大的贡献。[③] 在该会实际运行过程中,为凸显同乡色彩和功能,对海外联络时只使用宁波同乡联谊会的名义。

宁波经济建设促进协会及其各地相应组织的建立,在全国范围内初步形成了一个以地缘关系为基础,以乡情为纽带,以工商业者为主体的宁波籍人士乡帮网络。这一乡帮网络,与港澳台和海外宁波商帮相衔接,对于新时期宁波帮企业家的再度活跃,对于宁波经济发展和社会进步,已经发挥并且定将发挥更大的作用。

(二)各地宁波商会的兴起与发展

宁波及各地的宁波经济建设促进(协)会在推动新时期宁波的开发

[①] 《宁波经济建设促进协会章程》(1988年10月18日在宁波经济促进协会成立大会上通过),见宁波政协文史委员会编:《包玉刚与宁波开发》,中国文史出版社2008年版,第246页。
[②] 《宁波经济建设促进协会章程》(1988年10月18日在宁波经济促进协会成立大会上通过),见宁波政协文史委员会编:《包玉刚与宁波开发》,中国文史出版社2008年版,第246—247页。
[③] 宁波政协文史委员会编:《宁波帮研究》,中国文史出版社2004年版,第227页。

和开放方面的卓著成绩有目共睹,但社会的需要是复杂的或多种多样的。随着新一代宁波籍工商业者的兴起和日趋活跃,近年来,由宁波籍企业界人士为主体组织的宁波商会在各地异军突起,成为一个引人注目的现象,据不完全统计,各地已经建立的宁波商会已经有12处,具体情况见下表。

各地宁波商会概况表

序号	名称	所在地	创办时间	概况
1	北京宁波商会	北京	2003年	首任会长张云岗。
2	天津宁波商会	天津	2004年	首任会长戎鹏举。
3	成都宁波商会	成都	2004年	首任会长张坚,与成都市宁波经济促进会为同一套人马。
4	沈阳市总商会宁波商会	沈阳	2005年	首任会长黄建惠。
5	上海市工商联宁波商会	上海	2006年	首任会长庄晓天。其前身为2000年宁波在沪企业联谊会,为上海市宁波经济建设促进协会团体会员。2002年7月宁波在沪企业联谊会改组为上海市宁波经济建设促进协会企业家分会。2006年4月在上海、宁波两地政府和工商联的支持下,在上海市宁波经济建设促进协会企业家分会的基础上,正式成立上海市工商联宁波商会。
6	贵州省工商联宁波商会	贵阳	2006年	首任会长李庆。
7	青岛市工商联宁波商会	青岛	2006年	首任会长沈林杰。
8	南京市工商联宁波商会	南京	2006年	首任会长徐信久。
9	武汉市宁波商会	武汉	2007年	首任会长戚国乾。
10	义乌市工商联宁波商会	义乌	2007年	首任会长周建强。
11	合肥市工商联宁波商会	合肥	2008年	会长为廖永华。
12	云南省宁波商会	昆明	2009年	会长为罗云明。

资料来源:周千军主编:《甬人风采》,宁波出版社2007年版,第102—104页;上海市宁波经济建设促进协会、上海市宁波同乡联谊会编:《上海市宁波经济建设促进会上海市宁波同乡联谊会20年历程纪念专辑》,2009年印行,第14页。

从总体上看,各地宁波商会在组织上多隶属于当地的工商业联合会,如果当地已经成立了宁波经济促进(协)会,则为该协会团体会员或干脆形成两个名称一套人马的情形。上海市工商联宁波商会的前身为

2000年宁波在沪企业联谊会,是上海市宁波经济建设促进协会团体会员。2002年7月宁波在沪企业联谊会改组为上海市宁波经济建设促进协会企业家分会。2006年4月在上海、宁波两地政府和工商联的支持下,在上海市宁波经济建设促进协会企业家分会的基础上,正式成立了上海市工商联宁波商会。这样,上海宁波经济促进协会、上海市宁波同乡联谊会、上海市工商联宁波商会,就形成"三位一体"的格局。2004年成立的成都市宁波商会与成都市宁波经济促进会虽然有两个机构,但组织上是同一套组织。各地宁波商会的会员主要吸收当地同乡企业,在活动上则主要是组织同乡企业界人士开展交流活动,为会员企业提供咨询、信息、培训等,组织会员考察,以促进同乡企业界人士感情联络、信息交流、资源整合,合作互利。

(三)三位一体的上海新宁波商帮同乡团体

2007年,上海的宁波籍人士总数已经超过300万,[①]是新宁波商帮创业和走向世界的重要舞台,同时,新宁波商帮的同乡组织在上海也不断发展,已经形成上海市宁波经济建设促进协会、上海市宁波同乡联谊会、上海市工商联宁波商会为"三位一体,各尽其用"的同乡团体新格局。

1. 上海市宁波经济建设促进协会的产生与发展

改革开放之初,为了开发上海多达180多万人的同乡资源以解决经济发展中急需的人才、资金、技术等问题,宁波市政府早在1984年就在上海设立宁波市政府上海办事处,任命胡寿章为办事处主任。该办事处先后联络了上百名分布在上海纺织、机械、轻工、化工、金融、外贸、医疗卫生、政府机关等各行各业的宁波籍代表性人士,帮助推动宁波的经济建设和社会进步。1988年10月宁波经济建设促进协会成立后,1988年11月12日,李储文、张承宗、戚原、方祖荫等宁波籍人士在沪发起成立上海市宁波经济建设促进协会,讨论了协会章程草案,并成立筹备机构,由李储文任筹备主任。李储文为宁波慈溪人,出生于1918年,曾留学美国耶鲁大学并获得博士学位。新中国成立后历任中国人民保卫世界和平委员会副主席、上海市人民政府外事办公室主任、上海国际问题研究所所长、上海市人民政府侨务办公室主任、新华社香港分社副社长、上海社会科学界联合会主席、上海市人民政府外事顾问、上海杉达学院董事长等

---

① 上海市宁波经济建设促进协会、上海市宁波同乡联谊会编:《共创上海新辉煌》,上海科学技术文献出版社2008年版,第611页。

重要职务,并曾任上海市政协常委、第三届全国人大代表、第七届全国政协委员,是享誉中外的社会活动家、外交家。协会发起和筹备活动得到有关方面的大力支持,1989年2月25日,上海市宁波经济建设促进协会(上海市宁波同乡联谊会)在上海展览中心宴会厅举行成立大会,宣告成立。大会通过了章程和理事人选,推选李储文为会长,戚原、王丹凤、陈金邦、蓝瑛为副会长,张承宗、倪天增、叶进明、谈家桢为名誉会长,方祖荫、陈鸿元、胡寿章为正副秘书长。这是一个新型同乡组织,章程规定其宗旨为联络同乡、广交朋友、增进友谊,通过多种形式,发动宁波籍同乡,关心、支持宁波建设人士,群策群力,献计献策,促进宁波建设事业发展;推动上海工业、农业、交通、贸易、科技、文教、卫生等方面与宁波对口部门加强联系合作,互助互利,并联络海外亲友,为发展和繁荣宁波经济贡献力量。[①] 1990年12月,协会向上海市民政局办理了社会团体登记手续,1991年4月10日领到社会团体法人登记证。

1993年9月21日,协会在上海市展览中心召开第二届会员代表大会,大会对协会章程做了修改,选举出第二届理事会,推选庄晓天为理事长。庄晓天(1932—　),又名庄孝天,宁波北仑区小港林唐人。1956年加入中国共产党,历任上海市商业局党委书记、上海市副市长等重要职务。1993年任上海浦东发展银行董事长、上海市宁波经济建设促进协会(上海市宁波同乡联谊会)会长,向宁波市政府提出建造杭州湾跨海大桥的建议。之后,协会报请有关部门同意,对外称为上海市宁波同乡联谊会,并在协会二届一次会议上通过了对章程中部分内容的修改。1998年9月27日,协会在上海云峰剧院召开第三次会员代表大会,庄晓天连任会长。2003年6月21日,协会召开第四次会员代表大会,庄晓天再次连任会长。

协会成立后,在很长时间内没有固定会所,协会先后在上海市中山南路、南昌路、南京西路、新闸路、香山路、康平路、北京西路、南汇路等处择地办公,迁徙频繁,严重影响会务的开展。会长李储文曾设想要迁回旧时宁波旅沪同乡会位于西藏中路480号的会所,该会所于上海解放后由政府接收并划归黄浦区教育部门使用,当时则由该区主管部门签约租

[①] 《上海市宁波经济建设促进协会章程》(1989年2月25日上海市宁波经济建设促进协会第一届第一次会议通过),见上海市宁波经济建设促进协会、上海市宁波同乡联谊会编:《上海市宁波经济建设促进会上海市宁波同乡联谊会20年历程纪念专辑》,2009年印行,第161页。

给上海申花足球队使用。经过联系沟通得到的结果是：如要收回，转让费约6000万元，若要租用，每年约需数百万元。这显然是协会无法承受的。在这种情况下，兴建新会所的问题被提出。庄晓天任会长后，把兴建新会所当做首要工作。1998—1999年，在协会的努力和有关方面的支持下，协会以600万元从上海市文化局购得上海南汇路69号400平方米地产。在购地和建筑费用募集方面，协会得到香港、日本、美国等地宁波帮以及热心人士的大力支持。其中，曹光彪捐助200万元，陈廷骅捐助100万元，李达三捐助100万元，张雨文捐助100万元，金如新、金天任父子捐助50万元，李和声捐助50万元，包玉书捐助50万元，李吴剑鸣捐助50万元，孙忠利捐助50万元等，捐助者中张雨文不是宁波人。宁波市政府、上海市浦东发展银行也在资金上给予大力支持。同时，协会个人会员各尽所能，捐献了数目不等的款项。这样，协会先后共计得到1240.5458万元捐助金，基本解决了资金问题。[①] 1999年5月，协会会所大楼开始动工兴建，2000年6月竣工，总面积达2600平方米，"上海宁波联谊大楼"八个大字由李达三题写。2000年9月30日，协会正式入驻上海宁波联谊大厦办公，对于协会开展会务，这是具有重要意义的一天。大楼建成后，协会与宁波市政府就大楼第四层使用权达成协议，把该层出租给宁波市政府使用50年，协会一次性收取200万元租金，由此解决了建设费用的缺口问题。同时，楼底一、二、三层先后出租给公司，由此协会开始有了较为固定的收入。

2. 人事组织、会员

协会实行会长制，先后选举李储文、庄晓天、戚原等卓有声誉的宁波籍人士为会长。推选产生的理事组成理事会。在会员方面，根据协会章程，会员分团体会员和个人会员两类，承认协会章程的团体、个人均可申请并经会员一人介绍加入协会成为会员。协会成立时会员有671人，第二届时会员为1514人，1998年第三届会员代表大会时会员2164人。2003年第四届会员大会时会员人数发展到3025人。为发挥会员各自的作用，协会按照专业特长把会员组织成专业小组。随后在专业小组的基础上，先后成立科技经济、工业生产、商业农业、外经外贸、科技教育、新

[①] 李储文：《天时地利人和，协会应运而生》，见上海市宁波经济建设促进协会、上海市宁波同乡联谊会编：《上海市宁波经济建设促进会上海市宁波同乡联谊会20年历程纪念专辑》，2009年，第19页；陈正兴等：《上海宁波联谊大楼筹建始末》，同上书，第26页。

闻广播、海外联络、金融等 12 个联谊部,2 个地区工委,1 个青年工委,3 个分会,此外还成立了 5 个俱乐部,4 个戏剧沙龙,1 个书画沙龙,1 个时装队,1 个书画院。还有 9 个校友会为协会的团体成员。其中静安工作委员会成立于 1997 年 6 月,鲍士用、乐善根等先后任主任。黄浦工作委员会成立于 1996 年 5 月,王卓贤任第一届主任。青年工作委员会成立于 2000 年 6 月,黄融任主任。宁海分会成立于 1993 年 6 月,原名宁海县经济建设上海促进会,石圣钰为会长。奉化分会成立于 1987 年,前身是上海奉化同乡联谊会,1989 年加入上海协会为团体会员,毛学鸣为会长。镇海分会成立于 2008 年,朱林楚任会长。象山分会成立于 2009 年 1 月,赖振元为会长。

2000 年 4 月宁波在沪企业联谊会成立,并成为协会的团体成员。2002 年协会企业家分会成立,2006 年在协会企业家分会基础上成立上海市工商联宁波商会,由庄晓天任会长,王亚奇、叶立培、吴国迪、郑永刚、裘东方、赖振元等新宁波帮企业家为常务副会长。

协会于 2001 年 8 月成立助学金委员会,经上海市社团管理局批准,从 2003 年 1 月 23 日起协会助学金委员会获得二级法人资格,2006 年 4 月 27 日进一步被批准成为具有独立法人资质的上海市甬协公益基金会。2007 年 11 月 21 日上海市甬协公益基金会经上海市税务局认定具有接受公益救济性捐赠税前扣除资格。①

2000 年 2 月协会召开筹建文史资料研究室座谈会,后聘请上海市委党校原办公室主任陆平一、上海大学历史系李瑊为正副主任。文史资料研究室的主要职责是征集相关历史资料,编辑会刊和相关图书。2003 年 9 月,协会在文史资料研究室基础上成立海上宁波人研究中心,主要职责是研究宁波文化和上海宁波人,由陆平一为中心主任,李瑊、陈昌福、陈俊言、俞松年为副主任,蓝瑛、戚原、方祖荫、王乾德、陆志濂为顾问。

3. 协会主办、经办的事业

章程规定其事业主要为五项:1. 宣传宁波远期建设发展战略和近期发展部署、计划,通报宁波经济建设成就和问题。2. 听取旅沪同乡、各界人士和海外亲友对建设宁波的意见和建议,及时向宁波市人民政府和有关方面转达。3. 有重点地组织文教科技界的力量,支援宁波建设;发展

---

① 上海市宁波经济建设促进会、上海市宁波同乡联谊会编:《上海市宁波经济建设促进会上海市宁波同乡联谊会 20 年历程纪念专辑》,2009 年印行,第 13 页。

上海与宁波的横向经济联系,相互促进,共同发展。4. 为宁波经济建设各部门、各企事业单位和海外亲友提供咨询服务,做好联络工作。5. 为回宁波探亲、旅游、访问、调查考察者提供力所能及的协助。该协会成立以来,在主办、经办事业上,大致可分为两个阶段:1989年2月到2000年9月为初期阶段,2000年10月以后为发展阶段。

在初期阶段,协会的主要事业为联络同乡、发展会员,组织沪甬两地对口交流、献计献策,帮助宁波引进资金、培训人才等。在组织沪甬两地对口交流方面,协会推动和组织上海纺织、轻工、仪表等10多个行业的宁波籍技术人员作为星期日工程师,到宁波帮助当地乡镇企业发展经济。协会积极为宁波引进外资、引进项目,穿针引线,献计献策。在文化、教育、卫生领域,协会与中国经济史学会、杭州市宁波经济建设促进会等联合在宁波慈溪举办虞洽卿研究学术讨论会,并出版《虞洽卿研究》等论著、资料集。

在发展阶段,协会的主要事业包括文化事业、公益慈善、经济交流、参与经济建设等。在文化事业方面,协会自创会伊始,即办有《协会简讯》,到2002年,在《协会简讯》的基础上编辑出版《海上宁波人》会刊,由试刊到季刊再到双月刊,内容不断充实。经过积极筹备,协会在2000年12月举办了宁波文化与宁波人研讨会。2001年协会成立编辑委员会,开始编辑出版《宁波人在上海》丛书,至今已经先后出版《创业上海滩》、《战斗在大上海》、《同建新上海》、《共创上海新辉煌》等四种。2004年夏联合上海和香港有关社团和文化事业单位,共同举办炎黄子孙振兴中华论坛。2007年5月协会在上海工人文化宫举办为期9天的宁波人在上海展览会,参观者1万余人。在公益慈善方面,2001年协会募集97万余元(包括协会出资50万元),资助上海市31名品学兼优的高中生。到2008年4月,协会所属甬协公益基金会已经募集资金近700万元,资助大中学生1200多名。2008年5月开始,协会所属甬协公益基金会开始试办资助特殊困难在沪宁波人项目。在2008年四川汶川大地震发生后,协会组织上海62位宁波同乡书画家,捐出143幅优秀书画作品,通过义卖筹集81万元善款,捐给上海市慈善基金会以救济灾区。在经济交流和参与经济建设方面,2006年12月、2007年4月宁商总会成立后,会长庄晓天先后率宁商总会代表团到台湾、香港访问、交流。2007年1月上海宁商总会与上海金山区枫泾镇签订框架协议,由该地工业园区划出

1500—3000亩土地给宁商总会作为宁波工业园区用地。2007年9月上海宁商总会与有关方面签署了在上海奉贤区金汇镇建立宁商总会金汇总部经济园区的项目协议。

第五章　结束语：辉煌与超越

宁波商帮在复杂艰难的社会经济环境中兴起和发展，实现对传统的超越，走上现代化、国际化转型和发展的道路，又在中国进入改革开放新时代以后重整旗鼓、迅速发展。宁波商帮的辉煌业绩，引起社会各界的广泛关注和学术界的广泛讨论，也带给人无限的遐想，由此成为学术界的热门话题。在此，本书也就讨论的问题作一个进一步的归纳，同时也对宁波商帮的未来，提出若干看法，以求教于学术界的同仁，并欢迎实业界及其他各界朋友们的批评。

第一节　特征与特色

归纳宁波商帮的特征与特色在学术上是一个极其富有挑战性的问题，本书认为宁波商帮的特征与特色至少有以下几点。

一、持续发展的成功典型

明清以来，中国各地先后兴起的地域商帮为数颇多，但到19世纪40年代以后尤其是进入20世纪以后，几乎消亡殆尽，宁波商帮差不多可以说是硕果仅存的一个。为什么会这样？因为15世纪从西方开始的地理大发现、商业革命和工业革命，彻底改变了世界的面貌，打破了此前由于地理阻隔而造成的文明之间的隔膜。这种情况，到清代乾隆、嘉庆、道光时期开始对中国这个数千年来的文明中心造成重大的冲击,"数千年未有之变局"的说法的广泛流行说明了冲击的广泛、深刻和剧烈程度,众多的地域性商帮无法跟上时代变动的节奏而纷纷衰落。宁波商帮却能够顺应时势,因势应变,吸收新知,超越传统,不仅没有衰落,反而获得了空前的大发展,并实现了集团性近代化、现代化的成功转型。[①] 孙中山先生曾赞誉宁波商帮"能力之大,固可首屈一指者也"[②],这是实事求是的评价。宁波商帮因应对时代的变局,不断调整自己的经营行业、经营理念,在各行各业中不断涌现出出类拔萃的实业巨擘,走出宁波,到上海,到香港,到世界各地,不断创造出经营的奇迹,为中国乃至世界经济的发展和繁荣都作出了突出的贡献。

宁波商人很早就开始进行商业活动,特别是宁波帮海商具有悠久的经营传统。由于地处沿海、受商品经济发展程度和明清政府海上贸易政策时松时紧以及其他种种因素的影响,到清代乾隆中期,宁波商帮终于形成。这一时期的宁波商帮以中小商人为主体,经营行业主要是海产品、南北货、药业、糖业、成衣业,同时在船运业、钱庄、民信业等行业中也有所发展,活动区域主要在长江中下游地区、北洋航线沿海地区以及南洋航线,活动的主要城市有汉口、北京、苏州、上海等大都市。

宁波商帮形成后第一个重要的发展时期是清朝乾隆后期及嘉庆、道光时期。这一时期宁波帮海商获得了迅速的发展,其中一部分以北号船商和沙船商为代表,从事沿海贸易,这部分海商自康熙时期开放海禁后逐步发展成为清代北洋航线上重要的海运势力。清嘉庆时期江南官员开始酝酿漕粮海运,这对于包括宁波帮海商在内的沿海海商的发展是一个很大的鼓舞和刺激。据估计,清嘉庆时期,宁波帮南北号船商经营的宁波船数量至少有700只左右,道光时重兴海运,宁波船数量又有增加。同时由于承运漕粮有功,一批宁波帮海商先后获得清政府颁给的各种级别的职衔,这些职衔从九品到六品,甚至五品均有。以经营北洋航线沿海贸易的关系,宁波船商还涉足上海、崇明的沙船业,成为上海沙船业中的一支新兴力量;另一部分宁波帮海商则进入清代对日铜料贸易之中,并自乾隆中叶起,取代原来在此项贸易中占有重要地位的福建洋铜商势力,成为清代东南洋铜商的主角。南北号船商、沙船商和洋铜商把宁波

[①] 张守广:《超越传统实现近现代化转型的宁波商帮》,《历史月刊》5月号(《近代中国的著名商帮》专辑),2001年5月。
[②] 孙中山:《在宁波各界欢迎会上的演说》,《孙中山全集》第3卷,中华书局2006年版,第350页。

帮海商发展到了一个新的阶段。船商之外,宁波帮在钱庄业、民信业以及其他行业中也获得了长足的发展。这样宁波商帮经营的传统支柱行业——帆船运输业、钱庄业、民信业基本形成,且颇具规模。以南北号船商、沙船商、洋铜商为代表的宁波帮海商、以北京四恒号钱庄为代表的宁波帮钱业商、以北京同仁堂药店为代表的宁波帮药业商、以北京慈溪籍成衣匠为代表的宁波帮成衣商、以苏州孙春阳南货铺为代表的宁波帮铺户商人已经声名远播。宁波帮工商业者内部形成了一个能够彼此支持、稳定自身发展的支柱性经营行业。宁波商帮的活动区域不仅在长江和南北洋,而且延伸到海外,经营着合法而颇具规模的对日贸易。乾嘉时期宁波帮的大发展,使其由一个普通的中国沿海地域商帮,一跃而成为紧随徽帮、晋帮、广帮、闽帮之后的国内著名商帮。如果考虑到明清时期最为强盛的徽帮在嘉庆道光时期渐趋衰落的史实,宁波商帮在乾嘉时期的崛起就更值得引起高度的注意。实际上,到1840年鸦片战争爆发前后,中国国内主要的商帮已经由徽[①]、晋两帮南北对峙演变为晋帮、广帮、闽帮、宁波商帮四强争雄的新格局。

宁波商帮形成后第二个重要的发展时期是鸦片战争后的数十年。在鸦片战争后这个"数千年未有之变局"中,宁波商帮凭借自身特殊的有利条件,迅速介入新兴的对外贸易领域,并形成了以买办商人和进出口贸易商人为代表的宁波帮新式商人群体。我们说买办和进出口商人是新式商人,是因为他们从事的交换已经不是以小农为交换两端的传统交换,而是国际贸易,是中国农产品与西方工业品的交换。这种交换始见于通商口岸及其附近地区,继则蔓延于中国内地,并以前所未有的剧烈程度冲击着中国根深蒂固的自然经济形态,为商品经济的发展扫清道路。这些新式商人区别于传统商人的特征还在于,他们在与西方商人交往的过程中,逐渐了解了西方商人的价值观、行为方式,懂得了有关国际贸易事务,深切感受到兴办近代企业的巨大利益,从而不仅对商品流通有兴趣,而且越来越关心商品的生产。近代宁波帮买办商人,首先在上海获得发展。一般认为,上海最早的宁波帮买办是穆炳元。除穆炳元之外,早期的宁波帮著名买办还有鄞县人杨坊、宁波方氏兄弟、叶澄衷以及余姚人王槐山等人。19世纪70年代以前,上海宁波帮买办对于广东帮

---

① 徽商的衰败先受清嘉庆道光时期盐法改革的巨大冲击,后又受到太平军与湘淮两军在汉口、徽州、扬州反复争夺的巨大影响。

买办的优势地位已构成日益强有力的挑战。19世纪80年代以后，上海的宁波帮买办超过广东帮而居于买办集团的首位。从此以后直到买办制度被废除，宁波帮买办在上海的优势地位从未动摇过。这一时期，从杨坊、宁波方氏兄弟、叶澄衷以及余姚人王槐山到朱葆三、虞洽卿、徐懋棠等，这些人不仅是宁波帮买办的代表人物，同时也是上海工商界的著名代表人物。宁波帮买办在上海确立了优势地位后，从19世纪80年代起，又将其势力和影响扩大到天津、汉口等城市。宁波帮进出口贸易商也随着近代对外贸易的扩大迅速发展，特别是上海进口行业中的金属、染料、棉布、棉纱、砂糖、机械、杂货等新兴的重要商业领域，宁波帮商人长期占据近乎独霸的地位。叶澄衷、朱葆三、虞洽卿、徐懋棠、刘鸿生、周宗良等人皆以买办兼营进出口贸易，成为著名的经营巨子。叶澄衷的老顺记五金店、朱葆三的慎裕五金店、周宗良的谦和靛油号、蔡氏家族的蔡仁茂玻璃洋铁号，都是经营进出口业务的著名行号。这样，在鸦片战争后的数十年间，以宁波帮买办为主体的新式商人迅速崛起，并成为宁波商帮的核心。宁波帮新式商人对西方商人有很大的依附性，往往受雇于西方商人的洋行、银行或轮船公司，帮助洋行推销洋货，为此建立了庞大的推销网。与此同时，宁波帮买办积累了巨额的货币财富，了解了经营工业企业、轮船公司、金融机构等近代事业所能获得的巨大利益，具有强烈的近代经营意识。通过这一时期的发展，宁波商帮确立了在近代最重要的经济中心上海的霸主地位。由于福建帮在鸦片战争后衰落下来，[①]宁波商帮与广东商帮、山西商帮在国内商界形成三足鼎立之势。

宁波商帮形成后第三个重要的发展时期是20世纪的上半叶。主要特征是以新式商人为主的宁波帮商人将商业利润投资于轮船航运业、银行业、工业等新兴企业领域或金融机构，形成实力雄厚的宁波帮金融资本和工业资本。在近代银行业中，宁波商帮长期控制着中国第一家华资银行——中国通商银行，创办有四明商业储蓄银行、中国垦业银行等著名银行；在近代轮船航运业中，宁波帮商人早在清咸丰年间，就以保护承运漕粮的海船为由，得到清政府有关官府的默许，在广东购得外国轮船一艘，命名为"宝顺轮"，组织庆成轮船局，该轮船局不仅在成立时间上早于轮船招商局，而且经营得卓有成效。稍后宁波帮买办绅商杨坊拥有了

---

① 王韬：《瀛壖杂志》中说："近年来闽人生意大衰，久于沪者，且隶沪籍为土著矣。"见该书（上海古籍出版社1989年版）第8页。

私人轮船。① 此后,宁波帮商人创办的戴生昌轮船公司、宁绍轮船公司、三北轮埠公司,更是中国近代著名的轮船公司;在近代工业企业中,有刘鸿生企业集团、三友实业社、中国化学工业社、五洲大药房、中法大药房、信谊化学制药厂、民丰华丰造纸厂、大中华橡胶厂等著名民族资本大中型企业。在创办和经营近代企业的过程中,宁波帮工商业者中产生了以严信厚、叶澄衷、朱葆三、宋炜臣、虞洽卿、刘鸿生、项松茂、余芝卿、陈万运、沈九成、方椒伯、方液仙、李云书、李康年、秦润卿、周祥生、胡西园、竺梅先、金润庠、鲍咸昌、鲍国昌、孙衡甫、盛竹书、叶琢堂、卢鸿沧、孙梅堂、周宗良、宋汉章等为代表的一大批影响广泛的近代企业家、金融家,形成了宁波帮近代企业家群体。到19世纪末20世纪初,特别是20世纪二三十年代,宁波帮近代企业家已经在宁波商帮中占据主导地位,宁波商帮在经营形态和商帮性质上发生了根本的变化,由传统意义上的商帮,转变成为近代资本主义工商业集团。凭借其雄厚的经济实力、广泛的社会联系、强烈的近代意识,宁波商帮长期居于上海商会的领导地位,并成为以上海为中心的江浙金融实业家阶层的核心。在这一时期,山西帮的支柱行业——山西票号随清朝灭亡而衰亡,山西帮势力风光不再,广东帮势力以香港为中心,偏处东南一隅,发展受到限制,而宁波商帮以上海为中心,在总体发展和近代化方面进展迅速,成为中国第一大商帮。

宁波商帮形成后第四个重要的发展时期是20世纪50年代到70年代。在20世纪40年代末,一批宁波帮工商业者移资海外各地,大部分宁波帮工商业人士此后以香港这个国际自由贸易港为中心继续发展,并与此前移居海外各地的宁波商帮一起,被称为现代海外宁波商帮。现代海外宁波商帮与近代宁波商帮一个很大的区别在于:它没有一个像近代上海宁波商帮四明公所、宁波旅沪同乡会那样强有力的同乡组织。同时,由于久居海外或香港等地,不少人加入了外国国籍。

进入20世纪80年代以后,随着我国改革开放、现代化建设以及香港、澳门的回归,海外以及港澳台的宁波商帮大量投资国内社会经济的各个领域,国内公有制经济和非公有制经济企业也开始打破条条框框的束缚,以北仑港为主要象征的新的宁波港的建设,推动了宁波籍人士创办的各种企业再次起步并迅速走向全国和世界,宁波商帮进入一个新的

---

① (清)段光清:《镜湖自撰年谱》,中华书局1997年版,第191页。

发展时期。在这种情况下，海外、港澳台现代宁波商帮与新兴的内地宁波籍工商界人士实际上正在发展并融合为新型的现当代宁波商帮。这个正在迅速崛起的现当代宁波商帮已经产生了若干新的组织特点，如国内各地相继出现了以宁波籍工商界人士为核心或纽带的经济发展促进协会，这一组织既能够适应新的经济社会现实，又带有比较鲜明的乡帮色彩，对于宁波工商界人士沟通信息、加强交流、增进了解和感情，解决发展中的困难，促进宁波籍人士在各地企业的发展发挥了相当大的促进作用，已经引起了有关方面的高度重视。海外传统的宁波帮同乡组织也焕发了新的活力，并且不断产生新的同乡组织。这些新旧同乡组织对于加强同乡之间的联系、推动海内外经济文化的交流与合作，正在发挥日益重要的作用。

一次又一次群体性的不断转变或转型，使宁波商帮在中国近代、现代化进程到来和加速时不仅没有衰落，反而由传统商帮最终成功转型为具有地域特征的现代化、国际化工商群体，为中国近现代化的进程作出巨大贡献。在中国进入改革开放的崭新历史时期之后，以港台宁波帮实业家为主体的海外宁波商帮积极回应大陆的改革开放政策，通过投资、捐款等方式，广泛参与到内地的经济发展和社会进步的历史进程之中，并作出了巨大的贡献。同时，宁波当地的民营经济力量也迅速崛起，海外宁波商帮与宁波当地的民营经济力量逐渐形成合力，在中国当代经济舞台上再次展现出巨大的生机与活力，充分表现了这一商帮能够顺应时代前进步伐的顽强生命力，及其经久不衰的蓬勃朝气。

二、命脉所在的航运事业

早在20世纪的20年代末，著名学者张其昀就曾经断言："我宁波处于与海为邻之环境，当成就与海洋有关之事业。"[①]宁波商帮经营的行业无疑是多种多样的，从地方大宗特产的海产业到产地各异的南北货业，从旧式的钱庄、典当行到新式银行、证券，从成衣、木器等普通手工制品到首饰、参药等高档消费品，从"三把刀"为基本工具的劳动密集型生产经营到大规模高技术的集团性现代化企业，宁波商帮无不涉足经营，且成效卓著，不过宁波商帮一以贯之且与其全局盛衰相关的行业则非航运业莫属。

---

① 张其昀：《〈宁波同乡会月刊〉序》，《宁波旅沪同乡会月刊》第73期，1929年8月，第2页。

宁波商人在明代嘉靖时期曾经有过相当活跃的航运经营活动，当时的活动还与刚刚从欧洲远道而来的西方海盗型商人发生了密切的关系。当时海上最大的海盗集团——王直集团中的一批重要首领就是宁波籍海盗，双屿港一度是这一批海盗商人的大本营。这种以极端方式生存和发展起来的海盗型经营尽管有其复杂的历史原因和历史背景，但其显著的暴力倾向、对社会造成的严重不安和巨大破坏则是不可回避的历史事实。这种海盗型商人的活动方式和结局均表明，这绝不是也绝不可能成为宁波海商发展的方向。在海禁日趋严厉的情况下，宁波商人尽管不绝如缕，但航运业的发展非常有限。即使明代万历到明朝末年商品经济比较活跃的时期，宁波所辖各地中，商人力量有所发展的区域其实仍主要局限于鄞县和慈溪两县。

清初实行海禁，直到康熙中叶解除禁令，尽管对于海船大小仍有明确的规定，但海船活动的区域不再重申明朝时候的规定。同时，连沿海地方官在海禁解除后基于海船管理和抵御防止海盗袭击问题，也主张放宽建造海船尺寸的限制。在这种情况下，大规模航运业兴起的机会终于出现。到清代嘉庆道光时期，宁波帮商人在观察和试探中终于开始大规模进入航运业。现在比较明确的最早介入航运业的是宁波商业巨族慈溪籍的董氏家族，该家族自明末就有人开始经商，清代乾隆时期已经成为巨族。其经营区域非常广泛，但主要区域为从苏州、汉口到重庆的长江沿线以及从上海到东北的北洋沿线。其经营的主要业务是药业，从四川的药材到东北的参药。前文所述慈溪商人董杏芳（棣林）在上海开办有董萃记宁波船号，乾嘉时期他多次航海到东北各地采办参药，往来交通无疑是利用沿海的帆船。董杏芳积累了数十万银两的巨资，他开办的董萃记船号应是宁波商帮形成后已知最早的宁波帮船运字号。嘉庆时期朝野议兴海运显然对宁波帮船运业的兴起是非常大的政治推动力，而福建商人船帮的活跃对宁波沿海船运业的兴起则是利益的驱动，宁波商帮从事海上航运业在技术上毫无问题。在这种情况下，继鄞县海商之后，镇海沿海第一个出现造船经营的社会现象，镇海方氏家族、小港李氏家族等均在此一时期注意到船运业。清嘉庆时期，宁波帮南北号船商经营的宁波船至少有六七百只，道光时重兴海运，数额又有增加。宁波帮沿海海商除经营以宁波船为主的南北号之外，还进入了上海、崇明为中心的沙船业，并成为上海沙船业中一支新兴力量。南北号船商、沙船商、洋铜商使宁波帮海商发展到了一个新的阶段。

鸦片战争后,镇海掀起更大规模的船运活动,定海籍海商也随之兴起,其中镇海、定海两地成为以后宁波籍海商最主要的来源地。在宁波帮轮船业兴起过程中,也是这三县人士最为积极,贡献最大。宝顺轮船在购买和营运上,鄞县人杨坊负责与官府及外国商人沟通,镇海人李也亭负责业务,定海人贝锦泉兄弟负责技术,这都使宝顺轮非常成功。这时候宁波帮商人最令人瞩目的是北号建立的会馆和钱业会馆,而钱业最大的主顾其实就是船运业。

清同治、光绪时期,宁波帮南北号船商、沙船商面对西方商人的火轮夹板船的竞争,显然居于劣势,[①]但随即宁波商帮就在船运业中重新崛起。首先,宁波商帮在夹板船运输中获得了巨大发展,在19世纪50年代,著名的宁波方氏家族就开始经营夹板船从事长江航运。到清末,宁波商帮有70多只夹板船利用长江航线从事货物运输。[②]此后在轮船航运业中宁波商帮又迅速崛起,庆成轮船局、戴生昌轮船公司、宁绍轮船公司开其端,朱葆三轮船航运集团、三北轮埠公司继其后,特别是虞洽卿创办和经营的三北轮埠航运集团,发展成为抗战爆发以前中国规模最大的民族资本航运集团,而虞洽卿本人也由此成为江浙金融实业界的代表人物。不仅如此,宁波帮轮船买办、引水员、厨师、水手等充斥于外商各个在华轮船公司大小轮船上的各种职位,从渤海、天津,到广东、福建,从宁波、上海到内地四川,无不如此,以至于有人说,轮船内的各种职位,除宁波人之外,其他地方的人几乎没有染指的余地,中国的海运界完全是由宁波人支撑的。[③]

19世纪80年代叶澄衷想经营轮船但遭遇到巨大的阻力,因此其运输力量中帆船运输似乎仍为主力。甲午战争后,来自中国地方官府的阻力已经大为减弱,朱葆三、虞洽卿因此能在轮船航运业方面有重要的表现。虞洽卿作为三北公司的创办人,成为宁波商帮的头面人物乃至江浙财团的核心人物。随着日本全面侵华战争的爆发,虞洽卿的船运事业被迫化整为零。就整体而言,虽然有一批宁波帮企业内迁到了大后方,但

---

① 沙船业衰落进程中发挥作用的还有太平天国时期清政府的捐输政策。王韬说:"兵兴以来,军饷之捐输,半赖商船接济,故所沾之利,较前为薄。"见(清)王韬:《瀛壖杂志》,上海古籍出版社1989年版,第8页。
② [日]东亚同文会编:《中国经济全书》第7辑,秀英舍1908年版,第172页。
③ [日]后藤朝太郎:《中国的社会现状》,1926年版,第100—101页。

宁波商帮在近代的辉煌也随着战争的进行以及船运业的衰微而实力大减,黯然失色。

20世纪40年代末开始,宁波商帮的重心转移到香港。这里除英资财团外,广东商帮力量颇大,之外的经济力量在此地立足已属不易,想独树一帜谈何容易。但宁波商帮经过努力,在香港各行业中取得了非凡的成就,其中从事航运业的包玉刚和董氏家族取得的成就无疑是最为辉煌的。从事航运业的包玉刚和董浩云而非从事其他行业的宁波实业家,成为他们那个时代香港宁波商帮最主要的代表人物,这当然不是偶然的,而是偶然中的必然。这一事实说明,宁波商帮真正的优势在于航运业,也说明了在航运业中,宁波商帮可以与世界上任何其他经营力量竞争,并取得了辉煌的业绩。

三、事在人为的商帮精神

宁波商帮在孕育、产生和发展过程中遭遇了无数的艰难险阻、惊涛骇浪,但宁波帮商人总能乘风破浪、冲破险阻、直挂云帆,抵达成功的彼岸。成功的秘诀是什么?包玉刚总结他自己成功的秘诀就是四个字"事在人为"。他在接受采访时说:"你老老实实做生意,讲实话,干事规规矩矩,别人就对你有信心。事在人为,中国人对这四个字,就是从这里出来的。……对人不能欺骗,做事不可以乱七八糟,那么大家关系好,大家有实惠,生意就可以上去。不管是小是大,都是这样。"[①]包玉刚成功的秘诀其实也正是宁波商帮成功的秘诀,他一语道破了宁波商帮的精神秘密。就宁波商帮而言,事在人为就是在以君子自强的社会伦理为基础,注重刻苦努力与善于动脑两种基本个人素质的有机结合,以此从事事业的经营,以求成功。大部分人是这样,整个商帮是这样,以此为根本精神的商帮不可能整个垮掉,所以20世纪初期就有人指出:"宁人之商人精神尤可畏。"[②]

近代宁波商帮遇到的第一个重大不利因素是五口通商后宁波港贸易地位的迅速下降,成为上海港的辅助性贸易城市,腹地仅限于宁波、绍兴等地,进出口贸易都需要经上海进行。在这种情况下,宁波商帮充分利用原有在上海的商业基础,迅速将经营的重点转移到上海,并充任外

[①] 黄雷:《世界船王包玉刚爵士》,见庄凯勋主编:《环球航运家包玉刚》,海洋出版社1986年版,第80页。

[②] 《浙江潮》第1期《浙声》,1903年。

商洋行、银行的买办,以此发展自己的经济力量。近代宁波帮商人以中国近代最大的现代都市上海为主要活动中心。在上海,宁波帮又主要聚集在租界区,租界的社会经济文化环境在近代特殊的历史条件下,有利于宁波帮近代企业的产生和发展;大批宁波帮同乡涌入上海,分布在上海各个社会阶层,使宁波帮成为上海最大的外来移民集团,并支配了上海的近代工商业,上海由此成为宁波人的第二故乡。宁波帮工商业者以上海为经营中心,在这里设立总号、总店,而在宁波及其他商埠设立分号、分店、支店,把经营活动扩展到全国,延伸到海外。20世纪40年代末和50年代初以后,宁波商帮又以迅速崛起的香港这个国际金融贸易中心为主要舞台,并把经济活动延伸到全球各地和各主要经济体;现代港澳台和海外宁波商帮抓住了祖国改革开放、社会主义市场经济体制逐步建立和完善的历史机遇,果断地参与到祖国大陆的现代化建设进程中,从而自身也得到了新的发展。

在新兴的工商行业中,宁波帮人士在甲午战争前就已经用各种方法冲破阻力,在近代工业、轮船航运业中有所发展。如叶澄衷用附股的方式,成为外商轮船公司大股东,严信厚假借日本人名义创办宁波通久源轧花厂,戴绶之以官轮局名义创办戴生昌轮船公司。[①] 宁波帮帆船商人面对西方轮船业的竞争,一方面开辟江苏通海地区土布的北运业务,一方面购入夹板船提高竞争力。新兴工商业需要有具备新知识的经营人才,宁波商帮为此在上海和宁波创办了为数不少的近代学堂,如叶澄衷在上海创办澄衷学堂,"规制宏备,生徒景从。制字课图说、修身、舆地等书,诸校用之,以为善本"[②]。后来该校增设中学部,是上海有名的新式学堂之一,[③]胡适早年就曾经就读于该校。叶澄衷还在老顺记五金号内,每晚"延西师,聚少年学贾之子弟,课以语言文字,并商务税关各窾窍",经

[①] (民国)洪锡范等修纂:《镇海县志》卷27《人物传》。
[②] 赵尔巽等撰:《清史稿》卷499"列传"286,中华书局1977年版,第13811页。吴馨、姚文楠等修纂:《上海县续志》卷10《学校中》载:"澄衷学堂,在虹口西华德路北塘山路。光绪二十五年九月浙江镇海人叶澄衷创办,捐道契地二十四亩八分五厘四毫为校址,规银十万两充费,即以己字定名焉。十月卒。二十六年五月经始建筑,至冬费银过半。长子贻鉴复捐规银十万两。二十七年正月落成,二月开校,设蒙学五级。二十八年,次子贻铭、贻钊等复拨规银四千两充经常费,改设初等小学、高等小学、中学三部。三十一年,办理商约事务大臣吕海寰汇案奏请传旨嘉奖,三十二年奉准。三十四年停办中学,专办两小学。"
[③] 徐雪筠等译:《上海近代社会经济发展概况(1882—1931)——〈海关十年报告〉译编》,上海社会科学院出版社1985年版,第93页。

他多年努力,老顺记人才济济,不仅为老顺记业务扩充,增设分号培养了人才,而且"上海各商务所任使者,强半皆从老顺记习业来者"①,甚至各省商务所、湖北铁政局、南北洋海军及各省机器局的业务人员,也有不少是从老顺记来的。② 宁波商帮的发展证明了事在人为这一朴实而伟大的真理。

事在人为就是发挥大的主观能动性,就是要有强健的身体,勤于学习和思考,要懂业务,懂处世之道。如包玉刚,他十分讲究照顾自己之道,只要可能每天都要做45分钟运动,主要是跳绳和游泳,以保证身体健康,精力充沛。他成为世界船王后还聘请英文老师,不忘勤修英语,力争使自己所讲的英文"发音正确,文法准确"。包玉刚还"精通结交之道",同世界各国的政要和商界名流关系密切。③ 他有很多朋友是世界各国各界的大人物,他的会客室挂满他和世界各国元首的合照。关于为人处世方面的心得,他说:"你和大人物接触,人家的情形你要晓得啰,谈的时候,就可以有话题。当然,自己不能太卑下,也不能轻浮,令人讨厌。这样的原则,我相信是对的。"④卢绪章说成为一名成功的企业家需要具备多种素质,他根据观察所得认为包玉刚具备钻劲大有毅力,信息灵眼光远,决心大效率高,生活简朴要求严等四个特点。⑤ 宁波人经过努力,从一个穷光蛋变为大富翁者为数不少。据说一个在上海拾破烂的宁波穷汉,经过努力,开起铺子,当起老板,又把铺子发展成行号,在上海各处设立收购处和联络处,掌握整个上海的破布业,成为"破布头大王"。⑥ 叶澄衷也是典型的例子。资料载:"叶澄衷,宁波人,初为篙师黄浦江中,有西人遗革囊于其船,乃自坐江浒,俟其人至,以囊归之。是故洋行巨贾,重其廉信,即延掌账籍,已而迁华经理,十余年致巨富,乃自营钱业,启纱厂,遂为沪商巨擘,且独以资创澄衷学堂,规模颇备。澄衷笃实好义,非

---

① 《叶公澄衷哀荣录》,怀德堂光绪壬寅(1902)编印。
② 上海社会科学院经济研究所主编:《上海近代五金商业史》,上海社会科学院出版社1990年版,第268页。
③ [英]罗宾·赫钦著,袁长燕译:《包玉刚传》,百花洲文艺出版社1994年版,第87—88页;盛二龙、葛卫卫、储钧编:《包玉刚画册》,浙江摄影出版社1991年版,第21页。
④ 黄霑:《世界船王包玉刚爵士》,见庄凯勋主编:《环球航运家包玉刚》,海洋出版社1986年版,第88页。
⑤ 卢绪章:《环球航运家包玉刚》前言,见庄凯勋主编:《环球航运家包玉刚》,海洋出版社1986年版,《前言》第3—4页。
⑥ 上海市文史馆等编:《上海地方史资料》(三),上海社会科学院出版社1984年版,第157页。

近之豪商所及。殁后诸子不肖,家遂中落,乃分如外国籍,以抗追捕者。"①叶澄衷的成功不是靠运气,不是靠投机,而是靠发挥主观能动性,靠实实在在的努力干出来的。事在人为还产生了宁波帮商人的包容性和适应能力,宁波商帮在工商业的经营中,钱庄业与银行业并行不悖,在工商业组织中传统组织同乡会馆、公所、同乡会与新式同业公会、商会同时兼跨,甚至使落地生根的移民精神和落叶归根的乡土意识交相辉映。②有容乃大,适者生存,宁波商帮能够持续发展,遍地生花,是有其根本原因的。

无论中国还是世界,一流的大商人和企业家不仅要肯吃苦、懂业务,还必须要有政治头脑和政治敏感。王宽诚说:"有人说我的运气好,可不知运气是怎么来的。除了要肯做会吃苦外,很重要的一条是要肯动脑筋。"他还说:"一个生意人光盯在具体业务上是干不出大事业来的。我这辈子最大的体会就是,搞经济必须要有政治头脑。就是说,要胸怀全局,要有战略思想、长远眼光,随时要耳听六路,眼观八方,善于适应各方面的变化,大胆果断地捕捉战机,把握机遇。"③余贤群对包玉刚的研究相当深入,他说:"包玉刚虽是商人,但对政治非常敏感。"④这是确有心得的评论。包玉刚曾经说:"要想当一个世界著名的经济大亨,就不能远离政治,必须了解时局,在缤纷缭乱的表象中,抓住实质性的东西。"⑤正是这种政治的敏锐性,使许多一流的宁波帮实业家获得了某种通天的本领,如虞洽卿就是被认为有这种本领的人之一。⑥ 1920 年 7 月 1 日,上海证券物品交易所成立,该交易所能够成立,是虞洽卿长期"上下疏通"努力的结果。当时此事为南通著名状元实业家张謇所极力反对,但终为虞洽卿办成。他到北京后,利用日本也要在上海创办同类交易所的外来经济威胁,说服并帮助农商部制定了《物品交易所条例》并颁布施行。这个条

---

① 沃丘仲子(费行简):《近代名人小传》,中国书店 1988 年版,第 111 页。
② 历史学家章开沅在为沈雨梧《走向世界的宁波帮企业家》写的序言中说:"落地生根的移民精神与叶落归根的乡土意识两者并非截然对立。……走向世界的宁波籍企业家,大多具有相当浓郁的乡土恋情,经常以巨额的捐款促进故国故乡经济文化的发展。"见章开沅:《〈走向世界的宁波帮企业家〉序言》,收入章开沅:《辛亥前后史事论丛续编》,华中师范大学出版社 1996 年版,第 376 页。
③ 耿典华:《宽厚长者,诚信赤子》,见宁波市政协文史委编:《王宽诚研究》,中国文史出版社 2007 年版,第 286 页。
④ 余贤群:《邓小平与包玉刚》,华文出版社 2009 年版,第 65 页。
⑤ 冯邦彦:《香港华资财团》,东方出版中心 2008 年版,第 300 页。
⑥ 上海市政协文史资料工作委员会编:《旧上海的交易所》(上海文史资料选辑第 76 期),1994 年印行,第 5 页。

例使虞洽卿主张的多种经营和张謇主张的一区一所经营的矛盾统一起来，而政府方面也有利可图，即条例规定每个交易所应缴资本总额1/3为保证金，并向经纪人所做每一交易按照规定征收费用。交易所问题就这样得到解决了。①

第二节　故乡与故国

在宁波商帮的精神世界和现实世界里，装着故乡、故国和整个世界。虞洽卿安身立命的信条之一是"先乡后国"，包玉刚则是"世界公民中国心"②。"先乡后国"表达的是宁波帮商人、实业家的家国情怀，是宁波帮实业家根意识的真实流露。"世界公民中国心"表达的是宁波帮商人、实业家的襟怀和抱负，是宁波帮实业家根意识与现代意识的有机融合。

一、故乡与异乡

宁波是东海之滨的一个名邦，近海有闻名世界的舟山渔场，因此也是一个海国，这种环境在很大程度上塑造了宁波人的性格。著名学者张其昀曾说："宁波为中国最大之渔市，舟山群岛之渔船共有二万余对，渔民当有三十五六万人。渔民击楫赴海，冲风犯浪，为百业中之最艰苦者"，惟其如此，正"足以振起精神，激发思虑"。③ 又有宁波籍著名经济学者张肖梅在总结宁波人在社会各方面多有成就的原因时，曾经指出宁波人的特性是有利于宁波人事业成功的共同因素。她归纳出宁波人八方面的特性：1. 敢于冒险；2. 勇于奋斗；3. 刻苦耐劳；4. 自奉俭约；5. 待人谦恭；6. 诚挚实际；7. 御下平等；8. 团结互助。④ 又有某研究海上人文者，以"'富于感情，强于团结，勇于为善'三项，许吾同乡且谓即此三者，实为吾同乡在海上企业界获得辉煌成就之主要原因。"⑤ 上述论证有一个共同之处，就是都把宁波人或宁波商帮的成功与宁波相联系，这是有道理的。离开宁波来谈论宁波商帮是有问题的。这里尤其要着重指出的一个问

---

① 上海市政协委员会文史资料工作委员会编：《旧上海的交易所》(上海文史资料选辑第76期)，1992年版，第4—9页。
② 包陪庆：《包玉刚：我的爸爸》，浙江大学出版社2010年版，第102页。
③ 张其昀：《〈宁波同乡会月刊〉序》，《宁波旅沪同乡会月刊》第73期，1929年8月，第7—8页。
④ 张肖梅：《宁波同乡之特性与事业成功之关系》，《宁波旅渝同乡会会刊》，1942年12月12日，《论著》第6—12页。
⑤ 应斐章：《本会会务发展路线之理论的探讨》，《宁波旅沪同乡会会刊》复刊第1期，1946年9月10日，第2页。按：应斐章时为宁波旅沪同乡会会务主任。

题是,如果说宁波商帮是参天的大树,那么毫无疑问宁波是这棵参天大树的根本。宁波作为宁波商帮的根本所在,从以下的论述中似可管窥一斑。

第一,轻去其乡,又深爱其乡。

张其昀说:宁波"因受地理环境之影响,山海交错,地狭人稠。故其人民轻去其乡,但又极爱恋其故乡"①。宁波人轻去其乡,所以能够产生出一个人数众多的流出人口大军,为宁波商帮的发展壮大奠定一个雄厚、广泛的社会基础。宁波人极爱恋其故乡,视故乡为根本所在。一位笔名"商隐"的人曾发表文章,赞扬宁波人的优点,大要是说:在上海这五方杂处的商场里,宁波人显出了特有的坚韧的团结力。你碰到宁波人,只要"阿拉"一声,他就马上会在胸坎里发出一股温暖的乡情,给你以种种方面的扶助。这"阿拉"两字,便是宁波人的"乡魂"。宁波人的另一长处,是提携后辈,尽心竭力。经商重学识,尤重经验,宁波是个人口过剩食米入超的地方,一个刚从小学毕业的儿童,就被其亲戚故旧带到上海来,在其长辈领导启迪之下,学习各种商业知识,循序渐进,必期有成。而老者退,少者进,新陈代谢,愈久而新人愈多,力量亦愈益雄厚。宁波人的另一长处,是很注重信用。经商以信用为第一,宁波人除了特殊例外,一般宁愿意自己吃亏,也不肯爽约失信。宁波人又因为重视乡情,富团结力,一旦遇到周转不灵,调动比较容易,所以爽约失信的事可以减到极少。"无宁不成埠",果然有事实为证。② 这篇署名"商隐"的文章观点不一定全面,但在外的宁波同乡与其家乡或同乡之间确乎似有一种无形的联系纽带,将这个纽带称为乡魂未尝不可。爱乡的方式有很多,培植在外的同乡、出资建设家乡都是其表现形式。在外的宁波帮工商业者对于与家乡有关的培植根本的事业不惜钱财与精力,必然的结果就是增进了宁波商帮发展的后续力量。

宁波帮工商业者及劳工在外地的很多,他们在外地赚了钱,每年汇回家乡的部分形成一个相当巨大的数额。20世纪二三十年代有人估计

---

① 张其昀:《〈宁波同乡会月刊〉序》,《宁波旅沪同乡会月刊》第73期,1929年8月,第2页。
② 应斐章:《论乡魂》,《宁波旅沪同乡会会刊》复刊第9期,1946年11月30日,第1页。

每年所寄归宁波的钱款,约在二三千万元左右。① 1924年刊印的《定海县志》也估计此类汇款仅该县每年就约有2000万元。② 向家乡寄回钱款,可以解决一些民生物资生活资料方面的问题,但对于解决发展的问题作用不大。因此宁波帮工商业者早注意到家乡及同乡子弟的教育问题。虞洽卿在1931年7月上海各团体为其举办的旅沪50年纪念大会上表示:"凡乡邦之事,若为力所胜,莫不竭我绵薄,惟未创一大学,为平生最大遗憾。"③为此,虞洽卿首倡创办四明大学,他的提议得到社会广泛关注和响应。当月18日,筹备四明大学预备会在上海华联总会举行,虞洽卿主席,张寿镛、孙衡甫、袁履登、孙梅堂、刘鸿生、胡孟嘉、秦润卿、邬志豪、乌崖琴、方椒伯、张申之等出席,会议正式决定筹款300万元,创办四明大学,并推定虞洽卿、张寿镛、孙衡甫、刘鸿生、胡孟嘉、秦润卿、魏伯桢等九人为发起人,方椒伯、邬志豪、乌崖琴、张申之等八人为筹备员,以魏伯桢、吴经熊为正副筹备主任,筹备处设于上海三北公司积极进行筹备。后由于"九一八"事变、"一·二八"事变接踵而来,诸人穷于应付,创办大学之议,不得不暂行中断。到1934年6月3日,四明大学筹备委员会又在上海宁波旅沪同乡会再次举行发起人和筹备员联席会议,决定在四明大学创办之前,先设立四明大学奖学金以奖助同乡子弟接受各类正规教育。7月21日,四明大学奖学金委员会成立,委员由虞洽卿、张寿镛、孙衡甫、王伯年、刘鸿生、厉树雄、胡孟嘉、秦润卿、方椒伯、魏伯桢等19人(后又增加陈布雷等6人,合计25人),并举行第一次会议。当时决定首届资助定额为125人,资助金额为每人每年400元,凡是宁波籍青年,无力升入大学或无力继续肄业者,都可以具书申请。第一届奖学金共计5万元,由四明银行、三北公司以及虞洽卿等人足额认捐,8月13日到26日受理申请,报名者共计172人,9月15日公告,合乎资助规定者为101

---

① 顾礼宁:《宁波都市之概观》(续),《宁波旅沪同乡会月报》第74期,1929年9月,《专著》第1、5页;宁波籍法学家、曾经担任宁波旅京同乡会会长和秘书长的何瑞芝也曾说:"吾甬人士,素以善于经商著名,国内外各大埠,无不有甬商之足迹。每年旅外甬人寄款回家之数,估计有二三千万元之巨,故浙海关贸易统计,虽年年输入过高,而市上金融,并未受若何影响也。"见何瑞芝:《全国宁波旅外同乡团体概况》,见《宁波旅沪同乡会月刊》第145期,1935年8月,《论著》第1页。
② (民国)陈训正、马瀛纂修:《定海县志》第16《风俗》载:"光宣以来,商于外者尤重,迩年侨外人数几达十万,家资累巨万者亦既有人,均计之,人岁赡家二百金,十万侨民,岁得金二万,故风习于焉不变,编户妇女珠翠盈颠,城市郊野,第宅云连,婚丧燕会之费,辄以千万计,虽日奢靡已甚,然必有所如而后得一出。"。
③ 陈述:《四明大学奖学金之五大价值》,《宁波旅沪同乡会月刊》第136期,1934年11月,《论著》第2页。

人,9月16日开始发放奖学金,其中有4人陆续声明自愿退让,1人因病退学,实际得到奖学金资助者为96人。鉴于尚有余额,于是继续受理申请者,又得73人,审核后补录29人,10月21日公布,其中实际领取奖学金者24人。两次发放奖学金,有120人获得资助。四明大学奖学金委员会还决定此后每年增加125个名额,预计到1937年,资助名额达到500人,发放奖学金总额达到20万元。① 四明大学奖学金对培育人才曾经发挥了不小的作用,但是创办大学始终是宁波人心中的梦想。张其昀1947年还在《宁波旅沪同乡会会刊》上载文说:"(宁波)这地方好像美国的波士敦(顿),必须有一重要的学府,方足以相辅相成。因为学与习相为表里,若干学科如航海、若造船机、水产采制、国际贸易等专门之事,与宁波之新建设有辅车相依之势,有新学术方有新经济。"② 数十年之后,在以包玉刚为代表的宁波帮实业家和宁波社会各界的努力下,宁波大学终于办成。几代人先后接力,努力此事,不办成不罢休,实在令人叹服。

  宁波帮工商业者在家乡建设中的贡献,值得大书特书的事还有20世纪30年代改造老浮桥兴筑灵桥。③ 宁波的老浮桥初建于唐代,为宁波奉化江上船排连锁而成的浮桥,是宁波城区连接江东的要道,历史上屡有兴废。清末民初,始有人创议将其加以改建。之后,舆论和行动屡废屡兴。1936年,在宁波旅沪同乡会资助下,根据"宁革勿因,宁奢勿俭"、"欲其朴属而完久也"的原则,④由德国西门子公司承建的灵桥竣工,老浮桥改建终于成功。新建的灵桥设计使用期限为70年,成为宁波最有代表性的近现代建筑之一。2007年,宁波市政府委托同济大学对灵桥进行了彻底检查,认为大桥主体结构依然安全。在对其进行必要整修后,现今灵桥依然作为市内主要桥梁为宁波市内交通服务。

  1936年7月初,宁波旅沪同乡会为虞洽卿举办了隆重的七十岁生日庆典及旅沪五十五年大会。在会上,虞洽卿回顾了自己的经历,表达了自己创办事业的宗旨:

---

① 陈述:《四明大学奖学金之五大价值》,《宁波旅沪同乡会月刊》第136期,1934年11月,《论著》第3—4页;陈述:《创办四明大学之初步计划》,《宁波旅沪同乡会月刊》第138期,1935年1月,《论著》第3—6页。
② 张其昀:《建国时期宁波之地位》,《宁波旅沪同乡会会刊》复刊第13期,1947年4月20日,第14页。
③ 何瑞芝:《全国宁波旅外同乡团体概况》,见《宁波旅沪同乡会月刊》第145期,1935年8月,《论著》第2页。
④ 忻江明:《重建甬江灵桥记》,见《宁波旅沪同乡会月刊》第158期,1936年9月,《文艺》第1—2页。

> 为人处世，大都先己后人，此是错的。洽卿主张，适与相反。以为众人皆好，本人断无不好之理。故社会事业，拟先乡后国。本人二十岁，有一志愿，以能筹得五百万元，必可将预定计划完成。嗣因沪上地产涨价，竟达此数。本先乡后国之主旨，陆续将产业售去，为故乡谋建设，花费达三百余万元。及至去年，方收实效。吾甬土产出口，因通商口岸关系，须纳出口税，其可以作为内地口岸者，仅为悬岛中之定海及穿山两埠。而穿山不能容大轮入口，故经营龙山轮埠，筑塘筹费，达二百余万元。亦仅能容纳小轮，故设法建设公路，在镇海创立内港码头。镇海港界，本金鸡、招宝两山起点，实英人初占定海，恐有影响，故定此界线。经六月余，向总税务司交涉经过，以上海港界为比例，始达目的。甬货出口须纳税一元六角八，运费二元余，到沪后不能与各地之货相比较，且当时运输到沪，须二十余日，现在一日可到，即此一项而论，三北乡民，每年已可省六十余万元。此事曾向蒋委员长谈及，吾乡已有内地码头情形，承委员长见示，非但浙人受益，连江西全省货运，亦可由镇出口，以此而观，关系实在颇巨。洽卿到沪，仅带五元钱，当时先父仅有每月十元之薪水，于勤俭两字，始终如一。非如现在一般大学生，留学归来，陶成一人，须达二万余元。洽卿为人，以守信为主要目的，今年洽卿已七十初度，所抱定主旨，仍以先为公共利益，若公共均有利益，则个人利益当然联系。万不能为私人着想，若只顾私己，必致失败，而不能恢复原状，此点为本人所服膺。奉告诸位来宾，最好是办实业，即为子孙计，留现款与子孙，若遇不肖子孙，立时可完。实业究竟稍难，且实业究属为多人谋生计。最后再说几句，必使全国要大家有饭吃，国家方可安定。①

虞洽卿的"先乡后国"确实不是说空话。与虞洽卿同乡的张静庐就曾记述道：虞洽卿这位怀着先乡后国"欲作大事者，必自本乡起"观念的"阿德哥"，在蒋介石发迹大建奉化之前，曾花80多万元大洋建设故乡龙山，把这个海滨的偏僻乡村，建成当时闻名遐迩的"浙江第一村"、"天下

---

① 《虞洽卿先生七秩大庆五五纪念》，《申报》1936年7月6日，见宁波市政协文史委员会编：《〈申报〉宁波旅沪同乡社团史料》，宁波出版社2009年版，第609—610页。

第一村"。① 宁波帮工商业者热心于家乡有关的事业,尽心尽力帮助家乡的建设,培植同乡子弟,取得的成效是非常显著的,于乡于国都是有益的。

第二,宁波特有的地理、社会、历史、文化环境,造就了宁波人敢于冒险,刻苦勤劳,精神振奋,思维活跃的共同特性。

宁波滨海,所属海域有中国最大的渔场,渔业生产是许多居民熟悉的谋生方式。这种谋生方式,常需冲风犯浪,危险而又辛苦,非具有冒险精神、能吃苦、身强体健者难以胜任。同时,渔业生产又是充满诱惑和使人振奋精神的行业,需要观天象、看潮汛、运用风力、协同作业,甚至有时候需要对付海盗。在这种生产环境中磨砺出来的宁波人,一旦转入工商业领域,其优势便会体现出来。正如张肖梅所说:"夫海外之漂流,边区僻壤之履止,在异服异言之人群中求生存,在异风异俗之他乡中发展,非具有冒险精神者,曷克臻此?"②又谓:"人谓宁波人长于商才,实未知宁波人经商之特长,仅不过刻苦耐劳一点足以在各地各帮商人中争胜也。又如工厂中许多宁波机工,出身于学徒,对于机械学理论,毫无所知,然其经验之丰富,成绩之卓越,每使大工程师甘拜下风。凡是有学识者,求经验易。无学识者,求经验难。盖无学识之经验,完全须从刻苦耐劳中磨练而得,绝无丝毫假借也。此等机工,以宁波同乡占大多数,又可证宁波同乡之刻苦耐劳,实属超人一等。"③此说决非敷衍泛泛之论,而是细致的观察和准确的归纳,因为此类经过刻苦耐劳的磨砺而获得真知、经验和成功的实例,在宁波人和宁波商帮中真是不胜枚举。如当中国整体上处于现代技术漫漫长夜之中的19世纪六七十年代,宁波人中能够驾驶轮船者已经为数不少。在同治十三年(1874)丁日昌所拟《海洋水师章程》中载:"宁波、漳、泉、香山、新会一带,能驾驶轮船之人甚多。"之后丁日昌在有关条陈中又说:"轮船除驾驶员之外,需人甚多。其间有特出之才,如宁波之贝锦泉,未尝读彼中书,习彼中技艺,自能作船主,西人亦称许之。"④船主就是轮船上的船长,以贝锦泉为代表的一批宁波人,在没有受

---

① 张静庐:《在出版界二十年》,上海书店1984年版,第7—13页。
② 张肖梅:《宁波同乡之特性与事业成功之关系》,《宁波旅渝同乡会会刊》,1942年12月12日,《论著》第8页。
③ 张肖梅:《宁波同乡之特性与事业成功之关系》,《宁波旅渝同乡会会刊》,1942年12月12日,《论著》第9—10页。
④ 中国史学会主编:《洋务运动》(一),上海人民出版社2000年版,第31、112页。

过任何机械知识和轮船驾驶方面的教育和专门训练的情况下,掌握了轮船驾驶技术,成为西人称许的轮船船长,其学习和钻研的刻苦,外人大概是难以想象的。但这种情况在宁波人身上确实随时随地在发生。如上海各业,厂中技术工人,多隶籍宁波。① 上海电力工业及电料业,机器工厂中机务部中的宁波帮在很多情况下总是最多,如英商公共电车业、法商水电业、卷烟业、码头上栈房业等。② 甚至如包玉刚这样的世界船王,原来不仅对于轮船知识"知之甚少",参观造船厂时,才知道船底是平的,③甚至有记载说,"包玉刚对航运业完全是外行,连船头和船尾都分不清。"④由一个对轮船和航运业完全外行的人,成长为世界船王,其间的刻苦磨砺,哪里是外人能够明白的! 当然,宁波帮商人的冒险绝不是蛮干,宁波人的刻苦耐劳绝不是甘做苦力,而是"劳而能思"⑤。包玉刚能成为船王,除了刻苦勤奋,还有一个"精明稳健经营的头脑"⑥。

二、家族与同乡

宁波帮工商业者从故乡到异乡,在异服异言的人群中求生存,在异风异俗的他乡中谋发展,除了自身的努力以外,首先能够依靠的外在力量无非家族和同乡。

在清代宁波商帮形成的时候,家族、同乡观念和形态就如影随形地与之共同存在、同生共长。到了1840年后,宁波帮企业家开始形成相当强烈的现代意识,但宗族观念、同乡意识并没有减退的任何迹象。鄞县蔡氏家族在上海从事工商业的族人有数百人,开设有著名的蔡同德国药号、蔡仁茂玻璃洋铁铺、惇叙商业储蓄银行,担任洋行和外商银行买办并从事进出口贸易。为加强宗族凝聚力,蔡氏家族在上海创办了蔡氏旅沪同宗会,发行旅沪同宗会会刊。⑦ 鄞县卢氏家族也在上海创办了卢氏敬睦堂旅沪同宗会,该会设有理事若干名,规定每月16日举行常会,"商议发展宗族事宜,研讨各本业务,同谋共荣,且聚餐以资交欢"⑧。前述宁波帮商人在家乡修建祠堂的史实也是这种宗族意识的反映。

---

① 朱邦兴等:《上海产业与上海职工》,上海人民出版社1984年版,第218、556页。
② 朱邦兴等:《上海产业与上海职工》,上海人民出版社1984年版,第218、237、265—277、577、647页。
③ [英]罗宾·赫钦著,袁长燕译:《包玉刚传》,百花洲文艺出版社1994年版,第28页。
④ 庄凯勋主编:《环球航运家包玉刚》,海洋出版社1986年版,第15页。
⑤ (明)何愈、张时彻等修纂:《定海县志》卷5《风俗》。
⑥ 庄凯勋主编:《环球航运家包玉刚》,海洋出版社1986年版,第193页。
⑦ (民国)蔡载武、蔡和铿等修纂:《鄞县蔡氏宗谱》卷首《旅沪同宗会会刊序》。
⑧ (清)黄家来等纂修:《甬上卢氏敬睦堂宗谱》卷7《卢氏敬睦堂旅沪同宗会简引》。

宁波籍移民在五口通商后大批涌入上海,从事各种工商业活动,积累了巨额的财富,最多时同乡人数达五六十万,富室上百家,积资数十万到数百万的工商业者多达数百人。特别是方、沈、朱、叶、刘、徐、严、秦、李、蔡等家族,更是宁波籍富商中的豪富。例如叶琢堂、秦君安等人拥资千万,刘鸿生、叶澄衷、方季扬都拥资七八百万,方椒伯、徐庆云、徐懋棠、邵声涛等人都拥资三四百万。宁波商帮的雄厚资本,对上海工商业的繁荣是不可缺少的因素。20世纪四五十年代后大批宁波帮实业家进入香港,董氏集团、包氏集团、邵氏集团等都为香港经济的发展作出了很大的贡献。

以家族为核心是宁波商帮凝聚力量的重要形式之一,家族财团在香港的宁波商帮中依然是普遍存在的财团形式之一。家族凝聚力虽然持久但毕竟力量有限,于是同乡的凝聚被广泛重视,众多的宁波帮工商业者乐于使用同乡为从业人员,而同乡也乐于趋附。如五金大王叶澄衷所营各五金号负责人,如王铭槐、汪炳生、樊芬、宋炜臣、陈协中、徐企生等都是老顺记出身的宁波同乡。方液仙所创中国化学工业社的重要职位都由自己家族成员或亲戚如方季扬、李祖范、李名岳等担任,职工也必须经过亲友介绍才能进厂工作,使该厂几乎成为宁波同乡会。① 五洲大药房经理项松茂每年都要回宁波一次,以品貌端正、口齿伶俐、有一定文化为标准,挑选同乡子弟入厂习业。②

宗族、同乡是宁波帮商人在外地发展过程中的重要资源,因此他们也就非常用心地来培植这种资源。杨坊无疑是宁波商帮最早具有较多西方观念的巨商之一,其子杨葆镛奉其遗命于同治六年(1867)在鄞县杨陈巷后河建杨氏堂荫义塾,并在内附设西城杨氏义庄,该义庄置有民田440亩,楼屋一所,市屋四间,"岁以所入瞻给孤寡及贫寒者婚娶丧葬与教育等费"。③ 慈溪县商人产生早,资材厚,创办义庄也早,如慈溪叶氏家族以经商致富,该家族的叶维新(1808—1835)兄弟花费63000余银两购地1400余亩,创建叶氏义庄。④ 慈溪董氏为著名商业家族,在清道光年间,

---

① 陈真、姚洛编:《中国近代工业史资料》第一辑,生活·读书·新知三联书店1957年版,第533页。
② 上海市医药公司等编:《上海近代西药行业史》,上海社会科学院出版社1990年,第109—110页。
③ (民国)张传保、赵家荪修,陈训正、马瀛纂:《鄞县通志》第二《政教志》,宁波出版社2006年影印本,第1479页。
④ (清)叶长庆等纂修:《慈溪石步叶氏宗谱》卷18《鉴航府君墓表》。

董秉恒兄弟耗银 12 万两创办义庄。① 镇海方氏家族于清嘉道间兴起,方亨宁兄弟到上海经商致富后,便萌发在家乡创办义庄的念头,②后来方亨宁子方仁高(1811—1890)在镇海购地 1200 亩,创建了规模宏敞的方氏宝善堂义庄。③ 以经商发家的镇海李氏家族,所建养正义庄拥有 2000 亩土地。④ 李氏养正义庄、方氏宝善堂义庄为当时镇海义庄中"最著者",浙江著名学者俞樾为两义庄写有专文加以褒扬,"载于县志"。⑤ 随后又有叶氏忠孝堂义庄的创办,为此叶澄衷于光绪二十五年二月二十九日(1899 年 4 月 9 日)致函其族叔叶志铭(鸿涛),委托他负责办理,先后付规银 5 万两。在委托叶志铭经理其事的函件中叶澄衷写道:

> 吾族聚居仅百数家,而大半皆属贫穷,鳏寡孤独最宜矜恤,间有老病废疾无力谋生,丧葬嫁娶无资措办以及寒畯子弟艰于读书,诸憾事均属情有可悯。吾心欲仿范氏之遗法久矣,兹先划奉规元三万两,到祈詧收,或存庄,或竟置产。至建义庄,厘定章程,一切惟吾叔综其事,任举数人,以襄其成,务求妥为办理,期于久远。实事求是,勿稍推委。他日庄屋落成,即名其堂曰忠孝堂,盖取吾兄弟两人之名者。因成孝创造宗祠,广置祀产,与吾同一志也。⑥

经过筹备,叶氏忠孝堂义庄于 1902 年 8 月(农历六月)开工,1903 年 5 月(农历四月)建成,其中设有学舍及女学校各一处。⑦ 1904 年就义庄学舍开办小学校 1 所,由义庄提供经费,招收 20 名学童入校学习,学童以叶姓为主,兼收他姓子弟,教学成效显著。以其名额限于 20 人,附近他姓蒙童颇为艳羡而不得入。为此叶志铭自己出资,加上其他捐助,在叶氏祠堂中另开一所小学校,以满足蒙童要求读书的愿望。随后"四方之来学者日益众多",于是在光绪丙午年(1906)夏,以原义庄学舍为基础扩充校舍,增聘教员,添购教学设备和仪器,由于义庄的附近有中兴桥,于是

---

① (清)杨泰亨、冯可墉纂:《慈溪县志》卷 38。
② (民国)张美翊等纂修:《镇海柏墅方氏宗谱》卷首《义田记》,1915 年六桂堂木活字本。
③ (清)于万川修,俞樾纂:光绪《镇海县志》卷 5《公所》。
④ (清)于万川修,俞樾纂:光绪《镇海县志》卷 5《公所》。
⑤ (民国)王荣商:《容膝轩文集》卷 1《周氏承德义庄记》,广陵书社 2006 年版《四明丛书》本。
⑥ 叶澄衷:《成忠公嘱建义庄遗墨》(1899 年),见金贤松等纂修:《镇海东管乡沈郎桥叶氏宗谱》卷终。
⑦ (民国)叶志铭:《附设女学校记》(1906 年),见金贤松等纂修:《镇海东管乡沈郎桥叶氏宗谱》卷终。

正式命名为叶氏私立中兴小学校。① 镇海陈瑞海为叶澄衷亲戚,曾担任叶氏上海澄衷学堂监督,"耳濡目染,中心景慕者有年矣。一日奋然曰:君子之推恩也,必自近者始。吾力未能及远,先加意于一本之亲可乎?"② 于是他出资在家乡同族聚集的地方创办了思本学堂,并请张謇题"陈氏思本学堂"作成门额悬于学堂大门。宁波帮巨商尤其是慈溪、镇海两县富商云集,并相率在家乡兴筑义庄,结果造成当时"慈、镇两邑大姓,义庄林立"的局面。③ 义庄中通常附设义塾、学堂、学校,教育同族以及近邻的子弟,但"义庄林立"更重要的还是造成一种社会的观瞻和风气,影响人的生涯选择,从叶氏忠孝堂义庄所附中兴小学校走出了包括后来成为世界船王包玉刚在内的一批香港宁波籍实业家,可见其影响之深远。④

在兴办事业中注重同乡,利用同乡组织凝聚力量,又注重培植同乡和家乡建设等,在前文中已经多有论述,此处不再赘述。

三、故国与世界

包陪庆在回忆其父亲包玉刚的时候称"世界公民中国心",卢绪章在为庄凯勋主编《环球航运家包玉刚》一书写的前言中说包玉刚是"继承了中国传统美德的国际企业家"⑤。说法虽然不同,意思是一样的。生意是没有边界的,但人是有原籍、寄籍、侨居以及国籍等分别的。这就涉及另一个问题:宁波商帮的中国与世界,海外宁波商帮的外国国籍与中国传统的问题。

宁波帮商人在进入近代、现代以后,不分省界、国界,以全世界为生意场,四处经营。在1949年以前,宁波帮商人以上海为其首选目的地,这里成了宁波人的第二故乡,许多人在上海经商、居住和生活。当时有个说法叫旅沪宁波人或旅沪甬人,社会认同和自我认同均如此,所以其同乡组织就叫宁波旅沪同乡会。其实,旅沪宁波人或旅沪甬人与宁波人在

---

① 陈予龄:《叶氏私立中兴小学校记》(1907年),见《镇海东管乡沈郎桥叶氏宗谱》卷终,永思堂刊本。按:许多书中有关于宁波叶澄衷"中兴学堂"的记述,从宗谱资料看,叶澄衷家族在其家乡创办的学校初为义庄中附设的学舍、女学校,后来经过扩建,正式命名为叶氏私立中兴小学校,"中兴学堂"大概是当时习惯的说法,甚至民国时镇海县地方志也以"中兴学堂"称该校。
② 王荣商:《容滕轩文集》卷1《陈氏思本学堂记》,广陵书社2006年版《四明丛书》本。
③ 童庚年纂修:《慈溪鸿门童氏宗谱》卷首《义田记》,1929年厚本堂木活字本。
④ 包括包玉刚在内的一批出自中兴小学校的巨商,后来又出巨资重修该学校,事见各种记载,可见宁波商帮又有其薪火相传的各种传统和商帮文化。
⑤ 卢绪章:《〈环球航运家包玉刚〉前言》,庄凯勋主编:《环球航运家包玉刚》,中国文史出版社2008年版,《前言》第4页。

身份或籍贯上已经有些不同了。因为宁波人的籍贯就是宁波,而旅沪宁波人或旅沪甬人既是宁波人,又是上海人、上海商人、上海资本家,多了一个上海人身份,在有些情况下,上海人身份的色彩还要更鲜明一些。我们讲近代上海的企业家,如果不讲宁波籍企业家简直不可想象,在许多论著中在上海的宁波籍商人就被直接称为上海企业家、上海资本家、上海工业家等。如黄绍伦著《移民企业家——香港的上海工业家》一书中所说的上海工业家,不少就是宁波帮工业家。不仅如此,这些被称为上海企业家的宁波帮企业家于20世纪40年代末到香港,在香港发展,改革开放后他们或他们的后代又回到上海和内地投资,这一回他们又成了港商,没有人再叫他们上海实业家。同样,来自台湾的宁波帮企业家,成了台商,来自海外的宁波帮企业家则成了侨商。

一些在港澳台和海外经商的宁波籍实业家在经商过程中出于各种各样的考虑加入了外国籍,这种实例很多,包括一些非常有名的宁波帮实业家,早期的如吴锦堂,现代的如包玉刚等。吴锦堂于1904年加入日本籍,同时声明保留中国国籍。他加入日本国籍是为了能够使神户的中华会馆注册为财团法人,因为按照当时日本政府的有关规定,财团法人必须有自己的土地、房产,而外籍人士不能在日本购买和拥有土地,所以加入日本国籍成了神户中华会馆注册成为财团法人的必要条件之一。在这种情况下,吴锦堂与神户华侨中华会馆的几位会董先后加入日本籍,并分别购置土地、房产等,才使中华会馆成功注册成为财团法人。[①]包玉刚于1963年加入英国籍,此事曾使卢绪章颇为生气。1963年3—5月初,时任对外贸易部副部长的卢绪章于访问西欧英国、瑞士和荷兰后转道香港回国,包玉刚到卢绪章所住的宾馆看望卢绪章。包陪庆后来曾记述两人当时见面的情形说:[②]

> 卢家伯伯当时是中国外经部的副部长,出国回来路过香港。
>
> 那时国内正是三年自然灾害,十分困难。爸爸妈妈原想请卢家伯伯到家里好好吃顿饭,特意订了好多平日我们家也很少问津的东星斑、鲍鱼等高级海鲜。
>
> 卢家伯伯却婉拒了。

---

① 宁波市政协文史委、政协慈溪市委员会编辑:《吴锦堂研究》,中国文史出版社2005年版,第18页。
② 包陪庆:《包玉刚:我的爸爸》,浙江大学出版社2010年版,第37页。

爸爸妈妈带我去宾馆看卢家伯伯,拿了一些糕点糖果,请他带给卢家妈妈和孩子们吃。卢家伯伯似乎生分了很多,不再像过去在上海时那样笑容满面,只是刻板地说:"国内东西虽然少,但还有吃的。"又推说自己行李已经太重,"你们的心意领了,东西不用带。"

最后临分别时,他和爸爸握过手后,说:

"玉刚老弟,听说你加入了英国籍,我真的好生气,好失望!"

"其实只是为了谈生意方便……"爸爸想解释。

"加入英国籍,这当然是你的自由,不用解释,只是你千万不要忘记,你永远是中国人!"

"三阿哥,这点你放心!"爸爸回答得斩钉截铁。

回家的路上,爸爸面色沉重,一直在深思。

我知道爸爸一向最敬重卢家伯伯,心里猜测,被最敬重的人责备,爸爸心里一定不好受,我一定要安慰爸爸。

眉头一皱,计上心头。

回到家,我就跟到爸爸书房,他自言自语地说:

"大陆领导人中,有许多像卢家伯伯这样热爱祖国,精忠报国的人,大陆一定能发展,只是时间问题!"

"刚被卢家伯伯骂过,你还说他好话?"我忍不住发起牢骚。

"哎,卢家伯伯说得不错,无论什么时候,我都不能忘记自己是中国人!"

卢绪章对包玉刚的责备并非没有道理,而包玉刚作为一个胸怀全球的航运家在当时的局面下自然也有自己的苦衷。实际上,包玉刚时刻也没有忘记自己是中国人,是宁波人。因为不久后,当他知道长女的恋爱对象是奥地利人时曾经极力反对,理由很简单:"尽管我们加入了英国籍,但我们永远是中国人,总是要为中国做些事情的,找个中国人当丈夫,就省去了许多说不清道不明的麻烦。中国总有一天会开放的,做中国人,应该回去帮助中国发展,如果有一个外国丈夫,怎么办呢?你跟他去他的国家,还是忠于自己的国家?"①他是这样说的,这样想的,也是这样做的。在内地粉碎"四人帮"但尚未实行改革开放政策之时,包玉刚就秘密到内地考察,寻找为祖国建设事业贡献力量的机会。当宁波对外开放需要他贡献力量的时候,他立即积极投身其中,多次表示:"我是宁波人,我的后代也是宁波人。我们要时刻把家乡建设挂在心上。"②他不仅自己为宁波的开发开放尽心尽力,不仅把自己一家人全发动起来,而且在带动整个港台和海外宁波帮建设宁波的事业中,起到了其他人无法替代的重要作用。包玉刚以其在航运业等经营领域的辉煌业绩,同时也以其爱国、爱港、爱乡的实际行动,赢得了从中国国家领导人到宁波普通老百姓的真诚赞誉:正如邓小平第一次接见包玉刚时所说:"包先生,你当世界船王,这是中国人的骄傲嘛!"③

应当说,包玉刚只是宁波商帮中"世界公民中国心"的一个典型代表,宁波商帮中具有爱国、爱乡等传统美德的是绝大多数。宁波地区宗谱资料中许多宁波帮商人的墓表、墓碣、行状的赞词中都有某某商人"诚信为人所孚"的表述,说明"诚信"这一传统儒家伦理准则,从一开始就是规范商业活动的重要商业伦理准则,并为大多数宁波帮商人所奉行。苏州孙春阳南货店是宁波孙氏家族长期经营的著名商业铺户,宁波帮商人创办的包括同仁堂药店在内的许多企业能占据主导地位,与其能树立信誉有密切关系。宁波帮商人恪守诚信,经商讲究商业道德,使其在明清以来的众多商帮中得以脱颖而出,成为一个具有极大发展潜力的地域商人群体。重视信用,遵守商业道德,与经营中要机智灵活、提高服务质量,善于随机应变并不矛盾。宁波帮商人的"义"在清代一方面表现为在自己的家乡举办各种善举,如修桥梁、修道路、建灯塔、置义冢等,特别是对宗族表现为在经商所在地创办同乡公益事业,如创建会馆、公所等。在兴办宗族事业方面,从镇海宗祠的创建看,清乾嘉道时期是第一个高峰期,这恰好与宁波商帮的壮大在时间上一致。清嘉庆道光时期,宁波帮商人又开始在家乡各地创建规模庞大的义庄。如鄞县徐氏固本义庄、

---

① 包陪庆:《包玉刚:我的爸爸》,浙江大学出版社2010年版,第34页。该书(第146页)中还记述:"他(卢绪章)直言不讳地告诫爸爸:'钱要赚,国还是要爱。'爸爸赞同:'尽管我加入英国籍,中国依然是我的故乡,我期待国家强盛,我一定积极考虑以适当的办法,为中国的繁荣贡献力量。'"
② 包玉刚:《人才是根本的根本》(1985年10月29日包玉刚在宁波大学奠基礼上的讲话),宁波市政协文史委员会编:《包玉刚与宁波开发开放》,中国文史出版社2008年版,第114页。
③ 包陪庆:《包玉刚:我的爸爸》,浙江大学出版社2010年版,第178页。

慈溪叶氏安雅堂义庄、慈溪董氏承志堂义庄、鄞县冯氏敦本堂义庄等。在经商所在地，宁波商人的"义"主要表现为创建四明公所等同乡组织，在北京、汉口、苏州、上海、温州等大中城市，以及常熟、盛泽、双林、南浔等城镇，都有这类宁波商帮同乡组织。建立会馆等同乡组织之所以也被看作是义举，是因为这类组织的最初目的，多在于创设义冢、丙舍等设施，增进同乡感情，加强乡帮团结，共同对异域商人展开竞争。会馆公所因此又成为松散的同乡商人组织，商人创办的会馆公所于是成为商帮的代称。可见，正是通过各类型的义举，宁波帮商人一方面加强了与地方宗族势力的联系，使其成为商人发展的重要社会基础；另一方面在经商所在地形成同乡组织，直接促成了商帮的产生和发展。如晚清时期日本驻汉口的领事在《汉口帝国领事报告》中就注意到宁波新式民船兴起中，亲友、家族等因素的作用："近来效仿洋风，以亲族或朋友之醵金制造民船。但除宁波船外，这类经营方法在当地鲜有所闻，大体上以自己持有者为多。"[1]在继承和超越传统的同时，宁波商帮的现代性特征获得了巨大的发展，其现代性特征主要表现在大胆采用西方先进技术、先进的企业管理方式和组织方式，积极参与近代、现代商人、企业家社团组织并在其中发挥重要的作用等等。白吉尔在论述上海城市的特征时指出，北京的官场传统、广东的买办传统之间，上海代表的是现代性的传统——驾御西化，因地制宜，自我完善，改造社会。[2] 上海现代性特征与以上海为重要活动基地的近代宁波商帮的现代性特征之间，无疑具有相当密切的联系。

正是兼容并包、适者生存的圆融与恢弘，为宁波商帮的持续发展插上了翅膀，使之能够越飞越高。

第三节 传承与超越

发展其实就是传承与超越，新一代宁波商帮要想有新的发展，首先要传承以往宁波商帮的经验，汲取其教训；其次要超越过去的辉煌，包括

---

[1] [日]外务省通商局：《通商汇纂》第130号，第52页，转自松浦章著、董科译：《清代内河水运史研究》，江苏人民出版社2010年版，第223页。
[2] [法]白吉尔著，王菊、赵念国译：《上海史：走向现代化之路》，上海社会科学院出版社2005年版，第399页。

超越以上海和香港为重心时代的宁波商帮的辉煌。这是中华民族复兴的时代呼唤,也是宁波商帮自身发展的要求。

一、大时代在召唤

担任过上海商会会长的王晓籁在评论虞洽卿的时候曾经说:"洽老对于上海是时势造英雄,亦是英雄造时势。"[1]其实任何成功背后时势因素都起着巨大的作用。中华民族已经跨入伟大复兴的大时代,这个大时代的到来正如奔涌而来的钱塘江潮,没有任何力量可以阻挡。随着改革开放和经济建设的有序进行,中国的综合国力不断提高。到2010年,中国已经成为亚洲第一、世界第二大经济体,人均GDP(国内生产总值)约为4000美元,大体上进入中等收入国家行列,但中国还是一个发展中国家,尤其是中国还比较缺乏与此一巨大经济体相称的具有世界级的创造性、强劲竞争力和广泛影响的知名产品品牌,中国企业生产和提供的多数产品和服务仍处于全球产业链的低端,中国企业向世界提供一流产品和一流服务还并不是一个很容易就能接近的目标。时代在召唤中国企业界,召唤中国的银行家和企业家。中华民族复兴的大时代需要世界级的银行家、工业家、航运家,时代需要这样的英雄,就一定能创造出这样的英雄。但不是谁都可以成为这样的英雄。早在20世纪初"实业救国"的社会思潮中,梁启超曾经有过一段议论:

> 盖为一小国之宰相易,为一大公司之总理难,非过言也。言夫对外,则以今世生计界之竞争,其剧烈殆甚于军事,非具有生计学之常识,富于实际阅历,而复佐之以明敏应变之天才,以之当经营之冲,鲜不败矣。白圭有言:"吾治生产,犹伊尹、吕尚之谋,孙吴用兵,商鞅行法,是故其智不足以权变,勇不足以决断,任不能以取予,强不能有所守,虽欲学吾术,终不告之矣。"夫白圭之时代且有然,况今日生计界之现象,其繁颐诡变,千百倍于古昔而未有已耶?故古代之英雄,多出于政治家与军人,今日之英雄,强半在实业界。今各国之巍然为工商界重镇者,皆其国中第一流人物也。[2]

---

[1] 《虞洽卿先生七秩大庆五五纪念》,《申报》1936年7月6日,见宁波市政协文史委员会编:《〈申报〉宁波旅沪同乡社团史料》,宁波出版社2009年版,第610页。
[2] 梁启超:《敬告国中之谈实业者》,《国风报》1910年11月2日,转自上海市档案馆编:《旧上海的证券交易所》,上海古籍出版社1992年版,第271—272页。

虽然大时代需要一流的人才,创造一流的企业、一流的品牌,但我们看到的是企业短视、短期行为不断出现。在利益的驱动下,不可用于食品加工或食品添加物的三聚氰胺被添加到国产牛奶中上了我们的餐桌,几乎毁掉了我们整个国产牛奶行业。某专销意大利名牌家具的知名家具商,经媒体爆料其家具产品原产地实为广东东莞,其家具只是到意大利旅游了一遭,就摇身变成意大利名牌货以高价销售,后来又有消息说,那家家具商的做法是符合行规的! 某知名建筑企业修建的桥梁,未出十年就发生垮塌这样严重的事故,但据有关报道说,调查结果称桥梁垮塌的原因是车辆超载! ……如此这般的新闻和社会事件不断出现在我们的生活中,几乎要造成我们感觉和知觉的麻木。企业界的这种情况,与大时代需要一流企业一流品牌的时代要求真的是南辕北辙,背道而驰。我们对于我国的企业界,对我们的国货产品还应该保持信心吗? 回答当然是肯定的。

二、勇于开创新风

包玉刚能够成为世界船王,主要由于他在国际轮船航运领域"开创了租船的新趋势"。他在哈佛大学商学院演讲时回顾说:[①]

> 记得1955年,我初做船东,买了一艘船龄已二十七年的燃煤货轮并长期租出后,船业界人士纷(纷)嗤之以鼻。他们说:"这个年轻人难道疯了,竟以固定租价(较市面每行程运费率低得多)把船长期包租给人。"其实我当时只是开创一个租船的新趋势。这种新作风的基本要旨是:把船租给信用卓著财政可靠的租户,为期数年,这样凭借租约便可以向银行贷款,再增购船只,扩充船队。在租约期内,船只管理费用,或许因通货膨胀而有上升之虞,但是当时的通货膨胀情况远不能跟今日相比。我当然明白其中利害,自从经营以来,着实花过许多功夫务使船只管理费用(人事费用、保险费、修理费等)不致浪费与激增。同行们认为,把船以远较当时计程租赁市价为低的租价长期租出,真是愚不可及,他们当然是对航运市场供求循环的实况视若无睹,也忘了在市场情况最兴旺而使人陶醉时即应该未雨绸缪,以防万一。

---

① 包玉刚:《经营航运业的心得》,见庄凯勋主编:《环球航运家包玉刚》,海洋出版社1986年版,第187页。

董浩云能够成为宁波帮中的第一个世界船王,也与其能够开创新的经营方式有密切关系。他创立了一种关于船舶的经营理论:在能够驶入欧洲和日本石油公司炼油厂所在地大部分港口的前提下,油轮容积愈大,载油愈多,则成本愈低,愈符合经济原则。根据这种理论,他率先建造了巨型油轮。①

在以全球为大舞台竞争激烈的当代商业场中开新风当然是一件不容易的事情,不是随便什么人都能做到,必须货真价实,积极主动,服务社会,便利群众,不能投机取巧,不能损人利己,而是要聪明人用"笨办法"。②而聪明人用笨办法的行为方式,在贯于投机取巧以及遵循通行惯常方法的一般商人看来,虽是"愚不可及"甚至被认为是神经不正常的怪异行为,但一流商人与普通商人的区别大概也正在于此。所谓大智若愚,就是具有大智慧的人,在其事业开创之初,常被俗庸之辈目为愚笨。聪明人采用笨办法,就是善于动脑筋并能经过思考提出具有创造性的崭新理念,肯花真工夫,不畏艰难将崭新的理念付诸实践,善于克服困难使实践取得显著成效并引起他人的学习与仿效。宁波商帮发展史上以此创造奇迹的成功商人和实业家着实不少,可谓屡试不爽。从孙春阳到包玉刚,不正是宁波商人中一代又一代的聪明人采用"笨办法",才推动宁波商帮从无到有,从小到大,从境内到海外不断得到发展壮大的吗?

长期以来,我国经济技术水平落后,1949年以后国家现代化的重要目标为赶超世界先进水平。其实"赶"和"超"是两个层次的概念,赶即追赶,超即超越。鲁迅先生的拿来主义是追赶时期的行为准则,"不管三七二十一,'拿来'!"③当追赶也即现代化和经济发展到了相当程度的今天,急功近利、囫囵吞枣、投机取巧等流弊开始凸显,并成为实现超越梦想的严重阻碍。解决之道何在? 常言称创新,而创新一说又过于笼统和空泛。其实当急功近利成为一种流行病并大肆肆虐的时候,创新之说无疑近乎呓语。其实,解决之道无他,在于要有人默然而兴,致力于新风气的开创,而这种新风气的开创必然要自少数人开始。

---

① 董浩云:《最经济的油轮体积》,见金董建平、郑会欣编:《董浩云的世界》,生活·读书·新知三联书店2007年版,第111—113页;宋训伦:《董浩云先生传略》,同上书,第 XXIV — XXV 页。

② 包陪庆在《包玉刚:我的爸爸》(浙江大学出版社2010年版,第57页)中也说:"爸爸的船只都'买了保险',每艘船在建造前,必然有了长租约才订,租金收入非常稳妥。业内人所共知的'Shikumisen'(先有长租约才订船),就是爸爸所谓的'笨办法'! 也是他在航运业里的成功秘诀。"

③ 鲁迅:《鲁迅全集》第6卷,人民文学出版社2005年版,第40页。

曾国藩曾说①：

> 风俗之厚薄奚自乎？自乎一二人之心之所向而已。民之生，庸弱者戢戢皆是也。有一二贤且智者，则众人君之而受命焉；尤智者所君尤众焉。此一二人之心向义，则众人与之赴义；一二人之心向利，则众人与之赴利。众人所趋，势之所归，虽有大力，莫之敢逆。

国学大师钱穆对于曾国藩的说法深表赞同，并加以发挥："当知一切风气之开辟，其开始必然在少数。而在此少数人身上，又必然有其恒久价值的本质美，内在美。此种具有永恒价值之本质美，内在美，又必早已埋伏在绝大多数人心里，因此仍必在多数人心上显现出。"②钱穆还指出："最先创此一风气者，彼言人之所不能言，为人之所不能为，在旧风气中，彼乃一孤立者，彼乃一独见者，彼乃一叛逆者，彼乃一强固树异者。彼之一段精神，一番见识，必然因于其所处孤危，而历练奋斗出格外的光彩来。"③根据钱穆先生的说法，新风气的开创必然开始于具有本质美、内在美等永恒价值的少数人，最先的模仿者即风气的转移也依然只是少数人。这少数人既然为英雄，就必然会积少成多，使情形由量变到质变发生变化，使少数逐渐变为多数，造成时势，使风气得到转变。就一流企业、一流产品、一流企业家的产生和经营风气的形成而言，也必然要经过上述一个由少数人开创，少数人模仿，然后积少成多，由量变到质变的转变或形成过程。

总而言之，开创新风气对于社会进步，对于学术发展，对于工商实业界后进的中国实业家超越西方实业巨人，均为首要！

三、超越值得期待

宁波商帮的未来值得期待，这种期待是建立在经济发展与社会进步的现实基础之上的，如宁波商帮源远流长的工商文化，宁波人对中国传统文化的理解、传承能力，宁波人对世界优秀物质文化的理解、接受能力，甬沪、甬港更加紧密的经济和社会联系，北仑港和宁波大学的建成等等。

宁波商帮有源远流长的工商文化传统，深知商业信誉在经营中的极

---

① 李瀚章编：《曾文正公（国藩）全集》卷24《文集》卷2《原才》。
② 钱穆：《中国思想通俗讲话》，生活·读书·新知三联书店2007年版，第74页。
③ 钱穆：《中国思想通俗讲话》，生活·读书·新知三联书店2007年版，第75页。

端重要性,因此对于自己生产的产品以及提供的服务,总是想法设法让使用者放心,让顾客满意,同时也有一个公道合理的价格。因此,自明代中后期开始,尤其是自清代中叶以来,宁波商帮在各行各业的经营中创造了一大批信誉卓著、闻名遐迩的老字号和一大批著名的工厂、企业。这些字号和工厂企业的东家、老板也许早已不为大多数人所知晓,但是这些字号、工厂和企业所提供的产品和服务,有相当一部分仍为今天的人们所津津乐道,甚至依然在人们的社会生活中发挥各种各样的作用。如北京同仁堂国药店,不管它现在是什么样性质的企业,同仁堂的牌子和同仁堂的药品,依然使人产生一种高度的信赖感。像同仁堂一样的国药店,属于宁波帮商人创办和经营的为数不少,如上海的四大国药店,大部分是宁波人创办和经营的,其中也有其他商人创办的,经营不下去了,宁波人一接手,生意就好了。宁波帮商人经营钱庄,经营民信业,这两个行业都与黄金白银有关,很少见有宁波帮业者卷款跑掉的。宁波人经商讲信誉,又肯下工夫,动脑筋,如宁波商帮的成衣、木器和首饰,材料好,质量可靠,款式新颖,深受社会的欢迎。宁波帮工商业者视信誉为生命的实例很多,如在武汉经营营造业的汉协盛营造厂厂主宁波帮企业家沈祝三,1930年参与承建总造价400万银元的武汉大学主要建筑物,由于他中标之后金价大涨,而他所用的建筑材料中外货甚多,加上工程估算中开山筑路的费用被遗漏,结果造成巨额亏损。有人建议沈祝三申请破产,以免更大的损失,但他考虑到这会导致武汉大学建筑工程的停顿,决定信守合同,按时开工,并着眼于百年以上的保固期进行选材和建设,严把质量关。他把自己的私宅抵押给银行得到40万元贷款,投入工程建设,使武汉大学建设工程如期完工。由此沈祝三欠下高达百万元的巨额债务,他变卖几乎所有财产,直到武汉沦陷之前才还清全部贷款,不久在贫病交加中去世。[1] 沈祝三用自己的经营实践,诠释了宁波谚语"上等之人讲了算数,中等之人写了算数,下等之人写了弗算数"中"上等之人"对于信用的执著。[2] 其实,沈祝三只是宁波商帮工商文化传统中一个非常小的典型,上述谚语反映了整个宁波社会在商业信用问题上的主流态度。这种工商业文化传统一旦形成并融入社会价值体系之中,其作用的

---

[1] 宁波市政协文史委员会编:《汉口宁波帮》,中国文史出版社2009年版,第93—95页。
[2] (民国)张传保、赵家荪修,陈训正、马瀛纂:《鄞县通志》第四《文献志》,宁波出版社2006年影印本,第3162页。

发挥必定是稳定而持久的,甚至比时兴时灭的风气更持久。

著名学者金耀基曾经指出:"在理论上、在经验上,我们都不可也不能铲除传统,在文化的零点上作现代化的创造。现代化有多种,但绝没有'没有传统的现代化'!"①事实上正是这样,包括宁波商帮在内的宁波人不仅已经初步形成以讲求信用为基础的工商文化传统,而且对中国传统文化有着惊人的理解和传承能力,对家族、同乡关系的重视和利用,十分有效和成功。从杨坊、叶澄衷、严信厚、虞洽卿、刘鸿生到王宽诚、包玉刚、董浩云、李达三等无不如此。成功者乐于提携、培植族人和同乡,又注重同乡组织的建设,1967 年香港宁波同乡会创立之初,会员仅 10 多人,但这并不影响同乡会组织的存在和发展。②同时,包括宁波商帮在内的宁波人对于一切不同于己的异质文化能够采取包容和汲取其精华的态度,对于世界优秀物质文化成果同样有着惊人的理解、接受能力。根据段光清记载,早在同治元年(1862),上海的宁波帮富商杨坊就已经能用"自备轮船"送宁绍台道史士良、曾任浙江按察使的段光清赴宁波。③另一上海宁波帮巨商叶澄衷,被状元实业家张謇称为"知欧事者"。④ 其实,近代以来宁波商帮中的大多数商人,在文化价值观上都是中西新旧的有机结合的综合体,就连当代香港的宁波帮世界船王包玉刚也是如此,因此卢绪章说包玉刚"是继承了中国传统美德的国际企业家"⑤。宁波帮企业家这种融合中西新旧为我所用的能力和智慧,为其不断创造辉煌提供了取之不尽、用之不竭的力量源泉。

现在,宁波商帮故乡的巨大变化,也是我们对宁波商帮的未来抱有信心的重要依据。1990 年 6 月,宁波栎社机场正式成为浙江省投入使用的第一座民用机场,宁波民用航空事业由此掀开了崭新的一页。1992 年 7 月,国务院批准宁波栎社机场航空口岸正式对外开放,宁波香港间直达航班正式开通,甬港间的交流和往来更加便捷和紧密。2008 年 5 月杭州湾跨海大桥正式建成通车,使甬沪间的经济社会联系更加紧密。北仑港

---

① 金耀基:《〈从传统到现代〉补编》,法律出版社 2010 年版,第 164 页。
② 沈雨梧:《走向世界的宁波帮企业家》,生活·读书·新知三联书店 1990 年版,第 147—147 页。
③ (清)段光清:《镜湖自撰年谱》,中华书局 1997 年版,第 191 页。
④ 张謇:《上海怀德堂记》,见宁波市政协文史委员会、政协镇海区委员会编:《近代上海民族工商业先行者叶澄衷》,中国文史出版社 2009 年版,第 226 页。
⑤ 卢绪章:《〈环球航运家包玉刚〉前言》,见庄凯勋主编:《环球航运家包玉刚》,中国文史出版社 2008 年版,《前言》第 4 页。

自1978年开始建设,已经建成万吨级以上深水泊位60座。2010年,港口货物吞吐量已经超过4亿吨,在全世界最主要的港口中也名列前茅。1986年包玉刚捐资创办宁波大学,1996年宁波师范学院和浙江水产学院宁波分院与宁波大学合并,组建新的宁波大学,2000年后宁波海洋学校、宁波林业学校、宁波师范学校等陆续并入宁波大学,由此宁波大学成为一个学科门类比较齐全的综合性大学。以上述发展为依托,宁波地区出现了经济繁荣、社会进步的强劲发展态势,不仅产生了一批竞争力强、资本规模大、技术设备先进的大中型企业及集团性企业,而且产生了以鄞州服装、宁海文具、慈溪小家电等为代表的以大中型企业为骨干、中小企业遍地生花的产业带。[1]

这种以大中型企业、集团性企业为骨干,中小企业遍地生花的产业带,正是我们寄托希望的地方,也正是酝酿超越前辈的地方。这些产业带里的企业、企业主,大大小小,林林总总,各种各样,真正是群芳竞艳,万类争逐。所谓"物竞天择,适者生存",我们有理由相信,从上述产业带中,一定能够走出世界级的企业家,创出世界级的知名品牌。

---

[1] 孙晓华:《序言:为新宁波帮喝彩》,见应华根、魏玉祺:《新宁波帮》,中国经济出版社2009年版,《前言》第2页。

参考文献

一、档案及资料汇编等

（一）档案及档案资料汇编

1. 交通银行重庆分行档案（其中有宁波帮内迁企业档案），重庆档案馆藏。
2. 金城银行档案（其中有宁波帮内迁企业档案），重庆档案馆藏。
3. 上海市工商业联合会编：《上海总商会议事录》，上海古籍出版社2006年版。
4. 华中师范大学历史研究所、苏州市档案馆合编：《苏州商会档案丛编》第1—5辑，华中师范大学出版社1991—2010年版。
5. 天津市档案馆等编：《天津商会档案汇编（1903—1911）》（上、下册），天津人民出版社1989年版。
6. 中国第二历史档案馆编：《中华民国金融法规选编》（上、下），中国档案出版社1989年版。
7. 台北"中央研究院"近代史研究所编：《教务档》，台北"中央研究院"近代史研究所1974年版。
8. 台北"中央研究院"近代史研究所编：《海防档》，台北"中央研究院"近代史研究所1957年版。
9. 上海市档案馆编：《一九二七年的上海商业联合会》，上海人民出版社1983年版。
10. 宋美云、周利成主编：《船王董浩云在天津》，天津人民出版社2008年版。
11. 唐豪、吴景平主编：《上海总商会组织史料汇编》，上海古籍出版社2004年版。
12. 谢俊美编：《中国通商银行》（盛宣怀档案资料选辑之五），上海人民出版社2000年版。
13. 中国近代经济史资料丛刊编辑委员会编：《中国海关与邮政》，中华书局1987年版。
14. 上海市档案馆编：《旧上海的证券交易所》，上海古籍出版社1992年版。
15. 上海市档案馆编：《旧中国的股份制》，中国档案出版社1996年版。

(二)普通资料汇编及其他文史资料

1. 葛恩元编:《上海四明公所大事记》,上海四明公所1918年刊。

2. 宁波旅渝同乡会编:《宁波旅渝同乡会会刊》,宁波旅渝同乡会1942年12月12日刊。

3. 李文海主编:《民国时期社会调查丛编》第2编《社会组织卷》,福建教育出版社2009年版。

4. 李瑊编著:《宁波旅沪同乡会百年纪》,中国文史出版社2010年版。

5. 上海市宁波经济建设促进会、上海市宁波同乡联谊会20年历程纪念专辑编辑委员会编:《上海市宁波经济建设促进会上海市宁波同乡联谊会20年历程纪念专辑》,2009年印行。

6. 经世文社编:《民国经世文编·实业》,沈云龙主编:《近代中国史料丛刊》(第492种),台北文海出版社有限公司。

7. 中国史学会主编:《洋务运动》,上海人民出版社2000年版。

8. 上海市档案馆编:《上海市各界抗敌后援会》,中国档案出版社1990年版。

9. 孙善根、周晓屏编:《秦润卿史料集》,天津古籍出版社2009年版。

10. 中国第二历史档案馆编:《中华民国史档案资料汇编》第5辑第3编财政经济(5),江苏古籍出版社2000年版。

11. 聂宝璋编:《中国近代航运史资料》第1辑(1840—1895),上海人民出版社1983年版。

12. 聂宝璋编:《中国近代航运史资料》第2辑(1895—1927),中国社会科学出版社2002年版。

13. (民国)楼祖诒编著:《中国邮驿史料》,人民邮电出版社1958年版。

14. 章开沅、刘望龄主编:《苏州商会档案丛编》第1辑,华中师范大学出版社1991年版。

15. 吴承洛主编:《三十年来之中国工程》,京华印书馆1948年版。

16. 潘君祥主编:《近代中国国货运动研究》,上海社会科学院出版社1998年版。

17. 中国史学会主编:《洋务运动》(一),上海人民出版社2000年版。

18. 政协浙江省萧山市文史委员会编:《汤寿潜史科专辑》,1993年印行。

19. 黄逸峰等:《中国近代经济史研究文选》,江苏人民出版社1981年版。

20. 上海市工商行政管理局编:《上海市棉布商业》,中华书局1979年版。

21. 严中平等编:《中国近代经济史统计资料选辑》,科学出版社1955年版。

22. 青岛市工商行政管理局史料组编:《中国民族火柴工业》,中华书局1963年版。

23. 中国通商银行编:《五十年来之中国经济》,沈云龙主编:《近代中国史料丛刊续编》(81),台北文海出版社有限公司。

24. 上海市工商业联合会与复旦大学历史系编:《上海总商会组织史资料汇编》,上海古籍出版社2004年版。

25. 陈真、姚洛、逄先知编:《中国近代工业史资料》(四辑),生活·读书·新知三联书店1957—1961年版。

26. 汪敬虞编:《中国近代工业史资料》第2辑,科学出版社1957年版。

27. 彭泽益编:《中国近代手工业史资料》,生活·读书·新知三联书店1957年版。

28. 姚贤镐编:《中国近代对外贸易史资料》,中华书局1962年版。

29. 彭泽益主编:《中国工商行会史料集》,中华书局1995年版。

30. 上海市工商行政管理局编:《上海民族橡胶工业》,中华书局1979年版。

31. 上海市工商行政管理局等编:《上海民族机器工业》,中华书局1966年版。

32. 上海市工商行政管理局等编:《上海民族毛纺织工业》,中华书局1963年版。

33. 上海社会科学院经济研究所编:《刘鸿生企业史料》(上、中、下册),上海人民出版社1981—1982年版。

34. 张海鹏、王廷元主编:《明清徽商资料选编》,黄山书社1985年版。

35. 李华编:《明清以来北京工商会馆碑刻选编》,文物出版社1980年版。

36. 上海博物馆图书资料室编:《上海碑刻资料选辑》,上海人民出版社1984年版。

37. 上海通社编:《上海研究资料续集》,上海书店1984年版。

38. 中国人民银行上海市分行编:《上海钱庄史料》,上海人民出版社1978年版。

39. 江苏省博物馆编:《江苏省明清以来碑刻资料选集》附录及《吴县志·艺文》,生活·读书·新知三联书店1959年版。

40. 苏州历史博物馆、江苏师范学院历史系、南京大学明清史研究室合编:《明清苏州工商业碑刻集》,江苏人民出版社1981年版。

41. (民国)汪兆平、郑大悲:《虞洽卿先生》,宁波文物社1946年版。

42. 李文海主编:《民国时期社会调查丛编》(二编),福建人民出版社2009年版。

43. 徐雪筠等译编:《上海近代社会经济发展概况(1882—1931)——〈海关十年报告〉译编》,上海社会科学院出版社1985年版。

44. (清)郑若曾撰:《筹海图编》,中华书局2007年版。

45. 卜舫济著,岑德彰编译:《上海租界略史》,沈云龙主编:《近代中国史料丛刊》(638),台北文海出版社有限公司。

46. 王臻善:《沪租界前后经过概要》,沈云龙主编:《近代中国史料丛刊》(738),台北文海出版社有限公司。

47. 徐盈:《当代中国实业人物志》,台北《近代中国史料丛刊续编》(496),台北文海出版社有限公司。

48. 周葆銮:《中华行史》,沈云龙主编:《近代中国史料丛刊》(875),台北文海出版社有限公司。

49. 冯辰撰:《李恕谷(塨)先生年谱》,沈云龙主编:《近代中国史料丛刊续编》(935),台北文海出版社有限公司。

50. 上海市宁波经济建设促进协会、上海市宁波同乡联谊会编:《创业上海滩》,上海科学技术文献出版社2003年版。

51. 上海市宁波经济建设促进协会、上海市宁波同乡联谊会编:《战斗在大上海》,东方出版中心2006年版。

52. 上海市宁波经济建设促进协会、上海市宁波同乡联谊会编:《同建新上海》,上海科学技术文献出版社2006年版。

53. 上海市宁波经济建设促进协会、上海市宁波同乡联谊会编:《共创上海新辉煌》,上海科学技术文献出版社2008年版。

54. 上海市宁波经济建设促进协会、上海市宁波同乡联谊会编:《上海市宁波经济建设促进会上海市宁波同乡联谊会20年历程纪念专辑》,2009年印行。

55. 全国政协文史资料研究委员会《文史资料选辑》编辑部编:《中华文史资料文库》第12卷,中国文史出版社1996年版。

56. 全国政协文史资料研究委员会《文史资料选辑》编辑部编:《文史资料选辑》(合订本),中国文史出版社2000年版。

57. 中国人民政治协商会议全国委员会文史资料委员会编:《文史资料存稿选编》第25卷《社会》,中国文史出版社2002年版。

58. 全国政协文史资料研究委员会:《工商史料》(1—2),文史资料出版社1980—1981年版。

59. 全国政协文史资料研究委员会:《工商经济史料丛刊》(1—4),文史资料出版社1983—1984年版。

60. 吴汉民主编:《20世纪上海文史资料文库》,上海书店出版社1999年版。

61. 上海市政协文史资料委员会:《上海文史资料存稿汇编》,上海古籍出版社2001年版。

62. 政协上海市委员会文史资料工作委员会编:《旧上海的外商与买办》,上海人民出版社1987年版。

63. 政协上海市委员会文史资料工作委员会编:《旧上海的交易所》(上海文史资料选辑第 76 期),1994 年印行。

64. 天津政协文史资料研究委员会编:《旧天津的洋行与买办》,天津人民出版社 1987 年版。

65. 天津政协文史资料研究委员会编:《天津文史资料选辑》第 27 辑,天津人民出版社 1984 年版。

66. 浙江省政协文史资料研究委员会编:《浙江籍资本家的兴起》(《浙江文史资料选辑》第 32 辑),浙江人民出版社 1986 年版。

67. 浙江省政协文史资料委员会编:《宁波帮企业家的崛起》,浙江人民出版社 1989 年版。

68.《宁波文史资料》各辑,宁波政协文史资料研究委员会 1984—1987 年刊。

69. 宁波市政协文史委编:《宁波帮研究》,中国文史出版社 2004 年版。

70. 宁波市政协文史和学习委、政协慈溪市委员会编:《吴锦堂研究》,中国文史出版社 2005 年版。

71. 宁波市政协文史委编:《宁波帮与中国近现代服装业》,中国文史出版社 2005 年版。

72. 宁波市政协文史委编:《宁波帮在天津》,中国文史出版社 2006 年版。

73. 宁波市政协文史委、政协鄞州区委员会编:《鄞县籍宁波帮人士》,中国文史出版社 2006 年版。

74. 宁波市政协文史委编:《宁波帮与中国近现代电影》,中国文史出版社 2006 年版。

75. 宁波市政协文史委编:《王宽诚研究》,中国文史出版社 2007 年版。

76. 宁波市政协文史和学习委、政协北仑区委员会编:《宁波小港李氏家族》,中国文史出版社 2007 年版。

77. 宁波市政协文史和学习委、政协镇海区委员会编:《镇海籍宁波帮人士》,中国文史出版社 2007 年版。

78. 宁波市政协文史委员会、中国人民银行宁波市中心支行编:《宁波帮与中国近代金融业》,中国文史出版社 2008 年版。

79. 宁波市政协文史委员会编:《宁波帮与中国近代银行》,中国文史出版社 2008 年版。

80. 宁波市政协文史委员会编:《包玉刚与宁波开发开放》,中国文史出版社 2008 年版。

81. 宁波市政协文史委、政协慈溪市委员会编:《三北虞洽卿》,中国文史出版社 2008 年版。

82.宁波市政协文史委员会编:《宁波顾氏家族(史料篇)》,中国文史出版社 2008 年版。

83.宁波市政协文史委员会、政协镇海区委员会编:《近代上海民族工商业先行者叶澄衷》,中国文史出版社 2009 年版。

84.宁波市政协文史委员会编:《汉口宁波帮》,中国文史出版社 2009 年版。

85.宁波市政协文史委员会编:《〈申报〉宁波旅沪同乡社团史料》,宁波出版社 2009 年版。

86.中国人民政治协商会议西南地区文史资料协作会议编:《抗战时期内迁西南的工商企业》,云南人民出版社 1989 年版。

87.乐寿英主编:《近代中国工商人物志》,中国文史出版社 2006 年版。

88.上海文史馆、上海市人民政府参事室文史资料工作委员会编:《上海地方史研究资料》(三),上海社会科学院出版社 1984 年版。

二、地方志与宗谱资料

(一)地方志资料

1.(宋)张津等纂:乾道《四明图经》,烟屿楼刻本。

2.(宋)胡榘修,方万里、罗濬纂:《宝庆四明志》,烟屿楼刻本。

3.(元)王元恭、王厚孙等修纂:《至正四明续志》,烟屿楼刻本。

4.(明)张瓒、杨寔修纂:《宁波郡志》,明成化四年(1468)刻本。

5.(明)黄润玉纂:《宁波府简要志》,广陵书社 2006 年版《四明丛书》本。

6.(明)张时彻等纂:《宁波府志》,明嘉靖刻本。

7.(清)曹秉仁、万经等修纂:《宁波府志》,清乾隆刻本。

8.(清)钱维乔、钱大昕等修纂:《鄞县志》,清乾隆刻本。

9.(清)戴枚、张恕等修纂:《鄞县志》,清光绪三年(1877)刻本。

10.(清)蒋学镛纂:《鄞志稿》,广陵书社 2006 年版《四明丛书》本。

11.(民国)张传保、赵家荪修,陈训正、马瀛纂:《鄞县通志》,宁波出版社 2006 年影印本。

12.(明)李逢甲、姚宗文修纂:《慈溪县志》,明刻本。

13.(清)杨正筍、冯鸿模等修纂:《慈溪县志》,清乾隆刻本。

14.(清)杨泰亨、冯可墉纂:《慈溪县志》,清光绪二十五年(1899)刻本。

15.(明)何愈、张时彻等修纂:《定海县志》,明嘉靖刻本。

16.(清)王梦弼、邵向荣纂修:《定海县志》,清乾隆刻本。

17.(清)缪燧、陈瑨等修纂:《定海县志》,清康熙刻本。

18.(清)于万川、俞樾等修纂:《镇海县志》,清光绪刻本。

19.(民国)洪锡范等修纂:《镇海县志》,民国铅印本。

20.(民国)董祖义纂修:《镇海县新志备稿》,民国铅印本。

21.（民国）陈训正、马瀛纂修：《定海县志》，1924年宁波旅沪同乡会铅印本。
22.（民国）罗士筠、陈汉章等修纂：《象山县志》，民国铅印本。
23.（明）陈威、顾清等修纂：《松江府志》，明正德刻本。
24.（清）范廷杰、皇甫枢修纂：《上海县志》，清乾隆刻本。
25.（民国）吴馨、姚文楠等修纂：《上海县续志》，民国刻本。
26.（清）李维青：《上海乡土志》，上海古籍出版社1989年版。
27.（清）刘湄、金瑞表纂：道光《刘河镇记略》，稿本。
28.（清）蔡蓉升纂，（民国）蔡蒙续纂：《双林镇志》，民国铅印本。
29.（清）仲廷机纂，仲虎腾续纂：《盛湖志》，民国刻本。
30.（清）范来庚纂：《南浔志》，清道光刻本。
31.（清）周庆云纂：《南浔志》，民国刻本。
32.（民国）石秀峰、王郁云等修纂：《盖平县志》，民国铅印本。
33.（清）沈家本、徐宗亮等修纂：《重修天津府志》，光绪二十五年（1899）刻本。
34.（民国）余谊密、鲍实等：《芜湖县志》，1919年刊本。
35.（民国）侯祖畲等编纂：民国《夏口县志》，1924年刊本。
36.（清）王尔鉴、王世沿等修纂：《巴县志》，清道光刻本。
37.（清）梁廷枬总纂，袁钟仁校注：《粤海关志》，广东人民出版社2002年版。

（二）宗谱资料

1.（民国）朱骧纂修：《四明朱氏支谱内外编》，1936年慎德堂木活字本。
2.（民国）汪甲芝主修：《甬上雷公桥吴氏宗谱》，1927年新昌石氏承德堂木活字本。
3.（民国）蔡载武、蔡和铿等修纂：《鄞东蔡氏宗谱》，1935年惇叙堂木活字本。
4.（民国）严宝玖主修：《慈溪赭山严氏宗谱》，1922年奉思堂刻本。
5.（清）黄家来等纂修：《甬上卢氏敬睦堂宗谱》，1903年敬睦堂木活字本。
6.（民国）徐锡进等修纂：《月湖徐氏宗谱》，1925年永思堂木活字本。
7.（民国）张传保等纂修：《鄞县光溪桂林徐氏宗谱》，1931年木活字本。
8.（民国）赵学晋等修纂：《镇北赵氏宗谱》，1917年积善堂木活字本。
9.（清）童寀等纂修：《慈东童氏宗谱》，清同治厚本堂木活字本。
10.（民国）童庚年纂修：《慈溪鸿门童氏宗谱》，1929年厚本堂木活字本。
11.（民国）林耘堂等修纂：《慈溪林氏宗谱》，1923年铅印本。
12.（民国）张美翊等纂：《甬上青石张氏宗谱》，1925年味芹堂铅印本。
13.（民国）周华渔纂修：《慈溪周氏半浦支谱》，1917年新昌石氏惇德堂木活字本。

14.（民国）童成章纂修：《慈东方家堰方氏宗谱》，1931年忠恕堂木活字本。

15.（民国）江功甫等纂修：《宁城江氏宗谱》，1924年月湖支祠木活字本。

16.（民国）李炳陛等纂修：《迎恩桥李氏宗谱》，1927年函道堂木活字本。

17.（清）谢觐馭等修：《镇海虹桥朱氏宗谱》，1910年徽荫堂木活字本。

18.（民国）王钦瑞、王友藩、陈培源等修纂：《（镇海）新添庙桥王氏宗谱》，1923年三槐堂木活字本。

19.（民国）胡士纪等纂修：《慈溪田湖胡氏宗谱》，1928年永言堂木活字本。

20.（清）朱学宜等纂修，朱充炽等续修：《四明藕桥朱氏宗谱》，清光绪刻木。

21.（民国）秦祖泽等纂修：《慈溪秦氏宗谱》，1926年木活字本。

22.（清）费锦荣修纂：《慈东费氏三修宗谱》，1860年承志堂木活字本。

23.（清）王予藩纂修：《蛟东胡氏重修宗谱》，1911年敬爱堂木活字本。

24.（民国）董兰如等纂修：《慈溪董氏宗谱》，1928年木活字本。

26.（民国）包乐根等纂修：《甬东包氏宗谱》，1949年木活字本。

27.（民国）董佑栻纂修：《镇海横河堰包氏重修宗谱》，1947年务本堂活字本。

28.（民国）庄允福等纂修：《蛟西庄氏宗谱》，1929年报本堂木活字本。

29.（民国）陈文贵等纂修：《镇西蛟河陈氏宗谱》，1922年光裕堂木活字本。

30.（民国）陈恒顺等纂修：《慈溪陈氏宗谱》，1948年怀德堂木活字本。

31.（清）余燮、朱宗燮纂修：《镇北龙山郑氏宗谱》，清光绪龙山通德堂木活字本。

32.（清）郑传澜等纂修：《蛟川前灵绪乡郑氏宗谱》，1881年镇海通德堂木活字本。

33.（民国）屠可全、张美翊纂修：《甬上屠氏宗谱》，1919年既勤堂木活字本。

34.（民国）张美翊等纂修：《镇海柏墅方氏宗谱》，1915年六桂堂木活字本。

35.（清）叶长庆等纂修：《慈溪石步叶氏宗谱》，1903年天叙堂木活字本。

36.（清）张肇治等纂修：《（鄞县）清池张氏宗谱》，清道光思本堂木活字本。

37.（民国）金贤松等纂修：《镇海东管乡沈郎桥叶氏宗谱》，1930年永思堂木活字本。

38.（民国）樊君芳等纂修：《蛟川樊氏宗谱》，1911年锡麟堂石印本。

39.（民国）罗贤赟等纂修：《慈溪罗氏宗谱》，1923年嘉德堂木活字本。

40.（民国）孙礼彪等纂修：《鄞县北渡村孙氏宗谱》，1919年刊，可继堂木活字本。

41.（民国）周苇渔等纂修：《四明章溪孙氏宗谱》，1928年敦本堂木活字本。

42.（民国）黄宝琮、钱礼明纂修：《鄞东月宫山钱氏宗谱》，1931年表忠堂木活字本。

三、报纸、期刊

1.《申报》

2.《中央日报》

3.《商务日报》

4.《经济导报》(香港)

5.《浙江潮》

6.《银行周报》

7.《钱业月报》

8.《中行月刊》

9.《上海总商会月报》

10.《宁波旅沪同乡会月报》、《宁波旅沪同乡会月刊》、《宁波旅沪同乡会会刊》

11.《上海通志馆期刊》

12.《西南实业通讯》

四、文集、年谱、笔记、游记

1. 中国社会科学院近代史研究所中华民国史研究室等编:《孙中山全集》，中华书局 2006 年版。

2. 毛泽东:《毛泽东文集》，人民出版社 1996 年版。

3. 金董建平、郑会欣编注:《董浩云的世界》，生活·读书·新知三联书店 2007 年版。

4. 鲁迅:《鲁迅全集》，人民文学出版社 2005 年版。

5.（明）宗谊:《愚囊汇编》，广陵书社 2006 年版《四明丛书》本。

6.（宋）姚宽:《西溪丛语》，中华书局 2006 年版。

7.（清）盛炳纬:《养园剩稿》，广陵书社 2006 年版《四明丛书》本。

8.（清）徐时栋:《烟屿楼文集》，烟屿楼刻本。

9.（清）夏燮:《中西纪事》，岳麓书社 1988 年版。

10.（清）包世臣:《安吴四种》，清光绪十七年刊。

11.（清）王韬:《瀛壖杂志》，上海古籍出版社 1989 年版。

12.（清）葛元煦:《沪游杂记》，上海古籍出版社 1989 年版。

13.（民国）胡祥翰:《上海小志》，上海古籍出版社 1989 年版。

14.（清）姚公鹤:《上海闲话》，上海古籍出版社 1989 年版。

15.（清）黄式权:《淞南梦影录》，上海古籍出版社 1989 年版。

16.（清）张焘:《津门杂记》，清光绪十年刊本。

17.（清）徐珂编撰:《清稗类钞》，中华书局 2010 年版。

18.（清）钱泳:《履园丛话》，中华书局 2006 年版。

19.（民国）徐一士：《一士谭荟》，收入荣孟源、章伯锋主编：《近代稗海》第2册，四川人民出版社1985年版。

20.（清）段光清：《镜湖自撰年谱》，中华书局1997年版。

21.（明）王士性：《广志绎》，中华书局2006年版。

22.（明）陆容：《菽园杂记》，中华书局1985年版。

23.（清）黄宗羲著，全祖望补修：《宋元学案》，中华书局1986年版。

24.（明）万表：《玩鹿亭稿》，广陵书社2006年版《四明丛书》本。

25.（清）陈夔龙：《梦蕉亭杂记》，上海古籍书店1983年版。

26.沃丘仲子（费行简）：《近代名人小传》，中国书店1988年版。

27.（清）辜鸿铭著，黄兴涛等译：《辜鸿铭文集》，海南出版社1996年版。

28.（清）虞和平编：《经元善集》，华中师范大学出版社1988年版。

29.（明）采九德：《倭变事略》，中华书局1985年版。

30.（明）张燮：《东西洋考》，中华书局1981年版。

31.（清）诸仁安：《营口杂记》，广陵书社1983年版。

32.（清）俞樾：《春在堂杂文》，沈云龙主编：《近代中国史料丛刊》（412），台北文海出版社有限公司。

33.（清）吴德旋：《初月楼闻见录》，沈云龙主编：《近代中国史料丛刊三编》（254），台北文海出版社有限公司。

34.（民国）陈训正：《天婴室丛稿》，沈云龙主编：《近代中国史料丛刊》（628），台北文海出版社有限公司。

35.潘子豪：《中国钱庄概要》，沈云龙主编：《近代中国史料丛刊》（876），台北文海出版社有限公司。

36.（清）万斯同：《石园文集》，广陵书社2006年版《四明丛书》本。

37.（明）华夏：《过宜言》，广陵书社2006年版《四明丛书》本。

38.（明）乌斯道：《春草斋集》，广陵书社2006年版《四明丛书》本。

39.（清）董秉纯：《春雨楼初删稿》，广陵书社2006年版《四明丛书》本。

40.（清）忻江明：《鹤巢文存》，广陵书社2006年版《四明丛书》本。

41.（民国）王荣商：《容膝轩文集》，广陵书社2006年版《四明丛书》本。

42.（清）金安清撰：《水窗春呓》，中华书局2007年版。

43.（清）童槐：《今白华堂诗文集》，清光绪年间刻本，南京大学图书馆藏。

44.（清）阮元：《研经室二集》，中华书局2006年版。

45.（清）毛祥麟：《墨余录》，上海古籍出版社1985年版。

46.（明）谢肇淛：《五杂组》，上海书店2009年版。

47.（清）曹晟：《觉梦录》，上海古籍出版社1989年版。

48.（民国）徐润著，王大华标点：《上海杂记》，珠海出版社2006年版。

49.（清）叶梦珠：《阅世编》，中华书局 2007 年版。

50.（明）陈子龙等编著：《明经世文编》，中华书局 1962 年版。

51.（清）李鸿章著，（清）吴汝纶编：《李文忠公全集》，清光绪乙已（三十一）年金陵刊本。

52.中国蔡元培研究会编著：《蔡元培全集》，浙江教育出版社 1998 年版。

53.（清）黄宗羲撰：《明儒学案》，中华书局 2008 年版。

54.（清）许起：《珊瑚舌雕谈初笔》，清光绪刊本。

55.[英]施美夫著，温时幸译：《五口通商城市游记》，北京图书馆出版社 2007 年版。

56.谢国桢：《明清笔记谈丛》，上海古籍出版社 1981 年版。

57.郑会欣编注：《董浩云日记》，生活·读书·新知三联书店 2007 年版。

五、回忆录及自传

1.[英]斯当东著，叶笃义译：《英使谒见乾隆纪实》，上海书店出版社 2005 年版。

2.[英]马戛尔尼著，刘半农译：《乾隆英使觐见记》，天津人民出版社 2006 年版。

3.包陪庆：《包玉刚：我的爸爸》，浙江大学出版社 2010 年版。

4.张静庐：《在出版界二十年》，上海书店 1984 年版。

5.方显廷著，方露茜译：《方显廷回忆录》，商务印书馆 2006 年版。

6.刘念智：《实业家刘鸿生传略——回忆我的父亲》，文史资料出版社 1982 年版。

7.（民国）胡西园：《追忆商海往事前尘：中国电光源之父胡西园自述》，中国文史出版社 2006 年版。

8.董显光、曾虚白译著：《董显光自传：一个农夫的自述》，台湾新生报 1981 年版。

9.周竹君口述，王晓舜整理：《俞佐宸和我》，宁波出版社 2006 年版。

10.寿充一编：《孔祥熙其人其事》，中国文史出版社 1990 年版。

11.胡厥文著，胡世华等整理：《胡厥文回忆录》，中国文史出版社 1994 年版。

六、学术著作等

1.何炳棣：《中国会馆史论》，台北学生书局 1966 年版。

2.辛元欧：《上海沙船》，上海书店出版社 2004 年版。

3.吴承明、江泰新主编：《中国企业史·近代卷》，企业管理出版社 2004 年版。

4.张守广：《大变局：抗战时期的后方企业》，江苏人民出版社 2008 年版。

5. 丁守和主编:《辛亥革命时期期刊介绍》,人民出版社1982年版。

6. 樊树志:《明清江南市镇探微》,复旦大学出版社1990年版。

7. 林举百:《近代南通土布史》,张謇与南通研究中心1984年刊。

8. 方行主编:《中国社会经济史论丛:吴承明教授九十华诞文集》,中国社会科学出版社2006年版。

9. 周育民、邵雍:《中国帮会史》,上海人民出版社1993年版。

10. 上海社会科学院经济研究所主编:《上海五金商业史》,上海社会科学院出版社1990年版。

11. 黄逸峰、姜铎等:《旧中国的买办阶级》,上海人民出版社1982年版。

12. 吴承明:《中国资本主义与国内市场》,中国社会科学出版社1985年版。

13. 古俊贤主编:《中国社团发展史》,当代中国出版社2001年版。

14. 王芸生:《六十年来的中国与日本》,生活·读书·新知三联书店2005年版。

15. 谯枢铭、杨其民、王鹏程等:《上海史研究》,学林出版社1984年版。

16. 杜恂诚:《民族资本主义与旧中国政府(1840—1937)》,上海社会科学院出版社1991年版。

17. 虞和平:《商会与中国早期现代化》,上海人民出版社993年版。

18. 宋美云:《近代天津商会》,天津社会科学出版社2002年版。

19. 全汉昇:《中国经济史论丛》,新亚研究所1972年版。

20. 全汉昇:《中国行会制度史》,新生命书局1934年。该书在2007年由百花文艺出版社重版时,作者署名全汉升。

21. 皮明庥主编:《近代武汉城市史》,中国社会科学出版社1993年版。

22. 王玉璋:《商业史》,自力书屋1948年版。

23. 窦季良编著:《同乡组织之研究》,正中书局1943年版。

24. 林继庸:《民营厂矿内迁纪略》,1943年重庆版。

25. 金耀基:《金耀基社会文选》,台北幼狮文化事业公司1985年版。

26. 韩大成:《明代社会经济初探》,人民出版社1986年版。

27. 李伯重:《多视角看江南经济史(1250—1850)》,生活·读书·新知三联书店2003年版。

28. 王尔敏:《中国近代思想史论》,社会科学文献出版社2003年版。

29. 中国银行上海分行编:《中国银行上海分行史(1912—1949年)》,经济科学出版社1991年版。

30. 林仁川:《明末清初私人海上贸易》,华东师范大学出版社1987年版。

31. 樊百川:《中国轮船航运业的兴起》,中国社会科学出版社2007年版。

32. 朱邦兴等:《上海产业与上海职工》,上海人民出版社1984年版。

33. 李国祁:《中国现代化的区域研究:闽浙台地区,1860—1916》,台北"中央研究院"近代史研究所1985年版。

34. 戈公振:《中国报学史》,生活·读书·新知三联书店1955年版。

35. 王奇生:《党员、党权与党争:1924—1949年中国国民党的组织形态》,上海书店出版社2003年版。

36. 张宪文主编:《中国抗日战争史》,南京大学出版社2001年版。

37. 赵佳楹编著:《中国现代外交史》,世界知识出版社2005年版。

38. 张圻福、韦恒:《火柴大王刘鸿生》,河南人民出版社1990年版。

39. 孙果达:《民族工业大迁徙——抗战时期民营工厂的内迁》,中国文史出版社1991年版。

40. 冷溶、汪作玲主编:《邓小平年谱(一九七五——一九九七)》,中央文献出版社2004年版。

41. 茅家琦主编:《横看成岭侧成峰:长江下游城市近代化的轨迹》,江苏人民出版社1993年。

42. 上海社会科学院经济研究所主编:《上海近代五金商业史》,上海社会科学院出版社1990年。

43. 章开沅:《辛亥前后史事论丛续编》,华中师范大学出版社1996年版。

44. 沈雨梧编著:《走向世界的宁波帮企业家》,生活·读书·新知三联书店1990年版。

45. 徐鼎新、钱小明:《上海总商会史》,上海社会科学院出版社1991年版。

46. 孔令仁、李德征主编:《中国近代企业的开拓者》,山东人民出版社1991年版。

47. 张海鹏、张海瀛主编:《中国十大商帮》,黄山书社1993年版。

48. 黄逸峰、姜铎、唐传泗、徐鼎新:《旧中国民族资产阶级》,江苏古籍出版社1990年版。

49. 冷夏、晓苗:《世界船王包玉刚》,广东人民出版社1995年版。

50. 张恒忠:《上海总商会研究》,台北知书房出版社1996年版。

51. 王旻:《一代船王董建华》,中国工商联合会出版社1996年版。

52. 金普森主编:《虞洽卿研究》,宁波出版社1997年版。

53. 李晓庄等:《董建华:从船王之子到政坛新星》,北京时事出版社1996年版。

54. 王耀成:《希望之路:赵中安传》,北京大学出版社1997年版。

55. 费勇等编著:《董建华:百年香港第一人》,广东经济出版社1997年版。

56. 姚会元:《江浙金融财团研究》,中国财政经济出版社1998年版。

57. 王元周:《卢绪章与广大华行——政治使命与企业经营》,中国对外经济贸易出版社1999年版。

58. 鲍杰主编：《论近代宁波帮》，宁波出版社1996年版。

59. 徐女：《包达三传奇》，中国文史出版社1996年版。

60. 宁波政协文史资料委员会编：《活跃在沪埠的宁波商人：商海巨子》（《宁波文史系列丛书》第1辑），中国文史出版社1998年版。

61. 林树建：《宁波帮企业家》，福建人民出版社1998年版。

62. 茅家琦主编：《太平天国通史》，南京大学出版社1991年版。

63. 张守广：《超越传统：宁波帮的近代化历程》，西南师范大学出版社2000年版。

64. 李瑊：《上海的宁波人》，上海人民出版社2000年版。

65. 于亮、金永年：《历史的对接：同仁堂传统文化与现代文明相融合的实践》，北京出版社2000年版。

66. 庄凯勋主编：《环球航运家包玉刚》，海洋出版社1986年版。

67. 陶水木：《浙江商帮与上海经济》，上海三联书店2000年版。

68. 金普森和孙善根主编：《宁波帮大辞典》，宁波出版社2001年版。

69. 杨新华：《近现代宁波帮航运史》，黑龙江教育出版社2002年版。

70. 季学源、陈万丰主编：《红帮裁缝史》，宁波出版社2003年版。

71. 洪钧杰主编：《群星灿烂——现当代宁波籍名人》，宁波出版社2003年版。

72. 冯筱才：《在商言商：政治变革中的江浙商人》，上海社会科学院出版社2004年版。

73. 郭绪印：《老上海的同乡团体》，文汇出版社2003年版。

74. 黄绍伦著，张秀莉译：《移民企业家：香港的上海企业家》，上海古籍出版社2003年版。

75. 马卫光主编：《百年宁波帮》，西泠印社2004年版。

76. 乐承耀主编：《宁波帮经营理念研究》，宁波出版社2004年版。

77. 乐承耀：《近代宁波商人与社会经济》，人民出版社2007年版。

78. 倪玉平：《清代漕粮海运与社会变迁》，上海书店出版社2005年版。

79. 王尔敏：《五口通商变局》，广西师范大学出版社2006年版。

80. 林树建：《宁波商帮》，黄山书社2007年版。

81. 伍宏：《影视大亨邵逸夫：邵逸夫的电影、慈善、电视传奇》，团结出版社2008年版。

82. 刘云华：《红帮裁缝研究》，浙江大学出版社2010年版。

83. [美]高家龙著，程麟荪译：《大公司与关系网》，上海社会科学院出版社2002年版。

84. 孙善根:《钱业巨子秦润卿传》,中国社会科学出版社2007年版。
85. 钱茂伟、应芳舟:《一诺九鼎朱葆三》,中国社会科学出版社2008年版。
86. 戴光中:《浙江籍港台巨商》,中国社会科学出版社2008年版。
87. 张守广:《宁波帮志·历史卷》,中国社会科学出版社2009年版。
88. 任茹文、陈春玲:《宁波帮志·教育卷》,中国社会科学出版社2009年版。
89. 周兴华:《宁波帮志·文化卷》中国社会科学出版社2009年版。
90. 赵江滨:《宁波帮志·科技卷》,中国社会科学出版社2009年版。
91. 阎怡男主编:《新甬商 风景这边独好》,浙江大学出版社2009年版。
92. 张实龙:《甬商、徽商、晋商文化比较研究》,浙江大学出版社2009年版。
93. 余贤群:《邓小平与包玉刚》,华文出版社2009年版。
94. 郑会欣、金董建平主编:《董浩云:中国现代航运先驱》,上海交通大学出版社2007年版。
95. 陈冠任:《董氏父子》,华文出版社2006年版。
96. 李征:《卢绪章传》,中国商务出版社2004年版。
97. 周千军主编:《甬人风采》,宁波出版社2007年版。
98. 应华根、魏玉祺:《新宁波帮》,中国经济出版社2009年版。
99. 浙江省工商行政管理局、浙江省私营(民营)企业协会编:《典型促转型——逆势上扬的60个浙商样本》,人民日报出版社2009年版。
100. 吕福新等:《浙商的崛起与挑战:改革开放30年》,中国发展出版社2008年版。
101. 吕福新等:《浙商论——当今世界之中国第一民商》,中国发展出版社2009年版。
102. 许涤新、吴承明主编:《中国资本主义发展史》第一卷《中国资本主义的萌芽》,人民出版社1985年版。
103. 陈国屏:《清门考源》,上海书店出版社1989年影印版。
104. 林仁川:《明末清初私人海上贸易》,华东师范大学出版社1987年版。
105. 张天泽著,王顺彬、王志邦译:《中葡通商研究》,华文出版社2000年版。
106. 孙光圻:《中国古代航海史》,海洋出版社2005年版。
107. 梁嘉彬:《广东十三行考》,广东人民出版社1999年版。
108. (民国)楼祖诒编著:《中国邮驿发达史》,中华书局1948年版。
109. 中国近代经济史资料丛刊编辑委员会编:《中国海关与邮政》,中华书局1987年版。
110. 傅衣凌:《明清时代商人及商人资本》(《傅衣凌著作集》),中华书局

2007年版。

111. 张仲礼主编:《中国近代经济史论著选译》,上海社会科学院出版社1987年版。

112. 张仲礼主编:《近代上海城市研究》,上海文艺出版社2008年版。

113. (清)张廷玉等撰:《明史》,中华书局1974年版。

114. 杨正泰:《明代驿站考》,上海古籍出版社2006年版。

115. 唐振常主编:《上海史》,上海人民出版社1989年版。

116. 聂宝璋:《中国买办资产阶级的发生》,中国社会科学出版社1979年版。

117. 黄逸峰、姜铎等:《旧中国的买办阶级》,上海人民出版社1982年版。

118. 上海市医药公司等编:《上海近代西药行业史》,上海社会科学院出版社1988年版。

119. 中国人民银行上海市分行金融研究室编:《中国第一家银行——中国通商银行的初创时期(1897—1911)》,中国社会科学出版社1882年版。

120. 郑绍昌主编:《宁波港史》,人民交通出版社1989年版。

121. 刘建生、刘鹏生等:《晋商研究》,山西人民出版社2005年版。

122. 冯邦彦:《香港英资财团》,东方出版中心2008年版。

123. 冯邦彦:《香港华资财团》,东方出版中心2008年版。

124. 陈炎:《陈炎文集》,中华书局2006年版。

125. 周勇主编:《重庆通史》,重庆出版社2003年版。

126. 王遂今:《宁波帮怎样经商致富》,中国华侨出版公司1994年版。

127. 葛卫卫等编:《包玉刚画册》,浙江摄影出版社1991年版。

128. 吕国荣主编:《卢绪章画册》,浙江摄影出版社1997年版。

129. [法]梅朋、傅立德著,倪静兰译:《上海法租界史》,上海社会科学院出版社2007年版。

130. [日]田中健夫:《倭寇与勘合贸易》,知文堂1961年版。

131. [日]山协悌二郎:《长崎的唐船贸易》,吉川鸿文馆1972年版。

132. [日]内田直作:《日本华侨社会研究》,大空社1998年版。

133. [日]根岸佶:《中国社会的领导层》,平和书房1947年版。

134. [日]斯波义信:《华侨》,岩波新书1997年版。

135. [日]森田明著,雷国山译:《清代水利与区域社会》,山东画报出版社2002年版。

136. [日]松浦章著,董科译:《清代内河水运史研究》,江苏人民出版社2010年版。

137. [日]东亚同文会编:《支那经济全书》,秀英舍1907—1908年版。

138. ［日］东亚研究所编:《商事惯行调查报告书:合股的研究》,东亚研究所1943年刊。

139. ［法］白吉尔著,张富强、许世芬译:《中国资产阶级的黄金时代》,上海人民出版社1994年版。

140. ［法］白吉尔著,王菊、赵念国译:《上海史:走向现代化之路》,上海社会科学院出版社2005年。

141. ［英］罗宾·赫钦著,袁长燕译:《包玉刚传》,百花洲文艺出版社1994年。

142. ［美］顾德曼著,宋钻友译:《家乡、城市和国家——上海的地缘网络与认同》,上海古籍出版社2004年版。

143. ［澳大利亚］麦克·唐纳斯、董建平编注:《董浩云:理想与成就》,上海交通大学出版社2002年版。

144. ［美］施坚雅主编,叶光庭等译:《中华帝国晚期的城市》,中华书局2000年版。

145. ［美］郝延平著,李荣昌等译:《十九世纪的中国买办:东西间的桥梁》,上海社会科学院出版社1988年版。

146. ［美］小科布尔:《上海资本家与国民政府(1927—1937)》,中国社会科学出版社1988年版。

147. ［德］马克斯·韦伯著,王容芬译:《儒教与道教》,商务印书馆2002年版。

148. ［日］木宫秦彦著,胡锡年译:《日中文化交流史》,1980年版。

149. ［日］根岸佶:《买办制度的研究》,日本图书(株)1948年版。

150. ［日］根岸佶:《上海的行会》,日本评论社1951年版。

151. ［日］根岸佶:《中国的行会》,日本评论新社1953年版。

152. ［美］马士著,张汇文等译:《中华帝国对外关系史》第一卷,上海书店出版社2000年版。

153. ［日］仁井田陞:《中国的社会与行会》(日文),岩波书店1989年版。

154. ［英］弗兰克·韦尔什著,王皖强、黄亚红译:《香港史》,中央编译出版社2007年版。

155. ［日］寺田隆信著,张正明等译:《山西商人研究》,山西人民出版社1986年版。

156. ［美］吉尔伯特·罗兹曼编,比较现代化课题组译:《中国的现代化》,江苏人民出版社1988年版。

157. ［美］郝延平著,陈潮、陈任译:《上海近代商业革命》,上海人民出版社1991年版。

图书在版编目（CIP）数据

宁波商帮史 / 张守广著 .—宁波：宁波出版社，2012.5（2024.6 重印）

ISBN 978-7-5526-0121-3

Ⅰ . ①宁… Ⅱ . ①张… Ⅲ . ①商业史—研究—宁波市 Ⅳ . ① F729

中国版本图书馆 CIP 数据核字（2012）第 061738 号

宁波商帮史
NINGBO SHANGBANGSHI

张守广 著

出版发行	宁波出版社
地址邮编	宁波市甬江大道 1 号宁波书城 8 号楼 6 楼　315040
网　　址	http://www.nbcbs.com
选题策划	马玉娟
责任编辑	吴　波　王晓君
印　　刷	宁波白云印务有限公司
开　　本	787mm×1092mm　1/16
印　　张	26.5
插　　页	8
字　　数	500 千
版　　次	2012 年 5 月第 1 版
印　　次	2024 年 6 月第 3 次印刷
标准书号	ISBN 978-7-5526-0121-3
定　　价	128.00 元

如有缺页、印装等问题，请与出版社或印厂联系调换　电话：0574-87248279　0574-83875165